Schuldrecht BT I

Kauf- und Werkvertragsrecht

Hemmer/Wüst/Tyroller

Juristischer **Einzelunterricht** und
Juristischer **Kleingruppenunterricht**

hemmer.individual

Juristischer Privatunterricht: Die treffsichere Prüfungsvorbereitung

Wir bieten Ihnen

individuellen Einzelunterricht oder Unterricht in einer Kleingruppe zur Vorbereitung auf

- alle Klausuren während des Studiums der Rechtswissenschaften,
- insbesondere Ihre Zwischenprüfung,
- das Erste Juristische Staatsexamen,
- das Zweite Juristische Staatsexamen,
- die Eignungsprüfung zur Zulassung zur Rechtsanwaltschaft nach § 16 EuRAG,
- die rechtswissenschaftlichen Klausuren während des Studiums der Wirtschaftswissenschaften

mit ausführlicher Klausurenkorrektur und Analyse der individuellen Schwächen

6 Monate kostenfreie Nutzung juris by hemmer
(**Voraussetzung**: hemmer.club-Mitgliedschaft)

hemmer.individual Kontakt

Juristisches Repetitorium hemmer
Einzelunterricht
Mergentheimer Straße 44
97082 Würzburg

Wir beraten Sie gerne persönlich! Wir sind in allen juristischen Universitätsstädten vertreten und vermitteln Ihnen gerne auch einen Repetitor vor Ort.

Telefon: 0931 / 797 82-30
Telefax: 0931 / 797 82-34

Email: repetitorium@hemmer.de

www.einzelunterricht-hemmer.de

Juristisches Repetitorium hemmer

Augsburg - Bayreuth - Berlin - Bielefeld - Bochum - Bonn - Bremen - Dortmund - Düsseldorf - Erlangen - Essen - Frankfurt/M. - Freiburg - Gießen - Göttingen - Greifswald - Halle - Hamburg - Hannover - Heidelberg - Jena - Kiel - Koblenz - Köln - Konstanz - Leipzig - Mainz - Marburg - München - Münster - Nürnberg - Osnabrück - Passau - Potsdam - Regensburg - Rostock - Saarbrücken - Stuttgart - Trier - Tübingen - Würzburg

Unsere Hauptkurse Zivilrecht - Öffentliches Recht - Strafrecht

Ab dem 5. - 6. Semester werden Sie sich erfahrungsgemäß für unsere Examensvorbereitungskurse interessieren. Hören Sie kostenlos Probe und besuchen Sie unsere Infoveranstaltungen.

Im Repetitorium gilt dann: Lernen am examenstypischen Fall!
Wir orientieren uns am Niveau des Examensfalls!

Gemäß unserem Berufsverständnis als Repetitoren vermitteln wir Ihnen nur das, worauf es ankommt: Wie gehe ich bestmöglich mit dem großen Fall, dem Examensfall, um. Aus diesem Grund konzentrieren wir uns nicht auf Probleme in einzelnen juristischen Teilbereichen. Bei uns lernen Sie, mit der Vielzahl von Rechtsproblemen fertig zu werden, die im Examensfall erkannt und zu einem einheitlichen Ganzen zusammengesetzt werden müssen („Struktur der Klausur"). Verständnis für das Ineinandergreifen der Rechtsinstitute und die Entwicklung eines Problembewusstseins sind aber zur Lösung typischer Examensfälle notwendig.

Ausgangspunkt unseres erfolgreichen Konzepts ist die generelle Problematik der Klausur oder Hausarbeit: Der Bearbeiter steht bei der Falllösung zunächst vor einer Dekodierungs- (Entschlüsselungs-) und dann vor einer (Ein-) Ordnungsaufgabe: Der Examensfall kann nur mit juristischem Verständnis und dem entsprechenden Begriffsapparat gelöst werden. Damit muss Wissen von vorneherein unter Anwendungsgesichtspunkten erworben werden. Abstraktes, anwendungsunspezifisches Lernen genügt nicht.

Man hofft auf die leichten Rezepte, die Schemata und den einfachen Rechtsprechungsfall. Die unnatürlich klare Zielsetzung der Schemata lässt aber keine Frage offen und suggeriert eine Einfachheit, die im Examen nicht besteht. Auch bleibt die der Falllösung zugrunde liegende juristische Argumentation auf der Strecke. Mit einer solchen Einstellung wird aber die korrekte, sachgerechte Lösung von Klausur und Hausarbeit verfehlt.

Ersteller als „imaginärer Gegner"

Der Ersteller des Examensfalls hat auf verschiedene Problemkreise und ihre Verbindung geachtet. Diesen Ersteller muss der Student als imaginären Gegner bei seiner Falllösung berücksichtigen. Er muss also versuchen, sich in die Gedankengänge, Annahmen und Ideen des Erstellers hineinzudenken und dessen Lösungsvorstellung wie im Dialog möglichst nahe zu kommen. Dazu gehört auch der Erwerb von Überzeugungssystemen, Denkmustern und ethischen Standards, die typischerweise und immer wieder von Klausurenerstellern den Examensfällen zugrunde gelegt werden.

Wir fragen daher konsequent bei der Falllösung:

Was will der Ersteller des Falls („Sound")?

Welcher „rote Faden" liegt der Klausur zugrunde („main-street")?

Welche Fallen gilt es zu erkennen?

Wie wird bestmöglicher Konsens mit dem Korrektor erreicht?

Wer sich überwiegend mit Grundfällen und dem Auswendiglernen von Meinungen beschäftigt, dem fehlt zum Schluss die Zeit, Examenstypik einzutrainieren. Es droht das Schreckgespenst des „Subsumtionsautomaten". Examensfälle zu lösen ist eine praktische und keine theoretische Aufgabe.

Spezielle Ausrichtung auf Examenstypik

Die Thematik der Examensfälle ist bei uns auffällig häufig vorher im Kurs behandelt worden. Auch in Zukunft ist damit zu rechnen, dass wir mit Ihnen innerhalb unseres Kurses die examenstypischen Kontexte besprechen, die in den nächsten Prüfungsterminen zu erwarten sind.

Schon beim alten Seneca galt: „Wer den Hafen nicht kennt, für den ist kein Wind günstig". Vertrauen Sie auf unsere Expertenkniffe. Seit 1976 analysieren wir Examensfälle und die damit einhergehenden wiederkehrenden Problemfelder. Problem erkannt, Gefahr gebannt. Die „hemmer-Methode" setzt richtungsweisende Maßstäbe und ist Gebrauchsanweisung für Ihr Examen.

Das Repetitorium hemmer ist bekannt für seine Spitzenergebnisse. Sehen Sie dieses Niveau als Anreiz für Ihr Examen. Orientieren Sie sich nach oben, nicht nach unten.

Unsere Hauptaufgabe sehen wir aber nicht darin, nur Spitzennoten zu produzieren: Wir streben auch für Sie ein solides Prädikatsexamen an. Regelmäßiges Training an examenstypischem Material zahlt sich also aus.

Gehen Sie mit dem sicheren Gefühl ins Examen, sich richtig vorbereitet zu haben. Gewinnen Sie mit der „Hemmer-Methode".

www.hemmer.de

Mergentheimer Str. 44 / 97082 Würzburg
Tel.: 0931-7 97 82 30 / Fax: 0931-7 97 82 34

Juristisches Repetitorium hemmer

VORBEREITUNG AUF DAS ERSTE STAATSEXAMEN

KURSORTE IM ÜBERBLICK

AUGSBURG
Wüst
Mergentheimer Str. 44
97082 Würzburg
Tel.: (0931) 79 78 230
Fax: (0931) 79 78 234
Mail: augsburg@hemmer.de

BAYREUTH
Daxhammer/d´Alquen
Parkweg 7
97944 Boxberg
Tel.: (07930) 99 23 38
Fax: (07930) 99 22 51
Mail: bayreuth@hemmer.de

BERLIN-DAHLEM
Gast
Schumannstraße 18
10117 Berlin
Tel.: (030) 240 45 738
Fax: (030) 240 47 671
Mail: mitte@hemmer-berlin.de

BERLIN-MITTE
Gast
Schumannstraße 18
10117 Berlin
Tel.: (030) 240 45 738
Fax: (030) 240 47 671
Mail: mitte@hemmer-berlin.de

BIELEFELD
Lück
Salzstr. 14/15
48143 Münster
Tel.: (0251) 67 49 89 70
Fax: (0251) 67 49 89 71
Mail: bielefeld@hemmer.de

BOCHUM
Schlömer/Sperl
Salzstr. 14/15
48143 Münster
Tel.: (0251) 67 49 89 70
Fax: (0251) 67 49 89 71
Mail: bochum@hemmer.de

BONN
Ronneberg/Clobes/Geron
Meckenheimer Allee 148
53115 Bonn
Tel.: (0228) 91 14 125
Fax: (0228) 91 14 141
Mail: bonn@hemmer.de

BREMEN
Kulke/Hermann
Mergentheimer Str. 44
97082 Würzburg
Tel.: (0931) 79 78 257
Fax: (0931) 79 78 240
Mail: bremen@hemmer.de

DRESDEN
Stock
Zweinaundorfer Str. 2
04318 Leipzig
Tel.: (0341) 6 88 44 90
Fax: (0341) 6 88 44 96
Mail: dresden@hemmer.de

DÜSSELDORF
Ronneberg/Clobes/Geron
Meckenheimer Allee 148
53113 Bonn
Tel.: (0228) 91 14 125
Fax: (0228) 91 14 141
Mail: duesseldorf@hemmer.de

ERLANGEN
Grieger/Tyroller
Mergentheimer Str. 44
97082 Würzburg
Tel.: (0931) 79 78 230
Fax: (0931) 79 78 234
Mail: erlangen@hemmer.de

FRANKFURT/M.
Geron
Dreifaltigkeitsweg 49
53489 Sinzig
Tel.: (02642) 61 44
Fax: (02642) 61 44
Mail: frankfurt.main@hemmer.de

FRANKFURT/O.
Gast
Schumannstraße 18
10117 Berlin
Tel.: (030) 240 45 738
Fax: (030) 240 47 671
Mail: mitte@hemmer-berlin.de

FREIBURG
Behler/Rausch
Rohrbacher Str. 3
69115 Heidelberg
Tel.: (06221) 65 33 66
Fax: (06221) 65 33 30
Mail: freiburg@hemmer.de

GIEßEN
Sperl
Parkweg 7
97944 Boxberg
Tel.: (07930) 99 23 38
Fax: (07930) 99 22 51
Mail: giessen@hemmer.de

GÖTTINGEN
Schlömer/Sperl
Kirchhofgärten 22
74635 Kupferzell
Tel.: (07944) 94 11 05
Fax: (07944) 94 11 08
Mail: goettingen@hemmer.de

GREIFSWALD
Burke/Lück
Buchbinderstr. 17
18055 Rostock
Tel.: (0381) 3 77 74 00
Fax: (0381) 3 77 74 01
Mail: greifswald@hemmer.de

HALLE
Ra. J. Luke
Rödelstr. 13
04229 Leipzig
Tel.: (0341) 49 25 54 70
Fax: (0341) 49 25 54 71
Mail: halle@hemmer.de

HAMBURG
Schlömer/Sperl
Steinhöft 5-7
20459 Hamburg
Tel.: (040) 317 669 17
Fax: (040) 317 669 20
Mail: hamburg@hemmer.de

HANNOVER
Daxhammer/Sperl
Matzenhecke 23
97204 Höchberg
Tel.: (0931) 400 337
Fax: (0931) 404 3109
Mail: hannover@hemmer.de

HEIDELBERG
Behler/Rausch
Rohrbacher Str. 3
69115 Heidelberg
Tel.: (06221) 65 33 66
Fax: (06221) 65 33 30
Mail: heidelberg@hemmer.de

JENA
Richard Weber
c/o Kanzlei Luke
Rödelstr. 13
04229 Leipzig
Mail: halle@hemmer.de

KIEL
Schlömer/Sperl
Kirchhofgärten 22
74635 Kupferzell
Tel.: (07944) 94 11 05
Fax: (07944) 94 11 08
Mail: kiel@hemmer.de

KÖLN
Ronneberg/Clobes/Geron
Meckenheimer Allee 148
53113 Bonn
Tel.: (0228) 91 14 125
Fax: (0228) 91 14 141
Mail: koeln@hemmer.de

KONSTANZ
Guldin/Kaiser
Hindenburgstr. 15
78467 Konstanz
Tel.: (07531) 69 63 63
Fax: (07531) 69 63 64
Mail: konstanz@hemmer.de

LEIPZIG
Ra. J. Luke
Rödelstr. 13
04229 Leipzig
Tel.: (0341) 49 25 54 70
Fax: (0341) 49 25 54 71
Mail: leipzig@hemmer.de

MAINZ
Geron
Dreifaltigkeitsweg 49
53489 Sinzig
Tel.: (02642) 61 44
Fax: (02642) 61 44
Mail: mainz@hemmer.de

MANNHEIM
Behler/Rausch
Rohrbacher Str. 3
69115 Heidelberg
Tel.: (06221) 65 33 66
Fax: (06221) 65 33 30
Mail: mannheim@hemmer.de

MARBURG
Sperl
Parkweg 7
97944 Boxberg
Tel.: (07930) 99 23 38
Fax: (07930) 99 22 51
Mail: marburg@hemmer.de

MÜNCHEN
Wüst
Mergentheimer Str. 44
97082 Würzburg
Tel.: (0931) 79 78 230
Fax: (0931) 79 78 234
Mail: muenchen@hemmer.de

MÜNSTER
Schlömer/Sperl
Salzstr. 14/15
48143 Münster
Tel.: (0251) 67 49 89 70
Fax.: (0251) 67 49 89 71
Mail: muenster@hemmer.de

OSNABRÜCK
Fethke
Liebknechtstr. 35
99086 Erfurt
Tel.: (0541) 18 55 21 79
Fax.: ---
Mail: osnabrueck@hemmer.de

PASSAU
Köhn/Rath
Mergentheimer Str. 44
97082 Würzburg
Tel.: (0931) 79 78 230
Fax: (0931) 79 78 234
Mail: passau@hemmer.de

POTSDAM
Gast
Schumannstraße 18
10117 Berlin
Tel.: (030) 240 45 738
Fax: (030) 240 47 671
Mail: mitte@hemmer-berlin.de

REGENSBURG
Daxhammer/d´Alquen
Parkweg 7
97944 Boxberg
Tel.: (07930) 99 23 38
Fax: (07930) 99 22 51
Mail: regensburg@hemmer.de

ROSTOCK
Burke/Lück
Buchbinderstr. 17
18055 Rostock
Tel.: (0381) 3777 400
Fax: (0381) 3777 401
Mail: rostock@hemmer.de

SAARBRÜCKEN
Bold/Hein/Issa
Preslesstraße 2
66987 Thaleischweiler-Fröschen
Tel.: (06334) 98 42 83
Fax: (06334) 98 42 83
Mail: saarbruecken@hemmer.de

TRIER
Geron
Dreifaltigkeitsweg 49
53489 Sinzig
Tel.: (02642) 61 44
Fax: (02642) 61 44
Mail: trier@hemmer.de

TÜBINGEN
Guldin/Kaiser
Hindenburgstr. 15
78465 Konstanz
Tel.: (07531) 69 63 63
Fax: (07531) 69 63 64
Mail: tuebingen@hemmer.de

WÜRZBURG
- ZENTRALE -
Mergentheimer Str. 44
97082 Würzburg
Tel.: (0931) 79 78 230
Fax: (0931) 79 78 234
Mail: wuerzburg@hemmer.de

VORBEREITUNG AUF DAS ZWEITE STAATSEXAMEN

ASSESSORKURSORTE IM ÜBERBLICK

BAYERN
WÜRZBURG/MÜNCHEN/NÜRNBERG/REGENSBURG/POSTVERSAND

RA I. Gold
Mergentheimer Str. 44
97082 Würzburg
Tel.: (0931) 79 78 2-50
Fax: (0931) 79 78 2-51
Mail: assessor@hemmer.de

BADEN-WÜRTTEMBERG
KONSTANZ/TÜBINGEN/POSTVERSAND

Rae F. Guldin/B. Kaiser
Hindenburgstr. 15
78467 Konstanz
Tel.: (07531) 69 63 63
Fax: (07531) 69 63 64
Mail: konstanz@hemmer.de

STUTTGART

Rae R. Rödl / A. Baier
Mergentheimerstr. 44
97082 Würzburg
Tel. 0931-7978230
Fax. 0931-7978234
Mail: stuttgart@hemmer.de

BERLIN/POTSDAM/BRANDENBURG
BERLIN

RA L. Gast
Schumannstr. 18
10117 Berlin
Tel.: (030) 24 04 57 38
Fax: (030) 24 04 76 71
Mail: mitte@hemmer-berlin.de

BREMEN/HAMBURG
HAMBURG/POSTVERSAND

Rae M. Sperl/Clobes/Dr.Schlömer
Kirchhofgärten 22
74635 Kupferzell
Tel.: (07944) 94 11 05
Fax: (07944) 94 11 08
Mail: assessor-nord@hemmer.de

HESSEN
FRANKFURT

RA A. Geron
Dreifaltigkeitsweg 49
53489 Sinzig
Tel.: (02642) 61 44
Fax: (02642) 61 44
Mail: frankfurt.main@hemmer.de

MECKLENBURG-VORPOMMERN
POSTVERSAND

Ludger Burke/Johannes Lück
Buchbinderstr. 17
18055 Rostock
Tel.: (0381) 37 77 40 0
Fax: (0381) 37 77 40 1
Mail: rostock@hemmer.de

RHEINLAND-PFALZ
POSTVERSAND

RA A. Geron
Dreifaltigkeitsweg 49
53489 Sinzig
Tel.: (02642) 61 44
Fax: (02642) 61 44
Mail: trier@hemmer.de

NIEDERSACHSEN
HANNOVER

RAe M. Sperl/Dr. Schlömer
Steinhöft 5 - 7
20459 Hamburg
Tel.: (040) 317 669 17
Fax: (040) 317 669 20
Mail: assessor-nord@hemmer.de

HANNOVER POSTVERSAND

RAe M. Sperl/Clobes/Dr. Schlömer
Kirchhofgärten 22
74635 Kupferzell
Tel.: (07944) 94 11 05
Fax: (07944) 94 11 08
Mail: assessor-nord@hemmer.de

NORDRHEIN-WESTFALEN
KÖLN/BONN/DORTMUND/DÜSSELDORF/POSTVERSAND

Dr. A. Ronneberg
Meckenheimer Allee 148
53113 Bonn
Tel.: (0228) 91 14 125
Fax: (0228) 91 14 141
Mail: koeln@hemmer.de

SCHLESWIG-HOLSTEIN
POSTVERSAND

RAe M. Sperl/Clobes/Dr. Schlömer
Kirchhofgärten 22
74635 Kupferzell
Tel.: (07944) 94 11 05
Fax: (07944) 94 11 08
Mail: assessor-nord@hemmer.de

THÜRINGEN
POSTVERSAND

RA Stock, RA Hunger & Kollegen
Zweinaundorfer Str. 2
04318 Leipzig
Tel.: (0341) 6 88 44 90 oder -93
Fax: (0341) 6 88 44 96
Mail: dresden@hemmer.de

SACHSEN
DRESDEN/LEIPZIG/POSTVERSAND

RA Stock, RA Hunger & Kollegen
Zweinaundorfer Str. 2
04318 Leipzig
Tel.: (0341) 6 88 44 90 oder -93
Fax: (0341) 6 88 44 96
Mail: dresden@hemmer.de

SACHSEN-ANHALT
POSTVERSAND

RA Stock, RA Hunger & Kollegen
Zweinaundorfer Str. 2
04318 Leipzig
Tel.: (0341) 6 88 44 90 oder -93
Fax: (0341) 6 88 44 96
Mail: dresden@hemmer.de

Vorwort
Schuldrecht BT I mit der hemmer-Methode

Wer in vier Jahren sein Studium abschließen will, kann sich einen Irrtum in Bezug auf Stoffauswahl und -aneignung nicht leisten. Hoffen Sie nicht auf leichte Rezepte und den einfachen Rechtsprechungsfall. Hüten Sie sich vor Übervereinfachung beim Lernen. Stellen Sie deswegen frühzeitig die Weichen richtig.

Die Schuldrechtsreform hat das wichtigste Prüfungsgebiet der juristischen Staatsexamina komplett neu strukturiert. Im Band **Schuldrecht AT** stellen wir Ihnen das neue Leistungsstörungsrecht in gewohnter hemmer-Methode klausurtypisch aufbereitet dar. Im Band **Schuldrecht BT I** werden die Änderungen im Kauf- und Werkvertragsrecht dargestellt. Der Band **Schuldrecht BT II** ergänzt diesen Band um die Besonderheiten anderer Vertragstypen.

Die **hemmer-Methode** vermittelt Ihnen die **erste richtige Einordnung** und das **Problembewusstsein**, welches Sie brauchen, um an einer Klausur bzw. dem Ersteller nicht vorbeizuschreiben. Häufig ist dem Studenten nicht klar, warum er schlechte Klausuren schreibt. Wir geben Ihnen **gezielte Tipps!** Vertrauen Sie auf unsere **Expertenkniffe**.

Durch die ständige Diskussion mit unseren Kursteilnehmern ist uns als erfahrenen Repetitoren klar geworden, welche **Probleme** der Student hat, sein **Wissen anzuwenden**. Wir haben aber auch von unseren Kursteilnehmern profitiert und von ihnen erfahren, welche **Argumentationsketten** in der Prüfung zum Erfolg geführt haben.

Die **hemmer-Methode** gibt **jahrelange Erfahrung** weiter, erspart Ihnen viele schmerzliche Irrtümer, setzt richtungsweisende Maßstäbe und begleitet Sie als **Gebrauchsanweisung** in Ihrer Ausbildung:

1. Grundwissen:

Die **Grundwissenskripten** sind für den Studenten in den ersten Semestern gedacht. In den Theoriebänden Grundwissen werden leicht verständlich und kurz die wichtigsten Rechtsinstitute vorgestellt und das notwendige Grundwissen vermittelt. Die Skripten werden durch den jeweiligen Band unserer **Reihe „Die wichtigsten Fälle"** ergänzt.

2. Basics:

Das Grundwerk für Studium und Examen. Es schafft schnell **Einordnungswissen** und mittels der hemmer-Methode richtiges Problembewusstsein für Klausur und Hausarbeit. Wichtig ist, **wann und wie** Wissen in der Klausur angewendet wird.

3. Skriptenreihe:

Vertiefendes Prüfungswissen: Über 1.000 Klausuren wurden auf ihre „essentials" abgeklopft. Anwendungsorientiert werden die für die Prüfung nötigen Zusammenhänge umfassend aufgezeigt und wiederkehrende Argumentationsketten eingeübt.

Gleichzeitig wird durch die **hemmer-Methode** auf **anspruchsvollem Niveau** vermittelt, nach welchen Kriterien Prüfungsfälle beurteilt werden. Mit dem Verstehen wächst die Zustimmung zu Ihrem Studium. Spaß und Motivation beim Lernen entstehen erst durch Verständnis.

Lernen Sie, durch Verstehen am juristischen Sprachspiel teilzunehmen. Wir schaffen den „background", mit dem Sie die innere Struktur von Klausur und Hausarbeit erkennen: **„Problem erkannt, Gefahr gebannt".** Profitieren Sie von unserem **strategischen Wissen**. Wir werden Sie mit unserem know-how auf das Anforderungsprofil einstimmen, das Sie in Klausur und Hausarbeit erwartet. Die Theoriebände Grundwissen, die Basics, die Skriptenreihe und der Hauptkurs sind als **modernes, offenes und flexibles Lernsystem** aufeinander abgestimmt und ergänzen sich ideal. Die **studentenfreundliche Preisgestaltung** ermöglicht den **Erwerb als Gesamtwerk**.

4. Hauptkurs:

Schulung am examenstypischen Fall mit der Assoziationsmethode. Trainieren Sie unter professioneller Anleitung, was Sie im Examen erwartet und wie Sie bestmöglich mit dem Examensfall umgehen.

Nur wer die Dramaturgie eines Falles verstanden hat, ist in Klausur und Hausarbeit auf der sicheren Seite! Häufig hören wir von unseren Kursteilnehmern: **„Erst jetzt hat Jura richtig Spaß gemacht".**

Die Ergebnisse unserer Kursteilnehmer geben uns Recht. Maßstab ist der Erfolg. Die Examensergebnisse zeigen, dass unsere Kursteilnehmer überdurchschnittlich abschneiden.

Die Examensergebnisse unserer Kursteilnehmer können auch Ansporn für Sie sein, intelligent zu lernen: Wer nur auf vier Punkte lernt, landet leicht bei drei.
Lassen Sie sich aber nicht von diesen Supernoten verschrecken, sehen Sie dieses Niveau als Ansporn für Ihre Ausbildung.

Wir hoffen, als Repetitoren mit unserem Gesamtangebot bei der Konkretisierung des Rechts mitzuwirken und wünschen Ihnen **viel Spaß beim Durcharbeiten** unserer Skripten.

Wir würden uns freuen, mit Ihnen als Hauptkursteilnehmer mit der **hemmer-Methode** gemeinsam Verständnis an der Juristerei zu trainieren. Nur wer erlernt, was ihn im Examen erwartet, lernt richtig!

So leicht ist es, uns kennenzulernen: Probehören ist jederzeit in den jeweiligen Kursorten möglich.

Karl-Edmund Hemmer & Achim Wüst

SCHULDRECHT BT I

Kauf- und Werkvertragsrecht

Hemmer/Wüst/Tyroller

Das Skript ist urheberrechtlich geschützt. Die dadurch begründeten Rechte, insbesondere des Nachdrucks, der Wiedergabe auf photomechanischem oder ähnlichem Wege und der Speicherung in Datenverarbeitungsanlagen bleiben, auch bei nur auszugsweiser Verwertung, der Hemmer/Wüst-Verlagsgesellschaft vorbehalten.

Hemmer/Wüst Verlagsgesellschaft

Hemmer/Wüst/Tyroller, Schuldrecht BT I, Kauf- und Werkvertragsrecht

ISBN 978-3-86193-683-1

10. Auflage 2018

gedruckt auf chlorfrei gebleichtem Papier
von Schleunungdruck GmbH, Marktheidenfeld

INHALTSVERZEICHNIS

KURZKOMMENTIERUNG DER NEUERUNGEN ZUM 01.01.2018 1

§ 1 KAUF 10

A) Allgemeines 10
    I. Inhalt des Kaufvertrages und Zustandekommen.. 10
    II. Form 13

B) Die Pflicht des Verkäufers nach § 433 I S. 1 BGB und ihre Nichterfüllung 17
    I. Durchsetzung des Anspruches aus § 433 I S. 1 BGB durch den Käufer 17
    II. Rechte des Käufers bei Nichtleistung wegen (vollständiger) Unmöglichkeit 18
        1. Begriff der Unmöglichkeit und Auswirkung auf die Primärleistungspflicht 18
        2. Besonderheiten bei anfänglicher Unmöglichkeit 20
            a) Allgemeines 20
            b) Besonderheiten beim Rechtskauf? 20
        3. Sekundäranspruch des Käufers bei (vollständiger) Unmöglichkeit der Sachleistung 21
    III. Rechte des Käufers bei Nichtleistung trotz Möglichkeit 22

C) Pflichten des Käufers und deren Nichterfüllung 22
    I. Pflicht zur Kaufpreiszahlung 22
        1. Allgemeines 22
        2. Auswirkung der Unmöglichkeit der Sachleistung auf die Kaufpreiszahlungspflicht 30
            a) Grundsatz: § 326 I S. 1 HS 1 BGB 30
            b) Übergang der Preisgefahr auf den Leistungsgläubiger in Ausnahme zu § 326 I S. 1 BGB 31
                aa) § 326 II S. 1 BGB 31
                bb) § 446 BGB 32
                cc) § 447 BGB 33
    II. Pflicht zur Abnahme der Kaufsache 37

D) Rechte des Käufers bei Sach- und Rechtsmängeln 39
    I. Überblick 40
    II. Sachmangel 40
        1. § 434 I BGB 40
            a) Beschaffenheitsvereinbarung, § 434 I S. 1 BGB 40
            b) § 434 I S. 2 Nr. 1 BGB 44
            c) § 434 I S. 2 Nr. 2 BGB 45
            d) Schlechter Ruf / Verdacht eines Mangels als Sachmangel 47
            e) Erweiterung von § 434 I S. 2 Nr. 2 BGB durch § 434 I S. 3 BGB 48
                aa) Grundsatz 48
                bb) Ausnahmen: § 434 I S. 3 BGB a.E. 49
            f) Maßgeblicher Zeitpunkt für das Vorliegen eines Sachmangels 52
            g) Sonderfall: Neuer Mangel nach Gefahrübergang 52
        2. § 434 II BGB 53
            a) § 434 II S. 1 BGB 53
            b) § 434 II S. 2 BGB, sog. IKEA-Klausel 55
        3. § 434 III BGB 57
            a) Lieferung eines aliud 57
                aa) Grundsätzliche Einordnung der Problematik 57
                bb) Aliud-Lieferung als Sachmangel, § 434 III BGB 58
            b) Zu-Wenig-Lieferung 64
    III. Rechtsmangel 67
        1. § 435 BGB 68
        2. § 436 BGB 74

IV. Anspruch auf Nacherfüllung, §§ 433 I S. 2, 437 Nr. 1, 439 BGB ... 75

1. Allgemeines ... 75
2. Vorrang des Nacherfüllungsanspruches ... 75
3. Überblick über die Anspruchsvoraussetzungen ... 76
4. Leistungsort für die Nacherfüllung ... 76
5. Gibt es einen Anspruch auf Nacherfüllung in Form der Nachlieferung bei der Stückschuld? ... 78
6. Arten der Nacherfüllung ... 85
    a) Beseitigung des Mangels bzw. „Nachbesserung", § 439 I Alt. 1 BGB ... 86
    b) Lieferung einer mangelfreien Sache bzw. „Nachlieferung", § 439 I Alt. 2 BGB ... 86
    c) Wahlrecht des Käufers ... 88
7. Unentgeltlichkeit der Nacherfüllung, § 439 II BGB ... 89
8. Selbstvornahme der Nacherfüllung durch den Käufer ... 91
9. Aufwendungsersatz für Aus- und Einbaukosten, § 439 III BGB ... 98
    a) Rechtslage bis zum 31.12.2017 ... 99
    b) Rechtslage seit dem 01.01.2018 ... 100
        aa) Keine Beschränkung auf den Verbrauchsgüterkauf ... 100
        bb) Aufwendungsersatzanspruch gem. § 439 III S. 1 BGB ... 100
        cc) Ausschluss des Anspruches gem. §§ 439 III S. 2, 442 I BGB ... 102
10. Verweigerungsrecht des Verkäufers, § 439 IV BGB ... 102
    a) Relative Grenze der Unverhältnismäßigkeit bzw. interner Kostenvergleich der Nacherfüllungsalternativen ... 105
    b) Absolute Grenze der Unverhältnismäßigkeit ... 106
        aa) Grundsätze zur absoluten Unverhältnismäßigkeit ... 106
        bb) Nach e.A. soll absolute Unverhältnismäßigkeit anhand von prozentualen Grenzwerten ermittelt werden ... 107
        cc) BGH lehnt Festlegung von Grenzwerten ab und stellt auf die Gesamtumstände des Einzelfalls ab ... 108
        dd) Auswirkung der absoluten Unverhältnismäßigkeit auf den Anspruch auf Schadensersatz statt der Leistung ... 109
        ee) Besonderheiten beim Verbrauchsgüterkauf: § 475 IV BGB ... 110
11. Verjährung des Nacherfüllungsanspruches gem. § 438 BGB ... 112
    a) § 438 I BGB ... 112
    b) § 438 III BGB bei Arglist des Verkäufers ... 116
    c) Verjährungsbeginn ... 119
    d) Hemmung und Neubeginn der Verjährung ... 120

V. Rücktritt ... 123

1. Allgemeines ... 123
2. Rücktritt nach §§ 437 Nr. 2 Alt. 1, 440, 323 BGB ... 123
    a) Gegenseitiger Vertrag ... 124
    b) Fällige und durchsetzbare Leistungspflicht des Verkäufers ... 124
    c) Behebbarer Mangel als Pflichtverletzung ... 125
    d) Setzung einer angemessenen Frist zur Nacherfüllung ... 126
        aa) Inhalt des Fristsetzungserfordernisses ... 126
        bb) Diese Rechtsprechung macht damit die richtlinienkonforme Auslegung beim Verbrauchsgüterkauf entbehrlich ... 128
        cc) Entbehrlichkeit der Fristsetzung ... 129
    e) Erfolgloser Fristablauf ... 135
    f) Eigene Vertragstreue des Käufers bzw. Einräumung einer Gelegenheit zur Nacherfüllung ... 135
    g) Keine Unerheblichkeit der Pflichtverletzung, § 323 V S. 2 BGB ... 136
        aa) Grundsätzlich gilt ein objektiver Maßstab ... 137
        bb) Ausnahmsweise ist auf die subjektive Erheblichkeit der Pflichtverletzung abzustellen ... 139
    h) Bei Teilleistung Interessenfortfall, § 323 V S. 1 BGB ... 140
    i) Kein Ausschluss des Rücktrittsrechts nach § 323 VI BGB ... 141
    j) Unwirksamkeit des Rücktrittsrechts wegen Verjährung des Nacherfüllungsanspruches, §§ 438 IV S. 1, 218 I BGB ... 142
3. Rücktritt nach § 324 BGB? ... 142
4. Rücktritt nach §§ 437 Nr. 2, 326 V BGB bei Unmöglichkeit der Nacherfüllung ... 143
    a) Gegenseitiger Vertrag ... 144
    b) Mangelhafte Leistung des Verkäufers ... 144

      c) Unmöglichkeit der Nacherfüllung 144
      d) Eigene Vertragstreue des Käufers..145
      e) Keine Unerheblichkeit i.S.d. §§ 326 V, 323 V S. 2 BGB.....................................146
      f) Kein Ausschluss des Rücktrittsrechts nach §§ 326 V, 323 VI BGB 146
      g) Kein Ausschluss des Rücktrittsrechts nach §§ 438 IV S. 1, 218 I S. 2 BGB 147
   5. Rechtsfolgen des wirksamen Rücktritts durch den Käufer..147
VI. Minderung.. 150
   1. Allgemeines..150
   2. Voraussetzungen der Minderung...151
   3. Rechtsfolgen einer wirksamen Minderung...152
VII. Mängeleinrede des Käufers 153
   1. Behebbare Mängel..154
   2. Unbehebbare Mängel 154
VIII. Schadensersatzansprüche des Käufers 155
   1. Anspruch des Käufers aus §§ 437 Nr. 3, 280 I BGB auf Schadensersatz neben der
      Leistung (sog. „Mangelfolgeschäden")..155
      a) Voraussetzungen 155
          aa) Lieferung einer mangelhaften Sache bzw. nicht ordnungsgemäße
              Nacherfüllung als Pflichtverletzung 158
          bb) Keine Widerlegung des vermuteten Vertretenmüssens des Verkäufers,
              § 280 I S. 2 BGB 158
          cc) Verjährung von Mangelfolgeschäden 163
      b) Ersatzfähiger Schaden..163
          aa) Abgrenzung zu § 437 Nr. 3 Alt. 1 BGB i.V.m. §§ 281 - 283, 311a II BGB 163
          bb) Ersatz der sog. Weiterfresserschäden 164
          cc) Ersatz des mangelbedingten Nutzungsausfallschadens...........................166
   2. Ansprüche des Käufers auf Schadensersatz statt der Leistung..................................171
      a) Einleitung..171
      b) Was ist der Bezugspunkt des Vertretenmüssens beim Schadensersatz statt
         der Leistung?..172
          aa) Anspruch auf Schadensersatz statt der Leistung gem. §§ 437 Nr. 3,
              311a II BGB..172
          bb) Anspruch auf Schadensersatz statt der Leistung gem. §§ 437 Nr. 3, 280 I,
              III, 283 BGB..173
          cc) Anspruch auf Schadensersatz statt der Leistung gem. §§ 437 Nr. 3, 280 I,
              III, 281 BGB..174
      c) Schadensersatz statt der Leistung wegen anfänglicher Unmöglichkeit der
         Nacherfüllung, §§ 437 Nr. 3, 311a II BGB 175
          aa) Voraussetzungen des Anspruches aus §§ 437 Nr. 3, 311a II BGB 175
          bb) Rechtsfolge: Schadensersatz statt der Leistung..178
      d) Schadensersatz statt der Leistung wegen nachträglicher Unmöglichkeit der
         Nacherfüllung, §§ 437 Nr. 3, 280 I, III, 283 BGB 179
          aa) Voraussetzungen..179
          bb) Rechtsfolge..181
      e) Anspruch des Käufers auf Schadensersatz statt der Leistung bei behebbaren
         Mängeln nach §§ 437 Nr. 3, 280 I, III, 281 BGB 182
          aa) Allgemeines 182
          bb) Voraussetzungen..182
          cc) Rechtsfolge 183
   3. Ersatz vergeblicher Aufwendungen, § 437 Nr. 3 BGB i.V.m. § 284 BGB......................185
IX. Rückgriff des Verkäufers beim Verkauf neu hergestellter Sachen, §§ 445a, 445b BGB 186
   1. § 445a I BGB: Selbständiger Regress 187
   2. § 445a II BGB: Unselbständiger Regress..187
   3. § 445a III BGB: Regress in der unternehmerischen Lieferkette 188
   4. Aber: Rügeobliegenheit nach § 377 HGB ist zu beachten, § 445a IV BGB 188
   5. Verjährung der Rückgriffsansprüche, § 445b BGB...188

X. Besonderheiten beim Rechtskauf und beim Kauf sonstiger Gegenstände 189
    1. Gegenstand des Kaufvertrages gem. § 453 BGB 189
    2. Pflichten beim Rechtskauf und Kauf sonstiger Gegenstände 189
        a) Verschaffungspflicht des Verkäufers 189
        b) Pflicht des Käufers zur Kaufpreiszahlung 191
        c) Pflicht des Verkäufers zur mangelfreien Leistung 191
        d) Sonderproblem 1: Garantiehaftung des Verkäufers beim Rechtskauf? 195
        e) Sonderproblem 2: Bonitätshaftung 196

XI. Ausschluss der Mängelrechte 197
    1. § 442 BGB 198
        a) Allgemeines 198
        b) § 442 I S. 1 BGB 198
        c) § 442 I S. 2 BGB 200
    2. Individualvertraglicher Ausschluss 201
        a) Haftungsausschluss grundsätzlich zulässig 201
        b) Unzulässigkeit des Haftungsausschlusses gem. § 444 BGB 202
            aa) Arglist des Verkäufers 202
            bb) Garantie des Verkäufers 205
    3. Haftungsausschluss bei nach Vertragsschluss auftretenden Mängeln 205
    4. Mängelrechte bei einem Haftungsausschluss in der „Veräußerungskette" 206
    5. Ausschluss durch Allgemeine Geschäftsbedingungen (AGB) 208
        a) § 309 Nr. 8b BGB beim Verkauf neuer Sachen 208
        b) § 309 Nr. 7 BGB beim Ausschluss von Schadensersatzansprüchen 208
        c) Haftungsausschluss gegenüber Unternehmern, §§ 307, 310 I BGB 209

XII. Genehmigungsfiktion des § 377 II HGB beim beiderseitigen Handelskauf 209
    1. Voraussetzungen des Ausschlusses der Mängelrechte nach § 377 II HGB 210
        a) Vorliegen eines beiderseitigen Handelskaufes 210
        b) Ablieferung der Ware 211
        c) Vorliegen eines Sach- oder Rechtsmangels 211
        d) Verletzung der Untersuchungs- und Rügeobliegenheit durch den Käufer 212
        e) Keine Arglist des Verkäufers, § 377 V HGB 213
    2. Rechtsfolgen des § 377 II HGB 213

XIII. Rechte des Käufers vor Gefahrübergang 214

IX. Konkurrenzen 215
    1. Anfechtung nach § 119 I BGB oder § 123 BGB 215
    2. Anfechtung nach § 119 II BGB 216
        a) Anfechtungsrecht des Käufers 216
        b) Anfechtungsrecht des Verkäufers 217
    3. Verhältnis zum allgemeinen Leistungsstörungsrecht 218
    4. Verhältnis zum Anspruch auf Schadensersatz aus c.i.c. gemäß §§ 280 I,
        311 II BGB 219

E) Besonderheiten beim Kauf unter Eigentumsvorbehalt **220**

I. Vereinbarung und Auswirkung des Eigentumsvorbehalts 220
    1. Schutz des Verkäufers 222
        a) Sicherung des Herausgabeanspruches 222
        b) Problem: Verjährung der Kaufpreisforderung 222
        c) Herausgabeansprüche des Verkäufers 224
    2. Schutz des Käufers 224

II. Besondere Arten des Eigentumsvorbehalts 225
    1. Weitergeleiteter Eigentumsvorbehalt 225
    2. Nachgeschalteter Eigentumsvorbehalt 226
    3. Verlängerter Eigentumsvorbehalt 226
    4. Kontokorrentvorbehalt 227
    5. Konzernvorbehalt 227

F) Besondere Arten des Kaufes ... 228

I. Kauf auf Probe, §§ 454 f. BGB ... 228

II. Ähnliche, gesetzlich nicht geregelte Formen des Kaufes ... 230

    1. Kauf zur Probe ... 230

    2. Prüfungs- und Erprobungskauf ... 230

    3. Kauf mit Umtauschvorbehalt ... 231

III. Wiederkauf, §§ 456 ff. BGB ... 231

IV. Vorkauf ... 233

    1. Entstehung des Vorkaufsrechtes ... 234

    2. Eintritt des Vorkaufsfalles ... 234

    3. Ordnungsgemäße Ausübung des Vorkaufsrechtes ... 235

    4. Rechtsfolgen ... 235

V. Optionsrecht, Vorhand und Vorvertrag ... 237

G) Verbrauchsgüterkauf, §§ 474 ff. BGB ... 237

I. Allgemeines ... 237

    1. Persönlicher Anwendungsbereich ... 238

        a) Verbraucher, § 13 BGB ... 238

        b) Unternehmer, § 14 BGB ... 238

        c) Sonderfall Nr. 1: Die vorgetäuschte Unternehmereigenschaft eines Verbrauchers ... 239

        d) Sonderfall Nr. 2: Doppelter Nutzungszweck des Käufers („Dual use") ... 240

        e) Sonderfall Nr. 3: Branchenfremder Verkauf durch Unternehmer ... 241

        f) Sonderfall Nr. 4: Vom Unternehmer als Verkäufer vorgeschobener Verbraucher ... 243

    2. Sachlicher Anwendungsbereich des Verbrauchsgüterkaufes ... 244

II. Einschränkung abweichender Vereinbarungen, § 476 BGB ... 245

    1. § 476 I, III BGB ... 245

    2. § 476 II BGB ... 248

III. Beweislastumkehr, § 477 BGB ... 251

    1. Reichweite der Beweislastumkehr ... 252

    2. Anwendbarkeit des § 477 BGB bei Einbau der gekauften Sache durch Dritte ... 255

    3. Vereinbarkeit der Vermutung mit Art der Sache und des Mangels ... 255

        a) Vereinbarkeit der Vermutung mit Art der Sache ... 255

        b) Vereinbarkeit der Vermutung mit Art des Mangels ... 256

            aa) Vereinbarkeit mit Mängeln, die jederzeit aufgetreten sein können ... 257

            bb) Vereinbarkeit mit Tierkrankheiten ... 257

IV. Gefahrübergang ... 258

V. Sonderbestimmung für Garantien, § 479 BGB ... 258

VI. Sonderbestimmungen für den Unternehmerregress, § 478 BGB ... 259

    1. Beweislastumkehr gem. §§ 478 I, 477 BGB ... 260

    2. Eingeschränkte Abdingbarkeit gem. § 478 II BGB ... 260

    3. Erstreckung auf die Lieferkette, § 478 III BGB ... 261

    4. Kombination mit Streitverkündung, §§ 72 ff. ZPO ... 261

§ 2 WERKVERTRAG ... 263

A) Inhalt, Begriff und Zustandekommen ... 263

I. Inhalt des Werkvertrages ... 263

II. Abgrenzung zum Kaufvertrag, § 650 BGB ... 264

III. Vergütung ... 264

B) Die Pflicht des Werkunternehmers und ihre Nichterfüllung 265

I. Durchsetzung des Anspruches aus § 631 I BGB durch den Besteller 266
II. Rechte des Bestellers bei Nichtleistung wegen (vollständiger) Unmöglichkeit 266
III. Rechte des Bestellers bei (vollständiger) Nichtleistung trotz Möglichkeit 267

C) Pflichten des Bestellers und deren Nichterfüllung 267

I. Pflicht zur Vergütung 267
1. Inhalt 267
2. Auswirkung der Unmöglichkeit der Werkleistung auf die Vergütungspflicht 269
3. Fälligkeit des Werklohnes auch ohne Abnahme bzw. Abnahmefiktion 271
II. Pflicht zur Abnahme 272

D) Rechte des Bestellers bei Sach- und Rechtsmängeln 273

I. Überblick 273
1. Sachmangel 274
a) Maßgeblicher Zeitpunkt: Mangel zur Zeit der Abnahme 274
b) Mangelbegriff, § 633 II S. 1 und S. 2 BGB 276
2. Aliud / Zuwenigherstellung, § 633 II S. 3 BGB 277
3. Rechtsmangel, § 633 III BGB 278
II. Anspruch auf Nacherfüllung, §§ 633 I, 634 Nr. 1, 635 BGB 279
1. Überblick über die Anspruchsvoraussetzungen 279
2. Inhalt des Nacherfüllungsanspruches, §§ 633 I, 634 Nr. 1, 635 BGB 279
3. Wahlrecht des Werkunternehmers 280
4. Verweigerungsrecht des Werkunternehmers, § 635 III BGB 280
5. Rückgewähranspruch des Unternehmers, § 635 IV BGB 281
III. Selbstvornahme, §§ 634 Nr. 2, 637 BGB 281
1. Inhalt des Anspruchs auf Aufwendungsersatz 281
2. Erfolgloser Ablauf einer angemessenen Frist 281
3. Entbehrlichkeit der Fristsetzung 282
4. Berechtigte Verweigerung des Unternehmers 283
5. Anspruch auf Kostenvorschuss, § 637 III BGB 283
IV. Rücktritt, §§ 634 Nr. 3 Alt. 1, 636, 323, 326 V BGB 283
1. Rücktritt nach §§ 634 Nr. 3 Alt. 1, 636, 323 BGB 284
2. Rücktritt nach § 326 V BGB bei Unmöglichkeit der Nacherfüllung 285
3. Rechtsfolgen des wirksamen Rücktritts 286
V. Minderung, §§ 634 Nr. 3 Alt. 2, 638 BGB 287
VI. Schadensersatz, §§ 634 Nr. 4 Alt. 1, 636, 280, 281, 283, 311a II BGB 288
1. Ersatz der Mangelfolgeschäden - bzw. Schadensersatz neben der Leistung (sog. Begleitschaden), §§ 634 Nr. 4 Alt. 1, 280 I BGB 289
2. Ersatz des Verzögerungsschadens, §§ 634 Nr. 4 Alt. 1, 280 I, II, 286 BGB 290
3. Ersatz der Mangelschäden bzw. Schadensersatz statt der Leistung, §§ 634 Nr. 4 Alt. 1, 280 I, III, 281 BGB 290
4. Schadensersatz statt der Leistung bei Unmöglichkeit der Nacherfüllung, §§ 634 Nr. 4 Alt. 1, 280 I, III, 283 bzw. 311a BGB 291
VII. Aufwendungsersatz, §§ 634 Nr. 4 Alt. 2, 284 BGB 292
VIII. Ausschluss der Mängelrechte 292
1. Gesetzlicher Ausschluss, § 640 III BGB 292
2. Vertraglicher Ausschluss, § 639 BGB 292
IX. Verjährung, § 634a BGB 293

E) Weitere Rechte des Bestellers 297

    I. „Freies" Kündigungsrecht nach § 648 BGB 297

    II. Kündigung aus wichtigem Grund nach § 648a BGB 298

F) Weitere Rechte des Werkunternehmers 299

    I. Werkunternehmerpfandrecht, § 647 BGB 299

        1. Voraussetzungen 299

        2. Rechtsfolgen 302

    II. Kündigungsrecht des Werkunternehmers, § 643 BGB 303

    III. Kündigung aus wichtigem Grund nach § 648a BGB 303

G) VOB/B-Vertrag 303

H) Anwendbarkeit des Kaufrechts, § 650 BGB 304

    I. Voraussetzungen 304

    II. Rechtsfolgen 305

    III. Sonderproblem: Software-Vertrag 307

        1. Lieferung von Standardsoftware 307

        2. Lieferung von Individualsoftware und die Anpassung von Standardsoftware an Kundenwünsche 307

I) Der Bauvertrag, §§ 650a ff. BGB 308

    I. Vorliegen eines Bauvertrages i.S.d. § 650a BGB 308

    II. Nachträgliche Anpassung des Vertrages, §§ 650b, c BGB 308

    III. Zustandsfeststellung bei Verweigerung der Abnahme, § 650g BGB 310

    IV. Schlussrechnung als zusätzliche Fälligkeitsvoraussetzung neben der Abnahme, § 650g IV BGB 311

J) Der Verbraucherbauvertrag, §§ 650i ff. BGB 311

K) Architektenvertrag und Ingenieurvertrag, §§ 650p ff. BGB 313

L) Bauträgervertrag, §§ 650u, 650v BGB 315

Kommentare

Baumbach/Hopt — Kommentar zum Handelsgesetzbuch

Münchener Kommentar — Kommentar zum Bürgerlichen Gesetzbuch

Palandt — Kommentar zum Bürgerlichen Gesetzbuch

Thomas/Putzo — Kommentar zur Zivilprozessordnung

Lehrbücher

Dauner-Lieb/Arnold — Das neue Schuldrecht, Fälle und Lösungen

Huber/Faust — Schuldrechtsmodernisierung

Larenz — Lehrbuch des Schuldrechts Band 2

Lorenz/Riehm — Lehrbuch zum neuen Schuldrecht

Medicus/Petersen — Bürgerliches Recht

Reinicke/Tiedtke — Kaufrecht

Weitere Nachweise (insbesondere auf Aufsätze) in den Fußnoten.

KURZKOMMENTIERUNG DER NEUERUNGEN ZUM 01.01.2018[1]

Reform des Bauvertragsrechts und des kaufrechtlichen Mängelrechts zum 01.01.2018

Am 18.05.2016 wurde dem Bundestag der Entwurf eines Gesetzes zur Reform des Bauvertragsrechts und zur Änderung der kaufrechtlichen Mängelhaftung mit der Bitte um entsprechende Beschlussfassung vorgelegt.

Dieses Gesetz, das ursprünglich schon zum 01.01.2017 in Kraft treten sollte, wurde vom Deutschen Bundestag am 09.03.2017 beschlossen, vom Bundesrat am 31.03.2017 gebilligt, am 28.04.2017 ausgefertigt und im Bundesgesetzblatt vom 04.05.2017 veröffentlicht.[2]

Anwendbar auf Schuldverhältnisse, die nach dem 31.12.2017 entstanden sind, Art. 229 § 39 EGBGB

Das Gesetz tritt mit Wirkung zum **01.01.2018** in Kraft. Für Schuldverhältnisse, die vor dem 01.01.2018 entstanden sind, gelten gem. **Art. 229 § 39 EGBGB** die neuen Regelungen nicht.

In diesem Skript wird nur noch die neue Rechtslage dargestellt und an den Stellen, an denen es für das Verständnis wichtig ist, auf die bisherige Rechtslage kurz verwiesen.

Zum besseren Überblick haben wir für Sie daher am Anfang des Skripts die geänderten Vorschriften im Vergleich zur bisherigen Gesetzeslage kurz kommentiert.

Fassung ab 01.01.2018	Kurze Kommentierung
Änderungen im BGB	
§ 218 BGB **Unwirksamkeit des Rücktritts** In **§ 218 I S. 2 BGB** wird das Zitat der Vorschrift § 439 III BGB in § 439 IV BGB geändert.	In § 439 BGB wurde ein neuer Absatz 3 eingefügt. Der bisherige Absatz 3 wurde damit zu Absatz 4. Bei der Änderung in **§ 218 I S. 2 BGB** handelt es sich daher lediglich um eine redaktionelle Anpassung.
§ 309 BGB **Klauselverbote ohne Wertungsmöglichkeit** ... Nr. 8b (Mängel) cc) (Aufwendungen bei Nacherfüllung) die Verpflichtung des Verwenders ausgeschlossen oder beschränkt wird, die zum Zweck der Nacherfüllung erforderlichen Aufwendungen <u>nach § 439 Absatz 2 und 3 oder § 635 Absatz 2 zu tragen oder zu ersetzen</u>; ... Nr. 15 (Abschlagszahlungen und Sicherheitsleistung) eine Bestimmung, nach der der Verwender bei einem Werkvertrag a) für Teilleistungen Abschlagszahlungen vom anderen Vertragsteil verlangen kann, die wesentlich höher sind als die nach § 632a Absatz 1 und § 650m Absatz 1 zu leistenden Abschlagszahlungen, oder b) die Sicherheitsleistung nach § 650m Absatz 2 nicht oder nur in geringerer Höhe leisten muss."	Das Klauselverbot des **§ 309 Nr. 8b lit. cc BGB** soll dahingehend ergänzt werden, dass es auch die Verpflichtung des Verkäufers zur Vornahme von Aus- und Einbauleistungen oder den Anspruch des Käufers auf Aufwendungsersatz hierfür erfasst, die neu in **§ 439 III BGB** eingefügt wird. § 635 II BGB enthält für das Werkvertragsrecht die Entsprechung zu § 439 II, III BGB n.F., wonach die zum Zweck der Nacherfüllung erforderlichen Aufwendungen vom Unternehmer zu tragen sind. Der Katalog der unwirksamen Klauseln in AGB in § 309 wird um eine **Nummer 15** (Abschlagszahlungen und Sicherheitsleistung) ergänzt. Auf diese Weise soll verhindert werden, dass die dem Schutz des Bestellers dienenden Vorschriften des bisherigen § 632a BGB und des künftigen **§ 650m BGB n.F.** über Abschlagszahlungen und Sicherheiten bei Verbraucherverträgen durch AGB zu Lasten des Verbrauchers unangemessen eingeschränkt werden können.
§ 312 BGB **Anwendungsbereich** (1) unverändert (2) Nr. 1 und 2 und Nr. 4 bis 13 unverändert. 3. Verbraucherbauverträge nach § 650i Absatz 1". (3) bis (6) unverändert	Es handelt sich um eine redaktionelle Folgeänderung und Vereinfachung der Ausnahmevorschrift des § 312 II Nr. 3 BGB, die durch die Definition des Verbraucherbauvertrags in **§ 650i BGB n.F.** möglich wurde. Mit dieser Definition werden genau diejenigen Verträge erfasst, die bereits nach dem bisherigen § 312 II Nr. 3 BGB vom Anwendungsbereich der Vorschriften über Verbraucherverträge ausgenommen waren. Eine inhaltliche Änderung ist damit nicht verbunden.

---

[1] Zur ausführlichen Kommentierung der Änderungen im Kaufrecht vgl. **Tyroller, Life&Law 10/2016, 727 ff.** sowie **Life&Law 5/2017, 297 f.**
Zur ausführlichen Kommentierung der Änderungen im Werkvertragsrecht vgl. **Tyroller, Life&Law 6/2017, 423 ff.**

[2] BGBl. I, S. 969 ff. (Nr. 23).

§ 356e BGB
Widerrufsrecht bei Verbraucherbauverträgen

¹Bei einem Verbraucherbauvertrag (§ 650i Absatz 1) beginnt die Widerrufsfrist nicht, bevor der Unternehmer den Verbraucher gemäß Artikel 249 § 3 des Einführungsgesetzes zum Bürgerlichen Gesetzbuche über sein Widerrufsrecht belehrt hat. ²Das Widerrufsrecht erlischt spätestens zwölf Monate und 14 Tage nach dem in § 355 Absatz 2 Satz 2 genannten Zeitpunkt.

Die Vorschrift des **§ 356d BGB n.F.** enthält ergänzende Regelungen zu **§ 650I BGB n.F.**, mit dem für Verbraucherbauverträge ein Widerrufsrecht nach § 355 BGB eingeführt wird. Sie sieht vor, dass die Widerrufsfrist des § 355 II BGB nicht beginnt, bevor der Unternehmer den Verbraucher entsprechend dem neuen **Artikel 249 § 3 EGBGB n.F.** unterrichtet hat.

§ 357d BGB
Rechtsfolgen des Widerrufs bei Verbraucherbauverträgen

¹Ist die Rückgewähr der bis zum Widerruf erbrachten Leistung ihrer Natur nach ausgeschlossen, schuldet der Verbraucher dem Unternehmer Wertersatz. ²Bei der Berechnung des Wertersatzes ist die vereinbarte Vergütung zugrunde zu legen. ³Ist die vereinbarte Vergütung unverhältnismäßig hoch, ist der Wertersatz auf der Grundlage des Marktwertes der erbrachten Leistung zu berechnen."

§ 357d BGB n.F. ergänzt für die Rechtsfolgen des Widerrufs § 355 III BGB. Es wurde eine Wertersatzpflicht gegenüber dem Unternehmer für die erbrachte Leistung normiert, wobei für die Berechnung nach **§ 357d S. 2 BGB n.F.** die vereinbarte Vergütung zugrunde zu legen ist. Wenn die vereinbarte Vergütung unverhältnismäßig hoch ist, ist der Wertersatz auf der Grundlage des Marktwertes zu berechnen, **§ 357d S. 3 BGB n.F.**

Titel 1. Kauf, Tausch

§ 439 BGB
Nacherfüllung

(1) unverändert

(2) unverändert

(3) ¹*Hat der Käufer die mangelhafte Sache gemäß ihrer Art und ihrem Verwendungszweck in eine andere Sache eingebaut oder an eine andere Sache angebracht, ist der Verkäufer im Rahmen der Nacherfüllung verpflichtet, dem Käufer die erforderlichen Aufwendungen für das Entfernen der mangelhaften und den Einbau oder das Anbringen der nachgebesserten oder gelieferten mangelfreien Sache zu ersetzen.*
²*§ 442 Absatz 1 ist mit der Maßgabe anzuwenden, dass für die Kenntnis des Käufers an die Stelle des Vertragsschlusses der Einbau oder das Anbringen der mangelhaften Sache durch den Käufer tritt.*

(4) bisheriger Absatz 3.

(5) bisheriger Absatz 4.

§ 439 III S. 1 BGB bestimmt in Umsetzung der EuGH-Rechtsprechung, dass der Anspruch des Käufers auf Nacherfüllung nach § 439 I BGB auch den Ausbau der gekauften mangelhaften und den Einbau der nachzubessernden oder als Ersatz zu liefernden Sache umfasst, wenn der Käufer die gekaufte Sache ihrer Art und ihrem Verwendungszweck gemäß in eine andere Sache eingebaut hat. Der **Käufer hat einen vom Vertretenmüssen unabhängigen Aufwendungsersatzanspruch** und damit insoweit auch ein **Selbstvornahmerecht**. Durch die Regelung in § 439 BGB außerhalb der Vorschriften zum Verbrauchsgüterkauf (§§ 474 ff. BGB) wird klargestellt, dass diese **Verpflichtung auch gegenüber einem unternehmerischen Käufer** besteht.

Grund für die Ausdehnung: Der BGH hat die Grundsätze des EuGH-Urteils auf den Verbrauchsgüterkauf beschränkt.

§ 439 III S. 2 BGB bestimmt, dass dem Käufer der Anspruch nach § 439 III S. 1 BGB nicht zusteht, wenn ihm die Mangelhaftigkeit beim Einbau der mangelhaften Sache bekannt war, § 442 I S. 1 BGB.

§ 440 BGB
Besondere Bestimmungen für Rücktritt und Schadensersatz

¹Außer in den Fällen des § 281 Abs**atz** 2 und des § 323 Abs**atz** 2 bedarf es der Fristsetzung auch dann nicht, wenn der Verkäufer beide Arten der Nacherfüllung gemäß § 439 Absatz 4 verweigert oder wenn die dem Käufer zustehende Art der Nacherfüllung fehlgeschlagen oder ihm unzumutbar ist. ² ... (unverändert)

In **§ 440 S. 1 BGB** wird eine sprachliche Bereinigung bei Gelegenheit des Änderungsvorhabens vorgenommen. Anstelle der Abkürzung „Abs." wird das Wort „Absatz" nun ausgeschrieben. Außerdem wird als Folgeänderung zu **§ 439 BGB** die bisherige Angabe „§ 439 Absatz 3" durch „§ 439 Absatz 4" ersetzt.

§ 445a BGB
Rückgriff des Verkäufers

(1) ¹*Der Verkäufer kann beim Verkauf einer neu hergestellten Sache von dem Verkäufer, der ihm die Sache verkauft hatte (Lieferant), Ersatz der Aufwendungen verlangen, die er im Verhältnis zum Käufer nach § 439 Absatz 2 und 3 sowie § 475 Absatz 4 und 6 zu tragen hatte, wenn der vom Käufer geltend gemachte Mangel bereits beim Übergang der Gefahr auf den Verkäufer vorhanden war.*

(2) *Für die in § 437 bezeichneten Rechte des Verkäufers gegen seinen Lieferanten bedarf es wegen des vom Käufer geltend gemachten Mangels der sonst erforderlichen Fristsetzung nicht, wenn der Verkäufer die verkaufte neu hergestellte Sache als Folge ihrer Mangelhaftigkeit zurücknehmen musste oder der Käufer den Kaufpreis gemindert hat.*

(3) *Die Absätze 1 und 2 finden auf die Ansprüche des Lieferanten und der übrigen Käufer in der Lieferkette gegen die jeweiligen Verkäufer entsprechende Anwendung, wenn die Schuldner Unternehmer sind.*

(4) *§ 377 des Handelsgesetzbuchs bleibt unberührt.*

Aufgrund der Neuregelung des **§ 439 III S. 1 BGB** werden die Verkäufer von Baumaterialien und anderen Gegenständen weitaus häufiger als derzeit Ansprüchen auf Ersatz von Aus- und Einbaukosten und anderen Aufwendungsersatzansprüchen ausgesetzt sein. Diese Ansprüche können einen erheblichen Umfang haben. Ein Ausgleich für diese ausgeweitete Mängelhaftung soll dadurch erreicht werden, dass gem. § 445a BGB auch die Regressmöglichkeiten verbessert werden, was bislang gem. § 478 BGB nur dann der Fall war, wenn der Unternehmer von einem Verbraucher in Anspruch genommen wurde. Der Letztverkäufer und die Zwischenhändler sollen die Aufwendungen, die ihnen bei der Erfüllung ihrer Nacherfüllungspflichten entstehen, über Regressvorschriften in der Lieferkette **möglichst bis zum Verursacher des Mangels weiterreichen können**. § 445a BGB entspricht inhaltlich weitgehend dem bisherigen § 478 BGB beim Verbrauchsgüterkauf. In der Neufassung des § 478 BGB sind Sonderbestimmungen für den Rückgriff des Unternehmers beim Verbrauchsgüterkauf geregelt.

§ 445b BGB
Verjährung von Rückgriffsansprüchen

(1) *Die in § 445a Absatz 1 bestimmten Aufwendungsersatzansprüche verjähren in zwei Jahren ab Ablieferung der Sache.*

(2) ¹*Die Verjährung der in den §§ 437 und 445a Absatz 1 bestimmten Ansprüche des Verkäufers gegen seinen Lieferanten wegen des Mangels einer verkauften neu hergestellten Sache tritt frühestens*

§ 445b BGB entspricht weitgehend § 479 BGB a.F. im Recht des Verbrauchsgüterkaufs.

Aufgrund der Ausweitung des Anwendungsbereichs des Rückgriffs des Verkäufers war der Standort der Regelung entsprechend anzupassen.

zwei Monate nach dem Zeitpunkt ein, in dem der Verkäufer die Ansprüche des Käufers erfüllt hat. ²Diese Ablaufhemmung endet spätestens fünf Jahre nach dem Zeitpunkt, in dem der Lieferant die Sache dem Verkäufer abgeliefert hat. (3) Die Absätze 1 und 2 finden auf die Ansprüche des Lieferanten und der übrigen Käufer in der Lieferkette gegen die jeweiligen Verkäufer entsprechende Anwendung, wenn die Schuldner Unternehmer sind.	Die Verjährung des selbstständigen Regressanspruchs des Verkäufers nach § 445a I BGB wird nicht von § 438 BGB erfasst. § 445b I BGB enthält eine eigenständige Verjährungsregel für diesen Regressanspruch.
§ 474 BGB **Verbrauchsgüterkauf** *(1) und (2) unverändert* *(3) bis (5) gestrichen*	**§ 474 BGB** enthält nunmehr aus Gründen der Übersichtlichkeit allein die Definition des Verbrauchsgüterkaufs (Abs. 1) und die Klarstellung, dass hierfür ergänzend die Vorschriften dieses Untertitels gelten (Abs. 2). Die gestrichenen Absätze 3 bis 5 werden in **§ 475 BGB** zusammengefasst.
§ 475 BGB **Anwendbare Vorschriften** *(1) ¹Ist eine Zeit für die nach § 433 zu erbringenden Leistungen weder bestimmt noch aus den Umständen zu entnehmen, so kann der Gläubiger diese Leistungen abweichend von § 271 Absatz 1 nur unverzüglich verlangen. ²Der Unternehmer muss die Sache in diesem Fall spätestens 30 Tage nach Vertragsschluss übergeben. ³Die Vertragsparteien können die Leistungen sofort bewirken.* *(2) § 447 Absatz 1 gilt mit der Maßgabe, dass die Gefahr des zufälligen Untergangs und der zufälligen Verschlechterung nur dann auf den Käufer übergeht, wenn der Käufer den Spediteur, den Frachtführer oder die sonst zur Ausführung der Versendung bestimmte Person oder Anstalt mit der Ausführung beauftragt hat und der Unternehmer dem Käufer diese Person oder Anstalt nicht zuvor benannt hat.* *(3) ¹§ 439 Absatz 5 ist mit der Maßgabe anzuwenden, dass Nutzungen nicht herauszugeben oder durch ihren Wert zu ersetzen sind. ²Die §§ 445 und 447 Absatz 2 sind nicht anzuwenden.* *(4) ¹Ist die eine Art der Nacherfüllung nach § 275 Absatz 1 ausgeschlossen oder kann der Unternehmer diese nach § 275 Absatz 2 oder 3 oder § 439 Absatz 4 Satz 1 verweigern, kann er die andere Art der Nacherfüllung nicht wegen Unverhältnismäßigkeit der Kosten nach § 439 Absatz 4 Satz 1 verweigern. ²Ist die andere Art der Nacherfüllung wegen der Höhe der Aufwendungen nach § 439 Absatz 2 oder Absatz 3 Satz 1 unverhältnismäßig, kann der Unternehmer den Aufwendungsersatz auf einen angemessenen Betrag beschränken. ³Bei der Bemessung dieses Betrages sind insbesondere der Wert der Sache in mangelfreiem Zustand und die Bedeutung des Mangels zu berücksichtigen.* *(5) § 440 Satz 1 ist auch in den Fällen anzuwenden, in denen der Verkäufer die Nacherfüllung gemäß Absatz 4 Satz 2 beschränkt.* *(6) Der Verbraucher kann von dem Unternehmer für Aufwendungen, die ihm im Rahmen der Nacherfüllung gemäß § 439 Absatz 2 und 3 entstehen und die vom Unternehmer zu tragen sind, Vorschuss verlangen.*	§ 474 III BGB a.F. wurde zu **§ 475 I BGB**. § 474 IV BGB a.F. wurde zu **§ 475 II BGB**. § 474 V BGB a.F. entspricht **§ 475 III BGB**. Die Norm wurde lediglich redaktionell an die neue Reihenfolge in § 439 BGB angepasst. Aus dem Zitat des bisherigen § 439 IV BGB wurde **§ 439 V BGB**. **Die wichtigste Änderung enthält § 475 IV BGB:** **1. Beschränkung des Leistungsverweigerungsrechts** **§ 475 IV S. 1 BGB** stellt eine Sonderbestimmung zu § 439 IV BGB für das Recht der Verbrauchsgüterkäufe dar und **schließt die Leistungsverweigerung** des Verkäufers **wegen** einer **absoluten** Unverhältnismäßigkeit **aus**. **§ 475 IV S. 2 BGB** schafft für den Unternehmer (Verkäufer) ein als Einrede ausgestaltetes, beschränktes Leistungsverweigerungsrecht. Die Regelung setzt Art. 3 III UA 2 der Verbrauchsgüterkaufrichtlinie (VGK-RL) und das Urteil des EuGH vom 16.06.2011 um.[3] **2. Berechnung des angemessenen Betrages** **§ 475 IV S. 3 BGB** regelt die Berechnung des angemessenen Betrages für den Fall, dass der Verkäufer den Aufwendungsersatz darauf beschränken kann. Maßgeblich für die Berechnung des angemessenen Betrages sind insbesondere der Wert, den die Kaufsache hätte, wenn sie mangelfrei wäre, und die Bedeutung des Mangels. **3. Entbehrlichkeit der Fristsetzung** In **§ 475 V BGB** wird auf § 440 S. 1 BGB verwiesen. Macht der Unternehmer von seinem beschränkten Leistungsverweigerungsrecht nach **§ 475 IV S. 2 BGB** Gebrauch, kann der Verbraucher unter den Voraussetzungen des § 440 S. 1 BGB ohne Nachfristsetzung sogleich – statt einer Nacherfüllung – eine angemessene Minderung des Kaufpreises verlangen oder vom Vertrag zurücktreten. Einschlägig sein wird regelmäßig § 440 S. 1 Var. 3 BGB. **4. Vorschussanspruch des Verbrauchers** **§ 475 VI BGB** enthält einen Vorschussanspruch des Verbrauchers gegenüber dem Unternehmer für Aufwendungen, die ihm im Rahmen der Nacherfüllung gemäß § 439 II, III S. 1 BGB entstehen und die vom Unternehmer zu tragen sind.
§ 476 BGB **Abweichende Vereinbarungen** *(1) Auf eine vor Mitteilung eines Mangels an den Unternehmer getroffene Vereinbarung, die zum Nachteil des Verbrauchers von den §§ 433 bis 435, 437, 439 bis 443 sowie von den Vorschriften dieses Untertitels abweicht, kann der Unternehmer sich nicht berufen. Die in Satz 1 bezeichneten Vorschriften finden auch Anwendung, wenn sie durch anderweitige Gestaltungen umgangen werden.* *(2) Die Verjährung der in § 437 bezeichneten Ansprüche kann vor Mitteilung eines Mangels an den Unternehmer nicht durch Rechtsgeschäft erleichtert werden, wenn die Vereinbarung zu einer Verjährungsfrist ab dem gesetzlichen Verjährungsbeginn von weniger als zwei Jahren, bei gebrauchten Sachen von weniger als einem Jahr führt.* *(3) Die Absätze 1 und 2 gelten unbeschadet der §§ 307 bis 309 nicht für den Ausschluss oder die Beschränkung des Anspruchs auf Schadensersatz.*	Es handelt sich lediglich um eine redaktionelle Folgeänderung aufgrund des Einschubs des **§ 475 BGB**. Dadurch wurde das bislang in § 475 BGB enthaltene Verbot, von §§ 433 bis 435, 437, 439 bis 443 BGB sowie von den Vorschriften dieses Untertitels abweichende Vereinbarungen zu treffen, in **§ 476 BGB** verschoben. Der Inhalt der Vorschrift bleibt aber unverändert.

---

[3] EuGH, **Life&Law 08/2011**, 537 ff. = NJW 2011, 2269 ff. = **juris**byhemmer. **(Wenn dieses Logo hinter einer Fundstelle abgedruckt wird, finden Sie die Entscheidung online unter „juris by hemmer": www.hemmer.de).**

§ 477 BGB ~~Sonderbestimmungen für Garantien~~	Der Regelungsgehalt des bisherigen § 477 BGB wird von **§ 479 BGB** aufgenommen.
§ 477 BGB **Beweislastumkehr** *Zeigt sich innerhalb von sechs Monaten seit Gefahrübergang ein Sachmangel, so wird vermutet, dass die Sache bereits bei Gefahrübergang mangelhaft war, es sei denn, diese Vermutung ist mit der Art der Sache oder des Mangels unvereinbar.*	Es handelt sich lediglich um eine redaktionelle Folgeänderung aufgrund des Einschubs des **§ 475 BGB**. Dadurch wurde die in § 476 BGB enthaltene Beweislastumkehr in **§ 477 BGB** verschoben. Der Inhalt der Vorschrift bleibt unverändert.
§ 478 BGB **Sonderbestimmungen für den Rückgriff des Unternehmers** **(1)** <u>Ist der letzte Vertrag in der Lieferkette ein Verbrauchsgüterkauf (§ 474)</u>, findet <u>§ 477 in den Fällen des § 445a Absatz 1 und 2</u> mit der Maßgabe Anwendung, dass die Frist mit dem Übergang der Gefahr auf den Verbraucher beginnt. **(2)** ¹Auf eine vor Mitteilung eines Mangels an den Lieferanten getroffene Vereinbarung, die zum Nachteil des Unternehmers von **Absatz 1 sowie** von den §§ 433 bis 435, 437, 439 bis 443, **445a Absatz 1 und 2 sowie von § 445b abweicht**, kann sich der Lieferant nicht berufen, wenn dem Rückgriffsgläubiger kein gleichwertiger Ausgleich eingeräumt wird. ²Satz 1 gilt unbeschadet des § 307 nicht für den Ausschluss oder die Beschränkung des Anspruchs auf Schadensersatz. ³Die in Satz 1 bezeichneten Vorschriften finden auch Anwendung, wenn sie durch anderweitige Gestaltungen umgangen werden. **(3)** Die **Absätze 1 und 2** finden auf die Ansprüche des Lieferanten und der übrigen Käufer in der Lieferkette gegen die jeweiligen Verkäufer entsprechende Anwendung, wenn die Schuldner Unternehmer sind.	**1. Zu den Streichungen im bisherigen § 478 BGB:** § 478 I BGB wurde gestrichen. Der unselbstständige Regress ist jetzt in **§ 445a II BGB** geregelt. § 478 II BGB wurde gestrichen. Der selbstständige Regress ist nun in **§ 445a I BGB** geregelt. Die bisher in § 478 VI BGB enthaltene Verweisung auf die Vorschrift des § 377 HGB ist nun in **§ 445a III BGB** enthalten, sodass § 478 VI BGB gestrichen wurde. **2. Zu den Regelungen in § 478 BGB:** **§ 478 I BGB** entspricht inhaltlich unverändert dem bisherigen § 478 III BGB. **§ 478 II BGB** entspricht dem bisherigen § 478 IV BGB. Es sind lediglich redaktionelle Anpassungen vorgenommen worden. **§ 478 III BGB** entspricht der bislang geltenden Regelung des § 478 V BGB. Es handelt sich um Folgeänderungen wegen der vorstehenden Aufhebungen und Verschiebungen.
§ 479 BGB **Sonderbestimmungen für Garantien** ¹Eine Garantieerklärung (§ 443) muss einfach und verständlich abgefasst sein. ²Sie muss enthalten: 1. den Hinweis auf die gesetzlichen Rechte des Verbrauchers sowie darauf, dass sie durch die Garantie nicht eingeschränkt werden, und 2. den Inhalt der Garantie und alle wesentlichen Angaben, die für die Geltendmachung der Garantie erforderlich sind, insbesondere die Dauer und den räumlichen Geltungsbereich des Garantieschutzes sowie Namen und Anschrift des Garantiegebers. (2) Der Verbraucher kann verlangen, dass ihm die Garantieerklärung in Textform mitgeteilt wird. (3) Die Wirksamkeit der Garantieverpflichtung wird nicht dadurch berührt, dass eine der vorstehenden Anforderungen nicht erfüllt wird.	Der bisherige Regelungsgehalt des § 479 BGB ist jetzt in § 445b BGB enthalten. Der dadurch freigewordene **§ 479 BGB** nimmt die Regelung des bisherigen § 477 BGB unverändert auf.

Titel 9. Werkvertrag und ähnliche Verträge

§ 632a BGB **Abschlagszahlungen** **(1)** ¹Der Unternehmer kann von dem Besteller eine Abschlagszahlung in Höhe des Wertes der von ihm erbrachten und nach dem Vertrag geschuldeten Leistungen verlangen. ²Sind die erbrachten Leistungen nicht vertragsgemäß, kann der Besteller die Zahlung eines angemessenen Teils des Abschlags verweigern. ³Die Beweislast für die vertragsgemäße Leistung verbleibt bis zur Abnahme beim Unternehmer. [Die bisherigen Sätze 3 bis 5 werden zu Sätzen 4 bis 6. Im Satz 6 werden die Wörter „Sätze 1 bis 4" durch die Wörter „Sätze 1 bis 5" ersetzt. Die bisherigen Absätze 2 und 3 werden aufgehoben und durch folgenden Absatz 2 ersetzt]. **(2)** Die Sicherheit nach Absatz 1 Satz 6 kann auch durch eine Garantie oder ein sonstiges Zahlungsversprechen eines im Geltungsbereich dieses Gesetzes zum Geschäftsbetrieb befugten Kreditinstituts oder Kreditversicherers geleistet werden."	Grundlage der Berechnung der Abschläge, die beim Verbraucherbauvertrag durch § 650m BGB n.F. konkretisiert wird, soll künftig **nicht mehr der Wertzuwachs**, sondern gem. § 632a I S. 1 BGB n.F. der **Wert der** vom Unternehmer **erbrachten Leistungen** sein. Der aufgehobene § 632a II BGB betrifft den Bauträgervertrag. Er findet sich nun in **§ 650v BGB n.F.** Der aufgehobene § 632a III BGB betrifft den Verbraucher und findet sich nun beim Verbraucherbauvertrag wieder in **§ 650m II BGB n.F.** Der bisherige § 632a IV BGB wird zu Absatz 2 und in seiner Formulierung daran angepasst, dass er lediglich noch für die Sicherheit nach **§ 632a I S. 6 BGB n.F.** gilt.
§ 640 BGB **Abnahme** (1) Sätze 1 und 2 unverändert; Satz 3 wird aufgehoben. (2) ¹Als abgenommen gilt ein Werk auch, wenn der Unternehmer dem Besteller nach Fertigstellung des Werks eine angemessene Frist zur Abnahme gesetzt hat und der Besteller die Abnahme nicht innerhalb dieser Frist unter Angabe mindestens eines Mangels verweigert hat. ²Ist der Besteller ein Verbraucher, so treten die Rechtsfolgen des Satzes 1 nur dann ein, wenn der Unternehmer den Besteller zusammen mit der Aufforderung zur Abnahme auf die Folgen einer nicht erklärten oder ohne Angabe von Mängeln verweigerten Abnahme hingewiesen hat; der Hinweis muss in Textform erfolgen.	Die Regelung zur fiktiven Abnahme in § 640 I S. 3 BGB wurde gestrichen und durch **§ 640 II BGB n.F.** ersetzt. Danach greift die Abnahmefiktion ein, wenn der Unternehmer dem Besteller **nach Fertigstellung** des Werks eine angemessene Frist zur Abnahme gesetzt hat und der Besteller die Abnahme nicht innerhalb dieser Frist <u>unter Angabe</u> mindestens <u>eines Mangels</u> verweigert hat. Im Gegensatz zur derzeitigen Rechtslage führt ein **Schweigen oder Nichtbenennen** von Mängeln **auch dann zur fiktiven Abnahme, wenn wesentliche Mängel vorhanden sind!**

KURZKOMMENTIERUNG DER NEUERUNGEN ZUM 01.01.2018

(3) bisheriger Absatz 2	Gegenüber einem Verbraucher gilt diese Fiktion nur dann, wenn er nach **§ 640 II S. 2 BGB n.F.** zusammen mit der Aufforderung in Textform über die Bedeutung seines Schweigens belehrt wurde.
§ 647a BGB **Sicherungshypothek des Inhabers einer Schiffswerft** *Vom Abdruck wurde abgesehen*	Es handelt sich lediglich um eine redaktionelle Folgeänderung aufgrund der Übernahme des bisherigen § 648 I BGB in das Kapitel 2 „Bauvertrag". Eine inhaltliche Änderung der bisherigen Regelung ist damit nicht verbunden.
~~**§ 648 BGB**~~ ~~**Sicherungshypothek des Bauunternehmers**~~ ~~**§ 648a BGB**~~ ~~**Bauhandwerkersicherung**~~	Die Vorschriften zur Sicherungshypothek des Bauunternehmers (§ 648 I BGB) und zur Bauhandwerkersicherung (§ 648a BGB) betreffen ausschließlich Bauverträge. Sie werden daher aus systematischen Gründen als **§ 650e BGB n.F.** und **§ 650f BGB n.F.** in Kapitel 2 übernommen.
§ 648 BGB **Kündigungsrecht des Bestellers**	Der bisherige § 649 BGB wird unverändert zu § 648 BGB.
§ 648a BGB **Kündigung aus wichtigem Grund** *(1) ¹Beide Vertragsparteien können den Vertrag aus wichtigem Grund ohne Einhaltung einer Kündigungsfrist kündigen. ²Ein wichtiger Grund liegt vor, wenn dem kündigenden Teil unter Berücksichtigung aller Umstände des Einzelfalls und unter Abwägung der beiderseitigen Interessen die Fortsetzung des Vertragsverhältnisses bis zur Fertigstellung des Werks nicht zugemutet werden kann.* *(2) Eine Teilkündigung ist möglich; sie muss sich auf einen abgrenzbaren Teil des geschuldeten Werks beziehen.* *(3) § 314 Absatz 2 und 3 gilt entsprechend.* *(4) ¹Nach der Kündigung kann jede Vertragspartei von der anderen verlangen, dass sie an einer gemeinsamen Feststellung des Leistungsstandes mitwirkt. ²Verweigert eine Vertragspartei die Mitwirkung oder bleibt sie einem vereinbarten oder einem von der anderen Vertragspartei innerhalb einer angemessenen Frist bestimmten Termin zur Leistungsstandfeststellung fern, trifft sie die Beweislast für den Leistungsstand zum Zeitpunkt der Kündigung. ³Dies gilt nicht, wenn die Vertragspartei infolge eines Umstands fernbleibt, den sie nicht zu vertreten hat und den sie der anderen Vertragspartei unverzüglich mitgeteilt hat.* *(5) Kündigt eine Vertragspartei aus wichtigem Grund, ist der Unternehmer nur berechtigt, die Vergütung zu verlangen, die auf den bis zur Kündigung erbrachten Teil des Werks entfällt.* *(6) Die Berechtigung, Schadensersatz zu verlangen, wird durch die Kündigung nicht ausgeschlossen.*	Neu eingeführt wird mit **§ 648a BGB n.F.** ein Recht zur fristlosen Kündigung aus wichtigem Grund. Ein solches wurde von der Rechtsprechung nur für den i.d.R. auf längere Erfüllungszeit angelegten Bauvertrag anerkannt, aber nicht für den „einfachen" Werkvertrag. **§ 648a I BGB n.F.** legt nun fest, dass **bei <u>allen</u> Werkverträgen** das Recht besteht, diesen aus wichtigem Grund ohne Einhaltung einer Frist zu kündigen. **§ 648a II BGB n.F.** ermöglicht eine Teilkündigung, die angesichts der oftmals gebündelten unterschiedlichen Leistungen häufig sinnvoll ist. **§ 648a III BGB n.F.** verweist auf § 314 II, III BGB. Daher ist vor der Kündigung die Abmahnung vorrangig. Außerdem muss die Kündigung innerhalb einer angemessenen Frist nach Kenntnis des wichtigen Grundes erklärt werden; anderenfalls ist die fristlose Kündigung unwirksam. **§ 648a V BGB n.F.** regelt die Folgen der Kündigung für die vereinbarte Vergütung. Danach hat der Unternehmer – anders als bei einer „freien" Kündigung nach § 648 BGB n.F. (bisher § 649 BGB) – nur einen Anspruch auf die Vergütung, die auf das bis zur Kündigung erbrachte „Teilwerk" entfällt. Das Verfahren zur Feststellung des bisherigen Leistungsstandes ist in **§ 648a IV BGB n.F.** geregelt. Durch **§ 648a VI BGB n.F.** wird klargestellt, dass neben der außerordentlichen Kündigung das Recht besteht, Schadensersatz zu verlangen. Bezug genommen wird dadurch auf den Schaden, der durch das Ausbleiben der Werkleistung entsteht, also auf den **Schadensersatz statt der Leistung** gem. **§§ 280 I, III, 281 BGB**.
§ 649 **Kostenanschlag**	Der bisherige § 650 BGB wird unverändert zu **§ 649 BGB n.F.**
§ 650 **Anwendung des Kaufrechts**	Der in § 651 BGB geregelte Werklieferungsvertrag wird unverändert zu **§ 650 BGB n.F.** In Satz 3 wird die Angabe **„649 und 650"** durch die Angabe **„648 und 649"** ersetzt.
§ 650a **Bauvertrag** *(1) ¹Ein Bauvertrag ist ein Vertrag über die Herstellung, die Wiederherstellung, die Beseitigung oder den Umbau eines Bauwerks, einer Außenanlage oder eines Teils davon. ²Für den Bauvertrag gelten ergänzend die folgenden Vorschriften dieses Kapitels.* *(2) Ein Vertrag über die Instandhaltung eines Bauwerks ist ein Bauvertrag, wenn das Werk für die Konstruktion, den Bestand oder den bestimmungsgemäßen Gebrauch von wesentlicher Bedeutung ist.*	**§ 650a I BGB n.F.** definiert den Begriff des **Bauvertrags**. Zu **Bauwerken** zählen nicht nur Gebäude, sondern auch der Hoch- und Tiefbau (z.B. Tunnel, Straßen, Brücken). Zu den **Außenanlagen** gehören grundstücksbezogene Arbeiten, also der Garten-, Landschafts- und Sportplatzbau. Instandhaltungsverträge sind gem. **§ 650a II BGB n.F.** als Bauvertrag anzusehen, wenn das Werk für die Konstruktion, den Bestand oder den bestimmungsgemäßen Gebrauch des Bauwerks **von wesentlicher Bedeutung** ist. Hierunter fallen z.B. Verträge zur Inspektion von Brücken oder zur Pflege und Wartung von tragenden oder sonst für den Bestand eines Bauwerks wichtigen Teilen.
§ 650b **Änderung des Vertrags; Anordnungsrecht des Bestellers** *(1) ¹Begehrt der Besteller* *1. eine Änderung des vereinbarten Werkerfolgs (§ 631 Absatz 2) oder* *2. eine Änderung, die zur Erreichung des vereinbarten Werkerfolgs notwendig ist,* *streben die Vertragsparteien Einvernehmen über die Änderung und die infolge der Änderung zu leistende Mehr- oder Mindervergütung an. ²Der*	**§ 650b BGB n.F.** normiert Vorgaben für ein Anordnungsrecht des Bestellers bei Bauverträgen, das im Werkvertragsrecht des BGB bisher nicht existierte. Eine Änderung des Werkerfolgs nach **§ 650b I S. 1 Nr. 1 BGB n.F.** kann darauf zurückzuführen sein, dass sich die Vorstellungen des Bestellers geändert haben oder er bei der Planung Umstände, etwa unterzubringende Möbel oder sonstige Gegenstände, nicht berücksichtigt hat. Die Änderung muss dem Unternehmer aber zumutbar

Unternehmer ist verpflichtet, ein Angebot über die Mehr- oder Mindervergütung zu erstellen, im Falle einer Änderung nach Satz 1 Nummer 1 jedoch nur, wenn ihm die Ausführung der Änderung zumutbar ist. ³Macht der Unternehmer betriebsinterne Vorgänge für die Unzumutbarkeit einer Anordnung nach Absatz 1 Satz 1 Nummer 1 geltend, trifft ihn die Beweislast hierfür. ⁴Trägt der Besteller die Verantwortung für die Planung des Bauwerks oder der Außenanlage, ist der Unternehmer nur dann zur Erstellung eines Angebots über die Mehr- oder Mindervergütung verpflichtet, wenn der Besteller die für die Änderung erforderliche Planung vorgenommen und dem Unternehmer zur Verfügung gestellt hat. ⁵Begehrt der Besteller eine Änderung, für die dem Unternehmer nach § 650c Absatz 1 Satz 2 kein Anspruch auf Vergütung für vermehrten Aufwand zusteht, streben die Parteien nur Einvernehmen über die Änderung an; Satz 2 findet in diesem Fall keine Anwendung.

(2) ¹Erzielen die Parteien binnen 30 Tagen nach Zugang des Änderungsbegehrens beim Unternehmer keine Einigung nach Absatz 1, kann der Besteller die Änderung in Textform anordnen. ²Der Unternehmer ist verpflichtet, der Anordnung des Bestellers nachzukommen, einer Anordnung nach Absatz 1 Satz 1 Nummer 1 jedoch nur, wenn ihm die Ausführung zumutbar ist. Absatz 1 Satz 3 gilt entsprechend.

sein, **§ 650b I S. 2 HS 2 BGB n.F.** Dieses Zumutbarkeitskriterium kann z.B. die technischen Möglichkeiten, die Ausstattung und Qualifikation des Bauunternehmers betreffen, aber auch betriebsinterne Vorgänge; für letztere ist der Unternehmer beweispflichtig, **§ 650 I S. 3 BGB n.F.** Die Schwelle für die Unzumutbarkeit einer Anordnung liegt unterhalb des allgemeinen Leistungsverweigerungsrechts wegen Unzumutbarkeit (§ 275 II, III BGB).

Anordnungen nach **§ 650b I S. 1 Nr. 2 BGB n.F.** dienen dazu, den vereinbarten Werkerfolg zu erreichen. Die Unzumutbarkeit einer Änderung zur Erreichung des vereinbarten Werkerfolgs kann sich hier nur aus § 275 II, III BGB ergeben, weil § 650b I S. 2 BGB n.F. nur auf § 650b I S. 1 **Nr. 1** Bezug nimmt.

Prozessuales: Für Streitigkeiten über das Anordnungsrecht des Bestellers gem. § 650b BGB n.F. sind ohne Rücksicht auf den Wert des Streitgegenstandes **ausschließlich** die **Landgerichte** zuständig, **§ 71 II Nr. 5a GVG n.F.**

§ 650c
Vergütungsanpassung bei Anordnungen nach § 650b Absatz 2

(1) ¹Die Höhe des Vergütungsanspruchs für den infolge einer Anordnung des Bestellers nach § 650b Absatz 2 vermehrten oder verminderten Aufwand ist nach den tatsächlich erforderlichen Kosten mit angemessenen Zuschlägen für allgemeine Geschäftskosten, Wagnis und Gewinn zu ermitteln. ²Umfasst die Leistungspflicht des Unternehmers auch die Planung des Bauwerks oder der Außenanlage, steht diesem im Fall des § 650b Absatz 1 Satz 1 Nummer 2 kein Anspruch auf Vergütung für vermehrten Aufwand zu.

(2) ¹Der Unternehmer kann zur Berechnung der Vergütung für den Nachtrag auf die Ansätze in einer vereinbarungsgemäß hinterlegten Urkalkulation zurückgreifen. ²Es wird vermutet, dass die auf Basis der Urkalkulation fortgeschriebene Vergütung der Vergütung nach Absatz 1 entspricht.

(3) ¹Bei der Berechnung von vereinbarten oder gemäß § 632a geschuldeten Abschlagszahlungen kann der Unternehmer 80 Prozent einer in einem Angebot nach § 650b Absatz 1 Satz 2 genannten Mehrvergütung ansetzen, wenn sich die Parteien nicht über die Höhe geeinigt haben oder keine anderslautende gerichtliche Entscheidung ergeht. ²Wählt der Unternehmer diesen Weg und ergeht keine anderslautende gerichtliche Entscheidung, wird die nach den Absätzen 1 und 2 geschuldete Mehrvergütung erst nach der Abnahme des Werkes fällig. ³Zahlungen nach Satz 1, die die nach den Absätzen 1 und 2 geschuldete Mehrvergütung übersteigen, sind dem Besteller zurückzugewähren und ab ihrem Eingang beim Unternehmer zu verzinsen. ⁴§ 288 Absatz 1 Satz 2, Absatz 2 und § 289 Satz 1 gelten entsprechend.

§ 650c I S. 1 BGB n.F. bestimmt, dass sich die Mehr- oder Mindervergütung bei Anordnungen nach § 650b II BGB n.F. **nach den tatsächlich erforderlichen Kosten** berechnet (**§ 650c I BGB n.F.**). Dadurch wird verhindert, dass der Unternehmer nach Vertragsschluss angeordnete Mehrleistungen ebenfalls nach den Preisen seiner Urkalkulation zu erbringen hat. Diese Preise sind nämlich etwa mit Blick auf den Wettbewerb knapp oder sogar nicht auskömmlich und berücksichtigen inzwischen eingetretene Preissteigerungen nicht. Um die Abrechnung praktikabel zu gestalten, hat der Unternehmer aber gem. **§ 650c II BGB n.F.** die Möglichkeit, zur Berechnung der Vergütung für den Nachtrag auf die Kostenansätze einer vereinbarungsgemäß hinterlegten Urkalkulation zurückzugreifen.

Besteht zwischen den Parteien Streit über die nach den Absätzen 1 und 2 geschuldete Mehrvergütung, sieht **§ 650c III BGB n.F.** ein Recht des Unternehmers zur Pauschalierung seiner Mehrvergütung vor. Die genaue Berechnung der Mehrvergütung erfolgt dann ggf. mit einem Zinsausgleich erst in der Schlussrechnung. Der Zinssatz bestimmt sich entsprechend den Vorschriften zum Verzugszinssatz, **§ 650c III S. 4 BGB n.F.**

Prozessuales: Für Streitigkeiten über die Höhe des Vergütungsanspruches infolge einer Anordnung des Bestellers sind ebenfalls ohne Rücksicht auf den Wert des Streitgegenstandes **ausschließlich** die **Landgerichte** zuständig, **§ 71 II Nr. 5b) GVG n.F.**

§ 650d
Einstweilige Verfügung

Zum Erlass einer einstweiligen Verfügung in Streitigkeiten über das Anordnungsrecht gemäß § 650b oder die Vergütungsanpassung gemäß § 650c ist es nach Beginn der Bauausführung nicht erforderlich, dass der Verfügungsgrund glaubhaft gemacht wird.

§ 650d BGB n.F. erleichtert den Erlass einer einstweiligen Verfügung für Streitigkeiten nach **§ 650b, c BGB n.F.** Bei Leistungsverfügungen ist ein Verfügungsgrund grds. nur gegeben, wenn dem Antragsteller aus der Nichtleistung Nachteile drohen, die schwer wiegen und außer Verhältnis zu dem Schaden stehen, der dem Antragsgegner droht. Da diese Voraussetzungen meist nicht gegeben sind, verzichtet **§ 650d BGB n.F.** in Erleichterung dieser Grundsätze auf die Glaubhaftmachung des Verfügungsgrundes.

§ 650e
Sicherungshypothek des Bauunternehmers

Vom Abdruck wurde abgesehen

Die Sicherungshypothek des Bauunternehmers ist bislang in § 648 I BGB geregelt. Da ausschließlich Bauverträge betroffen sind, wird deren Inhalt als **§ 650e BGB n.F.** mit geringfügigen redaktionellen Änderungen in Kapitel 2 übernommen.

§ 650f
Bauhandwerkersicherung

Vom Abdruck wurde abgesehen

Auch die Bauhandwerkersicherung (bisher § 648a BGB) betrifft ausschließlich Bauverträge und wird daher ebenfalls aus systematischen Gründen mit wenigen Änderungen als **§ 650f BGB n.F.** in Kapitel 2 übernommen.

§ 650g
Zustandsfeststellung bei Verweigerung der Abnahme; Schlussrechnung

(1) ¹Verweigert der Besteller die Abnahme unter Angabe von Mängeln, hat er auf Verlangen des Unternehmers an einer gemeinsamen Feststellung des Zustands des Werks mitzuwirken. ²Die gemeinsame Zustandsfeststellung soll mit der Angabe des Tages der Anfertigung versehen werden und ist von beiden Vertragsparteien zu unterschreiben.

(2) ¹Bleibt der Besteller einem vereinbarten oder einem von dem Unternehmer innerhalb einer angemessenen Frist bestimmten Termin zur Zustandsfeststellung fern, so kann der Unternehmer die Zustandsfest-

Für Bauverträge wird die in **§ 640 II BGB n.F.** neu geregelte fiktive Abnahme durch **§ 650g BGB n.F.** ergänzt. Kommt es nicht zu einer Abnahme des Bauwerks/der Außenanlage, weil die Vertragspartner über die Abnahmereife des Werks streiten, trifft den Besteller gem. § 650g I BGB n.F. künftig die Obliegenheit, auf Verlangen des Unternehmers an einer gemeinsamen Zustandsfeststellung des Werks mitzuwirken.

Wichtig: Diese Zustandsfeststellung ersetzt nicht die Abnahme, sondern dient der Dokumentation des Zustands des Werks, um späterem Streit vorzubeugen, und ist die

lung auch einseitig vornehmen. ²Dies gilt nicht, wenn der Besteller infolge eines Umstands fernbleibt, den er nicht zu vertreten hat und den er dem Unternehmer unverzüglich mitgeteilt hat. ³Der Unternehmer hat die einseitige Zustandsfeststellung mit der Angabe des Tages der Anfertigung zu versehen und sie zu unterschreiben sowie dem Besteller eine Abschrift der einseitigen Zustandsfeststellung zur Verfügung zu stellen.

(3) ¹Ist das Werk dem Besteller verschafft worden und ist in der Zustandsfeststellung nach Absatz 1 oder 2 ein offenkundiger Mangel nicht angegeben, wird vermutet, dass dieser nach der Zustandsfeststellung entstanden und vom Besteller zu vertreten ist. ²Die Vermutung gilt nicht, wenn der Mangel nach seiner Art nicht vom Besteller verursacht worden sein kann.

(4) ¹Die Vergütung ist zu entrichten, wenn

1. der Besteller das Werk abgenommen hat
oder die Abnahme nach § 641 Absatz 2 entbehrlich ist, und
2. der Unternehmer dem Besteller eine prüffähige Schlussrechnung erteilt hat.

²Die Schlussrechnung ist prüffähig, wenn sie eine übersichtliche Aufstellung der erbrachten Leistungen enthält und für den Besteller nachvollziehbar ist. ³Sie gilt als prüffähig, wenn der Besteller nicht innerhalb von 30 Tagen nach Zugang der Schlussrechnung begründete Einwendungen gegen ihre Prüffähigkeit erhoben hat.

Grundlage für eine modifizierte Gefahrtragung (vgl. Abs. 3).

§ 650g II BGB n.F. regelt die Möglichkeit einer **einseitigen Zustandsfeststellung** durch den Unternehmer, wenn der Besteller schuldhaft einem vereinbarten oder von dem Unternehmer innerhalb einer angemessenen Frist bestimmten Termin fernbleibt.

Wichtig ist § 650g III BGB n.F.: Ist das Werk dem Besteller verschafft worden und hat eine Zustandsfeststellung nach den Absätzen 1 oder 2 stattgefunden, gilt die Vermutung, dass ein offenkundiger Mangel, der in der Zustandsfeststellung nicht angegeben wurde, nach der Zustandsfeststellung entstanden und vom Besteller zu vertreten ist. Diese modifizierte Gefahrtragung gilt nach § 650 III S. 2 BGB n.F. aber nicht, wenn der Mangel nicht vom Besteller verursacht worden sein kann (z.B. Materialfehler).

Neu ist auch das **Erfordernis einer Schlussrechnung** als weitere Voraussetzung der Fälligkeit des Vergütungsanspruchs des Unternehmers, **§ 650g IV S. 1 BGB n.F.** Die Erteilung einer prüffähigen, d.h. übersichtlichen und nachvollziehbaren (§ 650g IV S. 2 BGB n.F.) Schlussrechnung tritt als weitere Fälligkeitsvoraussetzung neben die Abnahme.

§ 650h
Schriftform der Kündigung

Die Kündigung des Bauvertrags bedarf der schriftlichen Form.

§ 650h BGB n.F. legt fest, dass jede Kündigung eines Bauvertrags der Schriftform bedarf. Eine Kündigung in Textform reicht nicht aus.

§ 650i
Verbraucherbauvertrag

(1) Verbraucherbauverträge sind Verträge, durch die der Unternehmer von einem Verbraucher zum Bau eines neuen Gebäudes oder zu erheblichen Umbaumaßnahmen an einem bestehenden Gebäude verpflichtet wird.
(2) Der Verbraucherbauvertrag bedarf der Textform.
(3) Für Verbraucherbauverträge gelten ergänzend die folgenden Vorschriften dieses Kapitels.

Nach **§ 650i I BGB n.F.** liegt ein Verbraucherbauvertrag vor, wenn ein Unternehmer gegenüber einem Verbraucher zum Bau eines neuen Gebäudes oder zu erheblichen Umbaumaßnahmen an einem bestehenden Gebäude verpflichtet wird. Verträge zur Errichtung von Anbauten (z.B. Garage) werden nicht erfasst. Auch Verträge zur Instandsetzung bzw. Renovierung von Gebäuden, ohne dass es sich dabei um erhebliche Umbauarbeiten handelt, fallen **nicht** unter § 650i BGB n.F. Auch die Außenanlage ist - anders als im Bauvertrag (vgl. § 650a I S. 1 BGB n.F.) - nicht genannt. Damit besteht kein 100%iger Gleichlauf zwischen Bauvertrag und Verbraucherbauvertrag.

§ 650j
Baubeschreibung

Der Unternehmer hat den Verbraucher über die sich aus Artikel 249 des Einführungsgesetzes zum Bürgerlichen Gesetzbuche ergebenden Einzelheiten in der dort vorgesehenen Form zu unterrichten, es sei denn, der Verbraucher oder ein von ihm Beauftragter macht die wesentlichen Planungsvorgaben.

In **§ 650j BGB n.F.** werden die vorvertraglichen Informationspflichten des Unternehmers geregelt. Danach ist der Unternehmer verpflichtet, den Verbraucher über die sich aus **Art. 249 EGBGB n.F.** ergebenden Einzelheiten in der dort vorgegebenen Form zu unterrichten. Die Pflicht des Unternehmers zur Baubeschreibung entfällt, wenn der Besteller oder ein von ihm Beauftragter (z.B. Architekt) die wesentlichen Planungsvorgaben macht (**§ 650j HS 2 BGB n.F.**).

§ 650k
Inhalt des Vertrags

(1) Die Angaben der vorvertraglich zur Verfügung gestellten Baubeschreibung in Bezug auf die Bauausführung werden Inhalt des Vertrags, es sei denn, die Vertragsparteien haben ausdrücklich etwas anderes vereinbart.
(2) ¹Soweit die Baubeschreibung unvollständig oder unklar ist, ist der Vertrag unter Berücksichtigung sämtlicher vertragsbegleitender Umstände, insbesondere des Komfort- und Qualitätsstandards nach der übrigen Leistungsbeschreibung, auszulegen. ²Zweifel bei der Auslegung des Vertrags bezüglich der vom Unternehmer geschuldeten Leistung gehen zu dessen Lasten.
(3) ¹Der Bauvertrag muss verbindliche Angaben zum Zeitpunkt der Fertigstellung des Werks
oder, wenn dieser Zeitpunkt zum Zeitpunkt des Abschlusses des Bauvertrags nicht angegeben werden kann, zur Dauer der Bauausführung enthalten. ²Enthält der Vertrag diese Angaben nicht, werden die vorvertraglich in der Baubeschreibung übermittelten Angaben zum Zeitpunkt der Fertigstellung des Werks oder zur Dauer der Bauausführung Inhalt des Vertrags.

Gem. **§ 650k I BGB n.F.** muss die Baubeschreibung nach **§ 650j BGB n.F. i.V.m. Art. 249 § 1 EGBGB n.F.** zum Inhalt des Vertrags werden, es sei denn, die Parteien haben ausdrücklich etwas anderes vereinbart.

Bei einer ungenügenden Baubeschreibung ist der Vertrag gem. **§ 650k II S. 1 BGB n.F.** unter Berücksichtigung sämtlicher vertragsbegleitender Umstände auszulegen. Die Unklarheitenregelung in **§ 650k II S. 2 BGB n.F.** knüpft an den Rechtsgedanken von § 305c II BGB an und überträgt diesen auf die Auslegung eines Verbraucherbauvertrags mit einer unvollständigen oder unklaren Baubeschreibung.

Nach **§ 650k III S. 1 BGB n.F.** muss ein Verbraucherbauvertrag verbindliche Regelungen zum Zeitpunkt der Fertigstellung des Werks oder zur Dauer der Bauausführung enthalten. Anderenfalls werden die in der nach § 650j BGB vorvertraglich zu übermittelnden Baubeschreibung enthaltenen Angaben zur Fertigstellung oder zur Dauer der Bauausführung Inhalt des Vertrags, **§ 650k III S. 2 BGB n.F.**

§ 650l
Widerrufsrecht

¹Dem Verbraucher steht ein Widerrufsrecht gemäß § 355 zu, es sei denn, der Vertrag wurde notariell beurkundet.
²Der Unternehmer ist verpflichtet, den Verbraucher nach Maßgabe des Artikels 249 § 3 des Einführungsgesetzes zum Bürgerlichen Gesetzbuche über sein Widerrufsrecht zu belehren.

§ 650l BGB n.F. regelt für Verbraucherverträge - also für Verträge über den Bau von neuen Gebäuden und Verträge über erhebliche Umbaumaßnahmen - ein **Widerrufsrecht**.

Nach § 650l S. 2 BGB n.F. ist der Unternehmer verpflichtet, den Verbraucher nach Maßgabe des **Art. 249 § 3 EGBGB n.F.** über sein Widerrufsrecht zu belehren.

	Hinsichtlich der Ausgestaltung des Widerrufsrechts gelten § 355 BGB sowie ergänzend die neu eingefügten **§§ 356e, 357d BGB n.F.**, die Regelungen zum Lauf der Widerrufsfrist und zu den Rechtsfolgen des Widerrufs enthalten (s.o.).
§ 650m **Abschlagszahlungen; Absicherung des Vergütungsanspruchs** *(1) Verlangt der Unternehmer Abschlagszahlungen nach § 632a, darf der Gesamtbetrag der Abschlagszahlungen 90 Prozent der vereinbarten Gesamtvergütung einschließlich der Vergütung für Nachtragsleistungen nach § 650c nicht übersteigen.* *(2) ¹Dem Verbraucher ist bei der ersten Abschlagszahlung eine Sicherheit für die rechtzeitige Herstellung des Werks ohne wesentliche Mängel in Höhe von 5 Prozent der vereinbarten Gesamtvergütung zu leisten. ²Erhöht sich der Vergütungsanspruch infolge einer Anordnung des Verbrauchers nach den §§ 650b und 650c oder infolge sonstiger Änderungen oder Ergänzungen des Vertrags um mehr als 10 Prozent, ist dem Verbraucher bei der nächsten Abschlagszahlung eine weitere Sicherheit in Höhe von 5 Prozent des zusätzlichen Vergütungsanspruchs zu leisten. ³Auf Verlangen des Unternehmers ist die Sicherheitsleistung durch Einbehalt dergestalt zu erbringen, dass der Verbraucher die Abschlagszahlungen bis zu dem Gesamtbetrag der geschuldeten Sicherheit zurückhält.* *(3) Sicherheiten nach Absatz 2 können auch durch eine Garantie oder ein sonstiges Zahlungsversprechen eines im Geltungsbereich dieses Gesetzes zum Geschäftsbetrieb befugten Kreditinstituts oder Kreditversicherers geleistet werden.* *(4) ¹Verlangt der Unternehmer Abschlagszahlungen nach § 632a, ist eine Vereinbarung unwirksam, die den Verbraucher zu einer Sicherheitsleistung für die vereinbarte Vergütung verpflichtet, die die nächste Abschlagszahlung oder 20 Prozent der vereinbarten Vergütung übersteigt. ²Gleiches gilt, wenn die Parteien Abschlagszahlungen vereinbart haben.*	**§ 650m I BGB n.F.** sieht zugunsten eines Verbrauchers vor, dass der Unternehmer Abschlagszahlungen nach § 632a maximal i.H.v. 90 % der vereinbarten Vergütung einschließlich der Vergütung für Nachtragsleistungen verlangen kann. Der Restbetrag der Vergütung wird nach § 641 I BGB mit der Abnahme fällig. Nach **§ 650m II, III BGB n.F.**, die weitgehend den bisherigen § 632a III, IV BGB entsprechen, ist dem Verbraucher bei der ersten Abschlagszahlung eine Sicherheit für die rechtzeitige Herstellung des Werks ohne wesentliche Mängel in Höhe von 5 % der vereinbarten Gesamtvergütung zu leisten. **Neu** aufgenommen wurde in **§ 650m II S. 2 BGB n.F.** der Fall, dass sich der Vergütungsanspruch durch eine Anordnung des Bestellers nach den **§§ 650b, 650c BGB n.F.** erhöht. **Wiederholung:** Durch AGBen kann von § 650m I, II BGB n.F. nicht zum Nachteil des Verbrauchers abgewichen werden, vgl. **§ 309 Nr. 15 BGB n.F.** **§ 650m IV BGB n.F.** soll den Verbraucher vor zu hohen vertraglich vereinbarten Sicherheiten schützen. Vertragliche Vereinbarungen sind daher unwirksam, wenn sie den Verbraucher verpflichten, den Vergütungsanspruch in einem Umfang abzusichern, der die nächste Abschlagszahlung oder 20 % der vereinbarten Vergütung übersteigt.
§ 650n **Erstellung und Herausgabe von Unterlagen** *(1) ¹Rechtzeitig vor Beginn der Ausführung einer geschuldeten Leistung hat der Unternehmer diejenigen Planungsunterlagen zu erstellen und dem Verbraucher herauszugeben, die dieser benötigt, um gegenüber Behörden den Nachweis führen zu können, dass die Leistung unter Einhaltung der einschlägigen öffentlich-rechtlichen Vorschriften ausgeführt werden wird. ²Die Pflicht besteht nicht, soweit der Verbraucher oder ein von ihm Beauftragter die wesentlichen Planungsvorgaben erstellt.* *(2) Spätestens mit der Fertigstellung des Werks hat der Unternehmer diejenigen Unterlagen zu erstellen und dem Verbraucher herauszugeben, die dieser benötigt, um gegenüber Behörden den Nachweis führen zu können, dass die Leistung unter Einhaltung der einschlägigen öffentlich-rechtlichen Vorschriften ausgeführt worden ist.* *(3) Die Absätze 1 und 2 gelten entsprechend, wenn ein Dritter, etwa ein Darlehensgeber, Nachweise für die Einhaltung bestimmter Bedingungen verlangt und wenn der Unternehmer die berechtigte Erwartung des Verbrauchers geweckt hat, diese Bedingungen einzuhalten.*	**§ 650n I BGB n.F.** verpflichtet den Unternehmer, rechtzeitig vor Beginn der Ausführung einer geschuldeten Leistung diejenigen Unterlagen und Dokumente zu erstellen und dem Verbraucher herauszugeben, die dieser benötigt, um gegenüber Behörden den Nachweis führen zu können, dass die Leistung unter Einhaltung der einschlägigen öffentlich-rechtlichen Vorschriften ausgeführt werden wird. Dies gilt nur, wenn die Planung nicht durch den Besteller oder dessen Architekten erfolgt (also insbes. im Schlüsselfertigbau), vgl. auch **§ 650n I S. 2 BGB n.F.** **§ 650n II BGB n.F.** setzt im weiteren Verlauf des Bauvorhabens ein und betrifft die Erstellung und Herausgabe von Unterlagen in Bezug auf die ordnungsgemäße Ausführung der Bauleistungen. Nach **§ 650n III BGB n.F.** treffen den Unternehmer entsprechende Pflichten, wenn ein Dritter (z.B. ein Darlehensgeber) Nachweise für die Einhaltung bestimmter Bedingungen verlangt.
§ 650o **Abweichende Vereinbarungen** *¹Von § 640 Absatz 2 Satz 2, den §§ 650i bis 650l und 650n kann nicht zum Nachteil des Verbrauchers abgewichen werden. ²Diese Vorschriften finden auch Anwendung, wenn sie durch anderweitige Gestaltungen umgangen werden.*	**§ 650o BGB n.F.** ordnet an, dass es sich um zwingende Vorschriften handelt. Etwas anderes gilt für die Regelungen in **§ 632a BGB** und **§ 650m BGB n.F.**, von denen durch Individualvereinbarungen abgewichen werden kann.
§ 650p **Vertragstypische Pflichten aus Architekten-und Ingenieurverträgen** *(1) Durch einen Architekten- oder Ingenieurvertrag wird der Unternehmer verpflichtet, die Leistungen zu erbringen, die nach dem jeweiligen Stand der Planung und Ausführung des Bauwerks oder der Außenanlage erforderlich sind, um die zwischen den Parteien vereinbarten Planungs- und Überwachungsziele zu erreichen.* *(2) ¹Soweit wesentliche Planungs- und Überwachungsziele noch nicht vereinbart sind, hat der Unternehmer zunächst eine Planungsgrundlage zur Ermittlung dieser Ziele zu erstellen. ²Er legt dem Besteller die Planungsgrundlage zusammen mit einer Kosteneinschätzung für das Vorhaben zur Zustimmung vor.*	**§ 650p BGB n.F.** definiert die vertragstypischen Pflichten aus Architekten- und Ingenieurverträgen. Es muss sich um **gestalterische Arbeiten** handeln, die der Errichtung der Anlage oder deren Bestand dienen (z.B. Planung für die Einrichtung oder Umgestaltung eines Gartens, eines Parks, eines Teichs oder eines Dammes).[4] **§ 650p II S. 1 BGB n.F.** gilt in den Fällen, in denen sich der Besteller mit nur vagen Vorstellungen vom Bauvorhaben an den Architekten/Ingenieur wendet. Die Kosteneinschätzung nach **§ 650p II S. 2 BGB n.F.** soll dem Besteller eine grobe Einschätzung der Kosten geben, damit sich dieser entscheiden kann, ob er das Projekt mit dem Planer realisieren oder nach **§ 650r BGB n.F.** kündigen möchte.

---

[4] BGH, NJW-RR 2005, 750 ff. = **juris**byhemmer.

§ 650q
Anwendbare Vorschriften

(1) Für Architekten- und Ingenieurverträge gelten die Vorschriften des Kapitels 1 des Untertitels 1 sowie die §§ 650b, 650e bis 650h entsprechend, soweit sich aus diesem Untertitel nichts anderes ergibt.

(2) ¹Für die Vergütungsanpassung im Fall von Anordnungen nach § 650b Absatz 2 gelten die Entgeltberechnungsregeln der Honorarordnung für Architekten und Ingenieure in der jeweils geltenden Fassung, soweit infolge der Anordnung zu erbringende oder entfallende Leistungen vom Anwendungsbereich der Honorarordnung erfasst werden. ²Im Übrigen ist die Vergütungsanpassung für den vermehrten oder verminderten Aufwand auf Grund der angeordneten Leistung frei vereinbar. ³Soweit die Vertragsparteien keine Vereinbarung treffen, gilt § 650c entsprechend.

§ 650q I BGB n.F. bestimmt, dass auf den Architekten- und Ingenieurvertrag grds. die §§ 631 bis 650 BGB sowie ergänzend einzelne Vorschriften des Bauvertrags entsprechend angewendet werden. Für die Vergütungsanpassung bei Anordnungen nach § 650b BGB n.F. soll gem. **§ 650q II S. 1 BGB n.F.** vorrangig die Honorarordnung für Architekten und Ingenieure (HOAI) Anwendung finden.

§ 650q II S. 2 und 3 BGB n.F. bestimmen, dass die Vergütungsanpassung für den vermehrten oder verminderten Aufwand aufgrund der angeordneten Leistung frei vereinbar ist. Soweit die Parteien keine Vereinbarung treffen, gilt § 650c BGB entsprechend.

§ 650r
Sonderkündigungsrecht

(1) ¹Nach Vorlage von Unterlagen gemäß § 650p Absatz 2 kann der Besteller den Vertrag kündigen. ²Das Kündigungsrecht erlischt zwei Wochen nach Vorlage der Unterlagen, bei einem Verbraucher jedoch nur dann, wenn der Unternehmer ihn bei der Vorlage der Unterlagen in Textform über das Kündigungsrecht, die Frist, in der es ausgeübt werden kann, und die Rechtsfolgen der Kündigung unterrichtet hat.

(2) ¹Der Unternehmer kann dem Besteller eine angemessene Frist für die Zustimmung nach § 650p Absatz 2 Satz 2 setzen. ²Er kann den Vertrag kündigen, wenn der Besteller die Zustimmung verweigert oder innerhalb der Frist nach Satz 1 keine Erklärung zu den Unterlagen abgibt.

(3) Wird der Vertrag nach Absatz 1 oder 2 gekündigt, ist der Unternehmer nur berechtigt, die Vergütung zu verlangen, die auf die bis zur Kündigung erbrachten Leistungen entfällt.

§ 650r I BGB n.F. gewährt dem Besteller, wenn der Planungs- und Überwachungserfolg bei Vertragsabschluss noch nicht festgelegt worden ist, ein besonderes Kündigungsrecht. Ist der Besteller Verbraucher, muss der Architekt/Ingenieur diesen bei Vorlage der Unterlagen nach § 650p II BGB n.F. unterrichten über das besondere Kündigungsrecht, die Frist, in der dieses ausgeübt werden kann, und die Rechtsfolgen dieser Kündigung. Es gilt nämlich nicht § 648 BGB n.F. (derzeit § 649 BGB), sondern **§ 650r III BGB n.F.**, wonach im Falle einer Kündigung der Architekt/Ingenieur **nur eine Vergütung für die bis dahin erbrachten Leistungen** erhält. Unterbleibt die Unterrichtung, gilt die zweiwöchige Kündigungserklärungsfrist des § 650r I S. 2 BGB n.F. nicht.

§ 650r II BGB n.F. gibt dem Architekten/Ingenieur unter bestimmten Umständen ebenfalls das Recht, sich vom Vertrag zu lösen.

§ 650s
Teilabnahme

Der Unternehmer kann ab der Abnahme der letzten Leistung des bauausführenden Unternehmers oder der bauausführenden Unternehmer eine Teilabnahme der von ihm bis dahin erbrachten Leistungen verlangen.

§ 650s BGB n.F. eröffnet dem Architekten/Ingenieur das Recht, ab der Abnahme der letzten Leistung des bauausführenden Unternehmers oder der bauausführenden Unternehmer eine Teilabnahme der bis dahin erbrachten Architekten- oder Ingenieurleistungen zu verlangen.

Beachte: War ein Architekt/Ingenieur nur mit der Planung des Vorhabens beauftragt, kann er nach dem Ende seiner Tätigkeiten bereits die (Gesamt-)Abnahme nach § 640 I BGB verlangen. Für diese Fälle ändert sich durch § 650s BGB n.F. nichts.

§ 650t
Gesamtschuldnerische Haftung mit dem bauausführenden Unternehmer

Nimmt der Besteller den Unternehmer wegen eines Überwachungsfehlers in Anspruch, der zu einem Mangel an dem Bauwerk oder an der Außenanlage geführt hat, kann der Unternehmer die Leistung verweigern, wenn auch der ausführende Bauunternehmer für den Mangel haftet und der Besteller dem bauausführenden Unternehmer noch nicht erfolglos eine angemessene Frist zur Nacherfüllung bestimmt hat.

§ 650t BGB n.F. soll den „**Vorrang der Nacherfüllung**" im Verhältnis zwischen Architekt/Ingenieur, ausführendem Bauunternehmer und Besteller gesetzlich festschreiben. Dem vom Besteller in Anspruch genommenen Architekten/Ingenieur steht ein Leistungsverweigerungsrecht zu, wenn nicht der Besteller dem bauausführenden Unternehmer bereits erfolglos eine angemessene Frist zur Nacherfüllung nach § 634 Nr. 1 BGB bestimmt hat.

§ 650u
Bauträgervertrag; anwendbare Vorschriften

(1) ¹Ein Bauträgervertrag ist ein Vertrag, der die Errichtung oder den Umbau eines Hauses oder eines vergleichbaren Bauwerks zum Gegenstand hat und der zugleich die Verpflichtung des Unternehmers enthält, dem Besteller das Eigentum an dem Grundstück zu übertragen oder ein Erbbaurecht zu bestellen oder zu übertragen. ²Hinsichtlich der Errichtung oder des Umbaus finden die Vorschriften des Untertitels 1 Anwendung, soweit sich aus den nachfolgenden Vorschriften nichts anderes ergibt. ³Hinsichtlich des Anspruchs auf Übertragung des Eigentums an dem Grundstück oder auf Übertragung oder Bestellung des Erbbaurechts finden die Vorschriften über den Kauf Anwendung.

(2) Keine Anwendung finden die §§ 648, 648a, 650b bis 650e, 650k Absatz 1 sowie die §§ 650l und 650m Absatz 1.

§ 650u I S. 1 BGB n.F. (§ 632a II BGB a.F.) definiert den Bauträgervertrag. **§ 650u I S. 2 BGB n.F.** ordnet an, dass hinsichtlich der Errichtung oder des Umbaus die Vorschriften des Werkvertragsrechts in Untertitel 1 (§§ 631 bis 650o BGB) anzuwenden sind. Gem. **§ 650u I S. 3 BGB n.F.** finden für den Anspruch auf Eigentumsübertragung oder auf Bestellung oder Übertragung des Erbbaurechts die kaufvertraglichen Vorschriften Anwendung.

§ 650u II BGB n.F. enthält eine Auflistung derjenigen Vorschriften aus dem Werk- und Bauvertragsrecht, die entgegen § 650u I S. 2 BGB n.F. nicht auf den Bauträgervertrag angewendet werden sollen.

§ 650v
Abschlagszahlungen

Der Unternehmer kann von dem Besteller Abschlagszahlungen nur verlangen, soweit sie gemäß einer Verordnung auf Grund von Artikel 244 des Einführungsgesetzes zum Bürgerlichen Gesetzbuche vereinbart sind.

§ 650v BGB n.F. enthält die aus systematischen Gründen in den Untertitel 3 verlagerte Vorschrift des bisherigen § 632a II BGB über Abschlagszahlungen.

Eine inhaltliche Änderung ist damit nicht verbunden.

§ 1 KAUF[5]

A) Allgemeines

I. Inhalt des Kaufvertrages und Zustandekommen

Inhalt des Kaufvertrages

Der Kaufvertrag begründet für den Verkäufer nach § 433 I S. 1 BGB die Verpflichtung, dem Käufer die Kaufsache zu übergeben und ihm Eigentum an der Sache zu verschaffen. Ebenfalls Pflicht des Verkäufers ist es, dem Käufer die Sache frei von Sach- und Rechtsmängeln zu verschaffen, § 433 I S. 2 BGB. Im Gegenzug verpflichtet sich der Käufer zur Zahlung des vereinbarten Kaufpreises und zur Abnahme der gekauften Sache, § 433 II BGB.

> **hemmer-Methode:** Die Verpflichtung des Verkäufers umfasst die sach- und rechtsmängelfreie Verschaffung der Kaufsache. Mit § 433 I S. 2 BGB wurde die (früher umstrittene) Erfüllungstheorie Gesetz! Zu den Auswirkungen insbesondere auf die Sekundäransprüche vgl. unten Rn. 83 ff.

Durch den Abschluss des Kaufvertrages entstehen also lediglich Verpflichtungen (bzw. aus der Perspektive des jeweiligen Gläubigers: Forderungen). Die dingliche Rechtslage ändert sich durch den Abschluss des Kaufvertrages nicht; der Kaufvertrag hat allein schuldrechtliche Wirkungen. Der Käufer erlangt also allein durch den Abschluss des Kaufvertrages noch kein Eigentum an der Kaufsache, sondern erst, wenn der Verkäufer die Sache in Erfüllung seiner Verpflichtung aus § 433 I S. 1 BGB, z.B. nach den §§ 929 ff. BGB, an den Käufer übereignet.

> **hemmer-Methode:** Diese Differenzierung fällt dem juristischen Anfänger regelmäßig schwer; sie ist aber absolut zwingend, vor allem weil Verpflichtungs- und Erfüllungsgeschäft in ihrer Wirksamkeit voneinander unabhängig sind, sog. Abstraktionsprinzip.
> So ist beim alltäglichen Kauf eines Brötchens beim Bäcker zu differenzieren, es liegen – wenn auch äußerlich nicht erkennbar – regelmäßig mehrere Rechtsgeschäfte vor:
> (1) Kaufvertrag über ein Brötchen zu einem bestimmten Kaufpreis.
> (2) Übereignung des Brötchens durch den Bäcker an den Kunden.
> (3) Übereignung der Geldstücke durch den Kunden an den Bäcker.
> (4) U.U. Übereignung des Wechselgeldes an den Kunden.

Abstraktionsprinzip

Da nach dem Abstraktionsprinzip der Kaufvertrag nichts mit dem dinglichen Erfüllungsgeschäft der Übereignung der Kaufsache zu tun hat, ist auch der Abschluss eines Kaufvertrages durch einen „Nichtberechtigten" unproblematisch möglich: Zur Übereignung und Übergabe einer Sache kann sich auch verpflichten, wer gar nicht Eigentümer der Sache ist. Dies kann jedoch zu Schadensersatzansprüchen führen.

Ebenso ist der mehrfache Abschluss von Kaufverträgen über die gleiche Sache möglich. Erfüllen kann der Verkäufer allerdings nur einen der Verträge, da er nur einem der Käufer das Eigentum an der Kaufsache verschaffen kann. Übereignet er die Kaufsache an den ersten Käufer, wird ihm die Erfüllung gegenüber dem zweiten unmöglich. Gleiches gilt aber auch im umgekehrten Fall, wenn er die Sache dem zweiten Käufer übereignet.

---

[5] Saenger/Klockenbrink, Das „neue" Kaufrecht in der Rechtsprechung 2002 - 2005, ZGS 2006, 61 - 65.

Gegenüber dem leer ausgehenden Käufer macht sich der Verkäufer allerdings regelmäßig schadensersatzpflichtig, da er die Unmöglichkeit zu vertreten hat. Dies führt zu einem Schadensersatzanspruch des Käufers nach §§ 280 I, III, 283 S. 1 BGB. Der Käufer hat auch die Möglichkeit, den Gewinn aus dem etwaigen Zweitverkauf abzuschöpfen, § 285 BGB.

Dingliche Rechtslage bleibt unberührt

Der Kaufvertrag lässt die dingliche Rechtslage unberührt. Der Käufer darf sich die Sache ohne Zustimmung des Verkäufers auch nicht einfach nehmen. Mangels Rechtswidrigkeit der Zueignungsabsicht mag bei einer Stückschuld zwar kein Diebstahl i.S.d. § 242 I StGB vorliegen, der Käufer begeht in einem solchen Fall aber verbotene Eigenmacht nach § 858 I BGB.

Anspruch auf Verschaffung der Kaufsache

Der Käufer hat vielmehr einen Anspruch auf Bewirkung der dinglichen Rechtsänderung, d.h. die bewegliche Sache muss nach den §§ 929 ff. BGB, das Grundstück nach §§ 873 I, 925 BGB übereignet werden. Beim Rechtskauf, vgl. § 453 BGB[6], muss der Verkäufer das Recht dem Käufer übertragen, also z.B. die Forderung abtreten nach den §§ 398 ff. BGB.

Erfüllung des KP-Anspruches = dingliches Rechtsgeschäft

Die Erfüllung des Kaufpreisanspruches nach § 433 II BGB erfordert die Vornahme eines dinglichen Rechtsgeschäftes, beispielsweise die Übereignung der Scheine und Münzen beim Barkauf. Beim Einkauf im Supermarkt finden an der Kasse also mindestens drei (!) Rechtsgeschäfte statt, ein schuldrechtliches und zwei dingliche.

Kaufvertrag = gegenseitiger Vertrag

Der Kaufvertrag ist ein gegenseitiger Vertrag. Im Gegenseitigkeitsverhältnis (Synallagma) stehen dabei auf jeden Fall die Pflicht zur Verschaffung der Kaufsache einerseits, die Verpflichtung des Käufers zur Erbringung des Kaufpreises andererseits: Der Käufer zahlt den Kaufpreis, um die Sache zu erhalten; der Verkäufer leistet, damit der Käufer zahlt (do ut des). Die Verpflichtung des Verkäufers aus § 433 I S. 2 BGB zur sach- und rechtsmängelfreien Leistung ist dabei als Bestandteil der Verschaffungspflicht aus § 433 I S. 1 BGB zu sehen.

Abnahmepflicht kann ausnahmsweise synallagmatisch sein

In Einzelfällen kann aber auch die Abnahmepflicht des Käufers nach § 433 II BGB a.E. neben der Kaufpreiszahlungspflicht mit der Verschaffungspflicht des Verkäufers im Synallagma stehen. Hierzu bedarf es jedoch einer ausdrücklichen oder stillschweigenden Vereinbarung der Parteien. Eine solche kann nach den §§ 133, 157 BGB anzunehmen sein, wenn es dem Verkäufer erkennbar besonders wichtig ist, dass die Abnahme erfolgt (z.B. verderbliche Ware).

Unterscheidung synallagmatische ⇔ nicht synallagmatische Pflicht von untergeordneter Bedeutung

Zu beachten ist, dass die Klärung der Frage, welche Pflichten in einem Gegenseitigkeitsverhältnis stehen, von untergeordneter Bedeutung ist. Vor allem die §§ 323 - 325 BGB setzen lediglich voraus, dass ein gegenseitiger Vertrag vorliegt, nicht aber, dass sich die Pflichtverletzung gerade auf eine im Gegenseitigkeitsverhältnis stehende Leistungspflicht bezieht. Lediglich bei § 326 BGB muss genau geprüft werden, ob es sich gerade um eine synallagmatische Leistungspflicht handelt, da hier die Auswirkung der Unmöglichkeit auf die Gegenleistung geregelt wird. Wichtig ist das Synallagma aber für die Einrede des nicht erfüllten Vertrages, § 320 BGB. Des Weiteren ist die Unterscheidung synallagmatische/nicht synallagmatische Pflicht im Bereich der Schadensermittlung relevant (Differenz- und Surrogationsmethode).[7]

hemmer-Methode: Beachten Sie: Ein gegenseitiger Vertrag setzt nur voraus, dass irgendwelche Leistungspflichten innerhalb dieses Vertrages in einem Gegenseitigkeitsverhältnis stehen.

---

[6] Zum Rechtskauf vgl. unten, Rn. 333 ff.
[7] Hierzu vgl. **Hemmer/Wüst, Schuldrecht AT**, Rn. 296 ff.

> Deshalb ist es möglich, dass eine Leistungspflicht aus einem gegenseitigen Vertrag nicht im Gegenseitigkeitsverhältnis mit einer Gegenleistung steht, z.B. im Regelfall die Abnahmepflicht nach § 433 II BGB a.E.

Zustandekommen

Der Kaufvertrag kommt durch Antrag (= Angebot) und Annahme zustande, §§ 145 ff. BGB.

> **hemmer-Methode:** Dies ist in der Klausur häufig völlig unproblematisch. Sie gewinnen keinen Punkt, wenn Sie dem Korrektor mitteilen, welche Definition Sie zum Vorliegen eines Angebotes auswendig gelernt haben. Dies führt allenfalls dazu, dass er Ihre Ausführungen als „überflüssig" kritisiert oder aber nach Ungenauigkeiten sucht. Wenn beim Zustandekommen des Vertrages keine Probleme vorliegen, genügt die Feststellung mit dem Hinweis auf §§ 145 ff. BGB, dass der Vertrag durch übereinstimmende Willenserklärungen der Parteien wirksam zustande gekommen ist.

Essentialia des Kaufvertrages: Vertragsparteien, Kaufgegenstand, Kaufpreis

Neben der Person der Vertragspartner sind essentialia negotii (Hauptbestandteile) des Kaufvertrages der Kaufgegenstand und der Kaufpreis. Ohne eine diesbezügliche Einigung kann ein Kaufvertrag nicht zustande kommen. Etwas anderes ergibt sich auch nicht aus den §§ 154, 155 BGB, da diese Vorschriften nur den Dissens über accidentialia negotii (Nebenabreden) betreffen.[8]

Kaufgegenstand: Sachen, aber auch Rechte und sonstige verkehrsfähige Güter

Kaufgegenstand können sowohl Sachen als auch Rechte sein. Nach § 453 BGB finden die Vorschriften über den Sachkauf auch auf den Kauf von Rechten entsprechende Anwendung. Gleiches gilt nach § 453 I BGB für den Verkauf „sonstiger Gegenstände". Hierunter sind alle sonstigen verkehrsfähigen Güter zu verstehen, die sich nicht als „Sachen" oder „Rechte" einordnen lassen.

> **Bsp.:** Verkauf des Kundenstammes im Rahmen des Verkaufs einer Arztpraxis. Die Erfüllung dieser Verpflichtung kann dadurch erfolgen, dass der Verkäufer dem Käufer die Patientendateien überlässt und seinen Patienten den neuen Arzt empfiehlt.

> **hemmer-Methode:** „Gegenstand" ist nicht gleichzusetzen mit „Sache". Der Sachbegriff ist in § 90 BGB definiert. Unter einem Gegenstand ist – abstrakt gesprochen – jedes Rechtsobjekt zu verstehen, das zu einem Rechtssubjekt in eine rechtliche Beziehung treten kann. Diesem sehr weiten Begriff unterfallen damit Sachen, Forderungen, sonstige Rechte und alle weiteren verkehrsfähigen Güter. Letztlich müssen Sie nur beachten, dass „Sache" und „Gegenstand" nicht das Gleiche ist. Allerdings wird der Begriff der Sache im BGB nicht einheitlich gebraucht. So versteht man nach allgemeiner Meinung unter Sache bei § 119 II BGB den weiten Begriff des (verkehrsfähigen) Gegenstandes.

Sachen

Sachen sind Immobilien und Mobilien, § 90 BGB. Beim Kauf können die Sachen konkret und individuell bestimmt (Stückkauf) oder aber nur ihrer Art nach beschrieben sein (Gattungskauf).

> **hemmer-Methode:** Die Unterscheidung zwischen Stück- und Gattungskauf ist im kaufrechtlichen Mängelrecht von Bedeutung. So ist es insbesondere umstritten, ob bei einer aliud-Lieferung beim Stückkauf § 434 III BGB einschlägig ist (vgl. dazu Rn. 133). Ferner ist es umstritten, ob es Nacherfüllung in Form der Nachlieferung gem. §§ 437 Nr. 1, 439 I Alt. 2 BGB auch bei einer mangelhaften Stücksache gibt (vgl. dazu Rn. 166).

---

[8] Vgl. Palandt, § 155, Rn. 1.

Kaufverträge über Rechte können nur erfüllt werden, wenn diese übertragbar sind. Hieran fehlt es bei den sog. höchstpersönlichen Rechten.[9] Der Verkauf eines unübertragbaren Rechtes stellt eine anfängliche Unmöglichkeit der Verpflichtung aus § 433 I S. 1 BGB dar.

> *Bsp.:* V verkauft an K ein Nießbrauchsrecht, das ihm am Grundstück des D zusteht.

Verkauf unübertragbarer Rechte = anfängliche Unmöglichkeit

Die Übertragung eines Nießbrauchsrechtes ist nach § 1059 S. 1 BGB nicht möglich. Damit ist die Verpflichtung des V zur Rechtsübertragung nach §§ 453 I, 433 I S. 1 BGB anfänglich unmöglich, es liegt ein Fall sog. rechtlicher Unmöglichkeit vor. Dies ändert zwar nichts an der Wirksamkeit des Vertrages, vgl. § 311a I BGB. Allerdings ist V nach § 275 I BGB nicht zur Primärleistung verpflichtet; er haftet K jedoch möglicherweise nach § 311a II S. 1 BGB.

Kaufpreis

Die Parteien müssen sich außer über den Kaufgegenstand auch über die Höhe des Kaufpreises einigen. Er muss in Geld bestehen, da anderenfalls ein Tauschvertrag vorliegt, für welchen über § 480 BGB allerdings das Kaufrecht entsprechende Anwendung findet.

Häufig durch Auslegung zu ermitteln

Allein die Tatsache, dass der Kaufpreis nicht ausdrücklich vereinbart wurde, lässt noch nicht das wirksame Zustandekommen eines Kaufvertrages scheitern: Gerade bei alltäglichen Geschäften lässt sich oft dem schlüssigen Verhalten der Vertragsparteien eine Vereinbarung über den Kaufpreis entnehmen. Der vereinbarte Kaufpreis ist dann durch Auslegung nach den §§ 133, 157 BGB zu ermitteln. Häufig wird sich ergeben, dass der Börsen- oder Marktpreis bzw. der im Geschäftsbetrieb des Verkäufers übliche Laden- oder Listenpreis als vereinbart anzusehen ist.

II. Form

KV i.d.R. formlos wirksam

Der Kaufvertrag bedarf zu seiner Wirksamkeit im Regelfall nicht der Einhaltung einer besonderen Form. Ausnahmen sind §§ 311b I, III, V, 2371 BGB, § 15 IV S. 1 GmbHG.

Bei Grundstücksgeschäften: § 311b I BGB

Von erheblicher Bedeutung ist § 311b I S. 1 BGB, der für den Verpflichtungsvertrag bei Grundstücksgeschäften notarielle Beurkundung nach § 128 BGB vorschreibt.

Problem: *mündliche Absprachen*

Häufig werden bei Grundstückskaufverträgen zwischen den Parteien noch Dinge besprochen, die später nicht notariell beurkundet werden. In diesen Fällen ist fraglich, unter welchen Voraussetzungen Äußerungen des Verkäufers und des Käufers, die in der notariellen Urkunde keinen Niederschlag gefunden haben, zum Vertragsinhalt geworden sind.

Nach Ansicht des BGH führt zwar eine **Beschreibung von Eigenschaften** eines Grundstücks oder Gebäudes durch den Verkäufer vor Vertragsschluss, die in der notariellen Urkunde keinen Niederschlag findet, in der Regel nicht zu einer vertraglichen Vereinbarung. Der Käufer kann nämlich nicht davon ausgehen, dass der Verkäufer mit ihm eine bestimmte Beschaffenheit des Grundstücks oder Gebäudes vereinbaren will, wenn die geschuldete Beschaffenheit im Kaufvertrag nicht erwähnt wird.[10]

Ein solches Verständnis der vorvertraglichen Angaben des Verkäufers entspricht dem Grundsatz einer nach beiden Seiten hin interessengerechten Vertragsauslegung, §§ 133, 157 BGB.

---

[9] Vgl. Palandt, § 453, Rn. 20.
[10] **BGH, Life&Law 03/2016, 147 ff. =** jurisbyhemmer.

§ 311b I S. 1 BGB gilt nämlich auch für Nebenabreden. Wenn diese nicht beurkundet werden, wären vertragliche Nebenabreden nichtig, § 125 S. 1 BGB.

Teilnichtigkeit führt aber im Zweifel zur vollen Nichtigkeit, § 139 BGB.

Ist es nun unklar, ob die Parteien mündlich eine vertraglich bindende Vereinbarung oder lediglich eine Beschreibung des Kaufgegenstandes im Sinne einer Geschäftserwartung bzw. Geschäftsgrundlage getroffen haben, so gilt der Auslegungsgrundsatz, dass **im Zweifel** derjenigen **Auslegung** der Vorzug gebührt, **die** die **Nichtigkeit** des Rechtsgeschäfts **vermeidet**.

Mit diesem Grundsatz wäre es nicht vereinbar, bei vorvertraglichen Äußerungen des Verkäufers über Eigenschaften des Kaufgegenstands nicht beurkundete Beschaffenheitsvereinbarungen anzunehmen; denn diese teilweise Formnichtigkeit nach § 125 S. 1 BGB hätte die Gesamtnichtigkeit des Vertrags nach § 139 BGB zur Folge.

hemmer-Methode: Eine Beschreibung von Eigenschaften eines Grundstücks oder Gebäudes vor Vertragsschluss durch den Verkäufer, die in der notariellen Urkunde keinen Niederschlag findet, führt in aller Regel nicht zu einer verbindlichen Vertragsvereinbarung.

Wenn die Parteien hingegen ausdrücklich eine Vereinbarung treffen, die nicht beurkundet wurde, so führt die Teilformnichtigkeit gem. § 125 S. 1 BGB im Zweifel zur Nichtigkeit des gesamten Kaufvertrages (§ 139 BGB), sofern es sich nicht um unwesentliche Nebenabreden gehandelt hat.

Klausurrelevant ist an dieser Stelle auch der Fall des Scheingeschäfts, der sich leicht mit Fragen aus dem Hypothekenrecht und der Vormerkungsproblematik kombinieren lässt.

Unterverbriefung („Schwarzkauf")

Bsp.: V und K wollen einen Kaufvertrag über ein Grundstück im Wert von 500.000,- € schließen. Aus Gründen der Steuerersparnis geben sie jedoch bei der notariellen Beurkundung lediglich einen Kaufpreis von 200.000,- € an. V bewilligt K eine Auflassungsvormerkung. Später wird für D eine Hypothek eingetragen. Erst dann wird K als Eigentümer eingetragen. K verlangt von D die Zustimmung zur Löschung der Hypothek aus dem Grundbuch.

K könnte von D die Zustimmung zur Löschung der Hypothek nach § 888 BGB verlangen, wenn dies aufgrund der Auflassungsvormerkung ihm gegenüber gemäß § 883 II BGB relativ unwirksam wäre. Dies setzt eine wirksame Bestellung der Vormerkung voraus.

Die Vormerkung ist ein besonderes Sicherungsmittel zur Sicherung eines Anspruches auf Änderung der dinglichen Rechtslage an einem Grundstück oder an einem grundstücksgleichen Recht. Als solches ist sie akzessorisch zur zu sichernden Forderung. Daher setzt die Wirksamkeit der dem K bestellten Auflassungsvormerkung einen wirksamen Anspruch des K gegen V auf Übereignung des Grundstückes voraus, § 433 I S. 1 BGB.

Der notarielle Vertrag zwischen V und K ist jedoch als Scheingeschäft nach § 117 I BGB nichtig. Auch der eigentlich gewollte Vertrag (Kaufpreis: 500.000,- €) i.S.v. § 117 II BGB war zunächst wegen fehlender notarieller Beurkundung nach §§ 311b I S. 1, 125 S. 1 BGB formnichtig. Damit lag im Zeitpunkt der Eintragung der Vormerkung kein wirksamer Anspruch des K aus dem Kaufvertrag nach § 433 I S. 1 BGB vor.

Durch die Eintragung des Grundstückseigentums für den K im Grundbuch wurde jedoch der tatsächlich gewollte Kaufvertrag hinsichtlich des Formverstoßes geheilt, § 311b I S. 2 BGB. Fraglich ist jedoch, welche Auswirkungen dies auf die Vormerkung hat. Die Heilung nach § 311b I S. 2 BGB hat lediglich Wirkung ex nunc.

Allerdings könnte es sich bis zum Zeitpunkt der Heilung um einen künftigen Anspruch gehandelt haben i.S.d. § 883 I S. 2 BGB. In diesem Fall wäre zwar die Vormerkung auch erst im Zeitpunkt der Heilung mit Entstehung der Forderung wirksam entstanden; ihre Wirkungen würden jedoch auf den Zeitpunkt der Eintragung der Vormerkung zurückwirken. Die Bestellung der Hypothek wäre dann als vormerkungswidrig i.S.d. § 883 II BGB anzusehen.

Ein künftiger Anspruch i.S.d. § 883 I S. 2 BGB kann aber nur angenommen werden, wenn für dessen Entstehung bereits eine feste Rechtsgrundlage („Rechtsboden") geschaffen ist. Dies ist zu bejahen, wenn die Entstehung des Anspruches nur noch von dem Vormerkungsberechtigten (hier: von K) abhängig gewesen wäre. Da die Entstehung des Anspruches durch Heilung nach § 311b I S. 2 BGB von der Auflassung und Eintragung abhängt, wobei es auch auf Mitwirkungshandlungen des Verkäufers ankommt, war dies hier nicht der Fall. Ein Anspruch aus einem nach § 311b I S. 1 BGB unwirksamen Vertrag ist im Hinblick auf die Heilungsmöglichkeit nicht künftig i.S.d. § 883 I S. 2 BGB. Daher scheitert ein Anspruch des K gegen D aus § 888 BGB.

> **hemmer-Methode:** Bevor Sie sich in den Vormerkungsfällen auf § 888 BGB i.V.m. § 883 II BGB „stürzen", sollten Sie in der Klausur auch kurz auf § 894 BGB eingehen. Hierzu sollten Sie ausführen, dass § 894 BGB die objektive Unrichtigkeit des Grundbuches voraussetzt, eine vormerkungswidrige Verfügung aber nicht zur objektiven Unrichtigkeit des Grundbuches führt.
> <u>Sound:</u> „Die Vormerkung bewirkt keine Grundbuchsperre", sondern wirkt nur relativ (§ 883 II BGB).

Problem: Anwendungsbereich des § 311b I BGB

Auch wenn das Hauptanwendungsfeld des § 311b I BGB der Kaufvertrag ist, stellt sich im Hinblick auf die von ihm beabsichtigte Warn- und Schutzfunktion die Frage, inwieweit das Formerfordernis auch für andere Rechtsgeschäfte gilt, die lediglich im Zusammenhang mit Grundstücksveräußerungen stehen.[11] Sicher ist, dass auch ein Vorvertrag, durch den die Verpflichtung begründet wird, einen Grundstückskaufvertrag abzuschließen, der Form § 311b I BGB unterliegt[12], da die Schutzfunktion ansonsten leer liefe.

Bei Schenkung verdrängt § 311b I BGB den einseitigen Formzwang des § 518 I BGB

Wichtig ist, dass § 311b I BGB auch bei der Grundstücksschenkung gilt und § 518 I BGB verdrängt. Gem. § 518 I S. 1 BGB bedarf nämlich nur das Schenkungsversprechen der notariellen Beurkundung, sog. einseitiger Formzwang. Daher geht § 311b I BGB weiter, da hier beide Vertragserklärungen beurkundet werden müssen.

§ 311b I BGB beim Auftrag

Liegt ein Auftrag vor, der den Auftragnehmer verpflichtet, ein Grundstück für den Auftraggeber zu erwerben, so muss genau zwischen den verschiedenen Verpflichtungen differenziert werden. § 311b I BGB betrifft sowohl die Pflicht zur Übertragung als auch die Pflicht zum Erwerb eines Grundstückes.

> *Bsp.: Der Auftraggeber (AG) beauftragt den Auftragnehmer (AN) mündlich, in eigenem Namen das Grundstück des D von diesem zu erwerben. Hintergrund ist, dass D den AG nicht leiden kann und mit ihm persönlich keine Geschäfte abschließen würde. AG will auf diesem Weg an das Grundstück des D gelangen. Nachdem AN das Grundstück von D gekauft hat und ins Grundbuch als Eigentümer eingetragen wurde, weigert sich AN, das Grundstück an AG zu übereignen. Anspruch des AG?*

Als Anspruchsgrundlage kommt nur § 667 BGB in Betracht. AN hat durch die Ausführung des Auftrags „etwas erlangt", nämlich das Eigentum an dem Grundstück. Dieses müsste er an den AG im Wege der Übereignung nach §§ 873, 925 BGB jedoch nur dann „herausgeben", wenn der zwischen AG und AN geschlossene Auftrag i.S.d. §§ 662 ff. BGB wirksam wäre. Hier kommt ein Verstoß gegen § 311b I BGB in Betracht.

---

[11] Vgl. die ausführliche Darstellung bei Tiedtke, Zur Rechtsprechung des Bundesgerichtshofs auf dem Gebiete des Kaufrechts - JZ 1997, 869 - 880 (Teil 1); JZ 1997, 931 - 940 (Teil 2).

[12] BGHZ 82, 398 - 407 = **juris**byhemmer.

1. Durch den Auftrag hat sich der Auftragnehmer AN gegenüber AG verpflichtet, ein Grundstück zu erwerben. Aufgrund dieser Erwerbsverpflichtung könnte der Auftrag formbedürftig nach § 311b I S. 1 BGB gewesen sein; die notarielle Form wurde nicht eingehalten.

Es ist jedoch zu beachten, dass der Auftragnehmer das Grundstück nicht auf Dauer für sich erwirbt; vielmehr soll er das Grundstück an den Auftraggeber weiterübereignen, wobei er auch den verauslagten Kaufpreis nach § 670 BGB von diesem erhält. Bei einem solchen „Durchgangsgeschäft" ist der Erwerber nicht so stark schutzbedürftig, da sich an der Zusammensetzung seines Vermögens auf lange Sicht nichts ändert. Dies lässt eine Ausnahme von § 311b I S. 1 BGB zu. Insoweit kommt ein Formverstoß nicht in Betracht.

2. Gleichzeitig beinhaltet der Auftrag die Pflicht, das Grundstück an den AG weiter zu übereignen. Diese Übertragungspflicht des AN könnte zu einem Verstoß gegen § 311b I BGB führen.

a) Nach einer Auffassung soll dies ausgeschlossen sein, da diese Übertragungspflicht des Auftragnehmers nach § 667 BGB eine Pflicht kraft Gesetzes darstelle; § 311b I BGB betrifft aber anerkanntermaßen nur rechtsgeschäftliche Verpflichtungen.[13]

b) Dem steht allerdings entgegen, dass AG und AN zumindest konkludent auch rechtsgeschäftlich vereinbart haben können, dass AN nach Erwerb des Grundstückes dieses an AG weiter übereignen solle. Schließlich war die Erlangung des Grundstücks das von AG angestrebte wirtschaftliche Ziel.

Dennoch lässt sich aufgrund der Veräußerungspflicht des AN ein Verstoß gegen § 311b I BGB mit obiger Argumentation verneinen: Es handelt sich nur um ein Durchgangsgeschäft, weshalb AN weder hinsichtlich des Erwerbs noch hinsichtlich der Veräußerung besonders durch die Form des § 311b I BGB geschützt werden muss.

3. Ein Verstoß gegen § 311b I BGB könnte sich aus einer Erwerbspflicht des AG durch Vereinbarung des Auftrages ergeben.

Eigentlich begründet der Auftrag zwar die Pflicht des Auftragnehmers, den erlangten Gegenstand an den Auftraggeber herauszugeben (§ 667 BGB), nicht aber die Pflicht des Auftraggebers, diesen auch entgegenzunehmen. Hierbei handelt es sich um eine bloße Obliegenheit, deren Verstoß allenfalls zum Annahmeverzug nach den §§ 293 ff. BGB führen kann.

Dennoch ist nach wirtschaftlicher Betrachtung eine Erwerbsverpflichtung des AG anzunehmen, die zum Schutz nach § 311b I BGB führt. Der Auftrag führt dazu, dass der AG dem AN den verauslagten Kaufpreis nach § 670 BGB zahlen muss und hierfür nach § 667 BGB das Grundstück erhält. Dies steht wirtschaftlich dem Abschluss eines Kaufvertrages sehr nahe, sodass es der Schutz- und Warnfunktion des § 311b I BGB bedarf.

Dennoch ist unter Berücksichtigung von Treu und Glauben nach § 242 BGB nicht zuzulassen, dass sich AN auf die Formnichtigkeit des Auftrages nach §§ 311b I, 125 S. 1 BGB beruft: Denn § 311b I BGB dient hier allein dem Schutz des AG. Es wäre treuwidrig, wenn sich der AN auf die Formnichtigkeit berufen könnte, um damit einen Anspruch des AG zu Fall zu bringen, wenn er dabei eine allein dem AG zum Schutz dienende Vorschrift ins Felde führt (a.A. vertretbar).

Daher ist ein Anspruch des AG aus § 667 BGB gegeben.

Bevollmächtigung

Entgegen dem Wortlaut des § 167 II BGB kann auch die Bevollmächtigung zum Erwerb oder zur Veräußerung eines Grundstücks nach § 311b I BGB (analog) formbedürftig sein, wenn die Vollmacht entweder unwiderruflich erteilt wird oder eine rechtliche bzw. tatsächliche Bindung des Vertretenen bewirkt.

---

[13] BGHZ 127, 168 - 176 = **juris**byhemmer; BGH, NJW 1996, 1960 - 1961 = **juris**byhemmer.

Demgegenüber bleibt es im Rahmen des § 182 II BGB nach h.M. generell bei der Formlosigkeit der Genehmigung.[14]

Überwindung des Formmangels nach § 242 BGB: Strenge Voraussetzungen

Im Rahmen des § 311b I BGB ist schließlich immer auch daran zu denken, dass der Formmangel nach § 242 BGB unbeachtlich sein kann. Dies allerdings nur unter engen Voraussetzungen, i.d.R. muss die Formnichtigkeit nach § 125 S. 1 BGB zu einem schlechthin untragbaren Ergebnis führen, wobei an dieser Stelle Einigkeit bzgl. zweier Fallgruppen herrschen dürfte:

⇨ Arglist bzw. besonders schwere Treuepflichtverletzung der einen Seite (z.B.: Täuschung über die Formbedürftigkeit)

⇨ oder Existenzgefährdung im Falle der Rückabwicklung nach § 812 I S. 1 Alt. 1 BGB der anderen Seite.[15]

Andere Fälle der Unbeachtlichkeit nach § 242 BGB (wie z.B. im obigen Auftragsfall) sind selten, aber nicht schlechthin ausgeschlossen.

B) Die Pflicht des Verkäufers nach § 433 I S. 1 BGB und ihre Nichterfüllung

Verschaffungspflicht

Der Verkäufer einer Sache ist verpflichtet, dem Käufer das Eigentum an der Kaufsache zu verschaffen, § 433 I S. 1 BGB.

Pflicht zur Übergabe

Der Verkäufer muss dem Käufer die Sache ferner übergeben, d.h. grundsätzlich den unmittelbaren Besitz gemäß § 854 BGB verschaffen.[16]

Als „Übergabe" i.S.d. § 433 I S. 1 BGB genügt die Verschaffung mittelbaren Besitzes daher nur, wenn der Kaufvertrag dies von Anfang an vorsieht oder eine – selbstverständlich auch stillschweigend denkbare – Vertragsänderung (§ 311 I BGB) vorliegt.[17]

> **hemmer-Methode:** Bedenken Sie, dass das Eigentum auch mit Erlangung des mittelbaren Besitzes übergehen kann. Selbst im Fall des § 929 S. 1 BGB reicht zur Übereignung die Einräumung mittelbaren Besitzes aus, wenn nur der Veräußerer jeglichen Besitzrest aufgibt.[18] Eine Erfüllung der Pflicht aus § 433 I S. 1 BGB tritt aber nur ein, wenn man in der Vereinbarung bei der Übereignung eine Modifizierung und Abbedingung der Pflicht zur Verschaffung des unmittelbaren Besitzes sieht.

I. Durchsetzung des Anspruches aus § 433 I S. 1 BGB durch den Käufer

Kommt der Verkäufer seiner Pflicht aus § 433 I S. 1 BGB nicht nach, kann der Käufer gegenüber einer Inanspruchnahme durch den Verkäufer aus § 433 II BGB die Einrede des nichterfüllten Vertrages gem. § 320 BGB geltend machen.

Dingliche Einigung: § 894 ZPO

Der Käufer kann die Erfüllung des Anspruches auf Übereignung und Übergabe nach § 433 I S. 1 BGB auf gerichtlichem Wege erzwingen. Zunächst muss er auf Erfüllung klagen. Das obsiegende Urteil fingiert mit seiner Rechtskraft nach § 894 ZPO die nach § 929 S. 1 BGB erforderliche dingliche Einigungserklärung des Verkäufers.

---

[14] BGH, NJW 1994, 1344 - 1347 = **juris**by**hemmer**; ausführlich: Reinicke/Tiedtke, Kaufrecht, Rn. 88 ff.
[15] Vgl. im Einzelnen Reinicke/Tiedtke, Kaufrecht, Rn. 82 ff.
[16] Palandt, § 433, Rn. 13.
[17] Palandt, § 433, Rn. 13.
[18] **Hemmer/Wüst, Sachenrecht II**, Rn. 35 f.

> **hemmer-Methode:** Zu beachten sind §§ 894 I S. 2, 726 II ZPO: Der Käufer erhält eine vollstreckbare Ausfertigung (mit „Vollstreckungsklausel") nur, wenn er nachweist, den Kaufpreis geleistet zu haben bzw. dass der Verkäufer im Gläubigerverzug mit der Annahme des Kaufpreises ist.

Übergabe: §§ 897 I, 883 ZPO

An die Stelle der Übergabe tritt die Wegnahme der Sache durch den Gerichtsvollzieher, § 897 I ZPO. Gemäß § 898 ZPO kann auf diese Weise sogar ein Erwerb vom Nichtberechtigten stattfinden, wenn der Käufer gutgläubig i.S.d. § 932 II BGB und die Sache nicht abhandengekommen ist, § 935 BGB. Mit der Wegnahme durch den Gerichtsvollzieher ist die Sache aber nicht abhandengekommen, da das Gesetz diese Wegnahme gestattet, § 897 I ZPO.

> **hemmer-Methode:** Hierbei handelt es sich eben nicht um einen Erwerb kraft Hoheitsaktes (wie etwa bei der Verwertung nach § 814 ZPO), bei dem es auf den guten Glauben des Erwerbers nicht ankommt. Vielmehr handelt es sich um einen staatlich erzwungenen rechtsgeschäftlichen Erwerb.

II. Rechte des Käufers bei Nichtleistung wegen (vollständiger) Unmöglichkeit

Ist dem Verkäufer die Verschaffung des Eigentums an der Kaufsache (bzw. die Übertragung des Rechts beim Rechtskauf) nicht möglich, so ist seine Leistungspflicht gem. § 433 I S. 1 BGB nach § 275 I - III BGB ausgeschlossen, d.h. sie besteht nicht bzw. nicht mehr. In den Fällen des § 275 II, III BGB ist dies jedoch nur dann der Fall, wenn der Verkäufer die sich hiernach ergebende Einrede erhoben hat.

1. Begriff der Unmöglichkeit und Auswirkung auf die Primärleistungspflicht

Unmöglichkeit = Dauerhafte Nichterbringbarkeit des Leistungserfolges

a) Unmöglichkeit ist die Nichterbringbarkeit des Leistungserfolges. Dies führt zum Erlöschen der geschuldeten Leistungspflicht nach § 275 I BGB. Die Vorschrift stellt die subjektive (Leistungserfolg ist von einem Dritten, nicht aber vom Schuldner zu erbringen) der objektiven Unmöglichkeit (Leistungserfolg ist von jedermann nicht zu erbringen) gleich.

> **hemmer-Methode:** Der Unterschied zwischen anfänglicher und nachträglicher Unmöglichkeit ist i.R.d. § 275 I BGB ohne Bedeutung. Relevant wird diese Frage aber beim Anspruch auf Schadensersatz statt der Leistung (§ 311a II BGB bei anfänglicher Unmöglichkeit bzw. §§ 280 I, III, 283 BGB bei nachträglicher Unmöglichkeit).

> *Bsp.:* Der von V an K verkaufte Gebrauchtwagen wird vor der Übereignung durch einen Blitzschlag vollständig zerstört.

> Mit wirksamem Abschluss des Kaufvertrages entstand ein Anspruch des K gegen V auf Übereignung und Übergabe des Pkw nach § 433 I S. 1 BGB. Infolge der Zerstörung des Wagens ist die Erbringung dieses Leistungserfolges jedermann unmöglich geworden (objektive Unmöglichkeit); der Anspruch des K gegen V ist nach § 275 I BGB erloschen.

Mit § 275 II, III BGB wurden Regelungen geschaffen, die dem Schuldner im Falle faktischer (§ 275 II BGB) oder persönlicher Unzumutbarkeit (§ 275 III BGB) ein Leistungsverweigerungsrecht geben. Macht der Schuldner dieses geltend, so ist seine Leistungspflicht ausgeschlossen.

> **hemmer-Methode:** Sollten hier Unklarheiten bestehen, wiederholen Sie unbedingt den Abschnitt „Unmöglichkeit" im Skript Hemmer/Wüst, Schuldrecht AT, Rn. 9 ff.!
> Mit § 275 II, III BGB wurde die dem BGB bislang nicht bekannte Figur der rechtsvernichtenden Einrede geschaffen; denn die Einredeerhebung führt nicht nur zur Undurchsetzbarkeit (wie etwa bei der Verjährung, § 214 I BGB), sondern zum Erlöschen der Forderung (str.). Für diese Wirkung spricht auch die amtliche Überschrift des § 275 BGB: „Ausschluss der Leistungspflicht"!
> Aus diesem Grund vertritt eine im Vordringen befindliche Ansicht, dass es sich bei § 275 II, III BGB um ein Gestaltungsrecht handelt.

Für die Frage des Erlöschens der Primärleistungspflicht ist es unbeachtlich, ob die Unmöglichkeit anfänglich oder nachträglich, subjektiv oder objektiv, vom Schuldner zu vertreten oder nicht zu vertreten ist.

b) Klausurrelevant sind Fälle der Unmöglichkeit bei Gattungsschulden. Bei einer Gattungsschuld verpflichtet sich der Schuldner, einen nur der Gattung nach bestimmten Gegenstand zu leisten.

> *Bsp.:* K bestellt beim Lieferanten V 30 Schlagbohrmaschinen zu jeweils 250,- €. Bei einem Großbrand wird das Lager des V, wo auch die Schlagbohrmaschinen aufbewahrt wurden, zerstört.

Untergang einzelner Gattungsgegenstände stellt keine Unmöglichkeit dar

Der Untergang einzelner Gegenstände aus der fraglichen Gattung führt nicht zur Unmöglichkeit. Bereits aus der Definition von „Unmöglichkeit" folgt, dass der Untergang einzelner Gattungsgegenstände keine Unmöglichkeit i.S.d. § 275 I BGB darstellen kann. Denn: Geschuldeter Leistungserfolg ist die Leistung irgendeines Gegenstandes aus der Gattung. Dies ist aber nach Untergang einzelner Gattungsgegenstände weiterhin möglich, da noch andere Gattungsgegenstände vorhanden sind. Der Leistungserfolg ist also weiterhin erbringbar, es liegt keine Unmöglichkeit vor. Gattungsschulden sind Beschaffungsschulden!

Unmöglichkeit (+), wenn Beschaffung weiterer Gattungsgegenstände unmöglich

Unmöglichkeit ist erst dann zu bejahen, wenn die Beschaffung eines weiteren Gattungsgegenstandes unmöglich ist. Dies hängt auch davon ab, in welchem Umfang der Schuldner nach der vertraglichen Vereinbarung zur Beschaffung verpflichtet ist. Bei der sog. Vorratsschuld hat er nur aus einem bestimmten Vorrat zu leisten. Geht der gesamte Vorrat unter, liegt demzufolge Unmöglichkeit vor.

> *Bsp.:* Um eine Vorratsschuld handelt es sich regelmäßig (§§ 133, 157 BGB) beim Kauf von selbsterzeugten Produkten von einem Landwirt. Geht dessen Vorrat z.B. an Kartoffeln unter, so ist er nicht verpflichtet, Kartoffeln nun bei einem Dritten zu erwerben; vielmehr wird eine Leistungspflicht aus § 433 I BGB auf Übereignung von Kartoffeln unmöglich und erlischt nach § 275 I BGB.

Gattungsschuld wird Stückschuld nach § 243 BGB; § 300 II BGB

Allerdings kann eine Gattungsschuld zu einer Stückschuld werden. Dann führt der Untergang des fraglichen Leistungsgegenstandes zur Unmöglichkeit, da nur dieser eine Gegenstand geschuldet war. Wichtigste Vorschrift hierbei ist die Konkretisierung nach § 243 BGB.[19] Zur gleichen Rechtsfolge führt nach § 300 II BGB der Annahmeverzug des Gläubigers.

---

[19] Hierzu vgl. **Hemmer/Wüst, Schuldrecht AT**, Rn. 61 ff.

2. Besonderheiten bei anfänglicher Unmöglichkeit

Besteht das Leistungshindernis bereits im Zeitpunkt des Vertragsschlusses, spricht man von anfänglicher Unmöglichkeit. Die Unmöglichkeit ist auch dann anfänglich, wenn das Leistungshindernis im Zeitpunkt des Vertragsschlusses besteht, die nach § 275 II, III BGB erforderliche Einrede aber erst später erhoben wird.[20]

a) Allgemeines

Geschlossener Vertrag bleibt wirksam, § 311a I BGB; Haftung verschuldensabhängig: § 311a II BGB

Die anfängliche Unmöglichkeit lässt die Wirksamkeit des geschlossenen Vertrages nach § 311a I BGB unberührt. Eine Differenzierung zwischen anfänglich subjektiver oder anfänglich objektiver Unmöglichkeit ist nicht erforderlich: In beiden Fällen richtet sich die Haftung nach § 311a II BGB.

Eine Haftung nach § 311a II BGB setzt Kenntnis bzw. zu vertretende Unkenntnis des Schuldners bzgl. des Leistungshindernisses im Zeitpunkt des Vertragsschlusses voraus.[21]

hemmer-Methode: Eine Ausnahme gibt es aber im Mietrecht, wonach bei anfänglichen Mängeln gem. § 536a I Var. 1 BGB (als lex specialis zu § 311a II BGB *nach* Übergabe) ein verschuldensunabhängiger Anspruch auf Schadensersatz besteht.

b) Besonderheiten beim Rechtskauf?

Fraglich ist, ob beim Rechtskauf Besonderheiten gelten.

Man könnte beim Rechtskauf argumentieren, dass der Verkäufer eines Rechtes aufgrund einer konkludenten Übernahme einer Garantie für den Bestand der Forderung die Unkenntnis deren Nichtbestehens generell nach §§ 311a II S. 1, 276 I S. 1 BGB a.E. zu vertreten hat und damit nach § 311a II S. 1 BGB verschuldensunabhängig haftet.

Auch beim Rechtskauf keine verschuldensunabhängige Haftung bei anfänglicher Unmöglichkeit

Der Gesetzgeber wollte aber mit Wirkung zum 31.12.2001 durch die Schuldrechtsreform gerade die generelle verschuldensunabhängige Haftung bei anfänglicher (subjektiver bzw. beim Rechtskauf auch objektiver) Unmöglichkeit durch § 311a II BGB abschaffen.

Daher ist die generelle Annahme der Übernahme einer Garantie i.S.d. § 276 I S. 1 BGB nicht vom Willen des Gesetzgebers gedeckt; nicht jedem Rechtsverkäufer kann ohne weiteres eine stillschweigende Garantieübernahme unterstellt werden.[22]

Zulässig ist jedoch die Auslegung, dass den Verkäufer eines Rechtes aufgrund der fehlenden Informationsmöglichkeit des Käufers strengere Pflichten treffen, sich über den tatsächlichen Bestand des verkauften Rechtes zu informieren. Kommt er diesen nicht nach, ist seine Unkenntnis vom Nichtbestehen des Rechts fahrlässig i.S.d. § 276 I S. 1 BGB; er hat dann seine Unkenntnis zu vertreten und haftet nach § 311a II BGB.

---

[20] Vgl. **Hemmer/Wüst, Schuldrecht AT**, Rn. 49.

[21] BGH, NJW 2007, 3777 - 3781 = **juris**byhemmer; mit ausführlicher Besprechung von Tyroller, Der Verkauf gestohlener Sachen: Gedanken zur anfänglichen subjektiven Unmöglichkeit beim Kaufvertrag!, **Life&Law 03/2008, 197 - 205 (203)**; OLG Karlsruhe, NJW 2005, 989 - 991 (990) = **juris**byhemmer; a.A. Sutschet, Haftung für anfängliches Unvermögen, NJW 2005, 1404 - 1406 (1406).

[22] Dauner-Lieb, Das neue Schuldrecht, S. 152 f.

3. Sekundäranspruch des Käufers bei (vollständiger) Unmöglichkeit der Sachleistung

Da der Käufer bei Unmöglichkeit der Primärleistungspflicht des Verkäufers (bei § 275 II, III BGB: sofern der Verkäufer sich darauf beruft) keinen Anspruch auf Verschaffung des Kaufgegenstandes hat, liegt es in seinem Interesse, seinen durch die Unmöglichkeit entstandenen Schaden ersetzt zu verlangen.

Schadensersatz statt der Leistung: positives Interesse

Das Gesetz sieht in §§ 280 I, III, 283 S. 1 BGB bzw. § 311a II S. 1 BGB Ansprüche auf Schadensersatz statt der Leistung, also auf das positive Interesse des Gläubigers, vor.[23]

Anfängliche Unmöglichkeit: § 311a II S. 1 BGB

a) Im Falle anfänglicher Unmöglichkeit ist § 311a II S. 1 BGB die richtige Anspruchsgrundlage. Der Gesetzgeber geht davon aus, dass eine anfängliche Unmöglichkeit nur bei vertraglichen Ansprüchen denkbar ist. Daher ist die Regelung an „versteckter Stelle" bei den §§ 311 ff. BGB zu finden und nicht dort, wo man sie eigentlich vermuten würde, nämlich bei den §§ 280 ff. BGB.

hemmer-Methode: Letztlich handelt es sich um eine vorvertragliche Pflichtverletzung und damit um einen Sonderfall der c.i.c., der auf Ersatz des positiven Interesses gerichtet ist. Dies erklärt auch die Nähe zu § 311 II BGB.

Ansatzpunkt für Vertretenmüssen: Kenntnis/Unkenntnis des Schuldners vom Leistungshindernis bei Vertragsschluss

§ 311a II S. 1 BGB normiert keine verschuldensunabhängige Haftung. Das Vertretenmüssen des Schuldners bezieht sich allerdings nicht auf das Leistungshindernis selbst; abzustellen ist nach dem eindeutigen Gesetzeswortlaut auf die **Kenntnis** bzw. zu vertretende Unkenntnis des Schuldners **von dem Leistungshindernis** bei Vertragsschluss.[24]

hemmer-Methode: Beachten Sie, dass § 311a II S. 1 BGB in gleicher Weise für die subjektive wie für die objektive Unmöglichkeit gilt!

Nachträgliche Unmöglichkeit: §§ 280 I, III, 283 S. 1 BGB

b) Bei nachträglicher Unmöglichkeit erhält der Gläubiger Schadensersatz statt der Leistung nach §§ 280 I, III, 283 S. 1 BGB. Voraussetzung hierfür ist vor allem, dass der Schuldner die Unmöglichkeit, also das **Leistungshindernis selbst**, zu vertreten hat, vgl. § 280 I S. 2 BGB.

Ersatz vergeblicher Aufwendungen, § 284 BGB

c) **An Stelle** des Schadensersatzes statt der Leistung kann der Gläubiger auch den Ersatz vergeblicher Aufwendungen nach § 284 BGB[25] verlangen. Gerade beim Kaufvertrag kommen hierbei solche Aufwendungen in Betracht, die der Käufer im Hinblick auf die beabsichtigte Verwendung der Kaufsache getätigt hat.

Bsp.: K kauft von V dessen Harley-Davidson. Durch Verschulden des V wird das Motorrad vor Übergabe an K zerstört. K kann nach § 284 BGB i.V.m. §§ 280 I, III, 283 S. 1 BGB Ersatz für die nun für ihn nutzlos gewordenen „Biker-Klamotten" verlangen, die er extra für Fahrten mit der Harley-Davidson erworben hat.

---

[23] Hierzu ausführlich **Hemmer/Wüst, Schuldrecht AT**, Rn. 277 ff.
[24] Im Einzelnen **Hemmer/Wüst, Schuldrecht AT**, Rn. 289 ff.
[25] Vgl. hierzu **Hemmer/Wüst, Schuldrecht AT**, Rn. 431 ff.

III. Rechte des Käufers bei Nichtleistung trotz Möglichkeit

Anspruch auf Ersatz des Verzögerungsschadens

Der Käufer kann Ersatz des Verzögerungsschadens vom Verkäufer nach §§ 280 I, II, 286 BGB[26] verlangen, wenn der Verkäufer mit seiner Verschaffungspflicht im Verzug ist bzw. war.

Anspruch auf SE statt der Leistung

Schadensersatz statt der Leistung steht dem Käufer unter den Voraussetzungen der §§ 280 I, III, 281 BGB zu; insbesondere muss er dem Verkäufer grundsätzlich zunächst eine angemessene Frist zur Nachholung der Leistung setzen, § 281 I BGB.

Übersicht zu den Schadensersatzarten:

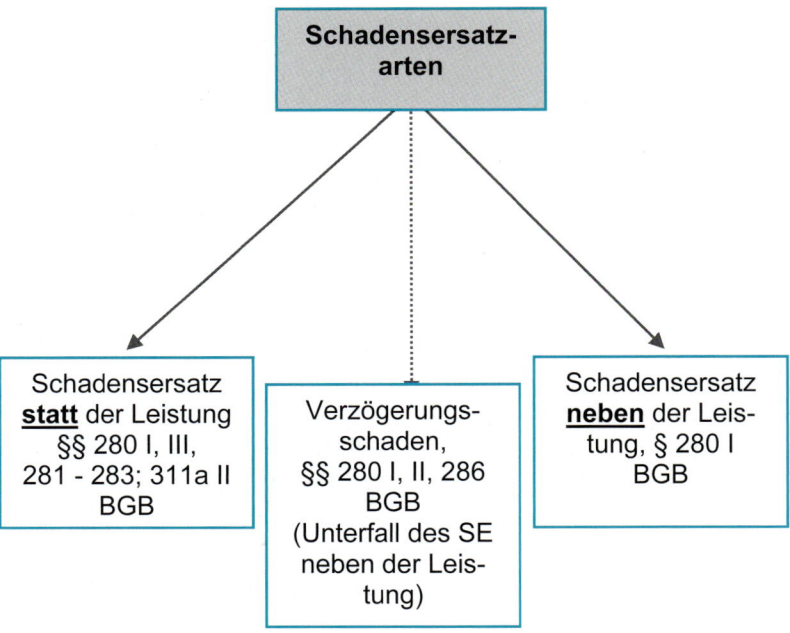

Diese drei Schadensersatzarten sind strikt voneinander zu trennen, da die jeweiligen Schadensarten nur unter unterschiedlichen Voraussetzungen ersetzt werden.

hemmer-Methode: Die Aufgabe in der Klausur besteht darin, die begehrten Schadensposten in diese drei Schadensarten einzuordnen. Erst wenn feststeht, was für ein Schadensersatz begehrt wird, können die Voraussetzungen für seinen Ersatz festgelegt und geprüft werden.

C) Pflichten des Käufers und deren Nichterfüllung

I. Pflicht zur Kaufpreiszahlung

1. Allgemeines

Der Käufer ist verpflichtet, den Kaufpreis zu bezahlen, § 433 II BGB. Die Kaufpreiszahlung steht mit der Verschaffungspflicht des Verkäufers im Gegenseitigkeitsverhältnis, sodass § 320 BGB anwendbar ist.[27]

---

[26] Ausführlich: **Hemmer/Wüst, Schuldrecht AT**, Rn. 128 ff.

[27] Zur Anwendbarkeit von § 320 BGB bei mangelhafter Leistung (Mängeleinrede) vgl. unten Rn. 257 ff.

§ 1 KAUF

Grds. Pflicht zur Barzahlung

Der Kaufpreis muss in Geld, und zwar grds. bar, geleistet werden.

> **„Sound": Nur Bares ist Wahres!**

Der Käufer hat dem Verkäufer die Geldscheine in entsprechendem Wert zu übereignen. In der Praxis wird jedoch oft (konkludent) vereinbart, dass der Käufer seiner Pflicht zur Kaufpreiszahlung genügt, wenn er den entsprechenden Betrag überweist. Erfüllung tritt hier allerdings erst mit Gutschrift auf dem Konto des Verkäufers ein.

> **hemmer-Methode:** Umstritten ist, ob es sich bei der Erfüllung durch Überweisung um eine Erfüllung nach § 362 I BGB[28] oder (so die h.M.) um einen Fall der Annahme an Erfüllungs Statt nach § 364 I BGB handelt.[29] Jedoch kann allein in der Angabe der Kontoverbindung durch den Gläubiger bereits die nach § 364 I BGB erforderliche konkludente Erklärung des Gläubigers angesehen werden, das „Buchgeld" als erfüllungstauglichen Gegenstand annehmen zu wollen. Daher wird es auf diesen Streit kaum jemals in der Falllösung ankommen.

Scheck und Wechsel: § 364 II BGB

Bezahlung durch Scheck oder Wechsel ist grundsätzlich nur eine Leistung erfüllungshalber, vgl. § 364 II BGB, sodass Erfüllung erst durch Einlösung erfolgt. In der Hingabe des Schecks oder Wechsels ist allerdings bereits die Leistungshandlung des Käufers zu sehen, sodass Schuldnerverzug bzw. ein Anspruch aus §§ 280 I, III, 281 BGB oder ein Rücktritt des Verkäufers nach § 323 BGB ausscheidet, da keine Nichtleistung vorliegt.

43

> **Exkurs: Inzahlunggabe eines Gebrauchtwagens**

Durchaus examensrelevant ist das Klausurproblem der Inzahlunggabe eines Gebrauchtwagens unter Anrechnung auf den Kaufpreis.

44

> *Bsp.:* K kauft bei V einen Mercedes für 30.000,- €. V nimmt den alten VW Golf des K i.H.v. 5.000,- € in Zahlung. Da dieser jedoch mangelhaft ist, verlangt V von K Zahlung von 5.000,- €. K will allenfalls die „ganze Sache rückgängig machen", da er sich das neue Auto ohne die Inzahlunggabe des Altwagens gar nicht leisten kann.
>
> Anspruch des V?

44a

Rechtliche Konstruktion str.

Für die rechtliche Einordnung der Inzahlunggabe eines Gebrauchtwagens bestehen mehrere Möglichkeiten:

Nach e.A. Doppelkauf mit Anrechnungsabrede

Doppelkauf mit Anrechnungsabrede: Die Parteien schließen über jeden Pkw einen eigenständigen Kaufvertrag; die gegenseitigen Kaufpreiszahlungsansprüche werden automatisch verrechnet, sodass dem Neuwagenverkäufer ein Restanspruch auf Kaufpreiszahlung in Höhe der Differenz der Kaufpreise zusteht.

45

> **hemmer-Methode:** Ebenfalls wäre vertretbar, von einer Aufrechnung i.S.d. §§ 387 ff. BGB auszugehen, wobei die notwendige Aufrechnungserklärung (§ 389 BGB) in dem konkludenten Verhalten jedenfalls eines der Beteiligten gesehen werden kann. Begrifflich sollte Ihnen die Unterscheidung zwischen Verrechnung und Aufrechnung geläufig sein:
> Bei der Verrechnung tritt diese automatisch ein, während es bei der Aufrechnung der Aufrechnungserklärung bedarf. Eine Verrechnung ist nur kraft Vereinbarung, ausnahmsweise ohne diese nur in besonders gelagerten Fällen zulässig. Die Einschränkungen bei der Aufrechnung (z.B. § 394 BGB) sind bei der Verrechnung nicht anwendbar.[30]

---

[28] Palandt, § 362, Rn. 9.
[29] BGH, NJW 1953, 897 ff. = **juris**byhemmer.
[30] Vgl. dazu BAG, NZA 2002, 390 - 392 (392) = **juris**byhemmer.

Aber: Parteiwille spricht dagegen; Rückabwicklung würde nur den jeweiligen Kaufvertrag betreffen	Hiergegen spricht jedoch der Parteiwille der Beteiligten: Es soll gerade ein einheitlicher Vertrag geschlossen werden. Bei zwei voneinander unabhängigen Kaufverträgen würde auch die Rückabwicklung im Falle der Mangelhaftigkeit eines Wagens nur für den jeweiligen Kaufvertrag erfolgen.	46

Würde beispielsweise der Vertrag über den Neuwagen rückabgewickelt, bliebe dennoch der Kauf über den Altwagen bestehen; dies ist von den Parteien aber nicht gewünscht!

Nach a.A. typengemischter Vertrag aus Kauf und Tausch

Typengemischter Vertrag: Die Parteien schließen einen einheitlichen Vertrag, der Elemente von Kauf und Tausch enthält. Diese Variante ist für den Käufer vorteilhaft: Ein Rücktritt des Verkäufers wegen Mangelhaftigkeit des in Zahlung gegebenen Altwagens nach §§ 437 Nr. 2, 323 (bzw. § 326 V) BGB würde sich regelmäßig auf den gesamten Vertrag beziehen. Der Käufer wäre also nicht verpflichtet, den Neuwagen zu erwerben und zu bezahlen, obwohl die Inzahlunggabe des Altwagens „nicht klappt". 47

Gegen diese Ansicht spricht aber, dass der Neuwagenkäufer verpflichtet wäre, seinen „Alten" in Zahlung zu geben. Die Inzahlunggabe soll aber nur ein Recht des Käufers sein, einen Teil des Kaufpreises für den „Neuen" durch die Inzahlunggabe des „Alten" zu begleichen.

BGH/h.M.: Ersetzungsbefugnis, § 364 I BGB analog

Nach h.L. und gefestigter Rechtsprechung des **BGH**[31] liegt daher ein **Fall der Ersetzungsbefugnis** vor, auf die § 364 I BGB analog angewendet wird. Es besteht nur ein Kaufvertrag, und zwar über den Neuwagen. In der Vereinbarung der Inzahlunggabe ist die Abrede zu sehen, dass der Verkäufer den Altwagen an Stelle eines Teiles des Kaufpreises an Erfüllungs Statt i.S.d. § 364 I BGB annimmt. 48

Da diese Vereinbarung von Anfang an, nicht erst im Nachhinein getroffen wird, ist § 364 I BGB analog anzuwenden. Man spricht von einer „Ersetzungsbefugnis", da dem Käufer des Neuwagens ein Wahlrecht zusteht, den eigentlich geschuldeten Geldbetrag oder den Altwagen zum Zwecke der Erfüllung seiner Kaufpreisschuld zu leisten.

Sowohl der BGH[32] als auch große Teile der Literatur nehmen diese letztere Konstruktion an, da sie den Interessen beider Parteien am nächsten kommt.

Sind beide Pkw mangelfrei, hat der Käufer ein Wahlrecht, ob er den alten Wagen in Zahlung geben oder lieber den vollen Kaufpreis zahlen möchte. Der Verkäufer hat keinen Anspruch auf Lieferung des Altwagens (sofern nicht etwas anderes vereinbart ist). 49

Mangelhaftigkeit des Neuwagens

Ist der neue Wagen mangelhaft, so beziehen sich die Rechte des Käufers auf den gesamten Vertrag. Im Falle einer Rückabwicklung wegen Rücktritts des Käufers hat dieser den Neuwagen zurück zu übereignen (§ 346 I BGB), erhält aber auch den geleisteten Altwagen zurück (ebenfalls § 346 I BGB). Hat der Verkäufer den Wagen bereits weiter veräußert, muss er dem Käufer Wertersatz leisten, § 346 II S. 1 Nr. 2 BGB. 50

> **hemmer-Methode:** Ein Ausschluss des Anspruches auf Wertersatz nach § 346 III Nr. 3 BGB kommt nicht in Betracht, da diese Privilegierung beim gesetzlichen Rücktrittsrecht ausschließlich dem Rücktrittsberechtigten zusteht, vgl. Wortlaut. Dies ist bei Mangelhaftigkeit des Neuwagens aber der Käufer, nicht der Verkäufer.

---

[31] Vgl. dazu zuletzt BGH, **Life&Law 07/2008, 429 - 435** = NJW 2008, 2028 - 2031 = **juris**byhemmer; BGH, **Life&Law 2003, 225 - 232 (228 f.)** = NJW 2003, 505 - 507 = **juris**byhemmer; **Hemmer/Wüst, BGB-AT III**, Rn. 221. Unser Service-Angebot an Sie: kostenlos hemmer-club-Mitglied werden (www.hemmer-club.de) und Entscheidungen der Life&Law lesen und downloaden.

[32] BGHZ 46, 338 - 343 = **juris**byhemmer.

Steht dem Käufer ein Anspruch auf Ersatz des positiven Interesses, beispielsweise nach §§ 437 Nr. 3, 280 I, III, 281 BGB zu, so ist er hinsichtlich seines Vermögens so zu stellen, wie er bei ordnungsgemäßer Erfüllung stünde.

In die Schadensberechnung ist daher nicht allein der Wert des Altwagens, sondern auch der Betrag, den die Parteien im Rahmen der Inzahlunggabe für ihn angesetzt haben, einzubeziehen.

> *Bsp.:* Im obigen Beispiel (Rn. 44a) sei der Neuwagen mangelhaft, die Voraussetzungen der §§ 280 I, III, 281 BGB liegen vor. Der Altwagen soll nicht – wie angesetzt – 5.000,- €, sondern nur 4.000,- € wert gewesen sein.
>
> 1. Im Falle des Rücktritts würde der Käufer den gezahlten Kaufpreis von 25.000,- € und den Altwagen (Wert 4.000,- €) zurückerhalten und müsste den Neuwagen dem Verkäufer rückübereignen. Damit wäre er so gestellt, wie er ohne den Vertrag stünde; die günstige Ansetzung des Altwagens von 1.000,- € über seinem Wert würde ihm allerdings „durch die Lappen gehen".
>
> Etwas anderes ergibt sich auch nicht dann, wenn der Verkäufer den Altwagen bereits weiterübereignet hat. Zwar schreibt § 346 II S. 2 BGB für die nach § 346 II S. 1 Nr. 2 BGB vom Verkäufer geschuldete Wertersatzpflicht vor, dass eine vereinbarte Gegenleistung bei der Bestimmung deren Höhe zugrunde zu legen ist. Zu denken wäre daran, für den Altwagen – wie im Kaufvertrag vereinbart – nicht den Wert i.H.v. 4.000,- €, sondern 5.000,- € anzusetzen. Dann würde der Käufer jedoch hinsichtlich der Rückabwicklung bei Weiterveräußerung des Altwagens besser stehen. Hierfür besteht aus Wertungsgründen kein Anlass, sodass der Wertersatz dennoch 4.000,- € beträgt. Nach § 346 II S. 2 BGB ist eine vereinbarte Gegenleistung bei der Berechnung auch nur zugrunde zu legen und muss dieser nicht exakt entsprechen (a.A. vertretbar).[33]
>
> 2. Beim Schadensersatz ist der Käufer so zu stellen, wie er bei ordnungsgemäßer Erfüllung stünde. Entscheidet er sich für den sog. „großen Schadensersatz" statt der ganzen Leistung (§§ 280 I, III, 281 I S. 3 BGB) BGB[34], kann er gegen Rückübereignung des mangelhaften Wagens (vgl. §§ 281 V, 346 I BGB) den vollen Kaufpreis i.H.v. 30.000,- € zurückverlangen. Den in Zahlung gegebenen PKW muss K nicht wieder zurücknehmen. Auf diese Weise wird K wirtschaftlich so gestellt, wie wenn V ordnungsgemäß erfüllt hätte.
>
> K kann daher dem V den mangelhaften neuen PKW gem. §§ 280 I, III, 281 I S. 3, 281 V, 346 I BGB zurückübereignen und als Schadensersatz den Betrag verlangen, den der PKW in mangelfreiem Zustand gehabt hätte. Mangels anderweitiger Angaben im Sachverhalt ist davon auszugehen, dass Preis und Wert identisch sind, sodass K von V die Zahlung von 30.000,- € verlangen kann.

hemmer-Methode: Dieser Unterschied zwischen Rücktritt und großem Schadensersatz im Zusammenhang mit der Ersetzungsbefugnis und der Mangelhaftigkeit der neu gekauften Sache wurde in der Aufgabe 3 im Ersten Bayerischen Staatsexamen im Termin 2017-I geprüft.

Mangelhaftigkeit des Altwagens

Ist dagegen der Altwagen mangelhaft, findet § 365 BGB Anwendung: Dem Verkäufer stehen in Bezug auf den Altwagen die Mängelrechte eines Käufers zu. Er kann unter den Voraussetzungen der § 365 BGB i.V.m. § 437 BGB zurücktreten, mindern, Nacherfüllung oder Schadensersatz verlangen.

Ein Rücktritt führt zum Wiederaufleben des Kaufpreisanspruches in Höhe des Restpreises (im obigen Beispiel: 5.000,- €). Der Kaufvertrag über den neuen Wagen bleibt also bestehen, lediglich die Leistung des Altwagens an Erfüllungs Statt wird rückgängig gemacht.

---

[33] So wie hier jetzt ausdrücklich OLG Hamm, NJW-RR 2009, 1505 - 1508 = **juris**by**hemmer**.

[34] Zum „kleinen" und „großen Schadensersatz" vgl. Rn. 305 ff.

Großzügige Annahme konkludenter Gewährleistungsausschlüsse

Dies wird oft als unbillig empfunden, da der Käufer nun den Restkaufpreis in Geld entrichten muss. Nach Auffassung des BGH[35] ist deshalb ein stillschweigender Haftungsausschluss zumindest für die Mängel des alten Wagens anzunehmen, die auf allgemeinen Verschleißerscheinungen beruhen. Dies ist auch interessengerecht, da der Verkäufer als Autohändler regelmäßig in der Lage ist, den Altwagen mit ausreichendem Sachverstand vor dem Kauf auf etwaige Mängel zu untersuchen. In der Literatur wird deshalb darüber hinaus sogar ein stillschweigender Ausschluss der Mängelrechte für Unfallschäden vertreten.

hemmer-Methode: Lesen Sie zur Vertiefung Binder, „Zur Inzahlungnahme gebrauchter Sachen vor und nach der Schuldrechtsreform am Beispiel des Autokaufs Alt gegen Neu", in NJW 2003, 393 ff.

„Agenturmodell"

„Agentur-Vertrag" aus steuerlichen Gründen

Aus steuerrechtlichen Gründen wurde lange Zeit von einer weiteren Konstruktion Gebrauch gemacht: dem sog. Agentur-Vertrag. Denn der Autohändler erbrachte mit dem Verkauf des Neuwagens sowie mit dem Weiterverkauf des erhaltenen Altwagens jeweils eine umsatzsteuerpflichtige Leistung.

Nach dem Agentur-Modell trat der Verkäufer hinsichtlich des Altwagens lediglich als Vermittler zwischen dem Kunden (Käufer des Neuwagens) und dem dritten Käufer auf. Hierbei garantierte er dem Kunden einen Mindestpreis, in dessen Höhe der Kaufpreis hinsichtlich des Neuwagens gestundet wurde. Erzielte er (wie im Regelfall) hinsichtlich des Altwagens einen höheren Kaufpreis als den garantierten Mindestpreis, behielt er diese Differenz als Provision ein.

Diese Provision und der erhaltene Kaufpreis für den Neuwagen waren nun umsatzsteuerpflichtig. Die Umsatzsteuerschuld des Verkäufers war daher geringer als beim gewöhnlichen Modell der Inzahlunggabe, bei welchem der volle Kaufpreis der Umsatzsteuer nach § 3 I UStG unterlag.

§ 25a UStG

Allerdings hat der Gesetzgeber zum 01.07.1990 die Differenzbesteuerung gem. § 25a UStG eingeführt. Dies führte dazu, dass nun hinsichtlich des erworbenen und wieder veräußerten Altwagens nur noch die Differenz zwischen Einkaufs- und Verkaufspreis umsatzsteuerpflichtig ist. Dadurch wurde gesetzlich der Zustand eingeführt, der durch das Agentur-Modell herbeigeführt werden sollte. Das Agentur-Modell hatte damit zwischenzeitlich also seinen Zweck verloren.

seit 01.01.2002 „Renaissance" des Agenturmodells

Schon jetzt ist aber zu erkennen, dass das Agenturmodell wegen der strengen Haftung beim Verkauf eines Unternehmers (Autohändler) an einen Verbraucher (sog. „Verbrauchsgüterkauf", vgl. §§ 474 ff. BGB[36]) zumindest bei den von einem Verbraucher in Zahlung gegebenen Wagen eine Renaissance erfährt.

Da der Verkäufer dann der Verbraucher und nicht der Händler ist, sind die Mängelrechte bei „Gebrauchten" in weitem Umfang abdingbar.

Dies wäre wegen § 476 I S. 1 BGB nicht der Fall, wenn der Händler den in Zahlung gegebenen Wagen im eigenen Namen in seiner Eigenschaft als Unternehmer verkauft.

---

[35] BGHZ 83, 334 - 341 = **juris**byhemmer.
[36] Vgl. in diesem Skript, Rn. 457 ff.

§ 1 KAUF

Problem: § 476 I S. 2 BGB

Strittig ist in diesen Fällen, ob eine unzulässige Umgehung der Verbrauchsgüterkaufvorschriften vorliegt, § 476 I S. 2 BGB.[37]

In der Diskussion um die Neufassung des Kaufrechts im Zuge der Schuldrechtsmodernisierung ist für den Gebrauchtwagenhandel auf das Agenturgeschäft und die Gefahr einer Umgehung des angestrebten verstärkten Verbraucherschutzes hingewiesen worden.[38]

Der in diesem Zusammenhang erhobenen Forderung, die Möglichkeit einer Umgehung der strengen Bestimmungen des Verbrauchsgüterkaufs durch ein Ausweichen auf Agenturgeschäfte von vornherein zu verhindern, ist der Gesetzgeber nicht gefolgt.

Das lässt nur den Schluss zu, dass Agenturgeschäfte auch im Bereich des gewerblichen Handels mit gebrauchten Sachen Privater jedenfalls **nicht generell** als **Umgehungsgeschäfte** im Sinne des § 476 I S. 2 BGB angesehen werden können.[39]

Ansicht der Literatur

a) Nach einer im Schrifttum vertretenen Auffassung kann jedoch im Einzelfall eine Umgehung des für den Verbrauchsgüterkauf bezweckten Verbraucherschutzes anzunehmen sein, wenn das Agenturgeschäft missbräuchlich dazu eingesetzt wird, ein in Wahrheit vorliegendes Eigengeschäft des Unternehmers zu verschleiern.[40]

Entscheidende Bedeutung kommt hierbei auch der Frage zu, wie bei wirtschaftlicher Betrachtung die Chancen und Risiken des Gebrauchtwagenverkaufs zwischen dem bisherigen Eigentümer des Fahrzeugs und dem Fahrzeughändler verteilt sind.

aa) Hat der Händler den „Gebrauchten", den er **„im Kundenauftrag"** weiterveräußert, in Zahlung genommen und dem Eigentümer des Fahrzeugs einen bestimmten Mindestverkaufspreis für das Altfahrzeug garantiert und den entsprechenden Teil des Kaufpreises für den „Neuen" gestundet, so gilt Folgendes:

Bei der gebotenen wirtschaftlichen Betrachtungsweise ist in diesen Fällen von einem Ankauf des Altfahrzeugs durch den Händler und nicht von einer Ersetzungsbefugnis auszugehen.

Das hat zur Folge, dass er beim Weiterverkauf des Gebrauchtwagens als dessen Verkäufer anzusehen ist und das gleichwohl gewählte Agenturgeschäft nach § 476 I S. 2 BGB keine Anerkennung finden kann.

bb) Hat dagegen der Neuwagenkäufer das Risiko des Weiterverkaufs seines bisherigen Fahrzeugs zu tragen, so ist das Agenturgeschäft auch bei wirtschaftlicher Betrachtungsweise zu akzeptieren; ein Umgehungstatbestand ist dann nicht anzunehmen.

Ansicht des BGH

b) Der BGH hat diese Frage in Übereinstimmung mit der Vorinstanz (OLG Stuttgart[41]) dahingehend entschieden, dass die Gebrauchtwagenagentur nicht generell verboten werden könne.[42]

---

[37] Vgl. dazu auch Rn. 461; Tyroller, Der Verbrauchsgüterkauf gemäß § 474 BGB in der Rechtsprechung, **Life&Law 08/2006, 573** (575 f.).

[38] Reinking, Auswirkungen des Schuldrechtsmodernisierungsgesetzes auf den Neu- und Gebrauchtwagenkauf, DAR 2001, 8 (10).

[39] So jetzt auch Reinking/Eggert, Der Autokauf, 8. Aufl., Rn. 976.

[40] Müller, Die Umgehung des Rechts des Verbrauchsgüterkaufs im Gebrauchtwagenhandel, NJW 2003, 1975 - 1980 (1978 f.).

[41] OLG Stuttgart, **Life&Law 11/2004, 723 - 728** = NJW 2004, 2169 - 2171 = **juris**byhemmer.

[42] BGH, NJW 2005, 1039 - 1041 = **juris**byhemmer.

Schutz des Verbrauchers in Missbrauchsfällen

Nur in Missbrauchsfällen läge eine unzulässige Umgehung vor. Dies sei aber erst dann der Fall, wenn der Händler dem in Zahlung gebenden Verbraucher einen Mindestpreis garantiere und so das wirtschaftliche Risiko der Inzahlungnahme übernommen habe.[43]

Praxis-Tipp

Praxis-Tipp: Die Devise, die die Anwälte künftig dem Gebrauchtwagenhändler mit auf den Weg geben, wird also lauten:

⇨ „*Bieten Sie dem privaten Anbieter eines Autos nur einen Agenturvertrag an und handeln Sie beim Verkauf in dessen Namen. Und hüten Sie sich davor, dem Anbieter eines Gebrauchten das Unverkäuflichkeitsrisiko abzunehmen.*"[44]

hemmer-Methode: Nach einer M.M. stellen Agenturverträge generell eine unzulässige Umgehung i.S.d. § 476 I S. 2 BGB dar. Zulässig sollen Agenturgeschäfte nur dann sein, wenn der Agent kein unternehmerischer Verkäufer von Gebrauchtwagen sei. Als Beispiel werden die Gebrauchtwagenmärkte am Wochenende genannt, bei denen ein Geschäftsmann sein Gelände als Stellplatz für Verkäufer vermietet. Selbst wenn der Vermieter ein Unternehmer ist, ist dies unschädlich, da er kein unternehmerischer Verkäufer sei.[45]
Dieser nur vereinzelt vertretenen Ansicht hat der BGH nun völlig zu Recht eine Absage erteilt und den Verbraucherschutz auf die oben beschriebenen Missbrauchsfälle beschränkt.

Nach a.A. liegt niemals ein Umgehungsgeschäft i.S.d. § 476 I S. 2 BGB vor

c) Nach einer weiteren Ansicht ist ein Umgehungsgeschäft in solchen Drei-Personen-Verhältnissen stets zu verneinen. Der Verkäufer ist in den Missbrauchsfällen (Fallvariante 1) dem Dritten aber aus c.i.c. gem. §§ 280 I, 311 III S. 2 BGB zum Schadensersatz verpflichtet.[46]

Der dritte Käufer ist im Rahmen dieses Schadensersatzanspruches dann so zu stellen, als hätte er den „Gebrauchten" von einem Unternehmer im Rahmen eines Verbrauchsgüterkaufs erworben.

Der Schaden des Dritten besteht im wirksamen Ausschluss der Mängelrechte. Er ist nun über §§ 280 I, 311 II, 249 I BGB so zu stellen, als ob ein Verbrauchsgüterkauf vorliegen würde. In diesem Fall wäre der Gewährleistungsausschluss wegen § 476 I S. 1 BGB nämlich nicht wirksam gewesen, sodass der Dritte z.B. mindern oder zurücktreten könnte. Der Schaden besteht also konkret in der Höhe des Wertes der ihm genommenen Mängelrechte.

Der **BGH** folgt diesem Ansatz nicht. In **Life&Law 05/2007, 291 - 296**[47] hatte der BGH das Problem des „vorgeschobenen" Verbraucherverkäufers zu entscheiden.

Der BGH kam dabei zu folgendem Ergebnis: Schiebt beim Verkauf einer beweglichen Sache an einen Verbraucher der Verkäufer, der Unternehmer ist, einen Verbraucher als Verkäufer vor, um die Sache unter Ausschluss der Mängelhaftung verkaufen zu können, richten sich die Mängelrechte des Käufers nach § 476 I S. 2 BGB wegen Umgehung der Bestimmungen über den Verbrauchsgüterkauf gegen den Unternehmer.

Der vorgeschobene Verbraucher haftet dagegen nicht nach den strengen Regeln des Verbrauchsgüterkaufrechts.

---

[43] Lesen Sie die Zusammenfassung der Entscheidung des BGH, die nahezu komplett übereinstimmt mit der der Vorinstanz des OLG Stuttgart (**Life&Law 11/2004, 723 - 728** = NJW 2004, 2169 - 2171 = **juris**byhemmer) nach bei Katzenmeier, Agenturgeschäfte im Gebrauchtwagenhandel, NJW 2004, 2632 - 2633.

[44] Nach Schmidt, Verbraucherbegriff und Verbrauchervertrag - Grundlagen des § 13 BGB, JuS 2006, 1 - 8 (7).

[45] Hofmann, Agenturverträge im Gebrauchtwagenhandel, JuS 2005, 8 - 12 (11).

[46] So auch Katzenmeier, Agenturgeschäfte im Gebrauchtwagenhandel, NJW 2004, 2632 - 2633.

[47] BGH, NJW 2007, 759 - 761 = **juris**byhemmer.

§ 1 KAUF

> **hemmer-Methode:** Der BGH hatte noch in einem anderen Drei-Personen-Verhältnis über die Frage eines Umgehungsgeschäfts zu entscheiden:
>
> Dem Leasingnehmer (LN), einem Verbraucher, wurden unter Ausschluss seiner mietvertraglichen Gewährleistungsansprüche gegen den Leasinggeber (LG) dessen kaufrechtliche Mängelrechte gegen den Verkäufer V abgetreten. Im Kaufvertrag zwischen dem Händler V und dem LG wurde die kaufrechtliche Mängelhaftung jedoch ausgeschlossen.
>
> Nach richtiger Ansicht des BGH ist ein so abgewickeltes Finanzierungsleasinggeschäft keine zur Umgehung des Verbrauchsgüterkaufs geeignete anderweitige Gestaltung i.S.v. § 476 I S. 2 BGB, auch wenn bei einem Verbrauchsgüterkauf neuer Sachen die Mängelhaftung nicht ausgeschlossen werden kann.[48]
>
> An dem Kaufvertrag ist nämlich gar kein Verbraucher beteiligt. Auch wenn der Verbraucher durch den Ausschluss faktisch keine kaufrechtlichen Mängelrechte bekommt, liegt kein Fall des § 476 I S. 2 BGB vor. Denn der Verbraucher selbst hat die Entscheidung getroffen, nicht einen Kauf-, sondern einen Leasingvertrag abzuschließen. Der Verkäufer ist nicht sein Vertragspartner.
>
> Einzige Rechtsfolge ist in diesem Fall, dass der Ausschluss der mietvertraglichen Gewährleistungsrechte im Verhältnis LG ⇔ LN gem. § 307 I, II BGB unwirksam ist. Ein Ausschluss ist nämlich nach h.M. nur dann wirksam, wenn dem LN ein äquivalenter Ersatz für die Mängelrechte gegeben wird.
>
> Dies ist nicht der Fall, wenn die kaufrechtlichen Mängelrechte gar nicht oder nur in „beschnittener Form" abgetreten werden.
>
> Arbeiten Sie diese examensrelevante Entscheidung durch. Es genügt, wenn Sie OLG Naumburg, Life&Law 08/2005, 510 - 517 lesen, da der BGH dieses Urteil im Wesentlichen übernommen hat.

Exkurs Ende

Die Höhe des Kaufpreises richtet sich nach der Parteivereinbarung; in den Grenzen von § 138 I BGB (Sittenwidrigkeit) und § 138 II BGB (Wucher) sind die Parteien hierin frei. Es gilt auch insoweit die Privatautonomie der Vertragsparteien, Art. 2 I GG. | 57

Tagespreisklauseln

Grundsätzlich ist auch die Vereinbarung möglich, dass der Verkäufer die Möglichkeit haben soll, den Kaufpreis später zu erhöhen. Gerade im Kfz-Neuwagengeschäft sind sog. Tagespreisklauseln beliebt, wenn für den Neuwagen längere Lieferfristen bestehen. So kann der Verkäufer auf eine Änderung des Marktpreises reagieren. | 58

§ 309 Nr. 1 BGB

Da solche Tagespreisklauseln regelmäßig jedoch durch allgemeine Geschäftsbedingungen vereinbart werden, ist § 309 Nr. 1 BGB zu beachten. Hiernach sind Preiserhöhungsklauseln unzulässig, wenn die Lieferung innerhalb von vier Monaten nach Vertragsschluss erfolgen soll.

§ 307 BGB

Examensrelevant ist aber gerade die Vereinbarung einer Tagespreisklausel, wobei die Lieferung später als vier Monate nach Vertragsschluss erbracht werden soll. Hier ist die Klausel allein an § 307 BGB zu messen.

Der BGH hält Tagespreisklauseln nur dann für zulässig, wenn die Erhöhung sich in den Grenzen billigen Ermessens hält (der Verkäufer also nicht nach freiem Belieben den Preis erhöhen darf) und dem Käufer ein Rücktrittsrecht für den Fall zusteht, dass die Preiserhöhung erheblich ist.[49]

---

[48] Vgl. BGH, NJW 2006, 1066 - 1068 = **juris**byhemmer; (= Bestätigung von OLG Naumburg, **Life&Law 08/2005, 510 - 517** = ZGS 2005, 238 - 239 = **juris**byhemmer); Ackermann, Leasing leicht gemacht?, JA 2006, 426 - 431 (428).

[49] BGHZ 90, 69 - 85 (78) = **juris**byhemmer; BGH, NJW 1986, 3134 - 3136 (3135) = **juris**byhemmer.

Verbot geltungserhaltender Reduktion	Inkonsequent an der Rechtsprechung des BGH ist allerdings, dass bei Fehlen einer Vereinbarung eines solchen Rücktrittsrechts dieses dennoch als vereinbart gilt. Diese Ansicht verstößt streng genommen gegen das Verbot geltungserhaltender Reduktion, das sich letztlich aus § 305c II BGB ergibt.	59
§§ 280 I, II, 286 BGB / §§ 280 I, III, 281 BGB	Kommt der Käufer seiner Verpflichtung zur Zahlung des Kaufpreises nicht nach, kann bei Vorliegen von Schuldnerverzug der Verkäufer nach §§ 280 I, II, 286 BGB den Verzugsschaden ersetzt verlangen. Nach §§ 280 I, III, 281 BGB steht ihm nach erfolgloser Fristsetzung Anspruch auf Schadensersatz statt der Leistung zu.	60
Keine Unmöglichkeit bei Geldschulden	Unmöglichkeit kommt bei Geldzahlungspflichten nicht in Betracht, da Geldschulden Geldbeschaffungsschulden sind. Es gilt der Grundsatz „Geld hat man zu haben".	61

> **hemmer-Methode:** Umstritten ist, ob bei Geldschulden die Leistungsgefahr auf den Gläubiger übergehen und danach Unmöglichkeit in Betracht kommen kann. Eine Konkretisierung nach § 243 II BGB scheidet nach h.M. aus, da es nicht darauf ankommen kann, ob die Geldzeichen „mittlerer Art und Güte" i.S.v. § 243 I BGB sind. Anwendbar ist aber wohl § 300 II BGB.[50]

Rücktritt nach § 323 I BGB	Wenn der Verkäufer die Kaufsache zurückhaben will, kann die Ausübung des Rücktrittsrechts gem. § 323 I BGB nach erfolgloser Fristsetzung für ihn interessengerecht sein. Zu beachten ist aber, dass es nach §§ 280 I, III, 281 I BGB bei der Schadensermittlung nach der Differenzmethode ebenfalls zur Rückgabe der bereits geleisteten Kaufsache kommt.[51]	62

2. Auswirkung der Unmöglichkeit der Sachleistung auf die Kaufpreiszahlungspflicht

Examensrelevant: Schicksal der Gegenleistung bei Unmöglichkeit der Sachleistung	Sehr examensrelevant ist die Konstellation der Unmöglichkeit im gegenseitigen Vertrag, z.B. auch und gerade im Kaufvertrag. Ist die (Sach-)Leistungspflicht des Verkäufers nach § 275 I - III BGB ausgeschlossen, stellt sich die Frage nach dem Schicksal der Gegenforderung auf Kaufpreiszahlung.	

a) Grundsatz: § 326 I S. 1 HS 1 BGB

63

Grds.: Gegenleistung entfällt, § 326 I S. 1 HS 1 BGB	Grundsätzlich entfällt der Anspruch auf die Gegenleistung nach § 326 I S. 1 HS 1 BGB. Der Verkäufer braucht also einerseits den Kaufgegenstand dem Käufer nicht mehr zu übereignen und zu übergeben (§ 275 I - III BGB), erhält andererseits aber auch die Gegenleistung nicht (§ 326 I S. 1 HS 1 BGB).

> **hemmer-Methode:** Machen Sie sich den Unterschied zwischen § 275 BGB und § 326 I S. 1 HS 1 BGB klar! Nach § 275 BGB entfällt die Pflicht zur Erbringung der Leistung, die unmöglich ist. Nach § 326 I S. 1 HS 1 BGB entfällt die Pflicht zur Erbringung der jeweiligen Gegenleistung!
> Wer beim Untergang der Kaufsache behauptet, „dass der Anspruch aus § 433 II BGB nach § 275 I BGB erloschen ist", begeht einen schweren Fehler.
> Passen Sie also genau auf, um welche Leistung es geht: um die Leistungspflicht, die unmöglich geworden ist (⇨ § 275 I - III BGB), oder um die Gegenleistung (⇨ § 326 BGB)!

---

[50] Zum Übergang der Leistungsgefahr vgl. **Hemmer/Wüst, Schuldrecht AT**, Rn. 60 ff.; zum Sonderproblem der Geldschuld vgl. auch Medicus/Petersen, BR, Rn. 261. Durch den Einwurf von 650,- € in den privaten Hausbriefkasten tritt nach Ansicht des AG Köln keine Erfüllung ein (AG Köln, **Life&Law 10/2006, 653 - 656** = NJW 2006, 1600 = juris**by**hemmer). Eine Geldschuld ist nämlich erst dann erfüllt, wenn der geschuldete Geldbetrag in die Verfügungsgewalt des Gläubigers gelangt ist. Der Briefkasten ist zur Aufnahme von größeren Geldbeträgen aber weder gedacht noch geeignet ist.

[51] Zur Schadensermittlung bei §§ 281 I, 280 I, III BGB vgl. **Hemmer/Wüst, Schuldrecht AT**, Rn. 405 ff.

Der Verkäufer trägt also die **Preisgefahr**: Im Falle der Unmöglichkeit der Sachleistung (§ 433 I S. 1 BGB) entfällt sein Anspruch auf die Kaufpreiszahlung als Gegenleistung.

b) Übergang der Preisgefahr auf den Leistungsgläubiger in Ausnahme zu § 326 I S. 1 BGB

Übergang der Preisgefahr auf den Käufer

Jedoch existieren Vorschriften, nach denen die Preisgefahr auf den Käufer übergeht. Er bleibt dann zur Kaufpreiszahlung verpflichtet, obwohl er die Sachleistung aufgrund deren Unmöglichkeit nicht erhält. Die Vorschriften, nach denen die Preisgefahr auf den Käufer (= Gläubiger der Sachleistung) übergeht, sind besonders klausurrelevant.

aa) § 326 II S. 1 BGB

So muss der Käufer trotz Unmöglichkeit der Sachleistung und damit Ausschluss des Anspruches aus § 433 I S. 1 BGB nach § 275 I - III BGB den Kaufpreis zahlen, wenn er

⇨ für die Unmöglichkeit der Sachleistung allein oder weit überwiegend verantwortlich ist, § 326 II S. 1 Alt. 1 BGB oder

⇨ die Unmöglichkeit zu einem Zeitpunkt eintritt, in dem sich der Käufer im Annahmeverzug nach den §§ 293 ff. BGB befindet, § 326 II S. 1 Alt. 2 BGB.

Beispiel zu § 326 II S. 1 Alt. 2 BGB

Bsp.: *Verbraucher V hat K eine antike Kommode verkauft. K sollte sie bis zum 24.07. bei V abholen. Am 30.07. wird die Kommode bei einem Brand, den V leicht fahrlässig verursacht hat, völlig zerstört.*

1. Der Erfüllungsanspruch des K aus § 433 I BGB ist nach § 275 I BGB erloschen. Dies gilt unabhängig von einem etwaigen Vertretenmüssen des V, da niemand zu einer unmöglichen Leistung verpflichtet sein kann: *Impossibilium nulla est obligatio.*

2. Der Anspruch des V gegen K könnte nach § 326 I S. 1 HS 1 BGB erloschen sein. Die Voraussetzungen der Vorschrift liegen vor. Allerdings könnte sich etwas anderes aus § 326 II S. 1 Alt. 2 BGB ergeben.

a) K befand sich zu dem Zeitpunkt, als die Leistungspflicht des V unmöglich wurde, mit der Annahme der Sachleistung in Annahmeverzug i.S.d. §§ 293 ff. BGB; ein tatsächliches oder wörtliches Angebot des V war entbehrlich, da für die Abnahme durch K ein Termin kalendermäßig bestimmt war, § 296 S. 1 BGB.

Daher bleibt nach § 326 II S. 1 Alt. 2 BGB abweichend von § 326 I S. 1 HS 1 BGB der Anspruch des V auf die Kaufpreiszahlung gegen K aus § 433 II BGB erhalten. § 446 S. 3 BGB enthält insoweit eine aufgrund der Regelung des § 326 II S. 1 Alt. 2 BGB letztlich überflüssige Klarstellung.

b) Allerdings dürfte V die Unmöglichkeit nicht zu vertreten haben.

Jedoch war nach § 300 I BGB infolge des Annahmeverzuges des K die Haftung des V abweichend von § 276 I S. 1 BGB auf Vorsatz und grobe Fahrlässigkeit beschränkt. Da er im vorliegenden Fall nur leicht fahrlässig gehandelt hat, hat er die Unmöglichkeit nicht zu vertreten.

Ein Fall beiderseits zu vertretender Unmöglichkeit[52] liegt daher nicht vor.

---

[52] Hierzu auch Baumann/Hauth, Die rechtliche Problematik beiderseits zu vertretender Unmöglichkeit, JuS 1983, 273 - 280.

> hemmer-Methode: Wiederholen Sie zur beiderseits zu vertretenden Unmöglichkeit Hemmer/Wüst, Schuldrecht AT, Rn. 336 ff.! Sollte aus dem Sachverhalt nicht eindeutig hervorgehen, dass V nur leicht fahrlässig gehandelt hat, können Sie eine taktische Erwägung ins Auge fassen: Wenn möglich, sollten Sie eine grobe Fahrlässigkeit des V vertreten. Dann ermöglichen Sie sich Ausführungen zur beiderseits zu vertretenden Unmöglichkeit. Anderenfalls schneiden Sie sich dieses Problem ab. So verhindern Sie das unnötige Verschenken von Punkten.
> Aber Vorsicht: Besonders „allergisch" reagieren Korrektoren auf den Versuch, den Sachverhalt so „hinzubiegen", dass man bekanntes Wissen abspulen kann. Verlassen Sie daher trotz aller taktischen Erwägungen nicht den Bereich des Vertretbaren und vor allem nicht den vorgegebenen Sachverhalt! Klausurtaktik und verbotene „Sachverhaltsquetsche" ist eine Gratwanderung, die gelernt sein will. Nehmen Sie deshalb möglichst frühzeitig die Möglichkeit war, unter den Bedingungen des „Ernstfalls" examenstypische Klausuren zu schreiben!

bb) § 446 BGB

§ 446 S. 1 BGB: Übergabe

Nach § 446 S. 1 BGB führt beim Sachkauf die Übergabe der verkauften Sache an den Käufer ebenfalls zum Übergang der Preisgefahr auf den Käufer. „Übergabe" ist wie in § 433 I S. 1 BGB zu verstehen, das heißt: Der Käufer muss unmittelbaren Besitz i.S.d. § 854 I BGB erlangen.

Die Verschaffung mittelbaren Besitzes (§ 868 BGB) reicht nur dann aus, wenn dies für die Verkäuferpflicht nach § 433 I S. 1 BGB als ausreichend vereinbart wurde. § 446 S. 1 BGB differenziert nicht zwischen beweglichen und unbeweglichen Kaufsachen, ist also auch auf Grundstücke anzuwenden.

> hemmer-Methode: Kommentieren Sie sich also – soweit nach der für Sie geltenden Prüfungsordnung zulässig – diese Beziehung zwischen dem Begriff der „Übergabe" in § 446 S. 1 BGB und § 433 I S. 1 BGB in Ihr Gesetz. Umfassender ist der Übergabebegriff in § 929 S. 1 BGB: Dort genügt die Verschaffung jeglicher Besitzform (auch mittelbaren Besitzes); erforderlich ist allerdings, dass der Veräußerer keinen Besitzrest zurückbehält.

§ 446 S. 3 BGB: Gläubigerverzug

Nach § 446 S. 3 BGB steht es der Übergabe gleich, wenn der Käufer im Verzug der Annahme ist, §§ 293 ff. BGB. Der Gläubigerverzug verlagert daher den Gefahrübergang vor.

Beispielsfall zu § 446 S. 1 BGB

Bsp.: Privatmann V hat K die Kommode unter Eigentumsvorbehalt verkauft und übergeben. Bei einem Brand im Hause des K wird die Kommode vollständig zerstört, ohne dass dem K irgendein Schuldvorwurf zu machen ist. K verweigert die Zahlung des Kaufpreises. Anspruch des V?

1. Mit Abschluss des Kaufvertrages ist der Anspruch des V auf Kaufpreiszahlung aus § 433 II BGB entstanden.

2. Der Anspruch könnte jedoch nach § 326 I S. 1 HS 1 BGB erloschen sein.

a) Der Kaufvertrag ist ein gegenseitiger Vertrag. § 326 I S. 1 HS 1 BGB setzt die Unmöglichkeit einer synallagmatischen Hauptleistungspflicht voraus („Gegenleistung"). Die Pflicht des V, dem K die Kommode zu übereignen und zu übergeben, könnte aufgrund Unmöglichkeit nach § 275 I BGB erloschen sein.

Dies wäre zu verneinen, wenn V im Zeitpunkt der Zerstörung der Kommode diese Pflicht bereits i.S.d. § 362 I BGB erfüllt hätte. Dann wäre die Leistungspflicht des V nach § 362 I BGB erloschen; eine Unmöglichkeit käme nicht mehr in Betracht.

Jedoch hat V an K unter Eigentumsvorbehalt geleistet; die dingliche Einigung i.S.d. § 929 S. 1 BGB stand unter der aufschiebenden Bedingung der vollständigen Kaufpreiszahlung, vgl. § 449 I BGB. Diese Bedingung ist bislang nicht eingetreten. Daher hatte V dem K noch nicht Eigentum an der Kommode verschafft; Erfüllung lag nicht vor. Also wurde durch die spätere Zerstörung der Kommode die (noch bestehende) Leistungspflicht des V nach § 275 I BGB ausgeschlossen.

> **hemmer-Methode:** Beachten Sie also: Unmöglichkeit kommt nur in Betracht, wenn überhaupt noch eine wirksame Leistungspflicht besteht, die unmöglich werden kann! Daher scheidet Unmöglichkeit nach Erfüllung ebenso aus wie nach wirksamem Rücktritt!

b) Die Voraussetzungen des § 326 I S. 1 HS 1 BGB liegen damit vor. Jedoch könnte die Preisgefahr im Zeitpunkt der Unmöglichkeit bereits auf den Käufer K übergegangen sein. Dies war nach § 446 S. 1 BGB mit Übergabe der Kaufsache der Fall.

Also ist der Anspruch nicht erloschen; V hat gegen K einen Anspruch aus § 433 II BGB auf Zahlung des Kaufpreises.

cc) § 447 BGB

Übergang der Preisgefahr nach § 447 BGB

§ 447 I BGB sieht beim sog. Versendungskauf ebenfalls einen Übergang der Preisgefahr auf den Käufer vor. Auf Verlangen des Käufers muss die Kaufsache an einen anderen Ort als den „Erfüllungsort" versendet werden; hiermit ist – missverständlicherweise – nicht der Ort der Erfüllung, sondern der Ort der Leistungshandlung gemeint. Den Ort des Leistungserfolges bezeichnet man demgegenüber als „Erfolgsort".

Relevant wird § 447 I BGB deshalb bei Schickschulden, da hier Ort der Leistungshandlung der Wohnsitz des Schuldners, Ort des Leistungserfolges der Wohnsitz des Gläubigers ist.[53]

Rechtslage beim Verbrauchsgüterkauf

Beim Vorliegen eines Verbrauchsgüterkaufes müssen Sie auf Folgendes achten:

Nach § 475 II BGB ist § 447 I BGB mit der Maßgabe anzuwenden, dass die Gefahr des zufälligen Untergangs und der zufälligen Verschlechterung nur dann auf den Käufer übergeht, wenn der Käufer den Spediteur, den Frachtführer oder die sonst zur Ausführung der Versendung bestimmte Person oder Anstalt mit der Ausführung beauftragt hat und der Unternehmer dem Käufer diese Person oder Anstalt nicht zuvor benannt hat.

> *Bsp.:* K kauft auf der Internetplattform eBay von Powerseller V ein Notebook zum privaten Gebrauch. V schreibt auf seiner Verkaufsseite, dass die Versendung durch Hermes-Versand erfolgen wird. Da K mit dem Hermes-Zusteller in seinem Wohnort schlechte Erfahrung gemacht hat, bittet K den V den Versand über DHL selbst organisieren zu dürfen.

Für die Sonderkonstellation, dass der Verbraucher die Beförderung der Sache selbst organisiert, also den oder die möglichen Beförderer ohne Rückgriff auf einen Vorschlag des Unternehmers auswählt, ist § 447 I BGB auch beim Verbrauchsgüterkauf anwendbar.

> **hemmer-Methode:** Die Anwendbarkeit des § 447 I BGB beim Verbrauchsgüterkauf nach § 475 II BGB ist ein absoluter Ausnahmefall.

---

[53] Zur Gefahrtragung im Versandhandel vgl. **BGH, Life&Law 2003, 840 ff.** = ZGS 2003, 438 f. = juris*by*hemmer.

Beispiel zu § 447 I BGB

Bsp.: *Privatmann V verkauft an Privatmann K eine Kommode. Auf Verlangen des K soll diesem die Kommode vom selbstständigen Transportunternehmer T angeliefert werden. Auf der Fahrt zur Wohnung des K wird T ohne eigenes Verschulden in einen Unfall verwickelt, wobei die Kommode zerstört wird.*

1. Von seiner Pflicht aus § 433 I S. 1 BGB ist V nach § 275 I BGB frei geworden. Im Zeitpunkt der Zerstörung der Kommode lag Erfüllung seitens des V i.S.d. § 362 I BGB ersichtlich noch nicht vor.

2. Grundsätzlich wäre die Kaufpreiszahlungspflicht des K nach § 326 I S. 1 HS 1 BGB erloschen; jedoch könnte zuvor die Preisgefahr auf K nach § 447 I BGB übergegangen sein.

a) Es müsste sich um einen Versendungskauf i.S.d. § 447 I BGB handeln. Die Anwendbarkeit der Vorschrift hängt nicht von den strengen Voraussetzungen des § 475 II BGB ab, da kein Verbrauchsgüterkauf i.S.d. § 474 I BGB vorliegt: V hat K die Kommode nicht als Unternehmer, sondern als Privatmann verkauft.

In der Abrede zwischen K und V, die Kaufsache an K auszuliefern, ist die Vereinbarung einer Schickschuld zu sehen, da Anhaltspunkte fehlen, die auf die Vereinbarung einer Bringschuld schließen lassen.

Daher wurde die Kaufsache an einen anderen Ort als den „Erfüllungsort" verschickt. Dies geschah auf Verlangen des Käufers. Ein Versendungskauf i.S.d. § 447 I BGB liegt daher vor.

b) Mit der Übergabe der Kommode durch V an die Transportperson T ist die Preisgefahr auf K übergegangen.

Also muss K den Kaufpreis an V zahlen, § 433 II BGB.

Abwandlung: *Der Unfall wurde vom anderen beteiligten Fahrer D verschuldet.*

Es ergeben sich zu obigem Ergebnis zunächst keine Abweichungen: Die Leistungspflicht des V ist erloschen; V hat gegen K weiterhin einen Anspruch auf Kaufpreiszahlung aus § 433 II BGB.

Drittschadensliquidation

Jedoch könnte K nach den Regeln der Drittschadensliquidation ein Anspruch auf Abtretung gem. § 285 BGB gegen V zustehen.

1. Dies setzt voraus, dass V einen Anspruch, jedoch keinen Schaden hat.

V hat gegen D einen Anspruch jedenfalls aus § 823 I BGB, denn V war im Zeitpunkt des Unfalls noch Eigentümer der Kommode (daneben: § 823 II BGB i.V.m. StVO; § 18 StVG). Jedoch fehlt es am Schaden des V: V hat trotz der Zerstörung der Kommode einen Anspruch gegen K auf Kaufpreiszahlung. Er steht also nicht schlechter, als er bei Hinwegdenken des Unfallereignisses stünde. Nach der Differenzhypothese scheidet ein Schaden deshalb aus.

2. Ferner müsste K einen Schaden, jedoch keinen Anspruch haben.

K ist dadurch geschädigt, dass er die Kommode nicht erhält, dennoch aber den Kaufpreis zu zahlen hat. Dies stellt einen Vermögensschaden dar.

Ein Anspruch auf Ersatz dieses Schadens steht ihm nicht zu; insbesondere scheidet § 823 I BGB gegen D aus, da K im Zeitpunkt des Unfalls noch nicht Eigentümer der Kommode war.

§ 447 I BGB als typischer Fall zufälliger Schadensverlagerungen

3. Die Drittschadensliquidation wurde entwickelt, um zu verhindern, dass bei einer zufälligen Schadensverlagerung der Schädiger entlastet wird. Es muss deshalb eine solche zufällige Schadensverlagerung vorliegen: Das Auseinanderfallen von Schaden und Anspruch muss zufällig sein. Grund für dieses Auseinanderfallen ist hier das Vorliegen eines Versendungskaufes i.S.d. § 447 I BGB. In derartigen Fällen obligatorischer Gefahrtragungsregeln ist eine zufällige Schadensverlagerung im obigen Sinne anzunehmen.

Schaden wird zum Anspruch gezogen	4. Also liegen die Voraussetzungen der Drittschadensliquidation vor. Rechtsfolge hiervon ist, dass der Schaden des K zum Anspruch des V „gezogen" wird. K hat einen Anspruch aus § 285 BGB auf Abtretung dieses (kompletten) Anspruches gegen V.

> **hemmer-Methode:** Beim Vertrag mit Schutzwirkung für Dritte wird demgegenüber der „Anspruch zum Schaden gezogen" (also genau umgekehrt): Der Geschädigte Dritte erhält aus einem Vertrag, an dem er nicht beteiligt ist, einen Anspruch auf Ersatz seines Schadens.

Unmöglichkeit von Transportperson verschuldet	Hat im obigen Beispielsfall nicht der unfallbeteiligte Dritte, sondern der Transportunternehmer T den Unfall schuldhaft verursacht, scheint sich auf den ersten Blick nichts anderes zu ergeben: K kann nach den Regeln der Drittschadensliquidation von V Abtretung dessen Anspruches gegen T verlangen (§§ 280 I, III, 283 S. 1 BGB, §§ 823 I, II BGB, §§ 7, 18 StVG).
Vorsicht bei Frachtvertrag i.S.d. §§ 407 ff. HGB: Anspruch des Käufers gegen den Frachtführer, § 421 I S. 2 HGB	Allerdings ist Vorsicht geboten, wenn der Transportunternehmer – was i.d.R. der Fall sein wird – Frachtführer i.S.d. § 407 III HGB ist und zwischen ihm und dem Verkäufer ein Frachtvertrag i.S.d. §§ 407 ff. HGB geschlossen wurde. Dann steht dem Käufer als Leistungsempfänger nach § 421 I S. 2 HS 1 HGB das Recht zu, Ansprüche aus dem Frachtvertrag gegen den Frachtführer in eigenem Namen geltend zu machen. Das bedeutet, dass in diesen Fällen nun dem Käufer ein eigener Anspruch gegen die Transportperson zusteht; damit fällt die Voraussetzung „Schaden, aber kein Anspruch" der Drittschadensliquidation weg.[54]

> **hemmer-Methode:** Allerdings ist zu berücksichtigen, dass der Absender - hier also der Verkäufer M - gemäß § 421 I. S. 2 HS 2 HGB auch *selbst* zur Geltendmachung befugt bleibt. Gemäß § 421 I S. 3 HGB kommt es dabei nicht darauf an, ob der Schaden beim Verkäufer liegt (so bei der hier nicht gegebenen Bringschuld) oder beim Käufer (so wegen § 447 BGB beim Versendungskauf). Da also auch der im konkreten Fall nicht Geschädigte den Anspruch liquidieren kann, handelt es sich hier letztlich um einen gesetzlich geregelten Fall der Drittschadensliquidation.[55]
> Da also sowohl der Verkäufer als auch der Käufer den Anspruch gegenüber dem Transporteur geltend machen können („Doppellegitimation"[56]), ist davon auszugehen, dass es sich um eine Gesamtgläubigerschaft handelt. Gemäß §§ 428, 429 III i.V.m. §§ 422 I, 362 I BGB besteht dadurch für den Käufer die Gefahr, dass mit befreiender Wirkung *an den Verkäufer* geleistet wird. Dann wäre er - wie oben gezeigt - wegen § 447 I BGB einerseits zur Zahlung des Kaufpreises verpflichtet, könnte sich aber andererseits nicht mehr an den Transporteur halten. Vor dieser Gefahr muss der Käufer geschützt werden.[57] Daher ist davon auszugehen, dass ein Anspruch des Käufers A gegen den Verkäufer M auf Abtretung des Schadensersatzanspruches des Verkäufers gegen den Transporteur besteht.
> Dies lässt sich mit § 242 BGB oder § 285 BGB begründen bzw. mit einer Nebenpflicht aus dem Kaufvertrag.[58]

Transport durch eigene Leute	Problematisch und umstritten ist die Anwendung des § 447 I BGB, wenn der Verkäufer nicht einen Dritten als Transportperson einschaltet, sondern eigene Leute (z.B. Angestellte) beim Transport einsetzt. Fraglich ist, ob es sich dabei um sonst zur Ausführung des Transports bestimmte Personen handelt, § 447 I Var. 3 BGB.

---

[54] Es ist umstritten, ob es sich lediglich um einen Fall einer gesetzlichen Prozessstandschaft handelt (so bspw. Büdenbender in NJW 2000, 986 [988]), oder ob diese Vorschrift materiell-rechtlich einen eigenen Anspruch begründet (so die h.L.; vgl. z.B. Canaris, Handelsrecht, § 33 II 5a). Hierfür spricht der eindeutige Wortlaut des § 421 I S.2 HGB, die dem Empfänger nicht nur eine prozessuale Berechtigung, sondern einen eigenen Anspruch i.S.e. echten Vertrages zugunsten Dritter gewährt. Vgl. dazu auch Oetker in JuS 2001, 833 ff. [836].

[55] Herber, NJW 1998, 3297 [3302]

[56] Vgl. dazu Oetker in JuS 2001, 833 ff. [839 f.]

[57] A.A. Hennrichs/Kordes, JA 2005, 269 [273].

[58] Vgl. **Life&Law 1998, 678 ff.**; JuS 2000, 624.

Die Anwendung der Regeln der Drittschadensliquidation hilft dem Käufer in diesem Fall regelmäßig nicht: Handelt es sich um Arbeitnehmer des Verkäufers, so haften sie diesem gegenüber nämlich nach den Grundsätzen des innerbetrieblichen Schadensausgleichs privilegiert, d.h. regelmäßig nicht für leichte Fahrlässigkeit.[59]

Ist aber ein Anspruch des Verkäufers gegen die Transportperson ausgeschlossen, so kommt eine Drittschadensliquidation nicht in Betracht: Es besteht kein Anspruch, zu dem der Schaden gezogen werden kann.

Andererseits soll der Verkäufer durch die Einschaltung eigener Leute auch nicht unbillig benachteiligt werden. Denn durch die Ausführung des Transportes erbringt er ein „Mehr" an Leistungshandlung, zu dem er nach dem Vertrag an sich nicht verpflichtet ist.

e.A.: § 447 I BGB bei Transport durch eigene Leute nicht anwendbar

Nach einer Ansicht[60] ist § 447 I BGB als Ausnahmevorschrift zu § 326 I S. 1 HS 1 BGB eng zu fassen und daher beim Transport durch eigene Leute nicht anzuwenden. § 447 I BGB soll den Verkäufer deshalb schützen, weil er mit der Übergabe der Sache an die Transportperson die Sache aus seinem Machtbereich entlässt; dies lässt es als billig erscheinen, ihm von diesem Zeitpunkt an die Preisgefahr zu nehmen. Führt der Verkäufer den Transport jedoch durch eigene Leute aus, bleibt die Sache in seinem Machtbereich. Die Anwendung des § 447 I BGB sei daher nicht gerechtfertigt und es bleibt bei § 326 I S. 1 HS 1 BGB.

h.M.: § 447 I BGB ist anwendbar

Nach h.M. ist § 447 I BGB jedoch auch dann anwendbar, wenn der Verkäufer den Transport durch eigene Leute durchführen lässt.[61] Anderenfalls würden kleinere Unternehmen benachteiligt, die sich die Einschaltung dritter Transportpersonen aus Kostengründen nicht leisten können. Die Preisgefahr geht also auch dann auf den Käufer über, wenn der Verkäufer beim Transport eigene Leute einschaltet, sobald er diesen die Sache übergeben hat.

hemmer-Methode: Setzt der Verkäufer eigene Angestellte beim Transport ein, ist noch aus einem weiteren Grunde Vorsicht geboten: § 447 I BGB ist bei einem Verbrauchsgüterkauf grds. nicht anwendbar, § 475 II BGB.[62] Wer Angestellte zum Transport einsetzt, wird i.d.R. Unternehmer i.S.d. § 14 BGB sein. Ist der Käufer Verbraucher i.S.d. § 13 BGB, liegt ein Verbrauchsgüterkauf vor.
Das Problem des Einsetzens eigener Leute beim Transport im Rahmen des § 447 I BGB spielt daher regelmäßig nur bei einem Kaufvertrag zwischen zwei Unternehmern eine Rolle, da es sich hierbei nicht um einen Verbrauchsgüterkauf handelt.

Jedoch: Zurechnung des Verschuldens der eigenen Transportperson, § 278 BGB

Trifft den Angestellten des Verkäufers, der den Transport durchführt, an dem Untergang der Sache ein Verschulden, so soll dies dem Verkäufer nach § 278 S. 1 Alt. 2 BGB zuzurechnen sein.[63] Es handelt sich dann um eine vom Verkäufer zu vertretende Unmöglichkeit, die zu einem Anspruch des Käufers aus §§ 280 I, III, 283 S. 1 BGB führt. § 447 I BGB spielt dann keine Rolle.

Dogmatische Begründung problematisch

Die Begründung der Zurechnung über § 278 S. 1 Alt. 2 BGB ist allerdings problematisch, da die Transportperson beim Transport nicht im Pflichtenkreis des Verkäufers auftritt, was für eine Zurechnung nach § 278 S. 1 BGB an sich erforderlich wäre. Denn bei einem Versendungskauf schuldet der Verkäufer die Versendung gerade nicht, sondern nur die Übergabe an die Transportperson. Vertretbar ist es jedoch, wie folgt zu argumentieren:

---

[59] Vgl. hierzu **Hemmer/Wüst**, Arbeitsrecht, Rn. 634 ff.
[60] Medicus/Petersen, BR, Rn. 275.
[61] Reinicke/Tiedtke, Kaufrecht, Rn. 157 m.w.N.
[62] Vgl. unten, Rn. 469.
[63] BGH, NJW 1968, 1929 - 1932 = **juris**byhemmer.

Solange sich die Ware in seinem Machtbereich befindet, hat der Verkäufer gegenüber dem Käufer Schutzpflichten (§ 241 II BGB) und in diesem Pflichtenkreis der firmeneigene Fahrer auch tätig wird.

Für die h.M. spricht zudem, dass das Gesetz selbst im vergleichbaren Fall der Einschaltung von Gehilfen im Rahmen eines Auftrages in § 664 I S. 3 BGB eine Verschuldenszurechnung anordnet.

Dies hat zur Folge, dass der Untergang der Kaufsache **nicht zufällig** erfolgte. Im Rahmen dieser allgemeinen Schutzpflicht wird auch die angestellte Transportperson tätig, was eine Zurechnung nach § 278 S. 1 BGB rechtfertigt.

§ 447 I BGB ist daher nicht einschlägig, sodass der Kaufpreisanspruch aus § 433 II BGB erloschen ist, § 326 I S. 1 HS 1 BGB.

> Merken Sie sich also:
> - § 447 I BGB erfasst auch den Transport durch eigene Leute bzw. durch den Verkäufer selbst
> - Allerdings hat der Verkäufer ein Verschulden der eigenen Transportperson zu vertreten ⇨ SE §§ 280 I, III, 283 S. 1 BGB bzw. nach a.A. §§ 280 I, III, 282 BGB

II. Pflicht zur Abnahme der Kaufsache

Beim Kauf: Abnahmepflicht als echte Schuldnerpflicht

Den Käufer trifft eine echte Schuldnerpflicht, die Kaufsache abzunehmen, vgl. § 433 II BGB a.E. Bei Verstoß gegen diese Pflicht kommt daher nicht nur Annahmeverzug nach den §§ 293 ff. BGB, sondern auch Schuldnerverzug i.S.d. § 286 BGB in Betracht.

Im Fall der mangelhaften Lieferung kann der Käufer aber die Ware zurückweisen ohne in Annahme- oder Schuldnerverzug zu geraten, da die Leistung so, wie sie zu bewirken ist, angeboten werden muss, vgl. § 294 BGB. Dies ist bei einem Mangel aber wegen der Gutleistungspflicht des § 433 I S. 2 BGB nicht der Fall.

I.d.R. keine synallagmatische Pflicht

Diese Pflicht steht in aller Regel nicht mit der Verschaffungspflicht des Verkäufers im Synallagma.

> **hemmer-Methode:** Beim Werkvertrag ist die Abnahme nach h.M. sogar eine synallagmatische Schuldnerpflicht des Bestellers. Denn die Abnahme durch den Besteller ist für den Werkunternehmer von erheblicher Bedeutung, da erst mit erfolgter Abnahme der Anspruch auf den Werklohn fällig wird, § 641 I S. 1 BGB!

Schuldnerverzug des Käufers möglich

Da es sich bei der Abnahme um eine echte Schuldnerpflicht des Käufers und nicht bloß um eine Obliegenheit handelt, kann der Verkäufer den Käufer auf Abnahme verklagen; ebenso kann der Käufer mit dieser Pflicht in Schuldnerverzug i.S.d. § 286 BGB geraten.

> **hemmer-Methode:** Der Schuldnerverzug mit der Abnahmepflicht ist zwar – dogmatisch gesehen – ein schönes Problem, jedoch praktisch und in der Falllösung kaum relevant: Bei nicht rechtzeitig erfolgter Abnahme hat der Käufer die hierdurch entstandenen Mehraufwendungen des Verkäufers diesem nämlich bereits nach § 304 BGB zu ersetzen, also bereits unter den Voraussetzungen des Annahmeverzuges.

Kann aber als synallagmatische Pflicht vereinbart werden

Käufer und Verkäufer haben es in der Hand, aus der Abnahmepflicht im Einzelfall eine synallagmatische Pflicht zu machen. Ein großes praktisches Bedürfnis hierfür besteht jedoch nicht.

> **hemmer-Methode:** Beachten Sie, dass § 323 I BGB auch auf nicht-synallagmatische Pflichten, also generell auf die Abnahmepflicht anwendbar ist. Der Kaufvertrag ist in jedem Fall ein gegenseitiger Vertrag: Im Gegenseitigkeitsverhältnis stehen wenigstens die Kaufpreiszahlungs- und die Verschaffungspflicht.

Exkurs: Selbsthilfeverkauf

Befindet sich der Käufer im Annahmeverzug, ist der Verkäufer unter den Voraussetzungen des § 383 BGB bzw. des § 373 HGB zum Selbsthilfeverkauf berechtigt. Dabei ist § 373 HGB besonders examensrelevant.[64]

Beispiel zu § 373 HGB

Bsp.: K kauft bei Kaufmann V 200 CD-Rohlinge. K, der die Ware bei V abholen sollte, erscheint nicht zum vereinbarten Termin und ist auch nicht telefonisch zu erreichen.

V lässt daher die Ware in einem ordnungsgemäß durchgeführten Selbsthilfeverkauf (insbesondere nach Androhung gem. § 373 II HGB) öffentlich versteigern, was aber dennoch zu einem Verlust von 300,- € gegenüber dem ursprünglich vereinbarten Kaufpreis führt. Diese 300,- € verlangt V nun von K. K ist empört und verlangt seinerseits Schadensersatz, da V seiner Pflicht aus § 433 I BGB nun nicht mehr nachkommen könne. Ansprüche des V?

V könnte gegen K einen Anspruch aus § 433 II BGB haben.

1. Infolge wirksamen Vertragsschlusses zwischen K und V ist dieser Anspruch zunächst entstanden.

2. Er könnte jedoch nach § 326 I S. 1 HS 1 BGB erloschen sein. Dies setzt Ausschluss der Leistungspflicht des V aus § 433 I S. 1 BGB wegen Unmöglichkeit voraus.

a) Unmöglichkeit kommt bei Gattungsschulden grundsätzlich nicht in Betracht, denn Gattungsschulden sind Beschaffungsschulden. Durch die Übereignung von 200 CD-Rohlingen an Dritte wird die Pflicht des V, dem K 200 CD-Rohlinge zu verschaffen, nicht i.S.d. § 275 I BGB unmöglich.

Jedoch war K im Zeitpunkt der Versteigerung im Annahmeverzug i.S.d. §§ 293 ff. BGB. Durch diesen ging die Leistungsgefahr gem. § 300 II BGB auf den K über. Ab Eintreten des Annahmeverzuges beschränkte sich die Schuld des V daher auf die konkreten später versteigerten 200 CD-Rohlinge. Daher scheint die Versteigerung zur Unmöglichkeit nach § 275 I BGB geführt zu haben.

b) Allerdings stellt der Selbsthilfeverkauf ein Erfüllungssurrogat dar; dies lässt sich aus der Stellung des § 383 BGB im Gesetz entnehmen. § 373 HGB ist systematisch nicht anders einzuordnen, da es sich letztlich nur um eine Sondervorschrift zu § 383 BGB handelt.

Durch ordnungsgemäßen Selbsthilfeverkauf tritt also Erfüllung der Verpflichtung des Verkäufers aus § 433 I S. 1 BGB ein, da der Selbsthilfeverkauf ein Erfüllungssurrogat darstellt. Erfüllung ist aber kein Fall der Unmöglichkeit. Daher scheidet Unmöglichkeit aus, wenn der Selbsthilfeverkauf rechtmäßig war.[65]

§ 373 HGB ist anwendbar, da jedenfalls V Kaufmann ist und damit auf seiner Seite ein Handelsgeschäft i.S.d. § 343 HGB vorliegt. § 373 HGB setzt kein beiderseitiges Handelsgeschäft voraus, vgl. § 345 HGB. V hat den Selbsthilfeverkauf entsprechend § 373 I HGB ordnungsgemäß durchführen lassen. Daher ist Erfüllung eingetreten, sodass Unmöglichkeit i.S.d. § 275 I BGB ausscheidet.

---

[64] Z.B. zentrales materielles Problem im Ersten Bayerischen Staatsexamen 2000/2, Klausur Nr. 4.
[65] So im Ergebnis Baumbach/Hopt, § 373, Rn. 13.

§ 1 KAUF

c) Jedoch könnte der Anspruch auf Zahlung des vollen Kaufpreises durch Aufrechnung gem. § 389 BGB teilweise erloschen sein.

Dies setzt eine Forderung des K gegen V voraus. Da der Selbsthilfeverkauf gem. § 373 III HGB für Rechnung des Käufers erfolgt, sind die §§ 662 ff. BGB entsprechend anzuwenden. Insbesondere hat der Verkäufer dem Käufer den durch den Selbsthilfeverkauf erlangten Erlös nach § 667 BGB analog herauszugeben. K steht also gegen V ein Anspruch auf Herausgabe des Versteigerungserlöses zu.

In dem Verlangen des Differenzbetrages von 300,- € ist die erforderliche Aufrechnungserklärung (§ 388 S. 1 BGB) zu sehen. Dies führt zum Erlöschen des Kaufpreisanspruches und des Erlösherausgabeanspruches, soweit sich beide Ansprüche (betragsmäßig) „decken". Übrig bleibt ein Zahlungsanspruch des V gegen K aus § 433 II BGB in Höhe von 300,- €.

hemmer-Methode: Interessant ist die Rechtslage, wenn die Voraussetzungen des Selbsthilfeverkaufes nicht vorgelegen haben. Da mit dem Annahmeverzug die Leistungsgefahr auf den Käufer übergegangen ist (§ 300 II BGB), führt die Versteigerung zur Unmöglichkeit der Sachleistung, § 275 I BGB. Da sich der Käufer im Annahmeverzug befand, findet § 326 II S. 1 Alt. 2 BGB Anwendung, der Verkäufer behält den Anspruch auf die Kaufpreiszahlung. Jedoch muss er sich den erhaltenen Erlös nach § 326 II S. 2 BGB anrechnen lassen. Der Verkäufer erhält also die Differenz zwischen Kaufpreisanspruch und Erlös, egal ob die Voraussetzungen des Selbsthilfeverkaufes vorliegen oder nicht.
Vertretbar erscheint es deshalb, den Deckungsverkauf ohne Vorliegen der Voraussetzungen von § 373 HGB bzw. § 383 BGB als pflichtwidriges Handeln des Verkäufers anzusehen; dies würde wertungsmäßig zur Konstellation der beiderseits zu vertretenden Unmöglichkeit führen (sehr strittig).

Exkurs Ende

D) Rechte des Käufers bei Sach- und Rechtsmängeln

Nach § 433 I S. 2 BGB ist der Verkäufer kraft Gesetzes verpflichtet, dem Käufer die Kaufsache frei von Sach- und Rechtsmängeln zu verschaffen (sog. „Gutleistungspflicht"). Mit dieser Vorschrift hat sich der Gesetzgeber dafür entschieden, dass die Mangelfreiheit der Kaufsache vom Verkäufer geschuldet wird und mangelhafte Leistung nur eine Teilerfüllung darstellt.

hemmer-Methode: Die Schlechtleistung ist also als teilweise Nichterfüllung anzusehen.

Grundgedanke: Anwendung des allgemeinen Schuldrechts + Sonderregelungen

Mit der Verpflichtung zur Lieferung einer mangelfreien Sache kann der Verkäufer (Schuldner) in Verzug kommen, Unmöglichkeit kann eintreten, der Gläubiger kann i.S.d. § 323 I BGB bzw. § 281 I BGB eine Nachfrist zur mangelfreien Leistung setzen.

§§ 434 ff. BGB enthalten nur noch wenige Sondervorschriften

Eigentlich hätte es daher einer Regelung der Rechtsfolgen mangelhafter Leistung gar nicht bedurft. Um verschiedenen Besonderheiten der wechselseitigen Interessen im Kaufvertrag Rechnung zu tragen, sind dennoch in den §§ 434 ff. BGB einige Sondervorschriften geregelt.

Der Grundgedanke bleibt jedoch die Anwendung des allgemeinen Schuldrechts, vgl. die **zentrale Verweisungsnorm** in § 437 BGB.

I. Überblick

Rechte:

Einen guten Überblick über die Rechte des Käufers bei Mangelhaftigkeit der Kaufsache bietet § 437 BGB:

Nacherfüllungsanspruch

⇨ Der Käufer kann Nacherfüllung verlangen, §§ 433 I S. 2, 437 Nr. 1, 439 BGB. Nacherfüllung bedeutet Beseitigung des Mangels oder Lieferung einer mangelfreien Sache, § 439 I BGB.

Rücktritt

⇨ Dem Käufer kann die Möglichkeit des Rücktritts zustehen nach den §§ 437 Nr. 2 Alt. 1, 440, 323 BGB bzw. § 326 V BGB.

Minderung

⇨ Der Käufer kann nach §§ 437 Nr. 2 Alt. 2, 441 BGB den Kaufpreis mindern. Hierbei handelt es sich um ein Gestaltungsrecht des Käufers zur Herabsetzung des Kaufpreises.

hemmer-Methode: Minderung und Rücktritt sind Gestaltungsrechte und keine Ansprüche.

Schadensersatz, wahlweise Aufwendungsersatz

⇨ Ferner kann dem Käufer ein Anspruch auf Schadensersatz zustehen, § 437 Nr. 3 BGB. Alternativ zum Schadensersatz statt der Leistung kann der Käufer nach § 284 BGB Aufwendungsersatz verlangen.

II. Sachmangel

Zentral in den §§ 434 ff. BGB ist der Begriff des Sachmangels. Wann ein solcher vorliegt, ergibt sich aus § 434 BGB.[66]

1. § 434 I BGB

a) Beschaffenheitsvereinbarung, § 434 I S. 1 BGB

Ausgangspunkt: § 434 I S. 1 BGB

Das Gesetz definiert den Sachmangel nicht direkt: Nach § 434 I S. 1 BGB ist die Sache frei von Sachmängeln, wenn sie die vereinbarte Beschaffenheit hat. Ein Sachmangel liegt also vor, wenn die tatsächliche von der vereinbarten Beschaffenheit abweicht.

Ob die Sache bei einer Beschaffenheitsabweichung einen höheren Wert hat, spielt für die Frage des Vorliegens eines Mangels keine Rolle. Auch die Lieferung einer höherwertigen Sache stellt daher bei einer Beschaffenheitsvereinbarung einen Mangel dar.[67]

Das Gesetz geht vorrangig vom subjektiven Mangelbegriff aus:[68] Wie die Sache beschaffen sein soll, damit vertragsgemäße Erfüllung seitens des Verkäufers vorliegt, bestimmt sich vorrangig nach der konkreten Vereinbarung der Vertragsparteien.

> *Bsp.: Performance-Künstler Z kauft im Baugeschäft des B 200 Schrauben, die er für eine Darstellung benötigt: Er beabsichtigt, auf der Bühne 50 Schrauben zu schlucken. Daher fragt er B, ob die Gefahr besteht, dass durch die Magensäfte die Schrauben korrodieren und giftige Stoffe absondern, oder ob sie sich für seine Zwecke eignen. B meint, die Schrauben würden sich hierfür eignen, da sie durch die Magensäfte nicht angegriffen würden.*
> *Beim ersten Auftritt des Z werden tatsächlich giftige Metalle im Körper des Z freigesetzt. Z muss ärztlich behandelt werden. Vorliegen eines Sachmangels?*

---

[66] Vgl. hierzu auch Tröger, Grundfälle zum Sachmangel nach neuem Kaufrecht, JuS 2005, 503 - 511.
[67] OLG Koblenz, MDR 2012, 507 f. = **juris**byhemmer.
[68] Dauner-Lieb, Das neue Schuldrecht, S. 110; Schubel, Schuldrechtsmodernisierung 2001/2002 - Das neue Kaufrecht, JuS 2002, 313 - 319 (315).

§ 1 KAUF

1. Wäre auf die objektive Beschaffenheit abzustellen, wäre ein Sachmangel zu verneinen: Schrauben sind nicht deshalb mangelhafte Schrauben, weil man sie nicht gefahrlos schlucken kann. Objektiv wäre darauf abzustellen, ob die Schrauben für die übliche Verwendung tauglich sind. Dies wäre hier der Fall.

2. Allerdings ist § 434 I S. 1 BGB dem subjektiven Mangelbegriff gefolgt und hat der Vereinbarung der Parteien den Vorrang eingeräumt.

Z hat hier ausdrücklich nach der Eignung der Schrauben zu dem von ihm beabsichtigten Verwendungszweck gefragt. Dem Verhalten des B durfte und musste Z daher unter Zugrundelegung des objektiven Empfängerhorizontes (§§ 133, 157 BGB) eine Erklärung entnehmen, die auf die Vereinbarung der von Z gewünschten Eigenschaft gerichtet ist.

Also wurde die Eignung der Schrauben zu den Performance-Zwecken von den Kaufvertragsparteien vereinbart.

hemmer-Methode: Es wäre auch vertretbar, die Vereinbarung einer Sollbeschaffenheit zu verneinen und lediglich die Vereinbarung eines Verwendungszwecks zu bejahen. Dann wären die Schrauben mangelhaft i.S.d. § 434 I S. 2 Nr. 1 BGB.

Da sie diese Eignung tatsächlich nicht aufwiesen, liegt ein Sachmangel i.S.d. § 434 I S. 1 BGB vor.

Begriff der „Beschaffenheit"

Das Gesetz lässt den Anwender im Unklaren darüber, was unter **„Beschaffenheit"** zu verstehen ist. Der Begriff ist recht weit zu verstehen als jedes der Kaufsache anhaftende Merkmal, das aus irgendeinem Grund für den Käufer von Bedeutung ist.

Zur Beschaffenheit einer Sache gehören danach nicht nur deren körperlichen (= physischen) Merkmale, sondern auch ihre tatsächlichen, rechtlichen, wirtschaftlichen und sozialen Beziehungen zur Umwelt.[69]

Beispiele: Ob ein Pkw zugelassen ist oder nicht, stellt ein Beschaffenheitsmerkmal des Pkw dar. Dieses beruht nicht auf körperlichen Merkmalen des Pkw, sondern auf seinen „rechtlichen Beziehungen zur Umwelt": Denn ein nicht zugelassener Pkw darf aufgrund rechtlicher Bestimmungen im Straßenverkehr nicht genutzt werden.

*Die **Fabrikneuheit** wurde vom BGH ebenfalls als Beschaffenheit bejaht.[70] Ein unbenutztes Kraftfahrzeug ist regelmäßig noch „fabrikneu", wenn es unbenutzt ist, wenn und solange das Modell dieses Fahrzeugs unverändert weitergebaut wird, wenn es keine durch längere Standzeit bedingten Mängel aufweist und wenn zwischen Herstellung des Fahrzeugs und Abschluss des Kaufvertrages nicht mehr als zwölf Monate liegen.*

*Die **Farbe eines Pkw** gehört als äußeres Merkmal ebenfalls zur Beschaffenheit.[71]*

Der Gesetzgeber hat (bewusst) darauf verzichtet, den Beschaffenheitsbegriff zu definieren. Es sollte insbesondere nicht entschieden werden, ob er nur Eigenschaften umfasse, die der Kaufsache unmittelbar physisch anhaften, oder ob auch Umstände heranzuziehen sind, die außerhalb der Kaufsache selbst liegen.

Umstritten: Gehören auch mittelbare Beziehungen zur Umwelt zur Beschaffenheit?

Umstritten ist aber die Frage, ob die Umweltbeziehung ihre Ursache in der Kaufsache selbst haben muss, oder ob auch außerhalb der Kaufsache liegende, sog. mittelbare Beziehungen der Sache zur Umwelt die Beschaffenheit des Kaufgegenstandes mitbestimmen können.

---

[69] Palandt, § 434, Rn. 14, Rn. 10 f.
[70] BGH, **Life&Law 07/2005, 501 - 505** = NJW 2005, 1422 - 1423 = **juris**byhemmer; zum Modelljahr als Beschaffenheitsangabe lesen Sie OLG Nürnberg, NJW 2005, 2019 - 2021 = **juris**byhemmer.
[71] OLG Köln, NJW 2006, 781 - 782 = **juris**byhemmer.

M.M.: *Umweltbeziehung muss der Sache unmittelbare anhaften*

Nach einer in der Literatur vertretenen M.M. können Umweltbeziehungen nur dann einen Sachmangel begründen, wenn diese Umweltbeziehungen ein bestimmtes physisches Merkmal voraussetzen und damit der Sache **unmittelbar anhaften**.[72]

Gegen diese Ansicht spricht aber, dass das modernisierte Schuldrecht den Sachmangelbegriff ausgedehnt hat. Zum einen spricht § 434 I S. 3 BGB davon, dass zur Beschaffenheit i.S.d. § 434 I S. 2 Nr. 2 BGB auch die Eigenschaften gehören, die im Rechtsverkehr von einem bestimmten Personenkreis öffentlich geäußert werden.

Ferner führt eine fehlerhafte Montage zu einem Mangel der verkauften Sache, vgl. § 434 II S. 1 BGB. Die Montage ist aber eindeutig keine unmittelbare Eigenschaft der Sache.

Nach der sich seit dem 01.01.2002 herausbildenden h.L. können daher auch alle außerhalb der Kaufsache liegenden tatsächlichen, wirtschaftlichen und rechtlichen Beziehungen zur Umwelt Gegenstand einer kaufrechtlichen Beschaffenheitsvereinbarung sein, sofern sie nur die Wertschätzung des Verkehrs für eine Sache beeinflussen.[73]

BGH: *Mittelbare Umweltbeziehung reicht aus*

Mit den Urteilen vom 05.11.2010[74] und vom 30.11.2012[75] hat der BGH entschieden, dass auch außerhalb der Kaufsache liegende Beziehungen der Sache zu ihrer Umwelt zur Beschaffenheit der Kaufsache gehören können.

Mit Urteil vom 15.06.2016 hat der BGH ausdrücklich betont, dass § 434 BGB von einem weiten Sachmangelbegriff ausgeht.[76]

Zum einen spricht **§ 434 I S. 3 BGB** davon, dass zu Beschaffenheiten i.S.d. § 434 I S. 2 Nr. 2 BGB auch die **Eigenschaften** gehören, die im Rechtsverkehr von einem bestimmten Personenkreis öffentlich geäußert werden.

Ferner führt eine fehlerhafte Montage zu einem Mangel der verkauften Sache, vgl. **§ 434 II S. 1 BGB**. Die Montage ist aber eindeutig keine unmittelbare Eigenschaft der Sache.

Damit sind als Beschaffenheit einer Sache i.S.d. § 434 I BGB sowohl alle Faktoren anzusehen, die der Sache selbst anhaften, als auch alle Beziehungen der Sache zur Umwelt, die nach der Verkehrsauffassung Einfluss auf die Wertschätzung der Sache haben.

Mittelbarer Bezug zur Kaufsache ausreichend, aber auch erforderlich

Daher muss die Beziehung der Sache lediglich einen **mittelbaren**[77] Bezug zur verkauften Sache aufweisen. Dieser mittelbare Sachbezug ist aber wenigstens zu fordern, da anderenfalls nach dem gewöhnlichen Sprachgebrauch kaum noch von einem Beschaffenheitsmerkmal die Rede sein kann.

---

[72] Vgl. Grigoleit/Herresthal, Grundlagen der Sachmängelhaftung im Kaufrecht, JZ 2003, 118 - 127 (124).

[73] Vgl. Palandt, § 434, Rn. 11; Häublein, Der Beschaffenheitsbegriff und seine Bedeutung für das Verhältnis der Haftung aus culpa in contrahendo, NJW 2003, 388 - 393 (389 f.); uneinheitlich Lorenz/Riehm, Lehrbuch zum neuen Schuldrecht, 2002, Rn. 482 und Rn. 578; MüKo/Westermann, 7. Auflage, § 434 BGB, Rn. 10; Reinking/Eggert, Der Autokauf, 12. Auflage, Rn. 2441; Roth, „Standzeit von Kraftfahrzeugen als Sachmangel", NJW 2004, 330 - 331; Schulze/Ebers, „Streitfragen im neuen Schuldrecht", JuS 2004, 462 – 468; enger hingegen Erman/Grunewald, 14. Auflage, § 434 BGB, Rn. 3.

[74] BGH, **Life&Law 03/2011, 152 ff.** = NJW 2011, 1217 (1218) = **juris**byhemmer.

[75] BGH, **Life&Law 04/2013, 241 ff.** = NJW 2013, 1671 = **juris**byhemmer.

[76] BGH, **Life&Law 10/2016, 667 ff.** = **juris**byhemmer.

[77] So jetzt zum subjektiven Mangelbegriff BGH, **Life&Law 3/2011, 152 - 257** = ZIP 2011, 33 - 36 = **juris**byhemmer bzw. zum objektiven Mangelbegriff BGH, **Life&Law 04/2013, 241 ff.** = NJW 2013, 1671 ff. = **juris**byhemmer; Reinicke/Tiedtke, Kaufrecht, 8. Aufl., Rn. 303 ff.; Schmidt-Räntsch, AnwBl. 2009, 260 (261); Redeker, Beschaffenheitsbegriff und Beschaffenheitsvereinbarung, 2012, S. 207 ff. (227); Redeker, NJW 2012, 2471 (2474).

Nach h.M. gehören damit zur Beschaffenheit sämtliche Angaben, die der Verkäufer in Bezug auf die Sache macht, z.B. bestimmte steuerliche Abschreibungsmöglichkeiten sowie Angaben über den Ertrag oder den Umsatz eines Unternehmens, die Standzeit eines Kfz, das Bestehen einer Herstellergarantie für ein Kraftfahrzeug etc.

> **hemmer-Methode:** Im Miet- und Pachtrecht gilt dagegen ein „enger" Mangelbegriff. Voraussetzung dort ist nach Ansicht des BGH, dass die Gebrauchsbeschränkung _unmittelbar_ mit der konkreten Beschaffenheit, dem Zustand oder der Lage des Miet- oder Pachtobjekts in Zusammenhang steht.[78]

Häufig keine konkrete Beschaffenheitsvereinbarung getroffen

Gerade bei Kaufgeschäften des täglichen Lebens werden in aller Regel konkrete Beschaffenheitsvereinbarungen i.S.d. § 434 I S. 1 BGB weder ausdrücklich noch konkludent geschlossen.[79]

Bsp. 1[80]: Wenn die Parteien beim Verkauf eines Gebrauchtwagens das Datum der Erstzulassung in den Vertragstext aufnehmen, wird konkludent vereinbart, dass das Datum der Herstellung jedenfalls nicht mehrere Jahre davon abweicht.

Bsp. 2[81]: Wenn die Parteien beim Verkauf eines Autos vereinbaren, das Auto sei fabrikneu, so wird damit konkludent vereinbart, dass

⇨ *dieses Kfz-Modell noch unverändert weitergebaut wird,*

⇨ *es keine durch längere Standzeit bedingte Mängel aufweist und*

⇨ *zwischen der Herstellung des Kfz und dem Abschluss des Kaufvertrages nicht mehr als zwölf Monate liegen.*

Bsp. 3[82]: Ein von einem Kraftfahrzeughändler als „Jahreswagen" verkauftes Gebrauchtfahrzeug entspricht regelmäßig nicht der vereinbarten Beschaffenheit, wenn zwischen der Herstellung und der Erstzulassung mehr als zwölf Monate liegen.

Bsp. 4[83]: Beim Kauf eines Kraftfahrzeugs (hier Wohnmobil) wird allein mit der Beschaffenheitsangabe „Vorführwagen" ein bestimmtes Alter des Fahrzeugs nicht vereinbart.

*Bsp. 5[84]: Beim Verkauf eines gebrauchten Kraftfahrzeugs **durch einen Händler** beinhaltet die im Kaufvertrag enthaltene Eintragung „HU neu" die stillschweigende Vereinbarung, dass sich das verkaufte Fahrzeug im Zeitpunkt der Übergabe in einem für die Hauptuntersuchung nach § 29 StVZO geeigneten verkehrssicheren Zustand befinde und die Hauptuntersuchung durchgeführt sei.*

Bsp. 6[85]: Wird das Vorliegen eines „H-Kennzeichens" (Oldtimer) in einem Kaufvertrag zwischen Händler und Privatmann vereinbart, darf ein verständiger Käufer nicht nur davon ausgehen, dass das Fahrzeug über das „H-Kennzeichen" verfügt, sondern auch davon, dass die gesetzlichen Voraussetzungen für die Erteilung vorliegen.

Oftmals ist der Mangel für die Parteien aber nicht vorhersehbar, sodass eine entsprechende Vereinbarung nicht getroffen wird.

Bsp.: Beim Kauf eines Buches wird regelmäßig nicht vereinbart, dass dem Buch keine Seiten fehlen. Dennoch muss das Buch (nach allgemeiner Verkehrsanschauung) dann als mangelhaft betrachtet werden.

---

[78] Zuletzt BGH, **Life&Law 03/2011, 775 - 779** = NJW 2011, 3151 - 3152 = **juris**byhemmer.

[79] Vgl. zuletzt **BGH, Life&Law 06/2013, 407 ff.** = NJW 2013, 2107 f. = **juris**byhemmer.

[80] OLG Karlsruhe, NJW 2004, 2456 - 2457 = **juris**byhemmer.

[81] BGH, **Life&Law 07/2005, 501 - 505** = NJW 2005, 1422 - 1423 = **juris**byhemmer; sowie BGH, NJW 2004, 160 - 161 = **juris**byhemmer.

[82] BGH, **Life&Law 12/2006, 805 - 807** = NJW 2006, 2694 - 2696 = **juris**byhemmer; zur Vertiefung vgl. auch Andreae, Die aktuelle Rechtsprechung zum Gebrauchtwagenkauf, NJW 2007, 3457 - 3463.

[83] BGH, **Life&Law 02/2011, 84 - 87** = NJW 2010, 3710 - 3713 = **juris**byhemmer.

[84] BGH, **Life&Law 07/2015, 480 - 485** = NJW 2015, 1669 ff. = **juris**byhemmer.

[85] BGH, **Life&Law 02/2016, 75 - 79** = **juris**byhemmer.

§ 434 I S. 2 u. 3 BGB: abzustellen auf v.a. objektive Umstände

Diese häufig auftretende Lücke im subjektiven Mangelbegriff schließt § 434 I S. 2 u. 3 BGB: Abgestellt wird hier vermehrt auf objektive Umstände, vor allem den vertraglich vorausgesetzten (§ 434 I S. 2 Nr. 1 BGB) bzw. üblichen (§ 434 I S. 2 Nr. 2 BGB) Gebrauch der Kaufsache.

Diese objektiven Umstände sind nach der Systematik des Gesetzes erst heranzuziehen, wenn eine entsprechende Beschaffenheitsvereinbarung i.S.d. § 434 I S. 1 BGB nicht vorliegt („*Soweit die Beschaffenheit nicht vereinbart ist* [...]").

Damit ist es auch entbehrlich, den Kaufvertragsparteien im Rahmen des § 434 I S. 1 BGB zu unterstellen, Vereinbarungen über die Eignung zum vertragsmäßigen bzw. gewöhnlichen Gebrauch getroffen zu haben.

> So ergibt sich die Mangelhaftigkeit des Buches im obigen Beispiel bereits nach Nr. 2. Es ist daher nicht erforderlich anzunehmen, dass Parteien durch schlüssiges Verhalten i.S.d. § 434 I S. 1 BGB vereinbart haben, dem Buch fehlen keine Seiten.

b) § 434 I S. 2 Nr. 1 BGB

§ 434 I S. 2 Nr. 1 BGB

Eine Sache hat – bei Fehlen einer entsprechenden Beschaffenheitsvereinbarung – einen Sachmangel, wenn sie sich für den nach dem Vertrag vorausgesetzten Verwendungszweck **nicht eignet**, § 434 I S. 2 Nr. 1 BGB.[86]

Einseitiges Voraussetzen genügt nicht

Wichtig ist, dass dieser Verwendungszweck nicht lediglich von einer Partei (regelmäßig dem Käufer) vorausgesetzt sein darf.[87] Dann kommt eine Lösung nur nach den Regeln der Störung der Geschäftsgrundlage in Betracht (einseitiges Voraussetzen = sog. reales Element), § 313 BGB.[88]

§ 434 I S. 2 Nr. 1 BGB soll die Fälle erfassen, in denen nicht eine bestimmte Beschaffenheit, sondern nur der Verwendungszweck vereinbart wurde. Gerade bei Alltagsgeschäften hat diese Konstellation hohe praktische Relevanz.

> Hätten im obigen Beispiel (Rn. 89) der Performance-Künstler Z und der Bauhändler nur über die geplante Verwendung gesprochen, wäre § 434 I S. 2 Nr. 1 BGB einschlägig gewesen. Da es aber konkret um die Beständigkeit der Schrauben gegen Magensäure ging, war § 434 I S. 1 BGB einschlägig.

Einigung über Verwendungszweck erforderlich

Die Eignung für eine bestimmte Verwendung muss also von beiden Kaufvertragsparteien (Käufer und Verkäufer) „vorausgesetzt" sein. Jedenfalls im Zeitpunkt des Vertragsschlusses muss eine entsprechende Willensübereinstimmung vorliegen[89]; man kann – entsprechend der Beschaffenheitsvereinbarung nach § 434 I S. 1 BGB – von einer „Verwendungszweckvereinbarung" sprechen.

Der Verwendungszweck muss dabei über die gewöhnliche Verwendung hinausgehen, da hierfür § 434 I S. 2 Nr. 2 BGB einschlägig ist.

hemmer-Methode: Bei der vertraglich vorausgesetzten Verwendung handelt es sich daher um etwas anderes als um die gewöhnliche Verwendung.[90]

---

[86] Die Eignung eines klinisch unauffälligen Pferdes für die vertraglich vorausgesetzte Verwendung als Reitpferd wird nicht schon dadurch beeinträchtigt, dass aufgrund von Abweichungen von der „physiologischen Norm" eine geringe Wahrscheinlichkeit dafür besteht, dass das Tier zukünftig klinische Symptome entwickeln wird, die seiner Verwendung als Reitpferd entgegenstehen; vgl. dazu BGH, NJW 2007, 1351 - 1353 = **juris**byhemmer.

[87] Vgl. Grigoleit/Herresthal, Die Beschaffenheitsvereinbarung und ihre Typisierung in § 434 I BGB, JZ 2003, 233 - 239 (235).

[88] Hierzu ausführlich **Hemmer/Wüst, Schuldrecht AT**, Rn. 607 ff.

[89] Vgl. Palandt, § 434, Rn. 21.

[90] So richtig entschieden vom OLG Düsseldorf, NJW 2006, 2858 - 2861 (2859) = **juris**byhemmer.

Häufig konkludente Vereinbarung, v.a. bei entsprechendem Vorgespräch

Diese wird sich regelmäßig durch Auslegung des Verhaltens der Kaufvertragsparteien ergeben, §§ 133, 157 BGB. Häufig besprechen die Vertragsparteien die geplante Verwendung im Vorfeld des Vertragsschlusses.

Wird dann der Vertrag ohne weiteres Eingehen auf den Verwendungszweck geschlossen, ist dem Verhalten der Parteien zu entnehmen, dass sie den besprochenen Verwendungszweck beim Vertragsschluss i.S.d. § 434 I S. 2 Nr. 1 BGB übereinstimmend vorausgesetzt haben.

Ebenfalls dürfte ausreichend sein, dass das einseitige Voraussetzen der Eignung für eine bestimmte Verwendung durch den Käufer für den Verkäufer erkennbar ist und der Vertrag ohne Erklärung des Verkäufers hierzu geschlossen wird.[91] Dann wird nämlich auch seitens des Verkäufers die Eignung konkludent vorausgesetzt; abzustellen ist auf den Empfängerhorizont des Käufers.

c) § 434 I S. 2 Nr. 2 BGB

§ 434 I S. 2 Nr. 2 BGB

Liegt weder eine Beschaffenheitsvereinbarung noch ein beiderseits vorausgesetzter Verwendungszweck vor, so ist nach § 434 I S. 2 Nr. 2 BGB auf die Eignung zur üblichen Verwendung der Kaufsache sowie auf die übliche bzw. vom Käufer zu erwartende Beschaffenheit abzustellen.

Ein Sachmangel liegt hiernach vor, wenn die Sache nicht zur üblichen oder vom Käufer nach der Art der Sache zu erwartenden Verwendung geeignet ist. Ebenfalls liegt ein Sachmangel vor, wenn die Kaufsache die übliche bzw. vom Käufer zu erwartende Beschaffenheit nicht aufweist.

hemmer-Methode: § 434 I BGB nimmt also eine Abstufung vor, die auch für die Prüfungsreihenfolge bzgl. des Vorliegens eines Sachmangels zwingend ist:
1. Vorliegen einer Beschaffenheitsvereinbarung (Satz 1);
2. Wenn (-) ⇨ abstellen auf die beiderseitig vorausgesetzte Verwendung (Satz 2 Nr. 1);
3. Wenn (-) ⇨ abstellen auf die übliche bzw. vom Käufer zu erwartende Verwendung/Beschaffenheit (Satz 2 Nr. 2 evtl. i.V.m. Satz 3)

Bsp.: Student S erwirbt vom Bäcker Z ein Brötchen. Als er es daheim verzehren will, bemerkt er, dass es von Schimmelpilzen befallen ist.

Hier ist das Brötchen nicht zur üblichen Verwendung geeignet: Es kann nicht ohne nachteilige Gesundheitsfolgen verzehrt werden. Damit liegt ein Sachmangel wegen § 434 I S. 2 Nr. 2 Alt. 1 BGB vor. Ebenso weist es die für Brötchen übliche Beschaffenheit (Schimmelfreiheit) nicht auf, § 434 I S. 2 Nr. 2 Alt. 2 BGB.

hemmer-Methode: Achtung! Eines von beiden hätte für die Mangelhaftigkeit bereits ausgereicht!

Es ist daher nicht nötig, das Verhalten der Kaufvertragsparteien als konkludente Beschaffenheitsvereinbarung i.S.d. § 434 I S. 1 BGB („Schimmelfreiheit des Brötchens") bzw. als beiderseits konkludent vorausgesetzten Verwendungszweck i.S.d. § 434 I S. 2 Nr. 1 BGB („Verzehrbarkeit ohne gesundheitliche Nachteile") auszulegen.

Abgrenzung oft schwierig

Dieses Beispiel macht deutlich, dass die Abgrenzung zwischen § 434 I S. 1 BGB, § 434 I S. 2 Nr. 1 und Nr. 2 BGB oft schwierig ist, da sich die Beschaffenheitsvereinbarung bzw. das beiderseitige „Voraussetzen" auch durch schlüssiges Verhalten ergeben kann.

---

[91] So auch Palandt, § 434, Rn. 21.

In der Klausur sollte es daher zulässig sein, darauf hinzuweisen, dass sich der Sachmangel jedenfalls aus § 434 I S. 2 Nr. 2 BGB ergibt (sofern dessen Voraussetzungen vorliegen), wenn es an einer ausdrücklichen Beschaffenheitsvereinbarung i.S.d. § 434 I S. 1 BGB bzw. einer ausdrücklichen Verwendungszweckvereinbarung i.S.d. § 434 I S. 2 Nr. 1 BGB fehlt.

> **hemmer-Methode:** Lassen Sie in der Klausur aber keinen Zweifel daran, dass Sie das Stufenverhältnis von § 434 I S. 1 BGB und § 434 I S. 2 Nr. 1 und Nr. 2 BGB verstanden haben! Dieses sollten Sie zunächst kurz erläutern und erst dann erklären, dass sich der Sachmangel jedenfalls aus § 434 I S. 2 Nr. 2 BGB ergibt. Ein solches Vorgehen kann Ihnen dann nicht als falsch angestrichen werden.

Vergleichsmaßstab: Sachen der gleichen Art

Vergleichsmaßstab bilden bei § 434 I S. 2 Nr. 2 BGB Sachen der gleichen Art. Es ist also z.B. nicht zulässig, den erworbenen Gebrauchtwagen mit der für einen Neuwagen üblichen und zu erwartenden Beschaffenheit zu vergleichen. Ein Vergleich mit Sachen der gleichen Art ist auch dann möglich, wenn kein Gattungs-, sondern ein Stückkauf vorliegt; z.B. sind beim Gebrauchtwagenkauf (= Stückkauf) als Vergleichbarkeitskriterien die Km-Laufleistung und das Baujahr heranzuziehen.[92]

> *Bsp. 1: Für die Frage, ob ein verkaufter älterer Gebrauchtwagen wegen einer dem Verkauf vorausgegangenen längeren Standzeit im Sinne des § 434 I S. 2 Nr. 2 BGB frei von Sachmängeln ist, ist - anders als bei der Standzeit eines Jahreswagens bis zum Zeitpunkt seiner Erstzulassung - grundsätzlich nicht auf die Standzeit als solche abzustellen, sondern darauf, ob bei dem Fahrzeug keine Mängel vorliegen, die auf die Standzeit zurückzuführen sind und die gleichartige Fahrzeuge ohne entsprechende Standzeit üblicherweise nicht aufweisen.[93]*
>
> *Anders als bei Neuwagen und „Jahreswagen", bei denen vor der Erstzulassung eine Standzeit von höchstens zwölf Monaten hinzunehmen ist, lassen sich bei (sonstigen) Gebrauchtwagen also keine allgemeingültigen Aussagen dahin treffen, ab welcher Grenze eine Standzeit zwischen Herstellung und Erstzulassung eine Beschaffenheit darstellt, die nicht mehr üblich ist und die der Käufer auch nicht erwarten musste. So hat sich der BGH bei Verkauf eines Gebrauchtwagens mit einer Laufleistung von 40.000 km an einer Standzeit von 20 Monaten vor der Erstzulassung nicht gestört. **Durch** die recht **hohe Laufleistung ist** eine nicht unerhebliche **Abnutzung des Pkw eingetreten, sodass** eine **vor der Erstzulassung eingetretene Standzeit von 20 Monaten** und der hierauf entfallende Alterungsprozess, die bei dem Kauf eines „Jahreswagens" (noch) von Gewicht sind, **zunehmend an Bedeutung verloren hat**.[94]*
>
> *Bsp. 2:[95] Abweichungen eines verkauften Pferdes von der „physiologischen Norm", die sich im Rahmen der üblichen Beschaffenheit vergleichbarer Pferde halten, sind nicht deswegen als Mangel einzustufen, weil „der Markt" auf derartige Abweichungen mit Preisabschlägen reagiert. Preisabschläge beim Weiterverkauf, die darauf zurückzuführen sind, dass „der Markt" bei der Preisfindung von einer besseren als der tatsächlich üblichen Beschaffenheit von Sachen gleicher Art ausgeht, begründen keinen Mangel.*

Erwartungshaltung bestimmt sich nach obj. Empfängerhorizont

Welche Beschaffenheit des Kaufgegenstandes ein Käufer anhand der Art der Sache im Sinne von § 434 I S. 2 Nr. 2 BGB erwarten kann, bestimmt sich nach dem Empfängerhorizont eines Durchschnittskäufers und damit nach der objektiv berechtigten Käufererwartung. Diese orientiert sich im Regelfall an der üblichen Beschaffenheit gleichartiger Sachen. Dagegen ist nicht entscheidend, welche Beschaffenheit der Käufer tatsächlich erwartet und wie er auf eine hiervon abweichende Beschaffenheit reagiert.

---

[92] Palandt, § 434, Rn. 29; vgl. auch Dauner-Lieb, Das neue Schuldrecht, S. 112.

[93] BGH, **Life&Law 06/2009, 364 - 369** = NJW 2009, 1588 - 1589 = **juris**byhemmer; in Abgrenzung zu BGH, **Life&Law 12/2006, 805 - 807** = NJW 2006, 2694 - 2696 = **juris**byhemmer.

[94] Lesen Sie dazu BGH, **Life&Law 11/2016, 755 - 760** = **juris**byhemmer.

[95] BGH, NJW 2007, 1351 - 1353 = **juris**byhemmer.

Bsp.: Bei Gebrauchtfahrzeugen gehört es danach nicht ohne weiteres zur üblichen Beschaffenheit im Sinne von § 434 I S. 2 Nr. 2 BGB, dass sich alle Fahrzeugteile noch im Originalzustand befinden. Die übliche Beschaffenheit ist deshalb grundsätzlich nicht in Frage gestellt, wenn einzelne (wesentliche) Fahrzeugteile in technisch einwandfreier Weise erneuert wurden.

Das gilt auch, wenn das Fahrzeug mit einer neuen Lackierung versehen worden ist, um es technisch und optisch wieder in einen tadellosen Zustand zu versetzen.
Die fehlende Originallackierung ist also nach Ansicht des BGH bei Gebrauchtfahrzeugen kein Mangel.[96]

d) Schlechter Ruf / Verdacht eines Mangels als Sachmangel

Auch der schlechte Ruf einer Sache oder bloße Verdacht eines Mangels können einen Sachmangel i.S.d. § 434 I BGB darstellen.

102

Bsp.: V verkauft an Supermarkt K Hasenfleisch, das nach den neuesten Meldungen salmonellenverseucht sein soll.[97]

Kann der Käufer den der Sache anhaftenden Verdacht nicht durch zumutbare Maßnahmen entkräften, kann es für ihn nicht darauf ankommen, ob sich die Ungenießbarkeit des Fleisches später durch Untersuchungen bewahrheitet oder nicht.

Zu dem vertraglich vorausgesetzten (§ 434 I S. 2 Nr. 1 BGB) bzw. üblichen (§ 434 I S. 2 Nr. 2 BGB) Verwendungszweck der Weiterveräußerung ist das Hasenfleisch aufgrund des ihm anhaftenden Verdachtes nämlich nicht geeignet und damit für den Käufer wertlos. K stehen daher Mängelrechte bereits aufgrund des Verdachts des Salmonellenbefalls zu.

hemmer-Methode: Hier stellt also der bloße Verdacht der Mangelhaftigkeit selbst einen Sachmangel dar. In diesen Fällen kann aber auch die Abgrenzung zum Rechtsmangel schwierig werden (vgl. dazu Rn. 144, 145). Der Käufer müsste im Prozess daher nicht den tatsächlichen Salmonellenbefall beweisen, sondern lediglich, dass ein solcher Verdacht besteht, von ihm nicht durch zumutbare Maßnahmen entkräftet werden kann und dieser Verdacht die angestrebte Verwendung (Weiterverkauf) beeinträchtigt.

Problematisch: Verdacht erweist sich im Nachhinein als unbegründet

Stellt sich vor Ablauf der Verjährung der Mängelrechte gem. § 438 BGB heraus, dass der Verdacht tatsächlich unbegründet war (etwa: eine wissenschaftliche Untersuchung wurde durchgeführt), bleibt es zwar dabei, dass mit dem Verdacht im Zeitpunkt des Gefahrübergangs ein Sachmangel vorlag.

103

Dem Käufer kann jedoch nach Treu und Glauben ein Berufen hierauf nach § 242 BGB verwehrt sein. Hat der Käufer Mängelrechte bereits geltend gemacht, so bleiben die hierdurch eingetretenen Rechtsfolgen bestehen (z.B.: Rücktritt, Minderung, Schadensersatz mit der Folge des § 281 IV BGB). Jedoch ist dem Verkäufer u.U. nach § 242 BGB ein Anspruch auf Wiederbegründung des ursprünglichen Vertragsverhältnisses zuzubilligen.

hemmer-Methode: Dagegen wird auch vertreten, ein Sachmangel habe in Wahrheit von Anfang an nicht bestanden, die geltend gemachten Mängelrechte bestanden also ebenfalls nicht und konnten keine Folgen haben.[98]
Diese Auffassung erscheint jedoch inkonsequent, da der Verdacht selbst den Sachmangel begründet hat. Dieser bestand aber im Zeitpunkt der Geltendmachung der Mängelrechte, und zwar unabhängig von der tatsächlichen Unbrauchbarkeit der Kaufsache.

---

[96] BGH, **Life&Law 10/2009, 656 - 660** = NJW 2009, 2807 - 2809 = **juris**byhemmer.
[97] BGHZ 52, 51 - 55 = **juris**byhemmer.
[98] In diese Richtung wohl Reinicke/Tiedtke, Kaufrecht, Rn. 271.

e) Erweiterung von § 434 I S. 2 Nr. 2 BGB durch § 434 I S. 3 BGB[99]

aa) Grundsatz

§ 434 I S. 3 BGB: Erweiterung des § 434 I S. 2 Nr. 2 BGB

§ 434 I S. 3 BGB erweitert § 434 I S. 2 Nr. 2 BGB hinsichtlich der Frage, welche Beschaffenheit der Käufer von der Kaufsache erwarten darf[100]: Er darf sich auf öffentliche Äußerungen des Verkäufers sowie des Herstellers und seiner Gehilfen verlassen. Diese Erweiterung des Mangelbegriffes wird in der Zukunft in Praxis und Klausur von besonderer Relevanz sein.

Öffentliche Äußerungen: v.a. Werbeaussagen

Äußerungen sind dann öffentlich, wenn sie an einen unbestimmten Adressatenkreis gerichtet und für diesen auch wahrnehmbar sind. Werbeaussagen stellen hierbei die wichtigste Fallgruppe dar und werden demzufolge von § 434 I S. 3 BGB als Regelbeispiel („insbesondere") genannt.[101]

Es ist aber zu beachten, dass sich die Äußerungen auf konkrete Beschaffenheitsmerkmale beziehen müssen. Reißerische Werbeaussagen („Das beste Auto der Welt!", „Besser als die Konkurrenz", „Radio hören macht die Seele froh" etc.) unterfallen § 434 I S. 3 BGB nicht[102]; denn sie begründen aufgrund ihrer Unbestimmtheit kein schützenswertes Vertrauen des Käufers.

Angaben bei der Kennzeichnung

In sachlicher Hinsicht nennt § 434 I S. 3 BGB Äußerungen „bei der Kennzeichnung über bestimmte Eigenschaften" als weiteres Regelbeispiel. Hierbei sollen vor allem Angaben auf Verpackungen über Eigenschaften der Kaufsache erfasst werden, gemeint sind aber auch Angaben in Katalogen oder in beigegebenen Warenbeschreibungen.[103]

> **hemmer-Methode:** Ein Werbeprospekt eines Autoherstellers stellt eine öffentliche Äußerung i.S.d. § 434 I S. 3 BGB dar. Im Fall des OLG München wurde im Prospekt die Eignung des Kfz für Normalbenzin (mind. 91 ROZ) behauptet, was nicht zutraf. Das OLG München hat daher zu Recht einen Mangel i.S.d. § 434 I S. 3 BGB bejaht.[104]

Eingrenzung in persönlicher Hinsicht

In persönlicher Hinsicht betrifft § 434 I S. 3 BGB Äußerungen des Verkäufers, des Herstellers sowie „seines Gehilfen". Für die Anwendung der Vorschrift dürften Äußerungen des Verkäufers allerdings von geringer Relevanz sein, denn bei solchen kann regelmäßig von einer stillschweigenden Beschaffenheitsvereinbarung i.S.d. § 434 I S. 1 BGB ausgegangen werden.

Herstellerbegriff: § 4 I, II ProdHaftG

Hauptanwendungsfall des § 434 I S. 3 BGB sind die öffentlichen Äußerungen des Herstellers. Dabei verweist die Vorschrift hinsichtlich des Herstellerbegriffes auf § 4 I, II ProdHaftG. So ist auch der Importeur als Hersteller anzusehen, § 4 II ProdHaftG.

Das Einstehenmüssen des Verkäufers für Äußerungen des Herstellers rechtfertigt sich vor allem daraus, dass dem Käufer gegen den Hersteller keine unmittelbaren vertraglichen Ansprüche zustehen. Andererseits profitiert der Verkäufer auch von Äußerungen des Herstellers, da diese regelmäßig die Kaufentscheidung des Kunden beeinflussen. Dann ist es aber auch billig, dass der Verkäufer etwaige Nachteile aus den Herstelleräußerungen zu tragen hat.

---

[99] Vgl. auch Kasper, Die Sachmängelhaftung des Verkäufers für Werbeaussagen, ZGS 2007, 172 ff.
[100] Palandt, § 434, Rn. 31.
[101] Lesen Sie Otting, Zur Offenbarungspflicht der Ex-Mietwageneigenschaft eines Gebrauchtwagens, ZGS 2004, 12 ff.
[102] BT-Drs. 14/6040, S. 214.
[103] Palandt, § 434, Rn. 35.
[104] OLG München, ZGS 2005, 237.

§ 1 KAUF

Gehilfe des Herstellers

Als Gehilfe des Herstellers lässt sich bezeichnen, wer mit Wissen und Wollen des Herstellers für diesen öffentliche Äußerungen i.S.d. § 434 I S. 3 BGB vornimmt. In diesem Sinne kommen vor allem die mit der Werbekampagne beauftragten Unternehmen in Betracht.[105] Ob eine Weisungsabhängigkeit gegenüber dem Hersteller vorliegt, ist unbeachtlich.

> **hemmer-Methode:** Die Definition entspricht in etwa der des Erfüllungsgehilfen i.S.d. § 278 S. 1 Alt. 2 BGB; jedoch mit einem wichtigen Unterschied: Das Einstehenmüssen für Erfüllungsgehilfen nach § 278 BGB setzt eine Sonderverbindung voraus; eine solche besteht zwischen Hersteller und Käufer gerade nicht.

Einstehenmüssen für eigene „Gehilfen" des Verkäufers?

Überraschend ist auf den ersten Blick, dass das Gesetz ein Einstehenmüssen des Verkäufers für öffentliche Äußerungen eigener Gehilfen nicht zu regeln scheint. Hier ist jedoch eine Zurechnung nach allgemeinen Grundsätzen vorzunehmen: Vertretbar erscheint die Anwendung der §§ 164 ff. BGB, aber auch des § 278 BGB. Dabei ist einer Analogie zu § 278 BGB wohl der Vorzug zu gewähren: Da für den Hersteller auch die §§ 164 ff. BGB, mangels Sonderverbindung zum Käufer nicht aber § 278 BGB anwendbar ist, wäre die ausdrückliche Nennung des Gehilfen des Herstellers in § 434 I S. 3 BGB sonst überflüssig.[106]

§ 166 I BGB (-)

Unpassend ist an dieser Stelle jedoch die Anwendung des § 166 I BGB, da es nicht um eine reine Wissenszurechnung geht.

> **hemmer-Methode:** Bis sich eine klare höchstgerichtliche Linie herausgebildet hat, ist so gut wie alles vertretbar. Bei rein dogmatischen Fragen wird allerdings der BGH geneigt sein, diese möglichst offen zu lassen. Bis sich dann in der Literatur eine „h.L." herausbilden wird, dürfte es recht lange dauern.

bb) Ausnahmen: § 434 I S. 3 BGB a.E.

Ausschlusstatbestände § 434 I S. 3 BGB a.E.

Zum Schutz der Interessen des Verkäufers enthält § 434 I S. 3 BGB a.E. Ausschlusstatbestände. Liegen diese vor, wird die schützenswerte Erwartung des Käufers gem. § 434 I S. 2 Nr. 2 BGB nicht durch öffentliche Äußerungen erweitert. Die Darlegungs- und Beweislast wird hierbei dem Verkäufer auferlegt („es sei denn").

> **hemmer-Methode:** Grundsätzlich müsste der Käufer alle Voraussetzungen des Vorliegens eines Sachmangels darlegen und beweisen, da es sich hierbei um für ihn günstige Tatsachen handelt. Da die den Ausschlusstatbeständen des § 434 I S. 3 BGB a.E. zugrunde liegenden Tatsachen aber aus der Sphäre des Verkäufers stammen (v.a.: Kenntnis des Verkäufers), könnte er den Beweis insoweit kaum führen. Deshalb kehrt das Gesetz richtigerweise die Beweislast um.

⇨ *Keine Kenntnis und kein Kennenmüssen*

⇨ So hat der Verkäufer für die Äußerung nicht einzustehen, wenn er sie **nicht kannte und nicht kennen musste**. Von einem Kennenmüssen ist die Rede, wenn die fragliche Person infolge Fahrlässigkeit in Unkenntnis ist, § 122 II BGB. Bei Werbeaussagen wird eine nicht fahrlässige Unkenntnis kaum jemals anzunehmen sein, da Werbeaussagen gerade an einen möglichst weiten Adressatenkreis gerichtet werden und damit auch dem Verkäufer zugänglich sind.

⇨ *Gleichwertige Berichtigung*

⇨ Der zweite Ausschlusstatbestand ist einschlägig, wenn die Äußerung im Zeitpunkt des Vertragsschlusses **in gleichwertiger Weise berichtigt** war. In diesem Fall ist das Vertrauen des Käufers auf die öffentliche Äußerung nicht (mehr) schutzwürdig.

---

[105] Palandt, § 434, Rn. 37.
[106] Palandt, § 434, Rn. 36 geht davon aus, dass das Gesetz sowohl Gehilfen des Herstellers als auch des Verkäufers meint.

Daher fordert das Gesetz, dass die „Berichtigung" in gleichwertiger Weise erfolgt. Die Berichtigung bestimmt sich deshalb nach der Art der öffentlichen Äußerung.

Bsp.: Hersteller H hat durch das Werbeunternehmen W in der Süddeutschen Zeitung eine Anzeige geschaltet. In dieser wird erklärt, das Produkt „Schleifmaschine Nimbus 2000" sei zum Abschleifen verrosteter Metallgegenstände geeignet. Tatsächlich ist dies nicht der Fall.

Hinsichtlich der Eignung zum Abschleifen von Metallgegenständen liegt eine öffentliche Äußerung in Form einer Werbeanzeige durch W als Gehilfen des Herstellers H vor. Für diese Äußerung haben die Verkäufer des Produktes einzustehen: Da die Maschinen die fragliche Beschaffenheit tatsächlich nicht haben, sind sie mangelhaft, § 434 I S. 2 Nr. 2, S. 3 BGB.

Damit die Verkäufer Mängelrechten der Käufer insoweit nicht ausgesetzt sind, kann eine Berichtigung i.S.d. § 434 I S. 3 BGB a.E. erfolgen. Diese muss aber gleichwertig sein. Dies bezieht sich vor allem auf die Art der öffentlichen Äußerung. So müsste die Berichtigung in ähnlicher Weise an die Öffentlichkeit gerichtet sein, wie die Herstelleräußerung selbst.

Keine Berichtigung von Herstelleräußerungen durch den Verkäufer

Äußerungen des Herstellers können durch den Verkäufer nicht in gleichwertiger Weise berichtigt werden. Denn Angaben des Herstellers erwecken beim Käufer regelmäßig stärkeres Vertrauen auf ihre Richtigkeit. Eigene öffentliche Äußerungen kann der Verkäufer freilich auch selbst berichtigen. Ebenso kann bei diesen eine Berichtigung durch den Hersteller erfolgen.

Bei erfolgter Berichtigung auch keine Beschaffenheitsvereinbarung

Die Berichtigung durch den Verkäufer schließt auch eine Beschaffenheitsvereinbarung i.S.d. § 434 I S. 1 BGB aus; denn in diesem Fall kann das Verhalten des Verkäufers nicht nach den §§ 133, 157 BGB dahin ausgelegt werden, dass er für die Richtigkeit der Äußerung einstehen und die Beschaffenheit vereinbaren will.

Maßgeblicher Zeitpunkt: Abschluss des Kaufvertrages

Die Berichtigung muss im Zeitpunkt des Vertragsschlusses erfolgt sein. Anderenfalls käme die Berichtigung einer einseitigen nachträglichen Haftungsbeschränkung zugunsten des Verkäufers gleich. Einseitige (rechtsgeschäftliche) Haftungsbeschränkungen sind dem deutschen Zivilrecht aber fremd.

Bsp.: Die Vertragsparteien machen den Kaufvertrag von dem Eintritt eines Termins (§§ 163, 158 I BGB) abhängig. Nach Abschluss des Vertrages, aber vor Eintritt des Termins, erfolgt eine gleichwertige Berichtigung.

Die Erweiterung des § 434 I S. 2 Nr. 2 BGB nach § 434 I S. 3 BGB scheidet nur aus, wenn im Zeitpunkt des Vertragsschlusses die öffentliche Äußerung bereits berichtigt war. Auf diesen Zeitpunkt ist auch abzustellen, wenn der Kaufvertrag unter einer aufschiebenden Bedingung oder Befristung geschlossen wird. Denn die Kaufentscheidung ist vom Käufer bereits getroffen worden; hierbei durfte er auf die öffentliche Äußerung vertrauen. Eine danach erfolgende Berichtigung ist unbeachtlich.

hemmer-Methode: Anders könnte die Rechtslage zu beurteilen sein, wenn der Eintritt der Bedingung allein vom Käufer abhängt. Jedoch hat der Käufer seine Kaufentscheidung bereits mit Vertragsschluss und nicht erst mit der Entscheidung, die Bedingung eintreten zu lassen, getroffen. Daher muss auch hier eine nach Vertragsschluss erfolgende Berichtigung unbeachtlich sein (a.A. vertretbar).

⇨ *Keine Kausalität*

⇨ Schließlich scheidet die Erweiterung nach § 434 I S. 3 BGB aus, wenn die öffentliche Äußerung die Kaufentscheidung **nicht beeinflussen konnte**. Wenn die Werbeaussage bzw. die sonstige öffentliche Äußerung nicht kausal für die Kaufentscheidung des Käufers war, kann dieser hieraus auch keine gegenüber § 434 I S. 2 Nr. 2 BGB erweiterten Rechte herleiten.

Fehlen der Kausalität genügt nicht

Ausreichend ist es hierbei nicht, dass die öffentliche Äußerung die Kaufentscheidung tatsächlich nicht beeinflusst hat; es ist vielmehr erforderlich, dass sie zur Beeinflussung der Kaufentscheidung objektiv nicht geeignet war ("nicht beeinflussen konnte"). Eine im konkreten Fall fehlende Kausalität genügt also nicht. Eine Beeinflussung der Kaufentscheidung muss generell ausgeschlossen sein.[107]

Problematisch, da Beweislast beim Verkäufer

Allerdings dürfte diese Fallgruppe geringe praktische Relevanz haben, da den Verkäufer auch insoweit die Beweislast trifft. Der Verkäufer wird kaum jemals beweisen können, dass eine Beeinflussung der Kaufentscheidung des Käufers schlechthin ausgeschlossen war.

117

> **Bsp.:** Verkäufer V schaltet im Lokalteil der „Mainpost" eine Werbeanzeige, in der er seine Weihnachts-Lichterketten als „zum Einsatz im Freien; regen- und kältebeständig" anpreist. Tatsächlich handelt es sich jedoch um gewöhnliche Lichterketten, die nur im Innenbereich eingesetzt werden können, da ein Kontakt mit Wasser Kurzschlüsse verursachen kann. K, der sich seit einem halben Jahr auf den Malediven befindet (wo die Mainpost nicht vertrieben wird), bestellt telefonisch bei dem ihm gut bekannten V eine solche Lichterkette und befestigt sie am Balkon seiner Ferienwohnung. Bei einem plötzlichen Gewitter wird die Kette infolge eines Kurzschlusses beschädigt. K will den Kaufpreis mindern.
>
> Die wirksame Minderung des Kaufpreises (§ 441 BGB) setzt die Mangelhaftigkeit der Kaufsache voraus (dazu vgl. unten, Rn. 244 ff.). Hier kommt nur ein Sachmangel in Betracht.
>
> Eine Beschaffenheitsvereinbarung i.S.d. § 434 I S. 1 BGB liegt nicht vor; ebenso wenig wurde der Einsatz der Kette im Freien von V und K i.S.d. § 434 I S. 2 Nr. 1 BGB vorausgesetzt. Ein Sachmangel könnte sich aber unter dem Gesichtspunkt des § 434 I S. 2 Nr. 2 BGB ergeben, wenn K nach der Zeitungsanzeige erwarten durfte, dass die Kette im Freien eingesetzt werden kann, § 434 I S. 2 Nr. 2, S. 3 BGB.
>
> In der Zeitungsanzeige ist eine öffentliche Äußerung in Form einer Werbeaussage i.S.d. § 434 I S. 3 BGB zu sehen. Jedoch könnte die Haftung des Verkäufers hierfür nach § 434 I S. 3 BGB a.E. ausgeschlossen sein, weil die öffentliche Äußerung die Kaufentscheidung des Käufers nicht beeinflusst hat.
>
> K konnte die Mainpost, in der sich die Werbeanzeige befand, auf den Malediven nicht beziehen. Er hatte demnach keine Kenntnis von der Werbeaussage. Daher war diese nicht kausal für seine Kaufentscheidung. Fraglich ist allerdings, ob dies zur Bejahung des Ausschlusstatbestandes nach § 434 I S. 3 BGB genügt. Denn ein bloßes Fehlen der Kausalität im konkreten Fall ist nicht ausreichend, vielmehr muss eine Beeinflussung der Kaufentscheidung generell ausgeschlossen sein (Wortlaut: „nicht beeinflussen konnte"). Es stellt sich die Frage, ob hierbei zumindest auf die konkrete Situation des Käufers Rücksicht zu nehmen ist; für K konnte in seiner konkreten Situation die öffentliche Äußerung seine Kaufentscheidung nicht beeinflussen.
>
> Würde man bei der anzustellenden generalisierenden Betrachtung auf die konkrete Käufersituation nicht Rücksicht nehmen, käme der Ausschlusstatbestand des § 434 I S. 3 BGB a.E. kaum jemals zur Anwendung. Einer öffentlichen Äußerung wohnt doch gerade die Annahme inne, dass sie für die Kaufentscheidung irgendeines Käufers von Einfluss sein kann. Daher ist auf die konkrete Situation des betroffenen Käufers abzustellen.
>
> Zu fragen ist danach, ob für diesen Käufer eine Beeinflussung seiner Kaufentscheidung in der konkreten Kaufsituation ausgeschlossen war. Dies ist seitens des K zu bejahen; der Ausschlusstatbestand des § 434 I S. 3 BGB a.E. ist erfüllt.

---

[107] Palandt, § 434, Rn. 39; vgl. auch Dauner-Lieb, Das neue Schuldrecht, S. 114.

Damit wurde § 434 I S. 2 Nr. 2 BGB nicht durch die Werbeaussage erweitert. Da es sich bei dem Einsatz einer gewöhnlichen Lichterkette im Freien auch nicht um deren übliche Verwendung i.S.d. § 434 I S. 2 Nr. 2 BGB handelt, scheidet ein Sachmangel aus. K kann also den Kaufpreis nicht mindern.

> **hemmer-Methode:** Freilich könnte K einwenden, er habe von Freunden von der Zeitungsanzeige erfahren. Dann kommt es letztlich auf die Überzeugung des Gerichts im Rahmen der freien Beweiswürdigung (§ 286 ZPO) an, ob es V hinsichtlich der fehlenden Kausalität Glauben schenkt. Da sich K nicht im Einzugsbereich der Werbeaussage befand, wird V wohl der Beweis des ersten Anscheins zugutekommen.
> Enthält die Klausur keine weiteren Anhaltspunkte, so sollten Sie aus obigem Sachverhalt durchaus das Fehlen der Kausalität Werbeaussage/Kaufentscheidung folgern und keine weiteren Mutmaßungen anstellen. Sie dürfen davon ausgehen, dass der Klausurersteller seinen Sachverhalt als für die Lösung ausreichend ansieht.

f) Maßgeblicher Zeitpunkt für das Vorliegen eines Sachmangels

Maßgeblich = Zeitpunkt des Übergangs der Preisgefahr auf Käufer

Der Sachmangel muss im Zeitpunkt des Gefahrübergangs vorliegen, § 434 I S. 1 BGB. Gefahrübergang meint hierbei den Zeitpunkt des Übergangs der Preisgefahr auf den Käufer.[108]

Übergabe (§ 446 S. 1 BGB) oder Versendung (§ 447 I BGB)

Dieser erfolgt in den meisten Fällen durch die Übergabe (§ 446 S. 1 BGB) bzw. ausnahmsweise bereits vor der Übergabe beim Versendungskauf durch die Übergabe der Sache an das Versendungsunternehmen (§ 447 I BGB).

Auch: Gläubigerverzug, § 446 S. 3 BGB

Befindet sich der Käufer im Annahmeverzug, so müsste er bei vollständiger Zerstörung der Kaufsache den vollen Kaufpreis entrichten, § 326 II S. 1 Alt. 2 BGB. Dann muss der Käufer aber erst recht den vollen Kaufpreis zu zahlen haben, wenn die Sache nach Eintritt des Annahmeverzuges lediglich beschädigt und damit mangelhaft wird. Es wäre unbillig, dem Käufer in diesem Fall Mängelrechte zuzuerkennen.

Daher ordnet § 446 S. 3 BGB an, dass die Preisgefahr auch mit Eintritt des Annahmeverzuges des Gläubigers auf diesen übergeht.

> **hemmer-Methode:** Geben Sie kurz diese Wertung des „erst-recht-Schlusses" bei bloßer Verschlechterung der Sache während seines Annahmeverzuges in der Klausur zu erkennen. So zeigen Sie dem Korrektor, dass Sie den Sinn und Zweck der Norm verstanden haben.

g) Sonderfall: Neuer Mangel nach Gefahrübergang

Entstehung weiterer Mängel während des Nacherfüllungsstadiums

Problematisch sind die Fälle, in denen weitere Mängel nach Gefahrübergang während des Nacherfüllungsstadiums erstmals entstehen.

Vom BGH entschieden ist die Frage der Beweislast. Nimmt der Käufer die Kaufsache nach einer Nachbesserung durch den Verkäufer wieder entgegen, so trägt der Käufer die Beweislast dafür, dass der erneute Mangels während der Nachbesserung aufgetreten ist und nicht auf einer unsachgemäßen Behandlung der Kaufsache nach erneuter Übernahme durch den Käufer beruht.[109]

---

[108] Hierzu vgl. oben, Rn. 64 ff.
[109] Vgl. BGH, **Life&Law 06/2009**, 361 - 363 = NJW 2009, 1341 - 1343 = **juris**byhemmer.

§ 1 KAUF

⇨ vom Verkäufer nicht zu vertretende Mängel

Wenn diese nicht durch den Verkäufer zu vertreten sind (z.B. Hagelschaden), so stellt sich die Frage, ob der Verkäufer hierfür verschuldensunabhängig einstehen muss.

Da eine Differenzierung zwischen Nachlieferung und Nachbesserung unbillig erscheint, wird überwiegend vertreten, dass der Verkäufer analog §§ 439 V, 346 III S. 1, Nr. 3 BGB privilegiert ist und damit nicht das Risiko zufälliger Verschlechterungen zu tragen hat.[110]

⇨ vom Verkäufer zu vertretende Mängel

Hat der Verkäufer hingegen den Mangel im Stadium der Nachbesserung zu vertreten, so erscheint eine analoge Anwendung der §§ 434 ff. BGB als gerechtfertigt. Eine direkte Anwendung scheidet aus, da der „neue" Mangel beim Gefahrübergang noch nicht vorlag, die Kaufsache diesbezüglich also mangelfrei war.[111]

2. § 434 II BGB

a) § 434 II S. 1 BGB

Vereinbarte Montage mangelhaft

Die Vorschrift stellt Fehler bei der **vereinbarten Montage** einer Sache ausdrücklich einem Sachmangel gleich. § 434 II S. 1 BGB unterstellt die Montageleistung den Gewährleistungsvorschriften des Kaufrechts.

Mängel der Montage werden daher nicht nach Werkvertragsrecht behandelt!

Dennoch hat eine Abgrenzung zwischen Kaufvertrag mit Montageverpflichtung i.S.d. § 434 II S. 1 BGB einerseits und einem Werkvertrag andererseits zu erfolgen. Die Abgrenzung ist danach vorzunehmen, worin der Schwerpunkt des Vertrages zu sehen ist.

§ 434 II S. 1 BGB gilt nur, wenn Warenumsatz im Vordergrund steht

Ein Kaufvertrag mit Montageverpflichtung kann aber nur dann angenommen werden, wenn der Warenumsatz, also das kaufrechtliche Element, im Vordergrund steht. Ist eine aufwendige Konstruktion erforderlich und steht damit das werkvertragliche Element im Vordergrund, ist vom Vorliegen eines Werkvertrags auszugehen.[112]

> **hemmer-Methode:** § 434 II S. 1 BGB ist insoweit ein gesetzlich geregelter Fall der Schwerpunkt- bzw. Absorptionstheorie bei gemischten Verträgen.

Problem: Verträge über „Auf-Dach-Photovoltaik-Anlagen"

Bei Verträgen über **Auf-Dach-Photovoltaik-Anlagen** wird häufig die mit dem Warenumsatz verbundene Übertragung von Eigentum und Besitz im Vordergrund stehen, sodass der Vertrag einheitlich als Kaufvertrag mit Montage-, Anschluss- und Inbetriebnahmepflicht zu qualifizieren ist. Dies bedeutet, dass sowohl Mängel der „gekauften" Module als auch Mängel beim Einbau als Mängel im Sinne des Kaufrechts zu beurteilen sind, vgl. § 434 II S. 1 BGB.

> **hemmer-Methode:** Zur Problematik der Verjährung lesen Sie Rn. 185 bis Rn. 185c in diesem Skript!

---

[110] Vgl. dazu Stodolkowitz, Gefahrtragung während der Nacherfüllung im Kaufrecht, ZGS 2009, 496 - 501.

[111] Vgl. dazu Klinck, Die Haftung des Verkäufers für eine Beschädigung der Sache nach Gefahrübergang, ZGS 2008, 217 – 219; **nach Ansicht des OLG Saarbrücken (NJW-RR 2013, 1388 ff. = jurisbyhemmer) sind im Rahmen der Nacherfüllung auftretende Mängel so zu behandeln wie bei Gefahrübergang bestehende Mängel.**

[112] BGH, NZBau 2013, 297 ff. = **juris**byhemmer; BGHZ 165, 326 (328) = **juris**byhemmer; Lorenz, Nacherfüllungskosten und Schadensersatz nach „neuem" Schuldrecht – was bleibt vom „Dachziegel-Fall?", ZGS 2004, 408 - 411, Fn. 2, 3 und 8; Bamberger/Roth/Faust, § 434 BGB, Rn. 90; Westermann, Das neue Kaufrecht, NJW 2002, 241 - 253 (244).

Sachmangel (+), wenn fehlerhafte Montage Kaufsache mangelhaft wird	Als Sachmangel ist es deshalb anzusehen, wenn infolge fehlerhafter Montage die Kaufsache mangelhaft i.S.d. § 434 I BGB wird. Unbeachtlich ist hierbei ausnahmsweise, ob es bereits vorher zum Gefahrübergang kam, da § 434 II S. 1 BGB dieses Erfordernis im Gegensatz zu § 434 I S. 1 BGB („bei Gefahrübergang") nicht nennt.	121

> *Bsp.: Der Verkäufer liefert eine zunächst einwandfreie Waschmaschine. Infolge fehlerhaften Wasseranschlusses wird die Maschine beschädigt.*

§ 434 I BGB steht der Annahme eines Sachmangels zunächst entgegen, da die Waschmaschine im Zeitpunkt des Gefahrübergangs (Übergabe, § 446 S. 1 BGB) noch mangelfrei war. Jedoch liegt eine fehlerhafte Montage vor; die hieraus resultierenden Mängel sind nach § 434 II S. 1 BGB als Sachmängel anzusehen. Dies gilt auch für infolge der fehlerhaften Montage hervorgerufenen Mängel der Kaufsache selbst. Ein Sachmangel liegt also vor.

Sachmangel auch, wenn lediglich Montage fehlerhaft ist	Ein Sachmangel liegt nach § 434 II S. 1 BGB aber auch dann vor, wenn lediglich die Montage mangelhaft ist, sich dies aber auf die Kaufsache nicht auswirkt, diese also mangelfrei bleibt.	122

> *Bsp.: Der Verkäufer baut die einzubauenden Küchenschränke fehlerhaft (z.B. schief) ein; die Schränke können aber ohne weiteres genutzt werden.*

Zwar sind die Schränke mangelfrei und wurden auch durch die fehlerhafte Montage nicht mangelhaft. Jedoch ist die Montageleistung selbst als mangelhaft anzusehen. Dies reicht für die Annahme eines Sachmangels i.S.d. § 434 II S. 1 BGB aus.

Verkäufer muss die Montage vertraglich schulden	Erforderlich für die Anwendbarkeit des § 434 II S. 1 BGB ist, dass die Montage vom Verkäufer vertraglich geschuldet wurde („die vereinbarte Montage").	123

> **hemmer-Methode:** Dies kann und wird freilich häufig durch konkludente Vereinbarung geschehen. Z.B. bittet der Käufer nach Vertragsschluss den Verkäufer, die gekaufte Waschmaschine bei ihm zu Hause anzuschließen.
> Lässt sich der Verkäufer hierauf ein, liegt eine nachträgliche Vertragsänderung durch schlüssiges Verhalten vor. Damit wurde die Montageleistung nachträglich Bestandteil des bereits geschlossenen Kaufvertrages, § 434 II S. 1 BGB ist anwendbar.

Montage auch durch Erfüllungsgehilfen des Verkäufers	Der Verkäufer muss die Montage nicht zwingend selbst durchführen; dies kann nach § 434 II S. 1 BGB auch durch dessen Erfüllungsgehilfen geschehen.	124

§ 278 S. 1 Alt. 2 BGB kommt in diesem Fall direkt zur Anwendung, da diese Vorschrift nicht nur ein Verschulden, sondern entgegen ihrem Wortlaut auch die Pflichtverletzung zurechnet.

> **hemmer-Methode:** Anders als dies der Wortlaut des § 278 S. 1 BGB („Verschulden") vermuten lässt, erfolgt nach nahezu allg. Meinung nicht nur eine Zurechnung fremden Verschuldens, sondern auch eine Zurechnung des Verhaltens des Erfüllungsgehilfen. Entscheidend ist also, ob das Verhalten des Erfüllungsgehilfen, gedacht als ein Verhalten des Schuldners, eine rechtswidrige und schuldhafte Pflichtverletzung darstellen würde.[113]
> Da der Erfüllungsgehilfe ausdrücklich in § 434 II S. 1 BGB genannt wird, braucht diese Thematik in der Klausur an dieser Stelle aber nicht vertieft zu werden. Jedenfalls ist der Begriff des Erfüllungsgehilfen wie in § 278 BGB zu verstehen.

---

[113] Palandt, § 278, Rn. 2 und Rn. 18.

| | § 1 KAUF | 55 |

Vertretenmüssen des Verkäufers nicht erforderlich

§ 434 II S. 1 BGB fordert kein Verschulden des Verkäufers bzw. seiner Erfüllungsgehilfen. Die Montage muss lediglich unsachgemäß sein; ob der Verkäufer dies i.S.d. §§ 276 ff. BGB zu vertreten hat, ist unbeachtlich.

125

b) § 434 II S. 2 BGB, sog. IKEA-Klausel

§ 434 II S. 2 BGB: fehlerhafte Montageanleitung

Ist die Kaufsache zur Montage bestimmt, liegt nach § 434 II S. 2 BGB ein Sachmangel bereits dann vor, wenn nur die Montageanleitung mangelhaft ist. Dies gilt nicht, wenn die Montage trotz der mangelhaften Montageanleitung fehlerfrei erfolgt ist.

126

Problematisch ist der Fall, dass der erste Käufer die Sache trotz einer völlig unverständlichen Montageanleitung fehlerfrei montiert hat und anschließend die Sache weiterveräußert.

> *Bsp.*[114]: Hobbybastler K kauft bei V eine Schaukel, deren Montageanleitung unbrauchbar ist. Dem Hobbybastler gelingt aber der fehlerfreie Aufbau. Ein Jahr später veräußert er die demontierte Schaukel an D, welchem der Aufbau mit dieser Montageanleitung aber nicht gelingt. D verlangt nun von K Minderung. Hat K einen Regressanspruch gegen V?

Die Schaukel müsste mangelhaft sein. Dies war sie zunächst wegen § 434 II S. 2 BGB. Allerdings konnte K die Schaukel richtig montieren, sodass dadurch die Mangelhaftigkeit wieder entfiel.

Da aber D die Schaukel nicht richtig montieren konnte, liegt die missliche Situation vor, dass im Verhältnis K/D ein Mangel vorliegt, aber nicht mehr im Verhältnis K/V.

Nach diesem Ergebnis müsste allerdings der Hobbybastler die Fehlerhaftigkeit der Montageanleitung gegenüber D vertreten und wäre damit infolge seines eigenen Geschickes in die sog. „Tüftlerfalle" getappt.

Mit der ratio legis (Schutz des Käufers) ist dieses Ergebnis ersichtlich unvereinbar. Daher wird vorgeschlagen, § 434 II S. 2 HS 2 BGB auf die Fälle zu beschränken, dass dem **Letztkäufer** der ordnungsgemäße Aufbau gelingt.

Nach dieser überzeugenden richtlinienkonformen Auslegung war die Schaukel trotz des einmal erfolgreichen Aufbaus nach wie vor mangelhaft, da K nicht Letztkäufer war.

hemmer-Methode: Eine a.A. ist sehr wohl vertretbar, solange Sie in der Klausur dieses Problem des „Gestaltenwandlers" erkennen (zunächst ist die Sache mangelhaft, dann mangelfrei, dann wieder mangelhaft).

Person des Montierenden ist unbeachtlich

Wer die Montage durchführt, ist unbeachtlich.[115] Dies wird in der Regel der Käufer sein; die Montage kann aber auch durch den Verkäufer oder dessen Hilfspersonen geschehen.

127

Schwierig wird es dann, wenn die Montage fehlerhaft erfolgt ist und der Käufer Nacherfüllung gem. §§ 437 Nr. 1, 439 I BGB verlangt. Steht dem Käufer dann ein Anspruch auf Neumontage zu oder nur ein Nacherfüllungsanspruch bezüglich der Montageanleitung selbst? Hier wird man differenzieren müssen, ob der Verkäufer die Pflicht zur Montage hatte oder nicht. In letzterem Fall hat der Käufer nach h.M. nur einen Anspruch auf Nacherfüllung bezüglich der Montageanleitung selbst.[116]

---

[114] Nach Brand, Probleme mit der IKEA-Klausel, ZGS 2003, 96 - 101 (100).
[115] Palandt, § 434, Rn. 51.
[116] Vgl. Brand, Probleme mit der IKEA-Klausel, ZGS 2003, 96 - 101 (98 f.); zu weitgehend Reischl, Grundfälle zum neuen Schuldrecht, JuS 2003, 865 - 870 (870).

hemmer-Methode: Dieses Problem war bereits Gegenstand des Ersten Staatsexamens in Bayern, Termin 2003/I, 4. Klausur.

Bsp.: K erwirbt bei dem Unternehmen I einen Schrank, den er selbst montieren muss. Zu Hause angekommen stellt er fest, dass die Montageanleitung absolut unverständlich ist. K ruft bei I an, der Angestellte A verweigert jedoch jede Form der Nacherfüllung. K verlangt Minderung und klagt gegen I auf Rückzahlung des nach § 441 III BGB berechneten Betrages.
Während des Prozesses gelingt es K nun doch, den Schrank fehlerfrei zu montieren. Was würden Sie K als dessen Anwalt raten?

1. Festzustellen ist zunächst die materiell-rechtliche Rechtslage.

a) Es lag zunächst ein Sachmangel vor, § 434 II S. 2 BGB. Ebenfalls waren die Voraussetzungen der Minderung gegeben, § 441 BGB (dazu unten, Rn. 244 ff.).

Durch seine Minderungserklärung hat K die Rechtsfolgen der Minderung zunächst wirksam herbeigeführt und dadurch einen Anspruch auf Rückzahlung des nach § 441 III BGB zu viel bezahlten Betrages gegen I erworben.

b) Fraglich ist jedoch, wie sich hierauf das fehlerfreie Montieren durch K ausgewirkt hat. Nach § 434 II S. 2 HS 2 BGB („es sei denn [...]") soll dies dazu führen, dass entgegen § 434 II S. 2 HS 1 BGB doch kein Sachmangel gegeben ist.

aa) Dies könnte so zu verstehen sein, dass von Anfang an kein Sachmangel bestanden hat. Die fehlerfreie Montage durch K hatte also gewissermaßen hinsichtlich des Sachmangels ex tunc-Wirkung.

Dann ginge die Minderung ins Leere, da ein Sachmangel nicht vorlag. Ein Anspruch auf Rückzahlung ist gar nicht entstanden.

bb) Andererseits könnte die Vorschrift auch so zu verstehen sein, dass der Sachmangel nur ex nunc, also erst ab dem Zeitpunkt der fehlerfreien Montage, wegfällt.

Dies hätte auf die wirksame Minderung keine Auswirkung, da im Zeitpunkt der Minderungserklärung ein Sachmangel noch vorlag. Jedoch würde sich ein Berufen des K auf die wirksame Minderung nach erfolgter Montage im Hinblick auf § 434 II S. 2 HS 2 BGB als treuwidrig darstellen. Dem Rückzahlungsverlangen könnte I daher die Einrede des § 242 BGB entgegenhalten.

2. Beide Ansichten führen materiell-rechtlich zum scheinbar gleichen Ergebnis: K steht ein durchsetzbarer Anspruch auf Rückzahlung nicht zu. Jedoch ergeben sich hieraus unterschiedliche prozessuale Folgen:

a) Vertritt man die erste Auffassung (ex tunc-Wirkung) ist der Prozess als von Beginn an erfolglos anzusehen. K hat lediglich die Möglichkeit, aus Kostengründen auf seinen prozessualen Anspruch nach § 306 ZPO zu verzichten oder (bei Zustimmung durch I, § 269 I ZPO) die Klage zurückzunehmen, § 269 ZPO.

b) Vertritt man jedoch die zweite Auffassung (ex nunc-Wirkung, Einrede nach § 242 BGB), so war die Klage bis zum Zeitpunkt der Montage durch K zulässig und begründet. Danach wurde sie unbegründet, da die Einrede aus § 242 BGB zur Entstehung gelangte und von I erhoben wurde.

Mit der Montage ist also ein Ereignis nach Rechtshängigkeit eingetreten, durch welches die zunächst erfolgreiche Klage des K erfolglos wurde. Zur Vermeidung des Prozessverlustes mit der Kostenfolge des § 91 I ZPO kann K die Hauptsache einseitig für erledigt erklären.

Dies stellt eine nach § 264 Nr. 2 ZPO zulässige Klageänderung in eine Feststellungsklage (§ 256 I ZPO) dar: K begehrt nun festzustellen, dass seine zulässige und begründete Klage durch ein Ereignis nach Rechtshängigkeit unzulässig oder unbegründet wurde. Da dies hier der Fall war, würde er diesen Feststellungsprozess gewinnen; I hätte nach § 91 I ZPO die vollen Kosten des Rechtsstreits zu tragen.

3. Im Hinblick auf diese unterschiedlichen prozessualen Folgen ist lediglich von einer ex nunc-Wirkung der Montage auszugehen. Denn es kann nicht zu Lasten des Käufers gehen, dass ihm trotz der fehlerhaften Montageanleitung die Montage nun doch gelingt. K ist also zu raten, die Hauptsache einseitig für erledigt zu erklären.

> **hemmer-Methode:** Ein durchaus schwieriges Problem. Sofern Ihnen die einseitige Erledigungserklärung noch nicht bekannt ist, sollten Sie bei Gelegenheit die Ausführungen im Skript Hemmer/Wüst, Zivilprozessrecht I, Rn. 343 ff. durcharbeiten. Es handelt sich um eine examenstypische Konstellation: Die Abprüfung eines bekannten Problemkreises (Erledigung der Hauptsache) in (noch) unbekanntem Gewand (IKEA-Klausel, § 434 II S. 2 BGB). Der Klausurersteller honoriert, dass das Problem überhaupt erkannt und mit einem unbekannten Sachverhalt richtig umgegangen wird!
> Gerade Praktiker bewerten vor allem danach, wie gut Sie sich bei einer unbekannten Sachverhaltskonstellation „verkaufen" können!

Nicht im Gesetz geregelt ist der Fall, dass die Montageanleitung ganz fehlt. Insoweit findet dann aber § 434 I BGB Anwendung.[117]

§ 434 II S. 2 BGB gilt nur für Montageanleitungen, nicht für sonstige Gebrauchsanweisungen (z.B. für einen Fernseher[118]).

Eine Analogie zu § 434 II S. 2 BGB ist nicht erforderlich, denn bei mangelhafter Gebrauchsanweisung eignet sich die Kaufsache nicht zum gewöhnlichen Gebrauch; es liegt daher ein Sachmangel wegen § 434 I S. 2 Nr. 2 Alt. 1 BGB vor. Jedenfalls ergibt sich ein Sachmangel aus § 434 I S. 2 Nr. 2 Alt. 2 BGB, da man von der Kaufsache erwarten kann, dass eine mangelfreie Gebrauchsanleitung beigegeben wird.

> **hemmer-Methode:** Die Befürworter einer analogen Anwendung des § 434 II S. 2 BGB übersehen daher das für eine Analogie notwendige Vorliegen einer Regelungslücke.[119]

3. § 434 III BGB

a) Lieferung eines aliud[120]

aa) Grundsätzliche Einordnung der Problematik

Mangel oder totale Nichterfüllung?

Im Falle der aliud-Lieferung liegt grds. keine Schlechtleistung, sondern Nichterfüllung vor. Daher müsste der ursprüngliche Erfüllungsanspruch eigentlich weiter bestehen.

Aber: Abgrenzung zwischen Mangel und aliud oft problematisch

Die Probleme liegen aber nicht auf der Rechtsfolgenseite, sondern auf der Tatbestandsseite. Wann liegt schon ein aliud vor und wann ist die Sache lediglich ein peius?

---

[117] Vgl. Brand, Probleme mit der IKEA-Klausel, ZGS 2003, 96 - 101 (97).
[118] Vgl. das Beispiel bei Dauner-Lieb, Das neue Schuldrecht, S. 123 f.
[119] Vgl. bspw. Oetker/Maultzsch, Vertragliche Schuldverhältnisse, 2. Auflage 2004, S. 48.
[120] Dazu ausführlich Tiedtke/Schmitt, Die Falschlieferung durch den Verkäufer, JZ 2004, 1092 - 1100.

(1) Beim Stückkauf ist diese Unterscheidung grds. nicht schwierig.

Bsp. 1: An Stelle des verkauften gebrauchten elektrischen Rasenmähers liefert Verkäufer V an Käufer K einen mechanischen Rasenmäher.

Hier lag die Vereinbarung eines Stückkaufes vor; dieser bezog sich auf den gebrauchten elektrischen Rasenmäher des V. Liefert der V nun einen anderen Gegenstand, liegt eindeutig eine aliud-Leistung vor (sog. Identitäts-aliud).

Haakjöringsköd-Fall

Bsp. 2[121]: V verkauft K 214 Fass „Haakjöringsköd", die auf dem Dampfer Jessica geladen sind. Beide gehen übereinstimmend davon aus, dass Haakjöringsköd Walfischfleisch bedeutet, während das norwegische Wort in Wahrheit Haifischfleisch bezeichnet. V liefert die 214 Fass an K.

1. Auch hier handelt es sich um einen Stückkauf: Es wurde die komplette Ladung des Dampfers Jessica verkauft. Diese wurde auch an K geliefert. Eine aliud-Lieferung lag demnach nicht vor.

2. Die Parteien gingen übereinstimmend davon aus, dass die Fässer Walfischfleisch enthalten sollten. Damit haben sie insoweit eine Beschaffenheitsvereinbarung getroffen; hierfür ist die fehlerhafte Bezeichnung unbeachtlich, es gilt: falsa demonstratio non nocet.

Da die tatsächliche von der vereinbarten Beschaffenheit abwich (es handelte sich ja um Haifisch-, nicht um Walfischfleisch), ist eindeutig ein Sachmangel anzunehmen.

> **hemmer-Methode:** Ein Klassiker deutscher Recht(sprechung)sgeschichte! Das Reichsgericht hat zum einen die Regel „falsa demonstratio non nocet" anerkannt, sog. natürliche Auslegung. Andererseits hat das Gericht den subjektiven Mangelbegriff angewendet, denn objektiv könnte das gelieferte Haifischfleisch kaum als mangelhaftes Walfischfleisch angesehen werden!

Problematisch: Abgrenzung beim Gattungskauf

(2) Problematisch ist die Abgrenzung zwischen aliud und Schlechtleistung letztlich nur beim Gattungskauf. Hier ist ein Identitäts-aliud nicht denkbar, da ja keine bestimmte Sache geliefert werden soll. Der Übergang von der Schlechtleistung zum Qualitäts-aliud ist allerdings fließend und bereitet erhebliche praktische Schwierigkeiten.

Bsp.: K kauft beim Großhändler V 20 elektrische Rasenmäher. V liefert 20 mechanische Rasenmäher. Oder: An Stelle der vereinbarten 20 cm breiten Wellstegträger werden 22 cm breite Wellstegträger geliefert.

Die für die Abgrenzung zwischen aliud-Lieferung und Schlechtleistung relevante Frage lautet nun: Sind mechanische Rasenmäher mangelhafte elektrische Rasenmäher (dann Schlechtleistung) oder gehören sie einer anderen Gattung an und stellen deshalb ein aliud dar?

Letztlich ist entscheidend, wie weit oder eng man eine Gattung fasst. So ist es durchaus vertretbar, elektrische und mechanische Rasenmäher als unterschiedliche Gattungen anzusehen. Ebenso vertretbar ist es aber auch, die Gattung „Rasenmäher" als einheitliche Gattung zu betrachten (dann Schlechtleistung im obigen Fall).

bb) Aliud-Lieferung als Sachmangel, § 434 III BGB

Gleichstellung in § 434 III BGB

Um diese Abgrenzungsschwierigkeiten zu vermeiden, wurde in § 434 III Alt. 1 BGB die Lieferung eines aliud einem Sachmangel gleichgestellt. Die aliud-Lieferung ist also kraft Gesetzes eine Schlechtleistung.

---

[121] RGZ 99, 147; zur alten Rechtslage lesenswert: Martinek, Haakjöringsköd im Examinatorium, JuS 1997, 136 - 142.

Angesichts der pauschalen und eindeutigen Regelung überrascht es, dass die Reichweite des § 434 III BGB in der Literatur zum Gegenstand eines ausführlichen Meinungsstreits wurde.

Zunächst Differenzierung zwischen Stückkauf und Gattungskauf erforderlich

Um die Bedeutung des § 434 III BGB vernünftig abstecken zu können, muss zwischen Gattungs- und Stückschulden unterschieden werden.

(1) Stückkauf

Stückkauf

Vom Sinn und Zweck der Regelung her scheint die Gleichstellung von aliud und Mangel hier gar nicht erforderlich zu sein. Denn wie bereits erwähnt, dürfte es kaum Schwierigkeiten bereiten zu erkennen, ob der gekaufte Gegenstand nun geliefert wurde oder nicht. Warum daher „ohne Not" das Mängelrecht anwenden, wenn die Nichterfüllung auf der Hand liegt? Der Wortlaut des § 434 III BGB gibt für die Beantwortung dieser Frage nichts her, denn die Vorschrift unterscheidet nicht zwischen Stück- und Gattungsschulden.

Vereinzelt wird daher mit dem Gesetzgeberwillen argumentiert. In der Gesetzesbegründung heißt es wörtlich[122]: „Wird beim Stückkauf ein „Identitäts-aliud" geliefert, so kommt neben dem Erfüllungsanspruch auf Lieferung der gekauften Sache ein davon verschiedener Nachlieferungsanspruch nicht in Betracht". Das scheint bei isolierter Betrachtung ein Anhaltspunkt dafür zu sein, dass der Gesetzgeber die Stückschuld aus dem Anwendungsbereich des § 434 III BGB heraushalten wollte.[123]

Wäre diese Auffassung richtig, so hätte der Wortlaut das aber auch wiedergeben müssen. Zudem scheint bei näherer Betrachtung der Gesamtmaterialien eine andere Lesart näher liegend: Die Betonung sollte auf der Wendung „verschiedener" liegen. Der Gesetzgeber wollte damit zum Ausdruck bringen, dass der in § 439 BGB normierte Nachlieferungsanspruch inhaltlich sowieso keine Unterschiede zum Erfüllungsanspruch aufweist und damit einer Gleichstellung auch bei der Stückschuld nichts im Wege steht.

Zudem sind Fälle denkbar, in denen auch hier die Abgrenzung schwierig sein kann.

> **Bsp.:** *Hat ein Maler ein Bild in zwei Versionen gemalt und liefert das falsche, greift § 434 III BGB (ggf. i.V.m. § 651 BGB) auch vom Sinn und Zweck her ein.*[124]

Nach alledem erscheint es dem Wortlaut der Vorschrift entsprechend angezeigt, auch die Lieferung eines aliuds beim Stückkauf der Vorschrift des § 434 III BGB zu unterstellen.[125]

> **hemmer-Methode:** Eine andere Ansicht ist hier sicherlich vertretbar, solange Sie sich dadurch nicht aus der Klausur „herausschreiben". Andere Stimmen wenden § 434 III BGB auf die Stückschuld an, wollen aber den Fall dann dem Allgemeinen Leistungsstörungsrecht unterstellen, wenn die aliud-Lieferung nicht genehmigungsfähig ist.[126] Dann bestünde der ursprüngliche Erfüllungsanspruch fort und der Verkäufer könnte den gelieferten Gegenstand nach § 812 BGB herausverlangen.

---

[122] BT-Drs. 14/6040, S. 216.
[123] Vgl. Lettl, Die Falschlieferung durch den Verkäufer nach der Schuldrechtsreform, JuS 2002, 866 - 872 (868 f.).
[124] Bsp. bei Dauner-Lieb/Arnold, Noch einmal - Die Falschlieferung beim Stückkauf, JuS 2002, 1175 - 1176 (1176).
[125] So die ganz h.M.; vgl. Lorenz/Riehm, Lehrbuch zum neuen Schuldrecht, 2002, Rn. 508; Musielak, Die Falschlieferung beim Stückkauf nach dem neuen Schuldrecht, NJW 2003, 89 - 92 (90 f.); Reischl, Grundfälle zum neuen Schuldrecht, JuS 2003, 865 - 870 (868) jeweils m.w.N.
[126] So etwa Medicus/Petersen, BR, Rn. 288

Hat man sich für die grundsätzliche Anwendbarkeit des § 434 III BGB auch beim Stückkauf entschieden, bleibt die Diskussion bei diesem Ergebnis jedoch nicht stehen.

Aliud-Lieferung muss aber aus Sicht des Käufers der Vertragserfüllung dienen, §§ 133, 157 BGB

Denn auch wenn der grundsätzlichen Unterstellung des Identitätsaliuds unter § 434 III BGB gefolgt wird, bedeutet dies nicht, dass auch alle Fälle dem Mängelrecht zugeordnet werden können. Weitere **Voraussetzung ist nämlich, dass der Verkäufer das aliud in Erfüllung der betreffenden Verbindlichkeit liefert**.

133a

Unterfällt die Lieferung nach dem Empfängerhorizont (§§ 133, 157 BGB) einer anderweitig bestehenden Verbindlichkeit, liegt kein Fall des § 434 III BGB vor, sondern eine irrtümliche Falschlieferung. Insofern besteht weitgehend Einigkeit.[127]

Mit dem Abstellen auf den objektiven Empfängerhorizont werden völlig abwegige Lieferungen („Total-aliuds") aus dem Anwendungsbereich des § 434 III BGB herausgehalten. So kann etwa die Lieferung eines Esels nach dem objektiven Empfängerhorizont nicht der Erfüllung eines Kaufvertrages über eine Kiste Bier dienen.

hemmer-Methode: Nur durch diese Einschränkung des § 434 III BGB ist eine Abgrenzung zum Problem der Lieferung unbestellter Ware gem. § 241a BGB möglich. Dient die Lieferung aus Sicht des Käufers nicht der Vertragserfüllung, so liegt kein Mangel, sondern die Lieferung unbestellter Ware vor, die der Käufer behalten darf, ohne sie bezahlen zu müssen (vgl. auch die hemmer-Methode zu Rn. 133g).

Im Rahmen dieses Problems stellt sich zuletzt die Frage, wie der Käufer bei Lieferung eines aliuds vor der kurzen Verjährung des § 438 I Nr. 3 BGB geschützt werden kann. Denn es liegt auf der Hand, dass die Regelung für den Verkäufer von Vorteil ist. Dieser könnte also dazu verleitet sein, absichtlich eine andere als die geschuldete Leistung zu erbringen (etwa weil – im Rahmen der Stückschuld – ein anderer Interessent einen höheren Preis geboten hat).

133b

Dazu ist von entscheidender Bedeutung die Feststellung, dass das gelieferte aliud trotz § 434 III BGB nicht zur geschuldeten Leistung wird. M.a.W.: Erkennt der Käufer, dass es sich um ein aliud handelt, kann er selbstverständlich die Annahme der Ware verweigern und die Einrede nach § 320 BGB erheben.[128]

Zur Anwendung des § 434 III BGB kommt es dann nicht. Es bleibt beim originären Erfüllungsanspruch aus § 433 I BGB.

Auch wenn es zur Übergabe der Ware kommen sollte, wäre der Käufer in dem hier geschilderten Fall der absichtlichen Falschlieferung hinreichend geschützt.

Denn dann wird man wohl § 438 III BGB und damit die allgemeinen Verjährungsvorschriften auf den Nacherfüllungsanspruch anwenden müssen, sodass sich im Ergebnis kein Unterschied zum Nichterfüllungsrecht ergibt.[129]

---

[127] Vgl. etwa Lorenz/Riehm, Lehrbuch zum neuen Schuldrecht, 2002, Rn. 495; Lorenz, Aliud, peius und indebitum im neuen Kaufrecht, JuS 2003, 36 - 40 (37).
[128] Dauner-Lieb/Arnold, Noch einmal - Die Falschlieferung beim Stückkauf, JuS 2002, 1175 - 1176 (1176).
[129] Lorenz/Riehm, Lehrbuch zum neuen Schuldrecht, 2002, Rn. 492.

Zusammenfassend lässt sich die Problematik daher wie folgt darstellen:

> ⇨ Lieferung des aliuds nicht zum Zwecke der Erfüllung
>   ⇨ § 434 III BGB (-)
> ⇨ Absichtliche Lieferung des aliuds zwecks Erfüllung
>   ⇨ § 434 III BGB (+), aber § 438 III BGB
> ⇨ Fahrlässige Lieferung des aliuds zwecks Erfüllung
>   ⇨ § 434 III BGB (+) und „kurze" Verjährung des § 438 I BGB

(2) Gattungskauf

Gattungskauf

Im Rahmen der Gattungsschulden traten die Abgrenzungsschwierigkeiten zwischen Mangel und aliud am deutlichsten zu Tage.

Bei der Gattungsschuld gibt es bei Abschluss des Kaufvertrages die verkaufte Sache gar nicht. Der Verkäufer hat gem. § 243 I BGB eine Sache mittlerer Art und Güte zu liefern; welche konkret, entscheidet er selbst. Genau genommen kann es daher eine Schlechtleistung gar nicht geben, denn wenn die gelieferte Ware mit einem Mangel behaftet ist, ist sie auch nicht mittlerer Art und Güte und damit nicht geschuldet. Das würde zur Anwendung der allgemeinen Vorschriften führen, wenn der Gesetzgeber nicht besondere Vorschriften für eben diesen Fall geschaffen hätte, nämlich das Mängelrecht.

Damit tritt der Streit aber offen zu Tage: Gehört die gelieferte Sache nun noch der geschuldeten Gattung an (dann ist Mängelrecht anwendbar) oder nicht (dann bleibt es beim ursprünglichen Erfüllungsanspruch)?

§ 434 III BGB macht diesen Streit nun entbehrlich, indem generell Mängelrecht für anwendbar erklärt wird.

Bei einem **Gattungskauf** sollten Sie darstellen, warum man die Leistung als aliud-Lieferung, aber auch als Lieferung sachmangelhafter Ware i.S.d. § 434 I BGB ansehen könnte. Dann können Sie auf § 434 III BGB verweisen und damit die Entscheidung offen lassen, da auch eine aliud-Lieferung – sollte eine solche im Fall vorliegen – der mangelhaften Lieferung gem. § 434 III BGB gleichzustellen wäre.

Auch beim Gattungskauf muss die Lieferung nach dem Empfängerhorizont (§§ 133, 157 BGB) der Erfüllung der kaufvertraglichen Verbindlichkeit dienen. Anderenfalls liegt kein Fall des § 434 III BGB vor (s.o., Rn. 133a).

hemmer-Methode: Allzu lange Ausführungen, ob nun eine aliud- oder eine Schlechtleistung vorliegt, sollten Sie im Hinblick auf § 434 III BGB vermeiden. Der Gesetzgeber wollte dem Rechtsanwender durch Einführung dieser Vorschrift gerade diese Differenzierung ersparen!

(3) Verhältnis zum Bereicherungsrecht beim wertvolleren aliud

Problematisch: aliud hat höheren Wert

Probleme ergeben sich, wenn das nach § 434 III BGB einer mangelhaften Lieferung gleichzustellende aliud einen wesentlich höheren Wert hat als der eigentlich geschuldete Kaufgegenstand.

Hat der Verkäufer ein höherwertiges aliud bereits geleistet, stellt sich die Frage, ob er dies vom Käufer herausverlangen kann oder sich mit einem Wertersatzanspruch in Höhe der Wertdifferenz zufrieden geben muss.

Zur Vertiefung:
Life&Law 04/2005, 268 ff.

> **hemmer-Methode:** Zur Vertiefung lesen Sie den ausführlichen Aufsatz von Fest/Tyroller, „Kann der Verkäufer ein geleistetes höherwertiges „aliud" kondizieren?," in Life&Law 04/2005, 268 - 272.

Hier liegt es im Interesse des Verkäufers, zumindest die Wertdifferenz vom Käufer zu verlangen. Grundsätzlich kann eine solche nachträgliche Änderung des Vertragsinhaltes aber nur durch eine Einigung der Parteien erfolgen.

Die Vorschrift des § 434 III Alt. 1 BGB bewirkt, dass das aliud als Sachmangel angesehen wird. Unabhängig von der umstrittenen Frage, ob dieses dadurch zum vertraglich geschuldeten Gegenstand wird, ergibt sich aus der Norm keine Inhaltsänderung des Vertrags und somit keine Änderung des vereinbarten Kaufpreises.

> **hemmer-Methode:** Eine Änderung der vereinbarten Kaufpreishöhe könnte sich beim beiderseitigen Handelskauf aus der Genehmigungsfiktion des § 377 II HGB ergeben.
> Eine umstrittene Ansicht vertritt, dass der Käufer mit der unterlassenen Rüge die Ware als die geschuldete annehme und damit aus § 433 II BGB den erhöhten Kaufpreis zu zahlen verpflichtet sei. § 377 II HGB bewirkt nach dieser Ansicht eine Inhaltsänderung des Kaufvertrags.[130]
> Nach a.A. kann sich aus § 377 II HGB keine Änderung des Kaufpreises ergeben.[131] Sinn und Zweck der Norm sei es, dem Käufer dessen Mängelrechte zu nehmen. Der Verkäufer soll aber keinen höheren Kaufpreis als vereinbart erhalten.

§ 439 V BGB hilft dem Verkäufer zumindest dann nicht weiter, wenn der Käufer keine Nachlieferung verlangt. Dies wird der Käufer, der eine wertvollere Sache bekommen hat, auch sicherlich nicht tun.

> **hemmer-Methode:** Bei der Lieferung eines wertvolleren aliuds sind drei Fälle zu unterscheiden[132]:
> (1) Der Verkäufer liefert aus Versehen eine wertvollere Sache als die, die er verkauft hat ⇨ hier liegt ein Eigenschaftsirrtum bei der Übereignung vor, der gem. § 119 II BGB zur Anfechtung berechtigt. In diesem Fall besteht jedenfalls ein Anspruch aus § 985 BGB.
> (2) Der Verkäufer hat versehentlich einen wertvolleren Gegenstand als „Billigsache" verkauft (V verkauft K eine goldene Uhr aus Versehen als vergoldete Uhr) und liefert diese dann auch ⇨ hier liegt bei der Übereignung zwar kein Irrtum vor. Jedenfalls ist aber der Kaufvertrag gem. § 119 II BGB anfechtbar, sodass ein Kondiktionsanspruch besteht.
> 3) Der Verkäufer glaubt, der Käufer habe eine goldene Uhr gekauft und schickt diese dem Käufer. Dieser hatte in Wahrheit jedoch nur eine vergoldete Uhr gekauft und will auch nur den Kaufpreis hierfür bezahlen, die Uhr aber behalten. In diesem Fall liegt weder beim Kaufvertrag noch bei der Übereignung ein Irrtum vor, sodass die nachfolgende Problematik relevant wird.

Als Anspruchsgrundlage kommt aber § 812 I S. 1 Alt. 1 BGB in Betracht (condictio indebiti).[133]

133e

---

[130] So Baumbach/Hopt, 30. Auflage, § 378 HGB, Rn. 9; Brox, Handelsrecht, 18. Auflage 2006, Rn. 345.
[131] OLG Hamm, NJW-RR 2003, 613 - 614 = **juris**byhemmer; Canaris, Handelsrecht, 24. Auflage 2006, § 29, § 73.
[132] Lesen Sie dazu ergänzend die Fallbeispiele bei Reischl, Grundfälle zum neuen Schuldrecht, JuS 2003, 865 - 870 (869).
[133] Zu diesem Problem vgl. Dauner-Lieb, Das neue Schuldrecht, S. 117 f.

§ 1 KAUF

Denkbar wäre, in § 434 III BGB eine Sondervorschrift zu den §§ 812 ff. BGB zu sehen. Dies erscheint allerdings zweifelhaft, da § 434 III BGB die Rechte des Käufers betrifft, hier aber ein etwaiger Kondiktionsanspruch des Verkäufers in Frage steht und damit streng genommen kein Konkurrenzverhältnis besteht.

Rechtsgrund i.S.d. § 812 I S. 1 Alt. 1 BGB?

Allerdings verleiht § 434 III BGB dem eigentlich erfüllungsuntauglichen aliud nach einer Ansicht Erfüllungswirkung; der Käufer müsste eigentlich das aliud an den Verkäufer nach § 812 I S. 1 Alt. 1 BGB herausgeben, wegen § 434 III BGB wird jedoch sein Verschaffungsanspruch aus § 433 I S. 1 BGB erfüllt, er hat für das Behaltendürfen des aliud einen Rechtsgrund und § 812 I S. 1 Alt. 1 BGB scheidet aus.[134]

Nach wohl h.L. leistet der Verkäufer im Fall einer aliud-Lieferung wegen § 433 I S. 2 BGB „ganz selbstverständlich" ein indebitum - also eine nicht geschuldete Sache und damit ohne Rechtsgrund.[135]

Ebenso wenig wie § 434 III BGB den Verkäufer berechtigt, ein aliud zu liefern, stellen im Fall einer aliud-Lieferung der Kaufvertrag oder die Regelung des § 434 III BGB einen Rechtsgrund dar.

Manche Autoren, die einen Rechtsgrund auf der „Grundlage des Kaufvertrages" bejahen, kommen dennoch zur Rechtsgrundlosigkeit, indem sie die Anfechtung der Tilgungsbestimmung nach §§ 119 ff., 142 f. BGB analog zulassen.[136]

> **hemmer-Methode:** Der praktische Nachteil dieses Lösungsansatzes liegt darin, dass dem Verkäufer die Anfechtungsmöglichkeit unbekannt sein wird. Folglich wird er die Frist des § 121 BGB analog verstreichen lassen. Ein Fall der §§ 123, 124 BGB analog wird in aller Regel nicht vorliegen. Ferner hat diese Lösung den Nachteil, dass sich der Verkäufer, der sich bei Ablieferung des aliud nicht irrt, seine Sache nicht zurückfordern kann, da ihm kein Anfechtungsrecht zusteht. Da der Käufer nicht Nachlieferung verlangen wird, würde dies im Ergebnis dazu führen, dass der Verkäufer das höherwertige aliud nicht zurückfordern könnte. Dieses Ergebnis kann aber von niemandem ernstlich gewollt sein.

Anspruch des Verkäufers auf Herausgabe der Wertdifferenz, §§ 812 I S. 1 Alt. 1, 818 II BGB

Problematisch ist dabei allerdings das Verhältnis zu den (durch § 434 III BGB gegebenen) Mängelrechten des Käufers. Der Ausschluss der Kondiktion des geleisteten Gegenstandes durch den Verkäufer soll verhindern, dass sich dieser den Mängelrechten des Käufers rechtsmissbräuchlich entzieht.

Will der Käufer aber – wie dies im Falle der Lieferung eines wertvolleren aliud regelmäßig der Fall sein wird – seine Mängelrechte nicht geltend machen, ist die Kondiktion zumindest dann nicht rechtsmissbräuchlich, wenn der Verkäufer mit dem Herausgabeverlangen zugleich die geschuldete Leistung anbietet, da der Käufer andernfalls das Zurückbehaltungsrecht aus § 273 BGB geltend machen könnte.

Nach einer Ansicht kann der Verkäufer nur den Mehrwert nach § 812 I S. 1 Alt. 1 BGB beanspruchen. Da dies in natura nicht möglich ist, muss der Käufer in dieser Höhe Geldersatz leisten, § 818 II BGB.

Dies ist auch wertungsmäßig haltbar, da der Käufer in diesem Umfang einen unverdienten Vermögensvorteil auf Kosten des Verkäufers erhalten hat.[137]

133f

---

[134] A.A. Musielak, Grundkurs BGB, Rn. 575; Reischl, Grundfälle zum neuen Schuldrecht, JuS 2003, 865 - 870 (869).

[135] Lorenz, Aliud, peius und indebitum im neuen Kaufrecht, JuS 2003, 36 - 40 (39).

[136] Vgl. zusammenfassend Tiedtke/Schmitt, Die Falschlieferung durch den Verkäufer, JZ 2004, 1092 - 1100 (1098) m.w.N.

[137] So auch Lettl, Die Falschlieferung durch den Verkäufer nach der Schuldrechtsreform, JuS 2002, 866 - 781 (870).

Andererseits steht dem Verkäufer nach § 818 I, II BGB kein Wahlrecht hinsichtlich der Rechtsfolge der Kondiktion zu. Kann die geleistete Sache in natura herausgegeben werden, so ist dieses geschuldet. Nur in dem Fall, dass dem Käufer die Herausgabe nicht möglich ist, kann der Verkäufer nach § 818 II BGB Wertersatz in der Höhe des Differenzbetrags verlangen.

> **hemmer-Methode:** Aber Achtung! Liefert der Verkäufer bewusst ein aliud, so steht der Kondiktion jedenfalls § 814 BGB entgegen.
> **Noch nicht endgültig geklärt ist die Frage, wie sich die Kondiktion bei einem wertvolleren aliud zu § 241a I BGB verhält.**
> **Da eine aliud-Lieferung i.S.d. § 434 III BGB aus der Sicht des Käufers zum Zwecke der Vertragserfüllung erfolgen muss, stellt sich nach überzeugender Ansicht dieses Konkurrenzverhältnis nicht. Denn § 241a BGB setzt bei der Lieferung unbestellter Ware voraus, dass sich die Lieferung aus der Sicht des Käufers nicht als Erfüllung des Kaufvertrages darstellt.**[138]
> **Eine andere Ansicht kommt zum selben Ergebnis, indem sie für § 241a BGB verlangt, dass der Verkäufer vorsätzlich ein nicht erfüllungstaugliches aliud liefert.**
> **Dies ergebe ein Umkehrschluss aus § 241a III BGB.**[139] Allerdings gibt es auch Stimmen in der Literatur, die dem Gesetzgeber vorwerfen, er habe bei der Schaffung des § 434 III BGB gar nicht an § 241a BGB gedacht, sodass § 241a BGB die zu § 434 III BGB gefundenen Ergebnisse verfälschen könnte.[140]
> Solange Sie in der Klausur diese nur bei einem Kaufvertrag zwischen einem Unternehmer und einem Verbraucher auftauchende Frage des Kondiktionsausschlusses gem. § 241a I BGB erörtern, können Sie hierzu also alles vertreten.

133g

b) Zu-Wenig-Lieferung

Zuweniglieferung = Sachmangel

Das Gesetz stellt nun aber auch die Zu-Wenig-Lieferung einer mangelhaften Lieferung gleich, § 434 III BGB.

134

Bzgl. Rest: Verkürzung der Verjährung

Dies scheint auf den ersten Blick für den Käufer nachteilig zu sein: Hinsichtlich der noch nicht gelieferten Menge würde ihm eigentlich der insoweit noch nicht erfüllte Primäranspruch auf Lieferung zustehen. Infolge § 434 III BGB soll die Zu-Wenig-Lieferung nun aber als Sachmangel anzusehen sein.

Zwar steht dem Käufer auch hiernach gem. §§ 433 I S. 2, 437 Nr. 1, 439 BGB ein Anspruch auf Lieferung der restlichen Menge als Nacherfüllungsanspruch zu. Dieser verjährt allerdings gem. § 438 I Nr. 3 BGB in zwei Jahren.

Demgegenüber würde der ursprüngliche Erfüllungsanspruch regelmäßig in drei Jahren verjähren, § 195 BGB. § 434 III BGB führt damit hinsichtlich der Verjährung zu einer Einschränkung der Rechte des Käufers.

Die Gesetzesbegründung[141] sieht den Vorteil für den Käufer durch § 434 III BGB hinsichtlich der Zu-Wenig-Lieferung in folgender Konstellation:

135

> *Bsp.:* K bestellt bei V 1.000 Fliesen. Es werden nur 500 geliefert. K will nun 1.000 neue Fliesen geliefert bekommen, da die Gesamtlieferung aus einer bestimmten Partie kommen muss. Anderenfalls ist nämlich damit zu rechnen, dass die 500 nachgelieferten Fliesen einen anderen Farbton haben als die bereits gelieferten.

---

[138] Lorenz, Aliud, peius und indebitum im neuen Kaufrecht, JuS 2003, 36 - 40 (40); Tiedtke/Schmitt, Die Falschlieferung durch den Verkäufer, JZ 2004, 1092 - 1100 (1099).
[139] Deckers, Zusendung unbestellter Ware, in NJW 2001, 1474 - 1475.
[140] Westermann, Das neue Kaufrecht, NJW 2002, 241 - 253 (246).
[141] BT-Drs. 14/6040, S. 216.

1. Es liegt eine mangelhafte Leistung des V vor: § 434 III BGB stellt die vorliegende Zu-Wenig-Lieferung einem Sachmangel gleich.

K kann nach seiner Wahl gem. § 439 I BGB Beseitigung des Mangels (= Nachlieferung weiterer 500 Fliesen) oder Lieferung einer mangelfreien Sache (= Neulieferung von 1.000 Fliesen) verlangen. K wird die zweite Variante wählen, um Farbabweichungen von vornherein ausschließen zu können.

2. Wenn die Gleichstellung in § 434 III BGB nicht existieren würde, käme Schadensersatz statt der Leistung (§§ 280 I, III, 281 I BGB) bzw. Rücktritt (§ 323 I BGB) hinsichtlich der noch ausstehenden Teilleistung in Betracht; ebenso könnte K, da er wegen der zu befürchtenden Farbabweichungen an der noch ausstehenden Teilleistung kein Interesse hat, hinsichtlich des gesamten Vertrages zurücktreten (§ 323 V S. 1 BGB) oder Schadensersatz verlangen (§§ 280 I, III, 281 I S. 2 BGB).

Vollständige Neulieferung von 1.000 Fliesen könnte er jedoch ohne die Regelung des § 434 III BGB nicht verlangen. Daher werden die Rechte des Käufers durch § 434 III BGB auch erweitert.

§ 434 III BGB nur, wenn Verkäufer die Gesamtleistung erbringen will

Für die Gleichstellung der Zu-Wenig-Lieferung mit einem Sachmangel nach § 434 III BGB ist es aber - wie bei der aliud-Lieferung (vgl. Rn. 133a, c) - erforderlich, dass der Verkäufer die Leistung zur (vollständigen) Erfüllung seiner Pflicht aus § 433 I S. 1 BGB erbringt.[142] Abzustellen ist dabei auf den objektiven Empfängerhorizont des Käufers.

Ist die Lieferung des Verkäufers – etwa aufgrund der Angaben im beigefügten Lieferschein – dahingehend auszulegen, dass er auf eine andere (auch: vermeintliche) Schuld leisten will, liegt keine Zuweniglieferung i.S.d. § 434 III BGB vor.

(-) bei erkennbarer Teilleistung

Ebenso wenig ist § 434 III BGB anzuwenden, wenn der Verkäufer erkennbar eine Teilleistung erbringt, etwa wenn er bei Lieferung den Käufer auf Probleme mit seinen Zulieferern hinweist.

136

137

> **hemmer-Methode: Nur die *verdeckte* Teillieferung fällt unter § 434 III Alt. 2 BGB.**
> **Die *offene* Teillieferung ist hingegen als Teilleistung anzusehen.**

Exkurs: Verhältnis von § 434 III Alt. 2 BGB zu § 281 I S. 2 u. 3 BGB bzw. § 323 V S. 1 u. 2 BGB

Da § 434 III Alt. 2 BGB eine Zu-Wenig-Lieferung als Sachmangel fingiert, liegt wegen § 433 I S. 2 BGB eine nicht vertragsgemäße Leistung vor.

137a

Will der Käufer vom Vertrag zurücktreten bzw. Schadensersatz statt der **ganzen** Leistung verlangen, so darf - letztlich wegen des Grundsatzes des „pacta sunt servanda" - die Pflichtverletzung nicht unerheblich sein, vgl. § 281 I S. 3 BGB bzw. § 323 V S. 2 BGB.

Bsp.: Der Weinfreund K bestellt beim Weinversand V 100 Flaschen des Rotweins Tignanello aus dem Jahr 1997, dem Jahrhundertjahrgang in der Toskana. Da V von diesem Spitzengewächs aber nur noch insgesamt 70 Flaschen hat, werden nur diese 70 Flaschen geliefert, was auf dem Lieferschein und auch auf der Rechnung vermerkt ist. K nimmt die 70 Flaschen zunächst an, ist dann aber doch enttäuscht und will nun gar keine Flasche mehr. Gründe für seinen Gesinnungswandel gibt er nicht an.

137b

---

[142] BT-Drs. 14/6040, S. 216; Palandt, § 434, Rn. 53.

Verhältnis von § 434 III Alt. 2 BGB zu § 281 I S. 2 u. 3 BGB bzw. § 323 V S. 1 u. 2 BGB?	Gemäß § 434 III Alt. 2 BGB wird die Zu-Wenig-Lieferung einem Sachmangel gleichgestellt, sodass eigentlich eine **nicht vertragsgemäße Leistung** i.S.d. § 323 V S. 2 BGB vorliegt. Löst man diesen Fall strikt nach dem Gesetz, so liegt das Ergebnis auf der Hand. Die Zu-Wenig-Lieferung ist gem. §§ 433 I S. 2, 434 III BGB eine nicht vertragsgemäße Leistung, die auch erheblich ist (Mengenabweichung von 30 %). Der Rücktritt wäre daher nicht nach § 323 V S. 2 BGB ausgeschlossen.[143]

Im Allgemeinen Sprachgebrauch ist aber eine Zu-Wenig-Lieferung eher als Teilleistung zu verstehen. Bei der **Teilleistung** verlangt § 323 V S. 1 (bzw. § 281 I S. 2) BGB aber einen Interessenfortfall, den K hier nicht dargetan hat.

Das Verhältnis von § 323 V S. 1 BGB zu § 323 V S. 2 BGB bei der Zu-Wenig-Lieferung im Kaufrecht ist demnach umstritten.

(1) Nach e.A. liegt im Fall des § 434 III BGB eine Teilleistung i.S.d. § 323 V S. 1 BGB vor

Nach e.A. ist Zu-Wenig-Lieferung Lieferung eine Teilleistung	Damit die Lösung solcher Fälle sowohl vor als auch nach Gefahrübergang übereinstimmt, wird daher von einer im Vordringen befindlichen Ansicht vorgeschlagen, dass man die Zu-Wenig-Lieferung - Lieferung im Mängelrecht gem. § 434 III BGB natürlich als Mangel zu behandeln hat, im Allgemeinen Schuldrecht aber nach wie vor als Teilleistung.[144]	137c

(2) Nach a.A. liegt eine nicht vertragsgemäße Leistung i.S.d. § 323 V S. 2 BGB vor

Nach a.A. ist zu differenzieren ⇨ *offene Zuwenig-Lieferung ist eine Teilleistung*	Für die Behandlung einer Zu-Wenig-Lieferung als nicht vertragsgemäße Leistung spricht allerdings, dass der der Gläubiger bei der Teilleistung diese wegen § 266 BGB ja nicht entgegen nehmen müssen. Der Gläubiger ist daher weniger schutzwürdig, wenn er diese zunächst annimmt. Ein Rücktritt vom ganzen Vertrag erscheint in diesem Fall als widersprüchlich. Daher sind die Anforderungen an Rücktrittsrecht vom ganzen Vertrag strenger und setzen den Interessenfortfall voraus, § 323 V S. 1 BGB.	137d
	Bei einer Zu-Wenig-Lieferung, bei der nicht offen gelegt wird, dass nicht alles geliefert wird, hat der Gläubiger nicht die Möglichkeit, von § 266 BGB Gebrauch zu machen.	
⇨ *verdeckte Zuwenig-Lieferung ist eine nicht vertragsgemäße Leistung*	Nur diese verdeckte Zu-Wenig-Lieferung fällt aber unter § 434 III BGB (vgl. Rn. 136). Für die Gleichstellung der Zu-Wenig-Lieferung mit einem Sachmangel nach § 434 III BGB ist es nämlich erforderlich, dass der Verkäufer die Leistung zur (vollständigen) Erfüllung seiner Pflicht aus § 433 I S. 1 BGB erbringt.[145] Abzustellen ist dabei auf den objektiven Empfängerhorizont des Käufers. § 434 III BGB ist daher nicht anzuwenden, wenn der Verkäufer erkennbar eine Teilleistung erbringt.	

---

[143] So offenbar Palandt, § 281, Rn. 38.

[144] So Grigoleit/Riehm, Grenzen der Gleichstellung von Zuwenig-Leistung und Sachmangel, ZGS 2002, 115 - 122; sowie Canaris, Die Reform des Rechts der Leistungsstörungen, JZ 2001, 499 - 528 (513), ebenso Lorenz, Zur Abgrenzung von Teilleistung, teilweiser Unmöglichkeit und teilweiser Schlechtleistung im neuen Schuldrecht, NJW 2003, 3097 - 3099.

[145] Palandt, § 434, Rn. 53b.

Im Fall einer verdeckten Zu-Wenig-Lieferung ist der Käufer aber schutzwürdiger, da er in diesem Fall die Möglichkeit der Zurückweisung nach § 266 BGB faktisch nicht hatte. Daher erscheint es gerechtfertigt, dem Käufer auch unter den leichteren Voraussetzungen des § 323 V S. 2 BGB das Recht zu gewähren, vom ganzen Vertrag zurücktreten zu können.

hemmer-Methode: Was Sie hierzu in der Klausur vertreten, ist unerheblich. Sie sollten aber in der Lage sein, im obigen „Weinbeispiel" zu erkennen, dass eine Zu-Wenig-Lieferung sowohl als Teilleistung i.S.d. §§ 281 I S. 2, 323 V S. 1 BGB als auch als nicht vertragsgemäße Leistung i.S.d. §§ 281 I S. 3, 323 V S. 2 BGB angesehen werden kann und je nachdem unterschiedliche Rechtsfolgen eintreten.[146]

Exkurs Ende

III. Rechtsmangel

§ 433 I S. 2 BGB: auch Pflicht zur rechtsmangelfreien Leistung

Der Verkäufer ist nach § 433 I S. 2 BGB nicht nur zur sachmangel-, sondern auch zur rechtsmangelfreien Leistung verpflichtet.

Aus dem Vorliegen eines Rechtsmangels können sich deshalb ebenso Mängelrechte des Käufers ergeben wie bei Vorliegen eines Sachmangels.

Angleichung bzgl. der Rechtsfolgen

Hinsichtlich der Rechtsfolgen sind die Rechte des Käufers bei Rechtsmängeln denen bei Sachmängeln angeglichen: § 437 BGB spricht von der Mangelhaftigkeit der Sache und schließt damit Sach- wie Rechtsmängel ein.

Jedoch weiterhin zwischen Rechts- und Sachmängeln zu differenzieren

Trotz dieser Angleichung in der Rechtsfolge differenziert das Gesetz weiterhin zwischen Sach- und Rechtsmängeln. Es besteht nämlich auf Tatbestandsseite ein wesentlicher Unterschied:

Ein Rechtsmangel liegt nach § 435 S. 1 BGB vor, wenn Dritte in Bezug auf die Kaufsache Rechte gegen den Käufer geltend machen können. Anders als bei § 434 I BGB kommt es nicht darauf an, ob die Kaufsache deshalb von der vereinbarten Beschaffenheit abweicht oder der Käufer im vertraglich vorausgesetzten bzw. gewöhnlichen Gebrauch der Kaufsache beeinträchtigt ist. § 435 S. 1 BGB stellt allein auf das Bestehen des Drittrechtes ab. In der Klausur ist schon deshalb weiterhin zwischen Sach- und Rechtsmängeln zu unterscheiden.

hemmer-Methode: Das Gesetz sieht es damit als selbstverständlich an, dass der Käufer mit dem erworbenen Eigentum nach § 903 BGB frei verfahren kann; er soll auch die Möglichkeit haben, die Sache anders als geplant zu verwenden. Damit sind für das Vorliegen eines Rechtsmangels etwaige Vereinbarungen über den Verwendungszweck unbeachtlich.

Zeitpunkt der Verschaffung maßgeblich

Außerdem unterscheiden sich Sach- und Rechtsmangel bei der Frage, wann der Mangel vorliegen muss. Während der Sachmangel bei Gefahrübergang vorgelegen haben muss, kommt es für den Rechtsmangel auf den Zeitpunkt des Eigentumserwerbs an (vgl. Rn. 147).[147]

---

[146] Empfehlenswert ist der Aufsatz von Grigoleit/Riehm, Grenzen der Gleichstellung von Zuwenig-Leistung und Sachmangel, ZGS 2002, 115 - 122.
[147] Vgl. unten, Rn. 147.

1. § 435 BGB

Definition Rechtsmangel, § 435 BGB

Nach § 435 S. 1 BGB ist die Sache frei von Rechtsmängeln, wenn Dritte in Bezug auf die Sache keine oder nur die im Kaufvertrag übernommenen Rechte gegen den Käufer geltend machen können.

§ 435 S. 2 BGB stellt einem Mangel im Recht den Fall gleich, dass im Grundbuch ein nicht bestehendes Recht eingetragen ist („eingetragene Scheinbelastung").

V.a. dingliche Rechte

Rechtsmängel sind vor allem dingliche Rechte, z.B. Hypotheken, Pfandrechte, Nießbrauch. Jedoch können auch obligatorische Rechte Dritter einen Rechtsmangel begründen. Wegen des Grundsatzes der Relativität schuldrechtlicher Beziehungen ist dabei aber genau zu prüfen, ob der Dritte dem Käufer das Recht tatsächlich entgegenhalten kann.

> **Bsp.:** Verkäufer V hatte das an K verkaufte Grundstück an M vermietet.
>
> Aus dem Mietvertrag stand M gegen V ein Anspruch auf Überlassung der Mietsache (§ 535 I S. 1 BGB) sowie gegen einen Herausgabeanspruch des V aus § 985 BGB ein Recht zum Besitz (§ 986 I BGB) zu. Grundsätzlich wirkt diese schuldrechtliche Beziehung aber nur zwischen M und V (Relativität schuldrechtlicher Beziehungen); M stünden daher nach allgemeinen Grundsätzen nach Übereignung des Grundstücks an K gegen diesen keine Rechte zu.
>
> Jedoch bestimmen §§ 578 I, 566 BGB („Kauf bricht nicht Miete"), dass der Mietvertrag mit dem Erwerber des Eigentums an der Mietsache fortbesteht. Damit kann M nun einem Herausgabeanspruch des K aus § 985 BGB das schuldrechtliche Besitzrecht aus dem Mietvertrag gem. § 986 I BGB entgegenhalten. Dies stellt einen Rechtsmangel i.S.d. § 435 S. 1 BGB dar.

Problematisch: Dritteigentum

Problematisch ist, ob das Eigentum eines Dritten einen Rechtsmangel i.S.d. § 435 S. 1 BGB darstellt. Gemeint ist die Konstellation, dass der Verkäufer die Sache als Nichtberechtigter verkauft und übereignet, der Käufer aber nicht gutgläubig erwirbt (z.B.: Sache ist abhandengekommen, § 935 BGB).

hemmer-Methode: Findet dagegen ein gutgläubiger Erwerb seitens des Käufers statt, ist das Eigentum des Dritten erloschen; der Dritte kann dann dem Käufer keine Rechte entgegenhalten (z.B. Herausgabeanspruch, § 985 BGB). Ein Rechtsmangel kommt damit nicht in Betracht.

Während die Frage nach der Einordnung des Dritteigentums beim Sachkauf nach altem Recht noch offengelassen werden konnte, ist nun eine Entscheidung geboten:

Rechtsmangel (-): § 311a II S. 1 BGB

⇨ Verneint man das Vorliegen eines Rechtsmangels, so hat der Verkäufer seine Verschaffungspflicht (§ 433 I S. 1 BGB) nicht erfüllt. Regelmäßig wird ein Fall anfänglicher subjektiver Unmöglichkeit wegen des bestehenden Dritteigentums vorliegen. Es kommt dann ein Schadensersatzanspruch des Käufers aus § 311a II S. 1 BGB in Betracht.

Rechtsmangel (+): § 311a II S. 1 BGB i.V.m. §§ 435 S. 1, 437 Nr. 3, 440 BGB

⇨ Bejaht man das Vorliegen eines Rechtsmangels, so hat der Verkäufer seine Pflicht aus § 433 I S. 2 BGB nicht erfüllt. Da regelmäßig eine Nacherfüllung nicht möglich sein wird (der Dritte ist nicht zur Genehmigung der Übereignung nach § 185 II S. 1 BGB bereit), kommt hier ebenfalls ein Anspruch aus § 311a II S. 1 BGB i.V.m. §§ 435 S. 1, 437 Nr. 3 BGB in Betracht.

§ 1 KAUF

⇨ *Unterschiedliche Verjährung!*

Der wesentliche Unterschied liegt allerdings in der unterschiedlichen Verjährung: Im ersten Fall verjährt der Anspruch auf Schadensersatz nach drei Jahren (§ 195 BGB), bei Bejahung eines Rechtsmangels jedoch i.d.R. erst in 30 Jahren (§ 438 I Nr. 1a BGB).

Zwar beginnt die Regelverjährung des § 195 BGB nicht zu laufen, solange der Käufer keine Kenntnis von den den Anspruch begründenden Umständen und der Person des Schuldners hat und seine Unkenntnis auch nicht auf grober Fahrlässigkeit beruht (§ 199 I Nr. 2 BGB).

Allerdings ordnet § 199 III Nr. 1 BGB an, dass sonstige Schadensersatzansprüche, die nicht auf der Verletzung des Lebens, des Körpers, der Gesundheit oder der Freiheit beruhen (hierfür gilt § 199 II BGB), ohne Rücksicht auf die Kenntnis oder grob fahrlässige Unkenntnis in zehn Jahren von ihrer Entstehung an verjähren (§ 199 III Nr. 1 BGB).

Schadensersatzansprüche entstehen zwar grds. erst mit dem Eintritt eines Schadens. Man könnte nun vertreten, dass ein Schaden erst mit dem Herausgabeverlangen des Eigentümers eintritt, sodass vor diesem Verlangen die Höchstfrist des § 199 III Nr. 1 BGB nicht anläuft. Nach heute h.L. entsteht der Anspruch auf Schadensersatz statt der Leistung aber einheitlich zusammen mit dem Primäranspruch.[148]

hemmer-Methode: Der Anspruch aus § 311a II BGB beim Verkauf gestohlener Sachen entsteht daher nach richtiger Ansicht bereits mit Vertragsschluss.

Problem: Eigentümer kann 30 Jahre vom Käufer sein Eigentum herausverlangen, § 197 I Nr. 2 BGB

Das Gesetz trennt ausdrücklich die Pflicht des Verkäufers zur Eigentumsverschaffung (§ 433 I S. 1 BGB) von der Pflicht zur sach- und rechtsmängelfreien Leistung (§ 433 I S. 2 BGB). Nur bei einer gegen § 433 I S. 2 BGB verstoßenden Leistung kommen die §§ 434 ff. BGB in Betracht.

Verschafft der Verkäufer dem Käufer kein Eigentum an der Kaufsache, so handelt es sich um eine Leistungsstörung der Pflicht aus § 433 I S. 1 BGB. Allerdings besteht das Problem darin, dass der Eigentümer vom Käufer 30 Jahre lang sein Eigentum herausverlangen kann, § 197 I Nr. 2 BGB. Wenn der Käufer aber nur in der Regelverjährung des § 195 BGB gegen den Verkäufer seinen Schadensersatzanspruch geltend machen könnte, aber 30 Jahre lang mit dem Herausgabeverlangen des Eigentümers rechnen muss, entstünde eine Gerechtigkeitslücke.

Gerade diese Lücke wollte aber § 438 I Nr. 1a BGB mit dem Gleichlauf der Verjährung verhindern. Dies spricht dafür, das Dritteigentum als Rechtsmangel i.S.d. § 435 BGB zu qualifizieren.[149]

Wenn man hingegen die fehlende Eigentumsverschaffung als Nichterfüllung i.S.d. § 433 I S. 1 BGB qualifiziert, also einen Rechtsmangel ablehnt, so würde es sich zumindest anbieten, auf die Verjährung der allgemeinen Leistungsstörungsrechte nicht § 195 BGB, sondern § 438 I Nr. 1a BGB analog anzuwenden.[150]

143

---

[148] Palandt, § 199, Rn. 15; MüKo, § 199 BGB, Rn. 21 m.w.N.

[149] Scheuren-Brandes, Fehlendes Eigentum des Verkäufers - Rechtsmangel oder Unmöglichkeit, ZGS 2005, 295 - 299; Pahlow, Der Rechtsmangel beim Sachkauf, JuS 2006, 289 - 293 (293).

[150] Zur analogen Anwendung des § 438 I Nr. 1a BGB kommen im Ergebnis Palandt, § 438, Rn. 6 (unklar aber § 311a, Rn. 11); MüKo, § 438 BGB, Rn. 13; MüKo, § 311a BGB, Rn. 91 und 101; Bamberger/Roth/Faust, § 438 BGB, Rn. 14; Staudinger, § 438 BGB, Rn. 45; Oetker/Maultzsch, Vertragliche Schuldverhältnisse, S. 106.

> **hemmer-Methode:** Der BGH hat in seiner letzten Entscheidung zu dieser Problematik zunächst das Vorliegen eines Rechtsmangels abgelehnt. Die entscheidende Frage, ob eine analoge Anwendung der Rechtsmängelverjährungsvorschrift des § 438 I Nr. 1a BGB in Betracht kommt, lässt der BGH im konkreten Fall mangels Entscheidungserheblichkeit offen.[151]

Wegen Ersitzung nach zehn Jahren (§ 937 BGB) besteht regelmäßig kein Bedürfnis für Analogie bzw. Bejahung eines Rechtsmangels

Fraglich ist, ob die häufig aufgestellte Behauptung zutrifft, dass im Fall des Verkaufs einer gestohlenen Sache überhaupt eine verjährungsrechtlich bedingte Regressfalle droht. Nach § 937 I BGB erwirbt nämlich derjenige, der eine Sache zehn Jahre im Eigenbesitz hatte, das Eigentum an der beweglichen Sache.

Damit erlischt der Anspruch aus § 985 BGB auf Tatbestandsebene, sodass sich die Frage nach der Verjährung erst gar nicht stellt.

> **hemmer-Methode:** Lesen Sie zu dieser Problematik ausführlich Tyroller, „Der Verkauf gestohlener Sachen: Gedanken zur anfänglichen subjektiven Unmöglichkeit beim Kaufvertrag!", in Life&Law 03/2008, 197 - 205.

Öffentlich-rechtliche Beschränkungen

Schwierig ist die Abgrenzung zwischen Rechts- und Sachmangel bei öffentlich-rechtlichen Beschränkungen. Denn ein Sachmangel kann sich auch aus der Beziehung der Sache zur Umwelt ergeben, wozu auch rechtliche Beziehungen gehören.

144

> **hemmer-Methode:** So ist z.B. die Beschlagnahme eines Pkw gemäß § 111b StPO nach BGH, NJW 2004, 1802 - 1803 ein Rechtsmangel. Ob Gleiches auch für die Beschlagnahme nach § 94 II StPO gilt, ist umstritten. Nach Ansicht des OLG Hamm stellt eine Beschlagnahme nach § 94 StPO dann einen Rechtsmangel dar, wenn dem Käufer hierdurch das Eigentum auf Dauer entzogen wird.[152]

Sachmangel nur (+), wenn an Beschaffenheit der Sache anzuknüpfen ist

Der Unterschied liegt darin, dass ein Sachmangel an die Beschaffenheit der Sache anknüpfen muss. Ist dies nicht der Fall, kommt nur ein Rechtsmangel in Betracht; „Dritter" i.S.d. § 435 S. 1 BGB kann nämlich auch die öffentliche Hand sein.

145

In Abgrenzung zum Sachmangel (§ 434 BGB) stellt eine auf öffentlichem Recht beruhende Befugnis also jedenfalls dann einen Rechtsmangel dar, wenn das Eingreifen öffentlich-rechtlicher Normen nicht Folge nicht vertragsgemäßer Beschaffenheit der Kaufsache ist.

Andernfalls liegt es nahe, (nur) einen Sachmangel anzunehmen.

> *Bsp.[153]: Der BGH hat in einem Fall, in dem Hasenfleisch verkauft wurde, bei dem der begründete Verdacht der Salmonellenverseuchung bestand, einen Sachmangel bejaht, weil die Kaufsache - unabhängig davon, dass sie in Folge des Verdachts (auch) der öffentlich-rechtlichen Beschlagnahme unterlag - nicht mehr für die vorgesehene Verwendung (Weiterveräußerung) tauglich war.*

> *Bsp.[154]: In Abgrenzung hiervon hat der BGH dagegen entschieden, dass sich ein Käufer, der Dieselkraftstoff zum Betrieb von Dieselmotoren bestellt, gegenüber dem Verkäufer mit Erfolg auf einen Rechtsmangel berufen kann, wenn in Abweichung von der Bestellung ein mit Heizöl verunreinigter Dieselkraftstoff geliefert wird. Der Kraftstoff war zwar zur vertraglich vorgesehenen Verwendung (Betrieb von Dieselmotoren) auch mit der Verunreinigung tauglich, unterlag aber wegen der Heizölbeimischung der Gefahr der behördlichen Beschlagnahme.*

---

[151] BGH, NJW 2007, 3777 - 3781 = **juris**byhemmer.
[152] OLG Hamm, NJW-RR 2012, 1441 f. = **juris**byhemmer; vgl. Sie dazu auch Wertenbruch, ZGS 2004, 367 ff.
[153] BGH, WM 1972, 1314 = **juris**byhemmer.
[154] BGHZ 113, 106 (112) = **juris**byhemmer.

Die den Käufer treffende Beeinträchtigung lag mithin nicht in der tatsächlichen Beschaffenheit der Sache, sondern darin, dass der Verkäufer dem Käufer nur Eigentum ohne rechtlichen Bestand verschaffen konnte.

Bsp.[155]: Wiederum einen Sachmangel hat der BGH in einem Fall angenommen, in welchem ein Grundstück mit einem Haus verkauft wurde, das ohne Baugenehmigung errichtet worden ist. In dem entschiedenen Fall lag das Grundstück im bauplanungsrechtlichen Außenbereich (§ 35 BauGB) und eine Baugenehmigung konnte aufgrund entgegenstehender öffentlicher Belange nicht nachträglich erteilt werden. Um einen Sachmangel handelte es sich, weil die öffentlich-rechtliche Baubeschränkung an die Lage des Grundstücks und damit an dessen Beschaffenheit anknüpfte.

Bsp.[156]: Die bei Gefahrübergang vorhandene und im Zeitpunkt der Rücktrittserklärung fortbestehende Eintragung eines Kraftfahrzeugs in dem Schengener Informationssystem (SIS) zum Zwecke der Sicherstellung und Identitätsfeststellung ist nach Ansicht des BGH hingegen ein Rechtsmangel. Die damit verbundene Gefahr der Beschlagnahme bei einer Fahrzeugkontrolle ist nämlich keine Folge der Beschaffenheit des Fahrzeugs.

Hilfsweise kann man auch fragen, ob der Mangel ohne Veränderung der Kaufsache beseitigt werden kann oder nicht. In letzterem Fall liegt ein Sachmangel vor.

hemmer-Methode: Häufig ist die Formulierung anzutreffen, eine öffentlich-rechtliche Beschränkung stelle einen Sachmangel dar, wenn sie dem öffentlichen Wohl dient und nicht ohne Änderung der Sache selbst beseitigt werden kann. Dabei dürfte das erste Merkmal („dem öffentlichen Wohl dienend") aber eher überflüssig sein, zumal dies bei nahezu allen öffentlich-rechtlichen Vorschriften der Fall ist.

Bsp.[157]: G verkauft B ein Grundstück. Nach Auflassung und Eintragung muss B feststellen, dass sich im Grundstück eine Fernwärmeleitung befindet. Diese hatte D aufgrund einer ihm zustehenden, im Grundbuch eingetragenen beschränkten persönlichen Dienstbarkeit (§§ 1018 ff. BGB) verlegen lassen. Liegt ein Sach- oder ein Rechtsmangel vor?

146

1. Die Tatsache, dass sich im Grundstück eine Fernwärmeleitung befindet, betrifft die Beschaffenheit der Kaufsache. Wenn B in der gewöhnlichen Nutzung des Grundstücks beeinträchtigt wird (z.B. Ausheben einer Baugrube), kommt ein Sachmangel wegen § 434 I S. 2 Nr. 2 Alt. 1 BGB in Betracht.

Ebenso ist vertretbar, dass der Käufer eines Grundstücks generell erwarten kann, dass sich im Boden des Grundstücks keine derartigen „Fremdkörper" befinden. Dann kann sich ein Sachmangel aus § 434 I S. 2 Nr. 2 Alt. 2 BGB ergeben.

2. Andererseits begründet die beschränkte persönliche Dienstbarkeit, die D zum Verlegen der Fernwärmeleitung nach den §§ 1018 ff. BGB berechtigt, einen Rechtsmangel i.S.d. § 435 S. 1 BGB.

Das dingliche Recht des D konnte auch nicht im Wege des gutgläubigen Erwerbs durch B nach § 892 I S. 1 BGB „wegerworben" werden, da es im Grundbuch eingetragen war. § 892 I S. 1 BGB setzt aber die Unrichtigkeit des Grundbuchs voraus.

3. Es erscheint sinnvoll, auf den Schwerpunkt der Pflichtverletzung des G abzustellen, um zu ermitteln, ob es sich um einen Sach- oder einen Rechtsmangel handelt.

---

[155] BGH, WM 1972, 1314 = **juris**byhemmer.
[156] BGH, **Life&Law 04/2017, 221 ff.** = **juris**byhemmer.
[157] Nach **Life&Law 07/2000, 451 - 454**.

Der Schwerpunkt der Beeinträchtigung seitens des B liegt hier nicht in der bloßen Existenz der Fernwärmeleitung (dann Sachmangel), sondern darin, dass die Fernwärmeleitung aufgrund des dinglichen Rechts des D nicht ohne Weiteres entfernt werden kann. Daher ist hier von einem Rechtsmangel auszugehen.

Maßgeblicher Zeitpunkt: Eigentumserwerb durch Käufer

Maßgeblicher Zeitpunkt für das Vorliegen eines Rechtsmangels ist nicht der Zeitpunkt des Gefahrübergangs. Hier liegt ein wesentlicher Unterschied zum Sachmangel, vgl. § 434 I S. 1 BGB.

Abzustellen ist erst auf den **Zeitpunkt des Eigentumserwerbes** durch den Käufer[158]: Ist die Kaufsache in diesem Zeitpunkt frei von Rechtsmängeln, hat der Verkäufer seine Pflicht aus § 433 I S. 2 Alt. 2 BGB erfüllt.

Wenn danach Rechte Dritter entstehen, fällt dies nicht mehr in den Verantwortungsbereich des Verkäufers; ein Rechtsmangel liegt nicht vor.

hemmer-Methode: Wenn der Eigentumserwerb nicht festgestellt werden kann (z.B. bei Verdacht des Diebstahls, vgl. § 935 I S. 1 BGB), kann daher als maßgeblicher Zeitpunkt nur derjenige herangezogen werden, zu welchem der Käufer das Eigentum erworben hätte. Dies ist dann der Zeitpunkt der Übergabe des Pkw, also ausnahmsweise - wie beim Sachmangel - der Gefahrübergang.[159]

Bsp.: K hat das Grundstück des V (Wert und Kaufpreis: 400.000,- €) gekauft. Im Zeitpunkt des Eigentumserwerbes durch K war im Grundbuch für H eine Hypothek eingetragen, die einen Anspruch des H gegen V in Höhe von 300.000,- € sichern sollte, tatsächlich aber unwirksam war. Später trat H „die Hypothek" an den gutgläubigen D ab. Dieser betreibt die Zwangsvollstreckung in das Grundstück (Erlös: 300.000,- €). Anspruch des K gegen V auf Schadensersatz?

1. Ein solcher Anspruch könnte sich aus §§ 433 I S. 2, 435, 437 Nr. 3, 440, 311a II S. 1 BGB ergeben.

a) V könnte dem K das Grundstück nicht frei von Rechtsmängeln i.S.d. §§ 433 I S. 2 Alt. 2, 435 BGB verschafft haben.

Das Bestehen einer Hypothek stellt als dingliches Recht Dritter unproblematisch einen Rechtsmangel i.S.d. § 435 S. 1 BGB dar. Abzustellen ist allerdings auf den Zeitpunkt des Eigentumserwerbes beim Käufer. In diesem Zeitpunkt bestand eine Hypothek jedoch nicht.

Allerdings war die Hypothek im maßgeblichen Zeitpunkt unrichtigerweise im Grundbuch eingetragen. Dies stellt wegen der Möglichkeit gutgläubigen Erwerbs durch Dritte nach § 435 S. 2 BGB einen Rechtsmangel dar.

b) Die Nacherfüllung müsste allerdings von Anfang an (d.h. bereits im Zeitpunkt des Vertragsschlusses) unmöglich gewesen sein. Dies war nicht der Fall, da V die unrichtige Grundbucheintragung durch Geltendmachung des Grundbuchberichtigungsanspruches aus § 894 BGB gegen H hätte beseitigen lassen können.

Also besteht kein Schadensersatzanspruch aus § 311a II S. 1 BGB.

2. Ein Anspruch könnte sich allerdings aus §§ 433 I S. 2 Alt. 2, 435 S. 2, 437 Nr. 3, 440, 280 I, III, 283 BGB ergeben.

a) V war zunächst im Wege der Nacherfüllung (§ 439 BGB) verpflichtet, die unrichtige Grundbucheintragung zu beseitigen. Dies wurde ihm mit der Übereignung des Grundstückes an K gem. § 275 I BGB unmöglich, da er hierdurch die Berechtigung zur Geltendmachung des Anspruches aus § 894 BGB verlor.

---

[158] Palandt, § 435, Rn. 7.
[159] BGH, **Life&Law 04/2017**, 221 (226) = jurisbyhemmer.

b) Die Unmöglichkeit der Nacherfüllung stellt einen Fall der Teilunmöglichkeit dar. Da K jedoch nur Schadensersatz statt der Leistung hinsichtlich der Unmöglichkeit der Nacherfüllung, nicht hinsichtlich der gesamten Leistung verlangt, müssen die zusätzlichen Voraussetzungen der §§ 283 S. 2, 281 I S. 3 BGB nicht geprüft werden.[160]

c) Zum nach §§ 283 S. 1, 280 I S. 2 BGB erforderlichen Vertretenmüssen des V fehlen Angaben im Sachverhalt. Da V für ein fehlendes Vertretenmüssen die Darlegungs- und Beweislast trägt, ist von einem Vertretenmüssen des V auszugehen.

Ebenfalls ist vertretbar, dass V ein Fahrlässigkeitsvorwurf i.S.d. § 276 I S. 1 BGB trifft: Er hätte die Unrichtigkeit des Grundbuch erkennen müssen.

d) Allerdings könnte ein Anspruch des K nach § 442 BGB ausscheiden. Es ist davon auszugehen, dass K beim Abschluss des notariell beurkundeten (§ 311b I BGB) Grundstückskaufvertrages die Eintragung der Hypothek vom Notar mitgeteilt wurde; zumindest kann K der Vorwurf grob fahrlässiger Unkenntnis i.S.d. § 442 I S. 2 BGB gemacht werden.

Allerdings würde die Rechtsmängelhaftung des Verkäufers bei im Grundbuch eingetragenen Drittrechten in nahezu allen Fällen ausscheiden. Daher bestimmt § 442 II BGB, dass der Verkäufer das eingetragene Recht (bzw. im Falle des § 435 S. 2 BGB die Eintragung) auch bei Kenntnis des Käufers zu beseitigen hat. Eine etwaige Kenntnis des K von der Grundbucheintragung der Hypothek ist daher für seine Mängelrechte unschädlich und kann ihm auch nicht als anspruchskürzendes Mitverschulden gem. § 254 BGB angelastet werden, da insoweit § 442 BGB eine vorrangige Sonderregelung darstellt.

e) Durch die Unrichtigkeit des Grundbuches konnte D nach § 892 I S. 1 BGB gutgläubig die Hypothek erwerben und (nach Erstreitung eines Vollstreckungstitels gegen K) wirksam die Zwangsversteigerung betreiben, vgl. § 1147 BGB. Hierdurch ist K ein Schaden in Höhe von 400.000,- € entstanden, da er das Eigentum an dem Grundstück verloren hat.

Also kann K von V Schadensersatz in Höhe von 400.000,- € verlangen.

„Übernahme" des Drittrechtes

149 Ein Rechtsmangel scheidet nach § 435 S. 1 BGB aus, wenn das Drittrecht durch Vereinbarung im Kaufvertrag vom Käufer „übernommen" wurde. Zu beachten ist, dass beim Grundstückskauf diese Vereinbarung ebenfalls der Form des § 311b I BGB genügen muss.

150 *Bsp.: X verkauft dem Y ein Grundstück (Wert: 500.000,- €). Dieses ist mit einer Hypothek in Höhe von 100.000,- € belastet. X und Y vereinbaren mündlich, dass die Hypothek von Y „übernommen" werden solle; als Kaufpreis wird ein Betrag von 400.000,- € vereinbart. Nach Auflassung und Eintragung fragt Y, ob ihm Mängelrechte gegen X zustehen.*

Fraglich ist, ob dem Y gegen X aufgrund der bestehenden Hypothek Mängelrechte zustehen. Problematisch ist zunächst das Vorliegen eines Rechtsmangels i.S.d. § 435 S. 1 BGB.

Eine Hypothek stellt grundsätzlich einen Rechtsmangel des verkauften Grundstückes dar. Dies ist jedoch nicht der Fall, wenn die Kaufvertragsparteien vereinbart haben, dass der Käufer die Hypothek „übernehmen" solle. Hierbei handelt es sich um eine schuldrechtliche Vereinbarung, die bewirkt, dass sich die Pflicht des Verkäufers aus § 433 I S. 1 u. 2 BGB auf die Übertragung des mit der Hypothek belasteten Grundstückes beschränkt; die Hypothek kann dann keinen Rechtsmangel i.S.d. § 433 I S. 2 BGB darstellen, da der Verkäufer seine geschuldete Leistung erbringt.

---

[160] Zum „kleinen" und „großen" Schadensersatz statt der Leistung vgl. Rn. 305 ff.

> **hemmer-Methode:** Die „Übernahme" der Hypothek hat keine dingliche Wirkung! Dass das Grundstück auch nach dem Erwerb durch den Käufer auch weiterhin mit der Hypothek belastet ist, ergibt sich bereits aus allgemeinen sachenrechtlichen Grundsätzen, nicht erst durch Vereinbarung zwischen den Vertragsparteien! Dies hat z.B. auch zur Folge, dass ein Irrtum hierüber nur einen unbeachtlichen Rechtsfolgenirrtum darstellt, der nicht zur Anfechtung berechtigt. Denken Sie in Zusammenhängen!

Allerdings muss die Vereinbarung der Form des § 311b I BGB genügen. Dieses Formerfordernis erstreckt sich auf alle Haupt- und Nebenabreden des Grundstückskaufvertrages. Da die Vereinbarung mündlich getroffen wurde, ist sie nach § 125 S. 1 BGB nichtig. Allerdings erfolgten Auflassung und Eintragung des Y, wodurch gem. § 311b I S. 2 BGB Heilung des Formnichtigkeit eintrat. Damit wurde die Vereinbarung zwischen Y und X ex nunc wirksam.

Daher liegt kein Rechtsmangel i.S.d. § 435 S. 1 BGB vor. Y stehen gegen X insoweit keine Mängelrechte zu.

> **hemmer-Methode:** Wenn diese Heilung nicht eintritt, muss genau geprüft werden, ob die Unwirksamkeit der Vereinbarung über die „Übernahme" zur Unwirksamkeit des gesamten Kaufvertrages führt. § 139 HS 1 BGB bestimmt, dass dies im Zweifel der Fall ist. Vor allem ist davon auszugehen, dass X und Y den Kaufvertrag ohne diese Vereinbarung nicht *so* geschlossen hätten: Es wäre ein Kaufpreis von 500.000,- € vereinbart worden. Die Klausur würde wegen der Nichtigkeit des gesamten Kaufvertrages also im Bereicherungsrecht laufen!

2. § 436 BGB

Grundsatz: Keine Haftung des Grundstücksverkäufers für öffentliche Lasten, § 436 II BGB

An einen Rechtsmangel wäre grundsätzlich auch dann zu denken, wenn mit dem Grundstückseigentum öffentliche Lasten, beispielsweise Abgaben nach den Kommunalabgabengesetzen der Länder, verbunden sind. Jedoch stellt § 436 II BGB klar, dass hierfür der Verkäufer nicht „haftet"; derartige öffentliche Lasten stellen damit weder einen Sach- noch einen Rechtsmangel des Grundstücks dar.

Ausnahme: § 436 I BGB

Abweichend hiervon bestimmt § 436 I BGB, dass der Verkäufer Erschließungsbeiträge und sonstige Anliegerbeiträge für diejenigen Maßnahmen zu tragen hat, die bis zum Zeitpunkt des Vertragsschlusses bautechnisch begonnen worden sind.

Diese Regelung soll Ungerechtigkeiten vermeiden, die dadurch entstehen, dass im Regelfall derartige Beiträge erst nach vollständiger Beendigung der bautechnischen Maßnahme erhoben werden.

§ 436 I BGB bewirkt keinen Mangel des Grundstücks

Dies bewirkt nicht, dass das Grundstück deshalb als mangelhaft i.S.d. §§ 434 oder 435 BGB anzusehen ist. Es geht in § 436 I BGB lediglich um die Verteilung öffentlicher Lasten, was mit Mängelrecht streng genommen nichts zu tun hat.

> **hemmer-Methode:** Wer Schuldner der Beiträge i.S.d. § 436 I BGB ist, bestimmt sich nach öffentlichem Recht; hierauf hat § 436 I BGB keinen Einfluss. Bestimmt die Vorschrift, dass der Verkäufer den Beitrag zu tragen hat, obwohl er nach öffentlichem Recht dem Käufer auferlegt wird, so hat der Käufer aus § 436 I BGB gegen den Verkäufer einen Anspruch auf Freistellung von der Beitragsschuld. Der Verkäufer muss also an die Behörde zahlen, um die Schuld des Käufers zu tilgen. Hat der Käufer bereits an die Behörde gezahlt, kann er vom Verkäufer Zahlung des fraglichen Betrages aus § 436 I BGB verlangen.

IV. Anspruch auf Nacherfüllung, §§ 433 I S. 2, 437 Nr. 1, 439 BGB

Der Anspruch auf Nacherfüllung gem. §§ 433 I S. 2, 437 Nr. 1, 439 BGB stellt das vorrangige Recht des Käufers bei mangelhafter Lieferung durch den Verkäufer dar.

154

1. Allgemeines

Nacherfüllungsanspruch ist teilweiser Primäranspruch des Käufers

Dass dem Käufer ein Anspruch auf Nacherfüllung, also Beseitigung des Mangels durch den Verkäufer durch Lieferung einer mangelfreien Sache (Nachlieferung) bzw. durch Beseitigung des Mangels (Nachbesserung) zusteht, ist nach der Gesetzessystematik eine Selbstverständlichkeit.

155

Denn der Verkäufer ist gem. § 433 I S. 2 BGB zur mangelfreien Leistung verpflichtet; die Lieferung einer mangelhaften Sache stellt daher eine teilweise Nichterfüllung durch den Verkäufer dar. Da der Verkäufer seine Pflicht aus § 433 I BGB nur teilweise erfüllt hat, verbleibt dem Käufer der Anspruch auf Mangelfreiheit der Leistung.

156

Beim Nacherfüllungsanspruch handelt es sich daher um den noch nicht erfüllten Rest des Primäranspruches des Käufers, der durch die Bestimmungen des Kaufrechts (v.a. §§ 438, 439 BGB) lediglich modifiziert wird.

157

2. Vorrang des Nacherfüllungsanspruches

Keine ausdrückliche Formulierung im Gesetz

Das Gesetz formuliert nicht ausdrücklich, dass das vorrangige Mängelrecht des Käufers der Anspruch auf Nacherfüllung nach den §§ 433 I S. 2, 437 Nr. 1, 439 BGB ist. Dennoch liegt dem Gesetz ein Vorrang des Nacherfüllungsanspruches zugrunde.

158

hemmer-Methode: Dieser Vorrang ergibt sich aus den Voraussetzungen der übrigen Mängelrechte und ist auf das im allgemeinen Leistungsstörungsrecht verfolgte Prinzip vom Vorrang des Primäranspruches vor Sekundärrechten zurückzuführen.

Rücktritt: Fristsetzungserfordernis

Für den Rücktritt nach §§ 437 Nr. 2, 440, 323 BGB ergibt sich dieser Vorrang aus dem in § 323 I BGB niedergelegten Fristsetzungserfordernis. Erst wenn die vom Käufer zur Nacherfüllung gesetzte Frist erfolglos verstrichen ist, kann er vom Kaufvertrag zurücktreten.

159

Ebenso bei Minderung

Da eine Minderung gem. § 441 I S. 1 BGB nur „statt" des Rücktritts möglich ist, setzt die Minderung grundsätzlich das Vorliegen der Rücktrittsvoraussetzungen voraus. Damit ist auch hier die Fristsetzung nach § 323 I BGB erforderlich.

160

SE statt der Leistung: Fristsetzungserfordernis in § 281 I BGB

Ebenso setzt der Anspruch auf Schadensersatz statt der Leistung nach §§ 437 Nr. 3, 280 I, III, 281 I S. 1 BGB den erfolglosen Ablauf der Nachfrist für die Nacherfüllung voraus.

161

⇨ Einer gesonderten Normierung des Vorrangs bedurfte es nicht!

Dass der Käufer also bei Vorliegen eines Mangels zunächst auf den Nacherfüllungsanspruch verwiesen wird, musste im Kaufrecht nicht gesondert geregelt werden. Beim Nacherfüllungsanspruch handelt es sich um den Primäranspruch des Käufers in modifizierter Gestalt. Bereits das allgemeine Leistungsstörungsrecht, auf das § 437 BGB verweist, räumt dem Nacherfüllungsanspruch durch die Fristsetzungserfordernisse in den §§ 281 I, 323 I BGB den Vorrang ein.

SCHULDRECHT BT I

Dem Verkäufer soll hierdurch das „Recht zur zweiten Andienung" gegeben werden.[161]

hemmer-Methode: Der „Vorrang des Nacherfüllungsanspruches" ist also auf den Vorrang des Primäranspruches zurückzuführen, der den gedanklichen Hintergrund der Regelungen über die Sekundärrechte (Schadensersatz, Rücktritt) des allgemeinen Leistungsstörungsrechtes bildet. Dem Prinzip vom Vorrang des Nacherfüllungsanspruches kommt daher keine aus sich heraus konstitutive Wirkung zu. Arbeiten Sie direkt mit dem Gesetz!

3. Überblick über die Anspruchsvoraussetzungen

Überblick: Nacherfüllungsanspruch des Käufers

Voraussetzungen des Nacherfüllungsanspruches gemäß §§ 437 Nr. 1, 439 BGB

1. **Wirksamer Kaufvertrag**
2. **Mangelhafte Leistung** durch den Verkäufer
3. Konkretisierung durch den Käufer: **Ausübung des Wahlrechts** nach § 439 I BGB (nicht nötig, wenn nur eine Nacherfüllungsart möglich ist)
4. Keine **Unmöglichkeit** der Nacherfüllung, § 275 I - III BGB
5. Keine **berechtigte Verweigerung** durch den Verkäufer i.S.v. § 439 IV BGB *(beim Verbrauchsgüterkauf ist § 475 IV BGB zu beachten)*
6. Keine **Verjährung**, § 438 BGB

4. Leistungsort für die Nacherfüllung

Problem: Leistungsort für die Nacherfüllung

Die Frage, an welchem Ort die Nacherfüllung zu erfolgen hat, ist in Rechtsprechung und Literatur sehr umstritten.

Meinungsstand in Rechtsprechung und Literatur

a) Vielfach wird als Erfüllungsort für die Nacherfüllung nach § 439 BGB der **bestimmungsgemäße aktuelle Belegenheitsort der Sache** angesehen.[162]

Vereinzelt wird erwogen, auf den Belegenheitsort der Sache nur beim Vorliegen eines Verbrauchsgüterkaufs abzustellen.

b) Nach der Gegenansicht ist **der ursprüngliche Erfüllungsort der Primärleistungspflicht** auch für den Nachbesserungsanspruch aus § 439 I BGB als Erfüllungsort maßgebend. Dabei werden teilweise für nicht oder nur schwer zu transportierende Gegenstände Ausnahmen zugelassen.[163]

c) Teilweise wird auch eine **differenzierende Betrachtungsweise** gefordert, die die Beurteilung des Erfüllungsorts **von den jeweiligen Umständen des Einzelfalls**, insbesondere von der Interessenlage und der Verkehrsanschauung, **abhängig** macht.

Hierbei sollen vor allem die Art der Sache, insbesondere deren Transportfähigkeit und Transportüblichkeit sowie die Verhältnismäßigkeit der Transportkosten, oder etwa der Umfang der Instandsetzungsmaßnahmen ausschlaggebend sein.[164]

---

[161] Palandt, § 439, Rn. 1.
[162] OLG München, NJW 2006, 449 - 450 (450) = jurisbyhemmer; AG Menden, **Life&Law 02/2005**, 83 - 87 = NJW 2004, 2171 - 2172 = jurisbyhemmer.
[163] Jauernig, § 439 BGB, Rn. 11; Lorenz, Die Reichweite der kaufrechtlichen Nacherfüllungspflicht durch Neulieferung, NJW 2009, 1633 - 1637 (1635); Muthorst, Der Nacherfüllungsort, ZGS 2007, 370 - 373.
[164] Pils, Der Ort der Nacherfüllung im Kaufrecht, JuS 2008, 767 - 770 (769 f.).

d) Eine weitere - speziell für den Bereich des Autokaufs vertretene - Auffassung sieht in **Anwendung der in § 269 I BGB genannten Kriterien** bei einem Nachbesserungsverlangen wegen der dabei voraussichtlich erforderlichen Diagnose- und Instandsetzungsmaßnahmen regelmäßig den Betriebssitz des Händlers als Erfüllungsort an. Bei der Ersatzlieferung liege der Erfüllungsort, wenn sich den Umständen nichts anderes entnehmen lasse, ebenfalls am (Betriebs-)Sitz des Verkäufers; insoweit gelte die Auffangregelung des § 269 I BGB, wonach im Zweifel der Sitz des Schuldners maßgebend sei.[165]

Ansicht des BGH

e) Der BGH schließt sich der Ansicht an, wonach der Erfüllungsort für die Nacherfüllung nach der allgemeinen Vorschrift des § 269 BGB zu bestimmen ist.[166]

§ 269 BGB sei als Bestimmung des allgemeinen Schuldrechts **anwendbar, weil das Kaufrecht** des BGB **keine spezielle Regelung** zum Erfüllungsort der Nacherfüllung **enthält**.

Die in § 439 I BGB verwendete Formulierung, wonach der Käufer im Rahmen der Nacherfüllung die „Lieferung" einer mangelfreien Sache verlangen kann, lässt nicht den Schluss zu, der Gesetzgeber habe hierdurch zum Ausdruck bringen wollen, dass die Nacherfüllung stets eine Bringschuld sei, deren Erfüllungsort beim Käufer liege.

§ 439 II BGB ist nur eine Kostentragungsregel

Auch § 439 II BGB regelt nicht den Nacherfüllungsort. Diese Vorschrift erschöpft sich in einer reinen Kostentragungsregel[167] und lässt keine Rückschlüsse auf sonstige Rechte und Pflichten der Kaufvertragsparteien zu.

> **hemmer-Methode:** Die Trennung zwischen Kostentragung und Leistungspflicht ist dem Gesetz nicht fremd. Im Gegenteil: **§ 269 III BGB bestimmt, dass aus dem Umstand allein, dass der Verkäufer entgegen § 448 I BGB die Kosten der Versendung übernimmt, noch nicht folgt, dass der Transport deswegen geschuldet ist.**

Auch die Rechtsnatur des Nacherfüllungsanspruchs als modifizierter Erfüllungsanspruch steht der Anwendbarkeit des § 269 BGB nicht entgegen.

Weder durch eine generelle Gleichsetzung des Erfüllungsorts der Nacherfüllung mit dem jeweiligen Belegenheitsort der Kaufsache noch durch eine automatische Übertragung des ursprünglichen Erfüllungsorts auf die Nacherfüllung lässt sich eine für alle typischen Nacherfüllungssituationen überzeugende Lösung finden. Vielmehr ermöglicht gerade die Anwendung des § 269 I BGB eine an den konkreten Umständen ausgerichtete Festlegung des Erfüllungsorts der jeweils geschuldeten Leistung und führt damit auch im Rahmen der Nacherfüllung zu sachgerechten Ergebnissen.

Die Bestimmung des Erfüllungsorts nach § 269 I BGB steht auch mit Art. 3 der Verbrauchsgüterkaufrichtlinie in Einklang.

Nach Art. 3 III S. 3 der Verbrauchsgüterkaufrichtlinie muss die Nacherfüllung zwar **ohne erhebliche Unannehmlichkeiten** für den Verbraucher erfolgen. Diese Vorgabe muss bei der Bestimmung des Erfüllungsorts beachtet werden. Allerdings erfordert die Richtlinie nicht, den Verbraucher vor sämtlichen Unannehmlichkeiten zu schützen, was sich eindeutig aus dem Zusatz „erheblich" ergibt.

---

[165] OLG München, NJW 2007, 3214 - 3215 = **juris**byhemmer; Palandt, § 439, Rn. 3a.
[166] **BGH, Life&Law 07/2011, 462 - 470** = NJW 2011, 2278 - 2284 = **juris**byhemmer; bestätigt von **BGH, Life&Law 05/2013, 321 ff.** = NJW 2013, 1074 ff. = **juris**byhemmer; so auch OLG Naumburg, IBR 2012, 677 = **juris**byhemmer.
[167] Vgl. dazu auch Nemeczek, Der Anspruch auf Ersatz der Transportkosten im Kaufrecht und sein Verhältnis zum Nacherfüllungsort, NJW 2016, 2375 ff.

Ein **gewisses Maß an Unannehmlichkeiten ist** dem **Verbraucher** mithin **zumutbar**.

Die nach der Richtlinie eröffneten Wertungsspielräume werden daher im Rahmen der nach § 269 I BGB zu berücksichtigenden Umstände bei richtlinienkonformer Auslegung gewahrt und sachgerecht ausgeschöpft.

Wo der Leistungsort für die Nacherfüllung ist, hängt von den Besonderheiten des Einzelfalles ab

Bei Geschäften des täglichen Lebens, etwa beim Kauf im Ladengeschäft, entspricht es der Verkehrsauffassung, dass die Kunden ihre Reklamationen regelmäßig unter Vorlage der mangelhaften Ware am Sitz des Verkäufers vorbringen.

Dagegen erweist sich eine Gleichsetzung des Erfüllungsorts der Nacherfüllung mit dem Sitz des Verkäufers insbesondere in den Fällen als unangemessen, in denen es um die Nachbesserung von Gegenständen geht, die der Käufer an ihrem Bestimmungsort auf- oder eingebaut hat.

Das gleiche gilt für Gegenstände, in denen ein Rücktransport aus anderen Gründen nicht oder nur unter erschwerten Bedingungen zu bewerkstelligen wäre.

> **hemmer-Methode:** Einziges Manko dieser sorgfältig begründeten Entscheidung ist der Umstand, dass der BGH die Frage des Leistungsortes ohne Vorlage an den EuGH im Alleingang entschieden hat.[168]
> Nach der Lösung des BGH ist § 269 I BGB einschlägig. Diese Norm tritt aber hinter eine Parteivereinbarung zurück. Ob eine solche beim Verbrauchsgüterkauf möglich ist, erscheint bedenklich. Würde man nämlich – wie teilweise die Literatur – aus § 439 II BGB den Leistungsort für die Nacherfüllung herauslesen, so wäre diese Vorschrift unabdingbar, vgl. § 476 I S. 1 BGB. Hier ist wohl noch nicht das letzte Wort gesprochen.

5. Gibt es einen Anspruch auf Nacherfüllung in Form der Nachlieferung bei der Stückschuld?

Problem: Nachlieferung beim Stückkauf

Sehr **umstritten** ist die Frage, ob es auch **beim Stückkauf** einen Anspruch auf Nachlieferung gibt.[169]

164

> **Bsp.:** V hat K seinen vier Jahre alten Gebrauchtwagen (Laufleistung 15.000,- km) verkauft. K kaufte den Wagen aufgrund der geringen Laufleistung und des guten optischen Zustandes. Aufgrund einer mangelhaften Zündanlage startet der Wagen nicht.[170]
>
> **Abwandlung:** Es handelt sich um ein Ausstellungsstück mit einer Laufleistung von 10 km.[171]

Ausgangsfall:

1. Der Wagen ist mangelhaft, da er sich für die gewöhnliche Verwendung nicht eignet, § 434 I S. 2 Nr. 2 BGB.

Der Anspruch auf Nachbesserung als Unterfall des Nacherfüllungsanspruches des Käufers gem. §§ 433 I S. 2, 434 I S. 2 Nr. 1, 437 Nr. 1, 439 I Alt. 1 BGB richtet sich auf Maßnahmen des Verkäufers, die die Mangelhaftigkeit des Wagens beseitigen. K kann von V daher Auswechslung der fehlerhaften Zündkerze verlangen.

---

[168] Kritisch auch Staudinger/Atz, Nacherfüllung im Kaufrecht und Gerichtsstand des Erfüllungsortes, NJW 2011, 3121 - 3126.
[169] Vgl. Sie dazu den Beitrag von Faust, Grenzen des Anspruchs auf Ersatzlieferung bei der Gattungsschuld, ZGS 2004, 252 - 258; sowie Musielak, Die Nacherfüllung beim Stückkauf, NJW 2008, 2801 - 2806.
[170] Vgl. BGH, **Life&Law 11/2006, 725 - 733** = NJW 2006, 2839 - 2842 = **juris**byhemmer.
[171] OLG Braunschweig, NJW 2003, 1053 - 1054 (1054) = **juris**byhemmer.

§ 1 KAUF

2. Grds. kann K nach seiner Wahl an Stelle der Nachbesserung auch Nachlieferung verlangen, § 439 I Alt. 2 BGB. Ein solcher Anspruch wäre auf Lieferung einer anderen, mangelfreien Sache gerichtet.

Das Problem besteht nun darin, dass ein ganz bestimmter Wagen gekauft wurde, dass m.a.W. eine Individualisierungsabrede vorliegt, nach der sich der Vertrag auf dieses eine Fahrzeug konkretisierte (Stückkauf).

Umstritten ist, ob bei einem Stückkauf die Ersatzlieferung einer anderen Sache überhaupt eine Nacherfüllung i.S.d. § 439 I BGB darstellen kann.[172]

nach e.A. Nachlieferung niemals geschuldet

a) Nach einer im Schrifttum vertretenen Auffassung soll eine Ersatzlieferung beim Stückkauf in jedem Fall unmöglich sein.[173]   **164a**

Der Inhalt des **ursprünglichen Erfüllungsanspruchs** begrenzt sich nach dieser Ansicht wegen des vereinbarten Stückkaufs auf den konkreten Gegenstand.

Zur Begründung wird ausgeführt, dass sich die Leistungspflicht des Verkäufers beim Stückkauf nur auf die verkaufte Sache beziehe und somit jede andere Sache von vorneherein untauglich sei, den vertraglich geschuldeten Zustand herbeizuführen.

Leistet er, um dem Nachlieferungsverlangen des Käufers nachzukommen, einen anderen, vergleichbaren Gegenstand, handelt es sich dogmatisch um ein „**aliud**".[174]

Die Lieferung eines „**aliud**" zum Zwecke der Nacherfüllung wäre aber gem. § 434 III BGB wieder eine mangelhafte Leistung, sodass keine ordnungsgemäße Nacherfüllung möglich ist.

Außerdem sei die Lieferung einer anderen Sache vom Verkäufer auch nicht geschuldet. Geschuldet wird demnach nur das konkret individualisierte „**Stück**", während die Ersatzlieferung auf die Lieferung einer anderen als der zunächst gelieferten, mangelhaften Sache gerichtet ist.

Die Lieferung eines „aliud" gehört aber nicht zum Pflichtenprogramm des Verkäufers.

Somit wird vertreten, dass dem Stückverkäufer die Nachlieferung objektiv anfänglich unmöglich ist, § 275 I BGB. Mithin sei der Stückkäufer auf die Nacherfüllungsvariante der Nachbesserung beschränkt.[175]

Kritik an dieser M.M.

b) Diese Auffassung übersieht aber, dass der ursprüngliche Erfüllungsanspruch mit dem Nacherfüllungsanspruch nicht zwingend deckungsgleich ist.   **164b**

Zwar setzt der Nacherfüllungsanspruch als Primäranspruch den ursprünglichen Erfüllungsanspruch fort, allerdings nur in **modifizierter Form**:[176]

Eine der unbestrittenen Modifikationen ist die **unterschiedliche Verjährung**: Während der ursprüngliche Erfüllungsanspruch aus § 433 I BGB der allgemeinen subjektiven Verjährung der §§ 195, 199 I BGB unterliegt, verjährt der Nacherfüllungsanspruch nach § 438 I, II BGB objektiv beginnend mit der Übergabe.

---

[172] Vgl. hierzu Fest/Tyroller, Nochmal: Schuldet der Verkäufer beim Stückkauf Nacherfüllung durch Lieferung einer anderen vergleichbaren Sache?, **Life&Law 02/2005, 133 - 135**; d'Alquen/Tyroller, Der Anspruch auf Nacherfüllung beim Stückkauf 1, **Life&Law 06/2003, 441 - 442**.

[173] Ackermann, Die Nacherfüllungspflicht des Stückverkäufers, JZ 2002, 378 - 385; Faust, Grenzen des Anspruchs auf Ersatzlieferung bei der Gattungsschuld, ZGS 2004, 252 - 258 (252 m.w.N.); Huber, Der Nacherfüllungsanspruch im neuen Kaufrecht, NJW 2002, 1004 - 1008 (1006); Huber, Festschrift für Schlechtriem, 2003, S. 521, 523 Fn. 9; Tiedtke/Schmitt, Ersatzlieferung beim Stückkauf, JuS 2005, 583 - 587 (586); so früher auch Lorenz, Schadensersatz wegen Pflichtverletzung - ein Beispiel für die Überhastung der Kritik an der Schuldrechtsreform, JZ 2001, 742 - 745 (744) und Lorenz, Aliud, peius und indebitum im neuen Kaufrecht, JuS 2003, 36 - 40 (37), anders jedoch nunmehr Lorenz in MüKo, vor § 474 BGB, Rn. 17 bzw. in „Prüfe Dein Wissen", Schuldrecht II, Fall 30.

[174] Lorenz/Riehm, Lehrbuch zum neuen Schuldrecht, 2002, Rn. 505 f.; Huber, FS Schlechtriem, 2003, S. 523 f.

[175] Lorenz, Aliud, peius und indebitum im neuen Kaufrecht, JuS 2003, 36 - 40 (37); Reischl, Grundfälle zum neuen Schuldrecht, JuS 2003, 865 - 870 (869); Palandt, § 439, Rn. 15; Lorenz/Riehm, Lehrbuch zum neuen Schuldrecht, 2002, Rn. 505.

[176] Palandt, § 439, Rn. 1.

Ferner ist der Pflichteninhalt des ursprünglichen Erfüllungsanspruchs nicht allein maßgeblich für den Inhalt des Nacherfüllungsanspruchs. Der ursprüngliche Erfüllungsanspruch ist nach § 433 I S. 1 BGB auf Übergabe und Übereignung des geschuldeten Gegenstandes gerichtet, nicht hingegen auf die Reparatur.

Wählt der Gläubiger aber Nacherfüllung in der Variante der Nachbesserung, bestehen keine Zweifel daran, dass der Käufer diese nach § 439 I Alt. 1 BGB schuldet, obwohl diese nicht Inhalt des ursprünglichen Erfüllungsanspruchs war.[177]

Aus diesem Grund ist es dogmatisch keinesfalls zwingend, dass die Nachlieferung bei der Stückschuld mit einer vergleichbaren Sache deshalb ausgeschlossen ist, weil sich der ursprüngliche Erfüllungsanspruch auf einen bestimmten Gegenstand bezogen hat.

BGH und h.L. ⇨ Nachlieferung auch bei Stückschuld denkbar

c) Der BGH und die h.L. bejahen daher die grundsätzliche Möglichkeit der Nachlieferung auch beim Stückkauf und folgen damit der in Rechtsprechung und Schrifttum vorherrschenden Auffassung.[178]

Eine einschränkende Auslegung des § 439 I BGB dahingehend, dass der Käufer einer Stücksache eine Ersatzlieferung in keinem Fall verlangen kann, findet im Wortlaut des § 439 I BGB keine Stütze und ist auch mit dem aus den Gesetzesmaterialien hervorgehenden Willen des Gesetzgebers nicht vereinbar.

Wortlaut des § 439 I BGB differenziert nicht

aa) Zunächst ist festzuhalten, dass der Wortlaut des § 439 I BGB nicht zwischen Stück- und Gattungskauf differenziert.

Der Wortlaut der Bestimmung, wonach es weder hinsichtlich der Nachbesserung noch der Ersatzlieferung darauf ankommt, ob ein Stückkauf oder ein Gattungskauf vorliegt, enthält keinen Anhaltspunkt für die Annahme, dass ein Anspruch des Käufers auf Ersatzlieferung nur bei einem Gattungskauf, nicht dagegen bei einem Stückkauf gegeben sei.

Hätte der Gesetzgeber den Nachlieferungsanspruch auf den Gattungskauf beschränken wollen, wäre folgende Formulierung möglich gewesen: „Der Käufer kann als Nacherfüllung nach seiner Wahl die Beseitigung des Mangels oder, **wenn die Sache nur der Gattung nach bestimmt ist,** die Lieferung einer mangelfreien Sache verlangen".[179]

Das Gesetz wurde aber offen gefasst und ist damit Indiz dafür, dass der Verkäufer auch beim Stückkauf Nachlieferung schuldet.[180]

Wille des Gesetzgebers

bb) Die Nachlieferung beim Stückkauf generell zu verneinen, würde dazu führen, dass der Vorrang des Anspruchs auf Nacherfüllung, der den §§ 437 ff. BGB zugrunde liegt[181], beim Stückkauf bei irreparablen Mängeln entfiele. Das widerspräche dem Willen des Gesetzgebers, im kaufrechtlichen Mängelrecht den Unterschied zwischen Stück- und Gattungsschuld aufzugeben.

> **hemmer-Methode:** Die Gattungsschuld ist als solche weiterhin existent (vgl. §§ 243, 300 II, 524 II, 2155, 2182 I, 2183 BGB bzw. § 360 HGB).
> **Die Unterscheidung hat sich aber in vielen Bereichen im Ergebnis erübrigt, was eine deutliche Erleichterung für die Praxis bedeutet.**

164c

---

[177] Vgl. Kamanabrou, Der Nachlieferungsanspruch beim Stückkauf, ZGS 2004, 57 - 62 (59).

[178] OLG Braunschweig, NJW 2003, 1053 - 1054 (1054) = **juris**byhemmer; LG Ellwangen, NJW 2003, 517 - 518 = **juris**byhemmer; Bitter/Meidt, Nacherfüllungsrecht und Nacherfüllungspflicht des Verkäufers im neuen Schuldrecht, ZIP 2001, 2114 - 2124 (2119 f.); MüKo, § 439 BGB, Rn. 11 f.; Palandt, § 439, Rn. 15; Staudinger, § 439 BGB, Rn. 28 ff.; Schulze/Ebers, Streitfragen im neuen Schuldrecht, JuS 2004, 462 - 468 (463 f.).

[179] Vgl. Canaris, Die Nacherfüllung durch Lieferung einer mangelfreien Sache beim Stückkauf, JZ 2003, 831 - 838 (833).

[180] Absolut unzutreffend ist die Annahme von Bitter/Meidt, ZIP 2001, 2114 - 2124 (2119), dass der Gesetzgeber den Nacherfüllungsanspruch nicht hätte anders formulieren können.

[181] Vgl. hierzu Entwurfsbegründung zum Schuldrechtsmodernisierungsgesetz, BT-Drucks. 14/6040, S. 94 f.; 220 f.; 230; BGHZ 162, 219 - 230 (226 ff.).

Der Gesetzgeber ist davon ausgegangen, dass die Schaffung des Nacherfüllungsanspruchs des Käufers unabhängig davon, ob ein Stückkauf oder ein Gattungskauf vorliegt, sowohl den Interessen des Käufers als auch denen des Verkäufers entspricht. Er hat damit die Möglichkeit der Nacherfüllung durch die Lieferung einer mangelfreien anderen Sache bewusst auch für den Fall eines Stückkaufs vorgesehen.

Der Regierungsbegründung kann dazu an mehreren Stellen etwas entnommen werden:

Zum einen heißt es, dass die *„Nacherfüllung nicht bei jedem Stückkauf möglich ist"*.[182] Zum anderen scheide *„beim Kauf einer bestimmten gebrauchten Sache (...) eine Nachlieferung zumeist von vornherein aus (...)"*.[183]

Dies zeigt, dass sich der Gesetzgeber bei Ausarbeitung des Kaufrechts mit einem Nacherfüllungsanspruch beim Kaufrecht auseinandergesetzt hat.

Überdies legen die zitierten Fundstellen den Schluss nahe, dass jedenfalls beim Stückkauf neuwertiger Sachen grundsätzlich in den Grenzen des § 439 IV BGB und § 275 BGB ein Anspruch auf Nachlieferung besteht.

In der Entwurfsbegründung wird außerdem ausgeführt, der Käufer habe nicht in erster Linie ein Interesse an der Rückgängigmachung des Kaufs oder an der Herabsetzung des Kaufpreises; ihm gehe es vor allem darum, eine mangelfreie Sache zu erhalten.

Dieses Interesse könne *„in den meisten Fällen - auch beim Stückkauf - durch Nachbesserung oder Lieferung einer anderen gleichartigen Sache befriedigt werden"*.[184]

Spätestens aus dieser Formulierung ist zu ersehen, dass der Gesetzgeber die Nacherfüllung durch Lieferung einer anderen, mangelfreien Sache beim Stückkauf nicht als grundsätzlich ausgeschlossen angesehen hat.

> **hemmer-Methode:** Vom BGH mit keiner Silbe erwähnt wurde das Problem der richtlinienkonformen Auslegung des § 439 I BGB. § 439 I BGB entspricht Art. 3 II der Verbrauchsgüterkaufrichtlinie (VGK-RL).[185] Dieser Vorgabe fehlt jeder Anhaltspunkt für eine Einschränkung auf den Gattungskauf oder eine Differenzierung zwischen Stück- und Gattungskauf.
> Dies könnte im Wege der richtlinienkonformen Auslegung dazu zwingen, die Nachlieferung beim Stückkauf zulassen. Eine richtlinienkonforme Auslegung kann zwar grds. nicht weiter gehen als der personelle Anwendungsbereich der Verbrauchsgüterkaufrichtlinie, der sich auf den Verbrauchsgüterkauf i.S.v. § 474 I BGB beschränkt.
> Im Zuge der Schuldrechtsmodernisierung ist der Gesetzgeber aber über eine auf den Verbrauchsgüterkauf begrenzte Umsetzung der Richtlinie hinausgegangen und hat die Vorschriften des allgemeinen Leistungsstörungsrechts angepasst (sog. „Große Lösung" der Schuldrechtsreform). Aufgrund dieses gesetzgeberischen Willens wirkt die richtlinienkonforme Auslegung mittelbar auch auf Sachverhalte, die in personeller Hinsicht nicht von der Richtlinie erfasst sind (sog. Ausstrahlungswirkung der richtlinienkonformen Auslegung).[186]
> Demnach darf bei der Anwendung des Leistungsstörungsrechts und der Mängelrechte nicht danach unterschieden werden, ob der Sachverhalt personell von der Richtlinie erfasst ist.

---

[182] BT-Drucks. 14/6040, S. 209.
[183] BT-Drucks. 14/6040, S. 89, 220 (232).
[184] BT-Drucks. 14/6040, S. 89, 220 (230).
[185] Richtlinie, 1999/44/EG, Abl. EG Nr. L 171 S. 12.
[186] Vgl. BGH, Fall „Heininger", NJW 2002, 1881 - 1884 = **juris**byhemmer.

Zwischenergebnis:

Mithin steht fest, dass aufgrund des Wortlauts des § 439 I BGB, des gesetzgeberischen Willens (und der vom BGH nicht erörterten richtlinienkonformen Auslegung bzw. Ausstrahlungswirkung) ein Nacherfüllungsanspruch grundsätzlich auch beim Stückkauf besteht.

Nachlieferung aber evtl. unmöglich

d) Auch wenn danach eine Ersatzlieferung beim Stückkauf nicht von vorneherein ausscheidet, so ist sie doch nicht in jedem Fall möglich.

164d

Dies gilt insbesondere für den Kauf gebrauchter Sachen.

In den Gesetzesmaterialien wird darauf hingewiesen, dass beim Kauf einer bestimmten gebrauchten Sache eine Nachlieferung *„zumeist von vornherein ausscheiden"* werde.[187]

Wann im konkreten Einzelfall eine Nachlieferung unmöglich ist bzw. wann sie in Betracht kommt, wird in Rechtsprechung und Schrifttum unterschiedlich beurteilt.

Erste Ansicht (objektiver Ansatz)
⇨ *Nachlieferung nur bei vertretbaren Sachen*

aa) In der Literatur wird teilweise vorgeschlagen, die Nacherfüllung bei Stückschulden auf **vertretbare Sachen i.S.v. § 91 BGB** zu beschränken.[188]

+

Vertretbar ist eine Sache dann, wenn sie sich von anderen Sachen der gleichen Art nicht durch ausgeprägte Individualisierungsmerkmale abhebt und daher ohne weiteres ausgetauscht werden kann.

Bezug genommen wird von dieser Ansicht v.a. auf den Kauf von Massenartikeln im Kaufhaus, wo es für den Verkäufer relativ einfach ist, einem Ersatzlieferungsbegehren nachzukommen.

Zweite Ansicht (subjektiver Ansatz)
⇨ *Nachlieferung nur bei Ersetzbarkeit der Kaufsache*

bb) Die überwiegende Meinung in der Lehre hält den objektiv zu bestimmenden Begriff der Vertretbarkeit für untauglich. Der Begriff entstamme dem deutschen Recht und findet sich nicht in der Richtlinie wieder. Einer uneingeschränkten Übernahme dieses Begriffs stehe somit die an Art. 3 der Verbrauchsgüterkauf-RL orientierte Auslegung entgegen.[189] Dort ist die Rede von **„Ersatzlieferung"**.

Ob eine Nachlieferung in Betracht kommt, hängt davon ab, ob die Kaufsache im Falle ihrer Mangelhaftigkeit durch eine gleichartige und gleichwertige **ersetzt** werden kann.

Dies bestimmt sich daher nach dem Pflichtinhalt. Dieser ergibt sich wiederum aufgrund der **Privatautonomie** durch **Auslegung des** zu ermittelnden **Parteiwillens** (§§ 133, 157 BGB) bei Vertragsschluss.[190]

Nur wenn sich dieser Wille nicht ermitteln lässt, ist auf den hypothetischen Parteiwillen abzustellen, der ähnlich wie bei der Geschäftsführung ohne Auftrag aus dem objektiven Interesse gefolgert wird.

hemmer-Methode: Wenn es sich bei dem Kaufgegenstand um eine vertretbare Sache handelt, kann dieser Umstand bei der Ermittlung des Parteiwillens (§§ 133, 157 BGB) eine Indizfunktion für die Gleichwertig- und Gleichartigkeit der Ersatzsache haben.

Bei **„Ersetzbarkeit"** der Kaufsache entspricht es dem (hypothetischen) Parteiwillen, eine gleichwertige und gleichartige Ersatzsache liefern zu können bzw. verlangen zu dürfen. Denn dadurch wird das Leistungsinteresse des Käufers befriedigt und der Verkäufer kann sich den durchsetzbaren Anspruch auf die Gegenleistung „verdienen".

---

[187] BT-Drucks. 14/6040, S. 232.

[188] So z.B. Pammler, Zum Ersatzlieferungsanspruch beim Stückkauf, NJW 2003, 1992 - 1994 (1993); Kamanabrou, Der Nachlieferungsanspruch beim Stückkauf, ZGS 2004, 57 - 62 (59).

[189] Vgl. Canaris, Die Nacherfüllung durch Lieferung einer mangelfreien Sache beim Stückkauf, JZ 2003, 831 - 838.

[190] Vgl. Palandt, § 439, Rn. 15.

Eine solche Ersetzbarkeit ist nach dem (hypothetischen) Parteiwillen dagegen in der Regel zu verneinen, wenn es sich um einen privaten Verkäufer handelt oder der Kaufvertrag Restposten zum Gegenstand hat.[191]

Dritte Ansicht:
⇨ *Erweiterung der Gattungsschuld*

cc) Nach einer weiteren Ansicht ist bei Stückschulden die Nachlieferung unmöglich. Die Lösung solle daher durch eine **Erweiterung des Gattungsschuldbegriffes** erfolgen.

Wenn es sich aber um einen ersetzbaren, austauschfähigen Gegenstand handelt (wofür die Vertretbarkeit ein Indiz sein kann; s.o.), so soll gar kein Stückkauf vorliegen, sondern ein Gattungskauf.[192]

Anstatt den Nachlieferungsanspruch auf Stückkäufe zu erstrecken, wird bei dieser Lösung der Begriff des Gattungskaufs ausgedehnt (sog. „erweiterter Gattungskauf").[193]

Diese Ansicht umgeht damit das Problem, dass der Verkäufer im Wege der Nacherfüllung nun plötzlich ein **aliud** schuldet.

Stellungnahme

dd) Der zuletzt genannten Ansicht ist nicht zu folgen, da sich diese „dogmatischen Schwierigkeiten" aufgrund des Wortlauts und des gesetzgeberischen Willens durchaus rechtfertigen lassen (s.o.).

Es ist nicht geboten, die klassische Einordnung, wann eine Stückschuld und wann eine Gattungsschuld vorliegt, aufzugeben und durch einen „neuen" erweiterten Gattungsbegriff zu ersetzen.

Wer sich einen bestimmten Gegenstand aussucht (z.B. ein **Ausstellungsstück**), der kauft eben gerade keinen der Gattung nach bestimmten Gegenstand, sondern diesen ganz konkreten.

Überzeugend ist es vielmehr, in diesen Fällen weiterhin von einem Stückkauf auszugehen, bei welchem die Nacherfüllung durch Lieferung einer anderen Sache möglich ist, wenn dies „dem durch Auslegung zu ermittelnden Willen der Vertragsparteien" entspricht, d.h. wenn nach deren übereinstimmenden Vorstellungen „die Kaufsache im Falle ihrer Mangelhaftigkeit durch eine gleichartige und gleichwertige ersetzt werden kann".

Lösung des Ausgangsfalles

e) Für die **Lösung des Ausgangsfalles** bedeutet dies Folgendes:

Bei einem Gebrauchtwagenkauf ist die Ersatzlieferung eines anderen Fahrzeugs regelmäßig unmöglich im Sinne des § 275 I BGB.

Es kann nämlich nicht davon ausgegangen werden, dass die Kaufsache nach dem Willen der Beteiligten austauschbar ist.

K hat seine Kaufentscheidung nicht nur aufgrund objektiver Anforderungen, sondern auch aufgrund des bei der Besichtigung gewonnenen persönlichen Eindrucks von dem Fahrzeug getroffen.

Entscheidend für diese Wahl waren für K laut Sachverhalt der gute optische Zustand des gepflegten Fahrzeugs sowie der Umstand, dass die Laufleistung mit 15.000,- km nach vier Jahren sehr niedrig war.

Soweit in der Lehre teilweise vertreten wird, dem Verkäufer eines Massenprodukts sei die Lieferung eines gleichwertigen Gebrauchtfahrzeugs nicht unmöglich, weil der Käufer nicht auf ein bestimmtes individuelles Fahrzeug Wert gelegt habe, sondern es ihm nur um einen bestimmten Typ mit einer bestimmten Ausstattung gegangen sei, ist dies nicht überzeugend.[194]

---

[191] Vgl. Balthasar/Bolten, Untergang der verkauften Sache: Unmöglichkeit oder Ersatzlieferungsanspruch?, ZGS 2004, 411 - 414 (414).

[192] Ackermann, Die Nacherfüllungspflicht des Stückverkäufers, JZ 2002, 378 - 385 (381 ff.); Jacobs, Das neue Schuldrecht in der Praxis, 2003, S. 371 (379 f.); in diese Richtung tendieren auch Tiedtke/Schmitt, Ersatzlieferung beim Stückkauf, JuS 2005, 583 - 587.

[193] Vgl. hierzu auch Dieckmann, Das Ende der Stückschuld?, ZGS 2009, 9 - 13.

[194] So etwa Huber, Die Nacherfüllung im neuen Kaufrecht, NJW 2002, 1004 - 1008 (1006).

Die Auslegung des hypothetischen Parteiwillens geht beim Kauf gebrauchter Sachen regelmäßig dahin, dass es dem Käufer auf einen bestimmten Typ und eine bestimmte Ausstattung des Fahrzeugs ankommt.

Dabei wird in der Regel erst der bei einer persönlichen Besichtigung gewonnene Gesamteindruck von den technischen Eigenschaften, der Funktionsfähigkeit und dem äußeren Erscheinungsbild des individuellen Fahrzeugs ausschlaggebend für den Entschluss des Käufers sein, das konkrete Fahrzeug zu kaufen.

In der Gesamtheit seiner Eigenschaften handelt es sich dann aber nicht mehr um einen ohne weiteres austauschbaren Gegenstand.

Angesichts der vielfältigen Unterschiede im Abnutzungsgrad gebrauchter Sachen - auch gleichen Typs - ist Zurückhaltung bei der Annahme geboten, dass beim Kauf einer gebrauchten Sache auch die Lieferung einer anderen Sache dem Parteiwillen entspreche.

Wenn eine Ersatzlieferung als möglich angesehen wird, hat dies auf Grund des Vorrangs der Nacherfüllung zur Folge, dass sich die Parteien zunächst über die Lieferung einer anderen gebrauchten Sache auseinander zu setzen haben, bevor ein Rücktritt vom Vertrag oder ein anderes Recht aus § 437 Nr. 2 und 3 BGB beansprucht werden kann.

Angesichts des naturgemäß unterschiedlichen Erhaltungszustands gebrauchter Sachen und der damit verbundenen Schwierigkeit, eine in jeder Hinsicht gleichwertige Ersatzsache zu beschaffen, wäre häufiger Streit über die Gleichwertigkeit der angebotenen oder zu beschaffenden Ersatzsache absehbar, wenn auch bei gebrauchten Sachen regelmäßig Anspruch auf eine Ersatzlieferung bestünde. Dies liefe den Interessen beider Kaufvertragsparteien zuwider.

Das wollte auch der Gesetzgeber vermeiden, indem er zum Ausdruck brachte, dass beim Kauf einer bestimmten gebrauchten Sache eine Nachlieferung „zumeist von vorneherein ausscheiden" werde.[195]

Umstände, welche bei einem Gebrauchtwagenkauf, wie er hier vorliegt, die Annahme eines Ausnahmefalles nahe legen könnten, in dem die Lieferung eines gleichwertigen Ersatzfahrzeugs als möglich erscheint, sind aus dem Sachverhalt nicht ersichtlich.

Ergebnis Ausgangsfall: Somit ist der Nacherfüllungsanspruch des K auf Nachbesserung beschränkt.

Lösung Abwandlung

Anders ist dies dagegen in der Abwandlung:

Hier enthielt der Sachverhalt keinerlei Hinweise dafür, dass der Kauf auf einer individuellen Entscheidung des Käufers beruhte.

Lässt sich also ein dahingehender Parteiwille nicht feststellen, so kommt es auf den mutmaßlichen Willen an, der gem. §§ 133, 157 BGB aus Sicht von objektiv verständigen Parteien ermittelt wird.

Hierbei mag nun die Vertretbarkeit des Gegenstandes ein Indiz für die Ersetzbarkeit und damit für das Bestehen eines Nachlieferungsanspruchs sein.

In der Abwandlung führt die Auslegung dazu, dass der Käufer ein anderes Fahrzeug verlangen kann, aber auch akzeptieren muss. Der Unterschied zum Ausgangsfall bestand darin, dass es sich zwar um ein neues Auto, aber um ein Ausstellungsstück gehandelt hat.

Für den Verkäufer hat dies den Vorteil, dass er sich durch Andienung der gleichwertigen Sache den Kaufpreis „verdienen" konnte.

Der Käufer ist in den Fällen eines behebbaren Mangels insoweit geschützt, als er Nachbesserung verlangen kann, sofern diese nicht (relativ) unverhältnismäßig ist, § 439 IV S. 2 Var. 3 BGB.

---

[195] BT-Drucks. 14/6040, S. 232; ebenso zum Gebrauchtwagenkauf: Reinking/Eggert, a.a.O., Rn. 1421 f.

> **Exkurs:**
> **Besteht ein Anspruch auf Nachlieferung analog §§ 437 Nr. 1, 439 I Alt. 2 BGB auch vor der Übergabe?**

164g

Teilweise wird aus dem Bestehen eines Nachlieferungsanspruchs beim Stückkauf geschlossen, dass ein solcher Anspruch zur Vermeidung von Wertungswidersprüchen auch dann bestehen muss, wenn die (Stück-)Kaufsache vor Übergabe untergeht.[196]

Die h.L. lehnt aber einen Lieferungsanspruch in Analogie zu § 439 I Alt. 2 BGB in den Fällen des Untergangs vor Gefahrübergang zu Recht ab. Der Nacherfüllungsanspruch surrogiert den ursprünglichen Erfüllungsanspruch in den Fällen einer Schlechtleistung. Er entsteht folglich nur, wenn hypothetisch der ursprüngliche Erfüllungsanspruch noch bestehen würde.

In den Fällen des Untergangs des Kaufgegenstandes vor Übergabe ist dies jedoch nicht der Fall. Denn der ursprüngliche Erfüllungsanspruch ist gemäß § 275 I BGB ausgeschlossen. Grund für das Entstehen des modifizierten Nacherfüllungsanspruchs ist die Übergabe einer mangelhaften Sache an den Käufer. Dies zeigt sich sowohl an dem Einleitungssatz des § 437 BGB als auch an dem dem Käufer in § 439 I BGB eingeräumten Wahlrecht zwischen Nachbesserung und Nachlieferung.

Fehlt es an der Übergabe, besteht kein Anknüpfungspunkt für die inhaltlichen Modifikationen gegenüber dem ursprünglichen Erfüllungsanspruch. Es bleibt somit dabei, dass dieser nach § 275 I BGB erloschen ist.

Der Natur des Nacherfüllungsanspruchs widerspräche es nach alledem grundlegend, würde dieser beim Untergang der Kaufsache vor Übergabe – ohne Bestehen der erforderlichen Grundlage in Form des Erfüllungsanspruchs – neu geschaffen.

Die Verletzung unterschiedlicher Hauptleistungspflichten und der Entstehungsgrund des Nacherfüllungsanspruchs zeigen, dass die Konstellationen bis auf das Interesse des Käufers am Erhalt der Leistung und das Interesse des Verkäufers am Erwerb des Anspruchs auf die Gegenleistung schwerlich vergleichbar sind. Außerdem steht der Verkäufer in den Fällen einer Schlechtleistung nicht schlechter, sondern – zu Recht – anders.[197]

Somit liegt kein Wertungswiderspruch vor, der zu einer entsprechenden Anwendung des § 439 I BGB berechtigen würde.

> **Exkurs Ende**

6. Arten der Nacherfüllung

Im Folgenden stellt sich die Frage, welchen Inhalt die beiden Arten der Nacherfüllung konkret haben.

---

[196] Vgl. dazu Ackermann, Die Nacherfüllungspflicht des Stückverkäufers, JZ 2002, 378 - 385 (381 ff.) sowie JZ 2003, 1154 f.; Balthasar/Bolten, Untergang der verkauften Sache: Unmöglichkeit oder Ersatzlieferungsanspruch?, ZGS 2004, 411 - 414; Bitter, Der Nachlieferungsanspruch beim Stück-, Vorrats- und Gattungskauf in Sachmängelfällen sowie beim Untergang der Sache, ZIP 2007, 1881 - 1889 (1882); Dieckmann, Das Ende der Stückschuld?, ZGS 2009, 9 - 13.

[197] So auch Canaris, Die Nacherfüllung durch Lieferung einer mangelfreien Sache beim Stückkauf, JZ 2003, 831 - 838 sowie Fest, Kann der Käufer Ersatzlieferung verlangen, wenn die geschuldete Leistung vor Übergabe untergeht?, ZGS 2005, 18 - 20.

a) Beseitigung des Mangels bzw. „Nachbesserung", § 439 I Alt. 1 BGB

Nachbesserung = Beseitigung des Mangels am gelieferten Gegenstand

Bei der Nachbesserung hat der Verkäufer den Mangel am gelieferten Gegenstand zu beseitigen. Dies muss er freilich nicht in eigener Person tun, wozu ihm oftmals die nötigen Mittel und Fähigkeiten fehlen werden.

Der Verkäufer kommt seiner Pflicht ebenso nach, wenn er die Nachbesserung durch einen Dritten als Erfüllungsgehilfen durchführen lässt.

Bsp.: Verkäufer V lässt die fehlerhafte Zündkerze an seinem verkauften Gebrauchtwagen durch die Fachwerkstatt W auswechseln. Damit genügt er seiner Pflicht zur Nachbesserung; die Nacherfüllung ist grundsätzlich keine höchstpersönliche Verkäuferpflicht.

Lässt sich der Mangel nicht vollständig beheben, so ist die Nachbesserung teilweise unmöglich. In diesem Fall ist der Verkäufer zumindest verpflichtet, den Mangel „auszubessern" (str.).[198]

hemmer-Methode: Der kaufrechtliche Ausbesserungsanspruch wird vor allem im Zusammenhang mit den Ansprüchen eines durch den VW-Skandal geschädigten Käufers diskutiert.
Sobald hier eine höchstrichterliche Entscheidung ergangen ist, wird die Problematik auch im Examen relevant werden.
Bis dahin empfehlen wir Ihnen den Beitrag von Horn, *„Der kaufrechtliche Ausbesserungsanspruch"*, in NJW 2017, 289 ff.

b) Lieferung einer mangelfreien Sache bzw. „Nachlieferung", § 439 I Alt. 2 BGB

Nachlieferung = Lieferung einer anderen, mangelfreien Sache

Nachlieferung ist dagegen die Lieferung einer anderen, mangelfreien Sache. Nachlieferung ist beim Gattungskauf und (mit Einschränkungen) nach h.M. auch beim Stückkauf möglich.

§ 439 V BGB

Hat der Verkäufer eine andere, mangelfreie Sache geliefert, so steht dem Verkäufer ein Anspruch auf Rückgewähr der zuvor gelieferten mangelhaften Sache zu, § 439 V BGB.

Die Rückabwicklung erfolgt insoweit nach den §§ 346 - 348 BGB.

Bsp.: B hat beim Versandhaus Q eine Waschmaschine Marke „Deluxe 2000" erworben. Bei der an B gelieferten Waschmaschine ist allerdings die Waschtrommel korrodiert. B verlangt von Q Lieferung eines neuen Exemplars.

Wenige Tage zuvor stürzte ein Schrank, den B aus ein paar losen Brettern leicht fahrlässigerweise unsachgemäß zusammengebaut hat, auf die Waschmaschine und beschädigte deren Gehäuse. Q verlangt nach Lieferung der neuen Waschmaschine Wertersatz; B wendet ein, er baue seine Schränke immer auf diese Weise zusammen. Anspruch Q gegen B auf Wertersatz?

1. Q könnte gegen B ein Anspruch auf Wertersatz hinsichtlich der beschädigten Waschmaschine zustehen. Ein solcher könnte sich aus § 346 II S. 1 Nr. 3 BGB ergeben.

a) Dazu müsste B gegenüber Q zur Rückgewähr der Waschmaschine nach § 346 I BGB verpflichtet gewesen sein. Eine solche Verpflichtung könnte nach § 439 V BGB bestanden haben.

---

[198] BGH, NJW 2013, 1365 ff. = **juris**byhemmer; Jäckel/Tonikidis, Der kaufrechtliche Ausbesserungsanspruch JuS 2013, 302 ff.; Gutzeit, Gibt es einen kaufrechtlichen Ausbesserungsanspruch?, NJW 2007, 956 - 960.

Die von Q an B aufgrund des geschlossenen Kaufvertrages gelieferte Waschmaschine wies einen Sachmangel jedenfalls nach § 434 I S. 2 Nr. 2 Alt. 2 BGB auf, da von einer neuen Waschmaschine erwartet werden kann, dass die Waschtrommel nicht korrodiert ist. B stand gegen Q ein Anspruch auf Nacherfüllung gem. §§ 433 I S. 2, 437 Nr. 1, 439 I BGB zu; B hat durch Erklärung gegen Q Nachlieferung gewählt und damit von seinem Wahlrecht nach § 439 I BGB Gebrauch gemacht. Da Q dem B eine neue mangelfreie Waschmaschine geliefert hat, bestand ein Anspruch auf Rückgewähr der mangelhaften Maschine nach §§ 439 V, 346 I BGB.

b) Da sich die Waschmaschine durch die Beschädigung des Gehäuses i.S.d. § 346 II S. 1 Nr. 3 HS 1 BGB verschlechtert hat, muss B grundsätzlich Wertersatz an Q leisten.

c) Allerdings könnte der Anspruch auf Wertersatz nach § 346 III S. 1 Nr. 3 BGB ausgeschlossen sein.

aa) Zunächst müsste die Rückabwicklung aufgrund eines gesetzlichen Rücktrittsrechtes erfolgen. Bei der Rückabwicklung nach § 439 V BGB handelt es sich jedoch nicht um eine echte Form des Rücktritts, da nicht der gesamte Kaufvertrag rückabgewickelt wird.

Jedoch schließt die Verweisung in § 439 V BGB auch § 346 III S. 1 Nr. 3 BGB ein. Die Vorschrift soll im Falle des gesetzlichen Rücktritts den Rücktrittsberechtigten schützen, da er anders als beim vertraglichen Rücktritt mit der Rückabwicklung nicht rechnen musste.

Die Interessenlage ist derjenigen bei der Rückabwicklung nach § 439 V BGB vergleichbar: Der Käufer muss nicht von Anfang an damit rechnen, dass es später aufgrund der Mangelhaftigkeit der Lieferung zu einer Rückabwicklung nach § 439 V BGB kommt. Daher ist § 346 III S. 1 Nr. 3 BGB zumindest analog auf die Fälle einer gesetzlichen Rückabwicklung anzuwenden, sofern das Gesetz die §§ 346 ff. BGB für anwendbar erklärt. Dies ist bei § 439 V BGB der Fall.

bb) Die Wertersatzpflicht des B wäre nach § 346 III S. 1 Nr. 3 BGB nur ausgeschlossen, wenn er die in eigenen Angelegenheiten anzuwendende Sorgfalt beachtet hätte.

Die Beschädigung der Waschmaschine ist durch das Umkippen eines unsachgemäß zusammengebauten Schrankes eingetreten. B baut seine Schränke jedoch immer in dieser Weise zusammen; eine Verletzung der eigenüblichen, subjektiven Sorgfalt liegt damit nicht vor. Für grobe Fahrlässigkeit (vgl. § 277 BGB) bestehen keine Anhaltspunkte.

B ist damit nicht zum Wertersatz verpflichtet.[199]

hemmer-Methode: Zur Frage, ob der Käufer im Falle der Nachlieferung eine Nutzungsentschädigung schuldet, lesen Sie Rn. 170b.

2. Ein Anspruch aus § 823 I BGB scheidet aus, da B im Zeitpunkt der Beschädigung der Maschine selbst Eigentümer derselben war. Eine Verletzung des Eigentums des Versandhauses Q liegt demnach nicht vor.

**hemmer-Methode: § 346 III S. 1 Nr. 3 BGB unterscheidet nicht danach, ob der Rücktrittsberechtigte im Zeitpunkt der Verschlechterung bzw. des Untergangs des zurück zu gewährenden Gegenstandes bereits Kenntnis vom Rücktrittsgrund hatte.
Es wird allerdings die Auffassung vertreten, dass ab diesem Zeitpunkt dem Rücktrittsberechtigten auch beim gesetzlichen Rücktrittsrecht eine Haftungsprivilegierung nicht mehr zusteht, da er nicht mehr schutzwürdig sei.[200]**

---

[199] Ebenso Kohler, ZGS 2004, 48 - 54 (53); für eine entsprechende Anwendung des § 346 III S. 1 Nr. 1 BGB Schwab/Wippler, Recht der Rücktrittsfolgen, JuS 2004, 404 - 409 (406).

[200] Lesen Sie hierzu ausführlich Hemmer/Wüst, Schuldrecht AT, Rn. 567 sowie Fest/Tyroller, „Probleme des gesetzlichen Rücktrittsrechts", Life&Law 03/2005, 198 ff.

c) Wahlrecht des Käufers[201]

Wahlrecht des Käufers

167 Das Gesetz spricht dem Käufer das Recht zur Wahl zwischen Nachbesserung und Nachlieferung zu, § 439 I BGB. Über die nähere Ausgestaltung dieses Wahlrechts lässt das Gesetz den Anwender allerdings im Unklaren.

Wahlschuld oder elektive Konkurrenz?

Fraglich ist, ob auf dieses Wahlrecht die Vorschriften über die Wahlschuld (§§ 262 - 265 BGB) direkt oder zumindest analog heranzuziehen sind, oder ob es sich um einen Fall elektiver Konkurrenz handelt.

Nach M.M. erlischt das „ius variandi" nach § 263 II BGB

168 **aa)** Nach einer vereinzelt vertretenen Mindermeinung erlischt das Wahlrecht des Käufers bereits dann, wenn dieser einmal eine bestimmte Art der Nacherfüllung (hier Austausch des Getriebes) verlangt hat.

Begründet wird dies damit, dass auf das Wahlrecht des Käufers nach § 439 I BGB die Vorschriften über die Wahlschuld (§§ 262 - 265 BGB) direkt oder zumindest analog heranzuziehen sind.[202] In diesem Fall wäre ein einmal ausgeübtes Wahlrecht unwiderruflich[203] und die gewählte Leistung wäre nach § 263 II BGB als die von Anfang an allein geschuldete anzusehen.

Nach h.M. liegt ein Fall elektiver Konkurrenz vor

169 **bb)** Nach h.M.[204] handelt es sich aber nicht um eine Wahlschuld, sondern um einen **Fall elektiver Konkurrenz**.

> **hemmer-Methode:** Die elektive Konkurrenz ist im Gesetz nicht ausdrücklich geregelt, kommt aber in der Praxis weitaus häufiger vor als die Wahlschuld.
> Beispiele einer elektiven Konkurrenz sind Rücktritt und Minderung (§ 437 Nr. 2 BGB) Erfüllung oder Schadensersatz i.R.d. § 179 I BGB; Nachbesserung oder Nachlieferung (§§ 439 I, 635 I BGB).
> Ebenfalls nicht im Gesetz geregelt ist die sog. Ersetzungsbefugnis, bei welcher zunächst nur eine bestimmte Leistung geschuldet wird.[205]
> Der zur Ersetzung Berechtigte kann jedoch diese Leistung durch eine andere ersetzen und damit zum alleinigen Schuldinhalt machen.
> Der Schuldinhalt ist immer bestimmt. Die §§ 262 ff. BGB sind auch auf die Ersetzungsbefugnis weder direkt noch analog anwendbar.[206]

Während bei einer Wahlschuld nur eine Forderung mit alternativem Inhalt besteht (ex tunc-Wirkung des § 263 II BGB), stehen dem Gläubiger bei einer elektiven Konkurrenz wahlweise mehrere, inhaltlich verschiedene Ansprüche zu.

Dass das Wahlrecht bei § 439 I BGB nicht dem Schuldner (= Verkäufer), sondern dem Gläubiger (= Käufer) zusteht, steht dem Vorliegen einer Wahlschuld noch nicht entgegen, da es sich bei § 262 BGB nur um eine Auslegungsregel handelt. Außerdem geht auch § 264 II BGB davon aus, dass das Wahlrecht auch dem Gläubiger zustehen kann.

---

[201] Zur Rechtsnatur des Wahlrechts des Käufers im Rahmen der Nacherfüllung sei zur Vertiefung auf den Aufsatz von Schroeter, Das Wahlrecht des Käufers im Rahmen der Nacherfüllung, NJW 2006, 1761 - 1765 bzw. auf den Aufsatz von Skamel, Das Wahlrecht des Käufers zwischen Nachbesserung und Ersatzlieferung, ZGS 2006, 457 - 461 hingewiesen.

[202] So Jauernig, § 439 BGB, Rn. 9 a.E.

[203] Palandt, § 262, Rn. 2.

[204] Palandt, § 439, Rn. 5; MüKo, § 439 BGB, Rn. 4; Staudinger, § 439 BGB, Rn. 7; Schroeter, Das Wahlrecht des Käufers im Rahmen der Nacherfüllung, NJW 2006, 1761 - 1765 (1762); Skamel, Das Wahlrecht des Käufers zwischen Nachbesserung und Ersatzlieferung, ZGS 2006, 457 - 461 (461).

[205] Eine Ersetzungsbefugnis ist im Gesetz z.B. in §§ 249 II S. 1, 251 II, 257 S. 2 BGB vorgesehen. Ein wichtiges Beispiel einer vertraglich vereinbarten Ersetzungsbefugnis ist nach der Rspr. und h.L. die Inzahlunggabe eines gebrauchten Pkw beim Kauf eines Neuwagens.

[206] Ausführlicher zur Abgrenzung Wahlschuld, Gattungsschuld, Ersetzungsbefugnis und elektive Konkurrenz vgl. Tyroller, **Life&Law 09/2005, 645 - 646.**

Gegen eine Wahlschuld spricht aber, dass die Rechtsfolge des § 263 II BGB nicht passt, wonach die gewählte Nacherfüllung die von Anfang an allein geschuldete Nacherfüllung wäre. Dies ist bei § 439 BGB nämlich eindeutig nicht der Fall. Die Wahl einer Nacherfüllungsart führt nicht zum Entfallen des Nacherfüllungsanspruches insgesamt.

Wenn nämlich der Verkäufer die gewählte Art der Nacherfüllung (zu Recht) verweigert, steht dem Käufer gem. § 439 IV S. 3 HS 1 BGB wenigstens die andere Art der Nacherfüllung noch zu.

Damit führt die bloße Ausübung des Wahlrechts für sich allein noch nicht zum automatischen Erlöschen des Anspruches auf Nachlieferung gem. § 263 II BGB.

Wahlrecht erlischt nach § 242 BGB

In jedem Fall ist der Käufer bei der Ausübung seines Wahlrechts aber an die Grundsätze von Treu und Glauben (§ 242 BGB), insbesondere an die Verbote des widersprüchlichen Verhaltens sowie des Rechtsmissbrauchs, gebunden.

170

Nach Treu und Glauben muss das Wahlrecht des Käufers auch dann entfallen, wenn der Verkäufer mit der vom Käufer gewählten Nacherfüllungsform bereits begonnen hat. Denn es wäre treuwidrig, dem Verkäufer das Risiko eines Sinneswandels seitens des Käufers aufzuerlegen.[207]

Allerdings dürften praktische Schwierigkeiten bestehen, den genauen Zeitpunkt des Beginns der Nacherfüllungshandlung seitens des Verkäufers festzulegen.

Daher sind die Grundsätze von Treu und Glauben im Zweifel bereits dann verletzt, wenn der Käufer den Verkäufer, ohne ihm eine Frist gesetzt zu haben, mit einer veränderten Wahl konfrontiert.[208]

Anders bei grundloser Verweigerung der gewählten Nacherfüllungsart durch Verkäufer

Hat der Verkäufer zunächst die gewählte Art der Nacherfüllung akzeptiert und verweigert er später (grundlos) diese Nacherfüllungsart, so muss dem Käufer aber sicher die Möglichkeit zustehen, nun die andere Nacherfüllungsart zu verlangen. Er kann nicht gezwungen sein, die gewählte Nacherfüllungsart gerichtlich durchsetzen zu müssen, v.a. wenn der Verkäufer die andere Nacherfüllungsart zu erfüllen bereit ist.

hemmer-Methode: Die Rechte des Gläubigers, nach Fristablauf zu gestalten (§ 323 I BGB bzw. § 281 I, IV BGB) oder weiterhin auf Erfüllung zu bestehen, bilden ebenfalls keine Wahlschuld, sondern stehen auch in elektiver Konkurrenz. Lesen Sie hierzu Tyroller, „Darf der Käufer eine angebotene mangelhafte Sache zurückweisen?", in Life&Law 09/2005, 641 - 650 sowie BGH, Life&Law 06/2006, 367 - 372.

7. Unentgeltlichkeit der Nacherfüllung, § 439 II BGB

§ 439 II BGB ⇨ Unentgeltlichkeit der Nacherfüllung

§ 439 II BGB stellt fest, dass der Verkäufer die mit der Nacherfüllung verbundenen Aufwendungen zu tragen hat. Ist der Verkäufer nach § 439 I BGB zur Nacherfüllung verpflichtet, ist dies eine Selbstverständlichkeit.

170a

§ 439 II BGB ist nach Ansicht des BGH auch Anspruchsgrundlage

Der BGH qualifiziert § 439 II BGB in ständiger Rechtsprechung als Anspruchsgrundlage auf Kostenersatz.[209]

---

[207] OLG Celle, IBR 2013, 180 = **juris**byhemmer.
[208] OLG Saarbrücken, **Life&Law 04/2009, 219 - 225** = NJW 2009, 369 - 372 = **juris**byhemmer; MüKo, § 439 BGB, Rn. 5.
[209] BGH, **Life&Law 9/2008, 575 ff.** = NJW 2008, 2837 = **juris**byhemmer; BGH, **Life&Law 7/2011, 462 ff.** = NJW 2011, 2278 = **juris**byhemmer.

Nach Ansicht des BGH ist **§ 439 II BGB** auch eine Anspruchsgrundlage auf Kostenersatz.[210] § 439 II BGB soll auch **Sachverständigenkosten** erfassen, die einem Käufer entstehen, um die Ursache der Mangelerscheinungen des Kaufgegenstandes aufzufinden und auf diese Weise zur Vorbereitung eines die Nacherfüllung einschließenden Gewährleistungsanspruchs die Verantwortlichkeit für den Mangel zu klären.[211]

Die Vorschrift steht aber im Kontext zur Nacherfüllungspflicht des § 439 I BGB, die dem Verkäufer im Falle der Mangelhaftigkeit der Kaufsache ein Recht zur zweiten Andienung gibt. Dies hat zur Folge, dass es eine ungeschriebene Voraussetzung des Anspruchs nach § 439 II BGB ist, dass beim Käufer Kosten **für Tätigkeiten** im Zusammenhang mit der Nacherfüllung angefallen sind, **die nicht vom Verkäufer selbst** im Rahmen seiner Nacherfüllungspflicht **hätten durchgeführt werden müssen**.

Sind allerdings Kosten innerhalb des Umfangs der vom Verkäufer geschuldeten Nacherfüllung selbst angefallen, so kann der Käufer diese nicht – verschuldensunabhängig und ohne vorherige Fristsetzung – nach § 439 II BGB ersetzt verlangen. Anderenfalls gäbe § 439 II BGB dem Käufer ein Recht zur Selbstvornahme, was dem Käufer aber gerade nicht zusteht (vgl. dazu Rn. 171).

hemmer-Methode: § 439 II BGB gibt dem Käufer kein Recht zur Selbstvornahme. Die Intention der Norm erschöpft sich vielmehr darin, dem Verkäufer im Sinne einer Kostentragungsregel zu verbieten, diese Kosten anderweitig auf den Käufer abzuwälzen.

Beim Verbrauchsgüterkauf Anspruch auf Vorschuss, § 475 VI BGB

§ 475 VI BGB gewährt dem Verbraucher gegenüber dem Unternehmer einen Vorschussanspruch für Aufwendungen, die ihm im Rahmen der Nacherfüllung gemäß § 439 II, III S. 1 BGB entstehen und die vom Unternehmer zu tragen sind.

Bsp.: K kauft bei V eine mehrere Kilo schwere Bose-Soundanlage. Diese erweist sich als defekt. Die Auslegung ergibt, dass der Nacherfüllungsort beim Verkäufer liegt. Wenn nun die Versendung der Soundanlage Kosten von 49,- € verursacht, kann der Käufer diesen Betrag vom Verkäufer als Vorschuss verlangen.

Der Anspruch besteht bereits vor Durchführung der Nacherfüllungsmaßnahmen und soll den Verbraucher davor schützen, mit solchen Nacherfüllungskosten in Vorlage treten zu müssen, die der Verkäufer zu tragen hat.

**hemmer-Methode: Einen solchen Vorschussanspruch bejahte der BGH bereits vor Einführung des § 475 VI BGB.[212] Es ist nicht einzusehen, dass dieser Vorschuss nur dem Verbraucher zusteht. Sinnvoller und gerechter wäre es daher gewesen, wenn der Gesetzgeber diesen Vorschussanspruch in § 439 BGB geregelt hätte. Durch die ausdrückliche Normierung in § 475 VI BGB könnte man im Umkehrschluss nun vertreten, dass dem unternehmerischen Käufer dieser Vorschussanspruch nicht zusteht. Dagegen spricht aber, dass sich das Hauptargument für den Vorschussanspruch – nämlich das Gebot der Unentgeltlichkeit der Nacherfüllung[213] – nicht nur aus Art. 3 III der Verbrauchsgüterkaufrichtlinie, sondern bereits aus § 439 II BGB ergibt und diese Vorschrift nicht auf den Verbrauchsgüterkauf beschränkt ist.
Logisch ist daher die Beschränkung auf den Verbrauchsgüterkauf nicht, zumal dem Anspruch auf Zahlung eines angemessenen Vorschusses in § 669 BGB ein allgemeiner Rechtsgedanke zugrunde liegt!**

---

[210] BGH, **Life&Law 07/2011, 462 - 470** = NJW 2011, 2278 - 2284 = **juris**byhemmer sowie BGH, **Life&Law 09/2008, 575 - 581** = NJW 2008, 2837 - 2840 = **juris**byhemmer.

[211] BGH, **Life&Law 07/2014, 485 ff.** = NJW 2014, 2351 ff. = **juris**byhemmer; kritisch dazu Lorenz, Sachverständigenkosten und Nacherfüllung, NJW 2014, 2319 (2321).

[212] BGH, **Life&Law 07/2011, 462 ff.** = NJW 2011, 2278 ff. = **juris**byhemmer.

[213] Vgl. dazu **Life&Law 11/2017, 735 ff.** = **juris**byhemmer.

Problem: §§ 439 V, 346 BGB

Begehrt der Käufer Nachlieferung gem. §§ 437 Nr. 1, 439 I Alt. 2 BGB, so kann der Verkäufer Herausgabe der mangelhaften Sache nach § 439 V BGB[214] verlangen.

Die §§ 439 V, 346 I, II S. 1 Nr. 1 BGB könnten daher dem Verkäufer einen Anspruch auf eine Nutzungsentschädigung gewähren. Hinsichtlich der Verweisung auf das Rücktrittsrecht der §§ 346 bis 348 BGB ist allerdings umstritten, ob ein Anspruch auf Nutzungsersatz besteht.

Da § 439 V BGB nicht nur auf die Herausgabepflicht des § 346 I BGB bezüglich des Gegenstandes selbst verweist, sondern eine umfassende Verweisung auf die §§ 346 - 348 BGB enthält, entspricht es der ganz h.M., dass der Käufer grundsätzlich verpflichtet ist, tatsächlich gezogene Nutzungen nach § 346 I, II BGB und schuldhaft nicht gezogene Nutzungen nach § 347 I BGB herauszugeben.[215]

Nicht bei Verbrauchsgüterkauf, § 475 III S. 1 BGB

Auf Vorlage des BGH[216] hat der EuGH[217] festgestellt, dass dies nicht mit der in Art. 3 II bis IV Verbrauchsgüterkaufrichtlinie[218] geregelten Unentgeltlichkeit der Ersatzlieferung, die ohne erhebliche Unannehmlichkeiten für den Verbraucher erfolgen muss, vereinbar ist.

Nachdem dies dann auch vom BGH bestätigt wurde[219], hat der Gesetzgeber gehandelt und für den Verbrauchsgüterkauf die Vorschrift des § 475 III S. 1 BGB ins BGB aufgenommen.

Nach § 475 III S. 1 BGB ist § 439 V BGB beim Verbrauchsgüterkauf mit der Maßgabe anzuwenden, dass Nutzungen nicht herauszugeben oder durch ihren Wert zu ersetzen sind.

hemmer-Methode: Bei Rückabwicklung eines Verbrauchsgüterkaufs nach erklärtem Rücktritt steht einem Anspruch des Verkäufers auf Nutzungswertersatz gemäß § 346 I BGB die Verbrauchsgüterkaufrichtlinie aber nicht entgegen. Bei der Rückabwicklung des Kaufvertrages erhält der Käufer nämlich - anders als bei der Nacherfüllung - den gezahlten Kaufpreis nebst Zinsen zurück. Er ist somit selber wieder „flüssig".[220]

8. Selbstvornahme der Nacherfüllung durch den Käufer[221]

Selbstvornahme gesetzlich nicht geregelt

Anders als im Werkvertragsrecht (dort §§ 634 Nr. 2, 637 BGB) ist das Recht des Käufers, die Nacherfüllung selbst vorzunehmen und die hierdurch anfallenden Kosten vom Verkäufer zu verlangen, nicht ausdrücklich geregelt worden.

---

[214] Diese Regelung ist Ausdruck eines Bereicherungsverbotes. Es soll verhindert werden, dass der Käufer besser steht als bei einem ordnungsgemäßen ersten Erfüllungsversuch.

[215] Vgl. statt aller Palandt, § 439, Rn. 25.

[216] BGH, **Life&Law 02/2006, 797 - 804** = NJW 2006, 3200-3202 = **juris**byhemmer.

[217] EuGH, **Life&Law 05/2008, 345** = NJW 2008, 1433 - 1435.

[218] Richtlinie 1999/44/EG des Europäischen Parlaments und des Rates vom 25. Mai 1999.

[219] BGH, **Life&Law 02/2009, 142** = NJW 2009, 427 - 431 = **juris**byhemmer.

[220] BGH, **Life&Law 01/2010, 10 - 15** = ZIP 2009, 2158 – 2159 = **juris**byhemmer; auch der 15. Erwägungsgrund der Verbrauchsgüterkaufrichtlinie gestattet es ausdrücklich, die Benutzung der vertragswidrigen Ware im Falle der Vertragsauflösung zu berücksichtigen. Einer Vorlage des Rechtsstreits an den EuGH zur Vorabentscheidung dieser Frage bedarf es nicht. Die Vorlagepflicht letztinstanzlicher Gerichte der Mitgliedstaaten entfällt nämlich immer dann, wenn die gemeinschaftsrechtliche Bestimmung bereits Gegenstand einer Auslegung durch den Gerichtshof war oder wenn die richtige Anwendung des Gemeinschaftsrechts derart offenkundig ist, dass für einen vernünftigen Zweifel kein Raum mehr bleibt („acte clair"). Letzteres ist hier der Fall, da der EuGH in seiner Entscheidung zur Europarechtswidrigkeit der Nutzungsersatzpflicht bei der Nachlieferung ausdrücklich auf die Nutzungsersatzpflicht bei Vertragsauflösung Bezug genommen hat.

[221] Tyroller/Fest, Hat auch der Käufer ein Recht zur Selbstvornahme der Mängelbeseitigung?, **Life&Law 01/2005, 70 - 76**; Braun, Zahlungsansprüche des Käufers bei Schlechtleistung des Verkäufers, ZGS 2004, 423 - 429.

§ 439 II BGB regelt kein Recht zur Selbstvornahme

Insbesondere regelt § 439 II BGB kein Recht zur Selbstvornahme. Der BGH qualifiziert § 439 II BGB zwar in ständiger Rechtsprechung als Anspruchsgrundlage auf Kostenersatz (vgl. Rn. 170a). Es ist aber ungeschriebene Voraussetzung des Anspruchs nach § 439 II BGB, dass beim Käufer Kosten **für Tätigkeiten** im Zusammenhang mit der Nacherfüllung angefallen sind, **die nicht vom Verkäufer selbst** im Rahmen seiner Nacherfüllungspflicht **hätten durchgeführt werden müssen**. Sind allerdings Kosten innerhalb des Umfangs der vom Verkäufer geschuldeten Nacherfüllung selbst angefallen, so kann der Käufer diese nicht – verschuldensunabhängig und ohne vorherige Fristsetzung – nach § 439 II BGB ersetzt verlangen. § 439 II BGB gibt dem Käufer daher gerade kein Recht zur Selbstvornahme.

Das Fehlen einer ausdrücklichen Regelung bedeutet jedoch nicht, dass bei der Selbstvornahme der Mängelbeseitigung durch den Käufer ein Ersatzanspruch schlechthin ausgeschlossen wäre.

Immer dann, wenn die Voraussetzungen für den Schadensersatz statt der Leistung nach §§ 437 Nr. 3, 280 I, III, 281 BGB gegeben sind, kann der Käufer die Kosten für die Selbstvornahme unproblematisch geltend machen (dazu unten in der Abwandlung).

Das setzt indes eine Fristsetzung durch den Käufer voraus. Diskutiert wird demgegenüber momentan, ob es eine Ersatzmöglichkeit für den Käufer auch unabhängig von der Fristsetzung gibt. Dies soll anhand eines Falles erörtert werden:

Bsp.: K hat beim Gebrauchtwagenhändler G einen vier Jahre alten 3er BMW erworben. Nach Übergabe stellt K fest, dass der Wagen aufgrund einer defekten Benzinpumpe nicht regelmäßig startet. K tauscht daher mit Hilfe seines Freundes F die Benzinpumpe selbst aus. K verlangt nun von G Ersatz der Kosten für die Benzinpumpe (150,- €). Anspruch des K?

Fraglich ist, ob K von G 150,- € für die Benzinpumpe verlangen kann. Dazu müsste ihm ein entsprechender Anspruch zustehen.

Analogie zu §§ 634 Nr. 2, 637 BGB abzulehnen

1. Ein solcher **Anspruch** ergibt sich **nicht aus §§ 634 Nr. 2, 637 BGB**. Denn die Parteien haben einen Kauf-, keinen Werkvertrag geschlossen.

Auch keine Analogie möglich

Um § 637 BGB analog anwenden zu können, bedürfte es einer vergleichbaren Interessenlage und einer (planwidrigen) Regelungslücke. Die Kosten der Selbstvornahme sind im Kaufrecht unter den Voraussetzungen des Schadensersatzes statt der Leistung grundsätzlich ersatzfähig. Mit einer entsprechenden Anwendung des § 637 BGB würde man das Erfordernis des Vertretenmüssens, was gerade den Verkäufer schützen soll, umgehen. Demnach besteht keine Regelungslücke.

Überdies fehlt es für einen Anspruch aus § 637 BGB an einer erfolglosen Fristsetzung. Somit scheidet ein Anspruch aus § 637 BGB analog aus.

Kein Anspruch direkt aus § 439 II BGB

2. Der **Anspruch** könnte sich **aus § 439 II BGB** ergeben: Da der Verkäufer die Kosten der Nacherfüllung zu tragen hat, erscheint es denkbar, dem Käufer im Falle der Selbstvornahme durch ihn einen Anspruch auf Aufwendungsersatz nach § 439 II BGB zuzugestehen.

Jedoch hat der Gesetzgeber es – anders als beim Werkvertrag, § 637 BGB – bewusst unterlassen, ein Selbstvornahmerecht des Käufers zu normieren.

Insbesondere würde bei einer derartigen Lesart der Vorschrift auch § 637 BGB überflüssig, da sich dann der Aufwendungsersatzanspruch des Bestellers bereits aus § 635 II BGB ergäbe, der mit § 439 II BGB inhaltsgleich ist.

Obwohl der BGH **§ 439 II BGB** mittlerweile als Anspruchsgrundlage auf Kostenersatz qualifiziert[222], darf dem K hierüber kein Anspruch gewährt werden.

Denn anderenfalls würde man das Recht zur Selbstvornahme der Mängelbeseitigung bejahen, welches der BGH gerade in gefestigter Rechtsprechung verneint (vgl. dazu ausführlich im Folgenden).

Darauf liefe die Bejahung des § 439 II BGB aber hinaus, wenn K dem V keine Frist zur Nacherfüllung gesetzt hat und diese Fristsetzung auch nicht entbehrlich war.

> **hemmer-Methode:** § 439 II BGB darf daher nur in den Fällen als Anspruchsgrundlage herangezogen werden, in denen dem Käufer Kosten für Handlungen entstehen, bei der Durchführung der Nacherfüllung *durch den Verkäufer* entstehen. Der Vertrag muss sich also bereits und noch im Stadium der Nacherfüllung befinden.
> Nach nicht unumstrittener Ansicht des BGH erfasst § 439 II BGB auch Sachverständigenkosten, die einem Käufer entstehen, um die Ursache der Mangelerscheinungen des Kaufgegenstandes aufzufinden und auf diese Weise zur Vorbereitung eines die Nacherfüllung einschließenden Gewährleistungsanspruchs die Verantwortlichkeit für den Mangel zu klären.[223]

3. Anspruch aus §§ 437 Nr. 3, 280 I, III, 281 I S. 1 BGB

Bis zur Selbstvornahme der Mängelbeseitigung handelt es sich um einen behebbaren Mangel, was gerade das Gelingen selbiger zeigt.

Da aber K keine Frist zur Nacherfüllung gesetzt hat und diese Frist auch nicht entbehrlich war, scheidet ein Anspruch aus §§ 437 Nr. 3, 280 I, III, 281 I S. 1 BGB aus.

> **hemmer-Methode:** Ist die nach § 281 I S. 1 BGB grundsätzlich erforderliche Fristsetzung entbehrlich, besteht dieser Anspruch. Denn in dieser Konstellation folgt aus dem Rechtsgedanken der Schadensminderungsobliegenheit des § 254 II S. 1 BGB, dass der Käufer auch einen Dritten beauftragen darf, wenn dieser die Reparatur schneller vornehmen kann.

§§ 280 I, III, 283 BGB (-)

4. Ein Anspruch auf **Schadensersatz statt der Leistung gem. §§ 280 I, III, 283** BGB scheidet ebenfalls aus.

Zwar könnte dem Verkäufer wegen der Selbstvornahme des Käufers die Nacherfüllung durch Zweckerreichung unmöglich geworden sein. Der Anspruch auf Schadensersatz scheitert aber am fehlenden Vertretenmüssen des Verkäufers, da diesem keine Frist zur Nacherfüllung gesetzt wurde.[224]

GoA, §§ 677, 683 S. 1, 670 BGB?

5. Ferner kommt ein solcher **Anspruch** auch **nach §§ 683 S. 1, 670 BGB** in Betracht.

a) Mit der Selbstvornahme der Reparatur hat K ein fremdes Geschäft des G i.S.d. § 677 BGB besorgt, denn es war nach § 439 I BGB die Pflicht des G, die Nachbesserung auszuführen. K handelte mit Fremdgeschäftsführungsbewusstsein, vgl. § 687 I BGB. Sein Fremdgeschäftsführungswille wird vermutet, da zumindest ein „auch-fremdes" Geschäft vorliegt (umstritten).[225]

---

[222] BGH, **Life&Law 07/2011, 462 - 470** = NJW 2011, 2278 - 2284 = jurisbyhemmer sowie BGH, **Life&Law 09/2008, 575 - 581** = NJW 2008, 2837 - 2840 = jurisbyhemmer.

[223] BGH, **Life&Law 07/2014, 485 ff.** = NJW 2014, 2351 ff. = jurisbyhemmer; kritisch dazu Lorenz, Sachverständigenkosten und Nacherfüllung, NJW 2014, 2319 (2321).

[224] Vgl. Anmerkung von Lorenz zur Entscheidung des AG Daun (ZGS 2003, 397 - 398 = jurisbyhemmer), Ansprüche des Käufers bei Selbstvornahme der Nacherfüllung, ZGS 2003, 398 - 399; a.A. Oechsler, Praktische Anwendungsprobleme des Nacherfüllungsanspruchs, NJW 2004, 1825 - 1830 (1826), der ohne nachvollziehbare Begründung eine Unmöglichkeit wegen Zweckerreichung ablehnt und stattdessen §§ 684 S. 1, 818 I BGB anwenden will.

[225] BGHZ 98, 235 - 244 = jurisbyhemmer; BGH, NJW 2000, 72 - 73 = jurisbyhemmer; lehrreich auch Falk, Von Titelhändlern und Erbensuchern - Die GoA-Rechtsprechung am Scheideweg, JuS 2003, 833 - 839.

b) § 683 BGB setzt das Vorliegen einer sog. berechtigten Geschäftsführung ohne Auftrag (GoA) voraus. Maßgebliches Kriterium zur Abgrenzung von der nichtberechtigten GoA ist der tatsächliche oder hypothetische Wille des Geschäftsherrn, hier also des G, vgl. § 683 S. 1 BGB.

Da der wirkliche Wille des G im Zeitpunkt der Geschäftsführung nicht bekannt war, ist auf seinen mutmaßlichen Willen abzustellen. Grundsätzlich ist G aber wohl nicht daran interessiert, dass K die Reparatur selbst vornimmt.

c) Diese Frage kann jedoch letztlich im Ergebnis dahinstehen, da die GoA jedenfalls aus anderen Gründen ausscheidet. Durch die Regeln der GoA beim „auch-fremden-Geschäft" darf nämlich nicht die durch die Privatrechtsordnung geschaffene Risikoverteilung aus den Angeln gehoben werden. Ansonsten würde die GoA zu einem schwer kalkulierbaren und konturenlosen „Billigkeitsrecht" verkommen.[226]

Der Gesetzgeber hat im Werkvertragsrecht in §§ 634 Nr. 2, 637 BGB dieses Problem ausdrücklich geregelt, aber nicht im Kaufrecht. Dies ist eine bewusste Risikoverteilung, die grundsätzlich zu Lasten des „sich selbst helfenden" Käufers geht.

Es ist daher kaum vertretbar, diese Entscheidung des Gesetzgebers durch das sog. „auch-fremde-Geschäft" bewusst zu umgehen.[227]

Der Ausschluss dieser Ansprüche steht im Einklang mit der bereits vor Inkrafttreten des Schuldrechtsmodernisierungsgesetzes begründeten Rechtsprechung des BGH zum Werkvertragsrecht. Gem. § 633 III BGB a.F. stand dem Besteller ein Selbstvornahmerecht mit Aufwendungsersatzanspruch zu, wenn der Werkunternehmer mit der Mängelbeseitigung im Verzug war.

Auch hier stellte sich die Frage der Konkurrenz zur GoA und bereicherungsrechtlichen Ansprüchen insbesondere dann, wenn ein Anspruch des Bestellers auf Ersatz von Aufwendungen zur Beseitigung von Mängeln nach § 633 III BGB a.F. nicht begründet war.

Nach ständiger Rechtsprechung konnte ein solcher Anspruch nicht auf die Vorschriften über ungerechtfertigte Bereicherung oder über die Geschäftsführung ohne Auftrag gestützt werden. Begründet wurde dies mit dem abschließenden Sonderregelungscharakter des werkvertraglichen Gewährleistungsrechts.[228]

Die Zulassung von Ansprüchen aus ungerechtfertigter Bereicherung oder Geschäftsführung ohne Auftrag würde außerdem zu Unklarheiten und Schwierigkeiten führen, welche die Mängelgewährleistungsvorschriften gerade ausschließen sollen.

Da die Mängel schon beseitigt seien, werde eine zuverlässige Nachprüfung ihres Umfangs und ihrer Schwere sowie der Angemessenheit der behaupteten Beseitigungskosten oft nicht mehr möglich sein.[229]

§ 812 BGB (-)

6. Aus demselben Grund muss daher auch ein Bereicherungsanspruch gem. **§ 812 I S. 1 BGB** wegen rechtsgrundloser Befreiung von einer Verbindlichkeit entfallen, auch wenn tatbestandlich die rechtsgrundlose Befreiung des Verkäufers von seiner Verbindlichkeit aus §§ 437 Nr. 1, 439 I BGB vorliegt.

Lösungsvorschlag: § 326 II S. 2 BGB analog i.V.m. §§ 326 IV, 346 I BGB

7. Nach der von Lorenz vertretenen Auffassung[230] muss sich der Verkäufer die zum Zwecke der Nacherfüllung erforderlichen Aufwendungen, die er durch die Selbstvornahme der Mängelbeseitigung seitens des Käufers **erspart** (vgl. § 439 II BGB), auf seinen Kaufpreisanspruch anrechnen lassen.

---

[226] Dies hat mittlerweile selbst der BGH im sog. Erbensucherfall erkannt, vgl. BGH, NJW 2000, 72 - 73 = **juris**byhemmer; besprochen von Emmerich in JuS 2000, 603 - 604 und gut kommentiert von Falk, a.a.O., 838.

[227] So BGH, **Life&Law 06/2005, 351 - 358 (355)**; Dauner-Lieb/Dötsch, Selbstvornahme im Kaufrecht?, ZGS 2003, 250 ff.; anders aber ohne nachvollziehbare Argumentation dagegen Oechsler, Praktische Anwendungsprobleme des Nacherfüllungsanspruchs, NJW 2004, 1825 - 1830 (1826).

[228] Vgl. BGH, NJW 1968, 43; BGHZ 92, 123 - 128 (125) = **juris**byhemmer; BGHZ 96, 221 - 230 (223) = **juris**byhemmer.

[229] BGH, NJW 1968, 43.

[230] Lorenz, Selbstvornahme der Mängelbeseitigung im Kaufrecht, NJW 2003, 1417 - 1419 (1418 f.).

§ 1 KAUF

a) Insoweit wird entweder die unmittelbare Anwendung des § 326 II S. 2 BGB befürwortet[231], oder diese Norm für analog anwendbar gehalten.[232]

Unmöglichkeit durch Zweckerreichung

Die vom Verkäufer geschuldete Nacherfüllung wird infolge der Selbstvornahme der Mängelbeseitigung durch den Käufer durch **Zweckerreichung** unmöglich (§ 275 I BGB).[233] Der Verkäufer behält zwar seinen Kaufpreisanspruch, weil § 326 I S. 1 BGB nicht gilt. Dies ergibt sich zum einen aus § 326 I S. 2 BGB, wonach bei mangelhafter Leistung § 326 I S. 1 BGB nicht anwendbar ist.

Zum anderen folgt dies aber auch aus § 326 II S. 1 Alt. 1 BGB, da es K versäumt hat, B eine Frist zur Nacherfüllung zu setzen und daher diesem die Nacherfüllung schuldhaft unmöglich gemacht hat.[234]

Anteilige Rückerstattung des gezahlten Kaufpreises gem. §§ 326 IV, 346 ff. BGB

Hat der Käufer bereits den vollständigen Kaufpreis geleistet, könnte er bei einer Anwendung des § 326 II S. 2 BGB die **anteilige Erstattung nach § 326 IV BGB i.V.m. §§ 346 ff. BGB** verlangen (einer Gestaltungserklärung bedarf es hierfür nicht).

BGH lehnt „Lorenz-Meinung" ab

b) Der BGH ist dieser Auffassung (wie auch die Vorinstanz[235]) mit der herrschenden Auffassung in Rechtsprechung und Literatur zu Recht nicht gefolgt.[236]

Vorrang der §§ 434 ff. BGB

aa) Das Gesetz räumt dem Käufer[237] keinen Aufwendungsersatzanspruch im Falle der Selbstbeseitigung von Mängeln ein.

Der Gesetzgeber hat bei der Neuregelung der Mängelrechte des Käufers durch das Schuldrechtsmodernisierungsgesetz bewusst von einem Selbstvornahmerecht auf Kosten des Verkäufers abgesehen, wie sich insbesondere aus dem Vergleich der in § 437 Nr. 1 bis 3 BGB aufgeführten Rechte des Käufers mit den ebenfalls neu gefassten und im Wesentlichen übereinstimmenden Rechten des Bestellers beim Werkvertrag (§ 634 Nr. 1 bis 4 BGB) ergibt.[238]

Dort ist aber in §§ 634 Nr. 2, 637 BGB eben dieses Selbstvornahmerecht geregelt. Im Kaufrecht dagegen bewusst nicht.

Keine planwidrige Lücke

bb) Gegen eine **analoge** Anwendung des § 326 II S. 2 BGB spricht daher schon das Fehlen einer **planwidrigen** Regelungslücke.

Dem wird entgegengehalten, dass § 326 II S. 2 BGB kein Selbstbeseitigungsrecht des Käufers, sondern die Rechtsfolgen der Unmöglichkeit dieses Anspruchs regeln würde. Außerdem seien die ersparten Kosten des Verkäufers auch von den im Rahmen eines Selbstvornahmerechts ersatzfähigen eigenen Aufwendungen des Käufers rechtlich zu unterscheiden.[239]

---

[231] So Lorenz, Ansprüche des Käufers bei Selbstvornahme der Nacherfüllung, ZGS 2003, 398 - 399; Lorenz, Selbstvornahme der Mängelbeseitigung im Kaufrecht, NJW 2003, 1417 - 1419; Ebert, Das Recht des Verkäufers zur zweiten Andienung und seine Risiken für den Käufer, NJW 2004, 1761 - 1764 (1763); Katzenstein, Nochmals: Ersatz ersparter Aufwendungen bei eigenmächtiger Selbstvornahme der Mängelbeseitigung ZGS 2004, 349 - 357.

[232] Bamberger/Roth/Faust, § 437 BGB, Rn. 33; Jauernig, § 326 BGB, Rn. 29; Oetker/Maultzsch, Vertragliche Schuldverhältnisse, 2. Aufl., S. 102; Palandt, § 437, Rn. 4a; Palandt, § 326, Rn. 13.

[233] Den Eintritt der Unmöglichkeit bestreiten dagegen mit wenig überzeugender Begründung Erman/Grunewald, § 437 BGB, Rn. 3; Oechsler, Praktische Anwendungsprobleme des Nacherfüllungsanspruchs, NJW 2004, 1825 - 1830 (1826).

[234] Nach der Ansicht von Lorenz handelt es sich hierbei keinesfalls um einen „methodisch komplexen Rückschluss aus dem allgemeinen Schuldrecht, sondern um eine schlichte Subsumtion des Gesetzeswortlauts, die man jedem Jurastudenten im 2. Semester in Kürze verdeutlichen kann" (Anmerkung von Lorenz zur Entscheidung des AG Daun in ZGS 2003, 397 - 399 (399); lesenswert ist auch die „Retour-Kutsche" von Dauner-Lieb/Dötsch, Nochmals: Selbstvornahme im Kaufrecht?, ZGS 2003, 455 ff.

[235] LG Gießen, NJW 2004, 2906 - 2907 = **juris**byhemmer.

[236] BGH, **Life&Law 06/2005**, 351 - 358 = NJW 2005, 1348 - 1351; BGH, **Life&Law 01/2006**, 1 - 5 = NJW 2005, 3211 - 3213; BGH, NJW 2006, 988 - 990; BGH, **Life&Law 04/2006**, 219 - 223 = NJW 2006, 1195 - 1197; **alle Entscheidungen** = **juris**byhemmer; Dauner-Lieb/Dötsch, Selbstvornahme im Kaufrecht?, ZGS 2003, 250 ff.; Dötsch, Rechte des Käufers nach eigenmächtiger Mangelbeseitigung, MDR 2004, 975 - 979 (977 f.); Ball, Die Nacherfüllung im Autokauf, NZV 2004, 217 - 227 (227); MüKo, § 437 BGB, Rn. 9 i.V.m. § 439 BGB, Rn. 10; Schroeter, Kostenerstattungsanspruch des Käufers nach eigenmächtiger Selbstvornahme des Mängelbeseitigung? JR 2004, 441 - 444; Dauner-Lieb/Arnold, Dauerthema Selbstvornahme, ZGS 2005, 10 - 14.

[237] Im Gegensatz zum Mieter (§ 536 a II BGB). Aber auch hier dürfen die strengen Voraussetzungen für das Selbstvornahmerecht nicht durch die Anwendung anderer Vorschriften unterlaufen werden (BGH, **Life&Law 05/2008**, 287 - 293 = NJW 2008, 1216 - 1218 = **juris**byhemmer).

[238] Vgl. auch die Entwurfsbegründung, BT-Drucks. 14/6040, S. 229.

[239] Dies beteuert insbesondere Lorenz, Selbstvornahme der Mängelbeseitigung im Kaufrecht, NJW 2003, 1417 - 1419 (1419). In ZGS 2003, 397 - 399 (399), Ansprüche des Käufers bei Selbstvornahme der Nacherfüllung, erklärt dies Lorenz sogar zur Selbstverständlichkeit, die jedem Studenten im 2. Semester in Kürze verdeutlicht werden könne.

Dieser Ansatz vermag nicht zu überzeugen, da es auch bei der Anrechnung ersparter Aufwendungen des Verkäufers gemäß § 326 II S. 2 BGB um Kosten der vom Käufer vorgenommenen Mängelbeseitigung geht. Einziger Unterschied ist lediglich, dass die Kosten nicht nach den auf Seiten des Käufers entstandenen Reparaturkosten zu berechnen sind, sondern nach dem Kostenaufwand, den der Verkäufer gehabt hätte und damit erspart hat.

Ließe man aber dem Käufer gemäß § 326 II S. 2 BGB die vom Verkäufer ersparten Aufwendungen zukommen, würde dies faktisch **im Ergebnis** darauf hinauslaufen, dem Käufer ein **Recht zur Selbstbeseitigung** von Mängeln auf Kosten des Verkäufers einzuräumen. Dieses Recht würde - anders als das Selbstvornahmerecht des Bestellers beim Werkvertrag nach § 637 BGB - noch nicht einmal den erfolglosen Ablauf einer vom Käufer gesetzten Frist zur Nacherfüllung voraussetzen.

Dies widerspräche aber grundlegend der Absicht des Gesetzgebers, der von der Schaffung eines Selbstbeseitigungsrechts des Käufers auf Kosten des Verkäufers nach dem Vorbild des Miet- und Werkvertrags bewusst abgesehen hat.[240]

Vorrang der Nacherfüllung

cc) Die Erstattung ersparter Mängelbeseitigungskosten gemäß § 326 II S. 2 BGB steht auch im Widerspruch zum Grundsatz des Vorrangs der Nacherfüllung.

Ein grundsätzlicher Vorrang der Nacherfüllung folgt für die Gestaltungsrechte des Rücktritts und der Minderung (§ 437 Nr. 2 BGB) sowie für die Ansprüche des Käufers auf Schadensersatz statt der Leistung und auf Ersatz vergeblicher Aufwendungen (§ 437 Nr. 3 BGB) aus dem Umstand, dass diese Rechte des Käufers regelmäßig den erfolglosen Ablauf einer dem Verkäufer gesetzten Frist zur Nacherfüllung voraussetzen.[241]

Aus der Sicht des Verkäufers stellt sich der Vorrang der Nacherfüllung als das sog. **„Recht zur zweiten Andienung"** dar. Das Fristsetzungserfordernis dient insoweit dem Schutz des Verkäufers, da er durch die Nacherfüllung die Geltendmachung der vorgenannten Käuferrechte abwenden kann.[242] Der Verkäufer erhält durch das Fristsetzungserfordernis damit eine „letzte Chance", den mit der Rückabwicklung des Vertrags verbundenen wirtschaftlichen Nachteil abzuwenden. Dem erfüllungsbereiten Verkäufer darf die Möglichkeit, sich den Kaufpreis durch eine „zweite Andienung" endgültig zu verdienen, aber nicht weggenommen werden. Dies geschieht aber, wenn der Käufer die Sache selbst repariert, ohne dem Verkäufer zuvor Gelegenheit zur Nacherfüllung gegeben zu haben.

Der gesetzliche Vorrang der Nacherfüllung bzw. das „Recht zur zweiten Andienung" würden leerlaufen, wenn der Käufer die Kosten der Mängelbeseitigung (durch den Verkäufer) gemäß § 326 II S. 2 BGB ohne vorherige Fristsetzung ganz oder teilweise von diesem verlangen könnte.

dd) Dagegen wird eingewendet, dem Verkäufer entstehe durch die Anrechnung der ersparten Aufwendungen kein Nachteil, da er die „zweite Andienung" ja ebenfalls aus eigener Tasche hätte bezahlen müssen, vgl. § 439 II BGB.

Ferner sei auch zu berücksichtigen, dass dem Käufer der Beweis der Voraussetzungen des § 326 II S. 2 BGB obliege.

ee) Aber auch diese Argumentation rechtfertigt keine andere Bewertung. Sie übersieht nämlich zwei Aspekte:

---

[240] Vgl. auch Dauner-Lieb/Dötsch, Nochmals: Selbstvornahme im Kaufrecht?, ZGS 2003, 455 (457).
[241] Vgl. nur MüKo, § 437 BGB, Rn. 4; Palandt, § 437, Rn. 4.
[242] Vgl. Bamberger/Roth/Faust, § 439 BGB, Rn. 2.

§ 1 KAUF

Selbstvornahme vernichtet Beweise, die der Verkäufer sonst sichern könnte

(1) Die vom Käufer grundsätzlich einzuräumende Gelegenheit zur Nacherfüllung soll es dem Verkäufer ermöglichen, die verkaufte Sache darauf zu überprüfen,

- ⇨ ob der behauptete Mangel besteht,
- ⇨ ob er bereits im Zeitpunkt des Gefahrübergangs vorgelegen hat,
- ⇨ auf welcher Ursache er beruht, sowie
- ⇨ ob und auf welche Weise er beseitigt werden kann.

Hierzu kann der Verkäufer gegebenenfalls Beweise sichern. Diese Möglichkeit einer Untersuchung und Beweissicherung verliert der Verkäufer aber, wenn er nach der vom Käufer durchgeführten Reparatur i.R.d. Geltendmachung eines Erstattungsanspruchs gemäß § 326 II S. 2, IV BGB vor „vollendete Tatsachen" gestellt wird.

Hierdurch würden sich seine Verteidigungsmöglichkeiten ungerechtfertigt verschlechtern.

bewusste Entscheidung des Gesetzgebers gegen eine Selbstvornahme im Kaufrecht

(2) Entgegen der Auffassung der Lehre[243] führt der Ausschluss einer Erstattung ersparter Aufwendungen gemäß § 326 II S. 2 BGB auch nicht zu einer ungerechtfertigten Besserstellung des Verkäufers.

Der Gesetzgeber hat in den **§§ 437 ff. BGB** die **Rechte des Käufers** bei Mängeln **besonders geregelt**. Der Käufer, der einen Mangel selbst beseitigt, ohne dem Verkäufer zuvor Gelegenheit zur Nacherfüllung gegeben zu haben, kann danach vom Verkäufer grundsätzlich nicht die Erstattung von Mängelbeseitigungskosten verlangen. Wer die gesetzlichen Voraussetzungen der in §§ 437 ff. BGB geregelten Mängelrechte nicht eingehalten hat, darf nicht darauf vertrauen, Ersatzansprüche zu erhalten.

Im Gegenteil: Dem Interesse des Käufers, dem Verkäufer keine Frist setzen zu müssen, wenn diese keinen Erfolg verspricht oder für den Käufer unzumutbar ist, trägt das Gesetz in den Ausnahmebestimmungen der §§ 281 II, 323 II und 440 S. 1 BGB hinreichend Rechnung.

Diese gesetzgeberische Entscheidung kann nicht einfach dadurch umgangen werden, dass dem Käufer unter Heranziehung der allgemeinen Vorschrift des § 326 II, IV BGB zumindest ein Teil der Nachbesserungskosten auch dann zugebilligt wird, wenn die besonderen Voraussetzungen der kaufrechtlichen Gewährleistungsvorschriften nicht vorliegen.

Ergebnis:

Ein Anspruch scheidet demnach aus.[244]

> **hemmer-Methode:** Wird die Nacherfüllung bei einer mangelhaften Kaufsache dadurch unmöglich, dass der Käufer diese schuldhaft zerstört, so sind sowohl das Rücktrittsrecht als auch die Minderung wegen § 323 VI BGB ausgeschlossen. Durch diese vom Käufer verschuldete Unmöglichkeit der Nacherfüllung, die nicht auf einer Selbstvornahme beruht, wird der Verkäufer von der Beseitigung des vorhandenen Mangels befreit.
> Zur Vermeidung einer ungerechtfertigten Entlastung des Verkäufers einer mangelhaften Sache soll daher nach Ansicht des OLG München § 326 II S. 2 BGB analog angewendet werden. Danach muss sich der Verkäufer dasjenige anrechnen lassen, was er infolge der Befreiung von der Leistung erspart.[245]
> Eine analoge Anwendung des § 326 II S. 2 BGB darf nach der Rechtsprechung nur dann nicht erfolgen, wenn dem Käufer dadurch faktisch das Recht zur Selbstvornahme der Mängelbeseitigung ohne vorherige Fristsetzung eingeräumt wurde.

---

[243] Vgl. Lorenz, Selbstvornahme der Mängelbeseitigung im Kaufrecht, NJW 2003, 1417 - 1419 (418 f.).

[244] Ebenso AG Kempten, ZGS 2003, 440 und LG Gießen, ZGS 2004, 238 - 240 = **juris**byhemmer; Katzenstein, Kostenersatz bei eigenmächtiger Selbstvornahme der Mängelbeseitigung nach § 326 Abs. 2 Satz 2 BGB?, ZGS 2004, 144 ff.; ZGS 2004, 300 ff. und ZGS 2004, 349 ff.

[245] Vgl. dazu OLG München, **Life&Law 04/2007, 219 - 224** = ZGS 2007, 80 = **juris**byhemmer.

Abwandlung:

Wie wäre die Rechtslage, wenn K dem G eine angemessene Frist zur Behebung des Mangels gesetzt hätte, diese fruchtlos verstrichen wäre und K daraufhin die Reparatur vorgenommen hätte?

1. Ein Ersatzanspruch des K ergibt sich aus §§ 280 I, III, 281 I BGB. Die Pflicht des G zur Nacherfüllung aus §§ 437 Nr. 1, 439 I BGB wurde nicht innerhalb der angemessenen Frist vorgenommen, sodass die Voraussetzungen des Schadensersatzes statt der Leistung gegeben waren.

hemmer-Methode: Mit der Selbstvornahme ist zwar Unmöglichkeit der Nacherfüllung eingetreten. Da K den von G geschuldeten Leistungserfolg durch den Austausch der Benzinpumpe selbst bewirkt hat, kann die Nacherfüllung durch G nicht mehr erbracht werden. Diese sog. Zweckerreichung stellt einen Fall der (nachträglichen) Unmöglichkeit nach § 275 I BGB dar.

a) Fraglich ist allein das nach § 280 I S. 2 BGB erforderliche Vertretenmüssen des G. Zwar wäre es grundsätzlich denkbar, hierbei auf § 287 S. 2 BGB abzustellen, der aufgrund des Schuldnerverzuges des G auch anwendbar wäre. Jedoch ergibt sich das Vertretenmüssen des G direkt aus § 276 I BGB: Da G die Leistung schuldhaft verzögert hat, hat er auch die infolge Zweckerreichung eingetretene Unmöglichkeit zu vertreten.

b) Der Schaden ist auch kausal durch die Pflichtverletzung des G (= Nichtvornahme der Nacherfüllung) entstanden.

Nach h.M. ist bei eigener Schadensverursachung durch den Geschädigten danach zu fragen, ob sich der Geschädigte zu seinem Verhalten herausgefordert fühlen durfte.[246]

Dies war hier der Fall: Die Selbstvornahme beruhte nicht auf einem völlig freien Willensentschluss des K, sondern war durch die Verzögerung der Nacherfüllung veranlasst. K war daran gelegen, möglichst bald über einen funktionsfähigen Pkw zu verfügen. Eine Unterbrechung des Zurechnungszusammenhangs liegt damit nicht vor.

Somit besteht ein Ersatzanspruch auch aus §§ 280 I, III, 281 BGB.

2. Außerdem ergibt sich ein Ersatzanspruch des K auch aus §§ 280 I, III, 283 I BGB, da ein Fall der Unmöglichkeit durch Zweckerreichung vorliegt, die G gem. § 287 S. 2 BGB zu vertreten hat.

hemmer-Methode: Beachten Sie also nochmals Folgendes: Ein „echtes Problem" ist die Selbstvornahme im Kaufrecht nur dann, wenn die Voraussetzungen für einen Schadensersatz statt der Leistung nicht erfüllt sind (Ausgangsfall).

9. Aufwendungsersatz für Aus- und Einbaukosten, § 439 III BGB

Das Problem der Verpflichtung zum Ausbau der mangelhaften Sache und den erneuten Einbau der mangelfreien Sache auf Kosten des Verkäufers ist Gegenstand der zum 01.01.2018 in Kraft getretenen Reform des kaufrechtlichen Mängelrechts (vgl. dazu die kurze Kommentierung am Anfang dieses Skripts).

Beispielsfall

Bsp.: *Heimwerker K kauft im Baumarkt V Bodenfliesen und verlegt diese anschließend selbst in seinem Haus. Die Fliesen splitterten nach kurzer Zeit. Grund hierfür war eine mangelnde Stoßfestigkeit der Fliesen aufgrund eines Brennfehlers des Herstellers.*

K verlangt nun vom Baumarkt V zum einen die Kosten für die Neuverlegung mangelfreier Fliesen und zum anderen die Kosten für den Ausbau und die Beseitigung der verlegten mangelhaften Fliesen.

Zu Recht?

---

[246] Hierzu Palandt, Vorb. v. § 249, Rn. 77 ff.

a) Rechtslage bis zum 31.12.2017

Rechtslage bis zum 31.12.2017

Aufgrund einer Entscheidung des EuGH vom 16.11.2011, die auf einer Vorlage des BGH[247] und des AG Schorndorf[248] beruhte, wurde diese seit dem 01.01.2002 äußerst umstrittene Frage geklärt:

Beim Verbrauchsgüterkauf ist der Verkäufer einer beweglichen Sache im Rahmen der Nacherfüllung gegenüber dem Verbraucher verpflichtet, die bereits in eine andere Sache eingebaute mangelhafte Kaufsache auszubauen, die mangelfreie Ersatzsache einzubauen und die Kosten für beides zu tragen.[249] Nur diese Interpretation des nationalen Rechts sei mit Art. 3 der Verbrauchsgüterkauf-RL vereinbar.

Art. 3 Verbrauchsgüterkaufrichtlinie

<u>Hinweis</u>: Artikel 3 der „Verbrauchsgüterkauf-Richtlinie" lautet:
(1) …
(2) Bei Vertragswidrigkeit hat der Verbraucher entweder Anspruch auf die unentgeltliche Herstellung des vertragsgemäßen Zustands des Verbrauchsgutes durch Nachbesserung oder Ersatzlieferung nach Maßgabe des Absatzes 3 oder auf angemessene Minderung des Kaufpreises oder auf Vertragsauflösung in Bezug auf das betreffende Verbrauchsgut nach Maßgabe der Absätze 5 und 6.
(3) ¹Zunächst kann der Verbraucher vom Verkäufer die unentgeltliche Nachbesserung des Verbrauchsgutes oder eine unentgeltliche Ersatzlieferung verlangen, sofern dies nicht unmöglich oder unverhältnismäßig ist.
²Eine Abhilfe gilt als unverhältnismäßig, wenn ….
³Die Nachbesserung oder die Ersatzlieferung muss innerhalb einer angemessenen Frist und ohne erhebliche Unannehmlichkeiten für den Verbraucher erfolgen, wobei die Art des Verbrauchsgutes sowie der Zweck, für den der Verbraucher das Verbrauchsgut benötigte, zu berücksichtigen sind.
(4) Der Begriff „unentgeltlich" in den Absätzen 2 und 3 umfasst die für die Herstellung des vertragsgemäßen Zustands des Verbrauchsgutes notwendigen Kosten, insbesondere Versand-, Arbeits- und Materialkosten.
(5) – (6)

Rechtsprechung des BGH

Im Anschluss daran hat der BGH § 439 I Alt. 2 BGB richtlinienkonform dahingehend ausgelegt, dass der kaufrechtliche Nacherfüllungsanspruch beim Verbrauchsgüterkauf auch die Kosten für Aus- und Einbau bei Lieferung mangelhafter Sachen umfasst.[250]

Für den Ausbau der mangelhaften Sache hat der BGH mit einer europarechtskonformen Auslegung argumentiert. Da Art. 3 der Verbrauchsgüterkauf-RL von „Ersatzlieferung" spreche und das Wort „Ersatz" ein Austauschelement beinhalte, müsse die Nachlieferung beim Verbrauchsgüterkauf genauso weit interpretiert werden.

Die Pflicht zum Einbau der mangelfreien Sache auf Kosten des Verkäufers hat der BGH mit einer europarechtskonformen richterrechtlichen Rechtsfortbildung erklärt.

Rechtsprechung war aber auf den Verbrauchsgüterkauf beschränkt

Diese Reichweite der Nacherfüllungspflicht des Verkäufers war aber nach Ansicht des BGH auf den Verbrauchsgüterkauf beschränkt. Das aus dem Umsetzungsgebot des **Art. 288 III AEUV** und dem Grundsatz der Gemeinschaftstreue gemäß **Art. 4 III EUV** folgende Gebot richtlinienkonformer Auslegung beschränkt sich auf den Anwendungsbereich der Richtlinie. Die Vorgaben der Richtlinie und das Urteil des Gerichtshofs beziehen sich aber nur auf den Verbrauchsgüterkauf und nicht auf andere Kaufverträge.

---

[247] BGH, **Life&Law 05/2009, 291 ff.** = NJW 2009, 1660 ff. = **juris**byhemmer.
[248] AG Schorndorf, Beschluss vom 25.02.2009, 2 C 818/08.
[249] EuGH, **Life&Law 08/2011, 537 ff.** = NJW 2011, 2269 ff. = **juris**byhemmer.
[250] BGH, **Life&Law 04/2012, 239 ff.** = NJW 2012, 1073 ff. = **juris**byhemmer.

b) Rechtslage seit dem 01.01.2018

Neufassung des § 439 III BGB

Hat der Käufer eine mangelhafte Sache gemäß ihrer Art und ihrem Verwendungszweck in eine andere Sache eingebaut oder an eine andere Sache angebracht, so ist nach § 439 III S. 1 BGB der Verkäufer im Rahmen der Nacherfüllung verpflichtet, dem Käufer die erforderlichen Aufwendungen für das Entfernen der mangelhaften und den Einbau oder das Anbringen der nachgebesserten oder gelieferten mangelfreien Sache zu ersetzen.

172b

aa) Keine Beschränkung auf den Verbrauchsgüterkauf

Geltung für alle Kaufverträge

Durch die Regelung in § 439 BGB außerhalb der Vorschriften zum Verbrauchsgüterkauf (§§ 474 ff. BGB) wird klargestellt, dass diese Verpflichtung auch gegenüber einem unternehmerischen Käufer besteht.

172c

Unternehmerische Käufer sind auch bzw. insbesondere schutzwürdig

Der Grund für die Ausdehnung auf alle Kaufverträge ist folgender: Handwerker und Bauunternehmer schulden ihrem Auftraggeber im Rahmen der werkvertraglichen Nacherfüllung regelmäßig den Ausbau des mangelhaften Baumaterials und den Einbau des mangelfreien Ersatzmaterials. Die Kosten dafür können sehr hoch sein.

Von dem Verkäufer des Baumaterials konnte der Werkunternehmer nach bis zum 31.12.2017 geltenden Recht häufig nur die Lieferung einer neuen Kaufsache verlangen. Die Kosten für den Ausbau und den erneuten Einbau der mangelfreien Sache musste er selbst tragen, wenn die Voraussetzungen eines Schadensersatzanspruchs mangels Vertretenmüssens des Verkäufers nicht erfüllt waren.

Da die Aus- und Einbaukosten die dem Handwerker aus dem Werkvertrag zustehende Vergütung bei weitem übersteigen können, sind auch bzw. insbesondere unternehmerische Käufer besonders schutzwürdig.

> **hemmer-Methode:** Durch die Erstreckung des Aufwendungsersatzes für Aus- und Einbaukosten auf alle Kaufverträge war der Gesetzgeber gezwungen, auch den Regressanspruch des Verkäufers gegenüber dem Lieferanten neu zu regeln.
> Dieser war bis zum 31.12.2017 in den §§ 478, 479 BGB a.F. geregelt und nur „privilegiert", wenn der unternehmerische Verkäufer beim Verkauf einer neuen Sache von einem Verbraucher in Anspruch genommen wurde.
> Mit Wirkung zum 01.01.2018 ist der Rückgriff des Verkäufers beim Verkauf einer neuen Sache gegenüber dem Lieferanten in den §§ 445a, 445b BGB geregelt (vgl. dazu Rn. 385 bis 385m).
> Für den Verbrauchsgüterkauf gibt es in § 478 BGB hierzu ergänzende Sonderbestimmungen (vgl. hierzu Rn. 473 ff.).

bb) Aufwendungsersatzanspruch gem. § 439 III S. 1 BGB

Gesetzesentwurf enthielt noch ein Wahlrecht des Käufers

Ursprünglich war im Gesetzesentwurf vorgesehen, dass dem Verkäufer ein Wahlrecht zusteht, entweder den Ausbau der mangelhaften und den Einbau der mangelfreien Sache selbst vorzunehmen oder dem Käufer die für den Ein- und Ausbau erforderlichen Kosten zu ersetzen.[251]

172d

---

[251] Vgl. Tyroller, Entwurf eines Gesetzes zur Änderung der kaufrechtlichen Mängelhaftung, **Life&Law 10/2016**, 727 (729 f.).

Von diesem Wahlrecht des Verkäufers hat der Gesetzgeber zu Recht wegen möglicher Konkurrenzen von Hauptleistungspflichten aus einem Werkvertrag einerseits und Gewährleistungsrechten aus einem Kaufvertrag andererseits abgesehen.[252] Diese Problematik kann dann auftreten, wenn der Käufer die mangelhafte Kaufsache vor Auftreten des Mangels im Rahmen eines Werkvertrages bei einem Dritten verbaut hatte. In diesen Fällen würde ein Verkäufer, der den Aus- und Einbau selbst vornehmen möchte, zugleich auch in ein fremdes Vertragsverhältnis eingreifen.

Gesetz gewährt lediglich einen Aufwendungsersatzanspruch

§ 439 III S. 1 BGB gewährt dem Käufer lediglich einen **vom Vertretenmüssen unabhängigen Aufwendungsersatzanspruch**.

Voraussetzung: Einbau oder Anbringen einer mangelhaften Sache in/an eine andere Sache

Der Anspruch soll auf die Fälle Anwendung finden, in denen der Käufer eine mangelhafte Sache in eine andere Sache „**eingebaut**" oder jedoch in vergleichbarer Weise ihrer Art und ihrem Verwendungszweck gemäß mit einer anderen Sache verbunden, also an eine andere Sache „**angebracht**" hat.

Mit der Einbeziehung des „Anbringens" wird z.B. verdeutlicht, dass Verwendungen zur Durchführung einer Ersatzlieferung von Baumaterialien auch dann erfasst werden, wenn diese Baumaterialien nicht im Wortsinne in ein Bauwerk eingebaut, sondern an dieses angebracht werden (Dachrinnen, Leuchten, o.Ä.). Ebenso werden mangelhafte Farben und Lacke erfasst, die zum Zwecke der Nacherfüllung abgeschliffen und erneut angebracht werden müssen.

§ 439 III S. 1 BGB gilt dabei für beide Arten der Nacherfüllung. Es macht nämlich keinen Unterschied, ob eine mangelhafte Kaufsache, die der Käufer vor Auftreten eines Mangels gemäß seiner Art und seinem Verwendungszweck verbaut hat, ausgebaut werden muss, um eine neu gelieferte mangelfreie Sache zu verbauen, oder aber, ob eine solche Sache ausgebaut werden muss, um den Mangel beseitigen zu können und sodann wieder sach- und fachgerecht zu verbauen.

Bei beiden Alternativen der Nacherfüllung würden den Käufer weitere Kosten des Ein- und Ausbaus treffen, die er bereits einmal aufgewandt hat und die er bei mangelfreier Erfüllung des Vertrags nicht noch ein weiteres Mal zu tragen hätte.

„Partielles" Selbstvornahmerecht

Durch die Gewährung dieses vom Vertretenmüssen unabhängigen Aufwendungsersatzspruches hat der Käufer quasi ein „partielles" Selbstvornahmerecht erhalten.

Beschränkung des Anspruches auf die „erforderlichen" Aufwendungen

Der Verkäufer wird insoweit geschützt, als der Käufer nur Ersatz der erforderlichen Aufwendungen verlangen kann. Zur Auslegung dieses Begriffs kann auf die Rechtsprechung zum Selbstvornahmerecht des Bestellers eines Werkes nach § 637 BGB zurückgegriffen werden, das ebenfalls einen Anspruch auf Ersatz der erforderlichen Aufwendungen vorsieht (§ 637 I BGB).

Erforderlich sind danach Aufwendungen, die ein vernünftiger, wirtschaftlich denkender Auftraggeber aufgrund sachkundiger Beratung oder Feststellung für eine vertretbare, d.h. geeignete und Erfolg versprechende Maßnahme zur Mängelbeseitigung erbringen konnte und musste.[253]

Ist der Einbau durch den Käufer selbst nicht sach- oder fachgerecht erfolgt, kann dies bei der Höhe des Aufwendungsersatzanspruches des Käufers zu berücksichtigen sein, der in diesem Fall analog § 254 BGB zu kürzen sein wird.

---

[252] Vgl. Tyroller, Update zur kaufrechtlichen Mängelhaftung, **Life&Law** 05/2017, 342 f.
[253] BGH, NJW-RR 1991, 789 ff. = **juris**byhemmer; Palandt, § 637 BGB, Rn. 7.

cc) Ausschluss des Anspruches gem. §§ 439 III S. 2, 442 I BGB

Die Verweisung auf § 442 I BGB in § 439 III S. 2 BGB setzt die Vorgaben des EuGH-Urteils um, wonach der Anspruch des Käufers auf Ausbau der mangelhaften und Einbau der als Ersatz zu liefernden Sache voraussetzt, dass der Verbraucher die gekaufte Sache gutgläubig in die andere Sache eingebaut hat.

Einbau in Kenntnis des Mangels führt zum Verlust des Anspruches aus § 439 III S. 1 BGB, vgl. §§ 439 III S. 2, 442 I S. 1 BGB

Der Käufer, der eine Sache in Kenntnis eines Mangels verbaut, ist hinsichtlich der dadurch erforderlich werdenden Aus- und Einbauleistungen nicht schutzwürdig, da er zunächst seinen Nacherfüllungsanspruch nach § 439 I BGB geltend machen muss, bevor er die Sache verbaut.

§ 439 III S. 2 BGB bestimmt daher, dass dem Käufer der Anspruch nach § 439 III S. 1 BGB nicht zusteht, wenn ihm die Mangelhaftigkeit beim Einbau der mangelhaften Sache bekannt war, § 442 I S. 1 BGB.

Bei grober Fahrlässigkeit besteht Aufwendungsersatzanspruch nur bei Arglist oder Garantie des Verkäufers (§§ 439 III S. 2, 442 I S. 2 BGB)

Ist dem Käufer ein Mangel der Kaufsache bei ihrem Einbau infolge grober Fahrlässigkeit unbekannt geblieben, kann der Käufer gem. § 442 I S. 2 BGB die Rechte nach § 439 III S. 3 BGB nur geltend machen, wenn der Verkäufer den Mangel arglistig verschwiegen oder eine Garantie für die Beschaffenheit der Sache übernommen hat.

hemmer-Methode: Kennt der Käufer den Mangel der Kaufsache bereits bei Vertragsschluss, stehen ihm nach § 442 I S. 1 BGB überhaupt keine Mängelrechte zu.
Lesen Sie dazu die Rn. 353 ff.

10. Verweigerungsrecht des Verkäufers, § 439 IV BGB

Schutz des Verkäufers

Mit dem in § 439 IV BGB normierten Verweigerungsrecht wird dem Interesse des Verkäufers Rechnung getragen, dem Wahlrecht des Käufers nicht schutzlos ausgeliefert zu sein.

Es handelt sich um eine kaufrechtliche Sonderregelung, die für die berechtigte Leistungsverweigerung eine niedrigere Schwelle aufstellt als § 275 II BGB. Grund für diese niedrigere Schwelle ist, dass der Verkäufer zumindest schon mal eine mangelhafte Leistung erbracht hat.[254]

§ 439 IV BGB gewährt dem Verkäufer eine Einrede gegenüber der vom Käufer beanspruchten Art der Nacherfüllung, die der Verkäufer ausüben kann, aber nicht muss. Der Käufer kann deshalb nicht wegen unverhältnismäßiger Kosten der Nacherfüllung sogleich Schadensersatz statt der Leistung verlangen, ohne dem Verkäufer Gelegenheit zur Nacherfüllung gegeben zu haben.[255]

hemmer-Methode: Die Einrede der Unverhältnismäßigkeit i.S.v. § 439 IV BGB kann vom Verkäufer entgegen der verfehlten Auffassung des OLG Celle auch dann noch erhoben werden, wenn der Käufer schon vom Vertrag zurückgetreten ist. Richtigerweise ist als letztmöglicher Zeitpunkt zur Erhebung der Einrede auf die letzte mündliche Verhandlung abzustellen.[256]

---

[254] Vgl. Henssler/Dedek, Probleme des reformierten Kaufrechts, JuS 2004, 497 - 502 (499); vgl. auch die Fallbesprechung von Balzer/Müller, Kaufrecht: Hotel Garni, ZGS 2003, 435 - 438.
[255] BGH, **Life&Law 04/2006, 219 - 223** = NJW 2006, 1195 - 1197 = **juris**byhemmer.
[256] Vgl. dazu OLG Celle, **Life&Law 01/2007, 9 - 12** = NJW-RR 2007, 353 - 355 = **juris**byhemmer.

Bsp.: X erwirbt im Kaufhaus des K ein Set von zehn Kuchengabeln. Nach dem Auspacken der Ware stellt X fest, dass bei zwei Gabeln je ein Zinken abgebrochen ist.

1. Die zwei Gabeln weisen jedenfalls nach § 434 I S. 2 Nr. 2 Alt. 2 BGB einen Sachmangel auf. Denn von Kuchengabeln kann der Käufer erwarten, dass sie die üblichen drei Zinken haben. Unbeachtlich ist daher, ob die fraglichen Gabeln für die gewöhnliche Verwendung i.S.d. § 434 I S. 2 Nr. 2 Alt. 1 BGB dennoch geeignet sind.

2. Grundsätzlich kann X zwischen den beiden Formen der Nacherfüllung wählen, §§ 433 I S. 2, 437 Nr. 1, 439 I BGB: Er kann Nachbesserung verlangen, § 439 I Alt. 1 BGB; dann müsste K den Mangel an den gelieferten Gabeln beseitigen bzw. beseitigen lassen. X kann andererseits Nachlieferung in Form der Lieferung von zwei neuen mangelfreien Gabeln verlangen, § 439 I Alt. 2 BGB.

Allerdings dürfte es für K erheblich problematischer sein, die Gabeln im Wege der Nachbesserung zu „reparieren", als neue Gabeln an X zu liefern. Es kommt – vor allem wenn die „Reparatur" der zwei Gabeln nur mit unverhältnismäßigen Kosten möglich ist – das Recht des K zur Verweigerung der Nachbesserung in Betracht, § 439 IV S. 1 BGB.

§ 439 IV BGB als Sonderregelung der „wirtschaftlichen Unmöglichkeit"

§ 439 IV BGB geht nach S. 1 ausdrücklich über die Verweigerungsrechte des Verkäufers nach § 275 II, III BGB hinaus. Durch das Abstellen auf die „unverhältnismäßigen Kosten" wird letztlich ein Fall sog. wirtschaftlicher Unmöglichkeit normiert; diese ist von § 275 II, III BGB nicht erfasst und kann daher eigentlich nur zur Anwendung der Störung der Geschäftsgrundlage führen, § 313 BGB.[257] Da § 439 IV BGB jedoch eine Sonderregelung bereithält, ist § 313 BGB insoweit nicht anzuwenden.[258]

Fraglich ist das Verhältnis von § 439 IV BGB zu § 275 II BGB. Von § 275 II BGB werden v.a. die Fälle der sog. „faktischen Unmöglichkeit" erfasst, also Fälle, in denen die Behebung des Leistungshindernisses zwar theoretisch möglich wäre, aber in einem solchen Missverhältnis zum Leistungsinteresse des Gläubigers steht, dass sie von keinem Gläubiger ernsthaft erwartet werden darf.

Fraglich ist aber, ob diese Vorschrift neben § 439 IV BGB überhaupt anwendbar ist. Dies wird überwiegend verneint, zumindest aber kritisch hinterfragt.[259]

§ 439 IV BGB als Sonderregelung zu § 275 II S. 2 BGB (entgegen dem Wortlaut)

Jedenfalls hat § 275 II BGB neben § 439 IV BGB **praktisch keinen eigenständigen Anwendungsbereich**, da der Maßstab des § 439 IV BGB weniger streng ist als der des § 275 II BGB.[260]

Dies belegt auch ein Blick auf § 275 III BGB. Der ausdrücklich in § 439 IV BGB vorausgesetzte Anwendungsbereich des § 275 III BGB erscheint äußerst fraglich. Denn der Verkäufer muss regelmäßig nicht höchstpersönlich (nach)erfüllen. Er wird sich i.d.R. ohne weiteres eines Dritten zur Nacherfüllung bedienen können.

Von Bedeutung ist i.R.d. § 439 IV BGB nur § 275 II S. 2 BGB

Die eigentliche Bedeutung des § 275 II BGB im Rahmen der Nacherfüllung besteht darin, dass bei der Abwägung i.R.d. § 439 IV BGB auch ein etwaiges Vertretenmüssen des Verkäufers berücksichtigt werden muss, vgl. § 275 II S. 2 BGB.

Macht der Verkäufer von dem ihm zustehenden Verweigerungsrecht keinen Gebrauch, so ist er zur Nacherfüllung in der vom Käufer gewählten Form verpflichtet.

---

[257] **Hemmer/Wüst, Schuldrecht AT**, Rn. 607 ff.

[258] Zur Subsidiarität des § 313 BGB (SGG) **Hemmer/Wüst, Schuldrecht AT**, Rn. 609 ff.

[259] Vgl. Canaris, Karlsruher Forum 2002, 2003, S. 24 ff., 76 f.; Huber, Die Nacherfüllung im neuen Kaufrecht, NJW 2002, 1004 - 1008 (1007), Heinrich, Die Abwehr des Anspruchs des Käufers auf Nacherfüllung, ZGS 2003, 253 - 258 (258).

[260] So ausdrücklich die amtliche Begründung des Regierungsentwurfs BT-Drucks. 14/6040, S. 232; anders mit wenig überzeugenden Argumenten nur Ackermann, Die Nacherfüllungspflicht des Stückverkäufers, JZ 2002, 378 - 385 (382 ff.).

Insbesondere kann er sich nicht darauf berufen, er habe eine Verzögerung der Nacherfüllungspflicht aufgrund der unverhältnismäßigen Kosten nicht zu vertreten und es läge daher kein Schuldnerverzug vor (kein Vertretenmüssen, § 286 IV BGB). Denn: Entscheidet sich der Verkäufer durch Nichtausübung des Verweigerungsrechts dafür, die Nacherfüllung zu erbringen, muss er sich daran festhalten lassen; insbesondere muss er die Nacherfüllung auch rechtzeitig vornehmen.

hemmer-Methode: Umstritten ist, ob § 439 IV BGB und § 635 III BGB auch auf den ursprünglichen Erfüllungsanspruch Anwendung finden. Dem steht entgegen, dass die niedrigere Schwelle zur berechtigten Leistungsverweigerung ihren Grund in der mangelhaften Leistung hat. Vor Gefahrübergang gibt daher allein § 275 II BGB ein Recht zur Leistungsverweigerung.[261]

Verweigerungsrecht muss vom Verkäufer geltend gemacht werden ⇨ Einrede (a.A. Gestaltungsrecht)

§ 439 IV BGB ist als Verweigerungsrecht des Verkäufers ausgestaltet. Voraussetzung ist, dass der Käufer sein Wahlrecht nach § 439 I BGB bereits ausgeübt hat oder der Nacherfüllungsanspruch von vornherein auf nur eine Nacherfüllungsart beschränkt ist.

Hat der Verkäufer vorprozessual nur das Vorhandensein von Mängeln bestritten und aus diesem Grund die Nacherfüllung insgesamt verweigert, ist er in der Regel nicht daran gehindert, sich auf die Unverhältnismäßigkeit der Kosten der vom Käufer gewählten Art der Nacherfüllung erst im Rechtsstreit über den Nacherfüllungsanspruch zu berufen.[262]

hemmer-Methode: Insoweit gilt nichts anderes als für andere Einreden (z.B. Verjährungseinrede, § 214 I BGB), die ebenfalls auch dann noch im Rechtsstreit geltend gemacht werden können, wenn vorprozessual der Anspruch insgesamt bestritten worden war.

Wirkung: Nacherfüllungsanspruch beschränkt sich auf die andere Art der Nacherfüllung

Liegen die Voraussetzungen des § 439 IV BGB vor und macht der Verkäufer von dem Verweigerungsrecht durch (auch schlüssige) Erklärung gegenüber dem Käufer Gebrauch, so beschränkt sich der Nacherfüllungsanspruch auf die andere Art der Nacherfüllung, § 439 IV S. 3 HS 1 BGB. Der Verkäufer kann aber auch diese Art der Nacherfüllung unter den Voraussetzungen des § 439 IV S. 1 u. 2 BGB verweigern; dies stellt § 439 IV S. 3 HS 2 BGB klar.[263]

„Nur mit unverhältnismäßigen Kosten"

Voraussetzung des Verweigerungsrechtes ist, dass die vom Käufer gewählte Art der Nacherfüllung nur mit unverhältnismäßigen Kosten möglich ist, § 439 IV S. 1 BGB.

Abwägung im Einzelfall

Wann die Kosten unverhältnismäßig sind, ist letztlich eine Wertungsfrage, die im Wege der Abwägung im konkreten Einzelfall zu entscheiden ist. Abzustellen ist darauf, ob die Kosten der gewählten Form der Nacherfüllung zu dem Interesse des Käufers an der Nacherfüllung außer Verhältnis stehen.

Wert der Sache im mangelfreien Zustand

§ 439 IV S. 2 BGB nennt (nicht abschließend: „insbesondere") einige Kriterien, die bei der Abwägung zu berücksichtigen sind. Der Wert der Sache (in mangelfreiem Zustand) ist von Bedeutung, da bei geringwertigen Sachen (im obigen Beispiel die Gabel) die Nachbesserung leicht einen unverhältnismäßigen Aufwand mit sich bringen kann.

---

[261] So zutreffend auch Maultzsch, ZGS 2003, 411 ff.
[262] BGH, **Life&Law 01/2014, 1 ff.** = jurisbyhemmer.
[263] Zur Rechtslage beim Verbrauchsgüterkauf vgl. unten Rn. 177 ff.

Kaufpreis ist für Abwägung unbeachtlich

Unerheblich für die Abwägung ist der Kaufpreis, so dass ein von dem Käufer erzielter günstiger Kaufpreis nicht dazu führt, dass die Grenze der Unverhältnismäßigkeit der Nacherfüllungskosten früher erreicht wird, als dies bei einem höheren, dem Wert der Sache in mangelfreiem Zustand entsprechenden Kaufpreis der Fall wäre.[264]

Der Kaufpreis ist eine Frage der ausgehandelten Äquivalenz und beeinflusst damit nicht die Frage, in welchem Umfang dem Unternehmer eine Nacherfüllung zugemutet werden kann.

a) Relative Grenze der Unverhältnismäßigkeit bzw. interner Kostenvergleich der Nacherfüllungsalternativen

Relative Unverhältnismäßigkeit

Die vom Käufer gewählte Art der Nacherfüllung kann im Verhältnis zur anderen Art der Nacherfüllung **relativ unverhältnismäßig** sein.

176

Gem. § 439 IV S. 2 BGB muss danach gefragt werden, ob auf die andere Art der Nacherfüllung ohne erhebliche Nachteile für den Käufer zurückgegriffen werden kann.

hemmer-Methode: Beachten Sie: Die Berücksichtigung der anderen Art der Nacherfüllung bei der Abwägung (relative Unverhältnismäßigkeit) ist nicht denkbar, wenn diese Nacherfüllungsart unmöglich i.S.d. § 275 I - III BGB ist, da in diesem Fall der Nacherfüllungsanspruch nur in der vom Käufer geltend gemachten Form besteht. In diesem Fall stellt sich die Frage, ob der Verkäufer die Nacherfüllung wegen absoluter Unverhältnismäßigkeit verweigern darf (vgl. Rn. 176a).

Andere Art der Nacherfüllung für Käufer zumutbar?

Ein entscheidendes Kriterium ist auch, ob die andere Art der Nacherfüllung für den Käufer zumutbar erscheint.

> Im obigen Beispiel ist es für den Käufer zumutbar, statt der Ausbesserung der gelieferten Gabeln neue (mangelfreie) Gabeln zu erhalten. Es ist kein Grund ersichtlich, warum er an der Nachbesserung ein gesteigertes Interesse haben sollte.

> Dies spricht dafür, die betragsmäßige Grenze, ab der von unverhältnismäßigen Kosten der Nachbesserung i.S.d. § 439 I S. 1 BGB gesprochen werden kann, relativ niedrig anzusetzen.

V.a. bei neuen höherwertigen Sachen hohes Interesse an Nachlieferung statt Nachbesserung

Beim Kauf neuer Sachen von gewissem Wert ist das Interesse des Käufers anzuerkennen, eine von Beginn an mangelfreie Sache zu erhalten.

> *Bsp.:* K erwirbt vom Kfz-Händler H einen neuen Ferrari. Aufgrund diverser Mängel funktioniert der Motor nicht richtig und müsste ausgetauscht werden. Dies bietet H an, da er einen Wagen derselben Marke mit hohem Kostenaufwand importieren müsste. K besteht auf Lieferung eines neuen Ferrari.

> Die gewählte Nacherfüllungsart der Nachlieferung ist für H mit einem relativ hohen Kostenaufwand verbunden. Ob dieser Aufwand unverhältnismäßig i.S.d. § 439 IV S. 1 BGB ist, muss im Wege einer einzelfallbezogenen Abwägung entschieden werden.

> Eine solche Unverhältnismäßigkeit ist beim internen Vergleich wesentlich früher anzunehmen als bei der Bestimmung der absoluten Unverhältnismäßigkeit, da das Interesse an der Durchführung des Vertrages durch die andere Art der Nacherfüllung noch voll befriedigt werden kann.

---

[264] OLG Karlsruhe, NJW-RR 2009, 777, 779 = jurisbyhemmer; OLG Braunschweig, NJW 2003, 1053, 1054 = jurisbyhemmer; Ball, NZV 2004, 217, 223 = jurisbyhemmer.

10 %-Grenze

Als Richtwert wird zum einen eine 10 %-Grenze herangezogen. D.h. Unverhältnismäßigkeit einer Art der Nacherfüllung liegt vor, wenn diese mehr als 10 % teurer als die andere ist.

20 %-Grenze bei Vertretenmüssen

Eine **höhere Grenze** soll nach der gleichen Auffassung dann zur Anwendung kommen, **wenn der Verkäufer die Lieferung der mangelhaften Kaufsache zu vertreten hat.**[265] Der Grund dafür liegt darin, dass das Vertrauen des Käufers in die Fähigkeit des Verkäufers, eine bestimmte Art der Nacherfüllung ordnungsgemäß vorzunehmen, bereits beschädigt sein kann. **Kosten von 20%** über der anderen Alternative sind dann noch verhältnismäßig.

> **hemmer-Methode:** Ohne Differenzierung bzgl. des Vertretenmüssens geht etwa auch das LG Ellwangen im Fall eines mangelhaften Neuwagens beim internen Vergleich von einer Grenze von 20 % aus.[266]
> Solange keine obergerichtliche Rechtsprechung zu dieser Problematik existiert, müssen Sie nur argumentieren und zu einem vernünftigen Ergebnis kommen. Mehr wird von Ihnen im Examen sicher nicht verlangt.

b) Absolute Grenze der Unverhältnismäßigkeit

Absolute Unverhältnismäßigkeit?

Wenn nur eine Art der Nacherfüllung möglich ist oder der Verkäufer wegen relativer Unverhältnismäßigkeit den Käufer auf die andere Art der Nacherfüllung verwiesen hat, muss geprüft werden, ob die vom Käufer gewählte und einzig mögliche Nacherfüllungsalternative vom Verkäufer wegen sog. „absoluter" Unverhältnismäßigkeit verweigert werden darf.

aa) Grundsätze zur absoluten Unverhältnismäßigkeit

Grundsätze

Der Wortlaut des § 439 IV S. 1 BGB erlaubt dem Verkäufer, die vom Käufer gewählte Art der Nacherfüllung zu verweigern, wenn sie nur mit unverhältnismäßigen Kosten möglich ist.

§ 439 IV S. 3 BGB beschränkt den Anspruch des Käufers für den Fall, dass der Verkäufer die eine Form der Nacherfüllung wegen unverhältnismäßiger Kosten verweigert, zunächst auf die andere Art der Nacherfüllung, sieht aber weiter vor, dass das „Recht des Verkäufers, auch diese unter den Voraussetzungen des Satzes 1 zu verweigern", unberührt bleibt.

Aus den Bestimmungen des § 439 IV S. 3 HS 2 BGB und des § 440 S. 1 BGB ergibt sich daher eindeutig, dass auch die vom Käufer gewählte - einzig mögliche - Art der Nacherfüllung schon für sich allein unverhältnismäßige Kosten verursachen kann (sog. **„absolute Unverhältnismäßigkeit"**).

Bezugspunkte sind dabei der Wert der Sache in mangelfreiem Zustand (Satz 2 Var. 1) und die Bedeutung des Mangels (Satz 2 Var. 2).

Dies ist zum einen der Fall, wenn die Kosten der Nacherfüllungsalternative und der Wert der Sache in mangelfreiem Zustand außer Verhältnis stehen.

---

[265] Nach der Ansicht von Reinicke/Tiedtke, Kaufrecht, Rn. 447 kommt es bei der „relativen Unverhältnismäßigkeit" auf das Vertretenmüssen des Verkäufers nicht an.

[266] LG Ellwangen, **Life&Law 04/2003, 233 - 237** = NJW 2003, 517 - 518 = jurisbyhemmer.

Kaufpreis ist für Abwägung unbeachtlich

Unerheblich für die Abwägung ist der Kaufpreis, so dass ein von dem Käufer erzielter günstiger Kaufpreis nicht dazu führt, dass die Grenze der Unverhältnismäßigkeit der Nacherfüllungskosten früher erreicht wird, als dies bei einem höheren, dem Wert der Sache in mangelfreiem Zustand entsprechenden Kaufpreis der Fall wäre.[267]

Der Kaufpreis ist eine Frage der ausgehandelten Äquivalenz und beeinflusst damit nicht die Frage, in welchem Umfang dem Unternehmer eine Nacherfüllung zugemutet werden kann.

Dies lässt sich schon dem Wortlaut von § 439 IV S. 1 BGB entnehmen. Der Grund für die Orientierung am Wert liegt darin, dass der Verkäufer den u.U. in der Differenz von Kaufpreis und Wert liegenden Verlust bereits durch das für ihn schlechte Geschäft erlitten hat, er also der vertraglichen Äquivalenz entspricht.

bb) Nach e.A. soll absolute Unverhältnismäßigkeit anhand von prozentualen Grenzwerten ermittelt werden

Wo die Grenzen der Unverhältnismäßigkeit liegen, wird nicht einheitlich beurteilt.

176c

Verschiedentlich wird für die Feststellung der Unverhältnismäßigkeit an den Wert der Kaufsache in mangelfreiem Zustand angeknüpft und hiervon ausgehend der Versuch unternommen, Grenzwerte zu bilden.

Grenze der Zumutbarkeit

(1) Eine M.M. sieht die Grenze der Verhältnismäßigkeit überschritten, wenn die Kosten der Ersatzlieferung oder der Nachbesserung 150 % des Werts der Sache in mangelfreiem Zustand betragen.[268] Dieser Wert soll nur dann gelten, wenn der Verkäufer den Mangel nicht zu vertreten hat. Liegt Vertretenmüssen vor, sind ihm noch höhere Nacherfüllungskosten zuzumuten.

Ist die 150 %-Grenze eingehalten, muss noch ein weiteres Korrektiv beachtet werden, wenn der Mangelunwert nicht den Wert der Sache in mangelfreiem Zustand erreicht, d.h. wenn die mangelhafte Sache noch einen Restwert hat. Zu fragen ist dann nach der Bedeutung des Mangels.

Dies erfolgt durch einen Vergleich des Mangelunwerts der Sache mit den Kosten der Nachbesserung. Hierdurch soll verhindert werden, dass ein Mangel, der den Wert der Sache nur unerheblich mindert, unzumutbar hohe Nacherfüllungskosten hervorruft.

Die Grenze der Unverhältnismäßigkeit ist bei 200 % des Mangelunwerts überschritten.

(2) Teilweise wird die Grenze beim mangelbedingten Minderwert gezogen und diese bei Verschulden des Verkäufers erhöht.[269]

Ist der Käufer wahlweise zur Geltendmachung des großen Schadensersatzes berechtigt, wird vertreten, dass die den Aufwand für eine Ersatzbeschaffung übersteigenden Mängelbeseitigungskosten nur liquidiert werden könnten, wenn ein besonderes Interesse an der Herstellung der Mangelfreiheit gerade an dem einmal geleisteten Objekt bestehe.[270]

---

[267] OLG Karlsruhe, NJW-RR 2009, 777, 779 = **juris**byhemmer; OLG Braunschweig, NJW 2003, 1053, 1054 = **juris**byhemmer; Ball, NZV 2004, 217, 223 = **juris**byhemmer.

[268] Ansicht von Bitter/Meidt, Nacherfüllungsrecht und Nacherfüllungspflicht des Verkäufers im neuen Schuldrecht, ZIP 2001, 2114 - 2124 (2121 f.).

[269] Schultz, Zu den Kosten der Nacherfüllung beim Kauf, 2005, 182 ff.; Ackermann, JZ 2002, 378, 382 ff.

[270] MüKo, § 281 Rn. 130; Erman, BGB, 13. Auflage, § 281 Rn. 30.

(3) Nach der (wohl) h.M.[271] wird folgende Merkregel vorgeschlagen:

(a) Hat der Verkäufer die Lieferung der mangelhaften Sache nicht zu vertreten, so dürfen die Kosten der Nacherfüllung nicht mehr als 100% des Wertes der Kaufsache in mangelfreiem Zustand betragen.

(b) Hat der Verkäufer dagegen die Lieferung der mangelhaften Sache zu vertreten, so wird die Grenze bei 130 % gezogen.

Eine Differenzierung aufgrund des Vertretenmüssens wird damit begründet, dass § 439 IV BGB als Ausprägung des in § 275 II S. 2 BGB formulierten allgemeinen Rechtsgrundsatzes zu betrachten ist, der das Vertretenmüssen als beachtliches Kriterium nennt.

Die Grenze von 130 % lehnt sich an die zu § 251 II S. 1 BGB von der Rechtsprechung im Pkw-Schadensrecht entwickelte Faustformel von 30 % an. Argumentiert wird hier mit der Ähnlichkeit des Wortlauts von § 251 II S. 1 BGB („unverhältnismäßige Aufwendungen") im Vergleich zu § 439 IV S. 1 BGB („unverhältnismäßige Kosten").

cc) BGH lehnt Festlegung von Grenzwerten ab und stellt auf die Gesamtumstände des Einzelfalls ab

BGH legt sich nicht fest
⇨ *Abwägung im Einzelfall*

Der BGH lehnt in dieser Entscheidung die Festlegung von Grenzwerten ab und verweist jeweils auf die Gesamtumstände des Einzelfalls.[272]

176d

Bei der Prüfung, ob eine absolute Unverhältnismäßigkeit der Nacherfüllung vorliegt, ist eine Bewertung aller Umstände des Einzelfalls erforderlich. Starre Grenzwerte können diese umfassende Interessenabwägung nicht ersetzen. Allerdings bieten Grenzwerte in Form einer Faustregel einen ersten Anhaltspunkt und dienen damit der Rechtssicherheit.[273]

Wichtig: *130%-Grenze zum Kfz-Schadensrecht ist nicht übertragbar*

Die Rechtsprechung des BGH, wonach die Kosten einer Kraftfahrzeugreparatur bis zu 130% des Wiederbeschaffungswertes ersatzfähig sind, ist auf den vorliegenden Regelungszusammenhang nicht zu übertragen.

Sie beruht im Wesentlichen auf der Anerkennung eines besonderen Integritätsinteresses des geschädigten Eigentümers eines Kraftfahrzeuges, das nur durch die Reparatur des ihm vertrauten Fahrzeuges befriedigt werden kann.[274]

Mangelbedingter Minderwert ist erster Ansatzpunkt ⇨ *wenn die Mängelbeseitigungskosten mehr als 200% des mangelbedingten Minderwerts betragen, ist Nacherfüllung in der Regel unverhältnismäßig*

Als erster Anhaltspunkt kann davon ausgegangen werden, dass die Nacherfüllung wegen unverhältnismäßiger Kosten dann verweigert werden kann, wenn sie entweder den Verkehrswert des Kaufgegenstandes in mangelfreiem Zustand oder 200% des mangelbedingten Minderwerts übersteigen. Ausgangspunkt ist § 439 IV S. 2 BGB, der für die Prüfung der Unverhältnismäßigkeit den Wert der Sache in mangelfreiem Zustand und die Bedeutung des Mangels hervorhebt.

Maßgeblich bleibt eine umfassende Würdigung der Umstände des Einzelfalls. Bei dieser ist insbesondere zu berücksichtigen, inwieweit der Verkäufer den Mangel zu vertreten hat.

---

[271] Vgl. Reinicke/Tiedtke, Kaufrecht, Rn. 448 - 452 m.w.N., Huber, Die Nacherfüllung im neuen Kaufrecht, NJW 2002, 1004 - 1008 (1008); Palandt, § 439, Rn. 16a; AG Menden, NJW 2004, 2171 - 2172 (2172).

[272] BGH, **Life&Law 09/2014, 709 ff.** = BB 2014, 1743 ff. = **juris**byhemmer; BGH, **Life&Law 04/2012, 239 ff.** = NJW 2012, 1073 ff. = **juris**byhemmer; so auch Haas/Medicus/Rolland/Schäfer/Wendtland, Das neue Schuldrecht, 2002, Kapitel 5 Rn. 158; Hensseler/Graf von Westphalen, Praxis der Schuldrechtsreform, 2. Aufl., § 439 Rn. 27; Dauner-Lieb/Konzen/Schmidt, Das neue Schuldrecht, 2002, S. 384, 386.

[273] BGH, NJW 2009, 1660 = **juris**byhemmer.

[274] BGHZ 115, 364, 371; BGH, NJW 2005, 1108, 1109.

In der Rechtsprechung des BGH ist anerkannt, dass bei vorsätzlichen Pflichtverletzungen[275] oder sonstigem schweren Verschulden[276] dem Schuldner auch sonst unverhältnismäßige Aufwendungen zuzumuten sind.

dd) Auswirkung der absoluten Unverhältnismäßigkeit auf den Anspruch auf Schadensersatz statt der Leistung

Fraglich ist, wie sich eine etwaige absolute Unverhältnismäßigkeit des Nacherfüllungsaufwandes auf den Anspruch auf Schadensersatz auswirkt.

176e

Der Anspruch auf Schadensersatz wegen Mängeln der Kaufsache ist nach allgemeiner Meinung auch dann gegeben, wenn der Verkäufer zu Recht nach § 439 IV BGB einwendet, sie nicht beseitigen zu müssen, weil dies nur mit unverhältnismäßigen Kosten möglich ist.

Das ergibt sich eindeutig aus § 440 BGB, wonach es zur Entstehung des Schadensersatzanspruchs grundsätzlich einer Fristsetzung nicht bedarf, wenn der Käufer die Nacherfüllung gemäß § 439 IV BGB verweigert.

Man könnte auf die Idee kommen, den Anspruch auf Ersatz der Mängelbeseitigungskosten der Höhe nach auf einen angemessenen Betrag zu reduzieren.

Analog § 251 II S. 2 BGB nur Ersatz des mangelbedingten Minderwerts

Eine solche Beschränkung des Schadensersatzes lehnt der BGH ab. Nach Ansicht des BGH wird der Schadensersatzanspruch bei absoluter Unverhältnismäßigkeit der Nacherfüllung gem. § 439 IV BGB aber in analoger Anwendung des § 251 II S. 2 BGB auf den Ersatz des mangelbedingten Minderwerts der Kaufsache beschränkt.[277]

hemmer-Methode: Eine direkte Anwendung des § 251 II S. 1 BGB scheidet aus, da nicht der Schadensersatzanspruch in Form der Naturalrestitution unverhältnismäßig ist, sondern allenfalls der Nacherfüllungsanspruch.

Kann der Verkäufer die Nacherfüllung nach § 439 IV BGB verweigern, ist es folgerichtig, ihn schadensersatzrechtlich nicht für einen Teil der Mängelbeseitigungskosten einstehen zu lassen, sondern den Schadensersatz auf die Höhe der Differenz des Wertes der Kaufsache in mangelfreiem und in mangelhaftem Zustand zu beschränken.[278]

Die für die Beurteilung der Unverhältnismäßigkeit im Sinne des § 251 II S. 1 BGB maßgebenden Kriterien entsprechen jenen, die bei der nach § 439 IV BGB gebotenen Prüfung des unverhältnismäßigen Nacherfüllungsaufwands heranzuziehen sind.[279]

Grund ist der mit § 439 IV BGB beabsichtigte Schutz des Verkäufers. Der Verkäufer, der die Mängelbeseitigung wegen unverhältnismäßiger Kosten verweigern darf, kann nicht im Wege des Schadensersatzes verpflichtet sein, diese Kosten zu tragen. Der Umstand, dass der Schadensersatzanspruch anders als der Nacherfüllungsanspruch ein Vertretenmüssen des Verkäufers voraussetzt, führt zu keiner anderen Beurteilung.

---

[275] BGH, NZM 2010, 442; BGH, NJW 1988, 699, 700; BGHZ 62, 388, 394
[276] BGH, NJW 1970, 1180, 1181; BGHZ 59, 365, 368
[277] BGH, **Life&Law 10/2014, 709 ff.** = BB 2014, 1743 ff. = **juris**byhemmer.
[278] Zum Werkvertragsrecht BGH, **Life&Law 07/2013, 537 ff.** = NJW 2013, 370 ff. = **juris**byhemmer.
[279] BGH, **Life&Law 07/2013, 537 ff.** = NJW 2013, 370 ff. = **juris**byhemmer.

ee) Besonderheiten beim Verbrauchsgüterkauf: § 475 IV BGB

BGH legt dem EuGH die Frage zur absoluten Unverhältnismäßigkeit beim Verbrauchsgüterkauf vor

Da der Umstand, dass das nationale deutsche Recht in § 439 IV BGB das Recht des Verkäufers vorsieht, die Nacherfüllung nicht nur wegen relativer, sondern auch wegen absoluter Unverhältnismäßigkeit der Kosten der Nacherfüllung zu verweigern, im Widerspruch zu der Richtlinie stehen könnte, hat der BGH die Frage, ob bzw. wann die Berufung auf absolute Unverhältnismäßigkeit zulässig ist, dem EuGH zur Entscheidung vorgelegt.[280]

hemmer-Methode: Zum Wortlaut von Art. 3 der Verbrauchsgüterkaufrichtlinie vgl. Rn. 172a!

EuGH: *Verweigerung wegen absoluter Unverhältnismäßigkeit ist richtlinienwidrig*

Nach Ansicht des EuGH kann der Verkäufer die Nacherfüllung aber nicht wegen **absoluter Unverhältnismäßigkeit** ablehnen.[281]

Eine nationale Regelung wie § 439 IV BGB, die dem Verkäufer das Recht gewährt, die einzig mögliche Art der Abhilfe wegen ihrer absoluten Unverhältnismäßigkeit zu verweigern, verstößt nach Ansicht des EuGH gegen Art. 3 Abs. 3 Unterabs. 2 der Richtlinie.

Nach Ansicht des EuGH bleibt der Verkäufer trotz unverhältnismäßiger Kosten also zur Nacherfüllung verpflichtet. Andererseits schließt es Art. 3 Abs. 3 der Richtlinie aber nicht aus, dass der Anspruch des Verbrauchers auf einen Betrag beschränkt wird. Der Verkäufer soll also einen Teil der Nacherfüllungskosten auf den Käufer umlegen dürfen, wenn diese unverhältnismäßig hoch sind. Der Käufer kann also auch bei unverhältnismäßigem Aufwand vom Verkäufer die Nacherfüllung verlangen, wenn er im Gegenzug einen Teil dieser Kosten übernimmt. Er kann sich aber für Minderung oder Rücktritt entscheiden, wenn er sich nicht teilweise an den Kosten beteiligen will.

BGH: *Gesetzgeber muss handeln!*

Dies hat der **BGH** mit Urteil vom 21.12.2011 bestätigt.[282] Gleichzeitig hat der BGH den Gesetzgeber ausdrücklich aufgefordert, die Vorgaben des EuGH zur Nacherfüllung beim Verbrauchsgüterkauf zu regeln.

Neuregelung zum 01.01.2018:
§ 475 IV BGB

Im Gesetz zur Reform des kaufrechtlichen Mängelrechts, welches am 01.01.2018 in Kraft getreten ist, hat der Gesetzgeber diese Vorgaben des EuGH in § 475 IV BGB nun umgesetzt.

(1) Ausschluss des Leistungsverweigerungsrechts, § 475 IV S. 1 BGB

§ 475 IV S. 1 BGB verbietet bei absoluter Unverhältnismäßigkeit die Leistungsverweigerung nach § 439 IV S. 1 BGB

Ist die eine Art der Nacherfüllung nach § 275 I BGB ausgeschlossen oder kann der Unternehmer diese nach § 275 II, III BGB oder § 439 IV S. 1 BGB verweigern, kann der Verkäufer beim Verbrauchsgüterkauf die andere Art der Nacherfüllung gem. § 475 IV S. 1 BGB nicht wegen Unverhältnismäßigkeit der Kosten nach § 439 IV S. 1 BGB verweigern.

(2) Aber: Beschränkung des Aufwendungsersatzes auf einen angemessenen Betrag, § 475 IV S. 2 BGB

Aber: *§ 475 IV S: 2 BGB lässt eine Beschränkung des Aufwendungsersatzes zu*

Nach Ansicht des EuGH ist es aber in solchen Fällen der absoluten Unverhältnismäßigkeit möglich, dass der Anspruch des Verbrauchers auf Erstattung der Ein- und Ausbaukosten auf einen angemessenen Betrag beschränkt wird.

---

[280] BGH, **Life&Law 05/2009**, 291 - 301 (296 f.) = NJW 2009, 1660 - 1663 = **juris**byhemmer.
[281] EuGH, **Life&Law 08/2011**, 537 - 541 = NJW 2011, 2269 - 2274 = **juris**byhemmer.
[282] BGH, **Life&Law 04/2012**, 239 - 248 = NJW 2012, 1073 - 1080 = **juris**byhemmer.

Diese Ausnahme setzt § 475 IV S. 2 BGB für beide Arten der Nacherfüllung hinsichtlich aller Aufwendungen um, die zu einer Unverhältnismäßigkeit der Nacherfüllung führen können. Ist die andere Art der Nacherfüllung wegen der Höhe der Aufwendungen nach § 439 II, III S. 1 BGB unverhältnismäßig, kann der Unternehmer gem. § 475 IV S. 2 BGB den Aufwendungsersatz auf einen angemessenen Betrag beschränken.

§ 475 IV S. 2 BGB schafft für den Unternehmer (Verkäufer) ein als Einrede ausgestaltetes, beschränktes Leistungsverweigerungsrecht. Dieses umfasst die zum Zwecke der Nacherfüllung erforderlichen Aufwendungen, insbesondere Transport-, Wege-, Arbeits- und Materialkosten nach § 439 II BGB bzw. den Aufwendungsersatz für die Aus- und Einbauleistungen nach § 439 III BGB.

Berechnung des angemessenen Betrages, § 475 IV S. 3 BGB

§ 475 IV S. 3 BGB regelt die Berechnung des angemessenen Betrages für den Fall, dass der Verkäufer den Aufwendungsersatz darauf beschränken kann.

Bei der Bemessung dieses Betrages sind insbesondere der Wert der Sache in mangelfreiem Zustand und die Bedeutung des Mangels zu berücksichtigen. Der angemessene Betrag darf sich daher nicht (allein) am Kaufpreis orientieren.

Bei der Bedeutung des Mangels wird es regelmäßig darauf ankommen, ob der Mangel der eingebauten Sache deren Verwendungsfähigkeit beeinträchtigt oder lediglich ästhetischer Natur ist. Einem lediglich ästhetischen Mangel der Kaufsache kommt zumeist eine deutlich geringere Bedeutung zu, als wenn die Kaufsache ihre bestimmungsgemäße Funktion infolge des Mangels nicht oder nur eingeschränkt erfüllen kann. Bei Vorliegen eines rein ästhetischen Mangels ist es im Einzelfall nach Ansicht des BGH auch denkbar, lediglich einen solchen Kostenbetrag als angemessen anzusehen, der unter dem Wert der ursprünglichen Kaufsache liegt.[283]

hemmer-Methode: Der Gesetzgeber sieht trotz der in der Literatur zahlreich vertretenen Ansichten davon ab, für die Verhältnismäßigkeit eine Obergrenze festzulegen (vgl. dazu Rn. 176a bis 176d). Die Entwurfsbegründung führt dazu lapidar aus, dass die möglichen Fälle einer Beeinträchtigung der Funktion oder Ästhetik der Kaufsache vielgestaltig seien. Aus- und Wiedereinbaukosten könnten unterschiedlich hoch ausfallen. Es sei daher nicht möglich (!?!), eine gesetzliche Obergrenze zu bestimmen. Die Bemessung des vom Verkäufer zu ersetzenden Betrags dieser Aufwendungen muss die Rechtsprechung anhand der Umstände des jeweiligen Einzelfalls vornehmen.

(3) Entbehrlichkeit der Fristsetzung, §§ 475 V, 440 S. 1 BGB

Entbehrlichkeit der Fristsetzung, § 475 V BGB

Nach § 475 V BGB ist § 440 S. 1 BGB auch in den Fällen anzuwenden, in denen der Verkäufer die Nacherfüllung gemäß § 475 IV S. 2 BGB beschränkt.

Macht der Unternehmer von seinem beschränkten Leistungsverweigerungsrecht nach § 475 IV S. 2 BGB Gebrauch, kann der Verbraucher unter den Voraussetzungen des § 440 S. 1 BGB ohne Nachfristsetzung sogleich – statt einer Nacherfüllung – eine angemessene Minderung des Kaufpreises verlangen oder vom Vertrag zurücktreten.

---

[283] BGH, Life&Law 04/2012, 239 ff. = NJW 2012, 1073 ff. = jurisbyhemmer.

Einschlägig ist regelmäßig § 440 S. 1 Var. 3 BGB

Einschlägig sein wird regelmäßig § 440 S. 1 Var. 3 BGB.[284] Der Umstand, dass der Verbraucher die Herstellung des vertragsgemäßen Zustands der mangelhaften Sache nur erlangen kann, indem er einen Teil der Kosten selber trägt – worauf ein nur teilweiser Ersatz der Aus- und Einbaukosten faktisch hinausläuft –, stellt für diesen eine erhebliche Unannehmlichkeit im Sinne der VGK-RL dar. Diese Unannehmlichkeit ist dem Käufer i.S.d. § 440 S. 1 Var. 3 BGB unzumutbar. Der Käufer muss dies also nicht hinnehmen, sondern kann anstelle der Nacherfüllung sogleich Sekundärrechte geltend machen.

> **hemmer-Methode:** Hier zeigt sich wieder eine Schwäche des neuen Gesetzes. Warum wird nebulös auf § 440 S. 1 BGB verwiesen und nicht gleich generell gesagt, dass im Fall der Geltendmachung des Leistungsverweigerungsrechts durch den Unternehmer die Fristsetzung entbehrlich ist? Diese Formulierung deutet darauf hin, dass die Voraussetzungen des § 440 S. 1 BGB noch zu prüfen sind. Dies trifft aber nicht zu, weil in diesem Fall generell ein Fall der Unzumutbarkeit i.S.d. § 440 S. 1 Var. 3 BGB vorliegt.

11. Verjährung des Nacherfüllungsanspruches gem. § 438 BGB

§ 438 BGB

Die Verjährung des Nacherfüllungsanspruches richtet sich nach § 438 BGB, vgl. §§ 437 Nr. 1, 438 I BGB.

178

Beim Nacherfüllungsanspruch handelt es sich zwar um den ursprünglichen Primäranspruch des Käufers aus § 433 I S. 2 BGB; hinsichtlich der Verjährung ist dieser allerdings durch § 438 BGB modifiziert.

179

a) § 438 I BGB

§ 438 I Nr. 1 BGB

Für den Nacherfüllungsanspruch dürfte § 438 I Nr. 1 BGB kaum eine Rolle spielen, da in den dort beschriebenen Fällen von Rechtsmängeln die Nacherfüllung regelmäßig unmöglich sein wird.

180

§ 438 I Nr. 2a BGB

Fünf Jahre beträgt die Verjährungsfrist bei Mangelhaftigkeit eines verkauften Bauwerkes, § 438 I Nr. 2a BGB. Im Regelfall wird aber nicht isoliert ein Bauwerk, sondern das Bauwerk zusammen mit dem Grundstück, auf dem es errichtet ist, verkauft (z.B. Verkauf eines Hausgrundstückes).

181

Hier ist zu differenzieren: Ist der Mangel in dem Grundstück selbst begründet (z.B.: Der Boden ist kontaminiert), so verjährt der Nacherfüllungsanspruch in zwei Jahren, § 438 I Nr. 3 BGB. Ist das auf dem Grundstück befindliche Bauwerk mangelhaft, tritt Verjährung erst nach fünf Jahren ein, § 438 I Nr. 2a BGB.

> **hemmer-Methode:** Dinglich handelt es sich bei Bauwerken regelmäßig wegen § 94 I S. 1 BGB um wesentliche Bestandteile des Grundstückes, § 93 BGB. Dies hat zur Folge, dass das Bauwerk nicht isoliert übereignet werden kann; vielmehr geht das Eigentum am Bauwerk durch Übereignung des Grundstückes nach den §§ 873, 925 BGB kraft Gesetzes auf den Erwerber mit über. Die beliebte Fangfrage „Wie kann man ein Haus übereignen?" müsste man mit „gar nicht" beantworten. Rechtsgeschäftlich kann nur das Grundstück übertragen werden, das Eigentum am Haus läuft dann kraft Gesetzes (§ 93 BGB) mit.

---

[284] Lesen Sie hierzu die Randnummern 222a bis 222e in diesem Skript!

§ 1 KAUF

§ 438 I Nr. 2b BGB: fünf Jahre auch bei eingebautem Baumaterial

§ 438 I Nr. 2b BGB sieht die fünfjährige Verjährungsfrist auch bei Sachen vor, die für ein Bauwerk verwendet wurden, sofern sie einen Mangel des Bauwerkes verursacht haben. Hierdurch soll die sich nach altem Recht ergebende Unbilligkeit („Bauhandwerkerfalle") ausgeräumt werden, vgl. folgendes Beispiel:

Bsp.: Aufgrund eines Werkvertrages baut Werkunternehmer U auf dem Grundstück des B ein Haus. Zur Errichtung des Dachstuhles werden Dachbalken verwendet, die U bei V gekauft hatte. Das Haus wird fertig gestellt und von B abgenommen.

Nach drei Jahren bemerkt B undichte Stellen im Dach; es stellt sich heraus, dass die Dachbalken von Anfang an morsch und damit zur Errichtung des Dachstuhls nicht geeignet waren. B verlangt von U Nacherfüllung. U fragt sich, ob ihm Mängelrechte gegen V zustehen.

1. U könnte gegen V ein Anspruch auf Nacherfüllung aus §§ 433 I S. 2, 437 Nr. 1, 439 I BGB zustehen. Die gelieferten Dachbalken waren jedenfalls nach § 434 I S. 2 Nr. 2 Alt. 1 BGB mangelhaft, sodass der Nacherfüllungsanspruch zunächst entstanden ist.

2. Daneben kommt ein Anspruch auf Schadensersatz des U gegen V wegen der mangelhaften Lieferung aus §§ 437 Nr. 3, 280 I BGB in Betracht (hierzu vgl. unten, Rn. 264 ff.).

3. Diese Mängelrechte des U gegen V könnten jedoch nach § 438 BGB verjährt sein; in diesem Fall würde die Erhebung der Verjährungseinrede durch V zur Undurchsetzbarkeit der Ansprüche führen, § 214 I BGB.

Gem. § 438 I Nr. 2b BGB ist die Verjährungsfrist für die den Mangel des Bauwerkes verursachenden Sachen an die fünfjährige Verjährungsfrist im Werkvertragsrecht (jetzt § 634a I Nr. 2 BGB) angepasst.

hemmer-Methode: Die Verjährung der Mängelrechte des Bestellers beginnt erst mit der Abnahme zu laufen, während dies beim Kauf mit der Ablieferung beim Käufer der Fall ist. Wegen des unterschiedlichen Verjährungsbeginns besteht daher die Gefahr, dass der Werkunternehmer noch Mängelrechten des Bestellers ausgesetzt ist, gegenüber dem Verkäufer der mangelhaften Teile wegen § 438 BGB aber keine Mängelrechte mehr geltend machen kann (vgl. dazu das Beispiel unter Rn. 185).

Hier sind die Mängelrechte des U gegenüber V also noch nicht verjährt.

Kausalität erforderlich

§ 438 I Nr. 2b BGB erfordert, dass die Kaufsache die Mangelhaftigkeit des Bauwerkes verursacht hat. Es muss also ein Kausalzusammenhang vorliegen. Ist das Bauwerk aufgrund fehlerhafter Einbauleistung des Werkunternehmers mangelhaft geworden, scheidet die Anwendung der fünfjährigen Verjährungsfrist aus.

Auf üblichen Verwendungszweck abstellen

Die Sache muss entsprechend ihres üblichen Verwendungszweckes für ein Bauwerk verwendet worden sein. Dies ist also anhand einer objektiven Betrachtung zu entscheiden. Es muss sich letztlich um typisches Baumaterial handeln.

Problem: Gilt § 438 I Nr. 2b BGB auch beim Eigeneinbau durch den Käufer?

Fraglich ist, ob die fünfjährige Verjährung nach § 438 I Nr. 2b BGB auch beim Einbau der Baumaterialien durch den Käufer selbst zur Anwendung kommt.

Zwar sollte die Einführung der Vorschrift der Entlastung der Werkunternehmer in oben beschriebener Konstellation dienen. Jedoch setzt § 438 I Nr. 2b BGB nach dem Wortlaut nicht voraus, dass der Käufer des Baumaterials Mängelrechten eines Dritten aus Werkvertrag ausgesetzt ist. Gerade und nur für diesen Fall wurde die Vorschrift aber geschaffen.

Demgegenüber müsste die Vorschrift aber auch dann anwendbar sein, wenn etwa der Käufer das Baumaterial zur Errichtung seines eigenen Hauses erworben hat. In solchen Fällen ist die Verlängerung der Verjährungsfrist von zwei (§ 438 I Nr. 3 BGB) auf fünf Jahre (§ 438 I Nr. 2b BGB) eigentlich durch nichts gerechtfertigt.

Nicht erforderlich, dass Käufer werkvertraglichen Mängelrechten ausgesetzt ist

Dennoch muss von der Anwendbarkeit der Fünf-Jahres-Frist ausgegangen werden. § 438 I Nr. 2b BGB setzt nicht voraus, dass der Verkäufer durchsetzbaren Mängelrechten des Käufers aus Werkvertrag ausgesetzt ist. Eine solche Einschränkung sieht der Wortlaut der Norm nicht vor. Eine andere Ansicht würde die subjektiv-historische Auslegungsmethode überbewerten.

Die Bestimmung findet daher auch dann Anwendung, wenn Sachen der in § 438 I Nr. 2b BGB bezeichneten Art vom Käufer selbst für ein Bauwerk verwendet (eingebaut) werden.[285]

> **hemmer-Methode:** Solange es hier keine höchstrichterliche Rechtsprechung gibt, ist die Gegenauffassung durchaus vertretbar. Zu argumentieren wäre mit einer teleologischen Reduktion des § 438 I Nr. 2b BGB. Diese Auffassung kann klausurtaktisch sinnvoll sein, da im Rahmen des § 438 I Nr. 2b BGB inzident das Bestehen werkvertraglicher Mängelrechte gegen den Käufer geprüft werden müsste.

In jedem Falle kann aber zur Feststellung der „Mangelhaftigkeit" des Bauwerkes auf die Definitionen des § 633 BGB zurückgegriffen werden.

Problemfall: Verträge über Photovoltaikanlagen (PV-Anlage)

Ein inzwischen klassisches Problemfeld ist die Verjährung der Mängelrechte bei Verträgen über die Errichtung von Photovoltaikanlagen (PV-Anlage) bzw. von Verträgen über die Lieferung von Modulen für eine PV-Anlage

185

Vertragsnatur einzelfallabhängig

Die rechtliche Einordnung von Verträgen über PV-Anlagen bereitet dann Schwierigkeiten, wenn die PV-Anlage auf dem Dach montiert werden muss. In Betracht kommen in diesem Fall entweder ein reiner Kaufvertrag, wenn der Käufer die Montage selbst übernimmt, ein Kaufvertrag mit Montageverpflichtung (§§ 651, 434 II S. 1 BGB bzw. § 434 II S. 1 BGB) oder ein Werkvertrag (§ 631 BGB).

185a

Bei Verträgen über PV-Anlagen wird häufig die mit dem Warenumsatz verbundene Übertragung von Eigentum und Besitz im Vordergrund stehen, sodass der Vertrag einheitlich als Kaufvertrag bzw. als Kaufvertrag mit Montage-, Anschluss- und Inbetriebnahmepflicht zu qualifizieren ist. Dies bedeutet, dass sowohl Mängel der „gekauften" Module als auch Mängel beim Einbau als Mängel im Sinne des Kaufrechts zu beurteilen sind, vgl. § 434 I BGB bzw. § 434 II S. 1 BGB.

Bei Montageverpflichtung muss für Anwendbarkeit des § 434 II S. 1 BGB der Warenumsatz im Vordergrund stehen

Ein Kaufvertrag mit Montageverpflichtung kann aber nur dann angenommen werden, wenn das kaufrechtliche Element im Vordergrund steht. Ist eine aufwendige Konstruktion erforderlich und steht damit das werkvertragliche Element im Vordergrund, ist vom Vorliegen eines Werkvertrags auszugehen.[286]

> **hemmer-Methode:** § 434 II S. 1 BGB ist insoweit ein gesetzlich geregelter Fall der Schwerpunkt- bzw. Absorptionstheorie bei gemischten Verträgen. Lesen Sie dazu nochmals Rn. 120 ff.

---

[285] BGH, **Life&Law 02/2014**, 81 (83) = jurisbyhemmer.
[286] BGH, NZBau 2013, 297 ff. = jurisbyhemmer; BGHZ 165, 326 (328) = jurisbyhemmer.

§ 1 KAUF

Beim Kauf von Komponenten einer Photovoltaik-Anlage gilt § 438 I Nr. 3 BGB, wenn Einbau der Solarmodule weder für Konstruktion, Bestand, Erhaltung noch für die Benutzbarkeit des Bauwerks von Bedeutung ist	Ansprüche des Käufers wegen Mangelhaftigkeit der Komponenten einer Photovoltaikanlage, die der Käufer auf dem bereits vorhandenen Dach eines Gebäudes anbringt, um durch Einspeisung des erzeugten Solarstroms Einnahmen zu erzielen, unterliegen nicht der fünfjährigen Verjährung nach § 438 I Nr. 2b BGB, sondern der zweijährigen Verjährung nach § 438 I Nr. 3 BGB, wenn die Solarmodule nicht Gegenstand von Erneuerungs- oder Umbauarbeiten des Bauwerks und damit für dessen Konstruktion, Bestand, Erhaltung oder Benutzbarkeit nicht von (wesentlicher) Bedeutung sind.[287]	185b
	In diesem Fall hat die PV-Anlage keine Funktion für das Gebäude selbst, sondern sie ist, weil es dem Bauherrn zweckdienlich erscheint, lediglich ebendort angebracht worden. Allein dies führt nicht dazu, dass die für die Montage von der Klägerin gelieferten Einzelteile „für ein Bauwerk" verwendet worden wären, **wenn** der **Einbau** der Solarmodule **weder für** die **Konstruktion,** den **Bestand,** die **Erhaltung noch für die Benutzbarkeit des Bauwerks von Bedeutung ist.**[288]	
Anders aber bei einer „In-Dach-Anlage"	Hiervon zu unterscheiden sind die sog. **„In-Dach- und gebäudeintegrierten Anlagen",** bei denen die Solarmodule nicht auf das Dach oder die Außenwand gebaut werden, sondern Bauteile ersetzen. Die PV-Anlage übernimmt also über die Stromversorgung hinaus noch weitere Funktionen, z.B. als Bestandteil des Daches oder der Außenwand.	185c
⇨ *wegen Eingriff in Bausubstanz gilt hier die fünfjährige Verjährung nach § 438 I Nr. 2 BGB*	Ein Mangel der Anlage führt also in diesen Fällen zwangsläufig auch zu einem Mangel des Bauwerks. Daher ist es in diesen Fällen richtig und erforderlich, die fünfjährige Verjährungsfrist anzuwenden. In diesem Fall wird die PV-Anlage zur dauernden Nutzung fest eingebaut.	

> **hemmer-Methode:** Bei einem Einbau durch den Lieferanten liegt bei einer derart komplexen Konstruktion ein Werkvertrag vor, sodass die fünfjährige Verjährung aus § 634a I Nr. 2 BGB folgt.[289]

Nachträglicher Eintritt der Voraussetzungen des § 438 I Nr. 2b BGB	Wird die Kaufsache nicht i.S.d. § 438 I Nr. 2b BGB für ein Bauwerk verwendet, gilt die Gewährleistungsfrist von zwei Jahren, § 438 I Nr. 3 BGB. Sobald allerdings – auch nachträglich – die Tatbestandsmerkmale des § 438 I Nr. 2b BGB erfüllt sind, kommt diese Vorschrift zur Anwendung.	186

> *Bsp.: Erst nach drei Jahren verwendet der Käufer K die gekauften Dachziegel i.S.d. § 438 I Nr. 2b BGB für ein Bauwerk. Nach einem weiteren Jahr verlangt er vom Verkäufer V Nacherfüllung, da die Dachziegel mangelhaft seien.*

Nach Ablauf von zwei Jahren war zunächst die Gewährleistungsfrist nach § 438 I Nr. 3 BGB abgelaufen. Allerdings wurde dann der Tatbestand des § 438 I Nr. 2b BGB erfüllt, sodass die Gewährleistungsfrist nun fünf Jahre ab Ablieferung (§ 438 II BGB) beträgt. Da diese Frist noch nicht verstrichen ist, stehen K durchsetzbare Mängelrechte gegenüber V zu.

> **hemmer-Methode: Arbeiten Sie nah am Gesetzestext!** Mit dem Gesetzeswortlaut und der Gesetzessystematik kommen Sie in aller Regel zu gut vertretbaren Ergebnissen, selbst wenn eine abweichende h.M. existiert. Für den Korrektor entscheidend ist, dass Sie Ihr juristisches Handwerkszeug beherrschen. Auswendig gelernte Meinungsstreitigkeiten sind für eine zweistellige Klausur weder erforderlich noch ausreichend, es sei denn, es handelt sich um einen absoluten Klassiker.

---

[287] BGH, **Life&Law 02/2014,** 81 (83) = **juris**byhemmer.
[288] Vgl. auch BGH, NJW-RR 1998, 89 = **juris**byhemmer.
[289] BGH, **Life&Law 9/2016,** 599 ff. = **juris**byhemmer.

Verlängerung bei erst späterem Einbau?

Ein weiteres Problem stellt sich, wenn der Käufer das mangelhafte Baumaterial erst nach einiger Zeit, z.B. nach zwei Jahren, zur Errichtung des Bauwerkes verwendet. Da die Verjährungsfrist im Kaufrecht mit der Ablieferung der Kaufsache (§ 438 II BGB), im Werkvertragsrecht mit der Abnahme beginnt (§ 634a II BGB), könnte nun doch der Fall auftreten, dass der Werkunternehmer vom Besteller wegen Mangelhaftigkeit des Bauwerkes in Anspruch genommen wird, ohne gegenüber dem Verkäufer kaufrechtliche Mängelrechte ausüben zu können.

Im obigen Beispiel (Rn. 182) errichtet U das Gebäude erst drei Jahre nach Kauf (und Ablieferung) der Dachbalken. Nach weiteren drei Jahren zeigt sich der Mangel.

Die werkvertraglichen Mängelrechte des B gegenüber U sind noch nicht verjährt bzw. ausgeschlossen. Die Rechte aus Kaufvertrag des U gegenüber V auch bei Anwendung des § 438 I Nr. 2b BGB allerdings schon, da seit Ablieferung bereits sechs Jahre verstrichen sind.

(-), Wortlaut steht entgegen

Um dem Gesetzeszweck Genüge zu tun, müsste in diesen Fällen eigentlich die Gewährleistungsfrist nach § 438 I Nr. 2b BGB verlängert werden. Dies verbietet jedoch der eindeutige Wortlaut der Regelung. Es bleibt bei fünf Jahren ab Ablieferung.

b) § 438 III BGB bei Arglist des Verkäufers

Arglistiges Verschweigen des Verkäufers, § 438 III BGB

Klausurrelevant ist die Konstellation, dass der Verkäufer den Mangel arglistig verschwiegen hat. Arglist ist wie bei § 123 BGB zu verstehen. Das Gesetz sieht für diesen Fall grob pflichtwidrigen Verhaltens des Verkäufers eine Modifikation der Gewährleistungsfristen vor.

§ 438 I Nr. 1 BGB: keine Änderung

Die 30-jährige Frist des § 438 I Nr. 1 BGB ändert sich nicht (§ 438 III S. 1 BGB: „Abweichend von Absatz 1 Nr. 2 und Nr. 3"). Eine längere Gewährleistungsfrist als 30 Jahre hält das Gesetz für nicht erforderlich, auch nicht bei arglistigem Verschweigen des Verkäufers.

§ 438 I Nr. 2 BGB: nur Änderung des Verjährungsbeginns

Die fünfjährige Frist wird auch nicht verkürzt, § 438 III S. 2 BGB. Der Unterschied liegt allein darin, dass die Regelverjährungsfrist abweichend von § 438 II BGB nicht mit Ablieferung bzw. Grundstücksübergabe, sondern nach den allgemeinen Regeln, also gem. § 199 BGB beginnt, § 438 III S. 1 BGB.

Daher kann es auch gut sein, dass die Frist mehr als fünf Jahre beträgt, zum Beispiel wenn der Mangel erst vier Jahre nach der Übergabe bemerkt wird. Die Mängelverjährung würde nach einem weiteren Jahr eintreten. Gem. § 438 III BGB läuft aber mit dem Schluss des Jahres, in welchem der Käufer die Kenntnis vom Mangel erlangt hat, die dreijährige Verjährung.

hemmer-Methode: Bei der Regelung des § 438 III S. 2 BGB handelt es sich also um eine Ablaufhemmung, um die Rechte des Käufers nicht ungerechtfertigt zu beschränken.[290]

§ 438 I Nr. 3 BGB ⇨ drei Jahre

Wichtig ist die Abweichung von § 438 I Nr. 3 BGB: Die Frist von zwei Jahren wird auf drei Jahre verlängert (§§ 438 III S. 1, 195 BGB). Außerdem beginnt die Verjährung nicht mit der Übergabe, sondern am Schluss des Jahres zu laufen, in welchem der Anspruch entstanden ist und der Käufer hiervon Kenntnis erlangt hat oder ohne grobe Fahrlässigkeit hätte erlangen müssen (§ 199 I Nr. 1 und 2 BGB).

---

[290] Palandt, § 438, Rn. 12 a.E.

§ 1 KAUF

Definition Arglist

Arglist erfordert keine betrügerische Absicht im Sinne etwa von § 263 I StGB. Ausreichend ist vielmehr Vorsatz, auch bedingter. Es genügt, dass der Verkäufer den Mangel kennt oder mit seinem Vorhandensein rechnet und dass er weiß oder jedenfalls damit rechnet, dass der Käufer bei Kenntnis der wahren Sachlage den Vertrag nicht oder zumindest nicht so abschließen würde (Kausalität).[291]

hemmer-Methode: Dass die Arglist tatsächlich (objektiv) für den Vertragsschluss kausal war, ist hingegen nicht erforderlich.[292]

Arglist verlangt damit Vorsatz bezüglich

1. des Vorliegens eines **Mangels** und
2. bezüglich der Erheblichkeit dieses Mangels für die Willenserklärung des Käufers (**Kausalität**).

Problematisch: Wissenszurechnung bei Gesellschaften

Hierbei können sich in der Klausur insbesondere Fragen der Wissenszurechnung bei juristischen Personen oder anderen Gesellschaften mit arbeitsteiliger Organisationsform stellen.

> *Bsp.: K kauft bei der V-GmbH & Co KG, die mit Autos handelt, einen gebrauchten Pkw, wobei der Angestellte A, der die Verhandlungen leitet, zusichert, dass die Reifen des Wagens völlig neu seien. Erst zweieinhalb Jahre nach Ablieferung stellt sich heraus, dass die Reifen bei Gefahrübergang bereits zwei Jahre alt waren.*
>
> *Dies war dem Angestellten B, der den Ankauf für die V-GmbH & Co KG abgewickelt hatte, auch bekannt gewesen, nur hatte er bei Ausfüllung der Gebrauchtwagenvereinbarung, die er ausnahmsweise nicht sofort nach Hereinnahme des Wagens vorgenommen hatte, irrtümlich eingetragen: „Reifen neu". Diese Angabe hatte der mit der Weiterveräußerung an K betraute A für zutreffend gehalten. K verlangt Nachbesserung, da die V-GmbH & Co KG ihn über das Alter der Reifen arglistig getäuscht habe. Diese beruft sich auf Verjährung.*

Ein solcher Anspruch könnte sich aus §§ 437 Nr. 1, 439 BGB ergeben.

Da die Kaufsache die vereinbarte Beschaffenheit nicht aufweist, liegt ein Sachmangel i.S.v. § 434 I S. 1 BGB vor. Auch ist Nacherfüllung im Wege der Nachbesserung (§ 439 I Alt. 1 BGB) noch möglich: Der Mangel kann durch Neubereifung beseitigt werden.

Problematisch ist jedoch, ob nicht bereits Verjährung des Nacherfüllungsanspruches eingetreten ist. Dies ist grundsätzlich der Fall, da mehr als zwei Jahre seit Ablieferung verstrichen sind, § 438 I Nr. 2, II BGB.

Jedoch könnte ein Fall des § 438 III BGB gegeben sein; es kommt ein arglistiges Verschweigen des Mangels durch die V-GmbH & Co KG in Betracht.

hemmer-Methode: § 438 III BGB gilt auch, wenn man von einem arglistigen Vorspiegeln einer nicht vorhandenen Beschaffenheit ausgeht.

Arglist setzt voraus, dass der Verkäufer den Mangel kennt und zudem damit rechnet, dass der Käufer bei Kenntnis der wahren Sachlage den Vertrag nicht oder nicht so abschließen würde.

Bei einer GmbH & Co KG ist insofern auf den einzig vertretungsberechtigten Gesellschafter, also die Komplementär-GmbH, abzustellen. Die GmbH als juristische Person muss sich ihrerseits das Wissen ihrer Organe und ihrer sog. Wissensvertreter zurechnen lassen.

---

[291] Palandt, § 442, Rn. 18.
[292] BGH, NJW 2011, 3640 ff. = **juris**byhemmer.

Nach der sog. Organtheorie würde eine Wissenszurechnung auch nicht dadurch unterbrochen, dass das „wissende" Organ inzwischen ausgeschieden oder verstorben ist („einmal gewusst, immer gewusst").[293]

Aufgrund der Organtheorie ist bei dem Merkmal Arglist eine Wissenszusammenrechnung möglich, da sich die juristische Person einmal erlangtes Wissen zurechnen lassen muss und die handelnde Person damit rechnen muss, dass der andere Teil bei Kenntnis der wahren Sachlage den Vertrag nicht oder nicht so abgeschlossen hätte. Beides zusammen ergibt dann die Arglist.

Diese Organtheorie, die vor allem den Schutz des Vertragspartners einer juristischen Person bezweckt (diese soll aus ihrer organisationsbedingten Wissensaufspaltung keine Vorteile ziehen), wird aber zunehmend eingeschränkt, da die Wissenszusammenrechnung auch nicht zu einer bloßen Arglist-Fiktion ausarten darf.

Die neue Rechtsprechung[294] hält zwar an der Wissenszusammenrechnung fest; jedoch wird die Wissenszurechnung (also hier: der Vorsatz hinsichtlich des Mangels) bei juristischen Personen oder anderen Unternehmen mit arbeitsteiliger Organisationsform (die sog. Organtheorie galt früher nur für juristische Personen, nicht auch für Personen[handels]gesellschaften) auf eine andere Grundlage gestellt.

Maßgeblich ist nicht mehr die Organstellung oder eine vergleichbare Position (Wissensvertreter), sondern die aus dem Verkehrsschutz erwachsende Pflicht zur ordnungsgemäßen Organisation der gesellschaftsinternen Kommunikation. Von Bedeutung ist des Weiteren das sog. Gleichstellungsargument, wonach der Vertragspartner einer juristischen Person bzw. vergleichbaren Gesellschaft nicht schlechter, aber auch nicht besser stehen darf, als wenn er mit einer natürlichen Person kontrahiert hätte.

Voraussetzung für eine Wissenszurechnung ist daher in jedem Fall, dass es sich um **typischerweise aktenmäßig festgehaltenes Wissen** handelt. Das bedeutet konkret dreierlei:

1. Bei Erlangung des Wissens muss überhaupt Anlass bestanden haben, dieses zu speichern, weil absehbar war, dass es später noch einmal relevant werden konnte. Relevantes Wissen muss also gespeichert werden.

2. Bei Abschluss des betreffenden Rechtsgeschäfts muss schließlich überhaupt Anlass bestanden haben, sich über das vorhandene Wissen zu informieren.

3. Schließlich muss die Gesellschaft Vorkehrungen treffen, damit eine „Wissensspeicherung" überhaupt möglich ist.

Nur wenn eine dieser Pflichten vorsätzlich verletzt wird, kann von Arglist ausgegangen werden.

Eine Verpflichtung, das erlangte Wissen über die Bereifung des Wagens festzuhalten, ist im vorliegenden Fall sicher zu bejahen. Auch hat die GmbH in der Gestalt der Gebrauchtwagenvereinbarung ausreichend organisatorische Vorkehrungen getroffen, damit eine solche Speicherung erfolgen kann. Dass der Angestellte B diese nicht sogleich und nachträglich falsch vorgenommen hat, begründet allenfalls einen Fahrlässigkeitsvorwurf. Der Fall kann nicht anders liegen, als wenn eine natürliche Person relevante Tatsachen vergessen hätte.

Daher liegt seitens der GmbH keine Arglist vor, die daher auch der V-GmbH & Co KG nicht zugerechnet werden kann. Der Nacherfüllungsanspruch ist verjährt und aufgrund der erhobenen Verjährungseinrede nicht durchsetzbar, § 214 I BGB.

---

[293] BGH, NJW 1990, 975 - 976 = **juris**byhemmer.
[294] BGH, NJW 1995, 2159 - 2161 = **juris**byhemmer.

> **hemmer-Methode:** Dagegen wäre Arglist zu bejahen gewesen, wenn B die Eintragung vorsätzlich falsch vorgenommen hätte, wenn die KG gar keine Vorkehrungen für die Wissensspeicherung geschaffen hätte oder wenn A auf das gespeicherte Wissen vorsätzlich nicht zurückgegriffen hätte.

Pflicht zur Aufklärung erforderlich

Verschweigen setzt immer eine Pflicht zur Aufklärung voraus. Daran fehlt es bei offensichtlichen, äußerlich erkennbaren Fehlern. Eine Aufklärungspflicht besteht jedenfalls, wenn der Käufer gezielt nach einer Eigenschaft fragt. Ferner besteht eine Aufklärungspflicht bei Mängeln, die so schwerwiegend sind, dass der Käufer erkennbar auf deren Nichtvorhandensein Wert legt: Dann muss der Verkäufer unaufgefordert das Vorhandensein des Mangels offenbaren.

191

c) Verjährungsbeginn

§ 438 II BGB

Die Verjährung beginnt bei Grundstücken mit der Übergabe, sonst mit der Ablieferung der Kaufsache, § 438 II BGB. Abweichend von § 199 I Nr. 2 BGB kommt es also nicht darauf an, in welchem Zeitpunkt der Käufer von seinem Nacherfüllungsanspruch Kenntnis erlangt hat. Dies spielt nur eine Rolle, wenn bei arglistigem Verschweigen über § 438 III S. 1 BGB auch § 199 BGB Anwendung findet. Denn § 438 III BGB weicht auch von § 438 II BGB ab.

192

Definition Ablieferung

Die Ablieferung ist ein einseitiger Realakt, der von der Übergabe i.S.d. § 929 S. 1 BGB zu unterscheiden ist. Beide können zusammentreffen, müssen aber nicht. Die Ablieferung setzt voraus, dass der Verkäufer in Erfüllung des Kaufvertrages die Sache so zum Käufer gebracht hat, dass dieser sie untersuchen kann.[295]

193

Art der Schuld wichtig

Ob und wann dies der Fall ist, hängt unter anderem auch von der Art der Schuld ab, die die Parteien vereinbart haben.

Bei der Holschuld ist erst dann abgeliefert, wenn der Käufer die Sache beim Verkäufer abgeholt hat.[296] Bei der Bringschuld muss die Sache dem Käufer an seinem Wohnsitz übergeben worden sein.

Problematisch ist die Feststellung der Ablieferung nur bei der Schickschuld (insbesondere beim Versendungskauf nach § 447 BGB). Denkbar wäre, mit Vollendung der Leistungshandlung auch die Ablieferung als erfolgt anzusehen, also auf den Zeitpunkt der Übergabe an die Transportperson abzustellen.

Bei Schickschuld erst mit Eintreffen der Ware beim Käufer

Dennoch ist bei der Schickschuld nicht die Übergabe an die Transportperson maßgebend; vielmehr muss die Sache am Bestimmungsort eingetroffen und dem Käufer zur Verfügung gestellt worden sein. Erst dann ist nämlich der Käufer in der Lage, die Sache auf etwaige Mängel zu untersuchen.

Ersatz der Ablieferung durch Annahmeverzug?

Problematisch ist, ob der Annahmeverzug des Käufers eine Ablieferung hinsichtlich des Verjährungsbeginns zu ersetzen vermag.

194

> **Bsp.**[297]: V verkauft K einen Lastzug, den dieser am 25.10.2015 bei V abholen soll. Dem kommt K nicht nach, weil er das Zustandekommen eines wirksamen Kaufvertrages bestreitet. K holt schließlich am 13.05.2016 den Lastzug bei V ab. Ein von K eingeholtes Gutachten ergibt, dass der Unterboden des Lastzuges bereits seit Anfang 2015 durchgerostet ist. K verlangt von V am 07.11.2017 Nachbesserung.

---

[295] Palandt, § 438, Rn. 15.
[296] BGH, NJW 1995, 3381 - 3383 = **juris**byhemmer.
[297] Nach BGH, WM 1995, 2105 - 2107 = **juris**byhemmer.

Problematisch ist nur die mögliche Verjährung des Nachbesserungsanspruches aus §§ 433 I S. 2, 437 Nr. 1, 439 I BGB. Der Lastzug war im Zeitpunkt des Gefahrübergangs gem. § 446 S. 3 BGB am 25.10.2015 bereits mit einem Sachmangel behaftet.

Die Verjährungsfrist beträgt gem. § 438 I Nr. 3 BGB zwei Jahre. Fraglich ist jedoch der Zeitpunkt des Verjährungsbeginnes; wäre auf den 25.10.2015 abzustellen, wäre der Anspruch bereits verjährt. Ist der Zeitpunkt der tatsächlichen Abholung am 13.05.2016 für die Ablieferung maßgeblich, wäre Verjährung noch nicht eingetreten.

§ 438 II BGB stellt für den Verjährungsbeginn auf den Zeitpunkt der Ablieferung ab, weil der Käufer erst ab diesem Zeitpunkt die Möglichkeit erlangt, die Kaufsache auf etwaige Mängel zu untersuchen. Erforderlich ist deshalb grundsätzlich eine tatsächliche Verbringung der Sache in den Machtbereich des Käufers. Diese ist erst am 13.05.2016 erfolgt.

Nach h.M. (-), kein widersprüchliches Verhalten des Käufers

Andererseits erscheint es unbillig, dass der Käufer durch die Nichtabholung des Lastzuges den Verjährungsbeginn hinausschieben kann. Daher könnte in analoger Anwendung zu § 446 S. 3 BGB der Zeitpunkt des Annahmeverzuges am 25.10.2015 die Ablieferung im Rahmen des § 438 II BGB ersetzen. Dies ist seit langem umstritten, wird jedoch von der h.M. abgelehnt.[298] Das Gesetz knüpft an den Annahmeverzug verschiedene für den Käufer ungünstige Rechtsfolgen (§§ 300 - 304, 326 II S. 1 Alt. 2 BGB), bestimmt aber nicht, dass hierdurch auch die Gewährleistungsfrist zu laufen beginnt. Der Käufer, der die Ware nicht annimmt, verzögert zugleich auch die eigenen Untersuchungsmöglichkeiten. Durch die Nichtannahme hat der Käufer daher hinsichtlich der Gewährleistungsfrist keinen echten Vorteil; das Hinausschieben des Verjährungsbeginns ist Folge, nicht aber Zweck seines Verhaltens, sodass ihm der Vorwurf widersprüchlichen Verhaltens (§ 242 BGB) nicht gemacht werden kann. Der Nacherfüllungsanspruch des K ist folglich noch nicht verjährt.

hemmer-Methode: Der Begriff der Ablieferung ist ebenso in § 377 HGB zu verstehen; der Annahmeverzug des Käufers löst daher auch nicht die handelsrechtliche Untersuchungs- und Rügeobliegenheit aus. Dies ist auch nachvollziehbar, da vor Gelangen der Kaufsache in den Machtbereich des Käufers diesem eine Untersuchung gar nicht möglich ist.

Übergabe des Grundstücks: Verschaffung unmittelbaren Besitzes

Unter der Übergabe des Grundstücks i.S.d. § 438 II BGB ist die Verschaffung des unmittelbaren Besitzes zu verstehen. Dies ergibt sich wiederum daraus, dass die Gewährleistungsfrist erst dann zu laufen beginnen soll, wenn dem Käufer die Untersuchung der Kaufsache auf Mängel tatsächlich möglich ist. Dies ist nur bei unmittelbarer Besitzverschaffung der Fall.

hemmer-Methode: Auch hier gibt es eine Abweichung vom Übergabebegriff in § 929 S. 1 BGB! Dort genügt es, dass dem Erwerber mittelbarer Besitz verschafft wird, sofern der Verkäufer keinen Besitzrest zurückbehält. Ein schwerer Fehler ist die Behauptung, § 929 S. 1 BGB setze die Erlangung unmittelbaren Besitzes voraus! Dies wird häufig falsch gemacht; auf diesen Fehler „wartet" der Prüfer und ist umso erfreuter, wenn der Kandidat diese Hürde überwindet.

d) Hemmung und Neubeginn der Verjährung

Hinsichtlich Hemmung und Neubeginn gelten die allgemeinen Vorschriften. Insbesondere ist die Verjährungshemmung durch Erhebung der Klage auf die jeweilige Art der Nacherfüllung nach § 204 I Nr. 1 BGB zu beachten.

---

[298] BGH, WM 1995, 2105 - 2107 = **juris**byhemmer; Reinicke/Tiedtke, Kaufrecht, Rn. 392.

§ 1 KAUF

Wichtig: § 167 ZPO

Klausurrelevant ist die Fallgestaltung, dass die Klage kurz vor Ablauf der Verjährungsfrist bei Gericht eingereicht wird (sog. Anhängigkeit), aber erst nach Ablauf der Frist dem Beklagten zugestellt wird (Rechtshängigkeit, vgl. §§ 261 I, 253 I ZPO). § 204 I Nr. 1 BGB setzt die Erhebung der Klage voraus, diese erfolgt durch Zustellung der Klageschrift an den Beklagten, § 253 I ZPO. Jedoch regelt § 167 ZPO, dass in Ansehung der Verjährungshemmung auf den Zeitpunkt der Anhängigkeit abzustellen ist, sofern die Zustellung „demnächst" erfolgt.

> **hemmer-Methode:** Die Zustellung ist nicht „demnächst" i.S.d. § 167 ZPO, wenn zwischen Fristablauf und Zustellung ein erheblicher Zeitraum liegt (Merkregel: mehr als zwei Wochen) und der Grund für die Verzögerung aus der Sphäre des Klägers stammt. **Klassiker:** Der Kläger leistet den Gerichtskostenvorschuss verspätet, weshalb das Gericht nach § 12 I S. 1 GKG zunächst nicht zustellt. Diese Verzögerung stammt aus der Sphäre des Klägers, die Zustellung ist nicht demnächst i.S.d. § 167 ZPO.

Problem: Zeiten der Nacherfüllung dürfen nicht mitgerechnet werden

Unbillig erscheint das Fortlaufen der Verjährungsfrist, wenn der Verkäufer nach Rüge durch den Käufer die Kaufsache an sich nimmt, auf Mängel untersucht oder Nachbesserungsversuche vornimmt. Gerade nach altem Recht bestand die Gefahr, dass der Verkäufer die Sache nur zum Schein an sich nimmt und den Ablauf der Gewährleistungsfrist abwartet.

197

Hemmung gem. § 203 BGB

Dieses Problem löst § 203 S. 1 BGB. Danach führt ein Verhandeln über den streitigen oder zweifelhaften Anspruch zur Hemmung der Verjährung.[299]

198

Für ein Verhandeln i.S.d. § 203 S. 1 BGB genügt jeder Meinungsaustausch über den Schadensfall zwischen dem Berechtigten und dem Verpflichteten, sofern nicht sofort und eindeutig jeder Ersatz abgelehnt wird.[300]

> *Bsp.: V verkauft K einen Elektrorasierer. Am nächsten Morgen stellt K fest, dass der Schalter des Rasierapparates häufig klemmt. K sucht sofort V auf. Dieser erklärt, er werde das Gerät beim Hersteller einschicken, dies werde nicht lange dauern. Da K in den folgenden Monaten in eine schwere Beziehungskrise gerät, vergisst er den Rasierer. Erst nach drei Jahren ruft V bei ihm an und sagt, der Rasierer liege noch bei ihm (V) herum, der Hersteller habe die Reparatur verweigert. K verlangt einen neuen Rasierer der gleichen Marke. V hat noch solche Rasierer in seinem Lager; er beruft sich aber auf Verjährung.* **Hat K einen durchsetzbaren Anspruch?**
>
> 1. K könnte ein entsprechender Nachlieferungsanspruch aus §§ 437 Nr. 1, 439 BGB zustehen.
>
> a) Der Rasierer war jedenfalls nach § 434 I S. 2 Nr. 2 Alt. 2 BGB im Zeitpunkt des Gefahrübergangs (§ 446 S. 1 BGB) mangelhaft. Damit ist zunächst ein Anspruch des K gegen V auf Nacherfüllung entstanden.
>
> K konnte zwischen Nachbesserung und Nacherfüllung wählen. Da er von V die Reparatur des gelieferten Rasierers verlangte, hat er sich für die Nachbesserung entschieden und sein Wahlrecht ausgeübt.
>
> Das Wahlrecht ist aber nicht erloschen, wenn der Verkäufer die gewählte Art der Nacherfüllung unberechtigt verweigert hat. Der Käufer stünde sonst schlechter als im Fall der berechtigten Verweigerung, da sich dann sein Anspruch auf die andere Nacherfüllungsart beschränken würde, § 439 IV S. 3 HS 1 BGB.

---

[299] Palandt, § 203, Rn. 2; lehrreich dazu auch Arnold, Der neue § 438 BGB - eine Zwischenbilanz, ZGS 2002, 438 - 442.
[300] BGH, NJW 2007, 587 - 588 = **juris**byhemmer.

V hat ohne Grund die Nachbesserung verweigert. Zwar hat er dies nicht ausdrücklich gegenüber K erklärt, sondern nur auf die vom Hersteller verweigerte Nachbesserung hingewiesen. An eine solche Verweigerung sind aber geringe Anforderungen zu stellen; es genügt, dass der Verkäufer sich lange Zeit nicht um die Nacherfüllung gekümmert hat. Dann muss dem Käufer das Recht zustehen, die andere Art der Nacherfüllung geltend zu machen. Dies hat K hier getan; er hat also einen Anspruch auf Lieferung eines neuen Rasierers (Nachlieferung).

b) Dieser Anspruch könnte allerdings nach § 438 I Nr. 3 BGB verjährt sein. V hat die Verjährungseinrede nach § 214 I BGB erhoben. Die Frist von zwei Jahren seit Ablieferung (§ 438 II BGB) ist grundsätzlich abgelaufen. Allerdings könnte nach § 203 S. 1 BGB die Verjährung für die Zeit, in der sich der Verkäufer scheinbar um die Nachbesserung bemühte, gehemmt gewesen sein. Dann wäre die Verjährung noch nicht eingetreten, vgl. § 209 BGB.

§ 203 BGB setzt eine schwebende Verhandlung über einen Anspruch oder anspruchsbegründende Umstände voraus. Dies ist eigentlich nur anzunehmen, wenn der Anspruch bzw. die anspruchsbegründenden Umstände zwischen Gläubiger und Schuldner streitig oder zumindest zweifelhaft sind. Dies kann im vorliegenden Fall nicht angenommen werden: Zwischen den Parteien ist unstreitig, dass K einen Anspruch auf Nacherfüllung infolge der Mangelhaftigkeit des Rasierapparates hat.

Auch die einverständliche Nacherfüllung durch den Verkäufer muss aber zur Hemmung der Verjährung führen, und zwar so lange, bis der Käufer über den Ausgang des Nacherfüllungsversuches durch den Verkäufer unterrichtet wird.

Dem Käufer ist nämlich i.d.R. auch nicht dadurch geholfen, in der Hinnahme der Kaufsache durch den Verkäufer zur Nacherfüllung ein Anerkenntnis des Verkäufers i.S.d. § 212 I Nr. 1 BGB zu sehen. Dieses führt nämlich zum sofortigen Neubeginn der Verjährung. Wenn aber – wie im vorliegenden Fall – der Beginn des Nacherfüllungsversuches kurz nach Ablieferung i.S.d. § 438 II BGB erfolgt, wird die Gewährleistungsfrist effektiv kaum merklich verlängert.

Daher war die Verjährung des Nacherfüllungsanspruches bis zum Anruf durch V nach § 203 BGB gehemmt. K hat gegen V einen durchsetzbaren Nachlieferungsanspruch.

Evtl. Neubeginn der Verjährung gem. § 212 I Nr. 1 BGB

Umstritten ist, ob eine vom Verkäufer vorgenommene Nacherfüllung als Anerkenntnis zum Neubeginn der Verjährung nach § 212 I Nr. 1 BGB führt.

Nach e.A. stellt die Nacherfüllung des Verkäufers stets ein Anerkenntnis i.S.d. § 212 I Nr. 1 BGB dar.[301] Dies ist so pauschal nicht überzeugend, da der Verkäufer oftmals lediglich aus Kulanz nachbessert, um seinen Kunden nicht zu verlieren.

Überzeugend dagegen ist die Annahme eines Neubeginns durch Anerkenntnis, wenn die Nacherfüllung in Form der Nachlieferung erfolgt. Hier wird der gesamte Vertrag rückabgewickelt und eine neue Sache geliefert, sodass die Verjährung auch neu beginnt.[302]

Erfolgt die Mängelbeseitigung im Wege der Nachbesserung und ergibt sich aus dem Aufwand des Verkäufers, dass dies nicht lediglich aus Kulanz erfolgte, so liegt hierin auch ein Anerkenntnis, das zum Neubeginn der Verjährung führt.[303]

---

[301] Bamberger/Roth/Faust, § 438 BGB, Rn. 59; OLG Celle, ZGS 2006, 396 f.; Auktor/Mönch, Nacherfüllung - nur noch auf Kulanz?, NJW 2005, 1686 - 1689 (1688); Klas/Kleesiek, Die Problematik der Kettengewährleistung, NJW 2010, 3339 - 3340.

[302] BGH, NJW 2006, 47 - 51 (48); vgl. auch Arnold, Der neue § 438 BGB - eine Zwischenbilanz, ZGS 2002, 438 - 442 (440).

[303] So zuletzt LG Koblenz, NJW-RR 2007, 272 - 273 = **juris**byhemmer; besprochen von Andreae, DAR 2008, 31 - 32.

§ 1 KAUF

Praxis-Tipp

<u>Praxis-Tipp</u>: Lassen Sie sich bei einer Nacherfüllung stets eine neue Quittung geben, wenn der Verkäufer Ihnen eine neue Sache anbietet. Nur dann haben Sie „einen Beweis" im Hinblick auf die erneut zu laufen beginnende Verjährung der Mängelrechte. Bei einer Nachbesserung bestehen Sie auf einer Dokumentation der erfolgten Reparatur mit Datum der Rückgabe der Sache.

V. Rücktritt

1. Allgemeines

In § 437 Nr. 2 Alt. 1 BGB verweist das Gesetz auf die Möglichkeit des Käufers zum Rücktritt nach den Vorschriften des allgemeinen Leistungsstörungsrechtes. 199

Die mangelhafte Leistung stellt eine teilweise Nichterfüllung durch den Verkäufer dar; dies führt in den Anwendungsbereich insbesondere des § 323 BGB. § 437 BGB stellt klar, dass auch im kaufrechtlichen Mängelrecht das allgemeine Leistungsstörungsrecht Anwendung findet. 200

Rückgewähr nach § 346 I BGB

Die wirksame Ausübung des Rücktrittes führt zur Verpflichtung beider Seiten, die empfangenen Leistungen zurückzugewähren, § 346 I BGB. Der Käufer muss die Kaufsache zurückübereignen, der Verkäufer den Kaufpreis zurückzahlen; wurde eine der Leistungen nicht erbracht, so erlischt die noch nicht erfüllte Leistungspflicht. 201

Ausübung + Rücktrittsgrund

Die Rechtsfolgen des Rücktrittes sind in den §§ 346 ff. BGB geregelt. Damit diese eintreten, muss das Rücktrittsrecht nach § 349 BGB durch den Rücktrittsberechtigten ausgeübt werden und es muss ein Rücktrittsgrund vorliegen. 202

Die §§ 437 Nr. 2, 323, 326 V BGB treffen lediglich Regelungen über den Rücktrittsgrund. 203

Ausübung: § 349 BGB

Die Ausübung des Rücktrittsrechtes erfolgt durch Erklärung des Käufers gegenüber dem Verkäufer, § 349 BGB. Es handelt sich um eine einseitige empfangsbedürftige Willenserklärung. Der Rücktritt ist als Gestaltungsrecht bedingungsfeindlich. 204

2. Rücktritt nach §§ 437 Nr. 2 Alt. 1, 440, 323 BGB

Ist eine mangelhafte Sache geliefert worden, kommt ein Rücktritt des Käufers nach § 323 I BGB in Betracht. Es sind die allgemeinen Voraussetzungen des § 323 BGB zu prüfen[304], zusätzlich ist jedoch § 440 BGB zu berücksichtigen. 205

hemmer-Methode: Die §§ 323 ff. BGB regeln nur gesetzliche Rücktrittsgründe. Weitere Voraussetzung für einen wirksamen Rücktritt ist eine wirksame Rücktrittserklärung des Rücktrittsberechtigten (hier: des Käufers) gemäß § 349 BGB.[305] Die Rechtsfolgen eines wirksamen Rücktritts sind dann in den §§ 346 ff. BGB geregelt.[306]

---

[304] Vgl. hierzu **Hemmer/Wüst, Schuldrecht AT**, Rn. 466 ff.
[305] Vgl. **Hemmer/Wüst, Schuldrecht AT**, Rn. 463 f.
[306] Hierzu unten, Rn. 243 ff.; ausführlich: **Hemmer/Wüst, Schuldrecht AT**, Rn. 545 ff.

Übersicht: Rücktrittsrecht nach §§ 437 Nr. 2 Alt. 1, 440, 323 BGB

a) Vorliegen eines gegenseitigen Vertrages (bei Kaufvertrag unproblematisch zu bejahen)
b) Fällige und einredefreie Leistungspflicht
c) Behebbarer Mangel als Pflichtverletzung
d) Fristsetzung oder Ausnahme, v.a. § 323 II BGB
e) Erfolgloser Fristablauf
f) Eigene Vertragstreue des Käufers
g) Keine Unerheblichkeit i.S.v. § 323 V S. 2 BGB
h) Kein Ausschluss des Rücktrittsrechts nach § 323 VI BGB
i) Kein Ausschluss des Rücktrittsrechts wegen Verjährung des Nacherfüllungsanspruches, § 218 I S. 1 BGB

a) Gegenseitiger Vertrag

Wirksamer Kaufvertrag

Bei einem Kaufvertrag handelt es sich unproblematisch um einen gegenseitigen Vertrag. Dieser muss allerdings wirksam sein. Ist das nicht der Fall, kommt ein Rücktritt nach den §§ 323 ff. BGB von vornherein nicht in Betracht.

hemmer-Methode: Beachten Sie nochmals, dass ein Kaufvertrag nicht nichtig ist, auch wenn dem Verkäufer die Verschaffung der Kaufsache gem. § 433 I S. 1 BGB anfänglich unmöglich sein sollte, § 311a I BGB. § 323 I BGB scheidet in diesem Fall jedoch aus, weil im Falle der Unmöglichkeit der Leistungspflicht § 326 V BGB heranzuziehen ist, vgl. im Folgenden.

b) Fällige und durchsetzbare Leistungspflicht des Verkäufers

Fälligkeit

Die Pflicht des Verkäufers aus § 433 I BGB muss fällig und durchsetzbar sein. Der Zeitpunkt der Fälligkeit bestimmt sich vorrangig nach der vertraglichen Vereinbarung; hilfsweise ist § 271 I BGB heranzuziehen, wonach im Zweifel Fälligkeit sofort eintritt.

Durchsetzbarkeit

Ebenso setzt § 323 I BGB die Durchsetzbarkeit dieser Verkäuferpflicht voraus, der Verkäufer darf also eine ihm zustehende Einrede gegen den Anspruch des Käufers aus § 433 I BGB nicht erhoben haben.

Allerdings ist zu beachten, dass bereits das Vorliegen der tatbestandlichen Voraussetzungen einer Einrede des Verkäufers zum Ausschluss des § 323 BGB führt, sofern der Verkäufer die Einrede später erhebt.[307]

hemmer-Methode: Beachten Sie die Besonderheiten bei §§ 273, 1000 BGB und § 320 BGB. Da es sich hierbei um kein kaufspezifisches Problem handelt, wurde hier auf eine Darstellung im Einzelnen verzichtet. Vgl. hierzu ausführlich Hemmer/Wüst, Schuldrecht AT, Rn. 139 ff.

§ 323 IV BGB beachten: Ausnahme vom Fälligkeitserfordernis

Ist die Leistungspflicht des Verkäufers noch nicht fällig, kann der Käufer dennoch nach § 323 I BGB zurücktreten, wenn offensichtlich ist, dass die Rücktrittsvoraussetzungen eintreten werden, § 323 IV BGB. So kann sich ein Rücktrittsrecht des Käufers wegen Mangelhaftigkeit der Kaufsache bereits vor Gefahrübergang ergeben.

---

[307] Vgl. **Hemmer/Wüst, Schuldrecht AT**, Rn. 471.

Bsp.: Von Dritten erfährt K, dass der bei V gekaufte, aber noch nicht übergebene Gebrauchtwagen einen erheblichen Motorschaden aufweist. Sofort ruft er bei V an. V erklärt, dies sei wohl richtig; er sei jedoch keinesfalls dazu bereit, den Schaden beheben zu lassen. Obwohl V erst in zwei Wochen liefern soll, will K bereits jetzt vom Vertrag zurücktreten.

Problematisch ist das Vorliegen eines Rücktrittsgrundes.

1. Ein solcher könnte sich direkt aus § 323 I BGB ergeben.

hemmer-Methode: § 437 Nr. 2 BGB dürfen Sie nicht mit zitieren, da noch keine Übergabe vorliegt.

Dies setzt allerdings die Fälligkeit der Leistungspflicht des V aus § 433 I BGB voraus. V sollte erst in zwei Wochen liefern. Damit fehlt es zum jetzigen Zeitpunkt an einer fälligen Leistungspflicht des V, ein Rücktritt nach § 323 I BGB scheidet grundsätzlich aus.

Jedoch könnte § 323 IV BGB einschlägig sein. Ein Rücktritt des Gläubigers ist bereits vor Fälligkeit der Leistungspflicht des Schuldners möglich, wenn offensichtlich ist, dass die Voraussetzungen des § 323 I BGB eintreten werden.

Dies ist hier zu bejahen: Es ist zu erwarten, dass V nach Fälligkeit nicht vertragsgemäß, sondern mangelhaft leisten wird und auch innerhalb angemessener Frist seiner Nacherfüllungspflicht (§ 439 BGB) nicht nachkommen wird. Damit ist zu erwarten, dass die Voraussetzungen des § 323 I BGB eintreten werden. Dies berechtigt K zum sofortigen Rücktritt; eine Fristsetzung ist nicht erforderlich.

hemmer-Methode: Die Einschränkung des Rücktrittsrechts gem. § 323 V S. 2 BGB, wonach bei nicht vertragsgemäßer Leistung das Recht zum Rücktritt nur bei erheblicher Pflichtverletzung besteht, kommt auch dann Anwendung, wenn der Käufer die Sache infolge ihrer Mangelhaftigkeit zurückweist.
Zwar spricht § 323 V S. 2 BGB von nicht vertragsgemäßer Leistung und könnte damit die Übergabe der Sache voraussetzen. Dennoch soll nach h.M. diese Einschränkung auch dann gelten, wenn der Käufer die Sache infolge ihrer Mangelhaftigkeit zurückweist (str.).[308]

2. Ein Rücktrittsrecht nach § 326 V BGB scheidet aus. Denn dieses setzt die Unmöglichkeit einer Leistungspflicht des V nach § 275 I - III BGB voraus. Eine solche ist hier jedoch nicht ersichtlich, insbesondere ist die Pflicht zur mangelfreien Leistung (§ 433 I S. 2 BGB) möglich, da es sich um einen behebbaren Mangel handelt.

hemmer-Methode: § 323 BGB, § 324 BGB und § 326 V BGB können bzgl. der gleichen Pflichtverletzung nie kumulativ vorliegen. Jede Pflichtverletzung lässt sich immer nur einem der Rücktrittsgründe zuordnen. Freilich können die Rücktrittsgründe aber nebeneinander treten, wenn mehrere Pflichtverletzungen vorliegen.
Sollte Ihnen die Abgrenzung der drei Rücktrittstatbestände nicht oder nicht mehr geläufig sein, arbeiten Sie die Rn. 459 ff. im Skript Hemmer/Wüst, Schuldrecht AT durch!

c) Behebbarer Mangel als Pflichtverletzung

Bei Unmöglichkeit: § 326 V BGB

§ 323 I BGB ist nur anwendbar, wenn die vom Schuldner zu erbringende Leistung möglich ist. Liegt ein Ausschluss der Leistungspflicht i.S.d. § 275 I - III BGB vor, kommt allein § 326 V BGB zur Anwendung.

---

[308] Vgl. dazu Palandt, § 281, Rn. 41.

> **hemmer-Methode:** Konsequent ist, dass § 326 V BGB die Setzung einer Nachfrist i.S.d. § 323 I BGB für entbehrlich erklärt und nur im Übrigen auf § 323 BGB verweist. Denn bei Unmöglichkeit der Leistungserbringung wäre eine Fristsetzung gegenüber dem Schuldner sinnlos, da dieser aufgrund der Unmöglichkeit die Leistung ja nicht erbringen kann.[309]

§ 323 I BGB (-) bei Unmöglichkeit der Nacherfüllung

Hat der Verkäufer also eine sach- oder rechtsmängelbehaftete Leistung erbracht, kommt § 323 I BGB nur zur Anwendung, wenn dem Verkäufer die Nacherfüllung i.S.d. § 439 I BGB möglich ist. Ist die Nacherfüllung (v.a. bei einem unbehebbaren Mangel) i.S.d. § 275 I - III BGB unmöglich, kann der Käufer nur nach § 326 V BGB zurücktreten.

> **hemmer-Methode:** Das Vorliegen eines unbehebbaren Mangels stellt einen Fall der „qualitativen" Unmöglichkeit dar: Dem Verkäufer ist seine Pflicht zur mangelfreien Leistung (§ 433 I S. 2 BGB; d.h. zur Nacherfüllung) nicht möglich!

d) Setzung einer angemessenen Frist zur Nacherfüllung

aa) Inhalt des Fristsetzungserfordernisses

Setzung einer angemessenen Frist

Der Käufer muss dem Verkäufer eine angemessene Frist zur Nacherfüllung gesetzt haben.

Notwendiger Inhalt

Die Fristsetzung ist eine empfangsbedürftige geschäftsähnliche Handlung des Gläubigers (hier: Käufer) gegenüber dem Schuldner (hier: Verkäufer), auf die die §§ 104 ff. BGB grds. analoge Anwendung finden. Die Fristsetzung muss zumindest konkludent enthalten, in welcher Weise der Schuldner bis zum Fristablauf seine Leistung vervollständigen soll.

Aus der Fristsetzung hat daher hervorzugehen, wegen welchen konkreten Mangels der Verkäufer Nacherfüllung zu leisten hat. Dies gilt nicht, wenn dies für den Verkäufer nach den §§ 133, 157 BGB erkennbar ist, z.B. aufgrund einer vorherigen Rüge des Verkäufers oder wegen der Offensichtlichkeit des Mangels.

Wahlrecht des Käufers muss ausgeübt sein

Der Verkäufer kann innerhalb der gesetzten Nachfrist nur leisten, wenn er weiß, welche Art der Nacherfüllung er erbringen soll, also Nachbesserung oder Nachlieferung.

Spätestens im Zeitpunkt der Fristsetzung muss also der Käufer von seinem Wahlrecht nach § 439 I BGB Gebrauch gemacht haben; Fristsetzung und Ausübung des Wahlrechts können aber in einer Erklärung zusammenfallen. Erfolgt die Ausübung des Wahlrechts allerdings erst nach der Fristsetzung, so ist die Fristsetzung als gegenstandslos anzusehen.

Wenn nicht angemessen: Verlängerung auf angemessene Frist

Die gesetzte Frist muss angemessen sein. Wird eine unangemessen kurze Frist gesetzt, so ist nicht etwa die Fristsetzung unwirksam. Vielmehr wird die Frist automatisch auf die objektiv angemessene Frist verlängert.[310]

Angemessenheit: objektive Umstände maßgeblich

Ob die gesetzte Frist angemessen ist, bestimmt sich nach objektiven Umständen. Maßgeblich ist die konkrete Leistungspflicht des Schuldners. Die Angemessenheit bemisst sich danach, wie lange die jeweilige Art der Nacherfüllung unter gewöhnlichen Umständen dauert.

---

[309] Zum Rücktritt nach § 326 V BGB bei mangelhafter Leistung des Verkäufers vgl. unten, Rn. 234 ff.
[310] Es gilt das Gleiche wie bei § 281 I BGB, vgl. dazu **Hemmer/Wüst, Schuldrecht AT**, Rn. 375 ff.

Unbeachtlich ist, ob die gewählte Art der Nacherfüllung (v.a. die Nachbesserung) im Einzelfall deutlich mehr Zeit als die andere Nacherfüllungsart benötigt. Für die Angemessenheit ist allein auf die gewählte Nacherfüllungsart abzustellen.

> **hemmer-Methode:** Dass durch die Fristsetzung dem Schuldner nicht ermöglicht werden soll, eine noch gar nicht angefangene Leistung zu beenden[311], ändert hieran nichts. Denn mit der Lieferung der mangelhaften Sache hat der Verkäufer mit der Leistungshandlung ja bereits begonnen. Die Angemessenheit bestimmt sich deshalb nach der objektiven Dauer der jeweiligen Nacherfüllungsart.
> Beachten Sie, dass eine Ablehnungsandrohung nicht (mehr) erforderlich ist. Dieses Erfordernis wurde sowohl für den Rücktritt (vgl. § 323 I BGB) als auch für den Schadensersatz statt der Leistung (vgl. § 281 I S. 1 BGB) durch die Schuldrechtsreform abgeschafft.

__Problem__: „Umgehendes" oder „sofortiges" Leistungsverlangen

Problematisch ist der Fall, wenn der Gläubiger die sofortige bzw. umgehende Leistung verlangt. Ob hier auch eine Frist in Gang gesetzt wird, ist umstritten.

215a

Nach e.A. wird keine angemessene Frist in Gang gesetzt

Die früher überwiegend in Literatur und Rechtsprechung vertretene Ansicht hat für eine Fristsetzung gemäß § 323 I BGB bzw. § 281 I BGB die **Bestimmung eines konkreten Zeitraums** verlangt, entweder durch Mitteilung eines bestimmten Termins, zu dem die Frist abläuft, oder durch die Angabe bestimmter Zeiteinheiten, die dem Schuldner für die Leistung eingeräumt werden.[312]

215b

Nach dieser Auffassung genügte die Aufforderung zur „sofortigen" bzw. „unverzüglichen" oder - wie hier - „umgehenden" Leistung nicht. Dies wurde damit begründet, dass nach dem Wegfall der nach früherem Recht vorgesehenen Ablehnungsandrohung allein die Fristsetzung die Warnfunktion gegenüber dem Schuldner erfülle und an sie deshalb strenge Anforderungen zu stellen seien.

Dem Gläubiger wird zwar „geholfen", wenn er eine Frist gesetzt hat, diese jedoch unangemessen kurz war. Ist die gesetzte Frist zu kurz, so ist die Fristsetzung nämlich nicht unwirksam. Die Frist wird vielmehr auf eine objektiv angemessene Zeit verlängert.[313] Wenn der Gläubiger allerdings die sofortige Leistung verlangt, wird überhaupt keine Frist in Gang gesetzt. Wenn überhaupt keine Frist gesetzt wurde, kann auch keine angemessene Frist in Gang gesetzt werden.

Nach Ansicht des BGH wird auch bei sofortigem Leistungsverlangen eine angemessene Frist in Gang gesetzt

Nach inzwischen vom BGH vertretener Ansicht genügt es für eine Fristsetzung im Sinne der §§ 281 I, 323 I BGB, wenn der Gläubiger durch das Verlangen nach sofortiger, unverzüglicher oder umgehender Leistung oder durch vergleichbare Formulierungen deutlich macht, dass dem Schuldner für die Erfüllung nur ein begrenzter (bestimmbarer) Zeitraum zur Verfügung steht.[314]

215c

Wortlaut des § 323 I BGB

Auszugehen ist vom Wortlaut des Gesetzes. Dem Begriff der Fristsetzung lässt sich nicht entnehmen, dass die maßgebliche Zeitspanne nach dem Kalender bestimmt sein muss oder in konkreten Zeiteinheiten anzugeben ist. Eine in dieser Weise bestimmte Frist verlangt § 323 I BGB nicht.

Vielmehr kann die Dauer einer Frist grundsätzlich auch durch einen unbestimmten Rechtsbegriff bezeichnet werden; dies ist insbesondere bei rechtsgeschäftlichen Fristen häufig der Fall.[315]

---

[311] **Hemmer/Wüst, Schuldrecht AT**, Rn. 374.
[312] Koch, NJW 2010, 1636.
[313] BGH, NJW 1985, 2640 - 2642 = **juris**byhemmer; Palandt, § 281, Rn. 10.
[314] BGH, **Life&Law 11/2009, 721 ff.** = NJW 2009, 3153 ff. = **juris**byhemmer; BGH, **Life&Law 07/2015, 471 ff.** = NJW 2015, 2564 ff. = **juris**byhemmer; BGH, **Life&Law 10/2016, 673 ff.** = **juris**byhemmer.
[315] MüKo, § 186 BGB, Rn. 4.

Nach allgemeiner Meinung ist eine Frist ein Zeitraum, der bestimmt oder bestimmbar ist.[316] Mit der Aufforderung, die Leistung oder die Nacherfüllung „in angemessener Zeit", „umgehend" oder „so schnell wie möglich" zu bewirken, wird eine zeitliche Grenze gesetzt, die aufgrund der jeweiligen Umstände des Einzelfalls bestimmbar ist.

Zweck der Fristsetzung

Auch der Zweck der Fristsetzung gemäß § 323 I BGB erfordert es nicht, dass der Gläubiger für die Nacherfüllung einen bestimmten Zeitraum oder einen genauen (End-)Termin angibt.

Dem Schuldner soll mit der Fristsetzung vor Augen geführt werden, dass er die Leistung nicht zu einem beliebigen Zeitpunkt bewirken kann, sondern dass ihm hierfür eine zeitliche Grenze gesetzt ist. Dieser Zweck wird bereits durch die Aufforderung, innerhalb „angemessener Frist", „unverzüglich" oder - wie hier - „umgehend" zu leisten, hinreichend erfüllt.

Nach den Gesetzesmaterialien sollte die Fristsetzung im Übrigen auch nicht zu einer Hürde werden, an der der Käufer aus formalen Gründen scheitere.[317]

Für eine Fristsetzung nach § 323 I BGB genügt es deshalb, wenn der Gläubiger durch das Verlangen nach sofortiger, unverzüglicher oder umgehender Leistung oder durch vergleichbare Formulierungen deutlich macht, dass dem Schuldner für die Erfüllung nur ein begrenzter Zeitraum zur Verfügung steht.

bb) Diese Rechtsprechung macht damit die richtlinienkonforme Auslegung beim Verbrauchsgüterkauf entbehrlich

Art. 3 V der Verbrauchsgüterkaufrichtlinie setzt keine Fristsetzung voraus

Art. 3 V der Verbrauchsgüterkaufrichtlinie verlangt für das Rücktritts- und Minderungsrecht nur, dass der „Verkäufer nicht innerhalb einer angemessenen Frist Abhilfe geschaffen hat".

215d

Eine **Frist*setzung*** ist danach **nicht erforderlich**. Eine angemessene Frist beginnt vielmehr ipso iure mit dem Abhilfeverlangen des Gläubigers.

Demgegenüber stellt das nationale Recht in § 323 I BGB grundsätzlich die zusätzliche Voraussetzung auf, dass der Gläubiger diese Frist **setzen** muss. Tut er dies nicht, kann er nicht zurücktreten. Mithin könnte das nationale Recht strengere Voraussetzungen an den Rücktritt und die Minderung als die Richtlinie stellen, was in den Fällen des Verbrauchsgüterkaufs i.S.v. § 474 I BGB richtlinienwidrig wäre.[318]

Aufgrund Rechtsprechung des BGH zur Fristsetzung hat sich dieses Problem erledigt

Aufgrund der inzwischen gefestigten Rechtsprechung des BGH, dass es für eine Fristsetzung zur Nacherfüllung genügt, wenn der Gläubiger durch das Verlangen nach sofortiger, unverzüglicher oder umgehender Leistung oder durch vergleichbare Formulierungen deutlich macht, dass dem Schuldner für die Erfüllung nur ein begrenzter (bestimmbarer) Zeitraum zur Verfügung steht, hat sich das Problem erledigt.

Das Bedürfnis nach einer europarechtskonformen Auslegung des § 323 I BGB beim Verbrauchsgüterkauf besteht daher nicht mehr.

---

[316] RGZ 120, 355 (362); Palandt, § 186, Rn. 3.
[317] BT-Drs. 14/6040, S. 185.
[318] Mayer/Schürnbrand, Einheitlich oder gespalten? - Zur Auslegung nationalen Rechts bei überschießender Umsetzung von Richtlinien, JZ 2004, 545 - 552 (551 f.); Canaris, Die Reform des Rechts der Leistungsstörungen, JZ 2001, 499 - 528 (510); MüKo, § 323 BGB, Rn. 248; Schultz, in: H. P. Westermann, Schuldrecht 2002, S. 91; Bamberger/Roth, § 437 BGB, Rn. 17.

Zwar muss nach Art. 3 V der Verbrauchsgüterkaufrichtlinie die Nacherfüllung nicht ausdrücklich verlangt werden. Allerdings wird ein Käufer, der dem Verkäufer den Mangel anzeigt, nicht lediglich stumm auf diesen hinweisen, sondern den Verkäufer zur Nacherfüllung auffordern. Und genau das reicht nach Ansicht des BGH als Fristsetzung aus.

Da der BGH auch außerhalb des Verbrauchsgüterkaufs die strengen Anforderungen an eine Fristsetzung aufgegeben hat, bedarf es künftig lediglich eines eindeutigen (Nach-)Erfüllungsverlangens, wenn sich daraus für den Verkäufer ergibt, dass er nur eine gewisse Zeit für die Behebung des Problems hat.

hemmer-Methode: Listet der Käufer ohne Nacherfüllungsverlangen lediglich einzelne Mängel auf, so stellt dies wieder nach Ansicht des BGH keine Fristsetzung dar. Auch eine europarechtskonforme Auslegung würde dann aber nicht weiterhelfen, da der Käufer auch danach die „Abhilfe" (so die Diktion der Verbrauchsgüterkaufrichtlinie) verlangt haben muss.

cc) Entbehrlichkeit der Fristsetzung

In einigen Fällen kann die Fristsetzung entbehrlich sein. Diese Konstellationen sind – nach wie vor – besonders klausurrelevant. Der Käufer kann dann ohne das vorherige Abwarten des erfolglosen Ablaufs einer gesetzten Nachfrist vom Vertrag zurücktreten.

Vertraglicher Ausschluss; nicht jedoch durch AGB

Die Vertragsautonomie der Parteien gestattet es, dass Käufer und Verkäufer das Erfordernis der Fristsetzung vertraglich ausschließen[319]; § 323 I BGB ist dispositives Recht. Ein einseitiger Verzicht seitens des Verkäufers soll ebenso zulässig sein.[320]

Allerdings ist gem. § 309 Nr. 4 BGB ein Ausschluss des Fristsetzungserfordernisses durch allgemeine Geschäftsbedingungen unzulässig.

(1) Fälle des § 323 II BGB

(a) § 323 II Nr. 1 BGB

⇨ *§ 323 II Nr. 1 BGB*

Die Fristsetzung ist nicht erforderlich, wenn der Schuldner die Leistung ernsthaft und endgültig verweigert, **§ 323 II Nr. 1 BGB**. Für das Rücktrittsrecht beim Kauf bedeutet das: Der Verkäufer muss die Nacherfüllung ernsthaft und endgültig verweigert haben.

Nur unberechtigte Erfüllungsverweigerung gemeint

Nicht gemeint sind hierbei die Fälle, in denen der Verkäufer die Nacherfüllung aufgrund des Verweigerungsrechtes nach § 439 IV BGB zu Recht verweigert hat; § 323 II Nr. 1 BGB erfasst also nur den Fall der unberechtigten Erfüllungsverweigerung.

§ 440 S. 1 Alt. 1 BGB bei Verweigerung nach § 439 IV BGB

Für die nach § 439 IV BGB berechtigte Erfüllungsverweigerung sieht § 440 S. 1 Alt. 1 BGB die Entbehrlichkeit der Nachfristsetzung vor.

Verkäufer muss das „letzte Wort" gesprochen haben

An das Vorliegen einer ernsthaften und endgültigen Erfüllungsverweigerung i.S.d. § 323 II Nr. 1 BGB sind strenge Anforderungen zu stellen. Der Verkäufer muss „das letzte Wort gesprochen haben". Keinesfalls ausreichend ist es, dass der Verkäufer erklärt, er sei zur Nacherfüllung derzeit nicht in der Lage oder er sehe sich zur Nacherfüllung derzeit nicht veranlasst.[321]

---

[319] BGH, NJW 1982, 1036 - 1037 = **juris**byhemmer.
[320] RGZ 104, 375.
[321] BGH, **Life&Law 02/2017**, 83 ff. = **juris**byhemmer.

Unbeachtlich, ob Verkäufer zur Erbringung der anderen Nacherfüllungsart bereit ist

Ausreichend ist, dass der Verkäufer die gewählte Nacherfüllungsart unberechtigt verweigert. Denn nach Ausübung des Wahlrechts durch den Käufer gem. § 439 I BGB ist der Verkäufer zu dieser Nacherfüllungsart verpflichtet. Dass er sich bereit erklärt, die andere als die gewählte Art der Nacherfüllung zu erbringen, steht § 323 II Nr. 1 BGB nicht entgegen. Auch in diesem Fall ist die Fristsetzung durch den Käufer entbehrlich.

(b) § 323 II Nr. 2 BGB

⇨ § 323 II Nr. 2 BGB

§ 323 II Nr. 2 BGB ist für den Fall des relativen Fixgeschäftes gedacht, wenn der Vertrag also mit der rechtzeitigen Leistung „stehen und fallen" soll. Leistet der Schuldner in dieser Zeit nicht, soll der Gläubiger zum sofortigen Rücktritt ohne Fristsetzung berechtigt sein.

Anwendbar nur beim relativen Fixgeschäft

Hat der Verkäufer bei einem relativen Fixgeschäft zwar geleistet, ist die Sache jedoch mangelhaft, so ist ebenfalls § 323 II Nr. 2 BGB einschlägig. Etwas anderes gilt nur dann, wenn der Käufer den mit der Zeitvereinbarung verfolgten Zweck auch mit der mangelhaften Sache erreichen kann.

> **Bsp.:** Um Filmaufnahmen im August 2017 zu machen, kauft Filmproduzent F vom Bauern B ein unbebautes Grundstück. B soll bis Mai 2016 die Auflassung erklären, da F mit umfangreichen Bauarbeiten am Grundstück beginnen will. Mit dieser Frist soll der Vertrag „stehen und fallen". B kommt seiner Verpflichtung im April 2016 nach. Jedoch ist bei Übergabe des Grundstücks eine Hypothek für D im Grundbuch eingetragen, die auch tatsächlich existiert. Kann F ohne Fristsetzung vom Vertrag zurücktreten?

Das geleistete Grundstück hat aufgrund der eingetragenen Hypothek einen Rechtsmangel, § 435 S. 1 BGB.

Die Voraussetzungen für einen Rücktritt nach §§ 437 Nr. 2 Alt. 1, 323 I BGB liegen vor. Fraglich ist jedoch, ob F ohne die nach § 323 I BGB erforderliche Nachfristsetzung zurücktreten kann.

Dies könnte sich aus § 323 II Nr. 2 BGB ergeben. Es liegt ein relatives Fixgeschäft vor; die Vorschrift ist nicht nur auf den Fall der Nichtleistung, sondern auch auf die mangelhafte Leistung anzuwenden. Die Entbehrlichkeit der Fristsetzung ist aber nur dann gerechtfertigt, wenn infolge der Mangelhaftigkeit der mit der Zeitvereinbarung verfolgte Zweck nicht erreicht werden kann. Nur dann hat der Käufer an der mangelfreien Leistung kein Interesse mehr, was einen sofortigen Rücktritt rechtfertigt.

Dies könnte man hier mit der Begründung ablehnen, dass F das Grundstück termingerecht erhalten hat und auf ihm die Bauarbeiten und die spätere Filmproduktion durchführen kann. Allerdings muss F aufgrund der eingetragenen Hypothek die Zwangsversteigerung des Grundstücks fürchten, was den Zweck des Grundstückserwerbes vereiteln würde.

Damit ist durch die Mangelhaftigkeit der Leistung seitens B der Zweck der Zeitvereinbarung zwar nicht vereitelt, jedoch ausreichend gefährdet. Dies rechtfertigt einen sofortigen Rücktritt gem. § 323 II Nr. 2 BGB.

> **hemmer-Methode:** Problematisch wäre es, wenn die Hypothek (z.B. aufgrund vorübergehender Geschäftsunfähigkeit des D) tatsächlich nicht existieren würde. Aufgrund der Grundbucheintragung läge zwar auch ein Rechtsmangel nach § 435 S. 2 BGB vor.[322] Der Vereitelung des Zwecks des relativen Fixgeschäftes durch gutgläubigen Erwerb der Hypothek durch einen Dritten könnte F jedoch durch die Eintragung eines Widerspruches nach § 899 BGB begegnen. Daher erscheint es vertretbar, die Gefahr der Vereitelung des Zwecks der Zeitvereinbarung als gering einzustufen und daher § 323 II Nr. 2 BGB für nicht anwendbar zu erklären.

---

[322] Zum Rechtsmangel nach § 435 BGB vgl. Rn. 140 ff.

> **Beim absoluten Fixgeschäft** wären die gleichen Überlegungen anzustellen; jedoch nicht im Rahmen der Anwendbarkeit des § 323 II Nr. 2 BGB, sondern für die Frage, ob ein Fall der (zeitlichen) Unmöglichkeit vorliegt oder nicht.[323]

§ 323 II Nr. 2 BGB meint nicht den Fall des absoluten Fixgeschäftes. Denn bei diesem liegt mit erfolglosem Verstreichen des Leistungszeitraumes Unmöglichkeit i.S.d. § 275 I BGB vor; für den Fall der Unmöglichkeit ist jedoch nicht § 323 BGB, sondern allenfalls § 326 V BGB anwendbar. Eine Fristsetzung macht auch beim absoluten Fixgeschäft von vornherein keinen Sinn, da die Leistung ja nicht mehr erbracht werden kann.

(c) § 323 II Nr. 3 BGB

⇨ § 323 II Nr. 3 BGB

Schließlich kann die nach § 323 I BGB grds. erforderliche Fristsetzung auch bei Vorliegen besondere Umstände unter Abwägung der beiderseitigen Interessen entbehrlich sein, § 323 II Nr.3 BGB.[324]

220

Diese Generalklausel soll der gerichtlichen Praxis als Auffangtatbestand dienen[325]; die Entbehrlichkeit der Fristsetzung müsste anderenfalls direkt § 242 BGB entnommen werden.

Seit dem 13.06.2014 beschränkt § 323 II Nr. 3 BGB die Entbehrlichkeit der Fristsetzung aufgrund besonderer Umstände auf die **nicht vertragsgemäße Leistung, also auf die Schlechtleistung.**

> **hemmer-Methode:** Angesichts der Spezialregelungen in § 440 S. 1, 3. Var. BGB (vgl. Rn. 222a ff.) hat diese Neufassung im Kaufrecht keine wesentliche Bedeutung.

(2) Entbehrlichkeit der Fristsetzung gemäß § 440 BGB

Eine Erweiterung der allgemeinen Regelungen in § 323 II BGB über die Entbehrlichkeit der Fristsetzung enthält § 440 BGB.

(a) § 440 S. 1 Var. 1 BGB

⇨ § 440 S. 1 Var. 1 BGB bei berechtigter Nacherfüllungsverweigerung

Nach **§ 440 S. 1 Var. 1 BGB** ist eine Fristsetzung auch dann entbehrlich, wenn der Verkäufer beide Arten der Nacherfüllung nach § 439 IV BGB verweigert hat. Die Vorschrift unterscheidet sich von § 323 II Nr. 1 BGB darin, dass es dort um die unberechtigte Nacherfüllungsverweigerung, hier um die nach § 439 IV BGB berechtigte Verweigerung geht.

221

Fristsetzung wäre unnötige Förmelei

Müsste der Käufer dem Verkäufer eine Frist zur Nacherfüllung setzen, obwohl dieser infolge der berechtigten Verweigerung nach § 439 IV BGB zur Nacherfüllung nicht verpflichtet ist, wäre dies eine unnötige Förmelei. Die Entbehrlichkeit der Fristsetzung in diesem Fall ist daher durchaus konsequent.

> **hemmer-Methode:** Beachten Sie auch, dass im Fall des § 439 IV BGB der Käufer keinen Anspruch mehr auf Nacherfüllung hat, wenn der Verkäufer beide Arten der Nacherfüllung zu Recht verweigert.
> Bei § 323 II BGB kann der Käufer zwar sofort gestalten, hat aber nach wie vor seinen Anspruch auf Nacherfüllung.

---

[323] Zur Abgrenzung relatives/absolutes Fixgeschäft vgl. **Hemmer/Wüst, Schuldrecht AT**, Rn. 30 ff.
[324] Vgl. hierzu BGH, NJW-RR 2008, 1052-1053 = **juris**byhemmer.
[325] BT-Drucks. 14/6040, S. 186.

ist (vor oder nach Ausübung des Wahlrechts nach § 439 I BGB[326]) nur eine Art der Nacherfüllung möglich, so genügt es freilich für § 440 S. 1 Alt. 1 BGB, dass der Verkäufer diese Art der Nacherfüllung verweigert hat. Auch in diesem Fall wäre nämlich eine Fristsetzung durch den Käufer sinnlos.

(b) § 440 S. 1 Var. 2 BGB

⇨ *§ 440 S. 1 Var. 2 BGB bei Fehlschlagen der Nacherfüllung*

Ist die Nacherfüllung fehlgeschlagen, erklärt **§ 440 S. 1 Var. 2 BGB** die Fristsetzung nach § 323 I BGB für entbehrlich.

Voraussetzung: Gewählte Nacherfüllungsart ist nicht unmöglich

Hiermit sind nicht die Fälle gemeint, in denen die Nacherfüllung unmöglich ist. Bei Unmöglichkeit der Nacherfüllung beschränkt sich die Nacherfüllung auf die andere Nacherfüllungsart. Nur diese kann dann der Käufer wählen und muss dem Verkäufer eine Frist nach § 323 I BGB setzen. Sind beide Nacherfüllungsarten unmöglich, ergibt sich die Entbehrlichkeit der Nachfristsetzung aus § 326 V BGB.[327] § 440 S. 1 Var. 2 BGB setzt also die Möglichkeit der gewählten Nacherfüllungsart voraus.

Wichtigster Fall: Zweimalig erfolglose Nachbesserung

§ 440 S. 2 BGB bestimmt den wichtigsten Fall des „Fehlschlagens": Die Nachbesserung gilt als fehlgeschlagen, wenn zwei Nachbesserungsversuche erfolglos geblieben sind. Dann kann der Käufer vom Vertrag ohne Fristsetzung zurücktreten. Er muss nicht etwa die andere Art der Nacherfüllung verlangen.[328]

Widerlegbare Vermutung des § 440 S. 2 BGB

Das zweimalige Fehlschlagen ist aber entgegen dem Wortlaut „gilt" lediglich eine **widerlegbare Vermutung**. § 440 S. 2 BGB bringt selbst zum Ausdruck, dass sich im Einzelfall etwas anderes ergeben kann.[329]

Zu denken ist beispielsweise an den Fall, dass der Mangel nur bei großen technischen Fertigkeiten behebbar ist, weshalb ein Rücktritt ohne Fristsetzung bereits nach zwei fehlgeschlagenen Versuchen unbillig wäre.

hemmer-Methode: Beachten Sie, dass das Fehlschlagen der Nachlieferung im Gesetz nicht geregelt ist. § 440 S. 2 BGB kann hierfür lediglich Indizwirkung entfalten.[330]

Ebenfalls ist es nach zweimaliger erfolgloser Nacherfüllung nicht mehr zulässig, dass der Verkäufer die gewählte Nacherfüllungsart nach § 439 IV BGB verweigert. Nach zweimaliger Erfolglosigkeit der Nacherfüllung muss für den Käufer Sicherheit bestehen, vom Kaufvertrag zurücktreten zu können.

> *Bsp.:* K kauft bei V einen neuen Mercedes CLK. Nach zwei Wochen stellt sich die Mangelhaftigkeit des Getriebes heraus. K möchte den inzwischen liebgewonnenen Wagen behalten und verlangt von V, der eine eigene Fachwerkstatt besitzt, die Reparatur. Nachdem zwei Reparaturversuche durch V erfolglos geblieben sind, teilt V dem K mit, er würde ihm lieber einen neuen Wagen liefern. K lehnt ab. Er will sofort vom Vertrag zurücktreten.
>
> Der gelieferte Wagen war bei Gefahrübergang (Übergabe, § 446 BGB) unproblematisch mangelhaft nach § 434 BGB.

---

[326] Hierzu bereits Rn. 167 ff.
[327] Palandt, § 440, Rn. 9.
[328] **Vertiefungshinweis für Referendare:** Der Käufer einer Sache genügt seiner Beweislast für das Fehlschlagen der Nachbesserung durch den Nachweis, dass das von ihm gerügte Mangelsymptom weiterhin auftritt. Anders ist dies nur, wenn das erneute Auftreten des Mangelsymptoms möglicherweise auf einer unsachgemäßen Behandlung der Kaufsache nach deren erneuter Übernahme durch den Käufer beruht. Vgl. dazu BGH, **Life&Law 06/2011, 398 ff.** = NJW 2011, 1664 f. = **juris**byhemmer.
[329] Vgl. BGH, **Life&Law 05/2007, 363 - 364** = NJW 2007, 504 - 506 = **juris**byhemmer.
[330] Vgl. Palandt, § 440, Rn. 7.

K könnte nach den §§ 437 Nr. 2 Alt. 1, 440, 323 I BGB ein Rücktrittsrecht zustehen. Fraglich ist allein, ob K dem V eine Frist für die Nacherfüllung setzen muss; dies ist nach § 323 I BGB grundsätzlich erforderlich.

Die Fristsetzung ist nicht nach § 326 V BGB entbehrlich, da die Nacherfüllung nicht nach § 275 I - III BGB unmöglich ist.

Eine ernsthafte und endgültige Erfüllungsverweigerung durch V i.S.d. § 323 II Nr. 1 BGB liegt nicht vor. Zwar wäre ausreichend, dass V die gewählte Nacherfüllungsart, also die Nachbesserung, unberechtigt verweigert. Er müsste ernsthaft und endgültig die Nachbesserung verweigert haben, also das „letzte Wort" gesprochen haben. Dass er dies getan hätte, ist dem Sachverhalt jedoch nicht zu entnehmen.

Die Fristsetzung könnte nach § 440 S. 1 Var. 2 BGB entbehrlich sein. Dies ist der Fall, wenn die vom Käufer gewählte Nacherfüllungsart fehlgeschlagen ist. Die vom Käufer gewählte Nachbesserung durch Reparatur ist zweimal erfolglos geblieben. Dies stellt nach § 440 S. 2 BGB ein Fehlschlagen i.S.d. § 440 S. 1 Var. 2 BGB dar.

Fraglich ist jedoch, ob sich etwas anderes daraus ergibt, dass der Verkäufer sich bereit erklärt hat, einen neuen Wagen zu leisten, also Nachlieferung zu erbringen.

Nach dem Wortlaut des § 440 S. 1 Var. 2 BGB kommt es jedoch auf die dem Käufer zustehende Art der Nacherfüllung an. Zwar stehen ihm grundsätzlich beide Arten der Nacherfüllung zu. Hat er jedoch von seinem Wahlrecht i.S.d. § 439 I BGB Gebrauch gemacht, muss sich der Verkäufer - sofern er nicht zur Verweigerung nach § 439 IV BGB berechtigt ist, wofür hier keine Anhaltspunkte bestehen - daran festhalten lassen. Dass er zur Erbringung der anderen Nacherfüllungsart bereit ist, ändert nichts am Vorliegen des § 440 S. 1 Var. 2 BGB. Damit kann K ohne Fristsetzung vom Vertrag zurücktreten.

(c) § 440 S. 1 Var. 3 BGB

⇨ § 440 S. 1 Var. 3 BGB bei Unzumutbarkeit der Nacherfüllung für den Käufer

Ist die Nacherfüllung dem Käufer nicht zumutbar, erklärt **§ 440 S. 1 Var. 3 BGB** die Fristsetzung nach § 323 I BGB für entbehrlich.

222a

Arglistig verschwiegener Mangel

Wichtig ist § 440 S. 1 Var. 3 BGB **im Fall des arglistig verschwiegenen Mangels**. In solch einem Fall ist es dem Käufer nicht mehr zumutbar, den arglistig handelnden Verkäufer zur Nacherfüllung aufzufordern.[331]

222b

Arglist zerstört Vertrauensgrundlage

Hat der Verkäufer beim Abschluss eines Kaufvertrags eine Täuschungshandlung begangen, so ist in der Regel davon auszugehen, dass die für eine Nacherfüllung erforderliche Vertrauensgrundlage beschädigt ist. Dies gilt insbesondere, aber nicht nur, dann, wenn die Nacherfüllung durch den Verkäufer selbst oder unter dessen Anleitung im Wege der Mängelbeseitigung erfolgen soll.

In solchen Fällen hat der Käufer ein berechtigtes Interesse daran, von einer weiteren Zusammenarbeit mit dem Verkäufer Abstand zu nehmen, um sich vor eventuellen neuerlichen Täuschungsversuchen zu schützen.

> **Sound:** „Wer einmal lügt, dem glaubt man nicht, und wenn er auch die Wahrheit spricht!"

Dem stehen regelmäßig keine maßgebenden Interessen des Verkäufers gegenüber. Eine „zweite Chance", den mit der Rückabwicklung verbundenen wirtschaftlichen Nachteil abzuwenden, verdient der Verkäufer nur dann, wenn ihm der Mangel bei Abschluss des Kaufvertrags nicht bekannt war. Kannte er ihn, so kann er ihn vor Abschluss des Vertrages beseitigen und die Sache in einem vertragsgemäßen Zustand leisten.

---

[331] BGH, Life&Law 03/2007, 214 = NJW 2007, 835 - 837 = jurisbyhemmer; sowie BGH, ZIP 2008, 460 - 462 = jurisbyhemmer.

Die Chance, eine spätere Rückabwicklung des Vertrages zu vermeiden, wird dem Verkäufer daher in diesem Fall bereits im Vorfeld der vertraglichen Beziehungen eingeräumt.

Entschließt sich der Verkäufer jedoch, den Mangel nicht zu beseitigen und die Sache in einem vertragswidrigen Zustand zu veräußern, so besteht keine Veranlassung, ihm nach Entdeckung des Mangels durch den Käufer eine zweite Chance zu gewähren. Der so handelnde Verkäufer verdient keinen Schutz vor den mit der Rückabwicklung des Vertrages verbundenen wirtschaftlichen Nachteilen.[332]

> **hemmer-Methode:** Etwas anderes gilt aber dann, wenn der Käufer dem Verkäufer nach Entdeckung des verschwiegenen Mangels eine Frist zu dessen Behebung gesetzt hat. Dadurch gibt er damit nämlich zu erkennen, dass sein Vertrauen in die Bereitschaft zur ordnungsgemäßen Nacherfüllung trotz des arglistigen Verhaltens des Verkäufers weiterhin besteht. An der trotzdem gesetzten Frist muss er sich grundsätzlich festhalten lassen. Dies folgt letztlich aus dem Verbot widersprüchlichen Verhaltens, § 242 BGB.[333]

Tierkauf ⇨ Notoperation

Beim Kauf eines Tieres können besondere Umstände die vorherige Fristsetzung unzumutbar machen. Diese Umstände liegen dann vor, wenn der Zustand des Tieres eine unverzügliche tierärztliche Behandlung als Notmaßnahme erforderlich erscheinen lässt und diese vom Verkäufer nicht rechtzeitig veranlasst werden könnte.[334]

Die Nachfrist ist jedenfalls bei einer dringend erforderlichen Behandlung eines gekauften Tieres entbehrlich. Dies kann aber nur gelten, wenn aus Gründen des Tierschutzes (Art. 20a GG) keine weitere Zeit verstreichen darf. In aller Regel gilt dies demnach nur für die erste Notfallbehandlung.[335]

Weitere Fälle der Unzumutbarkeit

Weitere Umstände, die zur Unzumutbarkeit der Fristsetzung für den Käufer führen können, sind etwa Gesundheitsgefahren, die von der fraglichen Kaufsache ausgehen[336] bzw. eine Vielzahl von Mängeln der Kaufsache, die darauf schließen lässt, dass die Sache noch weitere, verborgene Mängel aufweist (sog. Montagsautos).[337]

Ein weiterer Fall der Unzumutbarkeit der Nacherfüllung für den Käufer kann vorliegen, wenn dem Verkäufer beim ersten Nachbesserungsversuch gravierende Ausführungsfehler unterlaufen oder dieser Nachbesserung von vornherein nicht auf eine nachhaltige, sondern nur eine provisorische Mängelbeseitigung angelegt war.[338]

Die Unzumutbarkeit einer Fristsetzung zur Nachbesserung gem. § 440 S. 1 Var. 3 BGB ist zu bejahen, wenn der Verkäufer einer Nacherfüllung unberechtigt Hindernisse in den Weg gestellt hat, die geeignet sind, dem Käufer erhebliche Unannehmlichkeiten in Bezug auf den von ihm erstrebten Gebrauchszweck zu bereiten.

---

[332] So auch LG Bonn, NJW 2004, 74 - 76 (75); Bamberger/Roth/Faust, § 440 BGB, Rn. 37; Erman, § 440 BGB, Rn. 3; MüKo, § 440 BGB, Rn. 8; Palandt, § 440, Rn. 8; Staudinger, § 440 BGB, Rn. 22; MüKo, § 281 BGB, Rn. 60 und § 323 BGB, Rn. 130; differenzierend Lorenz, Schadensersatz statt der Leistung, Rentabilitätsvermutung und Aufwendungsersatz im Gewährleistungsrecht, NJW 2004, 26 - 28 und ders., Arglist und Sachmangel - Zum Begriff der Pflichtverletzung in § 323 V S.2 BGB, NJW 2006, 1925 - 1927 (1927); Kulke, Entbehrlichkeit einer Nachfristsetzung wegen Arglist des Verkäufers - Ausnahmslos?, ZGS 2008, 169 - 176; Gutzeit, Der arglistig täuschende Verkäufer, NJW 2008, 1359 - 1362.

[333] Lesen Sie hierzu BGH, **Life&Law 07/2010**, 437 - 440 = NJW 2010, 1805 = **juris**byhemmer.

[334] Vgl. hierzu BGH, **Life&Law 01/2006**, 1 - 5 = NJW 2005, 3211 - 3213 = **juris**byhemmer; LG Bielefeld, ZGS 2005, 79 - 80.

[335] Lesenswert ist die Entscheidung des LG Essen, ZGS 2004, 399 - 400 = **juris**byhemmer; mit zustimmender Besprechung von Augenhofer, Beweislastumkehr und Unzumutbarkeit der Nacherfüllung, ZGS 2004, 385 - 391.

[336] OLG Köln, NJOZ 2004, 556 (559).

[337] Vgl. Jauernig, § 440 BGB, Rn. 5; Bamberger/Roth/Faust, § 440 BGB, Rn. 38.

[338] OLG Saarbrücken, NJW-RR 2013, 1388 (1390) = **juris**byhemmer; OLG Hamm, NJW-RR 2011, 1423 = **juris**byhemmer; Palandt, § 440, Rn. 8.

§ 1 KAUF

Bei sporadisch auftretenden Mängeln eines verkauften Kraftfahrzeugs darf der Verkäufer nach Ansicht des BGH den Käufer grds. nicht darauf verweisen, eine genauere Überprüfung erst künftig bei einem weiteren Auftreten der Fehlfunktion vorzunehmen. Handelt es sich um einen sicherheitsrelevanten Mangel, ist dem Käufer ein weiteres Zuwarten nicht zumutbar und damit die Fristsetzung entbehrlich.[339]

Absolute Unverhältnismäßigkeit beim Verbrauchsgüterkauf, § 475 V BGB

Nach § 475 V BGB ist § 440 S. 1 Var. 3 BGB auch in den Fällen anzuwenden, in denen der Verkäufer die Nacherfüllung gemäß § 475 IV S. 2 BGB beschränkt.

222e

Macht der Unternehmer von seinem beschränkten Leistungsverweigerungsrecht nach § 475 IV S. 2 BGB Gebrauch, kann der Verbraucher unter den Voraussetzungen des § 440 S. 1 BGB ohne Nachfristsetzung sogleich – statt einer Nacherfüllung – eine angemessene Minderung des Kaufpreises verlangen oder vom Vertrag zurücktreten.

hemmer-Methode: Lesen Sie hierzu nochmals Rn. 177 f. in diesem Skript!

e) Erfolgloser Fristablauf

Nachfrist muss erfolglos abgelaufen sein

Die Nachfristsetzung in § 323 I BGB soll dem Verkäufer die Möglichkeit geben, nun doch mangelfrei zu leisten und damit seiner Leistungspflicht aus § 433 I S. 2 BGB zu genügen; ihm wird sozusagen eine „zweite Chance" gegeben.

223

Der Käufer kann aufgrund des Mangels daher nur vom Kaufvertrag gem. § 323 BGB zurücktreten, wenn die gesetzte Nachfrist erfolglos abläuft.

Maßgeblicher Zeitpunkt: Nacherfüllungshandlung des Verkäufers

Ist der Verkäufer innerhalb der gesetzten Nachfrist seiner Pflicht zur Nacherfüllung gem. § 439 BGB nachgekommen, kann der Käufer nicht mehr nach § 323 I BGB zurücktreten. Wie auch sonst bei § 323 I BGB[340] ist der Zeitpunkt der Nacherfüllungshandlung seitens des Verkäufers maßgeblich.

224

Erfolgloser Fristablauf auch, wenn nachgelieferte Sache an einem anderen Mangel leidet

Ein „erfolgloser Fristablauf" liegt auch vor, wenn die im Rahmen der Nachlieferung (§ 439 I Alt. 2 BGB) gelieferte Sache nun an einem anderen Mangel leidet.

225

Es ist nicht erforderlich, dass der Käufer dem Verkäufer nun bezüglich dieses Mangels erneut eine Nachfrist setzt. Die Nachfrist läuft nur dann nicht erfolglos ab, wenn der Verkäufer ordnungsgemäß (d.h. mangelfrei) nacherfüllt.

Ebenso bei mangelhafter Nachbesserung

Gleiches gilt, wenn bei der Nachbesserung (§ 439 I Alt. 1 BGB) der Verkäufer zwar den gerügten Mangel beseitigt, jedoch (z.B. wegen Unachtsamkeit bei der Reparatur) einen anderen Mangel verursacht.

f) Eigene Vertragstreue des Käufers bzw. Einräumung einer Gelegenheit zur Nacherfüllung

Keine kaufrechtlichen Besonderheiten bestehen hinsichtlich des Erfordernisses eigener Vertragstreue des Käufers.[341]

226

---

[339] BGH, **Life&Law 02/2017**, 83 ff. = jurisbyhemmer.
[340] Vgl. **Hemmer/Wüst**, Schuldrecht AT, Rn. 489, 388.
[341] Ausführlich: **Hemmer/Wüst**, Schuldrecht AT, Rn. 396 ff., 490 f.

Ein vertragsuntreues Verhalten des Käufers führt auch beim Rücktritt aufgrund mangelhafter Leistung des Verkäufers zum Ausschluss des Rücktrittsrechts nach § 323 BGB (i.V.m. §§ 437 Nr. 2, 440 BGB).

Z.B. Zahlungsverweigerung bei Vorleistungspflicht des Verkäufers

So scheidet das Rücktrittsrecht des Käufers mangels eigener Vertragstreue beispielsweise aus, wenn er bei Vorleistungspflicht des Verkäufers ankündigt, auch bei Beseitigung des Mangels den Kaufpreis nicht zahlen zu wollen.

> **hemmer-Methode: Es gilt dasselbe wie auch sonst bei § 323 I BGB. Das Merkmal „eigene Vertragstreue des Gläubigers" kommt nur zum Tragen, wenn der Gesetzgeber nicht bereits die Rechtsfolgen des vertragsuntreuen Verhaltens geregelt hat. Wenn beispielsweise die mangelhafte Leistung trotz Nachfristsetzung vom Käufer zu verantworten ist, ist der Rücktritt bereits nach § 323 VI Alt. 1 BGB ausgeschlossen. Eines Rückgriffs auf das allgemeine Merkmal „eigene Vertragstreue" bedarf es dann nicht.**

Verkäufer muss Gelegenheit zur Nacherfüllung erhalten

Das Erfordernis eines Nacherfüllungsverlangens als Voraussetzung für die Rechte des Käufers aus § 437 Nr. 2 und 3 BGB umschreibt keine Vertragspflicht, sondern eine Obliegenheit des Käufers.

Die Obliegenheit, welcher der Käufer im eigenen Interesse nachzukommen hat, wenn er die in § 437 Nr. 2 und 3 BGB aufgeführten Rechte geltend machen will, beschränkt sich nicht auf eine mündliche oder schriftliche Aufforderung zur Nacherfüllung, sondern umfasst auch die Bereitschaft des Käufers, dem Verkäufer die Kaufsache zur Überprüfung der erhobenen Mängelrügen für eine entsprechende Untersuchung zur Verfügung zu stellen.

Der Verkäufer ist nicht verpflichtet, sich auf ein Nacherfüllungsverlangen des Käufers einzulassen, bevor dieser ihm Gelegenheit zu einer solchen Untersuchung der Kaufsache gegeben hat.

Denn dem Verkäufer soll es mit der ihm vom Käufer einzuräumenden Gelegenheit zur Nacherfüllung gerade ermöglicht werden, die verkaufte Sache zu untersuchen. Der Verkäufer kann von der ihm zustehenden Untersuchungsmöglichkeit aber nur dann Gebrauch machen, wenn ihm der Käufer die Kaufsache zu diesem Zweck zur Verfügung stellt.[342]

g) Keine Unerheblichkeit der Pflichtverletzung, § 323 V S. 2 BGB

Bei Unerheblichkeit der Pflichtverletzung: nur Minderung, kein Rücktritt

Ist die Pflichtverletzung unerheblich, kann der Käufer gem. § 323 V S. 2 BGB nicht zurücktreten. Hier hält der Gesetzgeber die Alles-oder-Nichts Lösung des Rücktritts für unpassend.

Dem Käufer hat es in diesem Fall zu genügen, den Kaufpreis nach § 441 BGB zu mindern.[343]

Die Beurteilung der Frage, ob eine Pflichtverletzung unerheblich im Sinne des § 323 V S. 2 BGB ist, erfordert eine umfassende Interessenabwägung auf der Grundlage der Umstände des Einzelfalls.

> **hemmer-Methode: Diese Einschränkung des Rücktrittsrechts gem. § 323 V S. 2 BGB kommt nicht nur nach der Übergabe der Sache zur Anwendung, sondern auch dann, wenn der Käufer die Sache infolge ihrer Mangelhaftigkeit zurückweist (strittig).[344]**

---

[342] Vgl. hierzu BGH, **Life&Law 06/2010, 366 - 369** = NJW 2010, 1448 - 1449 = jurisbyhemmer.
[343] Dazu unten, Rn. 244 ff.
[344] Palandt, § 281, Rn. 412.

§ 1 KAUF

Bezugspunkt für Rücktritt ist „Nicht-Nacherfüllung"

Im Mängelrecht ist der Anknüpfungspunkt für den Rücktritt nach §§ 437 Nr. 2, 323 BGB nicht der Mangel, sondern die nicht fristgemäß erfolgte Nacherfüllung. Erheblich muss daher die Verletzung der Nacherfüllungspflicht sind. Die nicht frist- und/oder ordnungsgemäß erfolgte Nacherfüllung ist aber nur dann als erheblich zu bezeichnen, wenn die Nacherfüllung im Falle eines **erheblichen Mangels** unterbleibt.

hemmer-Methode: Im Folgenden wird daher sprachlich verknappt, aber im Ergebnis richtig von der „Erheblichkeit des Mangels" gesprochen.

Bei der Unerheblichkeit handelt es sich um einen unbestimmten Rechtsbegriff, dessen Auslegung sicherlich stets von den Umständen des Einzelfalls abhängen wird.

Maßgeblicher Zeitpunkt ist der Zugang der Rücktrittserklärung

Für die Beurteilung, ob ein Mangel als geringfügig i.S.d. § 323 V S. 2 BGB einzustufen ist, ist auf den Zeitpunkt des Zugangs der Rücktrittserklärung des Käufers abzustellen.

Ein zu diesem Zeitpunkt erheblicher Mangel wird nicht dadurch unerheblich, dass es im Verlauf der sich anschließenden Auseinandersetzung einem gerichtlich bestellten Sachverständigen gelingt, den Mangel zumindest provisorisch zu beseitigen.[345]

Das Festhalten des Käufers an dem wirksam erklärten Rücktritt ist nur dann treuwidrig, wenn der Mangel nachträglich mit seiner Zustimmung beseitigt wird.[346]

aa) Grundsätzlich gilt ein objektiver Maßstab

Die Pflichtverletzung ist grds. dann unerheblich, wenn bei objektiver Betrachtung ein „geringfügiger" Mangel vorliegt.

227a

Grundsätzlich ist objektiver Maßstab anzulegen

Die Pflichtverletzung ist sicherlich dann unerheblich, wenn der Mangel **leicht erkennbar ist und mit nur geringen Kosten alsbald beseitigt werden** kann.[347] Ob die aufzuwendenden Kosten nur gering sind, entscheidet sich zum einen danach, ob sie im Verhältnis zum Wert der Kaufsache nicht sonderlich ins Gewicht fallen, zum anderen aber auch danach, ob sie absolut gesehen unerheblich sind.

Ab 5% Mängelbeseitigungsaufwand im Verhältnis zum Kaufpreis i.d.R. erheblich

Nach Ansicht des BGH ist bei einem **behebbaren Mangel** im Rahmen der erforderlichen Interessenabwägung von einer Geringfügigkeit des Mangels und damit von einer Unerheblichkeit der Pflichtverletzung gemäß § 323 V S. 2 BGB - jedenfalls in der Regel - nicht mehr auszugehen, wenn der **Mangelbeseitigungsaufwand** einen Betrag von **fünf Prozent des Kaufpreises übersteigt**.[348]

Der Rücktritt vom Kaufvertrag ist bei einem behebbaren Mangel ausgeschlossen, wenn die Kosten seiner Beseitigung im Verhältnis zum Kaufpreis geringfügig sind. Das ist – auch im gehobenen Preissegment – jedenfalls dann der Fall, wenn die Mängelbeseitigungskosten 1 % des Kaufpreises nicht übersteigen.[349]

---

[345] Vgl. BGH, **Life&Law 03/2009, 147 - 151** = NJW 2009, 508 - 509 = **juris**byhemmer; BGH, **Life&Law 12/2011, 853 - 856** = BB 2011, 1601 = **juris**byhemmer.

[346] BGH, **Life&Law 02/2017, 83 ff.** = **juris**byhemmer.

[347] BGH, BB 1957, 92; BGH, NJW 1959, 1586.

[348] BGH, **Life&Law 09/2014, 629 ff.** = **juris**byhemmer.

[349] Vgl. BGH, **Life&Law 11/2011, 786 - 790** = NJW 2011, 2872 - 2874 = **juris**byhemmer.

Lässt sich der Mangel nicht beseitigen, so wird er meist auch erheblich sein, da andernfalls der Käufer eine Sache behalten müsste, die er nicht haben wollte.[350] Für die Frage der Erheblichkeit der Pflichtverletzung im Sinne von § 323 V S. 2 BGB kommt es dann auf das Ausmaß der Funktionsbeeinträchtigung an.[351]

Bei 10%iger Abweichung der Ist- von der vertraglichen Sollbeschaffenheit ist von Erheblichkeit auszugehen

Bei vereinbarten Beschaffenheitsmerkmalen bietet es sich an, durch prozentuale Größenordnung bzgl. der Abweichung der Ist- von der Sollbeschaffenheit eine Klärung zu versuchen. So gibt es beispielsweise zur Frage des Kraftstoffverbrauchs Rechtsprechung zur Erheblichkeit.[352]

Ein Kraftstoffmehrverbrauch von 13 % im Drittelmix wurde vom BGH als erhebliche Pflichtverletzung angesehen.[353] Ein Kraftstoffmehrverbrauch von **weniger als 10 %** war nach Ansicht des BGH dagegen ein **unerheblicher Mangel**.[354] Diese Rechtsprechung wurde vom BGH erneut bestätigt.[355]

Diese prozentualen Wertverhältnisse mögen ausschlaggebend sein, wenn der nicht ordnungsgemäß erbrachte Leistungsbestandteil keine über den bloßen Erhalt der Leistung hinausgehende Bedeutung für den Gläubiger hat.[356]

Geht aber das Interesse am Erhalt der fehlenden Leistung über das reine Interesse am Erhalt der Leistung hinaus, dann kann auch ein Mangel mit relativ geringfügigen Mangelbeseitigungskosten wesentlich sein und zum Rücktritt berechtigen.

Bsp.:[357] *K kauft von V für 1,5 Mio. € ein Wohnhaus inklusive der Außenanlagen. Zu letzterer gehören Parkplätze sowie ein Gehweg zwischen Haus und Parkplatz.*

Der Weg führte z.T. direkt am Wohnhaus entlang, hatte aber an dieser Stelle einen Höhenunterschied zu dem darunter liegenden Parkplatz von ca. 80 cm. V hatte an dieser Stelle keine Absturzsicherung in Form eines Geländers angebracht. Die Kosten dafür hätten sich auf ca. 4.000,- € belaufen.

hemmer-Methode: Zur Unerheblichkeit eines Kfz-Mangels lesen Sie OLG Düsseldorf, ZGS 2007, Heft 4, 157 ff. In diesem Fall war die Lenkradfernbedienung für die Lautstärke der CD-Wiedergabe defekt. Das OLG Düsseldorf lehnte die Erheblichkeit des Mangels ab. Obwohl der Zweck einer Lenkradfernbedienung die Erhöhung der Fahrsicherheit bezwecke, bedeute der Defekt nicht zwangsläufig, dass die Fahrsicherheit spürbar beeinträchtigt sei. Aufgrund der Relation zwischen Gesamtkaufpreis und Sonderausstattung Lenkradfernbedienung sei ein unerheblicher Mangel gegeben.[358]

Dies ist aber nicht immer möglich. So ist es beispielsweise schwierig, bei einer Abweichung von der angegebenen Höchstgeschwindigkeit mit einer Prozentgrenze zu arbeiten. Denn die Bedeutung dieser Abweichung wird sicherlich von Fall zu Fall anders zu beurteilen sein. So wird es dem Käufer, der mit dem Wagen Rennen fahren möchte, auf jeden km/h ankommen, während der Rentner seinen neuen Achtzylinder vielleicht nur als Hutablage braucht.

---

[350] Etwas anderes gilt aber, wenn der Fehler wirklich unbedeutend ist. Eine Wertminderung von deutlich weniger als 3 % wurde vom BGH als unerheblich eingestuft (BGH, ZIP 1996, 597 - 600 = **juris**byhemmer).

[351] Vgl. BGH, **Life&Law 11/2011, 786 - 790** = NJW 2011, 2872 - 2874 = **juris**byhemmer.

[352] BGH, NJW 1996, 1337 - 1339 = **juris**byhemmer; zum alten Recht: Grenze ca. 10 bis 15 %.

[353] BGH, NJW 1996, 1337 - 1339 = **juris**byhemmer.

[354] BGH, NJW 1997, 2590 - 2592 = **juris**byhemmer.

[355] BGH, **Life&Law 08/2007, 514 - 517** = NJW 2007, 2111 - 2112 = **juris**byhemmer.

[356] Nach Ansicht des OLG Düsseldorf, NJW 2005, 3504 - 3505 = **juris**byhemmer soll ab einer fünf-prozentigen Abweichung von der im Prospekt angegebenen Höchstgeschwindigkeit ein erheblicher Mangel vorliegen.

[357] OLG Hamm, **Life&Law 12/2005, 801 - 806** = IBR 2005, 420 = **juris**byhemmer.

[358] Ein weiteres Beispiel zur Erheblichkeit des Mangels finden Sie bei OLG Düsseldorf, NJW-RR 2008, 1230 - 1232 = **juris**byhemmer.

bb) Ausnahmsweise ist auf die subjektive Erheblichkeit der Pflichtverletzung abzustellen

Ausnahmsweise sind auch subjektive Elemente heranzuziehen

Das Arbeiten mit bloßen Prozentgrenzen führt aber nicht immer zu sinnvollen Ergebnissen. Damit ist dann bereits die Frage angesprochen, ob für die Bestimmung der Erheblichkeit auch subjektive Elemente ausschlaggebend sein können. Dies wird insbesondere dann bejaht, wenn der Mangel auf einer Abweichung von einer Beschaffenheitsgarantie beruht bzw. arglistig verschwiegen wurde.

227b

(1) Vorliegen einer Beschaffenheitsgarantie

Erheblichkeit bei Vorliegen einer Beschaffenheitsgarantie

Auf die objektive Erheblichkeit kommt es jedenfalls dann nicht mehr an, wenn der Verkäufer eine **Beschaffenheitsgarantie** abgegeben hat.

227c

In diesem Falle ist ein Sachmangel nach der Intention des Gesetzgebers (zumindest subjektiv) immer erheblich, da sonst die Bedeutung der Garantie stark entwertet würde.[359]

> **hemmer-Methode:** Als Stütze im Gesetz kann hierfür eine Vorschrift des mietrechtlichen Gewährleistungsrechts herangezogen werden.
> Im Mietrecht tritt die Minderung (kraft Gesetzes) nur dann ein, wenn durch den Mangel die Tauglichkeit des Mietobjekts erheblich gemindert ist, § 536 I S. 3 BGB. Diese Vorschrift findet aber gerade keine Anwendung, wenn der Vermieter eine Eigenschaftszusicherung (= Garantie) abgegeben hat, vgl. § 536 II BGB.

(2) Vorliegen einer Sollbeschaffenheitsvereinbarung

Ist die Soll-Beschaffenheit zwar nicht garantiert, aber wenigstens vertraglich vereinbart, so ist dies nach gefestigter Rechtsprechung des BGH im Rahmen der vorzunehmenden Interessenabwägung wenigstens ein Indiz für die Erheblichkeit der Pflichtverletzung.[360]

(3) Arglistiges Verschweigen eines Mangels

Erheblichkeit bei arglistiger Täuschung

Eine den Rücktritt und die Geltendmachung von Schadensersatz statt der ganzen Leistung ausschließende nur unerhebliche Pflichtverletzung ist beim Kaufvertrag in der Regel zu verneinen, wenn der Verkäufer über das Vorhandensein eines Mangels **arglistig täuscht**.

227d

Nach Ansicht des BGH kann auch bei einer objektiv geringfügigen Pflichtverletzung die Erheblichkeit i.d.R. bejaht werden, wenn der Verkäufer einen Mangel arglistig verschwiegen hat.[361]

Der Gesetzgeber hat gem. § 323 V S. 2 BGB für den Rücktritt nach neuem Recht auf die Erheblichkeit der Pflichtverletzung abgestellt. Damit knüpft der Gesetzgeber an ein Verhalten des Verkäufers an. Dies lässt auch Raum für die Berücksichtigung arglistigen Verhaltens, selbst wenn sich die Täuschung auf einen objektiv betrachtet kleinen Mangel bezieht.

---

[359] Vgl. Regierungsentwurf, BT-Drucks. 14/6040, S. 223; dazu siehe etwa auch Huber/Faust, Kap. 13, Rn. 75.
[360] BGH, NJW-RR 2010, 1289 ff. = **juris**byhemmer; BGH, NJW 2013, 1365 ff. = **juris**byhemmer.
[361] BGH, **Life&Law 07/2006, 439 - 442** = ZGS 2006, 236 - 238 = **juris**byhemmer.

Das arglistige Verschweigen eines Mangels modifiziert auch in anderen Bereichen die Haftung stark zu Lasten des Verkäufers. So behält beispielsweise der Käufer seine Mängelrechte trotz grob fahrlässiger Nichtkenntnis vom Mangel, wenn der Verkäufer den Mangel arglistig verschwiegen hat, § 442 I S. 2 BGB.

Des Weiteren spricht die Regel-Ausnahme Systematik, die dem Mängelrecht innewohnt, für eine Beachtung der arglistigen Täuschung. § 323 V S. 2 BGB ist als Ausnahmetatbestand formuliert.

Dass der Käufer bei unerheblichen Pflichtverletzungen nicht zurücktreten können soll, hängt mit der besonderen Schutzwürdigkeit des Verkäufers zusammen, da die Rückabwicklung des gesamten Vertrages mit erheblichen Nachteilen für den Verkäufer verbunden sein kann. Täuscht er aber arglistig, so ist er nicht schutzwürdig im Vertrauen darauf, dass der Vertrag Bestand haben wird.

hemmer-Methode: Der BGH wurde für diese Entscheidung bereits kritisiert. § 323 V S. 2 BGB bzw. § 281 I S. 3 BGB würden die Erheblichkeit der Pflichtverletzung erfordern. Das sei die Schlechtleistung selbst. Also müsse der Mangel erheblich sein, weshalb die Täuschung als nicht leistungsbezogene Rücksichtnahmepflichtverletzung für diese Frage irrelevant sei.[362]
Diese Ansicht ist jedoch nicht überzeugend. Zum einen bezieht sich die Täuschung auf die Pflichtverletzung (Mangel). Zum anderen entspricht es der h.L., dass auch die Umstände des Einzelfalls für die Beurteilung der Erheblichkeit maßgeblich sein können, so z.B. wenn die Parteien eine gesonderte Beschaffenheitsvereinbarung hinsichtlich des Mangels vorgenommen hatten.
Der Ansicht des BGH ist daher zu folgen.

h) Bei Teilleistung Interessenfortfall, § 323 V S. 1 BGB

Bei Teilleistung ist Interessenfortfall nötig (str.)

Eine Zuweniglieferung ist gem. § 434 III BGB eindeutig ein Sachmangel. Damit liegt wegen § 433 I S. 2 BGB eine nicht vertragsgemäße Leistung vor. Will jetzt der Käufer zurücktreten, so müssen wegen des Grundsatzes des „pacta sunt servanda" aber weitere Voraussetzungen vorliegen.

Löst man diesen Fall strikt nach dem Gesetz, so ist die Zuweniglieferung gem. §§ 433 I S. 2, 434 III BGB eine nicht vertragsgemäße Leistung. In diesem Fall käme es auf die Erheblichkeit der Pflichtverletzung an, § 323 V S. 2 BGB.[363]

Allerdings verlangt § 323 V S. 1 BGB (bzw. § 281 I S. 2 BGB) bei der Teilleistung Interessenfortfall, den der Käufer oftmals nicht darlegen und beweisen kann.

Würde man nun jede Zuweniglieferung wegen § 434 III BGB als nicht vertragsgemäße Leistung auch im allgemeinen Schuldrecht ansehen, so würde diese Regelung leer laufen.[364]

Daher wird vorgeschlagen, dass man die Zuweniglieferung im Mängelrecht gem. § 434 III BGB natürlich als Mangel zu behandeln hat, im Allgemeinen Schuldrecht aber nach wie vor als Teilleistung.[365]

---

[362] Lorenz, Arglist und Sachmangel - Zum Begriff der Pflichtverletzung in § 323 V S.2 BGB, NJW 2006, 1925 - 1927; Kulke, Rücktrittsrecht bei geringfügigem Mangel wegen Arglist des Verkäufers, ZGS 2006, 412 - 415.

[363] So offenbar Palandt, § 281, Rn. 38.

[364] Als Problem erkannt bei Palandt, § 434, Rn. 52.

[365] Grigoleit/Riehm, Grenzen der Gleichstellung von Zuwenig-Leistung und Sachmangel, ZGS 2002, 115 - 122 sowie Canaris, Die Reform des Rechts der Leistungsstörungen, JZ 2001, 499 - 528 (513), ebenso Lorenz, Zur Abgrenzung von Teilleistung, teilweiser Unmöglichkeit und teilweiser Schlechtleistung im neuen Schuldrecht, NJW 2003, 3097 - 3099.

> hemmer-Methode: Lesen Sie dazu nochmals das Fallbeispiel bei Rn. 137a bis 137c bzw. in Hemmer/Wüst, Schuldrecht AT, Rn. 317 nach!

i) Kein Ausschluss des Rücktrittsrechts nach § 323 VI BGB

§ 323 VI BGB

Hat der Käufer den zum Rücktritt berechtigenden Umstand allein bzw. weit überwiegend zu verantworten oder tritt er während Annahmeverzugs des Käufers ein, scheidet ein Rücktritt des Käufers aus, § 323 VI BGB.

Mit dem „zum Rücktritt berechtigenden Umstand" sind die Tatsachen gemeint, die zum Rücktrittsgrund des § 323 I BGB führen. Es geht also um die mangelhafte Leistung trotz Fristsetzung.

§ 323 VI Alt. 1 BGB

Dafür genügt es bereits, dass der Käufer das Unterbleiben der Nacherfüllung in der gesetzten Nachfrist zu verantworten hat, er also seine Mitwirkungsobliegenheiten verletzt hat.

> *Bsp.: V hat K ein mangelhaftes Fahrrad (z.B.: Bremsdefekt) geliefert, K verlangt Nachbesserung gem. § 439 I Alt. 1 BGB und setzt V hierfür eine angemessene Nachfrist von zwei Tagen. Diese läuft erfolglos ab, weil K – grob fahrlässig – einen Brand verursacht, bei dem die Spezialwerkzeuge des V stark beschädigt werden.*

Hier hat K zwar nicht die mangelhafte Leistung zu verantworten. Jedoch ist er für den erfolglosen Ablauf der Nachfrist weit überwiegend verantwortlich: Infolge seines Verschuldens sind die Spezialwerkzeuge des V stark beschädigt und V konnte deshalb innerhalb der gesetzten Frist nicht nachbessern. Ein Rücktrittsrecht des K ist nach § 323 VI Alt. 1 BGB ausgeschlossen.

§ 446 S. 3 BGB beachten!

Kaum einschlägig dürfte bei mangelhafter Leistung § 323 VI Alt. 2 BGB sein. Danach ist der Rücktritt des Käufers aufgrund Mangelhaftigkeit der Kaufsache auch dann ausgeschlossen, wenn er sich im Zeitpunkt des Eintritts des zum Rücktritt berechtigenden Umstandes im Annahmeverzug befindet.

Mit Annahmeverzug des Käufers tritt allerdings gem. § 446 S. 3 BGB Gefahrübergang ein; wenn erst danach die Sache mangelhaft wird, ist sie im maßgeblichen Zeitpunkt des Gefahrübergangs noch mangelfrei gewesen.

Der Verkäufer hat dann gar nicht mangelhaft geleistet, es liegen bereits die Voraussetzungen des § 323 I BGB nicht vor!

> *Bsp.: Als V dem K das verkaufte Motorrad anbietet, weist K dieses zurück, da er vom Kaufvertrag „nichts mehr wissen" will. V bringt das Motorrad in seine Garage zurück, wo es von einem unbekannten Dritten beschädigt wird. K nimmt das Motorrad nun zwar an, will allerdings wegen der Beschädigung nach Ablauf einer angemessenen Nachfrist vom Kaufvertrag zurücktreten. Rücktrittsrecht des K?*

Ein solches Rücktrittsrecht könnte sich aus §§ 437 Nr. 2, 440, 323 BGB ergeben.

V müsste „nicht vertragsgemäß" i.S.d. § 323 I BGB geleistet haben. Dies wäre der Fall, wenn das Motorrad nicht mangelfrei i.S.d. § 433 I S. 2 BGB wäre. In der Beschädigung ist jedoch kein Sachmangel i.S.d. § 434 I BGB zu sehen: Maßgeblich hierfür ist der Zeitpunkt des Übergangs der Preisgefahr auf den Käufer, vgl. § 434 I S. 1 BGB.

Die Preisgefahr ist auf den Käufer mit der Zurückweisung des Motorrads übergegangen, da er hierdurch in Annahmeverzug nach den §§ 293 ff. BGB geriet, § 446 S. 3 BGB. Da das Motorrad in diesem Zeitpunkt noch unbeschädigt und damit mangelfrei war, hat V vertragsgemäß geleistet, ein Rücktritt des K scheidet aus.

§ 323 VI Alt. 2 BGB anwendbar bei Annahmeverzug mit Nacherfüllung oder bei Rechtsmängeln

Im Bereich der Mängelrechte spielt § 323 VI Alt. 2 BGB allerdings eine Rolle, wenn der Käufer erst mit der Annahme der Nacherfüllung in Annahmeverzug gerät. Denn in diesem Fall war die Kaufsache bei Gefahrübergang (Übergabe, § 446 S. 1 BGB) bereits mangelhaft. Ebenso kommt § 323 VI Alt. 2 BGB bei Rechtsmängeln zum Tragen, da bei diesen der Zeitpunkt des Gefahrübergangs nicht maßgeblich ist.

j) Unwirksamkeit des Rücktrittsrechts wegen Verjährung des Nacherfüllungsanspruches, §§ 438 IV S. 1, 218 I BGB

Freilich kann der Käufer von einem Rücktrittsrecht nicht zeitlich unbegrenzt Gebrauch machen. Allerdings kann das Rücktrittsrecht als Gestaltungsrecht nicht verjähren; der Verjährung unterliegen gem. § 194 I BGB nur Ansprüche.

Koppelung an Verjährung des Nacherfüllungsanspruches

Daher koppeln §§ 438 IV S. 1, 218 I BGB das Rücktrittsrecht bei mangelhafter Leistung an die Verjährung des Nacherfüllungsanspruches. Ist dieser verjährt und erhebt der Verkäufer die Verjährungseinrede gem. § 214 I BGB, so ist der vom Käufer erklärte Rücktritt unwirksam, § 218 I S. 1 BGB.[366]

Bei § 438 IV S. 1 BGB handelt es sich um einen eigentlich überflüssigen deklaratorischen Hinweis auf die Geltung des § 218 BGB aus dem BGB-AT.

> **hemmer-Methode:** Beachten Sie bitte, dass bei einem wirksam erklärten Rücktritt die Rechte aus dem Rückgewährschuldverhältnis der Regelverjährung unterliegen.
> Die §§ 438 IV S. 1, 218 I BGB gelten daher nur für das Recht zum Rücktritt, nicht aber für die Rechte aus dem Rücktritt.
> Erklärt der Käufer den Rücktritt vom Vertrag vor Eintritt der Verjährung, so beginnt für die Ansprüche aus dem Rückabwicklungsverhältnis also eine neue dreijährige Regelverjährung, § 195 BGB. In diesem Falle kann der Verkäufer nicht mit dem Einwand durchdringen, dass der Nacherfüllungsanspruch des Käufers jetzt wegen Verjährung nicht mehr durchsetzbar sei.[367]

3. Rücktritt nach § 324 BGB?

§ 324 BGB in § 437 Nr. 2 BGB nicht erwähnt

Zu Recht verweist § 437 Nr. 2 BGB nicht auf ein Rücktrittsrecht des Käufers aus § 324 BGB.

Lieferung einer mangelhaften Sache führt nicht zu § 324 BGB

Denn § 324 BGB ist nur bei Verletzung nicht leistungsbezogener Pflichten (§ 241 II BGB) einschlägig. Die mangelhafte Leistung durch den Verkäufer ist aber die Verletzung der (Haupt-)Leistungspflicht des Verkäufers, weshalb nur § 323 BGB oder § 326 V BGB in Betracht kommen.

> **hemmer-Methode:** Freilich kann sich aufgrund anderer Pflichtverletzungen seitens des Verkäufers ein Rücktrittsrecht des Käufers aus § 324 BGB ergeben. Dies hat aber mit Mängelrechten des Käufers nichts zu tun.

---

[366] Zur Verjährung des Nacherfüllungsanspruches bereits oben, Rn. 178 f.
[367] OLG Koblenz, ZGS 2006, 117 - 119 = **juris**byhemmer.

Bsp.: Bei Abwicklung der in mehreren Raten zu erbringenden Leistung des Verkäufers beleidigt dieser den Käufer schwer. Der Käufer will vom Vertrag zurücktreten.

Hier kommt ein Rücktrittsrecht allein nach § 324 BGB in Betracht. Denn bei den Beleidigungen handelt es sich nicht um Sach- oder Rechtsmängel der Kaufsache, sondern um die Verletzung nicht leistungsbezogener Nebenpflichten i.S.d. § 241 II BGB. Dies führt zur Anwendbarkeit des § 324 BGB.[368]

4. Rücktritt nach §§ 437 Nr. 2, 326 V BGB bei Unmöglichkeit der Nacherfüllung

Der Käufer kann nach §§ 437 Nr. 2, 323 I BGB nur zurücktreten, wenn dem Verkäufer die Nacherfüllung möglich ist. Anderenfalls würde eine Nachfristsetzung keinen Sinn machen.

Unmöglichkeit der Nacherfüllung
⇨ *§ 326 V BGB*

Bei Unmöglichkeit der Nacherfüllung i.S.d. § 275 I - III BGB kommt ein Rücktritt daher nicht nach § 323 BGB, sondern allein nach § 326 V BGB (i.V.m. § 437 Nr. 2 BGB) in Betracht, wonach die Fristsetzung entbehrlich ist.

Zwar stellt die Unmöglichkeit der Nacherfüllung eine qualitative Unmöglichkeit der Primärpflicht des Verkäufers aus § 433 I BGB dar.

Keine Minderung kraft Gesetzes, § 326 I S. 2 BGB

Entgegen § 326 I S. 1 HS 2 BGB entfällt die Kaufpreiszahlungspflicht des Käufers aber nach der Übergabe **nicht** (teilweise), **§ 326 I S. 2 BGB**. Denn dies würde eine Minderung kraft Gesetzes darstellen.[369]

> **hemmer-Methode:** Nach § 326 I S. 2 BGB gilt § 326 I S. 1 BGB nicht, wenn der Schuldner im Fall der nicht vertragsgemäßen Leistung die Nacherfüllung nicht zu erbringen braucht.
> Diese Ausnahme setzt nach dem eindeutigen Wortlaut sowie nach ihrem Sinn und Zweck ganz eindeutig voraus, dass die Sache übergeben wurde.
> (1) Zuvor hat der Schuldner nämlich noch keine Leistung in diesem Sinne erbracht und der Gläubiger kann nicht Nacherfüllung verlangen, sondern die ursprüngliche Erfüllung.
> Vor Übergabe ist § 326 I S. 1 BGB also anwendbar.[370]
> (2) Außerdem will diese Vorschrift lediglich verhindern, dass kraft Gesetzes eine Minderung eintritt. Denn § 437 BGB zeigt, dass dem Käufer das Wahlrecht hinsichtlich seiner Rechte zustehen soll.[371]
> Würde es § 326 I S. 2 BGB nicht geben, so würde nach der Übergabe § 326 I S. 1 BGB gelten und gem. § 326 I S. 1 HS 2 BGB würde bei einem unbehebbaren Mangel (qualitative Teilunmöglichkeit) kraft Gesetzes gemindert.
> Der Käufer würde also seines Wahlrechtes beraubt, wenn automatisch die Minderung eintritt. Unter Umständen will er ja gar nicht mindern, sondern zurücktreten. Rücktritt und Minderung schließen sich nun aber definitiv aus (vgl. § 437 Nr. 2 BGB: ...„oder"...).
> Das will § 326 I S. 2 BGB verhindern.

---

[368] Im Einzelnen zu § 324 BGB: **Hemmer/Wüst, Schuldrecht AT**, Rn. 515 ff.
[369] BT-Drs. 14/6040, S. 189.
[370] Vgl. dazu Heinrich, ZGS 2003, 208 f. sowie Schulte-Nölke, ZGS 2003, 256 (257).
[371] Vgl. BT-Drs. 14/6040, S. 189.

> **Voraussetzungen des Rücktrittsrechts des Käufers nach den §§ 437 Nr. 2, 326 V BGB:**
>
> a) Gegenseitiger Vertrag (beim Kaufvertrag unproblematisch anzunehmen)
> b) Mangelhafte Leistung des Verkäufers
> c) Unmöglichkeit der Nacherfüllung
> d) Eigene Vertragstreue des Käufers
> e) Keine Unerheblichkeit i.S.d. §§ 326 V, 323 V S. 2 BGB
> f) Kein Ausschluss des Rücktrittsrechts nach §§ 326 V, 323 VI BGB
> g) Kein Ausschluss des Rücktrittsrechts wegen Verjährung, § 218 I S. 2 BGB

a) Gegenseitiger Vertrag

Der Kaufvertrag ist unproblematisch ein gegenseitiger Vertrag. *236*

b) Mangelhafte Leistung des Verkäufers

Es muss eine mangelhafte Leistung des Verkäufers vorliegen. Insoweit gelten keine Besonderheiten. *236a*

c) Unmöglichkeit der Nacherfüllung

Abgrenzung zu § 323 BGB

§ 326 V BGB kommt nur zur Anwendung, wenn der Nacherfüllungsanspruch des Käufers (anfänglich oder nachträglich) unmöglich i.S.d. § 275 I - III BGB ist. Dies ist das Abgrenzungskriterium zum Rücktritt nach § 323 BGB (i.V.m. §§ 437 Nr. 2, 440 BGB). *237*

> **hemmer-Methode:** Nicht gemeint sind die Fälle, in denen der Verkäufer die Nacherfüllung nach § 439 IV BGB verweigert. Der Wortlaut des § 326 V BGB ergibt eindeutig, dass der Nacherfüllungsanspruch nach § 275 I - III BGB ausgeschlossen sein muss. Hat der Verkäufer nach § 439 IV BGB die Nacherfüllung verweigert, ergibt sich die Entbehrlichkeit der Fristsetzung bereits aus § 440 S. 1 Alt. 1 BGB.

Beide Nacherfüllungsarten müssen unmöglich sein

Nur wenn beide Arten der Nacherfüllung (Nachbesserung und Nachlieferung, § 439 I Alt. 1 und Alt. 2 BGB[372]) unmöglich sind, kommt die Anwendung des § 326 V BGB in Betracht. Ist nur eine Nacherfüllungsart unmöglich, ist der Käufer auf die andere Nacherfüllungsart beschränkt.[373]

Einreden des § 275 II, III BGB müssen erhoben sein

Liegt ein Fall des § 275 II oder III BGB vor, ist § 326 V BGB nur anwendbar, wenn der Verkäufer die Einrede nach § 275 II bzw. III BGB erhoben hat. Nur dann ist seine Leistungspflicht (= Nacherfüllungspflicht) ausgeschlossen i.S.d. § 326 V BGB! *238*

> *Bsp.:* V verkauft K einen gebrauchten Rasenmäher der Marke „L.A.W.-Cutter" zum Preis von 500,- €. V liefert vereinbarungsgemäß und K zahlt den Kaufpreis. Beim ersten Ausprobieren stellt K fest, dass der Rasenmäher einen Getriebeschaden hat und deshalb nicht funktioniert. Der herbeigerufene V stellt fest, dass dieser Schaden nicht behoben werden kann, da die benötigten Ersatzteile nicht mehr produziert werden. K möchte „sein Geld zurück".
>
> 1. Ein Anspruch des K auf Rückzahlung von 500,- € gegen V könnte sich aus §§ 326 IV, 346 I BGB ergeben.

---

[372] Hierzu oben, Rn. 161 ff.
[373] Vgl. oben, Rn. 170.

Dazu müsste die Gegenleistungspflicht des K kraft Gesetzes nach § 326 I S. 1 BGB entfallen sein. Dies ist bei einem möglicherweise unbehebbaren Mangel nach Übergabe jedoch gem. § 326 I S. 2 BGB nicht der Fall, da es auf diese Weise zu einer Minderung kraft Gesetzes käme.

Daher besteht kein solcher Anspruch des K gegen V.

2. Allerdings könnte K vom Kaufvertrag mit V wirksam zurückgetreten sein. Ein Rückzahlungsanspruch würde sich dann aus § 346 I BGB (direkt) ergeben.

a) Ein Rücktrittsgrund könnte sich aus **§§ 437 Nr. 2, 323 I BGB** ergeben. Da der Rasenmäher mangelhaft ist (§ 434 I S. 1 Nr. 2 BGB), hat V nicht vertragsgemäß i.S.d. § 323 I BGB geleistet.

§ 323 I BGB ist aber nur anwendbar, wenn V die Nacherfüllung möglich ist. Zwar ist bei einer gebrauchten Sache die Nachlieferung i.S.d. § 439 I Alt. 2 BGB nicht von vornherein ausgeschlossen.

hemmer-Methode: Wiederholen Sie hierzu nochmals die Ausführungen bei Rn. 162!

Allerdings fehlt es hier an einer vergleichbaren Sache, die V nachliefern könnte. Auch die Nachbesserung i.S.d. § 439 I Alt. 1 BGB ist objektiv unmöglich, da die für die Beseitigung des Mangels erforderlichen Ersatzteile nicht verfügbar sind und auch nicht mehr hergestellt werden. Daher ist die Nacherfüllung dem V objektiv unmöglich i.S.d. § 275 I BGB.

Damit ist § 323 I BGB unanwendbar.

hemmer-Methode: Denkbar wäre es auch, einen Fall des § 275 II BGB anzunehmen, da V die Herstellung der benötigten Einzelteile in Auftrag geben könnte. Dies würde aber zu einem unverhältnismäßig hohen Aufwand führen, sodass V wegen sog. praktischer Unmöglichkeit die Einrede des § 275 II BGB erheben könnte. Da jedoch bzgl. der Herstellbarkeit der Einzelteile weitere Anhaltspunkte im Sachverhalt fehlen, sollten Sie in der Klausur von einem Fall des § 275 I BGB ausgehen.

b) Der Rücktrittsgrund ergibt sich daher aus **§§ 437 Nr. 2, 326 V BGB**; eine Fristsetzung durch K ist danach entbehrlich. Da der Mangel auch nicht nur unerheblich i.S.v. §§ 326 V, 323 V S. 2 BGB ist, konnte K vom Kaufvertrag zurücktreten. Es liegt auch eine wirksame Rücktrittserklärung des K gem. § 349 BGB vor.

Daher kann K von V Rückzahlung des Kaufpreises i.H.v. 500,- € aus § 346 I BGB verlangen.

d) Eigene Vertragstreue des Käufers

Keine Besonderheiten

Auch beim Rücktrittsrecht nach § 326 V BGB ist das Erfordernis eigener Vertragstreue des Käufers zu prüfen. Es bestehen keine Besonderheiten zu dem in Rn. 226 Gesagten.

hemmer-Methode: Die „eigene Vertragstreue" ist nur in seltenen Fällen wirklich problematisch. Sofern ein solcher Fall nicht vorliegt, verlieren Sie zu diesem Merkmal in der Klausur kein Wort! Anderenfalls erwecken Sie den Eindruck, Prüfungsschemata auswendig gelernt zu haben. Auch wenn Ihre Ausführungen theoretisch richtig sein sollten, führt dies in aller Regel zu Punktabzügen.

e) Keine Unerheblichkeit i.S.d. §§ 326 V, 323 V S. 2 BGB

§ 323 V S. 2 BGB findet über § 326 V BGB Anwendung

Zwar normiert § 326 V BGB einen eigenständigen Rücktrittsgrund, jedoch verweist er hinsichtlich der Voraussetzungen auf § 323 BGB. Damit ist auch § 323 V S. 2 BGB anzuwenden, weshalb auch bei Unmöglichkeit der Nacherfüllung ein Rücktritt des Käufers wegen nur unerheblicher Mängel der Kaufsache ausgeschlossen ist.[374]

f) Kein Ausschluss des Rücktrittsrechts nach §§ 326 V, 323 VI BGB

Auch § 323 VI BGB anwendbar

Ebenfalls anwendbar ist § 323 VI BGB. Hat der Käufer die Unmöglichkeit der Nacherfüllung zu verantworten oder wird die Nacherfüllung während des Annahmeverzugs des Käufers unmöglich, kann er nicht vom Kaufvertrag nach § 326 V BGB zurücktreten.

hemmer-Methode: Dies ist im Grunde nichts anderes als § 326 II BGB. Nur geht es hier nicht um die Erhaltung der Gegenleistungspflicht, die nach § 326 I S. 2 BGB bei Unmöglichkeit der Nacherfüllung ohnehin vollumfänglich bestehen bleibt; vielmehr geht es um den Ausschluss des Rücktrittsrechtes aus § 326 V BGB.

Bsp.: Student S kauft von Fahrradhändler F ein gebrauchtes Fahrrad. Nach wenigen Monaten stellt S fest, dass das Vorderrad stark korrodiert ist. Er ruft bei F an und fordert ihn auf, das Rad auszutauschen, was F verweigert. S will das Fahrrad nun zu einer Werkstatt bringen. Auf dem Weg dorthin wird es bei einem von S leicht fahrlässig verursachten Unfall vollständig zerstört. S verlangt den Kaufpreis von F zurück.

1. Ein solcher Anspruch könnte sich aus **§§ 326 IV, 346 I BGB** ergeben.

Der Anspruch besteht nicht, da die Unmöglichkeit der Nacherfüllung den Anspruch auf die Gegenleistung unberührt lässt, § 326 I S. 2 BGB.

Demnach steht S gegen F kein Rückzahlungsanspruch aus § 326 IV, 346 I BGB zu.

2. Jedoch könnte sich ein solcher Anspruch aus **§ 346 I BGB nach erklärtem Rücktritt** ergeben.

Dazu müsste S wirksam vom Vertrag mit F zurückgetreten sein. Dies setzt – neben der hier gem. § 349 BGB unproblematischen Rücktrittserklärung – vor allem das Vorliegen eines Rücktrittsgrundes voraus.

a) Ein solcher ergibt sich nicht aus §§ 437 Nr. 2, 323 BGB: Denn eine eventuelle Pflicht des F zur Nacherfüllung ist jedenfalls mit der Zerstörung des Fahrrades unmöglich geworden i.S.v. § 275 I BGB. § 323 BGB setzt aber die Möglichkeit der noch nicht erfüllten Leistungspflicht des Schuldners, hier also die Möglichkeit der Nacherfüllung, voraus.

b) In Betracht kommt aber ein Rücktrittsrecht des S nach §§ 437 Nr. 2, 326 V BGB

aa) Die von F an S gelieferte Kaufsache weist einen Sachmangel i.S.d. § 434 I S. 2 Nr. 2 BGB auf. Damit stand S zunächst ein Anspruch auf Nacherfüllung in Form der Nachbesserung (§ 439 I Alt. 1 BGB) zu. Nachlieferung i.S.d. § 439 I Alt. 2 BGB kommt bei gebrauchten Kaufsachen als Stückschulden nicht in Betracht (vgl. ausführlich unter Rn. 162).

Dieser Nachbesserungsanspruch ist durch die Zerstörung des Fahrrades bei dem Unfall nachträglich unmöglich geworden, § 275 I BGB.

---

[374] BT-Drs. 14 / 6040, S. 189.

bb) Jedoch könnte das Rücktrittsrecht des S nach §§ 326 V, 323 VI Alt. 1 BGB ausgeschlossen sein. Dazu müsste S für die Unmöglichkeit der Nacherfüllung allein oder weit überwiegend verantwortlich sein. S hat den Unfall leicht fahrlässig verursacht.

Jedoch kommt auch ein Vertretenmüssen des F in Betracht, sodass eine alleinige oder weit überwiegende Verantwortlichkeit des S i.S.d. § 323 VI Alt. 1 BGB zu verneinen wäre. Denn F befand sich mit der Nacherfüllungspflicht im Schuldnerverzug i.S.d. § 286 I BGB.

Zwar liegt kein Fall der von F nach § 287 S. 2 BGB zu vertretenden Unmöglichkeit vor, denn „Zufall" ist nur ein Ereignis, das weder Gläubiger noch Schuldner zu vertreten haben. Allerdings hätte F dem S nach §§ 280 II, 286 BGB jeden kausal auf dessen Schuldnerverzug beruhenden Schaden zu ersetzen.

Die Unmöglichkeit der Nacherfüllung durch den Unfall beruht kausal und zurechenbar auf der Verzögerung der Nacherfüllungspflicht seitens des F; eine bloß leichte Fahrlässigkeit des S vermag diesen Zurechnungszusammenhang nicht zu unterbrechen.

Daher hat auch F die Unmöglichkeit der Nacherfüllung zu vertreten; eine alleinige oder weit überwiegende Verantwortlichkeit des S i.S.d. § 323 VI Alt. 2 BGB liegt nicht vor. Daher konnte S wirksam vom Kaufvertrag zurücktreten.

Daher steht S ein Anspruch auf Rückzahlung des Kaufpreises gegen F aus § 346 I BGB zu.

> **hemmer-Methode:** S müsste eigentlich im Gegenzug F das Fahrrad zurückgeben, § 346 I BGB. Dies ist ihm allerdings infolge der Zerstörung des Fahrrades nicht möglich, weshalb er grds. an F Wertersatz zu leisten hat, § 346 II S. 1 Nr. 3 BGB. Jedoch ist als Ausnahme hiervon § 346 III S. 1 Nr. 3 BGB zu beachten:
> S haftet nur, wenn er die Zerstörung des Fahrrades i.S.d. § 277 BGB zu vertreten hat; als Rücktrittsberechtigter eines gesetzlichen Rücktrittsrechtes (§ 326 V BGB!) ist er auf die Haftung für eigenübliche Sorgfalt (diligentia quam in suis) beschränkt.[375]

g) Kein Ausschluss des Rücktrittsrechts nach §§ 438 IV S. 1, 218 I S. 2 BGB

Koppelung an fiktiven Nacherfüllungsanspruch

Beim Rücktrittsrecht nach §§ 437 Nr. 2, 326 V BGB bereitet die Anwendung des § 218 I S. 1 BGB Schwierigkeiten, da ein Nacherfüllungsanspruch wegen § 275 I - III BGB ausgeschlossen ist und demzufolge auch nicht verjähren kann.

Aus diesem Grund stellt § 218 I S. 2 BGB auf einen fiktiven Nacherfüllungsanspruch ab: Der Rücktritt nach §§ 437 Nr. 2, 326 V BGB ist ausgeschlossen, wenn der Nacherfüllungsanspruch – würde er bestehen – verjährt wäre.

5. Rechtsfolgen des wirksamen Rücktritts durch den Käufer

Rechtsfolgen: §§ 346 ff. BGB

Die Rechtsfolgen eines wirksamen Rücktritts durch den Käufer sind in den §§ 346 ff. BGB geregelt.

> **hemmer-Methode:** Hierzu sei auf die allgemeinen Ausführungen in **Hemmer/Wüst, Schuldrecht AT,** Rn. 545 ff. verwiesen.

Privilegierung des Käufers, § 346 III S. 1 Nr. 3 BGB

Zu beachten ist insbesondere die Haftungsprivilegierung des Käufers in § 346 III S. 1 Nr. 3 BGB:

---

[375] Dazu unten, Rn. 243 und **Hemmer/Wüst, Schuldrecht AT,** Rn. 565 ff.

Bsp.: A hat von P einen Gebrauchtwagen gekauft. Als A den Wagen wegen eines kleineren Unfalls in die Werkstatt bringen lässt, stellt sich heraus, dass es sich um einen „Unfallwagen" handelt. Schon vor Jahren ist der Pkw bei einem Unfall schwer beschädigt worden. Auf dem Rückweg von der Werkstatt wird der Wagen bei einem von A verursachten Unfall zerstört; zu dem Unfall kam es, weil A – wie üblich – 20 km/h zu schnell gefahren ist. A möchte von P den Kaufpreis zurück; P verlangt „Schadensersatz" für den zerstörten Wagen.

I. Anspruch des A auf Kaufpreisrückzahlung

Ein Rückzahlungsanspruch des A könnte sich aus § 346 I BGB ergeben. Dazu müsste A wirksam vom Kaufvertrag mit P zurückgetreten sein.

1. Durch die Eigenschaft als Unfallwagen wird der Verkaufswert des Pkw gemindert; dieser sog. merkantile Minderwert stellt einen Sachmangel des Wagens i.S.d. § 434 I S. 2 Nr. 2 Alt. 2 BGB dar. Damit hat zwar P nicht vertragsgemäß geleistet.

Dennoch scheidet ein Rücktrittsrecht des A gem. §§ 437 Nr. 2, 323 I BGB aus. Denn bei Unmöglichkeit der Nacherfüllung kommt allein die Anwendung von §§ 437 Nr. 2, 326 V BGB in Betracht; die Nacherfüllung des Mangels „Unfallwagen" ist unmöglich i.S.d. § 275 I BGB:

Der merkantile Minderwert kann im Wege der Nachbesserung (§ 439 I Alt. 1 BGB) nicht beseitigt werden. Da es sich um einen Stückkauf handelt, ist die Nachlieferung i.S.d. § 439 I Alt. 2 BGB ebenfalls nicht möglich (vgl. ausführlich unter Rn. 162).

Daher scheidet ein Rücktritt des A nach §§ 437 Nr. 2, 323 I BGB aus.

2. Jedoch kommt ein Rücktrittsrecht des A nach §§ 437 Nr. 2, 326 V BGB in Betracht. Der Anspruch des A gegen P auf Nacherfüllung ist gem. § 275 I BGB ausgeschlossen.

Das Rücktrittsrecht könnte jedoch nach §§ 326 V, 323 VI Alt. 1 BGB ausgeschlossen sein. Dazu müsste A die Unmöglichkeit der Nacherfüllung ganz oder weit überwiegend zu verantworten haben.

A hat den Unfall fahrlässig verursacht. Jedoch ist hierdurch die Nacherfüllung nicht unmöglich geworden: Sie war aufgrund der Unbehebbarkeit des Mangels (merkantiler Minderwert) bereits zuvor unmöglich. Dies ist der relevante Anknüpfungspunkt für § 323 VI BGB. Die Unbehebbarkeit des Mangels hat A nicht zu verantworten. Damit ist der Ausschlusstatbestand des §§ 326 V, 323 VI Alt. 1 BGB nicht gegeben.

A konnte wirksam nach § 326 V BGB zurücktreten; eine wirksame Rücktrittserklärung des A i.S.d. § 349 BGB liegt vor.

3. Ergebnis zu I: Damit steht A gegen P ein Anspruch auf Kaufpreisrückzahlung gem. § 346 I BGB zu.

II. Anspruch des P auf Ersatz für den zerstörten Wagen

1. Schadensersatzansprüche des P gegen A aus §§ 346 IV BGB i.V.m. §§ 280 I, III, 283 BGB scheiden aus. Die Zerstörung des Wagens erfolgte hier nämlich vor dem Rücktritt. Allenfalls wäre deshalb an das Vorliegen einer anfänglichen Unmöglichkeit der Rückgewährpflicht des A gegenüber P und damit an § 311a II BGB zu denken. § 311a II BGB ist jedoch nur auf rechtsgeschäftliche Schuldverhältnisse anwendbar[376], während es sich bei der Rückgewährpflicht um einen gesetzlichen Anspruch handelt. Dies ergibt sich auch aus der Nichterwähnung des § 311a II BGB in § 346 IV BGB. Für diesen Fall der Zerstörung der zurückzugewährenden Sache halten die Abs. 2 und 3 des § 346 BGB Spezialregelungen bereit.

---

[376] **Hemmer/Wüst, Schuldrecht AT**, Rn. 287.

2. P könnte gegen A jedoch einen Anspruch auf Wertersatz haben.

a) Dieser ergibt sich zunächst aus § 346 II S. 1 Nr. 3 BGB: Der Pkw als zurückzugewährende Sache ist (vor Rücktritt) infolge des Unfalls untergegangen.

b) Jedoch könnte die Wertersatzpflicht des A gem. § 346 III S. 1 Nr. 3 BGB ausgeschlossen sein.

Grundsätzlich ist für den Anspruch auf Wertersatz unerheblich, ob der Rückgewährschuldner die Verschlechterung bzw. den Untergang des zurückzugewährenden Gegenstandes zu vertreten hat. Jedoch besteht für den Rücktrittsberechtigten eines gesetzlichen Rücktrittsrechtes in § 346 III S. 1 Nr. 3 BGB eine Privilegierung.

Bei einem gesetzlichen Rücktrittsrecht muss nämlich der Rücktrittsberechtigte nicht von vornherein damit rechnen, die erhaltene Sache später zurückgeben zu müssen. Seine Haftung ist deshalb auf die eigenübliche Sorgfalt i.S.d. § 277 BGB beschränkt, § 346 III S. 1 Nr. 3 BGB.

Beim Rücktritt nach §§ 437 Nr. 2, 326 V BGB handelt es sich – wie bei allen Rücktrittsrechten nach den §§ 323 ff. BGB – um ein gesetzliches Rücktrittsrecht.

Die Wertersatzpflicht des A als Rücktrittsberechtigtem wäre daher ausgeschlossen, wenn er im Rahmen der Zerstörung des Gebrauchtwagens die eigenübliche Sorgfalt i.S.d. § 277 BGB (diligentia quam in suis) beachtet hätte. Dies ist hier zu bejahen: Anzulegen ist bei § 277 BGB ausnahmsweise ein subjektiver Sorgfaltsmaßstab. A fährt üblicherweise 20 km/h zu schnell. Auch ein Fall grober Fahrlässigkeit liegt nicht vor, vgl. § 277 BGB.

Dennoch könnte § 346 III S. 1 Nr. 3 BGB zu verneinen sein, wenn Haftungsbeschränkungen auf die eigenübliche Sorgfalt im Straßenverkehr generell nicht gelten dürften.

Nach der ständigen Rechtsprechung des BGH findet eine Haftungsbeschränkung auf die eigenübliche Sorgfalt gemäß § 277 BGB im Straßenverkehr nicht statt. Denn wie § 1 StVO zeigt, besteht im Straßenverkehr „kein Raum für individuelle Sorglosigkeit". Diese Auffassung hat der BGH vertreten mit dem Argument, die besonderen Gefahrenlagen des Straßenverkehrs lassen keinen Raum für individuelle Sorglosigkeiten.[377]

Allerdings gilt dies nur für die Straßenverkehrsteilnehmer untereinander, nicht für bloße vermögensrechtliche Beziehungen des Fahrers zu seinen Gegenständen. Demnach kann § 277 BGB i.R.d. § 346 III S. 1 Nr. 3 BGB immer angewendet werden. Richtigerweise ist daher die Haftungsbeschränkung auf die eigenübliche Sorgfalt gem. §§ 346 III S. 1 Nr. 3, 277 BGB auch im Bereich des Straßenverkehrs anzunehmen.[378]

3. Fraglich ist allerdings, ob das Haftungsprivileg der §§ 346 III S. 1 Nr. 3, 277 BGB auch noch nach Kenntnis vom gesetzlichen Rücktrittsgrund gilt.

Der sachliche Anwendungsbereich des § 346 III S.1, Nr. 3 BGB erfasst nur das gesetzliche Rücktrittsrecht.

a) Nach e.A. liegt der Grund hierfür in folgender Überlegung: Beim gesetzlichen Rücktrittsrecht dürfen die Parteien zunächst davon ausgehen, dass der Gegenstand endgültig Bestandteil ihres Vermögens geworden ist und sie damit mit dem Gegenstand nach Belieben verfahren können, § 903 BGB.

---

[377] BGH, VersR 1960, 820 f.; dieser Rechtsprechung konsequent folgend für § 1359 BGB: BGHZ 53, 352 - 357 = **juris**byhemmer; BGHZ 61, 101 - 112 = **juris**byhemmer; BGHZ 63, 51 - 60 (57 ff.) = **juris**byhemmer.

[378] So zutreffend auch OLG Karlsruhe, **Life&Law 06/2008, 379 ff.** = NJW 2008, 925 ff. = **juris**byhemmer.

Beim vertraglichen Rücktrittsrecht steht das Behaltendürfen des Gegenstandes hingegen unter dem „*Damoklesschwert*", dass die andere Partei das vertragliche Rücktrittsrecht ausübt. Demnach sind sie vom Empfang der Sache an – bis zum Ablauf einer eventuell vereinbarten Rücktrittsfrist – verpflichtet, mit dem Gegenstand so sorgsam wie mit einem fremden umzugehen. Sie dürfen von Anfang an nicht auf die Rechtsbeständigkeit ihres Erwerbs vertrauen.

Aus diesem Grund soll nach e.A. das Haftungsprivileg in zeitlicher Hinsicht teleologisch zu reduzieren sein. Kennt der Rücktrittsberechtigte hingegen das Bestehen des Rücktrittsgrundes und ist er gewillt, das Rücktrittsrecht auszuüben, darf er nicht mehr darauf vertrauen, dass sein Erwerb rechtsbeständig ist und er mit der Sache nach Belieben verfahren darf. Es besteht somit ab diesem Zeitpunkt kein Unterschied mehr zu einem vertraglichen Rücktrittsrecht.[379]

b) Nach h.L. bleibt das Haftungsprivileg nach Kenntnis vom Rücktrittsrecht weiter bestehen.[380]

Im Unterschied zum vertraglichen Rücktrittsrecht liegen beim gesetzlichen Rücktrittsrecht nämlich zwei Pflichtverletzungen (nicht ordnungsgemäße Leistung und nicht erfolgte Nacherfüllung) vor. Diese Pflichtverletzungen rechtfertigen das Haftungsprivileg. Allein die Kenntnis des Käufers vom Rücktrittsgrund lässt aber die Pflichtverletzungen nicht entfallen.[381]

hemmer-Methode: Wie Sie sich hier entscheiden, ist für die Bewertung Ihrer Arbeit irrelevant, solange Sie dieses Problem erkennen und diskutieren!

Damit ist die Wertersatzpflicht des A gegenüber P gem. § 346 III S. 1 Nr. 3 BGB ausgeschlossen.

P kann von A keinen Ersatz für die Zerstörung des Pkw verlangen.

VI. Minderung

§§ 437 Nr. 2, 441 BGB

Ein wichtiges Recht des Käufers ist das Recht zur Minderung, §§ 437 Nr. 2 Alt. 2, 441 BGB.

1. Allgemeines

Herabsetzung des Kaufpreises

Oftmals liegt es nicht im Interesse des Käufers, bei Vorliegen eines Mangels vom Kaufvertrag zurückzutreten. Der Käufer kann durchaus daran interessiert sein, die mangelhafte Sache zu behalten.

Zu diesem Zweck sieht das Gesetz in §§ 437 Nr. 2 Alt. 2, 441 BGB das Minderungsrecht des Käufers vor: Der Käufer kann auf diese Weise die Herabsetzung des Kaufpreises erreichen und die mangelhafte Kaufsache behalten.

Minderung nun Gestaltungsrecht

Die Minderung ist nun – ebenso wie das Rücktrittsrecht des Käufers – ein Gestaltungsrecht des Käufers.[382] Die Rechtsfolgen der Minderung treten mit Zugang der Minderungserklärung ein.

Rückzahlungsanspruch in § 441 IV S. 1 BGB gesondert geregelt

Hinsichtlich des vom Käufer nach erfolgter Minderung zu viel gezahlten Kaufpreises sieht das Gesetz eine Anspruchsgrundlage für das Rückzahlungsverlangen des Käufers in § 441 IV S. 1 BGB vor.

---

[379] Vgl. Bamberger/Roth/*Grothe*, § 346 Rn. 29 f.
[380] Palandt, § 346, Rn. 13b.
[381] Ausführlich hierzu **Hemmer/Wüst, Schuldrecht AT**, Rn. 567 sowie Tyroller/Fest, Probleme des gesetzlichen Rücktrittsrechts, **Life&Law 05/2005, 198 - 202**.
[382] Palandt, § 441, Rn. 1.

2. Voraussetzungen der Minderung

Minderungsrecht + Minderungserklärung

Eine wirksame Minderung i.S.d. §§ 437 Nr. 2 Alt. 2, 441 BGB setzt – wie der Rücktritt – neben den Voraussetzungen des Minderungsrechtes eine wirksame Minderungserklärung des Käufers i.S.d. § 441 I BGB voraus.

Hierbei handelt es sich (wie bei § 349 BGB) um eine einseitige, empfangsbedürftige und gestaltende Willenserklärung; ihr Vorhandensein ergibt sich im Regelfall durch Auslegung nach den §§ 133, 157 BGB.

hemmer-Methode: So wird der Käufer nicht sagen: „Ich erkläre hiermit die Minderung", sondern: „Ich verlange einen Teil des Kaufpreises zurück". Mit derart laienhaften Äußerungen müssen Sie nicht nur in der Praxis, sondern auch und gerade im Examenssachverhalt rechnen.

> **Voraussetzungen des Minderungsrechts, §§ 437 Nr. 2 Alt. 2, 441 BGB:**
>
> 1. Wirksamer Kaufvertrag
>
> 2. **Vorliegen der Rücktrittsvoraussetzungen** beim Käufer aufgrund eines Mangels der Kaufsache (Besonderheit: § 323 V S. 2 BGB gilt nicht, vgl. § 441 I S. 2 BGB)
>
> 3. **Kein Ausschluss** des Minderungsrechtes wegen Verjährung des Nacherfüllungsanspruches, §§ 438 V, 218 I BGB
>
> ⇨ **Rechtsfolge:** Herabsetzung des Kaufpreises (d.h.: teilw. Erlöschen oder teilw. Rückerstattung, § 441 IV BGB)

Inzidente Prüfung der Rücktrittsvoraussetzungen

Gemäß § 441 I S. 1 BGB kann der Käufer mindern, **statt** zurückzutreten. Hiermit bringt der Gesetzgeber zum Ausdruck, dass die Minderung nur dann möglich ist, wenn der Käufer aufgrund des Mangels der Kaufsache auch zurücktreten könnte (vgl. auch § 437 Nr. 2 BGB: „zurücktreten oder ... mindern").

Es sind somit bei der Prüfung des Minderungsrechtes **inzident die Voraussetzungen eines Rücktrittsrechtes** des Käufers nach § 323 BGB oder § 326 V BGB **zu prüfen**.

hemmer-Methode: Der Käufer kann aber – ebenso wie nach einem erklärten Rücktritt – von einer erklärten Minderung zum kleinen oder großen Schadensersatz umschwenken. Dies folgt aus dem Wörtchen „und" am Ende von § 437 Nr. 2 BGB bzw. aus einer analogen Anwendung des § 325 BGB.[383]

Rücktrittsrecht muss auf Mangelhaftigkeit der Kaufsache beruhen.

Kann der Käufer aus einem anderen Grunde als der Mangelhaftigkeit der Kaufsache zurücktreten (z.B. nach § 324 BGB, vgl. Rn. 233), eröffnet ihm dies kein Minderungsrecht nach § 441 BGB. Dies ergibt sich bereits aus § 437 BGB, der auf das Vorliegen eines Mangels abstellt.

Erheblichkeitsschwelle des § 323 V S. 2 BGB gilt nicht, § 441 I S. 2 BGB

Der Ausschlussgrund des § 323 V S. 2 BGB findet gem. § 441 I S. 2 BGB im Rahmen der Minderung jedoch keine Anwendung.

---

[383] OLG Stuttgart, **Life&Law 02/2009, 140 ff.** = ZGS 2008, 479 - 480 = jurisbyhemmer; so auch der BGH jedenfalls für den Fall, dass ein Minderungsbetrag nicht berechnet werden kann, vgl. BGH, **Life&Law 3/2011, 152 - 157** = ZIP 2011, 33 - 36 = jurisbyhemmer.

Der Käufer soll mindern können, auch wenn der Mangel noch so geringfügig ist. Die Erheblichkeitsschwelle des § 323 V S. 2 BGB gilt nur für den Rücktritt, da es bei diesem um das Fortbestehen des Kaufvertrages überhaupt geht („**Großes Recht**"), während die Minderung den Vertrag durch Kaufpreisherabsetzung lediglich modifiziert („**Kleines Recht**").

Ausschluss des Minderungsrechtes nach §§ 438 V, 218 BGB

Auch das Minderungsrecht kann wegen Verjährung des (tatsächlichen bzw. bei Unmöglichkeit der Nacherfüllung hypothetischen[384]) Nacherfüllungsanspruches ausgeschlossen sein, § 438 V BGB.

Eigentlich hätte es dieser Regelung nicht bedurft, da die Minderung an das Rücktrittsrecht geknüpft ist und auf dieses § 218 BGB direkt Anwendung findet. § 438 V BGB hat daher insoweit nur klarstellende Funktion.

> **hemmer-Methode:** Eigenständige Bedeutung erhält § 438 V BGB dadurch, dass er § 438 IV S. 2 BGB für die Minderung für anwendbar erklärt. Zur Mängeleinrede des Käufers Rn. 256 ff.

3. Rechtsfolgen einer wirksamen Minderung

Das vom Käufer ordnungsgemäß ausgeübte Minderungsrecht bewirkt die Herabsetzung des Kaufpreises.

Berechnung nach § 441 III BGB

Dabei erfolgt die Berechnung nach § 441 III BGB. Es soll das von den Parteien ausgehandelte Verhältnis von Leistung und Gegenleistung möglichst bewahrt bleiben. Ein „schlechtes" bzw. „gutes Geschäft" des Käufers soll auch nach der Minderung ein solches bleiben.

> **Bsp.:** Vereinbart wurde ein Kaufpreis von 10.000,- €. Wäre die Kaufsache mangelfrei, wäre sie 12.000,- € wert. Tatsächlich ist sie aber aufgrund des Mangels nur 3.000,- € wert.

Nach § 441 III BGB müssen ins Verhältnis gesetzt werden:

$$\frac{x\ (=\text{geminderter Kaufpreis})}{\text{vereinbarter Kaufpreis}} = \frac{\text{tatsächlicher Wert der mangelhaften Sache}}{\text{hypothetischer Wert bei Mangelfreiheit}}$$

Löst man die Gleichung nach x auf, erhält man den zu ermittelnden (herabgesetzten) Kaufpreis. Im Beispielsfall ergibt sich:

$$\frac{x}{10.000,\text{-}\ €} = \frac{3.000,\text{-}\ €}{12.000,\text{-}\ €}$$

$$x = \frac{3.000,\text{-}\ €}{12.000,\text{-}\ €} \cdot 10.000,\text{-}\ €$$

$$\underline{x = 2.500,\text{-}\ €}$$

> **hemmer-Methode:** Diese kleine Gleichung mit einer Unbekannten zu lösen, darf auch von einem Juristen verlangt werden. „Iudex non calculat" ist gerade in der Praxis eher Wunschdenken als Realität.

---

[384] Dazu oben, Rn. 242.

§ 1 KAUF

Teilweises Erlöschen des Kaufpreisanspruches

Hat der Käufer noch nicht gezahlt, steht dem Verkäufer ab dem Zeitpunkt der Minderung nur noch ein Kaufpreisanspruch aus § 433 II BGB in Höhe von 2.500,- € zu. Die Minderung führt also zum teilweisen Erlöschen (ex nunc) des noch nicht erfüllten Kaufpreisanspruches.

bzw. Rückzahlungsanspruch des Käufers

Hat der Käufer bereits mehr als die 2.500,- € gezahlt, kann er den zu viel gezahlten Betrag nach erfolgter Minderung vom Verkäufer zurückverlangen. Anspruchsgrundlage ist § 441 IV S. 1 BGB; für vom Käufer gezogene oder schuldhaft nicht gezogene Nutzungen gelten die §§ 346 I, 347 I BGB[385], vgl. § 441 IV S. 2 BGB.

Herabsetzung maximal auf Null, dann aber Rückgewähr der Kaufsache analog § 346 BGB wegen § 242 BGB

Durch die Minderung kann der Kaufpreis höchstens bis auf Null herabgesetzt werden. Wenn dies geschieht, soll allerdings der Käufer nach Treu und Glauben zur Rückgabe der (wertlosen) Kaufsache verpflichtet sein (§ 346 BGB analog). Denn eine Herabsetzung des Kaufpreises auf Null ist wirtschaftlich mit dem Rücktritt des Käufers identisch und muss daher zur Rückgewähr der Kaufsache an den Verkäufer führen.

> **Für Interessierte:** Da auf den Tauschvertrag gem. § 480 BGB die Vorschriften des Kaufvertrages zur Anwendung kommen, stellt sich die Frage, welche Rechtsfolge die Minderung bei Tausch hat.
> Bei unteilbaren Leistungen (Regelfall) ist der objektive Wert beider Sachen im mangelfreien Zustand zu ermitteln. Im Verhältnis zwischen Wert in fehlerfreiem Zustand und tatsächlichem Zustand ist der objektive Wert der Gegenleistung herabzusetzen und der Differenzbetrag in bar auszugleichen.[386]

VII. Mängeleinrede des Käufers

Hat der Käufer eine mangelhafte Sache erhalten, ist er nicht unbedingt daran interessiert, vom Kaufvertrag zurückzutreten oder den Kaufpreis herabzusetzen. In aller Regel wird er zunächst vom Verkäufer Nacherfüllung erhalten wollen.

So lange die Nacherfüllung vom Verkäufer jedoch nicht erbracht ist, möchte der Käufer den Kaufpreis nicht bzw. nicht vollständig zahlen. Zu diesem Zweck erscheint eine Einrede des Käufers gegen den Kaufpreisanspruch interessengerecht.

§ 438 IV S. 2 BGB

Der Käufer kann auch nach Ausschluss des Rücktrittsrechts wegen Verjährung des Nacherfüllungsanspruches (§§ 438 IV S. 1, 218 BGB) die Kaufpreiszahlung verweigern, § 438 IV S. 2 BGB. Nicht erforderlich ist die Anzeige des Mangels vor Vollendung der Verjährung.[387]

Das Gleiche gilt gem. §§ 438 V Alt. 2, 438 IV S. 2 BGB mit der Maßgabe, dass der Käufer die Zahlung nur insoweit verweigern kann, als er durch die Minderung den Kaufpreis herabsetzen könnte.

Rücktrittsrecht des Verkäufers, § 438 IV S. 3 BGB

Erhebt der Käufer die Mängeleinrede nach § 438 IV S. 2 BGB, so kann der Verkäufer gem. § 438 IV S. 3 BGB vom Vertrag zurücktreten. Denn es ist nicht gerechtfertigt, dass der Käufer einerseits die Sache behalten darf, andererseits aber die Kaufpreiszahlung vollständig verweigern kann.[388]

---

[385] Hierzu vgl. **Hemmer/Wüst, Schuldrecht AT**, Rn. 572 ff.
[386] Palandt, §§ 480, Rn. 8.
[387] BT-Drs. 14/6040, S. 230.
[388] BT-Drs. 14/6857, S. 27.

Wiederum nur Rechtslage nach Verjährung geregelt	Geregelt wurde nur die Rechtslage nach Verjährung des Nacherfüllungsanspruches und damit nach Ausschluss des Rücktritts- bzw. Minderungsrechtes gem. § 218 BGB. Ob der Käufer die Zahlung auch bereits vor Ablauf der Verjährung verweigern kann, ist im Gesetz nicht geregelt.	259
Regelungslücke?	Bevor man wie nach alter Rechtslage im Wege des „Erst-Recht-Schlusses" auch in diesem Fall § 438 IV S. 2 BGB für entsprechend anwendbar erklärt, muss überprüft werden, ob dem Käufer nicht schon aus anderen Gründen ein Leistungsverweigerungsrecht zusteht. Dann fehlt nämlich die für eine Analogie erforderliche Regelungslücke.	

1. Behebbare Mängel

§ 320 BGB anwendbar!	Die mangelhafte Leistung durch den Verkäufer ist eine teilweise Nichterfüllung, vgl. § 433 I S. 2 BGB. Der Käufer hat als nicht erfüllten Restanspruch den Nacherfüllungsanspruch.	260
	Diesen kann er aber dem Verkäufer gegen den Kaufpreiszahlungsanspruch gem. § 320 BGB einredeweise entgegenhalten. Ihm steht also bereits aus § 320 BGB ein Leistungsverweigerungsrecht zu.[389] Wo keine Regelungslücke besteht, verbietet sich eine Analogie zu § 438 IV S. 2 BGB.	
	Dies gilt auch für den Fall der Minderung: Kann der Käufer nicht zurücktreten, sondern nur mindern, weil lediglich ein unerheblicher Mangel i.S.d. § 323 V S. 2 BGB vorliegt, so kann er gem. § 320 II BGB die Kaufpreiszahlung **teilweise** verweigern. Auch hier besteht kein Bedürfnis für eine Analogie.	261

> **hemmer-Methode:** Beachten Sie, dass § 320 II BGB nur zur Anwendung kommt, wenn die mangelhafte Sache bereits übergeben wurde.
> Verweigert hingegen der Käufer wegen der Mangelhaftigkeit (zu Recht) die Annahme (vgl. auch § 294 BGB), ist der Käufer bei geringfügigen Mängeln grundsätzlich berechtigt, gem. § 320 I BGB die Zahlung des (vollständigen) Kaufpreises und gem. § 273 I BGB die nicht im Synallagma stehende Abnahme der gekauften Sache bis zur Beseitigung des Mangels zu verweigern.
> Lesen Sie dazu BGH, Life&Law 04/2017, 229 ff.!

2. Unbehebbare Mängel

§ 438 IV S. 1 BGB analog bei Unmöglichkeit der Nacherfüllung?	Die Lösung über § 320 BGB versagt jedoch bei Unmöglichkeit der Nacherfüllung bei einem unbehebbaren Mangel. Hier besteht wegen § 275 I - III BGB kein Nacherfüllungsanspruch, den der Käufer dem Zahlungsverlangen des Verkäufers einredeweise entgegenhalten könnte.	
	Für diesen Fall könnte daher an eine Analogie zu § 438 IV S. 1 BGB zu denken sein.	
Dafür: Schutz der Wirksamkeitsfrist der Gestaltungsrechte	**a)** Für eine analoge Anwendung spricht, dass andernfalls die Ausübungsfristen des Käufers für die Gestaltungsrechte (§ 218 I BGB i.V.m. § 438 IV S. 1 bzw. V BGB) verkürzt würden.[390]	262
Dagegen: Käufer muss sich entscheiden	**b)** Dem kann man allerdings entgegenhalten, dass der Käufer die Möglichkeit zum Rücktritt nach §§ 437 Nr. 2 Alt. 1, 326 V BGB bzw. zur Minderung ohne vorherige Fristsetzung hat. Es kann ihm daher zugemutet werden, sich zu entscheiden: Entweder er tritt zurück bzw. mindert, oder er hat den Kaufpreis zu entrichten.	

---

[389] So wohl auch Palandt, § 320, Rn. 2, 9; ebenso Hofmann/Pammler, Mängeleinrede beim Kauf, ZGS 2004, 293 - 296.
[390] Huber/Faust, Schuldrechtsmodernisierung, 2002, Kapitel 13, Rn. 153.

§ 1 KAUF

Nach dieser Auffassung wäre dem Käufer bei Unmöglichkeit der Nacherfüllung vor Verjährung/Ausschluss der Mängelrechte die Mängeleinrede zu versagen.

Dafür spricht, dass auch bei anderen Gestaltungsrechten - wie z.B. der Anfechtung - die Leistung nicht mit dem Hinweis auf die Anfechtbarkeit verweigert werden kann. Der Schuldner kann nur anfechten oder eben nicht. Für diese Ansicht spricht auch, dass § 437 BGB als Aufzählung der Mängelrechte des Käufers eine Mängeleinrede nicht nennt.[391]

c) Als „Kompromiss" wird vorgeschlagen, dass der Verkäufer rechtsmissbräuchlich handelt, wenn er dem Käufer nicht eine angemessene Frist zur Ausübung der Mängelrechte einräumt.[392]

hemmer-Methode: Wie Sie sich hier entscheiden, ist unerheblich. Sie müssen nur erkennen, dass dieses Problem nicht gesetzlich geregelt wurde.

VIII. Schadensersatzansprüche des Käufers

Wird eine mangelhafte Sache geliefert, kommen Ansprüche des Käufers auf Schadensersatz in Betracht. Hierzu verweist § 437 Nr. 3 BGB auf Regelungen aus dem allgemeinen Leistungsstörungsrecht: Es finden die §§ 280, 281, 283 und 311a BGB Anwendung.

Ebenfalls kann der Käufer anstelle von Schadensersatz statt der Leistung nach § 284 BGB Ersatz vergeblicher Aufwendungen verlangen, § 437 Nr. 3 Alt. 2 BGB.[393]

Wie bereits für den Bereich des Rücktritts festgestellt, hat der Gesetzgeber also auf die Normierung gesonderter kaufrechtlicher Schadensersatzansprüche verzichtet und auch insoweit den Teil Schuldrecht BT in das allgemeine Leistungsstörungsrecht integriert.

1. Anspruch des Käufers aus §§ 437 Nr. 3, 280 I BGB auf Schadensersatz neben der Leistung (sog. „Mangelfolgeschäden")

Mangelhafte Lieferung = Pflichtverletzung des Verkäufers

§ 437 Nr. 3 BGB nennt ausdrücklich die allgemeine Anspruchsgrundlage des § 280 I BGB.

Da es in § 437 BGB insgesamt um Rechte des Käufers bei sach- oder rechtsmangelhafter Lieferung geht, bringt der Gesetzgeber hiermit unmissverständlich zum Ausdruck, dass die mangelhafte Lieferung eine Pflichtverletzung des Verkäufers i.S.d. § 280 I BGB darstellen soll.[394]

a) Voraussetzungen

Zur Erinnerung: Die allgemeinen Anspruchsvoraussetzungen des § 280 I BGB lauten:

---

[391] Lorenz/Riehm, Lehrbuch zum neuen Schuldrecht, 2002, Rn. 501; Lorenz, NJW 2002, 2497 - 2505 (2498, Fn. 13).

[392] So Hofmann/Pammler, Mängeleinrede beim Kauf, ZGS 2004, 293 (296).

[393] Dazu unten, Rn. 326 ff.

[394] BT-Drs. 14/6040, S. 136.

Allgemeine Anspruchsvoraussetzungen des § 280 I BGB

> **Voraussetzungen des Anspruches nach § 280 I BGB:**
> 1. Bestehen eines **Schuldverhältnisses** (vertraglich/gesetzlich)
> 2. **Pflichtverletzung** des Schuldners
> 3. Keine Widerlegung des vermuteten **Vertretenmüssens** des Schuldners, § 280 I S. 2 BGB
> 4. **Keine Verjährung nach §§ 195, 199 BGB**
> 5. **Rechtsfolge:**
>   Ersatz des durch die Pflichtverletzung kausal (und zurechenbar) verursachten Schadens = sog. **Begleitschaden** bzw. **Schadensersatz neben der Leistung**

Beim Anspruch auf **Schadensersatz neben der Leistung** bzw. dem Ersatz der sog. **Mangelfolgeschäden** nach §§ 437 Nr. 3, 280 I BGB geht es um die Lieferung der mangelhaften Sache als Pflichtverletzung des Verkäufers, d.h. um die Verletzung der Pflicht nach § 433 I S. 2 BGB.

> hemmer-Methode: Nach einer Mindermeinung in der Literatur soll der Mangelfolgeschaden direkt über § 280 I BGB ersetzt werden, da die Rücksichtnahmepflicht gem. § 241 II BGB verletzt wurde.
> Dagegen spricht, dass der Schaden als Folge eines Mangels eine leistungsbezogenen Pflichtverletzung (§ 433 I S. 2 BGB!) darstellt und daher der Schadensersatzanspruch aus §§ 437 Nr. 3, 280 I BGB herzuleiten ist.
> Der wichtige Unterschied zeigt sich bei der Verjährung, da nach h.M. für den Ersatz von Mangelfolgeschäden § 438 BGB gilt, während die M.M. die §§ 195, 199 BGB heranzieht.
> Lesen Sie hierzu im Vorgriff Rn. 281 sowie vertiefend Mankowski, „Die Anspruchsgrundlage für den Ersatz von Mangelfolgeschäden", in JuS 2006, 481 ff.

Auch durch die nicht ordnungsgemäße Nacherfüllung können kausale Begleitschäden entstehen.

Die Anspruchsvoraussetzungen sind deshalb:

Anspruchsvoraussetzungen des §§ 437 Nr. 3 Alt. 1, 280 I BGB

> **Schadensersatzanspruch neben der Leistung bzw. Ersatz der Mangelfolgeschäden gemäß §§ 437 Nr. 3 Alt. 1, 280 I BGB:**
> 1. Bestehen eines **wirksamen Kaufvertrages**
> 2. **Pflichtverletzung** des Verkäufers. Im Mängelrecht kommen als Pflichtverletzungen in Betracht:
>   a) Lieferung der mangelhaften Sache, § 433 I S. 2 BGB
>   bzw.
>   b) Keine (ordnungsgemäße) Nacherfüllung, §§ 437 Nr. 1, 439 I BGB
> 3. Keine Widerlegung des vermuteten **Vertretenmüssens** des Verkäufers, § 280 I S. 2 BGB
> 4. **Keine Verjährung nach § 438 BGB**
> 5. **Rechtsfolge:** Ersatz des durch die Pflichtverletzung kausal (und zurechenbar) verursachten Schadens = sog. **Begleitschaden** bzw. **Schadensersatz neben der Leistung** bzw. **Mangelfolgeschaden**

Wenn Schadensersatz wegen anderer Pflichtverletzung: §§ 437 Nr. 3 Alt. 1, 438 BGB (-)!

Freilich kommen auch in einem Kaufvertrag Pflichtverletzungen des Verkäufers in Betracht, die nichts mit einer mangelhaften Leistung zu tun haben.

Auch hier sind die §§ 280 ff. BGB anwendbar; jedoch handelt es sich um keinen Fall des § 437 Nr. 3 BGB, weshalb auch derartige Ansprüche nicht nach § 438 BGB, sondern innerhalb der regelmäßigen Verjährungsfrist des § 195 BGB (drei Jahre) verjähren.

Bsp.: Bei der Anlieferung des verkauften Möbelstückes beschädigt der Verkäufer V die Wohnungstür des Käufers K. K verlangt zweieinhalb Jahre später von V Schadensersatz; V beruft sich auf Verjährung.

Da es sich bei dem zu ersetzenden Schaden nicht um einen Mangelfolgeschaden (Begleitschaden) handelt, sondern um eine nicht leistungsbezogene Nebenpflichtverletzung i.S.d. § 241 II BGB, kommt ein Anspruch des K gegen V direkt aus § 280 I BGB in Betracht (also ohne die Verweisung über § 437 Nr. 3 BGB).

1. Zwischen V und K besteht ein wirksamer Kaufvertrag; hierbei handelt es sich um ein Schuldverhältnis i.S.d. § 280 I BGB.

2. V müsste eine Pflicht aus diesem Schuldverhältnis verletzt haben. In einem Schuldverhältnis sind die Parteien verpflichtet, auf die Rechtsgüter des anderen Rücksicht zu nehmen und diese nicht zu verletzen. Diese allgemeine Schutzpflicht hat als nicht leistungsbezogene Nebenpflicht ihre Grundlage in § 241 II BGB.

V hat die Wohnungstür und damit das Eigentum des K beschädigt. Also liegt eine objektive Pflichtverletzung des V i.S.d. § 280 I BGB vor.

hemmer-Methode: Die Pflichtverletzung ist der jeweilige Bezugspunkt des Vertretenmüssens, d.h. der Schuldner muss gerade die im Raum stehende Pflichtverletzung zu vertreten haben.

3. V hat diese Pflichtverletzung auch i.S.d. § 276 BGB zu vertreten: Es ist zumindest von leichter Fahrlässigkeit des V auszugehen. Zudem trifft V gem. § 280 I S. 2 BGB die Darlegungs- und Beweislast; Anhaltspunkte für ein fehlendes Vertretenmüssen des V sind nicht ersichtlich.

4. Der Anspruch könnte jedoch bereits verjährt sein; da V die Verjährungseinrede i.S.d. § 214 I BGB erhoben hat, wäre der Anspruch des K gegen V aus § 280 I BGB nicht durchsetzbar.

Die regelmäßige Verjährungsfrist des § 195 BGB von drei Jahren ist noch nicht abgelaufen. Anders wäre dies bei Anwendbarkeit des § 438 BGB: Es sind bereits mehr als zwei Jahre seit Ablieferung der Kaufsache verstrichen, Verjährung wäre bereits eingetreten, §§ 438 I Nr. 3, II BGB.

Jedoch gilt § 438 BGB gem. Abs. 1 nur für die in § 437 Nr. 1 und Nr. 3 BGB genannten Ansprüche. Zwar wird der Anspruch aus § 280 I BGB von § 437 Nr. 3 Alt. 1 BGB erwähnt. Gemeint ist hiermit jedoch nur ein solcher Anspruch aus § 280 I BGB, der an die Mangelhaftigkeit der Kaufsache als Pflichtverletzung anknüpft.

Um einen solchen Anspruch handelt es sich vorliegend jedoch nicht: Selbst wenn das gelieferte Möbelstück mangelhaft sein sollte, wäre in jedem Fall der an der Wohnungstür eingetretene Schaden nicht kausal auf die Mangelhaftigkeit zurückzuführen.

Damit ist § 438 BGB nicht anzuwenden; der Anspruch verjährt nach § 195 BGB in drei Jahren.

Also steht K gegen V ein durchsetzbarer Anspruch auf Ersatz der an der Wohnungstür entstandenen Schäden aus § 280 I BGB zu. K kann von V die für die Reparatur erforderlichen Kosten gem. § 249 II S. 1 BGB verlangen. Lässt er die Reparatur durchführen, kann er auch die dafür gezahlte Umsatzsteuer als Schadensersatz verlangen, § 249 II S. 2 BGB.

aa) Lieferung einer mangelhaften Sache bzw. nicht ordnungsgemäße Nacherfüllung als Pflichtverletzung

Mangelhafte Leistung = Pflichtverletzung des Verkäufers

Die maßgebliche Pflichtverletzung beim Anspruch des Käufers aus §§ 437 Nr. 3 Alt. 1, 280 I BGB ist die mangelhafte Leistung durch den Verkäufer.

Die mangelhafte Leistung ist zunächst die ursprüngliche mangelhafte Lieferung, sodass die „Gutleistungspflicht" des § 433 I S. 2 BGB verletzt ist.

Als weitere Pflichtverletzung kommt aber auch die Verletzung der Nacherfüllungspflicht nach §§ 437 Nr. 1, 439 I BGB in Betracht.

Inzidente Prüfung: Sach-/Rechtsmangel, §§ 434 f. BGB

I.R.d. Schadensersatzanspruches aus §§ 437 Nr. 3 Alt. 1, 280 I BGB ist daher das Vorliegen eines Sach- oder Rechtsmangels i.S.d. §§ 434 f. BGB zu prüfen. Hierzu wird auf die obigen Ausführungen verwiesen.[395]

bb) Keine Widerlegung des vermuteten Vertretenmüssens des Verkäufers, § 280 I S. 2 BGB

§ 280 I S. 2 BGB

§ 280 I S. 2 BGB setzt das Vertretenmüssen des Verkäufers bzgl. der Pflichtverletzung (d.h. der mangelhaften Lieferung bzw. nicht ordnungsgemäßen Nacherfüllung) voraus.

Hierbei ist allerdings die Darlegungs- und Beweislast umgekehrt: Der Verkäufer muss darlegen und beweisen, dass er die mangelhafte Lieferung nicht zu vertreten hat.

(1) §§ 276 ff. BGB

Vertretenmüssen: §§ 276 ff. BGB

Was der Verkäufer zu vertreten hat, richtet sich nach den §§ 276 ff. BGB.[396] Zumindest Fahrlässigkeit ist jedenfalls dann anzunehmen, wenn der Verkäufer die Mangelhaftigkeit der Kaufsache kennt oder kennen muss und dennoch an den Käufer liefert.

Ebenso kann ein Verschulden i.S.d. § 276 BGB vorliegen, wenn der Verkäufer infolge einer Unachtsamkeit die Kaufsache vor Gefahrübergang beschädigt und ihr damit einen Sachmangel i.S.d. § 434 BGB zufügt.

hemmer-Methode: Schreiben Sie in einer Klausur niemals, dass der Verkäufer „den Mangel zu vertreten hat". Hierauf kommt es überhaupt nicht an. Der Verkäufer muss „die Lieferung der mangelhaften Sache" zu vertreten haben. Dies ist aber auch dann der Fall, wenn der Verkäufer den Mangel nicht verursacht hat, aber weiß, dass ein solcher vorliegt. Fehler in diesem Bereich zeugen von fehlendem Grundlagenverständnis und wirken sich in der Bewertung daher äußerst negativ aus.

(2) Haftung bei einer Beschaffenheitsgarantie

Definition Beschaffenheitsgarantie

Eine Beschaffenheitsgarantie liegt vor, wenn der Verkäufer – ausdrücklich oder durch schlüssiges Verhalten – garantiert, die Sache habe eine betreffende Eigenschaft.

---

[395] Rn. 87 ff.
[396] Hierzu **Hemmer/Wüst, Schuldrecht AT**, Rn. 170 ff.; sehr anschaulich auch Lorenz, Rücktritt, Minderung und Schadensersatz wegen Sachmängeln im neuen Kaufrecht - Was hat der Verkäufer zu vertreten?, NJW 2002, 2497 - 2505.

§ 1 KAUF

Der Verkäufer muss also die Gewähr für das Vorhandensein dieser Eigenschaft übernehmen und zu erkennen geben, dass er für alle Folgen einstehen will, wenn sie fehlt.[397]

Die Garantie ist dabei die Zusicherung, dass die vereinbarte Beschaffenheit auch tatsächlich vorliegt.

> **hemmer-Methode:** § 443 BGB enthält eine Regelung zur Garantie. Von Bedeutung ist die Vorschrift bei Garantien durch den Verkäufer, den Hersteller oder Dritte[398], die unabhängig von den gesetzlichen Mängelrechten sind. Insbesondere kann der Verkäufer garantieren, dass die Kaufsache innerhalb einer bestimmten Frist mangelfrei bleibt (sog. „Haltbarkeitsgarantie"). Da hierdurch kein eigenständiger Haftungstatbestand geschaffen, sondern lediglich die §§ 434 ff. BGB modifiziert werden, handelt es sich um eine sog. unselbstständige Garantie. Ebenfalls werden von § 443 BGB selbstständige Garantieversprechen erfasst, also solche, die einen eigenständigen Anspruch des Käufers im Garantiefalle begründen.[399]

(a) Vertretenmüssen auch ohne Verschulden, gem. § 276 I S. 1 BGB a.E.

Garantieübernahme führt zu verschuldensunabhängiger Haftung, § 276 I S. 1 BGB a.E.

In der so verstandenen Zusicherung ist also eine einseitige Garantieübernahme des Verkäufers für das Vorhandensein der zugesicherten Eigenschaft zu sehen.

273

Liegt eine Garantieübernahme des Verkäufers für das Vorliegen einer bestimmten Eigenschaft vor, hat er die auf dem Fehlen dieser Eigenschaft beruhende Mangelhaftigkeit der Kaufsache auch dann i.S.d. § 280 I S. 2 BGB zu vertreten, wenn ihn kein „technisches" Verschulden trifft. Hat der Verkäufer also eine Eigenschaft zugesichert, haftet er im Falle ihres Fehlens verschuldensunabhängig.

> **hemmer-Methode:** Prüfungsstandort der Zusicherung i.S. einer Garantieübernahme des Verkäufers ist also das Vertretenmüssen und nicht die Frage, ob ein Sachmangel vorliegt. Die Verjährungsvorschrift des § 438 BGB wird durch eine unselbstständige Garantie aber nach ganz h.M. nicht modifiziert.[400]

(b) Anforderungen an eine Beschaffenheitsgarantie

Inhaltliche Anforderungen an Garantieübernahme

Erforderlich ist eine Garantieübernahme des Verkäufers: Im Wege der Auslegung nach den §§ 133, 157 BGB ist zu ermitteln, ob der Verkäufer für das Fehlen der zugesicherten Eigenschaft verschuldensunabhängig einstehen, insbesondere die dem Käufer hieraus erwachsenden Schäden verschuldensunabhängig ersetzen will. Maßgeblich ist der objektive Empfängerhorizont des Käufers.[401]

274

Gattungsschulden

Fraglich ist, ob der Verkäufer „automatisch" aus Garantie haftet, wenn es sich um eine Gattungsschuld handelt, weil § 276 I S. 1 BGB a.E. für Beschaffungsschulden eine vom Vertretenmüssen unabhängige Haftung begründet.

274a

---

[397] Palandt, § 276, Rn. 29; vgl. auch OLG Koblenz, **Life&Law 08/2004, 509 - 514** = NJW 2004, 1670 – 1671 = **juris**byhemmer.
[398] Vgl. Palandt, § 443, Rn. 1 ff.
[399] Zu den Garantiebegriffen im Kaufrecht vgl. Braunschmidt/Vesper, Die Garantiebegriffe des Kaufrechts, JuS 2011, 393 - 396; zur Haltbarkeitsgarantie geben Fahl/Giedinghagen eine „Handlungsanleitung", Die Haltbarkeitsgarantie im Vergleich mit der gesetzlichen Gewährleistung, ZGS 2004, 344 - 348.
[400] Vgl. dazu Grützner/Schmidl, Verjährungsbeginn bei Garantieansprüchen, NJW 2007, 3610 - 3614.
[401] BGH, WM 1991, 1722 - 1724 (1723) = **juris**byhemmer; BGHZ 59, 158 - 162 (160).

⇨ *nach h.M. keine Garantiehaftung im Mängelrecht*

Nach absolut h.M. gehört zu diesem Beschaffungsrisiko aber nur die Verschaffung der Sache selbst. Eine verschuldensunabhängige Haftung für mangelhafte Lieferungen sollte damit nicht begründet werden.[402]

hemmer-Methode: Gattungsschulden sind zwar Beschaffungsschulden. Hat der Verkäufer die Sache aber verschafft, so haftet er für etwaige Mängel nicht aus Garantie.

Hohe Anforderungen wg. hohem Risiko für Verkäufer

Angesichts des hohen Risikos, das der Verkäufer durch eine Eigenschaftszusicherung eingeht, sind an deren Vorliegen strenge Anforderungen zu stellen. Diese sind bei der Auslegung nach den §§ 133, 157 BGB zu berücksichtigen.

I.d.R. (-) bei technischen Angaben

In der Regel keine Zusicherung im obigen Sinne enthalten **technische Angaben** des Verkäufers (z.B.: Bezugnahme auf DIN-Normen[403]). Diese dienen vorrangig der bloßen Bezeichnung der Kaufsache, ohne dass der Verkäufer hierdurch zu erkennen gibt, für deren Nichtvorliegen verschuldensunabhängig einstehen zu wollen. Etwas anderes kann sich ergeben, wenn aufgrund eines gängigen Handelsbrauches i.S.d. § 346 HGB oder einer bestehenden Verkehrsübung davon ausgegangen werden kann, der Verkäufer sichere durch eine technische Angabe bestimmte Eigenschaften zu.[404]

Bsp.[405]: Hersteller H verkauft Elektromotoren. Auf der Verpackung befindet sich unter anderem die Angabe „Leistung: 6,0 KW".

Hierbei handelt es sich um keine Zusicherung des H im Sinne einer Garantieübernahme dafür, dass die Motoren tatsächlich eine entsprechende Leistung erbringen können.

In derartigen technischen Angaben kann der Wille des Verkäufers, für die Richtigkeit der Angabe verschuldensunabhängig einstehen zu wollen, nicht i.S.d. §§ 133, 157 BGB gesehen werden.

Bsp.[406]: Die Verkaufsbescheinigung des Juweliers J über die Qualität eines Damenrings lautet „1 Brillant 1,05 ct weiß und lupenrein".

Zwar handelt es sich auch hier um eine technische Angabe, der grundsätzlich nicht die Qualität einer Garantieübernahme des Verkäufers beizumessen ist.

Allerdings besteht nach h.M. im Bereich des Juwelierhandels ein Handelsbrauch i.S.d. § 346 HGB dahingehend, dass derartige Qualitätsangaben als vom Verkäufer zugesichert gelten. Somit liegt hier eine Garantieübernahme des Verkäufers vor.

**hemmer-Methode: Derartiges Einzelwissen kann von Ihnen in der Klausur nicht verlangt werden. Ohne Zuhilfenahme eines Kommentars ist es Ihnen nicht möglich zu ermitteln, ob ein bestimmter Handelsbrauch existiert oder nicht.
Sofern nicht ein absoluter „Klassiker" wie z.B. das kaufmännische Bestätigungsschreiben vorliegt, sollten Sie daher in der Klausur mit der Annahme eines Handelsbrauches äußerst zurückhaltend sein. Wenden Sie stattdessen die allgemeinen Grundsätze an (hier: keine Zusicherung bei technischen Angaben). Dies überzeugt den Korrektor mehr als auswendig gelerntes Spezialwissen!**

---

[402] Vgl. statt aller Lorenz, Lorenz, Rücktritt, Minderung und Schadensersatz wegen Sachmängeln im neuen Kaufrecht - Was hat der Verkäufer zu vertreten?, NJW 2002, 2497 - 2505 (2502) sowie MüKo, § 276 BGB, Rn. 177 und § 280 BGB, Rn. 63; eine a.A. wird (soweit ersichtlich) nur von Graf v. Westphalen vertreten, ders., Beschaffungsrisiko - Vertretenmüssen - Haftung des Verkäufers auf Schadensersatz, ZGS 2002, 154 - 160.

[403] BGH, NJW 1968, 2238 = **juris**byhemmer; BGHZ 59, 303 - 309 = **juris**byhemmer.

[404] Ausführlich: Reinicke/Tiedtke, Kaufrecht, Rn. 302 f.

[405] BGH, NJW 1981, 1501 - 1502 = **juris**byhemmer.

[406] OLG Düsseldorf, DB 1967, 1582; hierzu Reinicke/Tiedtke, Kaufrecht, Rn. 302.

Werbeaussagen i.d.R. (-)	Ebenfalls um keine Zusicherung des Verkäufers handelt es sich in aller Regel bei **Werbeaussagen**. Da diese im Regelfall vom Hersteller und nicht vom Verkäufer stammen, kommt eine Zusicherung i.S. einer Garantieübernahme des Verkäufers überhaupt nur dann in Betracht, wenn dieser sich die Werbeaussage des verkauften Produkts stillschweigend zu eigen macht. Doch selbst dann handelt es sich i.d.R. um bloße unverbindliche Anpreisungen, so dass eine Garantieübernahme des Verkäufers nur in seltenen Ausnahmefällen angenommen werden kann.	276

> **hemmer-Methode:** Beachten Sie aber § 434 I S. 3 BGB, wonach Werbeangaben zu einer objektiven Sollbeschaffenheit i.S.d. § 434 I S. 2 Nr. 2 BGB führen können!
> Allerdings darf dann die Sollbeschaffenheit nicht vereinbart worden sein, da ansonsten § 434 I S. 1 BGB einschlägig ist und damit ein Rückgriff auf § 434 I S. 3 BGB ausscheidet.
> Wiederholen Sie jetzt die Randnummern 88 ff.!

Oftmals zu wenig konkret	Werbeanpreisungen sind typischerweise auch zu allgemein gefasst, als dass in ihnen eine konkrete Zusicherung gesehen werden kann.

Bsp.: „neu", „super", „das Beste seit Jahren", „verbesserte Qualität" etc.

V.a. (-), wenn Verkäufer keine Möglichkeit zur Überprüfung hat	Vor allem dann scheidet eine Zusicherung aus, wenn der Verkäufer ersichtlich nicht die (v.a. technischen) Möglichkeiten hat, das Zutreffen der Werbeaussage zu überprüfen.[407]
Ebenso: Angaben in Prospekten/Katalogen ⇨ Zusicherung (-)	Ähnliches wie für Werbeaussagen gilt für Angaben in Prospekten und Katalogen. Nur in besonderen Ausnahmefällen kann insoweit eine Zusicherung des Verkäufers angenommen werden.[408]

> **hemmer-Methode:** Zu großes Einzelfallwissen schadet an dieser Stelle und ist überflüssig. Merken Sie sich: Das Vorliegen einer Zusicherung (= Garantieübernahme des Verkäufers, § 276 I BGB) ist im Wege der Auslegung nach den §§ 133, 157 BGB zu ermitteln.
> Es muss erkennbar sein, dass der Verkäufer für das Vorhandensein der jeweiligen Eigenschaft **versc**huldensunabhängig einstehen will. Hieran sind hohe Anforderungen **zu stellen**.
> Mit diesem Grundverständnis können Sie jeden Einzelfall argumentativ bezwingen; das Ergebnis (auch wenn es von einer BGH-Entscheidung abweicht) ist dabei egal.

Besonderheiten beim Gebrauchtwagenhandel	Examensrelevant ist an dieser Stelle die Rspr. des BGH zum **Gebrauchtwagenhandel**: Beim Kauf eines Gebrauchtwagens von einem Gebrauchtwagenhändler sollen an das Vorliegen einer Zusicherung eher geringe Anforderungen zu stellen sein.[409]	277

Dies soll auf dem besonderen Vertrauen, das der Käufer dem Händler entgegenbringt, beruhen.

In einer beim Gebrauchtwagenkauf ohne Einschränkung oder Zusätze abgegebenen Erklärung des gewerblichen Gebrauchtwagenhändlers zu einer bestimmten Kilometerlaufleistung des Fahrzeugs kann die Übernahme einer Beschaffenheitsgarantie liegen.

Will der Verkäufer solche Rechtsfolgen nicht gegen sich gelten lassen, ist er gehalten, eine dahingehende Einschränkung seines Willens zum Ausdruck zu bringen. Anderenfalls verlässt sich der Käufer regelmäßig auf die besondere Erfahrung und Sachkunde des Händlers und sieht in dessen Erklärung die Übernahme einer Garantie.[410]

---

[407] Reinicke/Tiedtke, Kaufrecht, Rn. 308.
[408] Ausführlich: Reinicke/Tiedtke, Kaufrecht, Rn. 310 ff.
[409] BGHZ 74, 383 - 393 (391) = **juris**byhemmer.
[410] OLG Rostock, **Life&Law 12/2007, 812 - 816** = NJW 2007, 3290 – 3291 = **juris**byhemmer.

Zweck der Rechtsprechung: Überwindung vereinbarter Gewährleistungsausschlüsse

Der wahre Grund für die großzügige Annahme von Zusicherungen im Bereich des Gebrauchtwagenhandels ist jedoch, dass sich der Verkäufer durch allgemeine Geschäftsbedingungen von der kaufvertraglichen Gewährleistung freizeichnen kann; § 309 Nr. 8b BGB gilt ja gerade nicht, da es sich beim Gebrauchtwagen nicht um eine neu hergestellte Sache handelt.

Der Käufer ist also weithin rechtlos gestellt. Sichert der Verkäufer aber eine Eigenschaft der Kaufsache zu, so greift insoweit ein vereinbarter Haftungsausschluss nicht ein, § 444 BGB.[411] Es wäre nämlich ein widersprüchliches und damit treuwidriges Verhalten des Verkäufers, einerseits die Garantie für eine Eigenschaft der Kaufsache zu übernehmen und andererseits die Haftung für deren Fehlen auszuschließen (§ 242 BGB).

Durch großzügige Annahme von Zusicherungen des Gebrauchtwagenhändlers werden daher dem Käufer Mängelrechte praktisch überhaupt erst eingeräumt. Macht der Gebrauchtwagenhändler also Angaben zur Beschaffenheit des Gebrauchtwagens – insbesondere auf Nachfragen des Käufers –, kann i.d.R. von einer Zusicherung ausgegangen werden.

Angaben müssen aber hinreichend konkret sein

Allerdings kommt eine solche nur in Betracht, wenn die Angaben hinreichend konkret sind.

278

> **Ausreichend:** Angaben über die Gesamtfahrleistung, das Baujahr des Wagens, die PS-Zahl, die Unfallfreiheit etc.[412]
>
> **Zweifelhaft:** „Der Wagen ist fahrbereit". Der BGH hat das Vorliegen einer Garantie verneint, da diese Beschreibung nicht hinreichend konkret ist. Auch eine Haltbarkeitsgarantie wurde verneint.[413]

> **hemmer-Methode:** Das Argument der Rechtlosstellung des Käufers sollten Sie in der Klausur auch dann anführen, wenn der Sachverhalt zu einem vereinbarten Ausschluss der Mängelrechte schweigt. Denn die Vereinbarung eines solchen ist in der Praxis des Gebrauchtwagenhandels der absolute Regelfall.
> Vergessen Sie jedoch nicht: Jeder Einzelfall ist anders. Wenn der Verkäufer z.B. ausdrücklich darauf hinweist, für diese Angabe keine Gewähr übernehmen zu wollen, können Sie unter Zugrundelegung der Auslegungsregeln der §§ 133, 157 BGB eine Zusicherung nicht annehmen!

Zusicherung ist von Formzwang des § 311b I BGB erfasst

Bei einem **Grundstückskauf** stellt eine Garantieübernahme des Verkäufers (= Zusicherung) einen Bestandteil des Gesamtvertrages dar.

279

Insoweit bedarf es daher ebenfalls der **Form des § 311b I S. 1 BGB**.[414] Sobald allerdings Auflassung und Eintragung des Käufers erfolgen, ist (ex nunc) der Formmangel auch insoweit geheilt, § 311b I S. 2 BGB.

(c) Umfang der Beschaffenheitsgarantie

Grds. Unbeschränktheit der Garantieübernahme

Nicht nur die Frage, ob der Verkäufer eine Garantie übernommen hat, sondern auch die Frage, in welchem Umfang dies geschehen ist, richtet sich nach dem objektiven Empfängerhorizont i.S.d. §§ 133, 157 BGB und ist damit im Wege der Auslegung zu ermitteln.

280

---

[411] Vgl. unten, Rn. 366.
[412] Nachweise bei Reinicke/Tiedtke, Kaufrecht, Rn. 314.
[413] BGH, NJW 2007, 759 - 761 = **juris**byhemmer.
[414] Palandt, § 311b, Rn. 31.

Aufgrund der Differenzierung zwischen Mangel- und Mangelfolgeschäden ist anhand des konkreten Einzelfalls danach **zu fragen, ob sich** die **Garantie** des Verkäufers **auch auf** einen mangelbedingten Folgeschaden an anderen Rechtsgütern des Käufers (sog. **Mangelfolgeschaden**) **beziehen sollte**.

Hiervon ist grundsätzlich auszugehen. Nur in Ausnahmefällen, z.B. bei besonders atypischen Kausal- oder Schadensverläufen, kann angenommen werden, dass der Verkäufer zwar eine Garantie übernommen hat, diese aber für diesen Schadensposten nicht gilt.

cc) Verjährung von Mangelfolgeschäden

Fraglich ist, wann der Anspruch auf Ersatz der Mangelfolgeschäden verjährt.

M.M.: Verjährung nach §§ 195, 199 BGB

Nach teilweise vertretener Ansicht handelt es sich bei der Verursachung eines Mangelfolgeschadens auch um eine Schutzpflichtverletzung i.S.d. § 241 II BGB, sodass der Ersatzanspruch der Regelverjährung der §§ 195, 199 BGB unterliege.[415]

H.M.: Verjährung nach § 438 BGB

Diese Ansicht ist aber abzulehnen, da sie nicht überzeugen kann. Nach § 433 I S. 2 BGB ist der Verkäufer zur mangelfreien Lieferung verpflichtet.[416]

Gleichzeitig hat der Gesetzgeber mit §§ 437 Nr. 3, 280 ff. BGB anerkannt, dass die Verletzung dieser Pflicht zu einer Haftung des Verkäufers sowohl für Mangel- als auch Mangelfolgeschäden führen kann. Diese Ansprüche unterliegen der „kurzen" Verjährung des § 438 BGB. Diese Entscheidung des Gesetzgebers darf aber nicht dadurch unterlaufen werden, dass man im Hinblick auf Mangelfolgeschäden allein mit der Verletzung von Schutzpflichten argumentiert und so zu einer Anwendung der §§ 195, 199 BGB gelangen will.

Auch wenn man neben der Verletzung der Pflicht zur mangelfreien Leistung eine Schutzpflicht bejaht, so muss es bei der Verjährung nach § 438 BGB als Spezialnorm bleiben.[417]

b) Ersatzfähiger Schaden

Zu ersetzen ist – wie auch sonst bei § 280 I BGB – der durch die Pflichtverletzung kausal und zurechenbar dem Gläubiger entstandene Schaden, sog. Mangelfolgeschaden bzw. Schadensersatz neben der Leistung oder Begleitschaden.

Hat der Verkäufer also in zu vertretender Weise mangelhaft geliefert, steht dem Käufer ein Anspruch auf Ersatz der hierdurch verursachten Schäden aus §§ 437 Nr. 3 Alt. 1, 280 I BGB zu.

aa) Abgrenzung zu § 437 Nr. 3 Alt. 1 BGB i.V.m. §§ 281 - 283, 311a II BGB

Für den Käufer stellt die Tatsache, dass durch die Mangelhaftigkeit der Kaufsache das Verhältnis von Leistung und Gegenleistung (Äquivalenzinteresse) gestört ist, einen Schaden dar. Bei dem Minderwert der Kaufsache aufgrund des Mangels handelt es sich um einen nach § 251 I BGB ersatzfähigen Schadensposten.

---

[415] So tatsächlich Reischl, Grundfälle zum neuen Schuldrecht, JuS 2003, 40 - 48 (46 f.).

[416] Vgl. hierzu Mankowski, Die Anspruchsgrundlage für den Ersatz von Mangelfolgeschäden (Integritätsschäden), JuS 2006, 481 - 487 (485).

[417] Arnold, Der neue § 438 BGB - eine Zwischenbilanz, ZGS 2002, 438 - 442 (439); Dauner-Lieb/Arnold/Dötsch/Kitz, Fälle zum neuen Schuldrecht, 2002, S. 306.

Kein Ersatz für Minderwert der Kaufsache nach § 280 I BGB

Dieser sog. Mangelschaden ist jedoch nicht nach § 280 I BGB zu ersetzen. Hier handelt es sich um den Schadensersatz statt der Leistung, dessen Ersatz dem Käufer nur nach den §§ 281 - 283 BGB oder § 311a II BGB zusteht, vgl. § 280 III BGB.

> *Bsp.: Ist die Kaufsache beispielsweise aufgrund des Mangels 2.000,- € weniger wert als bei Mangelfreiheit, kann dieser Differenzbetrag nicht nach § 280 I BGB, sondern nur nach den §§ 280 I, III, 281 - 283 und 311a II BGB ersetzt werden.*

284

Schäden, die der Käufer aufgrund der Mangelhaftigkeit der Kaufsache an anderen Rechtsgütern erleidet (sog. Mangelfolgeschäden), sind demgegenüber als kausal und zurechenbar auf der mangelhaften Lieferung beruhende Schäden nach § 280 I BGB zu ersetzen.

> *Bsp.: Das verkaufte Fahrrad weist einen Mangel der Bremsvorrichtung auf; der Käufer verletzt sich, weil er infolgedessen nicht rechtzeitig bremsen kann.*

Minderwert nicht nach § 280 I BGB ersatzfähig

285

Allerdings ist die nach altem Recht notwendige und oftmals schwierige Unterscheidung zwischen Mangel- und Mangelfolgeschäden weitgehend entschärft.

Abzustellen ist allein darauf, ob es sich beim geltend gemachten Schadensposten um einen Begleitschaden (dann § 280 I BGB) oder um einen Schaden statt der Leistung handelt; im letzteren Fall kommt ein Ersatz wegen § 280 III BGB nur unter den zusätzlichen Voraussetzungen der §§ 281 - 283 BGB bzw. nach § 311a II BGB in Betracht.

hemmer-Methode: Die Abgrenzung Schadensersatz statt der Leistung zu Schadensersatz neben der Leistung wird insbesondere in den Fällen der nicht ordnungsgemäßen Leistung relevant, da in den Fällen der Unmöglichkeit stets der Schadensersatz statt der nach § 275 BGB ausgefallenen Leistung geltend gemacht wird.

Man kann sich für die Zuordnung zu §§ 437 Nr. 3, 280 I BGB (Schadensersatz neben der Leistung) bzw. zu §§ 437 Nr. 3, 280 I, III, 281 (Schadensersatz statt der Leistung) immer die Kontrollfrage stellen, ob beide Ansprüche (Schadensersatz und Erfüllung) nebeneinander bestehen können (Schadensersatz neben der Leistung bzw. Mangelfolgeschaden), bzw. ob der geltend gemachte Schaden durch eine ordnungsgemäße Nacherfüllung behoben werden könnte (Schadensersatz statt der Leistung bzw. Mangelschaden).[418]

hemmer-Methode: Lesen Sie zur Abgrenzung zwischen Schadensersatz statt der Leistung und Schadensersatz neben der Leistung nochmals ausführlich Hemmer/Wüst, Schuldrecht AT, Rn. 124 ff.

bb) Ersatz der sog. Weiterfresserschäden

286

Der Begriff des **Weiterfresserschadens** bzw. des **weiterfressenden Mangels** ist im Gesetz nicht definiert. Vielmehr ist diese Rechtsfigur durch die Rechtsprechung des BGH vor der Modernisierung des Schuldrechts in mehreren grundlegenden Entscheidungen entwickelt worden.

---

[418] Vgl. dazu grundlegend Reischl, Grundfälle zum neuen Schuldrecht, JuS 2003, 250 - 257 (252 f.); ebenso Bamberger/Roth/Faust, § 437 BGB, Rn. 47.

Ein Weiterfressermangel i.S.d. ständigen Rechtsprechung ist demnach ein Mangel, der bei Gefahrübergang auf einen Teil des Kaufgegenstandes begrenzt ist und nach Gefahrübergang die weitere Beschädigung oder Zerstörung der **Kaufsache selbst** herbeiführt.[419]

hemmer-Methode: Problematisch ist bei den Weiterfresserschäden, ob diese eine Eigentumsverletzung im Sinne des § 823 I BGB darstellen. Da dem Käufer von Beginn an mangelhaftes Eigentum verschafft wurde, wäre es eigentlich einleuchtend, eine Eigentumsverletzung abzulehnen. Zu dieser Frage lesen Sie den ausführlichen Aufsatz von Tyroller, Das Problem des „weiterfressenden Mangels" nach der Modernisierung des Schuldrechts, in Life&Law 10/2005, 710 ff.

Schadensersatz statt oder Schadensersatz neben der Leistung?

Fraglich ist zunächst, welche Anspruchsgrundlage im Mängelrecht für den Anspruch des Käufers auf Ersatz für einen Weiterfresserschaden in Betracht kommt. Es könnte sich um einen Anspruch auf Schadensersatz wegen der Lieferung einer mit einem Mangel behafteten Sache und/oder dessen Nichtbehebung handeln. *286a*

Bei behebbaren Mängeln sind für den Anspruch auf Schadensersatz statt der Leistung die §§ 437 Nr. 3, 280 I, III, 281 I BGB einschlägig.

Hat sich ein Mangel seit Gefahrübergang vergrößert oder sich auf andere Teile der Kaufsache ausgedehnt, so erstreckt sich die Nacherfüllung auch auf die hieraus resultierenden Schäden.[420] Der Nacherfüllungsanspruch erfasst damit auch den Weiterfresserschaden, selbst wenn zunächst nur ein kleiner Mangel der Kaufsache vorlag.

Weiterfresserschaden = Schaden an Kaufsache selbst ⇨ daher Schadensersatz statt der Leistung

Da es sich beim Weiterfresserschaden um einen Schaden an der Kaufsache selbst handelte und dieser durch eine hypothetisch ordnungsgemäße Nacherfüllung hätte behoben werden können, handelt es sich demnach um einen Schaden, der durch das endgültige Ausbleiben der Leistung entstanden ist (sog. „Schaden statt der Leistung").

Merke: Gegenstand des Nacherfüllungsanspruches ist die Kompensierung des „Mangelschadens".

Ein solcher Mangelschaden liegt aber auch im Falle eines weiterfressenden Mangels vor, also in den Fällen, in denen sich der bei Gefahrübergang vorliegende Mangel vergrößert. *286b*

Jede andere Auffassung wäre lebensfremd, da schließlich aus jedem kleinen Mangel im Laufe der Zeit ein großer Mangel werden kann. In solchen Fällen ist es meist gar nicht mehr möglich, nur noch den kleinen (ursprünglichen) Mangel zu beseitigen.

Bsp.: Ist beim Kauf eines Pkw am Bodenblech zur Zeit des Gefahrüberganges eine Roststelle vorhanden und wird diese größer, so leuchtet es ein, dass der Verkäufer nicht nur die Beseitigung des ursprünglichen Rostflecks schuldet, sondern die Ausbesserung der gesamten schadhaften Stelle.

---

[419] Masch/Herwig, Ad multos annos - die Haftung für Weiterfresser nach der Schuldrechtsmodernisierung, ZGS 2005, 24 - 30 (25); MüKo, § 823 BGB Rn. 120; Zu unterscheiden sind solche Weiterfresserschäden von sog. Produktionsschäden. Gemeinsam ist beiden, dass sie im Prozess der Warenherstellung angelegt sind und regelmäßig erst nach dem Inverkehrbringen des Produktes hervortreten. Sie unterscheiden sich jedoch von Weiterfresserschäden dadurch, dass sie nicht das Endprodukt, sondern Halbfertigware betreffen und sich infolgedessen auch nicht beim Endabnehmer, sondern beim Hersteller des End- bzw. Zwischenprodukts in der Weise realisieren, dass die übrigen zur Herstellung eingesetzten Stoffe entwertet werden; vgl. MüKo, § 823 BGB, Rn. 120.

[420] Reinicke/Tiedtke, Kaufrecht, Rn. 441; Brors, Die Konkurrenzen im neuen Kaufrecht, WM 2002, 1780 - 1784 (1783 f.); Bamberger/Roth/Faust, § 439 BGB, Rn. 15; Grigoleit, Weiterfressende Schäden und Mangelfolgeschäden nach Schuldrechtsreform, ZGS 2002, 78 – 80; Heßeler/Kleinhenz, Der kaufrechtliche Anspruch auf Schadensersatz für Weiterfresserschäden, JuS 2007, 706 - 711 (709).

> **hemmer-Methode:** Beim „Weiterfresserschaden" bejaht die Rechtsprechung i.R.d § 823 I BGB auch das Vorliegen einer Eigentumsverletzung, wenn der ursprüngliche Mangelunwert mit dem Weiterfresserschaden nicht stoffgleich war, es also noch verletzungsfähiges Resteigentum gab.[421] Im Falle des § 823 I BGB ist jedoch stets das Integritätsinteresse betroffen.
>
> Der Weiterfresserschaden betrifft also zum einen die Äquivalenz von Leistung und Gegenleistung (also das positive Interesse) und stellt damit im Mängelrecht einen Schaden statt der Leistung dar. Gleichzeitig soll bei verletzungsfähigem Resteigentum eine Eigentumsverletzung und damit eine Verletzung des Integritätsinteresses vorliegen.
>
> Da im Deliktsrecht aber stets nur das negative Interesse ersetzt wird, kommt man mit den Begriffen Äquivalenzinteresse/Integritätsinteresse bzw. positives Interesse/negatives Interesse bei der Frage der Abgrenzung von Schadensersatz statt bzw. neben der Leistung nicht wirklich weiter.[422]

cc) Ersatz des mangelbedingten Nutzungsausfallschadens

Unter einem mangelbedingten Betriebsausfallschaden ist eine Einbuße zu verstehen, die ein Käufer dadurch erleidet, dass er die Sache aufgrund eines Mangels zeitweise überhaupt nicht oder nicht wie geplant in seinem Betrieb einsetzen kann.

> *Bsp.:* K kauft bei V am Freitagmorgen vor dem Start der neuen Bundesligasaison ein Fernsehgerät, damit seine Gäste die Spiele in seiner Kneipe anschauen können. Als seine Kneipe am Tage des Eröffnungsspiels aufgrund der Werbung gut gefüllt ist, zeigt das erworbene Fernsehgerät nur einen schwarzen Bildschirm. Verärgert darüber verlassen die Gäste das Lokal des K, um sich das Spiel andernorts anzusehen.
>
> Wonach kann K seinen entgangenen Gewinn ersetzt verlangen?

(1) Situation vor Erklärung des Rücktritts

Hinsichtlich des mangelbedingten Betriebsausfallschadens besteht mittlerweile weitgehend Einigkeit, dass es sich bei dem bereits eingetretenen Nutzungsausfallschaden um einen Schaden neben der Leistung handelt, da dieser durch eine hypothetische ordnungsgemäße Nacherfüllung nicht entfallen würde.

Die lediglich ganz vereinzelt vertretene Auffassung, dass es sich um einen Schadensersatz statt der Leistung handelt, bei welchem die Fristsetzung wegen „Sinnlosigkeit" gem. § 281 II Alt. 2 BGB entbehrlich ist[423], ist eindeutig abzulehnen. Mit der Geltendmachung des Anspruches wäre außerdem der Erfüllungsanspruch ausgeschlossen, vgl. § 281 IV BGB. Das beweist, dass dieser Ansatz **vor Erklärung des Rücktritts** absolut nicht durchdacht und daher völlig verfehlt ist.

Abgrenzungsschwierigkeiten wegen § 280 II BGB

In der Literatur höchst umstritten ist die Frage, ob die Ersatzfähigkeit des mangelbedingten Nutzungsausfallschadens als Verzögerungsschaden den zusätzlichen (vgl. § 280 II BGB) Voraussetzungen des § 286 BGB unterliegt.

---

[421] Ausführlich Tyroller, „Das Problem des „weiterfressenden Mangels" nach der Modernisierung des Schuldrechts", **Life&Law 10/2005, 710 ff.**

[422] Lesen Sie hierzu ausführlich Tyroller/Fürbass, Schadensersatz „statt der Leistung" oder doch „neben der Leistung"? Oder: Warum helfen Begriffe wie Äquivalenz- bzw. Integritätsinteresse nicht weiter?, **Life&Law 09/2014, 686 (688).**

[423] Recker, Schadensersatz statt der Leistung - oder: Mangelschaden und Mangelfolgeschaden, NJW 2002, 1247 - 1248 (1248).

§ 1 KAUF

Nach M.M. liegt Verzugsschaden vor

(a) Teilweise wird vertreten, dass in der Lieferung einer mangelhaften Sache eine Verzögerung der nach § 433 I S. 2 BGB geschuldeten mangelfreien Leistung liegt.

Schäden, die der Käufer erleidet, weil er infolge des Mangels die Kaufsache nicht wie geplant nutzen könne, seien daher erst mit Eintritt des Verzuges ersatzfähig (§§ 437 Nr. 3, 280 I, II, 286 BGB).

Der Verkäufer, der nicht leiste und erst ab Verzugseintritt schadensersatzpflichtig sei, dürfe nicht besser stehen als derjenige, der immerhin eine mangelhafte Leistung erbringe.[424]

hemmer-Methode: Allerdings halten einige Vertreter dieser Ansicht eine Mahnung in Konstellationen der vorliegenden Art nach § 286 II Nr. 4 BGB generell für entbehrlich.[425]

H.L./BGH: mangelbedingter Ausfallschaden ist nach §§ 437 Nr. 3, 280 I BGB zu ersetzen

(b) Die h.M. geht demgegenüber davon aus, dass der Käufer Ersatz des mangelbedingten Nutzungsausfalls nach §§ 437 Nr. 3, 280 I BGB und damit unabhängig von einem Verzug des Verkäufers verlangen kann.[426]

Der BGH entscheidet die Rechtsfrage in Übereinstimmung mit der h.M. dahin, dass der mangelbedingte Nutzungsausfall des am Vertrag festhaltenden Käufers nach §§ 437 Nr. 3, 280 I BGB ersatzfähig ist und die Verzugsvoraussetzungen hierfür nicht vorliegen müssen.[427]

Begründet wird dieses Ergebnis mit der Systematik des § 437 Nr. 3 BGB, dem Wortlaut der §§ 280 I, 286 I BGB und mit teleologischen Erwägungen.

Systematik des § 437 Nr. 3 BGB

Ein erstes Indiz dafür, dass der mangelbedingte Nutzungsausfallschaden nicht den zusätzlichen Voraussetzungen des § 280 II BGB i.V.m. § 286 BGB unterliegt, lässt sich § 437 Nr. 3 BGB entnehmen. Diese Norm verweist zwar auf §§ 281, 283 BGB, nicht aber auf § 286 BGB. Somit liegt nach dem gesetzgeberischen Willen in einer Schlechtleistung keine Verzögerung der ordnungsgemäßen Leistung.

Zwar stellt § 286 BGB keine eigene Anspruchsgrundlage dar, sondern normiert nur die Verzugsvoraussetzungen. Jedoch trifft Gleiches auf die §§ 281, 283 BGB zu, die dann konsequenterweise auch nicht in § 437 Nr. 3 BGB genannt sein dürften. Diese sind nämlich ebenfalls keine eigenen Anspruchsgrundlagen (Anspruchsgrundlage ist § 280 I BGB), sondern nennen zusätzliche Voraussetzungen, unter denen bestimmte Schäden als Schadensersatz statt der Leistung ersatzfähig sind.

---

[424] AnwK-BGB/Dauner-Lieb, § 280 BGB, Rn. 60 ff.; Jauernig, § 280 BGB, Rn. 4 und § 437 BGB, Rn. 17; Brox/Walker, Besonderes Schuldrecht, § 4 Rn. 106; Arnold/Dötsch, Ersatz von Mangelfolgeaufwendungen, BB 2003, 2250 - 2253 (2253); Fliegner, Der Leistungsbegriff der §§ 280 ff. BGB und Fragen des Haftungsausschlusses, JR 2002, 314 - 325 (322); Oechsler, Praktische Anwendungsprobleme des Nacherfüllungsanspruchs, NJW 2004, 1825 - 1830 (1828); Petersen, Die Nacherfüllung, Jura 2002, 461 - 464 (462 f.); Schur, Der Anspruch des Käufers auf Schadensersatz wegen eines Sachmangels, ZGS 2002, 243 - 248 (244); Wieser, Leistungsstörungen bei der Nacherfüllung des Kaufvertrages, JR 2002, 269 - 271 (270).

[425] Grigoleit/Riehm, AcP 203, (2003), 727 (755); Grigoleit/Riehm, Der mangelbedingte Betriebsausfallschaden im System des Leistungsstörungsrechts, JuS 2004, 745 - 749 (747 f.).

[426] OLG Hamm, **Life&Law 01/2007, 1 - 8**; LG Krefeld, DAR 2008, 90 - 91 = **juris**byhemmer; Palandt, § 280, Rn. 18 und Rn. 20; § 437, Rn. 35 f.; Lorenz, Schuldrechtsreform 2002: Problemschwerpunkte drei Jahre danach, NJW 2005, 1889 - 1896 (1891); Lorenz, Fünf Jahre neues Schuldrecht im Spiegel der Rechtsprechung, NJW 2007, 1 - 8 (2); Reinicke/Tiedtke, Rn. 520; Dauner-Lieb/Dötsch, Schuldrechtsreform: Haftungsgefahren für Zwischenhändler nach neuem Recht?, DB 2001, 2535 - 2540 (2537); Ebert, Das Recht des Verkäufers zur zweiten Andienung und seine Risiken für den Käufer, NJW 2004, 1761 - 1764 (1761 f.); Gruber, Der Anspruch auf Ersatz von Nutzungs- und Betriebsausfall bei Lieferung einer mangelhaften Sache, ZGS 2003, 130 - 134 (133 f.); Hirsch, Schadensersatz statt der Leistung, Jura 2003, 289 - 298 (294); Katzenstein, Die Systematik des Schadenshaftungsrechts in der Sonderverbindung nach modernisiertem Schuldrecht, Jura 2004, 584 - 596 (592 und 596); Medicus, Die Leistungsstörungen im neuen Schuldrecht, JuS 2003, 521 - 529 (528); Medicus/Petersen, Bürgerliches Recht, Rn. 299; Tiedtke/Schmitt, Der Anwendungsbereich des kaufrechtlichen Schadensersatzes statt der Leistung nach §§ 437 Nr.3, 280 Abs.1 und 3, 281 Abs.1 BGB, BB 2005, 615 - 624 (617 und 619).

[427] BGH, **Life&Law 10/2009, 649 - 655.**

Das belegt, dass mangelbedingter Nutzungsausfallschaden unabhängig von den Verzugsvoraussetzungen ersatzfähig sein soll.

Wortlaut des § 286 I BGB „Nichtleistung"

Weiterhin spricht der **Wortlaut** des § 286 I BGB von **Nicht**leistung, während in den Konstellationen eines mangelbedingten Nutzungsausfallschadens eine **Schlecht**leistung vorliegt.[428]

Gleiches kann aus der in § 433 I S. 2 BGB enthaltenen Erfüllungstheorie abgeleitet werden. Demnach handelt es sich qualitativ um unterschiedliche Leistungsstörungen, die eine unterschiedliche Behandlung erfordern.[429]

Nacherfüllungsanspruch

Im Falle der Nichtleistung steht dem Käufer weiterhin der ursprüngliche Erfüllungsanspruch aus § 433 I BGB zu. Im Falle der Schlechtleistung wird dieser ab Lieferung durch den Nacherfüllungsanspruch fortgesetzt. Dabei handelt es sich nicht um einen Sekundäranspruch, sondern um eine Modifikation des Primäranspruchs.

> **hemmer-Methode:** Von einem Ausbleiben der Leistung i.S.d. Verzugs kann demnach erst gesprochen werden, wenn der Verkäufer mit der Nacherfüllung in Verzug gerät. Entgegen vereinzelter Stimmen in der Literatur[430] trifft es auch nicht zu, dass die ordnungsgemäße Leistung nur zeitlich verzögert sei und sich daher die Einbußen nachholen lassen. Eine Nachholung ist nämlich nicht immer möglich.
> Wenn der Betriebsausfall nämlich mit besonderen äußeren Bedingungen verbunden ist (z.B. mit einer auf bestimmte Laufzeit eingetragenen Nutzungslizenz oder einem besonderen Ereignis, wie bspw. der Fußball-WM), können Ausfälle nach Zeitablauf nicht mehr ohne Weiteres nachgeholt werden. Eine Differenzierung der Schadenskategorie danach, ob die Einbuße nachgeholt werden kann, würde das Problem der Abgrenzung nur verlagern, aber nicht beheben.

Teleologische Erwägungen

Untermauert wird das Normkonzept des Gesetzgebers schließlich durch teleologische Erwägungen.

Mahnungserfordernis passt nicht

Der Verzug setzt grundsätzlich eine Mahnung voraus. Dieses **Mahnungserfordernis** ist **nicht sachgerecht**.

Von der Interessenlage ist zu unterscheiden, ob der Schuldner lediglich untätig bleibt oder ob er zwar leistet, die Leistung aber fehlerhaft erbringt. Vor den Folgen einer Säumnis kann sich der Käufer regelmäßig dadurch schützen, dass er einen kalendermäßig bestimmten Termin für die Lieferung vereinbart oder den Verkäufer bei Ausbleiben der Leistung mahnt.

Diese Möglichkeiten bestehen bei einer mangelhaften Lieferung regelmäßig nicht, weil der Mangel vielfach erst bemerkt werden wird, wenn die Kaufsache ihrer Verwendung zugeführt wird. Ein mangelbedingter Nutzungsausfall lässt sich dann häufig nicht mehr abwenden.[431]

Bei der Lieferung einer mangelbehafteten Sache dringt der Schuldner damit in gefährlicher Weise in die Gütersphäre des Gläubigers ein, weil die Verzögerung als solche für den Gläubiger leichter beherrschbar ist.

---

[428] Vgl. Lorenz, Rücktritt, Minderung und Schadensersatz wegen Sachmängeln im neuen Kaufrecht - Was hat der Verkäufer zu vertreten?, NJW 2002, 2497 - 2505 (2501).

[429] Ebenso Canaris, ZIP 2003, 321, 322; Medicus, Die Leistungsstörungen im neuen Schuldrecht, JuS 2003, 521 - 529 (528).

[430] Vgl. Grigoleit/Riehm, AcP 203, (2003), 727 [739 ff.].

[431] Canaris, ZIP 2003, 321 (323 und 326); Medicus, Die Leistungsstörungen im neuen Schuldrecht, JuS 2003, 521 - 529 (528).

> **hemmer-Methode:** Bekommt der Gläubiger keine Leistung, wird er den Schuldner zur Leistung auffordern.
> Wird ihm hingegen ein Gegenstand geliefert, dessen Mangelhaftigkeit sich erst später zeigt, wird er mangels Kenntnis des Mangels nicht unmittelbar nach Lieferung, sondern allenfalls erst nach Kenntnis der Mangelhaftigkeit zur ordnungsgemäßen Leistung auffordern. Diese Aufforderung enthält als „Minus" die Mahnung, sodass der Verkäufer, wenn er untätig bleibt, mit der Verpflichtung zur Nacherfüllung (§§ 437 Nr. 1, 439 I BGB) in Verzug kommt.

Diese Sicht entspricht auch den unterschiedlichen Konzepten, die der Gesetzgeber für den Ausgleich der Interessen des Gläubigers und des Schuldners bei der Verzögerung der Leistung einerseits und bei der Schlechtleistung andererseits gewählt hat.

Schadensersatzansprüche wegen Verzögerung der Leistung stellt der Gesetzgeber nach § 280 II BGB deshalb unter die zusätzlichen Voraussetzungen des Verzuges, weil die Leistung bei Fehlen einer vertraglich festgelegten Leistungszeit nicht sofort erbracht werden muss, sondern erst dann, wenn der Gläubiger dies verlangt (§ 271 I BGB).

Mit Blick auf die Verpflichtung zur Lieferung der Sache in mangelfreiem Zustand bedarf es einer solchen Konkretisierung in zeitlicher Hinsicht dagegen nicht. Sie ist nach § 433 I S. 2 BGB von vornherein geschuldet, wobei sich die Sollbeschaffenheit der Kaufsache ohne weiteres entweder aus dem Vertrag oder aber - bei Fehlen einer Beschaffenheitsvereinbarung - aus dem Anforderungsprofil der §§ 434 I S. 2 u. S. 3, 435 BGB ergibt.

Diese Unstimmigkeit könnte zwar dadurch beseitigt werden, dass die Mahnung in den Fällen des mangelbedingten Nutzungsausfallschadens nach § 286 II Nr. 4 BGB entbehrlich ist.[432]

Dieser Ansatz ist jedoch verfehlt, da § 286 II Nr. 4 BGB eine Abwägung der **beiderseitigen** Parteiinteressen voraussetzt. Diese Interessenabwägung kann nicht durch eine rechtsfolgenseitige Einordnung der Schadenskategorien überlagert werden.

Ausreichender Schutz des Verkäufers über § 254 II S.1 BGB

Im Übrigen ist der Weg über §§ 280 II, 286 BGB auch nicht nötig, um den Verkäufer zu schützen. Unterlässt nämlich der Käufer auch nach „Sichtbarwerden" des Mangels die Absendung einer Mahnung oder Aufforderung zur Nacherfüllung, so liegt eine Verletzung der Schadensminderungsobliegenheit und damit ein Fall des § 254 II S. 1 BGB vor.[433]

Der Anspruch auf Schadensersatz wegen des Nutzungsausfalls steht K nämlich nach zutreffender Ansicht nur für den Zeitraum zu, in welchem ihm die Nutzung auch dann entgangen wäre, wenn er seine Obliegenheit erfüllt hätte, V die Nacherfüllung zu ermöglichen.

Ergebnis: Ersatz über §§ 437 Nr. 3, 280 I BGB ohne Voraussetzungen des § 286 BGB

Ergebnis: Der mangelbedingte Betriebsausfallschaden wird daher nach überzeugender Auffassung als Mangelfolgeschaden gem. §§ 437 Nr. 3, 280 I BGB ersetzt, ohne dass es auf die weiteren Voraussetzungen des § 286 BGB ankäme.[434]

---

[432] So Palandt, § 437 BGB, Rn. 36; Grigoleit/Riehm, AcP 203 (2003), 727 (743 ff.); Grigoleit/Riehm, Der mangelbedingte Betriebsausfallschaden im System des Leistungsstörungsrechts, JuS 2004, 745 - 749 (747).

[433] Vgl. Lorenz, Rücktritt, Minderung und Schadensersatz wegen Sachmängeln im neuen Kaufrecht - Was hat der Verkäufer zu vertreten?, NJW 2002, 2497 - 2505 (2501, Fn. 36, 32); MüKo, § 280 BGB, Rn. 58; Canaris, ZIP 2003, 321 (326, Fn. 30); Gruber, Der Anspruch auf Ersatz von Nutzungs- und Betriebsausfall bei Lieferung einer mangelhaften Sache, ZGS 2003, 130 - 134 (133 f.).

[434] So nun ausdrücklich auch OLG Hamm und OLG Frankfurt, **Life&Law 01/2007**, 1 - 8.

> **hemmer-Methode:** Die praktische Auswirkung dieses Meinungsstreits dürfte beim Verkauf neuer Sachen relativ gering sein.
> Der Verkäufer einer neuen Sache hat die Schlechtleistung nämlich regelmäßig nicht zu vertreten. Weder ist ihm ein Verschulden des Herstellers nach § 278 BGB zuzurechnen, noch trifft den Verkäufer ohne besondere Veranlassung eine Untersuchungspflicht. Daher wird dem Verkäufer häufig die Exkulpation nach § 280 I S. 2 BGB gelingen. Dem Käufer stehen daher Ansprüche auf Schadensersatz i.d.R. ohnehin erst ab dem Nacherfüllungsverlangen zu, wenn der Verkäufer diesem nicht (rechtzeitig) nachkommt.
> Wenn der Verkäufer die Lieferung der mangelhaften Sache dagegen - wie im vorliegenden Fall aufgrund der Garantie - zu vertreten hat, muss er den Betriebsausfallschaden ab der Übergabe bis zur ordnungsgemäßen Nacherfüllung ersetzen. Dies gilt auch dann, wenn er nach entsprechender Aufforderung sofort tätig wird und mit dem Anspruch auf Nacherfüllung nicht in Verzug gerät.

(2) Situation nach Erklärung des Rücktritts

Situation nach Rücktritt

Hinsichtlich des mangelbedingten Betriebsausfallschadens nach erklärtem Rücktritt stellt sich die Rechtslage hingegen völlig anders dar.

Mangels Leistungsanspruch sind alle nach Rücktritt entstandene Schäden denknotwendig „Schäden statt der Leistung"

Mit der Erklärung des Rücktritts ist der Leistungsanspruch des Käufers nämlich erloschen. Daher sind alle Schäden für die Zeit nach Erklärung des Rücktritts schon sprachlich zwingend Schäden statt der Leistung. Da es nach wirksam erklärtem Rücktritt keine Leistungspflicht mehr gibt, kann es auch keinen Anspruch auf Schadensersatz neben der Leistung geben.

Der Nutzungsausfall nach Rücktritt ist daher als Schaden statt der Leistung gem. §§ 437 Nr. 3, 280 I, III, 281 I BGB zu ersetzen, da sich Rücktritt und Schadensersatz statt der Leistung gegenseitig nicht ausschließen, vgl. § 325 BGB.[435]

(3) Mangelbedingte Ausfallschäden aufgrund Verzuges mit der Nacherfüllungspflicht, §§ 437 Nr. 1, 439 I, 280 I, II, 286 BGB

Verkäufer kann mit Nacherfüllungspflicht in Schuldnerverzug geraten

Hat der Verkäufer mangelhaft geleistet, steht dem Käufer grundsätzlich ein Nacherfüllungsanspruch zu, vgl. §§ 433 I S. 2, 437 Nr. 1, 439 BGB. Hierbei handelt es sich um einen echten Leistungsanspruch, weshalb der Verkäufer mit dessen Erfüllung in Schuldnerverzug gem. § 286 BGB geraten kann.

Dann steht dem Käufer gegen den Verkäufer ein Anspruch auf Ersatz der Verzögerungsschäden nach den §§ 437 Nr. 1, 280 I, II, 286 BGB zu.[436] Auch dieser Anspruch verjährt gem. § 438 BGB, also grundsätzlich in zwei Jahren ab Ablieferung, § 438 I Nr. 3 BGB.

> **hemmer-Methode:** Hinsichtlich der Voraussetzungen gelten keine Besonderheiten, vgl. Hemmer/Wüst, Schuldrecht AT, Rn. 128 ff.

Verweigerungsrecht schließt Schuldnerverzug aus

Kann der Verkäufer die gewählte Art der Nacherfüllung nach § 439 IV BGB verweigern, so scheidet Schuldnerverzug mit der Nacherfüllungspflicht aus, sofern der Verkäufer irgendwann von seinem Verweigerungsrecht tatsächlich Gebrauch macht.

---

[435] Lesen Sie dazu BGH, **Life&Law 08/2010**, 503 - 510 = NJW 2010, 2426 - 2429 = jurisbyhemmer.
[436] OLG Hamm und OLG Frankfurt in **Life&Law 01/2007**, 1 - 8.

Das Verweigerungsrecht aus § 439 IV BGB ist hinsichtlich der Auswirkungen auf den Schuldnerverzug daher wie eine Einrede zu behandeln.[437]

> **hemmer-Methode:** Der Anspruch auf Schadensersatz statt der Leistung ist hingegen nicht ausgeschlossen, wenn sich der Verkäufer auf § 439 IV BGB beruft. Das ergibt sich eindeutig aus § 440 BGB, wonach es zur Entstehung des Schadensersatzanspruchs grundsätzlich einer Fristsetzung nicht bedarf, wenn der Käufer die Nacherfüllung gemäß § 439 IV BGB verweigert.
> Kann der Verkäufer die Nacherfüllung nach § 439 IV BGB verweigern, so ist es aber nur folgerichtig, ihn schadensersatzrechtlich nicht für einen Teil der Mängelbeseitigungskosten einstehen zu lassen, sondern den Schadensersatz auf die Höhe der Differenz des Wertes der Kaufsache in mangelfreiem und in mangelhaftem Zustand zu beschränken. Der Schadensersatzanspruch ist daher bei Unverhältnismäßigkeit der Nacherfüllung in analoger Anwendung des § 251 II S. 2 BGB auf den Ersatz des mangelbedingten Minderwerts der Kaufsache beschränkt sein. Eine direkte Anwendung des § 251 II S. 1 BGB scheidet aus, da nicht der Schadensersatzanspruch in Form der Naturalrestitution unverhältnismäßig ist, sondern allenfalls der Nacherfüllungsanspruch.[438]
> Vgl. hierzu auch Rn. 324a bis 324c!

Zusammenfassung zum mangelbedingten Betriebsausfallschaden:

(1) Der mangelbedingte Betriebsausfallschaden ist vor erklärtem Rücktritt als Schaden neben der Leistung (= Begleitschaden) infolge der mangelhaften Lieferung nach **§§ 437 Nr. 3, 280 I BGB** zu ersetzen. Zeigt der Käufer dem Verkäufer den Mangel nicht rechtzeitig an, so ist sein Anspruch auf Schadensersatz ggf. gem. § 254 II S. 1 BGB zu kürzen.

(2) Mangelbedingte Betriebsausfallschäden **nach erklärtem Rücktritt** sind als Schaden statt der Leistung nach **§§ 437 Nr. 3, 280 I, III, 281 I BGB** zu ersetzen.

(2) Mangelbedingte Betriebsausfallschäden **infolge verzögerter Nacherfüllung** unterliegen dagegen den Voraussetzungen der **§§ 280 I, II, 286 BGB i.V.m. §§ 437 Nr. 1, 439 I BGB**.

---

2. Ansprüche des Käufers auf Schadensersatz statt der Leistung

a) Einleitung

Abgrenzung zum Schadensersatz neben der Leistung

§ 437 Nr. 3 BGB verweist auch auf die §§ 280 I, III, 281, 283 BGB bzw. auf § 311a II BGB, also auf die Anspruchsgrundlagen auf den Schadensersatz statt der Leistung.

Zum Schadensersatz statt der Leistung gehören alle Schadensposten, deren Ersatz an die Stelle des Erfüllungsanspruches tritt, sodass sie funktional als Leistungsersatz anzusehen sind.

---

[437] Zur Einredefreiheit als Voraussetzung des Schuldnerverzuges vgl. **Hemmer/Wüst, Schuldrecht AT**, Rn. 139 ff.
[438] BGH, **Life&Law 10/2014, 709 ff.** = jurisbyhemmer; BGH, **Life&Law 01/2013, 9 ff.** = jurisbyhemmer; Gutzeit, Unverhältnismäßige Verkäuferhaftung beim kleinen Schadensersatz, NJW 2015, 445 ff.

Man kann sich für die Zuordnung zu §§ 437 Nr. 3, 280 I BGB (Schadensersatz neben der Leistung oder Mangelfolgeschäden) bzw. zu §§ 437 Nr. 3, 280 I, III, 281, 283 BGB bzw. § 311a II BGB (Schadensersatz statt der Leistung oder Mangelschäden) immer die Kontrollfrage stellen, ob beide Ansprüche (Schadensersatz und Erfüllung) nebeneinander bestehen können (Schadensersatz neben der Leistung bzw. Mangelfolgeschaden), bzw. ob der geltend gemachte Schaden durch eine ordnungsgemäße Nacherfüllung behoben werden könnte (Schadensersatz statt der Leistung bzw. Mangelschaden).[439]

Zwei denkbare Pflichtverletzungen

Als Pflichtverletzung kommen im Rahmen des Mängelrechts, d.h. im Rahmen des § 437 Nr. 3 BGB, in Betracht:

⇨ die Lieferung einer mangelhaften Sache (vgl. § 433 I S. 2 BGB)

⇨ die nicht erfolgte Nacherfüllung trotz gem. §§ 437 Nr. 1, 439 BGB bestehender Nacherfüllungspflicht.

Wichtig ist es nun, zu erkennen, worauf (d.h. auf welche Pflichtverletzung) sich das Vertretenmüssen beziehen muss, wenn der Käufer Schadensersatz statt bzw. neben der Leistung verlangt.

b) Was ist der Bezugspunkt des Vertretenmüssens beim Schadensersatz statt der Leistung?[440]

Beim Schadensersatz statt der Leistung im Mängelrecht ist umstritten, ob die schuldhafte Verletzung der Pflicht zur mangelfreien Lieferung (§ 433 I S. 2 BGB) ausreicht oder ob der Verkäufer die nicht (ordnungsgemäß) erfolgte Nacherfüllung zu vertreten haben muss.

Dieser Streit wird noch dadurch erschwert, dass viele Stimmen in der Literatur diese Frage bei § 281 BGB, § 283 BGB und bei § 311a II BGB uneinheitlich beantworten, sodass die Darstellung für jeden Schadensersatzanspruch getrennt erfolgt.

aa) Anspruch auf Schadensersatz statt der Leistung gem. §§ 437 Nr. 3, 311a II BGB

(1) Da der Schadensersatzanspruch statt der Leistung erst dann gegeben ist, wenn die Leistung ausbleibt, muss nach einer Ansicht danach gefragt werden, ob der Verkäufer die Pflichtverletzung, die zum Ausfall der Leistung geführt hat, zu vertreten hat.

Bezugspunkt nach e.A. nur die Kenntnis/das Kennenmüssen der Unmöglichkeit der Nacherfüllung

Bezugspunkt des Vertretenmüssens für die Haftung auf Schadensersatz statt der Leistung ist also nicht die mangelhafte Lieferung, sondern **immer** die Kenntnis oder schuldhafte Unkenntnis von der Unbehebbarkeit des Mangels.[441]

---

[439] Vgl. dazu ausführlich **Hemmer/Wüst, Schuldrecht AT**, Rn. 124 ff.; Reischl, Grundfälle zum neuen Schuldrecht, JuS 2003, 250 - 257 (252 f.), unzutreffend allerdings insoweit, als Schadensersatz neben der Leistung nur bei Verletzung einer Nebenpflicht i.S.v. § 241 II BGB in Betracht kommt; sehr verwirrend auch Harke, Schadensersatz und Nacherfüllung, ZGS 2006, 9 - 11.

[440] Zur Frage, worauf sich das Vertretenmüssen des Verkäufers bei der Lieferung einer mangelhaften Sache beziehen muss, wenn der Käufer Schadensersatz statt der Leistung verlangt, lesen Sie den Aufsatz von **Tyroller, Life&Law 06/2005, 417 – 425**; lesenswert auch Lorenz, Rücktritt, Minderung und Schadensersatz wegen Sachmängeln im neuen Kaufrecht: Was hat der Verkäufer zu vertreten? NJW 2002, 2497 - 2505; Tetenberg, Der Bezugspunkt des Vertretenmüssens beim Schadensersatz statt der Leistung, JA 2009, 1 - 6; Reinicke/Tiedtke, Kaufrecht, Rn. 525 - 550.

[441] Lorenz, Rücktritt, Minderung und Schadensersatz wegen Sachmängeln im neuen Kaufrecht: Was hat der Verkäufer zu vertreten?, NJW 2002, 2497 - 2505 (2501).

> **hemmer-Methode:** Liegt der Grund der Nichtbehebung in der unterlassenen Nacherfüllung, so ist es nach dieser Ansicht völlig irrelevant, ob der Verkäufer den Mangel kannte oder kennen musste oder ob er den Mangel schuldhaft verursacht hat. Allein entscheidend ist, ob der Verkäufer die Unmöglichkeit der Nacherfüllung kannte oder seine diesbezügliche Unkenntnis zu vertreten hat.[442]

Nach a.A. ist der Bezugspunkt alternativ die Kenntnis/das Kennenmüssen vom Mangel oder dessen Nichtbehebbarkeit

(2) Eine bedeutende Ansicht schlägt eine alternative Lösung vor. Der V muss **entweder** die mangelhafte Lieferung **oder** die Unmöglichkeit der Nacherfüllung zu vertreten haben.[443] Die Kenntnis bzw. das Kennenmüssen bezieht sich demnach alternativ auf die eine oder die andere Pflichtverletzung.

Hierfür spricht, dass die Nacherfüllungschance eben nur eine „zweite" Chance ist für den Verkäufer, die Folgen seiner ersten zu vertretenden Pflichtverletzung teilweise wieder zu beseitigen. Nutzt er diese nicht, aus welchen Gründen auch immer, so ist er eben zum Schadensersatz statt der Leistung verpflichtet.

Zum endgültigen Ausfall der fraglichen Leistung wäre es eben auch nicht gekommen, wenn V gleich mangelfrei geliefert hätte. Nur wenn er beide Pflichtverletzungen nicht zu vertreten hat, könne er sich entlasten.

Nach dieser Ansicht soll es im Rahmen des § 311a II BGB jedenfalls ausreichen, wenn der Verkäufer wusste oder wissen musste, dass die Sache mangelhaft war.[444]

> **hemmer-Methode:** Da dem Verkäufer, der den Mangel kannte, häufig der Vorwurf fahrlässiger Unkenntnis bzgl. der Unmöglichkeit der Nacherfüllung gemacht werden kann, wird sich diese Problematik des Bezugspunktes des Vertretenmüssens im Rahmen des § 311a II BGB eher selten stellen.

bb) Anspruch auf Schadensersatz statt der Leistung gem. §§ 437 Nr. 3, 280 I, III, 283 BGB

Im Rahmen der §§ 437 Nr. 3, 283 BGB ist es weitgehend anerkannt, dass Bezugspunkt des Vertretenmüssens das Unmöglichwerden der Nacherfüllung ist.[445]

Bezugspunkt des Vertretenmüssens ist das Leistungshindernis

Da der Schadensersatzanspruch statt der Leistung wegen nachträglicher Unmöglichkeit erst dann gegeben ist, wenn die Nacherfüllungspflicht gem. §§ 437 Nr. 1, 439 I BGB unmöglich wird, muss nach überzeugender Ansicht danach gefragt werden, ob der Verkäufer diese Pflichtverletzung, die zum Ausfall der Leistung geführt hat, zu vertreten hat.

Allein entscheidend ist daher, ob der Verkäufer die Gründe, die zur Unmöglichkeit der Nacherfüllung geführt haben, zu vertreten hat.[446]

> **hemmer-Methode:** Dass der Verkäufer die Lieferung der mangelhaften Sache zu vertreten hat, genügt also für einen Anspruch auf Schadensersatz statt der Leistung gem. §§ 437 Nr. 3, 280 I, III, 283 BGB nach ganz h.M. nicht.
> Entscheidend ist also, ob der Verkäufer die Unmöglichkeit der Nacherfüllung zu vertreten hat. Hier kann § 287 S. 2 BGB von besonderer Klausurrelevanz sein.

---

[442] Lorenz a.a.O., S. 2497 (2503, li. Sp.).
[443] Vgl. Schwab/Witt ab 2. Auflage, Examenswissen zum neuen Schuldrecht, S. 199 ff.; so auch Huber, Festschrift für Schlechtriem, S. 527 ff. (530).
[444] Vgl. Reinicke/Tiedtke, Kaufrecht, Rn. 527.
[445] Reinicke/Tiedtke, Kaufrecht, Rn. 535.
[446] Im Rahmen der §§ 437 Nr. 3, 283 BGB ist dies ganz h.M.; vgl. Reinicke/Tiedtke, Kaufrecht, Rn. 535; Lorenz a.a.O., S. 2497 (2503, li. Sp.).

cc) Anspruch auf Schadensersatz statt der Leistung gem. §§ 437 Nr. 3, 280 I, III, 281 BGB

Als Bezugspunkt des Vertretenmüssens kommen sowohl die Pflichtverletzung der ursprünglichen mangelhaften Leistung (§ 433 I S. 2 BGB) als auch der nicht oder nicht ordnungsgemäß erbrachten Nacherfüllung (§§ 437 Nr. 1, 439 I BGB) in Betracht.[447]

Nach e.A. muss Verkäufer stets die Nichtnacherfüllung zu vertreten haben

(1) Nach Ansicht von Lorenz[448] ist ausschließlich an die zweite Pflichtverletzung, also die nicht oder nicht ordnungsgemäß durchgeführte Nacherfüllung, anzuknüpfen.

Hierfür spricht, dass § 281 I S. 1 BGB eine fällige Leistungspflicht verlangt. Mit der mangelhaften Leistung wird der ursprüngliche Erfüllungsanspruch aus § 433 I BGB durch den Nacherfüllungsanspruch abgelöst, so dass fortan nur dieser fällig i.S.v. § 281 I S. 1 BGB ist.

Dagegen spricht aber, dass die Nacherfüllungschance nur eine „zweite" Chance für den Verkäufer ist, die Folgen seiner ersten zu vertretenden Pflichtverletzung teilweise wieder zu beseitigen. Nutzt er diese nicht, aus welchen Gründen auch immer, so ist er eben zum Schadensersatz statt der Leistung verpflichtet.

Nach a.A. muss Verkäufer entweder die mangelhafte Lieferung oder die Nichtnacherfüllung zu vertreten haben

(2) Eine bedeutende Ansicht schlägt daher eine alternative Lösung vor. Der V muss **entweder** die mangelhafte Lieferung **oder** die Nichtnacherfüllung zu vertreten haben.[449]

Es sei nicht einzusehen, warum die Relevanz der „ersten" Pflichtverletzung (Lieferung der mangelhaften Sache, § 433 I S. 2 BGB) entfallen sollte, wenn später mit der Nichtnacherfüllung innerhalb der gesetzten angemessenen Frist eine zweite Pflichtverletzung hinzutritt.

Problematisch ist dies nämlich deswegen, weil durchaus Fälle denkbar sind, bezüglich derer das Vertretenmüssen der ersten Pflichtverletzung einfach zu bejahen ist, das Vertretenmüssen der zweiten Pflichtverletzung aber schwer oder gar nicht zu begründen ist.

Zum endgültigen Ausfall der fraglichen Leistung wäre es außerdem auch nicht gekommen, wenn V gleich mangelfrei geliefert hätte. Nur wenn er beide Pflichtverletzungen nicht zu vertreten hat, könne er sich entlasten. Hierfür spricht weiter, dass § 281 I S. 1 BGB selbst kein Erfordernis des Vertretenmüssens aufstellt, sondern nur die nach § 280 III BGB zusätzliche Voraussetzung eines erfolglosen Fristablaufs.

Demzufolge hat der erfolglose Fristablauf den Charakter einer „objektiven Bedingung" für das Schadensersatzverlangen. Nach überzeugender Ansicht kann daher wahlweise an jede der beiden Pflichtverletzungen angeknüpft werden.

Ansicht des BGH

(3) Dieser Ansicht scheint auch der BGH zu folgen. Der BGH hat nämlich sowohl im Werkvertrags- als auch im Kaufrecht entschieden, dass bei unverhältnismäßigen Nacherfüllungskosten (§§ 439 IV, 635 III BGB) der Gläubiger Schadensersatz statt der Leistung nach §§ 280 I, III, 281 i.V.m. §§ 437 Nr. 3 bzw. § 634 Nr. 4 BGB verlangen kann, dieser aber analog § 251 II S. 1 BGB auf den mangelbedingten Minderwert beschränkt ist (vgl. dazu auch Rn. 324a bis 324c).[450]

---

[447] Vgl. hierzu auch Ludes/Lube, Vertretenmüssen bei § 281 BGB, ZGS 2009, 259 - 264.

[448] So Lorenz, a.a.O., S. 2503; Köhler/Lorenz, PdW SchuldR II, Fall 45.

[449] So Reinicke/Tiedtke, Kaufrecht, Rn. 540 f.; Bamberger/Roth/Faust, § 437 BGB, Rn. 67; Schwab/Witt ab 2. Auflage, Examenswissen zum neuen Schuldrecht, S. 199 ff.; Huber, Festschrift für Schlechtriem, S. 527 ff. (530) unter Hinweis auf die Parallele zum alten Werkvertragsrecht.

[450] BGH, **Life&Law 10/2014**, 709 ff. = jurisbyhemmer; BGH, **Life&Law 01/2013**, 9 ff. = jurisbyhemmer; Gutzeit, Unverhältnismäßige Verkäuferhaftung

§ 1 KAUF

Die „Nicht-Nacherfüllung" kommt als Bezugspunkt des Vertretenmüssens in diesem Fall nicht in Betracht, weil es sich dabei wegen des Verweigerungsrechts nach §§ 439 IV, 635 III BGB schon gar nicht um eine Pflichtverletzung handelt.

Damit kommt als Bezugspunkt für das Vertretenmüssen nur die erste Pflichtverletzung der Lieferung einer mangelhaften Sache in Betracht.

> **hemmer-Methode:** Auch wenn der BGH dies nicht ausdrücklich ausspricht, ist damit letztlich der Meinungsstreit (zumindest mittelbar) entschieden.

c) Schadensersatz statt der Leistung wegen anfänglicher Unmöglichkeit der Nacherfüllung, §§ 437 Nr. 3, 311a II BGB

Nicht gemeint sind die Fälle, in denen die Verschaffungspflicht des Verkäufers aus § 433 I S. 1 BGB unmöglich ist, der Verkäufer also wegen Unmöglichkeit dem Käufer die Sache nicht übereignen und übergeben kann. Ist dies der Fall, sind die §§ 283, 311a II BGB direkt anzuwenden mit der Folge, dass die modifizierte Verjährung des § 438 BGB nicht eingreift.

Nur Unmöglichkeit der Nacherfüllung gemeint

Vielmehr sind von der Verweisung in § 437 Nr. 3 BGB nur die Fälle der **Unmöglichkeit der Nacherfüllung** erfasst.

Nacherfüllungsanspruch ist vertragliche Primärleistungspflicht

§ 311a II BGB kommt nur bei anfänglicher Unmöglichkeit einer vertraglichen Primärleistungspflicht in Betracht. Auf den ersten Blick scheint jedoch die Grundlage des Nacherfüllungsanspruches nicht vertraglicher, sondern gesetzlicher Natur zu sein, vgl. § 439 BGB. Dies ist jedoch nicht richtig: Bei dem Nacherfüllungsanspruch handelt es sich um den – durch die Verjährung des § 438 BGB und durch § 439 BGB modifizierten – ursprünglichen Primäranspruch des Käufers aus § 433 I S. 2 BGB. Dieser ist vertraglicher Natur. § 311a II BGB kommt daher zur Anwendung.

aa) Voraussetzungen des Anspruches aus §§ 437 Nr. 3, 311a II BGB

Die Voraussetzungen eines Anspruches des Käufers auf Schadensersatz statt der Leistung nach §§ 437 Nr. 3, 311a II BGB sind:

Übersicht

> **Anspruchsvoraussetzungen der §§ 437 Nr. 3, 311a II BGB:**
> 1. **Wirksamer Kaufvertrag** (§ 311a I BGB beachten)
> 2. Vorliegen eines **Sach- oder Rechtsmangels**
> 3. **Anfängliche Unmöglichkeit** der Nacherfüllung, § 275 I - III BGB
> 4. **Kenntnis** bzw. **zu vertretende Unkenntnis** des Verkäufers, § 311a II S. 2 BGB
> 5. Keine Verjährung, § 438 BGB
>   ⇨ **Rechtsfolge: SE statt der Leistung**

(1) Wirksamer Kaufvertrag

Kaufvertrag muss wirksam sein

Zu beachten ist, dass die anfängliche Unmöglichkeit die Wirksamkeit des Vertrages im Übrigen unberührt lässt, § 311a I BGB.

---

beim kleinen Schadensersatz, NJW 2015, 445 ff.

Als vertraglicher Sekundäranspruch scheidet der Anspruch aus §§ 437 Nr. 3, 311a II BGB aus, wenn der Kaufvertrag nicht wirksam ist, z.B. aufgrund Formnichtigkeit nach §§ 311b I S. 1, 125 S. 1 BGB.[451]

(2) Vorliegen eines Sach- oder Rechtsmangels

Inzidentprüfung der §§ 434, 435 BGB

Die Verweisung in § 437 Nr. 3 BGB setzt das Vorliegen eines Sach- oder Rechtsmangels voraus. Hier hat eine Inzidentprüfung der §§ 434, 435 BGB stattzufinden.[452]

> **hemmer-Methode:** Zu beachten ist, dass hinsichtlich eines Sachmangels der Zeitpunkt des Gefahrüberganges maßgeblich ist, bei Rechtsmängeln hingegen der Zeitpunkt der Übertragung des Gegenstandes (vgl. dazu nochmals Rn. 147).

(3) Anfängliche Unmöglichkeit der Nacherfüllung

Der Anspruch aus §§ 437 Nr. 3, 311a II BGB ist nur einschlägig, wenn die Pflicht des Verkäufers zur Nacherfüllung anfänglich unmöglich ist. Dies richtet sich nach § 275 I - III BGB. Hinsichtlich der Abgrenzung anfänglich/nachträglich ist – auch bei § 275 II, III BGB – der Zeitpunkt des Eintritts des Leistungshindernisses maßgeblich.

Anfänglicher unbehebbarer Mangel

Einschlägiger Fall ist das **Vorliegen eines** bereits **bei Vertragsschluss unbehebbaren Mangels**. Hierbei handelt es sich um eine objektive Unmöglichkeit i.S.d. § 275 I BGB.

> *Bsp.: Der verkaufte und übergebene Jahreswagen war kurz vor Vertragsschluss in einen schweren Unfall auf der Autobahn verwickelt. Die hierdurch entstandenen Schäden, die zu einem nicht unerheblichen merkantilen Minderwert führen werden, sind bislang nicht behoben worden.*
>
> 1. Die durch den Unfall entstandenen Schäden am verkauften Pkw begründen unproblematisch einen Sachmangel i.S.d. § 434 BGB. Jedoch sind sie behebbar, weshalb ein Anspruch aus §§ 437 Nr. 3, 311a II BGB ausscheidet.
>
> 2. Allerdings sinkt der Wiederverkaufswert eines Pkw, der an einem schweren Unfall beteiligt war. Dieser sog. merkantile Minderwert ist ebenfalls ein Sachmangel i.S.d. § 434 BGB, der von der Mangelhaftigkeit des Wagens aufgrund der unmittelbaren nicht ausgebesserten Unfallfolgen streng zu unterscheiden ist.
>
> Dieser Sachmangel kann nicht im Wege der Nacherfüllung beseitigt werden; es handelt sich um einen unbehebbaren Sachmangel. Dem Verkäufer ist die Nacherfüllung insoweit anfänglich unmöglich, weshalb ein Schadensersatzanspruch des Käufers nach §§ 437 Nr. 3 Alt. 1, 311a II BGB in Betracht kommt.

Nicht: § 439 IV BGB

Um keinen Fall der Unmöglichkeit handelt es sich, wenn der Verkäufer zur Verweigerung der Nacherfüllung gem. § 439 IV BGB berechtigt ist. Dies eröffnet nicht den Anwendungsbereich des § 311a II BGB.

Vielmehr kann der Käufer nur nach §§ 437 Nr. 3, 281 BGB Schadensersatz statt der Leistung verlangen, wobei allerdings die Setzung einer Nachfrist gem. § 440 S. 1 BGB entbehrlich ist.

---

[451] Zum Formerfordernis nach § 311b I BGB vgl. bereits Rn. 16 ff.
[452] Zu § 434 BGB und § 435 BGB bereits Rn. 87 ff.

hemmer-Methode: Es muss daher zwischen einem Fall praktischer Unmöglichkeit (§ 275 II BGB ⇨ §§ 311a II, 283 BGB) und einem Fall des § 439 IV BGB (keine Unmöglichkeit ⇨ § 281 BGB) unterschieden werden. Allerdings sind die Fälle praktischer Unmöglichkeit äußerst selten. Sind die Kosten der Nacherfüllung unverhältnismäßig hoch, sollten Sie im Zweifel nicht von Unmöglichkeit i.S.d. § 275 II BGB, sondern von § 439 IV BGB ausgehen!

(4) Kenntnis oder zu vertretende Unkenntnis des Verkäufers, § 311a II S. 2 BGB?

Kenntnis/Kennenmüssen des Verkäufers

§ 311a II BGB stellt keine allgemeine Garantiehaftung dar; erforderlich ist ein Vertretenmüssen des Schuldners. Ein Anspruch des Käufers aus §§ 437 Nr. 3, 311a II BGB setzt daher voraus, dass der Verkäufer bei Vertragsschluss das Leistungshindernis für die Nacherfüllung kannte bzw. in zu vertretender Weise nicht kannte.

Bezugspunkt: Unmöglichkeit der Nacherfüllung

Kenntnis bzw. Kennenmüssen beziehen sich also nicht auf den Mangel, sondern vielmehr auf die Unmöglichkeit der Nacherfüllung.

hemmer-Methode: Lesen Sie dazu nochmals Rn. 291a!

Umstritten ist, ob es ausreicht, dass der Verkäufer die Lieferung der mangelhaften Sache zu vertreten hat.

Bsp.: X kauft beim Händler H ein gebrauchtes fünfzehn Jahre altes Wohnmobil; dieses wird gegen Bezahlung dem X übergeben. H weiß bei Vertragsschluss, dass der Unterboden des Wohnmobils durchgerostet ist und hofft, dass X dies nicht bemerken wird. Jedenfalls geht er davon aus, dass dieser Mangel ohne Weiteres behoben werden kann. Dies ist jedoch nicht der Fall. X verlangt von H Schadensersatz nach §§ 437 Nr. 3, 311a II BGB.

1. Zwischen X und H besteht unproblematisch ein wirksamer Kaufvertrag; die Wirksamkeit des Vertrages wird nicht durch eine eventuelle anfängliche Unmöglichkeit der Nacherfüllung berührt, § 311a I BGB. Auch ist das gelieferte Wohnmobil mangelhaft i.S.d. § 434 BGB.

2. Da der Mangel nicht behoben werden kann, ist die vom Verkäufer grundsätzlich geschuldete Nacherfüllung anfänglich unmöglich i.S.d. § 275 I BGB. Da es sich um eine nicht austauschbare Stückschuld handelt, kommt Nachlieferung i.S.d. § 439 I Alt. 2 BGB nicht in Betracht (vgl. dazu ausführlich nochmals Rn. 162).

3. Allerdings setzt § 311a II S. 2 BGB die Kenntnis bzw. das Kennenmüssen des Verkäufers voraus. Dieses ergibt sich vorliegend nicht allein aus der Kenntnis des Verkäufers von der Existenz des Sachmangels; Bezugspunkt ist vielmehr die Unmöglichkeit der Nacherfüllung. Diesbezüglich muss der Verkäufer bei Vertragsschluss Kenntnis bzw. zu vertretende Unkenntnis haben.

H ging davon aus, dass der Mangel behoben werden könnte, er hatte also keine positive Kenntnis von der Unmöglichkeit der Nacherfüllung. Jedoch ist ihm hinsichtlich seiner Unkenntnis Fahrlässigkeit i.S.d. § 276 I S. 1 BGB vorzuwerfen, weshalb er diese i.S.d. § 311a II S. 2 BGB zu vertreten hat: Weiß ein gewerbsmäßiger Verkäufer von der Existenz eines Mangels, so ist ihm – jedenfalls bei einem schwerwiegenden Mangel wie hier – zuzumuten, sich über dessen Behebbarkeit zu informieren.

Tut er dies nicht und ist der Mangel tatsächlich unbehebbar, so ist fahrlässige Unkenntnis des Verkäufers hinsichtlich der Unmöglichkeit der Nacherfüllung anzunehmen.

Also hat H dem X nach §§ 437 Nr. 3, 311a II BGB Schadensersatz statt der Leistung zu leisten.

Bei Garantieübernahme Vertretenmüssen (+)

Hat der Verkäufer im Wege der Zusicherung eine Garantie für das Nichtbestehen des Mangels übernommen[454], so hat er eine eventuelle Unkenntnis von der Unbehebbarkeit des Mangels verschuldensunabhängig zu vertreten. Es wäre nämlich unbillig, den Verkäufer bei unbehebbaren und damit besonders gravierenden Mängeln der Kaufsache besser zu stellen als bei behebbaren Mängeln.

(5) Keine Verjährung, § 438 BGB

Verjährung nach § 438 BGB

Der Anspruch aus §§ 437 Nr. 3, 311a II BGB verjährt nach § 438 BGB.[455] Es gelten keine Besonderheiten.

bb) Rechtsfolge: Schadensersatz statt der Leistung

SE statt der Leistung

Steht dem Käufer gegen den Verkäufer ein Anspruch auf Schadensersatz statt der Leistung nach §§ 437 Nr. 3, 311a II BGB zu, so ist er so zu stellen, wie er bei ordnungsgemäßer (d.h.: mangelfreier) Leistung stünde.

Erfasst ist der „eigentliche Mangelschaden" = Minderwert

Hiervon wird der eigentliche Mangelschaden erfasst. Dem Käufer ist daher der Minderwert der mangelhaften Kaufsache zu ersetzen.

Die Pflicht zur mangelfreien Leistung ist nur ein Teil der Primärleistungspflicht des Verkäufers, vgl. § 433 I S. 1 u. 2 BGB. Die Unmöglichkeit der Nacherfüllung ist daher ein Fall der Teilunmöglichkeit, da ja die Übereignung und Besitzverschaffung (§ 433 I S. 1 BGB) erfolgte und somit nicht unmöglich war.

> **hemmer-Methode:** Durchgesetzt hat sich insoweit der Begriff der sog. „qualitativen Unmöglichkeit".

Dem Käufer stehen deshalb zwei Möglichkeiten der Geltendmachung des Schadensersatzes statt der Leistung zu:

„Kleiner Schadensersatz" statt der Leistung

⇨ Er kann zum einen den **Schadensersatz auf** diese **Teilunmöglichkeit beschränken** (Schadensersatz statt der Teilleistung)[456]: Ersetzt wird nur der Schaden, der auf der Unmöglichkeit der Nacherfüllung beruht.

Dies ist der auf der Mangelhaftigkeit beruhende Minderwert der Kaufsache und alle hierdurch verursachten Folgeschäden wie Gutachterkosten, Gewinnausfälle etc. (im Einzelnen strittig; vgl. nochmals Rn. 283 ff.).

Wählt der Käufer diesen sog. kleinen Schadensersatz, verbleibt ihm die mangelhafte Kaufsache. Denn der Schadensersatzanspruch tritt lediglich an die Stelle des Nacherfüllungsanspruches.

> **hemmer-Methode:** Diese Form des Schadensersatzes scheint auf den ersten Blick keine großen Vorteile gegenüber der Minderung zu haben. Jedoch wird bei der Minderung in die Berechnung der Kaufpreisherabsetzung auch der vereinbarte Kaufpreis mit einbezogen[457], während beim Schadensersatz statt der Leistung alleine der Mangelunwert maßgeblich ist. Dies kann also zu unterschiedlichen Ergebnissen führen.

---

[454] Vgl. hierzu bereits Rn. 271 ff.
[455] Hierzu vgl. Rn. 178 ff.
[456] Vgl. **Hemmer/Wüst, Schuldrecht AT**, Rn. 314 ff.
[457] Vgl. oben, Rn. 252.

Problem: Käufer hat Kaufpreis noch nicht gezahlt

Der Käufer erhält freilich den Minderwert der Kaufsache nur ersetzt, wenn er den Kaufpreis bereits gezahlt hat. Ist dies nicht geschehen, so muss das Verlangen von Schadensersatz dazu führen, dass seine Kaufpreiszahlungspflicht entsprechend gekürzt wird.

306

Der Anspruch auf Schadensersatz besteht in Höhe des Minderwertes der Kaufsache. Mit der Geltendmachung des kleinen Schadensersatzes wird der Schadensersatzanspruch auf die fortbestehende Kaufpreiszahlungspflicht als unselbstständiger Rechnungsposten angerechnet, sodass nur noch der gekürzte Kaufpreisanspruch verbleibt.[458]

„Großer Schadensersatz" statt der <u>ganzen</u> Leistung

⇨ Oftmals wird der Käufer aber kein Interesse daran haben, die mangelhafte Kaufsache zu behalten. In diesem Fall begehrt er **Schadensersatz statt der ganzen Leistung**, sog. großer Schadensersatz: Der Schadensersatzanspruch tritt an die Stelle des gesamten Anspruches des Käufers aus § 433 I S. 1 u. 2 BGB.

307

Erheblichkeitsschwelle, § 281 I S. 3 BGB

Für den Schadensersatz statt der ganzen Leistung gilt als Voraussetzung gem. § 311a II S. 3 BGB zusätzlich die Erheblichkeitsschwelle des § 281 I S. 3 BGB. Der Käufer kann diese Form des Schadensersatzes nur wählen, wenn der Mangel nicht unerheblich i.S.d. § 281 I S. 3 BGB ist.

308

> **hemmer-Methode:** Dies ist durchaus konsequent. Denn der große Schadensersatz ist wirtschaftlich dem Rücktritt des Käufers ähnlich; ein Rücktritt scheidet aber gem. §§ 437 Nr. 2, 326 V, 323 V S. 2 BGB aus, wenn lediglich ein unerheblicher Mangel vorliegt. Dies muss auch für den großen Schadensersatz gelten!
> **Sound:** Die „großen Rechte" (Schadensersatz statt der ganzen Leistung und Rücktritt) verlangen „große Mängel", vgl. §§ 281 I S. 2, 323 V BGB). Für das „kleine Recht" Minderung genügt ein „kleiner Mangel", vgl. § 441 I S. 2 BGB.

Ersatz vergeblicher Aufwendungen

Anstelle des Schadensersatzes statt der Leistung kann der Käufer auch Ersatz seiner vergeblichen Aufwendungen nach §§ 437 Nr. 3 Alt. 2, 284 BGB verlangen.[459]

309

d) Schadensersatz statt der Leistung wegen nachträglicher Unmöglichkeit der Nacherfüllung, §§ 437 Nr. 3, 280 I, III, 283 BGB

Bei nachträglicher Unmöglichkeit gelten §§ 280 I, III, 283 BGB

Ist die Nacherfüllung erst nach Vertragsschluss unmöglich geworden, liegt keine anfängliche Unmöglichkeit vor. Ein Anspruch des Käufers auf Schadensersatz statt der Leistung kann sich in diesem Fall nur aus §§ 437 Nr. 3, 283, 280 I, III BGB ergeben.

310

aa) Voraussetzungen

Die Voraussetzungen für den Anspruch aus §§ 437 Nr. 3, 280 I, III, 283 BGB sind:

Voraussetzungen des Anspruches aus §§ 437 Nr. 3 Alt. 1, 280 I, III, 283 BGB

Schadensersatz statt der Leistung bei nachträglicher Unmöglichkeit der Nacherfüllung, §§ 437 Nr. 3, 280 I, III, 283 BGB

1. Wirksamer Kaufvertrag
2. Vorliegen eines **Sach- oder Rechtsmangels**
3. **Nachträgliche Unmöglichkeit** der Nacherfüllung

311

---

[458] Zum Unterschied zwischen Aufrechnung und Anrechnung vgl. Palandt, § 387, Rn. 2.
[459] Hierzu vgl. unten, Rn. 326 ff.

> 4. **Keine Widerlegung des vermuteten Vertretenmüssens** des Verkäufers, **§ 280 I S. 2 BGB**
>
> 5. **Keine Verjährung**, § 438 BGB
>
> ⇨ **Rechtsfolge: SE statt der Leistung** (kleiner/großer SE)

(1) Nachträgliche Unmöglichkeit der Nacherfüllung

Nachträgliche Unmöglichkeit: v.a. bei Zerstörung der Kaufsache

Nur wenn die Nacherfüllung nachträglich, also nach Vertragsschluss, i.S.d. § 275 I - III BGB dem Verkäufer unmöglich geworden ist, kann ein Anspruch des Käufers gem. §§ 437 Nr. 3, 283, 280 I, III BGB bestehen. Hier ist vor allem die Fallgruppe relevant, dass die Kaufsache zerstört wird.

> *Bsp.: K hat bei V ein gebrauchtes Mercedes Cabrio erworben; der Wagen wurde übergeben und bezahlt. Im nächsten Sommer stellt K fest, dass sich das Verdeck des Wagens aufgrund eines (behebbaren) Fabrikationsfehlers nicht vollständig öffnen lässt, und fordert V zur Nachbesserung auf.*
> *V kommt dem jedoch nicht nach. Kurz darauf wird der Wagen durch einen Dieb entwendet, ohne dass K hieran ein Verschulden trifft. Da K in der Folgezeit eine Weltumsegelung unternimmt, fordert er erst zweieinhalb Jahre nach Erwerb des Cabrios von V Schadensersatz statt der Leistung. V beruft sich auf Verjährung. Ein Haftungsausschluss war nicht vereinbart worden.*

Fraglich ist, ob K gegen V ein Anspruch auf Schadensersatz statt der Leistung aus §§ 437 Nr. 3, 280 I, III, 283 BGB zusteht.

1. Der gelieferte Wagen wies unproblematisch einen Sachmangel i.S.d. § 434 I S. 2 Nr. 2 BGB auf.

2. Damit stand dem K gegen V ein Anspruch auf Nacherfüllung in Form der Nachbesserung gem. § 439 I Alt. 1 BGB zu. Da es sich um einen behebbaren Mangel handelte, war die Nacherfüllung auch nicht anfänglich unmöglich.

> **hemmer-Methode: Zur Erinnerung: Wäre der Mangel von vornherein unbehebbar, so käme allenfalls ein Anspruch des K gegen V aus §§ 437 Nr. 3, 311a II BGB in Betracht!**

a) Durch den Diebstahl ist die Nacherfüllungspflicht des V nachträglich unmöglich i.S.d. § 275 I BGB geworden: V ist nun nicht mehr in der Lage, den Fehler am Verdeck des gelieferten Cabrios zu beheben.

b) Jedoch setzt ein Anspruch des K nach §§ 437 Nr. 3, 280 I, III, 283 BGB gem. § 280 I S. 2 BGB voraus, dass V das Leistungshindernis zu vertreten hat. Ein Verschulden des V im Sinne von Vorsatz und Fahrlässigkeit liegt jedoch nicht vor.

Allerdings könnte V die Unmöglichkeit der Nacherfüllung gem. § 287 S. 2 BGB zu vertreten haben. Dazu müsste er sich im Zeitpunkt des Diebstahls mit der Nacherfüllungspflicht im Schuldnerverzug gem. § 286 BGB befunden haben. Der Nacherfüllungsanspruch war fällig, wirksam und einredefrei; K hat V ausreichend i.S.d. § 286 I BGB gemahnt. Damit befand sich V mit der Nacherfüllung im Schuldnerverzug und hat den Diebstahl als i.S.v. § 287 S. 2 BGB zufälliges Ereignis gem. dieser Vorschrift zu vertreten.

c) Jedoch ist die Verjährungsfrist für diesen Anspruch abgelaufen: Diese betrug gem. § 438 I Nr. 3, II BGB zwei Jahre seit Ablieferung. Da V auch die Einrede der Verjährung gem. § 214 I BGB erhoben hat, ist der Anspruch des K gegen V auf Schadensersatz nicht mehr durchsetzbar.

Ergebnis: Daher besteht kein durchsetzbarer Anspruch des K gegen V auf Schadensersatz statt der Leistung.

Abwandlung

Abwandlung: *Wie oben, nur hat K dieses Mal einen Neuwagen erworben.* 313a

In der Abwandlung scheitert ein Anspruch des K gegen V aus §§ 437 Nr. 3, 280 I, III, 283 BGB nicht erst an der bereits eingetretenen Verjährung, vgl. § 438 I Nr. 3 BGB. Vielmehr liegt gar kein Fall nachträglich unmöglicher Nacherfüllung vor.

Zwar hat K von seinem Wahlrecht nach § 439 I BGB Gebrauch gemacht und Nachbesserung i.S.d. § 439 I Alt. 1 BGB gewählt; diese Form der Nacherfüllung ist dem Verkäufer nicht möglich, da er infolge des Diebstahls nicht auf den gelieferten Wagen einwirken kann.

Jedoch beschränkt sich in diesem Fall der Nacherfüllungsanspruch auf die andere Nacherfüllungsart[460], hier also auf die Nachlieferung gem. § 439 I Alt. 2 BGB. Diese ist V möglich: Er ist in der Lage, K einen anderen mangelfreien Wagen der gleichen Gattung zu verschaffen.

Damit scheidet ein Anspruch aus §§ 437 Nr. 3, 280 I, III, 283 BGB aus.

hemmer-Methode: Der Anspruch des K gegen V auf Nachlieferung nach § 439 I Alt. 2 BGB ist gem. § 438 I Nr. 3, II BGB verjährt und infolge der von V gem. § 214 I BGB erhobenen Verjährungseinrede nicht durchsetzbar.

(2) Bezugspunkt für das Vertretenmüssen des Verkäufers

Beim Schadensersatz statt der Leistung im Mängelrecht ist umstritten, ob die schuldhafte Verletzung der Pflicht zur mangelfreien Lieferung (§ 433 I S. 2 BGB) ausreicht, oder ob der Verkäufer die Nicht-Nacherfüllung zu vertreten haben muss. 314

hemmer-Methode: Lesen Sie hierzu nochmals die Ausführungen unter Rn. 291 bis 291c nach!

Vertretenmüssen: Leistungshindernis ist Bezugspunkt

Im Rahmen der §§ 437 Nr. 3, 283 BGB ist der Schadensersatzanspruch statt der Leistung wegen nachträglicher Unmöglichkeit erst dann gegeben, wenn die Nacherfüllungspflicht unmöglich wird. Bezugspunkt des Vertretenmüssens ist das Unmöglichwerden der Nacherfüllung.[461]

Allein entscheidend ist daher, ob der Verkäufer die Gründe, die zur Unmöglichkeit der Nacherfüllung geführt haben, zu vertreten hat.[462]

bb) Rechtsfolge

Rechtsfolge: wie § 311a II BGB

Hinsichtlich des Umfangs des Schadensersatzanspruches nach §§ 437 Nr. 3, 280 I, III, 283 BGB gilt das zu § 311a II BGB Gesagte[463] entsprechend. Auch hier kann der Käufer grundsätzlich zwischen dem kleinen und großen Schadensersatz wählen: § 283 S. 2 BGB verweist – wie § 311a II S. 3 BGB, vgl. Rn. 304 ff. – auf § 281 I S. 3, V BGB. 315

---

[460] Vgl. oben, Rn. 170.
[461] Reinicke/Tiedtke, Kaufrecht, Rn. 535.
[462] Im Rahmen der §§ 437 Nr. 3, 283 BGB ist dies ganz h.M.; vgl. Reinicke/Tiedtke, Kaufrecht, Rn. 535; Lorenz a.a.O., S. 2497 (2503, li. Sp.).
[463] Vgl. Rn. 304 ff.

e) Anspruch des Käufers auf Schadensersatz statt der Leistung bei behebbaren Mängeln nach §§ 437 Nr. 3, 280 I, III, 281 BGB

aa) Allgemeines

Anspruchsgrundlage des Käufers auf Schadensersatz statt der Leistung bei behebbarer Mangelhaftigkeit der Kaufsache ist §§ 437 Nr. 3, 280 I, III, 281 BGB.

Nacherfüllung muss möglich sein

In Abgrenzung zu den §§ 280 I, III, 283 BGB bzw. § 311a II BGB ist hierfür Voraussetzung, dass zur Zeit der Pflichtverletzung (nicht oder nicht ordnungsgemäße oder nicht rechtzeitige Nacherfüllung) die Nacherfüllung möglich sein muss.

Verjährung nach § 438 BGB

Die Verjährung des Anspruches bestimmt sich ebenfalls nach § 438 BGB.

bb) Voraussetzungen

Für einen Anspruch des Käufers aus §§ 437 Nr. 3, 281 I, 280 I, III BGB müssen folgende Voraussetzungen erfüllt sein:

> **Schadensersatz statt der Leistung nach §§ 437 Nr. 3, 280 I, III, 281 I BGB:**
>
> 1. **Wirksamer Kaufvertrag**
> 2. Leistung **„nicht wie geschuldet"** = **mangelhafte** Leistung
> 3. **Nicht erfolgte Nacherfüllung** gem. §§ 437 Nr. 1, 439 BGB **als** relevante **Pflichtverletzung**
> 4. **Fristsetzung** bzw. Entbehrlichkeit: § 440 BGB beachten
> 5. **Erfolgloser Fristablauf**
> 6. **Keine Widerlegung des vermuteten Vertretenmüssens** des Verkäufers, **§ 280 I S. 2 BGB**
> 7. **Eigene Vertragstreue** (kaum relevant)
> 8. **Keine Verjährung, § 438 BGB**
> ⇨ **Rechtsfolge**: SE statt der Leistung (kleiner/großer Schadensersatz, vgl. § 281 I S. 3 BGB)

Da im Wesentlichen auf die allgemeinen Ausführungen zum Anspruch aus §§ 280 I, III, 281 I BGB verwiesen werden kann[464], soll sich eine vertiefte Darstellung hier nur auf einige Besonderheiten des Anspruches aus §§ 437 Nr. 3, 280 I, III, 281 I BGB beschränken.

(1) Sondertatbestand für die Entbehrlichkeit der Fristsetzung in § 440 BGB

Entbehrlichkeit der Fristsetzung nach § 440 BGB

Wie auch für den Rücktritt nach §§ 437 Nr. 2, 323 I BGB erklärt § 440 BGB in den dort beschriebenen Fällen die Nachfristsetzung auch innerhalb des § 281 BGB für entbehrlich. Es gilt das zu § 440 BGB bereits Gesagte entsprechend.[465]

---

[464] **Hemmer/Wüst, Schuldrecht AT**, Rn. 351 ff.
[465] Rn. 221 f.

> **hemmer-Methode:** Beachten Sie, dass zwischen den Entbehrlichkeitsgründen in § 281 II BGB und in § 323 II BGB ein Unterschied besteht: Beim relativen Fixgeschäft ist die Fristsetzung für den Rücktritt gem. § 323 II Nr. 2 BGB stets entbehrlich, nicht jedoch für den Schadensersatz statt der Leistung. Hier kann zwar im Einzelfall gem. § 281 II Alt. 2 BGB die Fristsetzung wegen Unzumutbarkeit entbehrlich sein, aber eben nicht pauschal wie beim Rücktritt.
> Beim Fixhandelskauf ist gem. § 376 I S. 1 HGB für die Geltendmachung von Schadensersatzes statt der Leistung die Fristsetzung generell entbehrlich.

(2) Bezugspunkt des Vertretenmüssens des Verkäufers

Bezugspunkt des Vertretenmüssens ist sehr umstritten (vgl. Rn. 291 f.)

Beim Schadensersatz statt der Leistung im Mängelrecht ist umstritten, ob die schuldhafte Verletzung der Pflicht zur mangelfreien Lieferung (§ 433 I S. 2 BGB) ausreicht, oder ob der Verkäufer die Nicht-Nacherfüllung (§§ 437 Nr. 1, 439 I BGB) zu vertreten haben muss.

322

> **hemmer-Methode:** Lesen Sie hierzu nochmals die bereits unter Rn. 291 ff. geschilderte Grundproblematik nach.

(3) Vertretenmüssen des Verkäufers bei Eigenschaftszusicherungen

Problematisch bei Eigenschaftszusicherung

Fraglich ist, ob die in einer Eigenschaftszusicherung enthaltene Garantieübernahme des Verkäufers[466] zur Annahme dieses Vertretenmüssens führen kann, ohne dass es auf ein Verschulden des Verkäufers ankäme.

323

Da es sich um eine rechtsgeschäftliche Garantieübernahme handelt, ist deren Umfang im Wege der Auslegung nach den §§ 133, 157 BGB zu ermitteln: Der Verkäufer muss auch für den Fall des Unterbleibens der Nacherfüllung innerhalb einer vom Käufer gesetzten Nachfrist verschuldensunabhängig einstehen wollen.

Die entscheidende Frage lautet daher: Garantiert der Verkäufer nicht nur die mangelfreie Leistung, sondern auch bei Vorliegen eines Mangels die Nacherfüllung innerhalb einer vom Käufer nach § 281 I BGB gesetzten Nachfrist?

Dies ist wohl in der Regel zu bejahen, da der Verkäufer mit der Eigenschaftszusicherung für alle sich aus einer eventuellen Mangelhaftigkeit der Kaufsache ergebenden Schäden verschuldensunabhängig einstehen will. Nach dem maßgeblichen Empfängerhorizont des Käufers schließt dies eine verschuldensunabhängige Haftung nach §§ 437 Nr. 3, 280 I, III, 281 I BGB mit ein.

cc) Rechtsfolge

Ist die gesetzte Nachfrist erfolglos abgelaufen, steht dem Käufer gegen den Verkäufer ein Anspruch auf Schadensersatz statt der Leistung zu.

Kleiner Schadensersatz statt der Leistung

Wählt der Käufer den sog. kleinen Schadensersatz, so tritt dieser an die Stelle des Nacherfüllungsanspruches: Dieser erlischt nach § 281 IV BGB. Der Käufer behält jedoch die mangelhafte Sache.

324

---

[466] Vgl. bereits Rn. 271 ff.

Im Rahmen des sog. „kleinen" Schadensersatzes kann der Käufer entweder Ausgleich des mangelbedingten Minderwerts oder – als sog. Deckungsgeschäft – den Ersatz der Mängelbeseitigungskosten verlangen.[467]

Problem: Was gilt, wenn dem Verkäufer die Nacherfüllung unzumutbar ist?

Das Wahlrecht des K, statt des mangelbedingten Minderwerts den Ersatz der Sanierungskosten zu verlangen, könnte aber dann nicht mehr bestehen, wenn V sich zu Recht darauf berufen hätte, dass für ihn die Nacherfüllung mit unverhältnismäßigen Kosten verbunden ist.

324a

Schadensersatz statt der Leistung nicht ausgeschlossen, vgl. § 440 BGB

(1) Der Anspruch auf Schadensersatz wegen Mängeln der Kaufsache ist nach allgemeiner Meinung auch dann gegeben, wenn der Verkäufer die Nacherfüllung zu Recht nach § 439 IV BGB wegen unverhältnismäßiger Kosten verweigert.

324b

Das ergibt sich eindeutig aus § 440 BGB, wonach es zur Entstehung des Schadensersatzanspruchs grundsätzlich einer Fristsetzung nicht bedarf, wenn der Käufer die Nacherfüllung gemäß § 439 IV BGB verweigert.

BGH: Schadensersatz statt der Leistung ist analog § 251 II S. 1 BGB auf Ersatz des mangelbedingten Minderwerts der Kaufsache beschränkt

(2) Der BGH lehnt auch eine Reduzierung des Anspruchs auf Ersatz der Mängelbeseitigungskosten der Höhe nach auf einen angemessenen Betrag ab. Nach Ansicht des BGH ist der Schadensersatzanspruch bei Unverhältnismäßigkeit der Nacherfüllung gem. § 439 IV BGB aber in analoger Anwendung des § 251 II S. 2 BGB auf den Ersatz des mangelbedingten Minderwerts der Kaufsache beschränkt.[468]

324c

Eine direkte Anwendung des § 251 II S. 1 BGB scheidet aus, da nicht der Schadensersatzanspruch in Form der Naturalrestitution unverhältnismäßig ist, sondern allenfalls der Nacherfüllungsanspruch.

Kann der Verkäufer die Nachbesserung nach § 439 IV BGB verweigern, ist es folgerichtig, ihn schadensersatzrechtlich nicht für einen Teil der Mängelbeseitigungskosten einstehen zu lassen, sondern den Schadensersatz auf die Höhe der Differenz des Wertes der Kaufsache in mangelfreiem und in mangelhaftem Zustand zu beschränken.[469]

Die für die Beurteilung der Unverhältnismäßigkeit im Sinne des § 251 II S. 1 BGB maßgebenden Kriterien entsprechen jenen, die bei der nach § 439 IV BGB gebotenen Prüfung des unverhältnismäßigen Nacherfüllungsaufwands heranzuziehen sind.[470]

Grund ist der mit § 439 IV BGB beabsichtigte Schutz des Verkäufers. Der Verkäufer, der die Mängelbeseitigung wegen unverhältnismäßiger Kosten verweigern darf, kann nicht im Wege des Schadensersatzes verpflichtet sein, diese Kosten zu tragen. Der Umstand, dass der Schadensersatzanspruch anders als der Nacherfüllungsanspruch ein Vertretenmüssen des Verkäufers voraussetzt, führt zu keiner anderen Beurteilung.

Großer Schadensersatz statt der __ganzen__ Leistung

Bei Wahl des großen Schadensersatzes (beachte die Erheblichkeitsschwelle nach § 281 I S. 3 BGB)[471] tritt der Schadensersatzanspruch an die Stelle der gesamten Verkäuferpflicht aus § 433 I BGB. Der Käufer muss die Kaufsache gem. § 281 V BGB rückübereignen.

325

---

[467] BGHZ 193, 326 ff. = **juris**byhemmer.
[468] BGH, **Life&Law 10/2014, 709 ff.** = **juris**byhemmer; BGH, **Life&Law 01/2013, 9 ff.** = **juris**byhemmer; vgl. dazu auch Gutzeit, Unverhältnismäßige Verkäuferhaftung beim kleinen Schadensersatz, NJW 2015, 445 ff.
[469] Zum Werkvertragsrecht BGH, **Life&Law 07/2013, 537 ff.** = NJW 2013, 370 ff. = **juris**byhemmer.
[470] BGH, **Life&Law 07/2013, 537 ff.** = NJW 2013, 370 ff. = **juris**byhemmer.
[471] Vgl. bereits Rn. 308.

3. Ersatz vergeblicher Aufwendungen, § 437 Nr. 3 BGB i.V.m. § 284 BGB[472]

Vergebliche Aufwendungen nicht vom SE statt der Leistung erfasst

Steht dem Käufer ein Anspruch auf Schadensersatz statt der Leistung zu, so ist hiervon der Ersatz vergeblicher Aufwendungen nicht erfasst.

Bsp.: V verkauft K ein Hausgrundstück. K will das Gebäude zu privaten Zwecken (Wohnhaus) nutzen und richtet es sich entsprechend ein, wodurch ihm Kosten von 100.000,- € entstehen. Später stellt sich aufgrund eines von K in Auftrag gegebenen Sachverständigengutachtens heraus, dass das Gebäude asbestverseucht ist, was V bei Vertragsschluss hätte wissen müssen. K verlangt Ersatz der 100.000,- €.

Ein solcher Anspruch könnte sich aus §§ 437 Nr. 3, 311a II BGB ergeben. Die Anspruchsvoraussetzungen liegen unproblematisch dem Grunde nach vor: Das Gebäude weist einen Sachmangel jedenfalls nach § 434 I S. 2 Nr. 2 BGB auf, der Mangel ist unbehebbar. Da der Verkäufer dies bei Abschluss des Kaufvertrages wusste, haftet er nach § 311a II BGB.

1. Beim Schadensersatz statt der Leistung ist der Käufer so zu stellen, wie er bei ordnungsgemäßer Erfüllung stünde. Hätte V ordnungsgemäß, also mangelfrei, geleistet, wären K die fraglichen Aufwendungen ebenfalls entstanden. Der geltend gemachte Schaden ist daher nicht nach §§ 437 Nr. 3, 311a II BGB ersatzfähig.

Rentabilitätsvermutung nach bisher h.M.

2. Die Rechtsprechung behilft sich i.R.d. Schadensersatzes statt der Leistung mit der sog. „Rentabilitätsvermutung": Danach wird vermutet, dass sich bei ordnungsgemäßer Erfüllung der getätigte Aufwand später „rentiert" hätte, dass also durch den Erlös aus der Verwendung der Kaufsache der Aufwand gedeckt worden wäre.[473]

Konsequenterweise muss aber der Ersatzanspruch nach der Rentabilitätsvermutung verneint werden, wenn der Käufer durch den Aufwand keinen materiellen Erlös erzielen könnte, insbesondere immaterielle Zwecke verfolgt hat. Da hier das Haus zu privaten Zwecken genutzt wird, ist die Rentabilitätsvermutung nicht anwendbar.

Im Übrigen gilt die Rentabilitätsvermutung nur bei **unmittelbaren** erwerbswirtschaftlichen Aufwendungen (z.B. Makler- und Notarkosten).

§ 284 BGB

3. Um eine Ungleichbehandlung von materieller und immaterieller Zwecksetzung der Aufwendung auszuschließen, wurde § 284 BGB geschaffen.

Der Käufer kann daher an Stelle des Schadensersatzes statt der Leistung Ersatz vergeblicher Aufwendungen verlangen. Dies gilt freilich nicht, wenn der verfolgte Zweck auch bei ordnungsgemäßer Erfüllung durch den Verkäufer nicht eingetreten wäre, § 284 HS 2 BGB. § 284 BGB geht vor allem weiter als die Rentabilitätsvermutung, da er die Verfolgung immaterieller Zwecke einschließt.[474]

Alternativ zu SE statt der Leistung

Ausweislich des Wortlauts der Norm tritt der Ersatzanspruch an die Stelle des Anspruches auf Schadensersatz statt der Leistung. Es müssen daher die Voraussetzungen eines solchen Schadensersatzanspruches bei § 284 BGB inzident geprüft werden. Es gibt also nur alternativ Schadensersatz statt der Leistung oder Ersatz vergeblicher Aufwendungen.[475]

Die 100.000,- € stellen einen vergeblichen Aufwand des K dar. Der Zweck der Einrichtung kann aufgrund der Asbestverseuchung des Gebäudes nicht erreicht werden. Da K ein Anspruch auf Schadensersatz statt der Leistung nach §§ 437 Nr. 3 Alt. 1, 311a II BGB zustünde, kann er alternativ nach §§ 437 Nr. 3 Alt. 2, 284 BGB Ersatz der 100.000,- € verlangen.

---

[472] Hierzu ausführlich **Hemmer/Wüst, Schuldrecht AT**, Rn. 431 ff.
[473] RGZ 127, 254 (258); BGH, NJW 1983, 442 - 444 = juris**by**hemmer; vgl. Palandt, vor § 249, Rn. 32.
[474] Hierzu vgl. das Beispiel in **Hemmer/Wüst, Schuldrecht AT**, Rn. 432.
[475] Canaris, Die Reform des Rechts der Leistungsstörungen, JZ 2001, 499 - 528 (517).

> hemmer-Methode: Allerdings darf er sich hierdurch nicht bereichern. Daher erscheint es sachgerecht, dem Verkäufer einen Anspruch auf Herausgabe der Einrichtung – sofern möglich – nach § 255 BGB analog zuzusprechen. Wahlweise kann der Käufer auch die Einrichtung an Dritte veräußern und die Differenz zwischen Erlös und den 100.000,- € nach § 284 BGB als ersatzfähigen Aufwand ersetzt verlangen.

Rentabilitätsvermutung gilt weiterhin

Trotz Schaffung des § 284 BGB ist davon auszugehen, dass im Rahmen des Schadensersatzes statt der Leistung weiterhin mit der Rentabilitätsvermutung gearbeitet werden darf.[476]

Unklar ist, ob der Käufer Ersatz vergeblicher Aufwendungen auch aus §§ 280 I, 311 II BGB verlangen kann.

Ein Anspruch wegen vorvertraglicher Pflichtverletzung gem. §§ 280 I, 311 II BGB scheidet i.d.R. mangels Anwendbarkeit aus. Der Anspruch kann bei Falschangaben bzw. Nichtaufklärung bzgl. eines Mangels i.S.d. §§ 434 f. BGB nur im Falle der Arglist des Verkäufers neben den §§ 434 ff. BGB bestehen.[477]

Aber auch im Falle der Arglist kann es **sicher nicht** sein, dass der Käufer Schadensersatz statt der Leistung **und** das negative Interesse aus §§ 280 I, 311 II BGB nebeneinander verlangen kann. Er muss sich auf sein positives Interesse den Anspruch aus c.i.c. in jedem Fall anrechnen lassen, da er ansonsten sogar besser stünde als bei ordnungsgemäßer Erfüllung.[478]

IX. Rückgriff des Verkäufers beim Verkauf neu hergestellter Sachen, §§ 445a, 445b BGB

§§ 445a, 445b BGB sind Folgeänderungen zu § 439 III BGB

Aufgrund der Neuregelung des § 439 III S. 1 BGB werden die Verkäufer von Baumaterialien und anderen Gegenständen künftig weitaus häufiger als bis zum 31.12.2017 Ansprüchen auf Ersatz von Aus- und Einbaukosten und anderen Aufwendungsersatzansprüchen ausgesetzt sein.

Diese Ansprüche können einen erheblichen Umfang haben. Ein Ausgleich für diese ausgeweitete Mängelhaftung soll dadurch erreicht werden, dass gem. § 445a BGB auch die Regressmöglichkeiten verbessert werden.

§§ 445a, 445b BGB regeln daher Besonderheiten für die Rückgriffsansprüche des Verkäufers gegenüber seinem Lieferanten, wenn der Verkäufer selbst von einem Käufer wegen eines Mangels einer neu hergestellten Sache in Anspruch genommen wurde.

Der Letztverkäufer und die Zwischenhändler sollen die Aufwendungen, die ihnen bei der Erfüllung ihrer Nacherfüllungspflichten entstehen, über Regressvorschriften in der Lieferkette möglichst bis zum Verursacher des Mangels weiterreichen können.

> hemmer-Methode: Dies war bis zum 31.12.2017 gem. § 478 BGB a.F. nur dann der Fall, wenn der Unternehmer von einem Verbraucher in Anspruch genommen wurde.

Beim Verbrauchsgüterkauf ist § 478 BGB zu beachten!

Beim Verbrauchsgüterkauf werden die §§ 445a, 445b BGB durch § 478 BGB nochmals modifiziert!

---

[476] Canaris, Die Reform des Rechts der Leistungsstörungen, JZ 2001, 499 - 528 (517); zweifelnd Dauner-Lieb, Das neue Schuldrecht, S. 76; die Gesetzesbegründung geht davon aus, dass es in Zukunft auf die Rentabilitätsvermutung nicht mehr ankommen werde, BT-Drs. 14/6040, S. 144.
[477] Vgl. zu diesem Konkurrenzproblem Rn. 404 ff.
[478] Vgl. auch von Lorenz, Schadensersatz statt der Leistung, Rentabilitätsvermutung und Aufwendungsersatz im Gewährleistungsrecht, NJW 2004, 26 - 30.

> **hemmer-Methode:** Zu § 478 BGB lesen Sie die Rn. 473 ff. in diesem Skript!

1. § 445a I BGB: Selbständiger Regress

§ 445a I BGB: Selbständiger Regress

Eine **eigene Anspruchsgrundlage** des Verkäufers gibt **§ 445a I BGB** (sog. „**selbständiger Regress**").

Danach kann der Verkäufer beim Verkauf einer neu hergestellten Sache von seinem Lieferanten Ersatz der Aufwendungen verlangen, die er im Verhältnis zum Käufer nach § 439 II, III BGB sowie § 475 IV und VI BGB wegen Nacherfüllung gegenüber seinem Käufer (= dem Verbraucher) zu tragen hatte, wenn der vom Käufer geltend gemachte Mangel bereits beim Übergang der Gefahr auf den Verkäufer vorhanden war.

Dieser Anspruch ist unabhängig von einem Vertretenmüssen des Lieferanten.

> **hemmer-Methode:** Ein verschuldensabhängiger Anspruch des Verkäufers gegen seinen Lieferanten ergibt sich bereits aus §§ 437 Nr. 3 Alt. 1, 280 I BGB.[479]

Mit der Formulierung „*zu tragen hatte*" wird ausgedrückt, dass der Verkäufer seinerseits zur Nacherfüllung **verpflichtet** gewesen sein muss und ihm auch kein Leistungsverweigerungsrecht gegenüber dem Käufer zustand.

Der Lieferant kann dem Rückgriffsanspruch mithin gegebenenfalls entgegenhalten, der Letztverkäufer habe von einer an sich gegebenen Möglichkeit abgesehen, die Nacherfüllung wegen Unverhältnismäßigkeit nach § 439 IV BGB zu verweigern oder gegenüber einem (Letzt-)Käufer, der Verbraucher ist, den Aufwendungsersatz nach § 475 IV BGB auf einen angemessenen Betrag zu beschränken.

2. § 445a II BGB: Unselbständiger Regress

§ 445a II BGB: unselbständiger Regress

§ 445a II BGB regelt, dass es für die Geltendmachung der in § 437 bezeichneten Rechte des Verkäufers gegen seinen Lieferanten wegen des vom Käufer geltend gemachten Mangels der sonst erforderlichen Fristsetzung nicht bedarf, wenn der Verkäufer die verkaufte neu hergestellte Sache als Folge ihrer Mangelhaftigkeit zurücknehmen musste oder der Käufer den Kaufpreis gemindert hat.

Es handelt sich dabei nicht um eine eigene Anspruchsgrundlage, sondern um einen **unselbständigen Regress**: Dem Rückgriff des (Letzt-)Verkäufers dienen in erster Linie seine allgemeinen kaufrechtlichen Rechte und Ansprüche nach § 437 Nr. 1 bis 3 BGB, deren Bestehen § 445a II BGB im Übrigen, d.h. abgesehen von dem Erfordernis einer fruchtlosen Fristsetzung, voraussetzt.

Entbehrlichkeit der Fristsetzung auch bei behebbaren Mängeln

Der Verkäufer kann also – bei Vorliegen der übrigen Voraussetzungen – nach §§ 437 Nr. 2 Alt. 1, 323 I BGB zurücktreten oder nach §§ 437 Nr. 3 Alt. 1, 281 BGB Schadensersatz statt der Leistung verlangen, ohne zuvor seinem Lieferanten eine angemessene Frist i.S.v. §§ 281 I, 323 I BGB setzen zu müssen.

> **hemmer-Methode:** § 445a II BGB normiert also in dieser Lieferantenkette neben §§ 281 II, 323 II, 440 BGB einen weiteren Fall der Entbehrlichkeit der Nachfristsetzung bei behebbaren Mängeln.

---

[479] Dazu oben, Rn. 264 ff.

3. § 445a III BGB: Regress in der unternehmerischen Lieferkette

§ 445a III BGB erweitert Regress in der „Lieferkette"

§ 445a III BGB stellt daher klar, dass § 445a BGB auf die Ansprüche des Lieferanten und der übrigen Käufer in der Lieferkette gegen die jeweiligen Verkäufer entsprechende Anwendung findet, sofern die Parteien des jeweiligen Kaufvertrags Unternehmer im Sinne von § 14 BGB sind (sog. **„Lieferkette"**).

Nachteile aus der Mangelhaftigkeit einer Sache sollen so möglichst bis zu dem Unternehmer weitergegeben werden, in dessen Bereich der Mangel entstanden ist.

4. Aber: Rügeobliegenheit nach § 377 HGB ist zu beachten, § 445a IV BGB

Verletzung der Rügeobliegenheit des § 377 HGB führt aber zu Verlust des Regressanspruches, § 445a IV BGB

Durch **§ 445a IV BGB** wird klargestellt, dass die Regelungen des § 377 des Handelsgesetzbuchs (HGB) unberührt bleiben. Der Unternehmer in der Lieferantenkette, der als Kaufmann entgegen § 377 HGB nicht ordnungsgemäß untersucht und einen Mangel nicht unverzüglich anzeigt, verliert also seine Rechte wegen dieses Mangels gegen seinen Lieferanten, § 377 II, III HGB.

hemmer-Methode: Zur Rügeobliegenheit nach § 377 HGB lesen Sie die Rn. 371 ff. in diesem Skript.

5. Verjährung der Rückgriffsansprüche, § 445b BGB

Selbständiger Regressanspruch: 2-jährige Verjährung, § 445b I BGB

Die Verjährung des selbständigen Regressanspruchs des Verkäufers nach § 445a I BGB wird nicht von § 438 BGB erfasst. § 445b I BGB enthält für diesen Regressanspruch eine eigenständige Verjährungsregel, wonach der Aufwendungsersatzanspruch in zwei Jahren ab Ablieferung der Sache beim Käufer (= Regressgläubiger) verjährt.

Unselbständiger Regress: § 438 BGB

Für die übrigen Rechte des Unternehmers gegen seinen Lieferanten aus § 437 BGB gilt § 438 BGB, was i.d.R. ebenfalls zu einer zweijährigen Verjährungsfrist ab Ablieferung der Sache führt, vgl. § 438 I Nr. 3, II BGB.

Für beide Regressansprüche regelt § 445b III BGB eine Ablaufhemmung

Für die Mängelrechte des Unternehmers gegen seinen Lieferanten regelt § 445b III BGB eine sog. Ablaufhemmung. Die Verjährung der in den §§ 437, 445a I BGB bestimmten Ansprüche des Verkäufers gegen seinen Lieferanten wegen des Mangels einer verkauften, neu hergestellten Sache tritt **frühestens zwei Monate** nach dem Zeitpunkt ein, in dem der Verkäufer die Ansprüche des Käufers erfüllt hat, § 445 III S. 1 BGB.

Erhebliches Haftungsrisiko

Für den Lieferanten und denjenigen, der am Anfang der Lieferkette steht (Hersteller), ergibt sich so für Mängel, die nicht nach § 377 II, III HGB präkludiert sind, ein Haftungsrisiko für erhebliche Zeit.

Höchstens fünfjährige Haftung, § 445b III S. 2 BGB

§ 445b III S. 2 BGB bestimmt daher, dass diese Ablaufhemmung spätestens fünf Jahre nach dem Zeitpunkt, in dem der Lieferant die Sache dem Verkäufer abgeliefert hat, endet.

X. Besonderheiten beim Rechtskauf und beim Kauf sonstiger Gegenstände

Die §§ 433 ff. BGB betreffen zunächst nur den Kauf von Sachen i.S.d. § 90 BGB. Für den Kauf von Rechten und sonstigen Gegenständen erklärt § 453 I BGB die Vorschriften über den Sachkauf für entsprechend anwendbar.

1. Gegenstand des Kaufvertrages gem. § 453 BGB

Nicht nur Rechte, auch „sonstige Gegenstände"

Gegenstand eines Rechtskaufs können nicht nur Rechte, sondern gem. § 453 I Alt. 2 BGB auch sonstige Gegenstände sein. Dieser Begriff ist möglichst weit zu fassen; gemeint sind alle übertragbaren Rechtsobjekte.

Z.B. Unternehmen, freiberufliche Praxen

So können beispielsweise als sonstige Gegenstände Unternehmen oder freiberufliche Praxen verkauft werden.[480]

Rechte müssen übertragbar sein

Rechte können nur dann Gegenstand eines Rechtskaufes sein, wenn sie übertragbar sind.[481] Sind sie es nicht (z.B. §§ 399, 400, 1059 BGB), liegt ein Fall anfänglicher Unmöglichkeit i.S.d. § 311a BGB vor. Übertragbare Rechte sind insbesondere:

⇨ Forderungen (sofern übertragbar; nicht daher Anspruch aus § 985 BGB)

⇨ Dingliche Rechte wie z.B. Anwartschaftsrechte, Grundschulden

⇨ Immaterielle Rechte wie Patente, Gebrauchsmuster und Warenzeichen

⇨ Anteile an Rechten (z.B. Miteigentumsanteil) sowie Mitgliedschaftsrechte an Gesellschaften (sofern übertragbar, z.B. § 15 I GmbHG)

2. Pflichten beim Rechtskauf und Kauf sonstiger Gegenstände

a) Verschaffungspflicht des Verkäufers

Verkäufer muss Recht übertragen

Der Verkäufer muss nach §§ 453 I, 433 I S. 1 BGB den Käufer zum Inhaber des verkauften Rechts machen. Er hat alle Handlungen vorzunehmen, die zur Übertragung des Rechts oder des sonstigen Gegenstandes notwendig sind. Dies ist z.B. beim Forderungskauf die Abtretung der verkauften Forderung durch Abschluss eines Abtretungsvertrages mit dem Käufer, § 398 BGB.

> **Bsp.:** *Kauf eines Unternehmens*
>
> Es sind alle Gegenstände des Betriebsvermögens zu übertragen, sofern sie nicht – was aufgrund der Vertragsfreiheit der Parteien möglich ist – von der Übertragung ausgenommen wurden, also v.a. Übereignung des Betriebsgrundstückes nach §§ 873, 925 BGB, Übereignung des beweglichen Inventars nach §§ 929 ff. BGB, Übertragung von Forderungen durch Abtretung nach §§ 398 ff. BGB.
>
> Durch Auslegung des Kaufvertrages ist zu ermitteln, ob der Käufer auch die Schulden des Unternehmers übernehmen soll, §§ 414 ff. BGB.

---

[480] BT-Drs. 14/6040, S. 242.
[481] Palandt, § 453, Rn. 20.

Das Verpflichtungsgeschäft bezieht sich also einheitlich auf das Unternehmen; die Erfüllungsgeschäfte müssen sich – schon aufgrund des sachenrechtlichen Bestimmtheitsgrundsatzes – jedoch auf die einzelnen zu übertragenden Gegenstände beziehen und richten sich nach der Art des jeweils zu übertragenden Gegenstandes.

Bsp.: Kauf einer Arztpraxis

Der Kauf einer freiberuflichen Praxis schließt im Zweifel auch die Übertragung des Kundenstammes ein: Soweit die Patienten zustimmen[482], ist dem Käufer die Patientenkartei auszuhändigen. Durch Auslegung des Vertrages kann sich ergeben, dass der Verkäufer gegenüber seinen Patienten zu dem Hinweis verpflichtet ist, der Käufer trete seine Nachfolge an und genieße sein volles Vertrauen. Entsprechendes gilt bei anderen freiberuflichen Praxen wie z.B. Rechtsanwaltskanzleien.

Pflicht zur Übergabe, § 453 III BGB

Wird ein Recht bzw. ein sonstiger Gegenstand verkauft, der zum Besitz einer Sache berechtigt, so muss der Verkäufer dem Käufer diese Sache übergeben, § 453 III BGB; Übergabe ist hierbei wie in § 433 I S. 1 BGB als Verschaffung unmittelbaren Besitzes zu verstehen. Daher ist z.B. bei Übertragung eines Erbbaurechts nicht nur dieses zu übertragen, sondern auch das Grundstück zu übergeben, an dem es besteht.

Bsp.: K hat bei V eine Maschine unter Eigentumsvorbehalt erworben. Vor Zahlung der letzten Rate verkauft er sein Anwartschaftsrecht an B, wobei K die Maschine aber weiter nutzen sollte. Besteht ein Anspruch des B gegen K auf Herausgabe der Maschine?

1. Ein solcher Anspruch könnte sich aus § 453 III BGB ergeben.

a) Bei einem dem Vorbehaltskäufer zustehenden Anwartschaftsrecht handelt es sich um ein übertragbares Recht, sodass der zwischen K und dem B geschlossene Vertrag als Rechtskauf i.S.d. § 453 BGB zu behandeln ist.

b) Der Verkäufer eines Rechtes ist zu dessen Übertragung an den Käufer verpflichtet. Dies ist hier geschehen: Die Übertragung des Anwartschaftsrechtes des K an B erfolgte nach §§ 929 S. 1, 930 BGB, wobei der zwischen K und B vereinbarte Leih- bzw. Mietvertrag ein für § 930 BGB ausreichend konkretes Besitzmittlungsverhältnis i.S.d. § 868 BGB darstellt.

Die §§ 929 ff. BGB finden auf das Anwartschaftsrecht als wesensgleiches Minus zum Volleigentum Anwendung[483] (str. nur, ob direkt oder analog).

c) Jedoch handelt es sich bei dem Anwartschaftsrecht des Vorbehaltskäufers um ein Recht, das zum Besitz der jeweiligen Sache berechtigt. Daher könnte K dem B aus § 453 III BGB zur Übergabe der Maschine verpflichtet sein. Diese wird nur durch Verschaffung unmittelbaren Besitzes erfüllt, was vorliegend nicht geschehen ist. Der Übergabebegriff ist hierbei enger zu verstehen als bei den §§ 929 ff. BGB, vor allem sind die Übergabesurrogate der §§ 930, 931 BGB nicht anzuwenden.

Allerdings handelt es sich bei § 453 III BGB um dispositives Recht. Hier lässt sich durch Auslegung der zwischen K und B getroffenen Vereinbarung entnehmen, dass ein vertraglicher Anspruch des B gegen K auf Herausgabe der Maschine nicht begründet werden sollte; vielmehr sollte K im unmittelbaren Besitz der Maschine bleiben und diese weiter nutzen können. Damit besteht kein vertraglicher Herausgabeanspruch des B gegen K. Ein solcher entsteht erst nach Beendigung des Leih- bzw. Mietverhältnisses.

2. Ein Herausgabeanspruch des B gegen K aus § 985 BGB besteht nicht. Zwar steht dieser Anspruch auch dem Anwartschaftsberechtigten zu.[484] Jedoch hat K gegenüber B aufgrund des vereinbarten Leih- bzw. Mietvertrages ein schuldrechtliches Besitzrecht i.S.d. § 986 I BGB.

---

[482] Anderenfalls kann eine Strafbarkeit nach § 203 StGB bestehen!
[483] Palandt, § 929, Rn. 45.
[484] Dies ist nur strittig gegenüber dem Eigentümer.

> **hemmer-Methode:** Zur Klarstellung: Leihe ist die unentgeltliche Gebrauchsüberlassung, Miete hingegen ist immer entgeltlich. Lassen Sie sich in der Klausur also nicht in die Falle locken, wenn von einem „gewerblichen Autoverleih" bzw. einer „Leihgebühr" die Rede ist! Genauso falsch ist der in der Kinobranche gebräuchliche Ausdruck „Filmverleih". Die vermeintlichen Film„verleiher" (UIP, Warner etc.) schöpfen mittlerweile den größten Teil des Gewinns der Kinobetreiber ab, indem sie sich prozentual an den Einnahmen beteiligen.

b) Pflicht des Käufers zur Kaufpreiszahlung

§§ 453 I, 433 II BGB

Auch beim Rechtskauf ist der Käufer selbstverständlich zur Kaufpreiszahlung verpflichtet, §§ 453 I, 433 II BGB, insofern bestehen keine Besonderheiten.

Vorbehaltskauf auch beim Rechtskauf möglich

Zu beachten ist, dass auch beim Rechtskauf der Vollerwerb des verkauften Rechts von der vollständigen Kaufpreiszahlung gem. § 158 I BGB abhängig gemacht werden kann. Auch hier erwirbt der Käufer ein Anwartschaftsrecht.[485]

c) Pflicht des Verkäufers zur mangelfreien Leistung

Der Verkäufer ist nach §§ 453 I, 433 I S. 2 BGB zur mangelfreien Leistung verpflichtet. Kommt er dieser Pflicht nicht nach und überträgt ein mangelbehaftetes Recht, so stehen dem Käufer die gleichen Rechte zu wie beim Sachkauf, § 453 I BGB.[486]

Keine Anwendung von § 434 BGB

Da ein Recht schon begrifflich keine Sachmängel i.S.d. § 434 BGB haben kann, kommen grundsätzlich nur Rechtsmängel i.S.d. § 435 BGB in Betracht. Denkbar wäre zwar, § 434 BGB gemäß § 453 I BGB entsprechend anzuwenden, da auch einem Recht eine vereinbarte Beschaffenheit i.S.d. § 434 I S. 1 BGB fehlen, es zur gewöhnlichen Verwendung i.S.d. § 434 I S. 2 Nr. 1 BGB ungeeignet sein kann etc.

Diese Auffassung ist jedoch hinsichtlich des § 434 I S. 2 BGB abzulehnen. Eine derart weitgehende Erweiterung der Haftung des Rechtsverkäufers gegenüber der alten Rechtslage hat der Gesetzgeber nicht beabsichtigt. Insbesondere müsste bei entsprechender Anwendung von § 434 BGB auch eine allgemeine Bonitätshaftung des Verkäufers bejaht werden[487], zumal sich eine wirtschaftlich undurchsetzbare Forderung zum „gewöhnlichen Gebrauch" i.S.d. § 434 I S. 2 Nr. 2 BGB nicht eignet.

Aus der Gesetzesbegründung ergibt sich jedoch eindeutig, dass durch § 453 BGB die Haftung im Fall des Rechtskaufs nicht erweitert werden sollte.

§ 434 I S. 2 BGB ist daher auf den Kauf eines Rechts grundsätzlich nicht anwendbar, da es einen Sachmangel (so die offizielle Überschrift des § 434 BGB) eines Rechts nicht geben kann.[488]

Für das Kaufobjekt „Recht" ist die Unsicherheit über die Bonität so prägend und selbstverständlich, dass die Werthaltigkeit nicht zu den „üblichen Beschaffenheiten" i.S.d. objektiven Mangelbegriffs des § 434 I S. 2 BGB gehört.[489]

---

[485] Zum Kauf unter Eigentumsvorbehalt vgl. Rn. 408 ff.
[486] Lesen Sie hierzu auch Pahlow, Grundfragen der Gewährleistung beim Rechtskauf, JA 2006, 385 - 389.
[487] Dazu im Folgenden, Rn. 349 ff.
[488] So z.B. Eidenmüller, Die Verjährung beim Rechtskauf, NJW 2002, 1625 - 1627 (1627).
[489] So auch Dauner-Lieb/Arnold/Dötsch/Kitz, Fälle zum Schuldrecht, Fall 86, S. 175 f.

Hierfür spricht zudem § 453 III BGB, der für den speziellen Fall des Kaufs eines Rechts, das zum Besitz einer Sache berechtigt, auch § 434 BGB für anwendbar erklärt. Diese Vorschrift wäre überflüssig, wenn § 434 BGB ohnehin bei jedem Rechtskauf angewendet werden könnte.

Jedenfalls ohne entsprechende Vereinbarung kann es eine **Bonitätshaftung** bei einem verkauften Recht nicht geben.

> **hemmer-Methode:** Zur neuen Rechtslage beim Rechtskauf und zur Frage, inwieweit es hier eine Bonitätshaftung geben kann, vgl. Eidenmüller in ZGS 2002, 290 [294].

Keine Anwendbarkeit des § 434 I S. 2 BGB; Beschaffenheitsvereinbarungen sind jedoch wg. Vertragsfreiheit möglich

Allerdings können die Parteien des Kaufvertrages auch beim Rechtskauf bzgl. des verkauften Rechtes Beschaffenheitsvereinbarungen i.S.d. § 434 I S. 1 BGB treffen, die bei Nichtvorliegen der fraglichen Beschaffenheit zu Mängelrechten des Käufers führen. Dies gebietet die Vertragsfreiheit.

> *Bsp.:* H verkauft und überträgt K seine „Hypothek" am Grundstück des E. Später stellt sich heraus,
>
> *1. dass die gesicherte Forderung des H mit einem Pfandrecht des P belastet ist und*
>
> *2. dass das Grundstück mit Quecksilber verseucht und damit praktisch wertlos ist.*

341

zu 1.:

Es handelt sich um einen Rechtskauf; Kaufgegenstand ist jedoch nicht die Hypothek des H, denn diese ist selbst nicht übertragbar. Vielmehr ist Kaufgegenstand die durch die Hypothek gesicherte Forderung des H; allein diese kann nach §§ 398, 1154 BGB übertragen werden. Die Hypothek folgt der Forderung dann kraft Gesetzes, § 1153 I BGB.

> **hemmer-Methode:** Nutzen Sie die Hinweise im Sachverhalt. In der Examensklausur wird nie ausdrücklich die hypothekarisch gesicherte Forderung, sondern immer die „Hypothek" übertragen. Der Klausurersteller erwartet von Ihnen, dass Sie dazu Stellung nehmen, was genau rechtsgeschäftlich übertragen wird.

An der verkauften und dem K übertragenen Forderung besteht ein Pfandrecht des P, vgl. §§ 1273 ff. BGB. Eine derartige Belastung stellt einen Rechtsmangel i.S.d. § 435 BGB dar.[490] Dem Käufer stehen die in § 437 BGB genannten Mängelrechte zu, wobei eine Nacherfüllung in der Regel unmöglich sein wird: H kann das Pfandrecht des P nicht eigenmächtig beseitigen, vielmehr bedarf es einer entsprechenden Erklärung seitens des P (v.a.: Aufhebung nach § 1255 BGB).

zu 2.:

a) Die Verseuchung des Grundstücks stellt keinen Rechtsmangel der verkauften Forderung i.S.d. §§ 453 I, 435 BGB dar (vgl. Wortlaut § 435 BGB).

b) Sicher handelt es sich um einen Sachmangel des Grundstückes i.S.d. § 434 BGB; jedoch ist das Grundstück nicht Gegenstand des zwischen K und H abgeschlossenen Kaufvertrages, sodass K hieraus keine Rechte herleiten kann.

Anders wäre dies nur, wenn § 453 III BGB eingreifen würde: Berechtigt das verkaufte Recht zum Besitz einer Sache, so muss der Verkäufer nach dieser Vorschrift auch diese Sache dem Käufer frei von Rechts- und Sachmängeln verschaffen.

---

[490] Vgl. dazu oben, Rn. 138 ff.

Ein solcher Fall liegt jedoch nicht vor: Weder die hypothekarisch gesicherte Forderung noch die Hypothek als dingliches Recht berechtigen den Inhaber zum Besitz an dem belasteten Grundstück. Damit scheidet § 453 III BGB aus.

Also kommen die Mängelrechte des § 437 BGB nicht in Betracht. K kann jedoch, sofern H dem K die Verseuchung des Grundstückes bei Vertragsschluss schuldhaft verschwiegen oder Falschangaben hierüber gemacht hat, von H nach den Regeln der c.i.c. Schadensersatz gem. §§ 280 I, 311 II BGB verlangen.

c) Jedoch könnte aufgrund der Mangelhaftigkeit des Grundstückes auch die Hypothek i.S.d. § 434 BGB mangelhaft sein. Zwar bezieht sich die Vorschrift auf Sachmängel, die bei einem Rechtskauf schon begrifflich nicht vorliegen können. Jedoch könnte § 434 BGB über § 453 I BGB entsprechend anzuwenden sein. Dem ist nicht zu folgen; hierdurch würde die Haftung des Rechtsverkäufers gegenüber der alten Rechtslage erheblich ausgeweitet, was der Gesetzgeber wohl nicht beabsichtigt hat.

Nur wenn das verkaufte Recht bzw. der verkaufte sonstige Gegenstand zum Besitz an einer Sache berechtigt (z.B.: Anwartschaftsrecht des Vorbehaltskäufers), muss der Verkäufer diese Sache dem Käufer nicht nur übergeben, sondern muss dies auch frei von Sach- und Rechtsmängeln tun, § 453 III BGB.

Sonderfall: Unternehmenskauf

Wurde ein Unternehmen verkauft (sog. **„Asset-Deal"**), sollten nach altem Recht die Vorschriften über den Sachkauf anzuwenden sein; Mängel des Unternehmens waren als Sachmängel zu beurteilen.[491] Es ist nicht davon auszugehen, dass sich durch die Neufassung des § 453 I BGB hieran etwas ändern sollte.

Bsp.: V hat K sein Unternehmen verkauft. Wenige Wochen später stellt K fest, dass nahezu alle Produktionsmaschinen durchgerostet und kurz vor dem Auseinanderfallen sind.

Zwar stellt der Unternehmenskauf einen Rechtskauf dar; dennoch sind Mängel des Unternehmens als Sachmängel einzustufen, sodass unter den Voraussetzungen des § 434 BGB dem Käufer die in § 437 BGB genannten Mängelrechte zustehen.

Mängelrechte hinsichtlich des gesamten Unternehmens

Hier sind die Produktionsmaschinen mangelhaft i.S.d. § 434 I S. 2 Nr. 2 BGB. Will der Käufer allerdings Mängelrechte in Ansehung des Unternehmens geltend machen, muss dieses mangelhaft sein; der Mangel einzelner zum Unternehmen gehörender Gegenstände muss sich also auf das gesamte Unternehmen erstrecken.

Es gelten die Voraussetzungen der §§ 281 I S. 3, 323 V S. 2 BGB. Vom Vorliegen dieser zusätzlichen Voraussetzungen ist bei dem vorliegenden schweren Mangel auszugehen.

> **hemmer-Methode: Eine Parallele findet sich im Reisevertragsrecht, wo es nicht auf die Mangelhaftigkeit einzelner Reiseleistungen, sondern auf die Mangelhaftigkeit der Gesamtreise ankommt. Lernen Sie frühzeitig, vergleichbare Problemfelder zu erkennen, um den Lernaufwand möglichst gering zu halten. Nur so gelingt eine effektive Examensvorbereitung!**

Mängelrechte hinsichtlich einzelner Gegenstände

Beim **Unternehmenskauf** kann der Käufer allerdings auch hinsichtlich einzelner zum Unternehmen gehörender Gegenstände Mängelrechte geltend machen, sofern diese mangelbehaftet sind.

Bsp.: K hat vom vormaligen Geschäftsinhaber X der X-GmbH 95 % der Geschäftsanteile erworben. Bei einer Rundfahrt mit dem zum Betriebsvermögen gehörenden Firmenwagen stellt K fest, dass das Schiebedach des Wagens oft klemmt. K verlangt von X Nachbesserung.

---

[491] Palandt, § 433, Rn. 3.

Ein Anspruch auf Nachbesserung könnte sich aus §§ 433 I S. 2, 437 Nr. 1, 439 I Alt. 1 BGB ergeben.

a) Der Firmenwagen ist unproblematisch i.S.d. § 434 I S. 2 Nr. 2 BGB mit einem Sachmangel behaftet. Jedoch ist nicht der Firmenwagen Kaufgegenstand; es wurden vielmehr nur Mitgliedschaftsrechte an der X-GmbH verkauft. Die Pflicht des Verkäufers X ist daher grundsätzlich nur auf die (Rechts-)Mangelfreiheit dieser Rechte beschränkt.

b) Anderes würde jedoch im Falle eines Unternehmenskaufes gelten. Bei einem solchen handelt es sich zwar um den Kauf eines sonstigen Gegenstandes i.S.d. § 453 I Alt. 2 BGB. Dennoch kann der Käufer anerkanntermaßen Mängelrechte hinsichtlich einzelner zum Unternehmen gehörender Gegenstände geltend machen. Da der Firmenwagen zum Betriebsvermögen der X-GmbH gehört, stünden K gegen X insoweit die Rechte des § 437 BGB zu.

aa) Gegen den Kauf des Unternehmens spricht allerdings die Tatsache, dass nicht das Unternehmen „en bloc", sondern lediglich ein sehr großer Anteil daran, nämlich 95 % des Stammkapitals, verkauft wurde.

Ein Unternehmenskauf liegt aber nicht nur dann vor, wenn sich die Vertragsparteien über den Übergang des gesamten Unternehmens einigen (sog. **„Asset-Deal"**); ein Unternehmenskauf kann vielmehr auch dann anzunehmen sein, wenn Gegenstand des Kaufvertrages Gesellschaftsanteile sind, so dass der Käufer eine wesentliche Beteiligung an der das Unternehmen betreibenden Gesellschaft erhält (sog. **„Share-Deal"**).

bb) Ein bloßer **Anteilskauf (sog. „Share-Deal")** wird einem Unternehmenskauf aber bei wirtschaftlicher Betrachtungsweise unproblematisch gleichgestellt, wenn alle Gesellschaftsanteile übertragen werden sollen.[492]

cc) Da hier aber weder ein Kauf des Unternehmens im Ganzen noch ein Verkauf aller Anteile vorliegt, kommt es entscheidend darauf an, ob K eine derart beherrschende Quote erworben hat, sodass man zumindest nach wirtschaftlicher Betrachtung den **beherrschenden Anteilskauf als Unternehmenskauf** qualifizieren kann.

Ab welcher Grenze von einer wesentlichen Beteiligung gesprochen werden kann, ist umstritten.

(1) Das RG hat ursprünglich den Kauf von Mitgliedschaftsrechten als reinen Rechtskauf angesehen. Später hat es einen Sachkauf nur dann angenommen, wenn **sämtliche** Mitgliedschaftsrechte verkauft wurden und sich dabei der Erwerb dieser Rechte bei wirtschaftlicher Betrachtungsweise als Erwerb des Unternehmens selbst darstellte.[493]

(2) Der Ausgangspunkt des RG wurde von der h.M. übernommen, allerdings genügte für die Anwendbarkeit des Sachmängelgewährleistungsrechts der Verkauf von beherrschenden Anteilsquoten. Zuletzt hat der BGH gefordert, dass nahezu fast alle Anteile verkauft werden müssen, damit aus einem Anteilskauf ein Unternehmenskauf wird.[494]

Grund: Bei der GmbH liegt die satzungsändernde Mehrheit bei 75 %, vgl. § 53 II GmbHG. Da nach dem Kaufvertrag 95 % der Gesellschaftsanteile auf K übergehen sollten, liegt ein Unternehmenskauf vor. Denn mit dem Erwerb der satzungsändernden Mehrheit erlangt man die Leitungsmacht über das Unternehmen.

Somit kann K gegenüber X auch hinsichtlich zum Unternehmen gehörender Einzelgegenstände wie dem Firmenwagen Mängelrechte geltend machen. Ihm steht gegen X ein Anspruch auf Nachbesserung gem. §§ 433 I S. 2, 437 Nr. 1, 439 I Alt. 1 BGB zu.

---

[492] Palandt, § 433, Rn. 3.
[493] RGZ 120, 283.
[494] Vgl. BGH, NJW 2001, 2163 - 2165 (2164) = **juris**byhemmer.

> hemmer-Methode: Es kann keinen Unterschied machen, ob wesentliche Anteile an der Gesellschaft erworben werden oder ob das Unternehmen als solches übertragen wird. Es handelt sich wirtschaftlich um einen identischen Vorgang. Dabei ist die Anteilsübertragung praktisch vorzugswürdig, da nicht jeder zum Unternehmen gehörende Einzelgegenstand aufgrund des dinglichen Bestimmtheitsgrundsatzes gesondert übertragen werden muss.

d) Sonderproblem 1: Garantiehaftung des Verkäufers beim Rechtskauf?

Bestand bei einem bis einschließlich 31.12.2001 abgeschlossen Kaufvertrag über ein Recht die verkaufte Forderung bei Vertragsschluss nicht, so führte dies zu einer Garantiehaftung des Verkäufers: Der Verkäufer hatte nach §§ 437, 440 I, 325 BGB a.F. dem Käufer verschuldensunabhängig das positive Interesse zu ersetzen, wenn die verkaufte Forderung bei Vertragsschluss nicht bestand.[495]

Generell rechtsgeschäftliche Garantieübernahme des Verkäufers?

Nach neuem Recht ist der Kaufvertrag trotz anfänglicher Unmöglichkeit der Verschaffungspflicht des Verkäufers nach § 311a I BGB wirksam. Jedoch ist fraglich, ob weiterhin von einer allgemeinen Garantiehaftung des Verkäufers auszugehen ist, ob er also weiterhin für den Bestand der Forderung verschuldensunabhängig einzustehen hat. Dies ließe sich wie folgt begründen: Zwar ist die Haftung des Verkäufers für anfängliche Unmöglichkeit nach § 311a II BGB vom Vertretenmüssen des Verkäufers abhängig. Jedoch könnte bei einem Rechtskauf generell von einer rechtsgeschäftlichen Garantieübernahme des Verkäufers i.S.d. § 276 I S. 1 BGB auszugehen sein.

Dies könnte sich daraus ergeben, dass der Käufer beim Rechtskauf als besonders schützenswert anzusehen ist: Er kann die tatsächliche Existenz der Forderung – anders als beim Sachkauf – nicht überprüfen und muss sich auf die Angaben des Verkäufers verlassen.

Garantieübernahme muss im Einzelfall geprüft werden, keine generelle Unterstellung

Dennoch kann eine generelle Garantieübernahme des Verkäufers für den Bestand der Forderung nicht angenommen werden. Eine solche Unterstellung kann nach der neuen Gesetzeslage nicht erfolgen.[496] Vielmehr ist – wie beim Sachkauf – im Einzelfall durch Auslegung des Verhaltens des Verkäufers zu ermitteln, ob dieser verschuldensunabhängig für den Bestand der Forderung einstehen wollte. Es gelten gegenüber dem Sachkauf keine Besonderheiten.

Bei anfänglichem Nichtbestehen des Rechtes: § 311a II BGB, Verjährung nach § 195 BGB

Sofern die verkaufte Forderung nicht besteht und der Verkäufer nach § 311a II BGB haftet, unterliegt dieser Anspruch der Verjährung nach § 195 BGB, nicht nach § 438 BGB. Denn es liegt eine Leistungsstörung des Verschaffungsanspruches nach §§ 453 I, 433 I S. 1 BGB vor und nicht eine Leistungsstörung der Pflicht zur mangelfreien Leistung i.S.d. § 433 I S. 2 BGB. Die Nichtexistenz des verkauften Rechts stellt weder einen Sach- noch einen Rechtsmangel i.S.d. §§ 434 f. BGB dar.

Weitere Fälle anfänglicher Unmöglichkeit

Ebenfalls ein Fall anfänglicher Unmöglichkeit liegt vor, wenn die verkaufte Forderung zwar besteht, aber aufgrund rechtsgeschäftlicher Vereinbarung nach § 399 Alt. 2 BGB nicht abtretbar ist. Gleiches gilt, wenn der Geltendmachung der Forderung bereits bei Vertragsschluss eine Einrede entgegensteht und diese vom Schuldner später erhoben wird.

---

[495] Palandt, § 437, Rn. 6.
[496] So auch Dauner-Lieb, Das neue Schuldrecht, S. 152 f.

e) Sonderproblem 2: Bonitätshaftung

hemmer-Methode: Lesen Sie hierzu ausführlich Hemmer/Wüst, Der Streit- und Meinungsstand im neuen Schuldrecht - 24 Fälle, Fall 22.

Haftung für die Verität, nicht für die Bonität der Forderung

Nach altem Recht haftete der Verkäufer kraft Gesetzes verschuldensunabhängig für den Bestand der Forderung (vgl. Rn. 345), nicht jedoch auch für deren wirtschaftliche Durchsetzbarkeit, insbesondere die Zahlungsfähigkeit des Schuldners. Es bestand eine Haftung für die Verität, nicht jedoch für die Bonität, vgl. § 438 BGB a.F.

Streichung des § 438 BGB a.F.

§ 438 BGB a.F. wurde allerdings im Zuge der Schuldrechtsmodernisierung ersatzlos gestrichen, ohne dass die sich hieraus ergebenden Folgen in der amtlichen Begründung ausreichend erörtert worden wären.[497]

> **Bsp.[498]:** V verkauft K eine Forderung gegen D. V erklärt, er wolle für die Zahlungsfähigkeit und -willigkeit des D einstehen. Als K die abgetretene Forderung gegenüber D geltend macht, verweigert dieser die Zahlung, da er finanziell „völlig abgebrannt" sei. K verlangt nun von V Rückzahlung des an ihn bereits gezahlten Kaufpreises.

Ein solcher Rückzahlungsanspruch könnte sich aus § 346 I BGB ergeben. Dazu müsste K vom Vertrag mit V wirksam zurückgetreten sein. Neben der vorhandenen Rücktrittserklärung des K i.S.d. § 349 BGB setzt dies einen Rücktrittsgrund des K voraus. Ein solcher könnte sich aus §§ 437 Nr. 2, 323 BGB ergeben.

1. Dazu müsste V „nicht vertragsgemäß" i.S.d. § 323 I BGB geleistet haben; die abgetretene Forderung müsste also mangelhaft sein.

Für einen Rechtsmangel i.S.d. §§ 453 I, 435 BGB ist nichts ersichtlich; jedoch kommt ein Mangel nach §§ 453 I, 434 BGB in Betracht. Obwohl § 434 BGB sich auf Sachmängel bezieht, könnte über die Verweisung des § 453 I BGB diese Vorschrift auch beim Rechtskauf entsprechend anzuwenden sein.

a) Einer Forderung, die mangels Zahlungsfähigkeit des Schuldners nicht durchsetzbar ist, fehlt unproblematisch die Eignung zur vertraglich vorausgesetzten (§ 434 I S. 2 Nr. 1 BGB) bzw. zur gewöhnlichen Verwendung (§ 434 I S. 2 Nr. 2 BGB). Es scheint ein Mangel i.S.d. §§ 453 I, 434 BGB vorzuliegen.

b) Dies hätte allerdings zur Folge, dass der Rechtsverkäufer stets für die Bonität der verkauften Forderung einzustehen hätte.

Eine solch weitgehende Änderung der Rechtslage wurde vom Gesetzgeber allerdings nicht beabsichtigt. Es ist kein Grund ersichtlich, dem Verkäufer das weitreichende Risiko fehlender Bonität der verkauften Forderung generell aufzubürden.[499]

Daher ist in der fehlenden Bonität nicht generell ein Mangel der Forderung i.S.d. § 434 BGB zu sehen. Liegt jedoch eine Vereinbarung der Kaufvertragsparteien vor, dass der Verkäufer auch für die Bonität einzustehen habe, so handelt es sich um eine Beschaffenheitsvereinbarung i.S.d. § 434 I S. 1 BGB.

Diese muss aufgrund der Privatautonomie der Parteien möglich sein, auch wenn auf den Rechtskauf § 434 I S. 2 BGB grundsätzlich keine Anwendung findet.[500]

---

[497] Vgl. BT-Drs. 14/6040, S. 202. Kritisch daher auch Dauner-Lieb, Das neue Schuldrecht, S. 153.
[498] Vgl. Dauner-Lieb, Das neue Schuldrecht, S. 153 f.
[499] A.A. Graf von Westphalen/Meier-Göring, Neues SchuldR, S. 55 f.
[500] Siehe Rn. 340.

Ein solcher Fall ist hier gegeben: Der Verkäufer hat ausdrücklich erklärt, auch für die Bonität der verkauften Forderung einstehen zu wollen. Da mangels Zahlungsfähigkeit des D die Forderung nicht durchsetzbar ist, liegt ein Mangel i.S.d. §§ 453 I, 434 I S. 1 BGB vor.

hemmer-Methode: Da die Haftung für die Bonität der Forderung auch weiterhin einen Ausnahmefall darstellt, kann eine dahingehende Beschaffenheitsvereinbarung der Kaufvertragsparteien in der Regel nur bei ausdrücklicher Vereinbarung angenommen werden; eine konkludente Übernahme der Bonitätshaftung durch den Verkäufer kommt allenfalls dann in Betracht, wenn ein deutlich über dem Nominalwert der Forderung liegender Kaufpreis vereinbart wird. Dann kann davon ausgegangen werden, dass der Käufer diesen hohen Preis nur bei Bonitätshaftung des Verkäufers zu entrichten bereit ist.[501]

2. Ein Rücktritt nach § 323 BGB kommt jedoch nur in Betracht, wenn die Nachbesserung nicht unmöglich i.S.d. § 275 I - III BGB ist. Denn in diesem Fall macht die von § 323 I BGB geforderte Nachfristsetzung keinen Sinn. Ist die Nacherfüllung dem Verkäufer unmöglich, kommt allein ein Rücktritt nach § 326 V BGB in Betracht.

Der Mangel der verkauften Forderung liegt hier in der fehlenden Zahlungsfähigkeit des D. V ist nicht in der Lage, diesen Mangel zu beseitigen. Zwar wäre denkbar, dass V dem D die zur Erfüllung der Forderung des K erforderlichen finanziellen Mittel zur Verfügung stellt. Doch auch in diesem Fall ist es nicht sicher, dass D dann in der Lage sein wird, die Forderung des K zu erfüllen: Es ist anzunehmen, dass auch andere Gläubiger auf das Vermögen des D zugreifen werden und D deren Forderungen zur Vermeidung der Zwangsvollstreckung vorrangig befriedigen wird. Also liegt ein Fall unmöglicher Nacherfüllung i.S.v. § 275 I BGB vor; § 323 I BGB scheidet aus.

3. Jedoch konnte K vom Kaufvertrag mit V nach §§ 437 Nr. 2, 326 V BGB wirksam zurücktreten. Dem stehen auch nicht §§ 326 V, 323 V S. 2 BGB entgegen, da die fehlende Bonität der Forderung keinen nur unerheblichen Mangel darstellt.

Ergebnis: Also kann K von V Rückzahlung des Kaufpreises verlangen, Zug um Zug gegen Rückabtretung der Forderung gegen D, § 348 BGB.

hemmer-Methode: Denkbar wäre auch, in der Zahlungsunfähigkeit des S lediglich einen vorübergehenden Mangel zu sehen. Dann wäre in analoger Anwendung der Grundsätze über die vorübergehende Unmöglichkeit § 323 BGB und nicht § 326 V BGB einschlägig.[502]

XI. Ausschluss der Mängelrechte

Nicht nur in der Praxis, sondern auch in der Examensklausur von großer Bedeutung sind Gründe für den Ausschluss der Mängelrechte.

hemmer-Methode: Gerade was Fragen der AGB-Kontrolle anbelangt, ist hier vieles im „Fluss". Zur Vertiefung empfehlen wir Ihnen die Beiträge von Tiedke/Burgmann, „Gewährleistungsausschluss beim Verkauf gebrauchter Sachen an und zwischen Verbrauchern", NJW 2005, 1153 ff. sowie von Stölting, „Der Ausschluss von Mängelrechten beim Nicht-Verbrauchsgüterkauf", ZGS 2005, 299 ff.

Im Folgenden sollen solche Ausschlusstatbestände behandelt werden, die sich grundsätzlich auf alle Mängelrechte des Käufers beziehen. Sie sind bei dem jeweiligen Mängelrecht neben den speziellen Ausschlusstatbeständen (wie z.B. beim Rücktritt § 323 V S. 2 BGB) zu prüfen.

---

[501] In diese Richtung Dauner-Lieb, Das neue Schuldrecht, S. 154.
[502] Zur vorübergehenden Unmöglichkeit vgl. **Hemmer/Wüst, Schuldrecht AT**, Rn. 33 ff.

> **Mängelrechte können ausgeschlossen sein** 353
> ⇨ aufgrund Kenntnis/grob fahrlässiger Unkenntnis des Käufers, § 442 BGB
> ⇨ durch vertragliche Vereinbarung (innerhalb der Grenzen von § 444 BGB und § 309 Nr. 8b BGB)
> ⇨ aufgrund handelsrechtlicher Genehmigungsfiktion, § 377 II HGB

1. § 442 BGB

a) Allgemeines

Nach § 442 I S. 1 BGB führt die Kenntnis des Käufers vom Vorhandensein eines Mangels zum Ausschluss seiner Mängelrechte. Unter den Voraussetzungen des § 442 I S. 2 BGB gilt dies auch bei grob fahrlässiger Unkenntnis. 354

Ausschluss der Rechte nach § 437 BGB

Rechtsfolge ist der Ausschluss **aller** Mängelrechte des Käufers, also der Rechte, die in § 437 BGB genannt sind. Liegt ein Fall des § 442 BGB nicht vor, so kann dem Käufer das Nichterkennen des Mangels auch nicht im Rahmen von § 254 BGB zum Vorwurf gemacht werden, da anderenfalls die Wertung des § 442 BGB umgangen würde.[503]

> **hemmer-Methode:** Bitte beachten Sie nochmals, dass im Fall der §§ 439 III S. 2, 442 I BGB nicht alle Mängelrechte verloren gehen, sondern nur der Anspruch auf Ersatz der Ein- und Ausbaukosten. Lesen Sie dazu nochmals Rn. 172e in diesem Skript.

Gilt für Rechts- und Sachmängel; grds. unanwendbar bei Gattungskauf

§ 442 BGB gilt sowohl für Rechts- als auch für Sachmängel. Grundsätzlich nicht anwendbar ist die Vorschrift jedoch auf den Gattungskauf, da bei diesem im maßgeblichen Zeitpunkt des Vertragsschlusses mangels Konkretisierung noch kein Mangel einer bestimmten Sache vorliegt. 355

Allerdings kommt eine Anwendung auch beim Gattungskauf in Betracht, wenn alle Sachen der jeweiligen Gattung den gleichen Mangel aufweisen. Dies kann vor allem bei beschränkten Gattungsschulden (Vorratsschulden) der Fall sein.

> *Bsp.:* V und K vereinbaren im Kaufvertrag, dass V die geschuldeten fünf Säcke Kartoffeln aus seinem Lager in Würzburg zu liefern hat. Bei Vertragsschluss weiß K, dass dieser Lagerbestand von einem Schimmelpilz befallen ist.

b) § 442 I S. 1 BGB

Wenn der Käufer einen Mangel bei Vertragsschluss positiv kennt, sind etwaige Mängelrechte i.S.d. § 437 BGB hinsichtlich dieses Mangels ausgeschlossen, § 442 I S. 1 BGB. Liegt ein weiterer Mangel vor, so kann der Käufer diesbezüglich von seinen Mängelrechten Gebrauch machen, sofern deren tatbestandlichen Voraussetzungen vorliegen. 356

Positive Kenntnis erforderlich

Schädlich ist nur positive Kenntnis des Käufers. Ein Kennenmüssen genügt für den Ausschluss der Mängelrechte nach § 442 I S. 1 BGB nicht; es kommt dann jedoch die Anwendung des § 442 I S. 2 BGB in Betracht.[504] 357

---

[503] Palandt, § 442, Rn. 5.
[504] Palandt, § 442, Rn. 7.

Ausnahme: Verkäufer versichert Beseitigung des Mangels bis zum Gefahrübergang

Eine Ausnahme lässt die h.M. zu, wenn der Käufer den Mangel bei Vertragsschluss zwar kennt, der Verkäufer jedoch versichert, den Mangel bis zum Gefahrübergang (§§ 446, 447 BGB) zu beseitigen.[505] § 442 BGB soll nämlich lediglich ein widersprüchliches und damit treuwidriges Verhalten des Käufers sanktionieren. Versichert der Verkäufer die Beseitigung des vom Käufer erkannten Mangels, liegt jedoch ein treuwidriges Verhalten nicht vor.

Strittig: Welcher Zeitpunkt ist maßgebend bei formnichtigem, aber später geheiltem Vertrag?

In Rechtsprechung und Literatur ist umstritten, auf welchen Zeitpunkt es für die Kenntnis des Käufers ankommt, wenn ein formunwirksamer Grundstückskaufvertrag erst mit seiner Eintragung in das Grundbuch nach § 311b I S. 2 BGB wirksam wird.

> **Bsp.:** V verkauft an K mit formnichtigem Vertrag vom 22.11. ein Grundstück. Im Januar des Folgejahres stellt K einen Mangel des Grundstücks fest. Die Eintragung des K im Grundbuch erfolgt im Februar 2011. V meint, die Mängelrechte des K wären gem. § 442 I S. 1 BGB ausgeschlossen, weil er den Mangel bei Wirksamwerden des Kaufvertrages durch Heilung (§ 311b I S. 2 BGB) bereits positiv kannte.

1. Zum Teil wird angenommen, dass stets der Kenntnisstand des Käufers im Zeitpunkt seiner Eintragung in das Grundbuch maßgeblich sei.[506]

2. Nach a.A. schadet eine zwischen Vertragsschluss und Eintragung in das Grundbuch erlangte Kenntnis von Mängeln grundsätzlich nicht.[507]

Nach BGH kommt es auf Kenntnis zur Zeit des Vertragsschlusses an ⇨ Kenntnis vor Heilung ist unschädlich

3. Die **zuletzt genannte Auffassung verdient nach Ansicht des BGH den Vorzug**. Der Vorschrift des § 442 I BGB liegt der Gedanke zugrunde, dass der Käufer nicht in seinen berechtigten Erwartungen enttäuscht wird, wenn er den Kauf trotz des Mangels gewollt hat.[508]

a) Kennt er bei Abgabe seiner Willenserklärung einen Mangel der Kaufsache, kann insbesondere angenommen werden, dass er den vereinbarten Kaufpreis auch in Ansehung des Mangels für angemessen hielt oder aus sonstigen Gründen bereit war, diesen aufzuwenden.

b) Ein solcher Schluss ist nicht gerechtfertigt, wenn ein Käufer, der **erst nach Abgabe der** beiderseitigen auf den Vertragsschluss gerichteten **Willenserklärungen von Mängeln** der Kaufsache **erfährt**, die Heilung des Vertrages fördert oder jedenfalls nicht verhindert. Er bringt damit nicht konkludent zum Ausdruck, auf Rechte wegen dieser Mängel zu verzichten, sondern gibt lediglich zu erkennen, dass er sich nicht auf den Formmangel berufen möchte, also an den getroffenen Vereinbarungen festhalten und diesen - mit allen sich daraus ergebenden Rechten und Pflichten - zur Wirksamkeit verhelfen will.

Da ebenso wie im Fall der Heilung nach § 311b I S. 2 BGB die tatsächliche Vermutung gerechtfertigt ist, dass die Vertragspartner einander das Gleiche wie bei Abschluss des Vertrages gewähren wollen, ist im Zweifel anzunehmen, dass eine Vertragspartei, die die Eigentumsumschreibung fördert bzw. nicht verhindert, von dem Willen geleitet ist, den Vertrag so zu behandeln, als wäre er von Anfang an wirksam. Dazu gehört, dass der Verkäufer gemäß den getroffenen Vereinbarungen für Mängel haftet, die bei den Vertragsverhandlungen keine Berücksichtigung gefunden haben, weil sie dem Käufer erst nach Abschluss des (noch unwirksamen) Vertrages bekannt geworden sind.

c) Auch die Interessen des Verkäufers rechtfertigen es nicht, auf die Heilung als maßgeblichen Zeitpunkt der Kenntniserlangung im Sinne von § 442 I BGB abzustellen. Kennt er den Formmangel nicht, muss er ohnehin mit der Haftung für Mängel rechnen, die dem Käufer bei Abschluss des Vertrages unbekannt waren.

---

[505] Palandt, § 442, Rn. 9.

[506] OLG Hamm, NJW 1986, 136 = **juris**byhemmer; Palandt, § 311b, Rn. 56.

[507] Bamberger/Roth/Faust, § 442 BGB, Rn. 10; Palandt, § 442, Rn. 8; Tiedtke, Zur Rechtsprechung des Bundesgerichtshofs auf dem Gebiete des Kaufrechts seit dem 1. Januar 1987 - Teil 1, JZ 1990, 75 - 83 (80) = **juris**byhemmer.

[508] BGH, **Life&Law 10/2011, 758 - 759** = NJW 2011, 2953 - 2955 = **juris**byhemmer.

d) Es ist auch nicht treuwidrig, wenn der Käufer ihn nicht auf die Möglichkeit hinweist, den noch unwirksamen Vertrag nach den §§ 812 ff. BGB rückabzuwickeln, um auf diese Weise der Haftung zu entgehen. Denn hierdurch handelte der Käufer, weil er dann das Risiko zwischenzeitlicher Dispositionen und vor allem das Insolvenzrisiko hinsichtlich des gezahlten Kaufpreises trüge, gegen seine eigenen Interessen. Weiß der Verkäufer hingegen um die Formunwirksamkeit und verhindert er seinerseits nicht die Eintragung seines Vertragspartners in das Grundbuch, gibt auch er zu erkennen, dass er an dem Vertrag festhalten möchte und damit bereit ist, für etwaige Sachmängel so einzustehen, als wäre der Vertrag von Anfang an wirksam gewesen. Dass der Käufer auf diese Weise, z.B. über eine Minderung, eine Kaufpreisreduzierung durchsetzen kann, über die die Parteien nicht verhandelt haben, ist nicht unbillig. Denn auch insoweit steht der Verkäufer nicht anders als er stünde, wenn der Vertrag von Anfang an wirksam gewesen wäre.

Ergebnis: Die Mängelrechte des K sind daher nicht gem. § 442 I S. 1 BGB ausgeschlossen.

Bei gestrecktem notariellem Vertragsschluss ist auf die Kenntnis vom Mangel zur Zeit der Abgabe des bindenden Angebots abzustellen

Eine ähnliche Problematik betrifft die Frage, auf welchen Zeitpunkt es für die Kenntnis des Käufers vom Vorliegen eines Mangels bei einem sog. **„gestreckten" Vertragsschluss** ankommt. Umstritten ist dabei die Frage, ob es auf die Kenntnis des Käufers vom Mangel im Zeitpunkt des förmlichen Zustandekommens des Vertrags oder bei Abgabe seines Angebots ankommt.

358b

Nach Auffassung des BGH ist im Grundsatz der Zeitpunkt der Abgabe des Angebots, bei einem notariell beurkundeten Angebot, der **Zeitpunkt der Beurkundung des Angebots durch den Notar maßgeblich**.

Wenn die Annahme des Angebots des Käufers durch den Verkäufer zeitlich versetzt erfolgt, würde das Abstellen auf das förmliche Zustandekommen des Vertrags nämlich zu einem von dem Zweck des § 442 I S. 1 BGB nicht mehr gedeckten Ausschluss von Mängelrechten führen.

Die Gewährleistungsansprüche des Käufers werden dann nämlich auch für Mängel ausgeschlossen, die er bei Beurkundung seiner Vertragserklärung nicht kannte. Der Haftungsausschluss lässt sich nicht mit einem widersprüchlichen Verhalten des Käufers rechtfertigen. Dieser kann sich von dem Angebot nicht mehr einseitig lösen und den Vertragsschluss verhindern, wenn er nachträglich Kenntnis von einem Mangel erlangt.

Die Vorschrift muss deshalb ihrem Zweck entsprechend eingeschränkt werden (sog. **teleologische Reduktion**). Ausgeschlossen sind nur Mängel, die der Käufer bei Beurkundung seines Angebots kannte.[509]

c) § 442 I S. 2 BGB

Grundsätzlich auch bei grober Fahrlässigkeit

Kennt der Käufer den Mangel bei Vertragsschluss infolge grober Fahrlässigkeit nicht, scheiden seine Mängelrechte grundsätzlich ebenfalls aus. Hierzu existieren gem. § 442 I S. 2 BGB zwei Ausnahmen, bei denen es trotz grob fahrlässiger Unkenntnis des Käufers zu keinem Ausschluss der Mängelrechte kommt:

359

hemmer-Methode: Für Interessierte sei auf den Aufsatz von Müller, „Einfluss der due diligence auf die Gewährleistungsrechte des Käufers beim Unternehmenskauf", in NJW 2004, 2196 ff. hingewiesen. Der Autor kommt zum richtigen Ergebnis, dass eine umfassende Prüfung des Unternehmens nicht zwangsläufig eine grob fahrlässige Unkenntnis vom Mangel des Unternehmens i.S.d. § 442 I S. 2 BGB begründet.

---

[509] BGH, **Life&Law 09/2012, 627 ff.** = NJW 2012, 2793 ff. = jurisbyhemmer.

Ausnahme: Arglist des Verkäufers

⇨ Hat der Verkäufer den Mangel **arglistig verschwiegen**, überwiegt der Schutz des Käufers, ihm bleiben seine Mängelrechte erhalten. Dem ist der Fall gleichzustellen, dass der Verkäufer eine nicht vorhandene Eigenschaft der Kaufsache arglistig vorgespiegelt hat.[510]

Angaben ins Blaue hinein

⇨ Auch **Angaben „ins Blaue hinein"** erfüllen den Tatbestand der Arglist, weil der Handelnde unrichtige Behauptungen aufstellt, obwohl er mit der möglichen Unrichtigkeit seiner Angaben rechnet, weil er ihren Wahrheitsgehalt gar nicht überprüft hat. Für Arglist genügt nämlich bedingter Vorsatz.

hemmer-Methode: Verschweigt ein Autoverkäufer dem Käufer, dass er das Kfz wenige Tage vorher von einem nicht identifizierbaren „fliegenden Zwischenhändler" erworben hat, so stellt die Vereinbarung einer bestimmten Laufleistung eine sog. „Behauptung ins Blaue hinein" dar.[511]

Ausnahme: Garantieübernahme

⇨ Wenn der Verkäufer im Wege der **Beschaffenheitsgarantie (= Zusicherung einer Eigenschaft)**[512] eine Garantie für die Beschaffenheit der Kaufsache übernommen hat, muss sich der Käufer hierauf verlassen können; ihm bleiben trotz grob fahrlässiger Unkenntnis seine Mängelrechte erhalten.

Grobe Fahrlässigkeit kann insbesondere bei besonders offensichtlichen Mängeln gegeben sein, die der Käufer bei einer erfolgten Besichtigung hätte erkennen müssen. Hätte er den Mangel nur bei einer Untersuchung erkennen müssen, so kann eine grobe Fahrlässigkeit nur bei Annahme einer Untersuchungsobliegenheit des Käufers bejaht werden, sofern er diese gröblich verletzt hat. Dies kann allenfalls bei besonderer Sachkunde des Käufers bejaht werden.[513]

Problem: Kenntniserlangung zwischen Vertragsschluss und Übergabe

Erlangt der Käufer zwischen Vertragsschluss und Übergabe Kenntnis vom Mangel und nimmt er daraufhin die Ware vorbehaltlos an, so kann in der vorbehaltlosen Entgegennahme der mangelhaften Ware ein Angebot des Käufers auf vertragliche Abbedingung seiner Mängelrechte gesehen werden (§§ 133, 157 BGB), das der Verkäufer konkludent annimmt.[514]

hemmer-Methode: Ebenso kann bei vorbehaltloser Annahme der mangelhaften Ware eine Beschaffenheitsvereinbarung i.S.d. § 434 I S. 1 BGB dahingehend angenommen werden, dass die Kaufsache nicht von dem erkannten Mangel frei sein muss. Dann liegt schon ein Sachmangel i.S.d. § 434 BGB nicht vor; die Parteivereinbarung geht dem § 434 I S. 2 BGB vor.

2. Individualvertraglicher Ausschluss

a) Haftungsausschluss grundsätzlich zulässig

§§ 434 ff. BGB dispositiv

Die §§ 434 ff. BGB sind als Gegenstand des vertraglichen Schuldrechts dispositiver Natur: Die Parteien haben es in der Hand, die gesetzliche Haftung zu erweitern oder zu beschränken.

So wie es den Parteien freisteht, bestimmte Eigenschafen besonders zu vereinbaren, § 434 I S. 1 BGB, ist es ihnen auch möglich, einzelne Mängel aus dem Haftungsausschluss auszuklammern.

---

[510] Zur Arglist vgl. Rn. 187 ff.; zur Aufklärungspflicht über die „Ex-Mietwageneigenschaft" des Gebrauchtwagenverkäufers vgl. Otting, ZGS 2004, 12 - 13.
[511] Vgl. BGH, **Life&Law 04/2010, 215 - 222** = NJW 2010, 858 - 859 = **juris**byhemmer; auch OLG Bremen, NJW 2003, 3713 - 3714 = **juris**byhemmer.
[512] Vgl. hierzu oben, Rn. 271 ff.
[513] Palandt, § 442, Rn. 11 ff.
[514] BT-Drs. 14/6040, S. 205.

Reichweite des Haftungsausschlusses

Auch wenn ein Haftungsausschluss grundsätzlich zulässig bzw. wirksam ist, muss die Vereinbarung nach ihrer Reichweite ausgelegt werden. Denn die Haftung muss nicht zwingend bezüglich sämtlicher Mängel ausgeschlossen werden.

Die Reichweite eines vereinbarten Haftungsausschlusses ist dabei nicht nur nach dem Wortlaut der Ausschlussbestimmung, sondern nach dem gesamten Vertragsinhalt zu beurteilen.[515]

> **Bsp.:** Ein Gewährleistungsausschluss, der durch die Wendung „wie besichtigt" an eine vorangegangene Besichtigung anknüpft, bezieht sich in aller Regel nur auf bei der Besichtigung wahrnehmbare, insbesondere sichtbare Mängel der Kaufsache. Wird dabei zugleich der Bezug zu einer Besichtigung des Käufers hergestellt, kommt es auf die Wahrnehmbarkeit des Mangels durch ihn und nicht darauf an, ob eine sachkundige Person den Mangel hätte entdecken oder zumindest auf dessen Vorliegen hätte schließen können und müssen.[516]

Ausschluss bezieht sich nicht auf vereinbarte Beschaffenheit

Ist bei Vorliegen einer Beschaffenheitsvereinbarung ein zulässiger Haftungsausschluss vereinbart worden, ist dies dahin auszulegen, dass sich der Haftungsausschluss nicht auf die vereinbarte Beschaffenheit i.S.d. § 434 I S. 1 BGB bezieht.[517]

Andernfalls würde der Verkäufer gegen das Verbot widersprüchlichen Verhaltens verstoßen. Er kann nicht einerseits eine bestimmte Beschaffenheit vereinbaren, andererseits dafür dann die Haftung ausschließen.

> **hemmer-Methode:** Beim Verbrauchsgüterkauf ist allerdings § 477 BGB zu beachten (dazu unten, Rn. 459 ff.). § 476 I BGB macht rechtsgeschäftliche Ausschlüsse der Mängelrechte regelmäßig unzulässig.

b) Unzulässigkeit des Haftungsausschlusses gem. § 444 BGB

Grenzen ergeben sich vor allem auch aus dem – häufig klausurrelevanten – § 444 BGB.

> **Unbeachtlichkeit des vertraglichen Ausschlusses der Mängelrechte nach § 444 BGB:**
>
> 1. **Arglist** des Verkäufers
>
> 2. **Garantieübernahme** durch den Verkäufer

> **hemmer-Methode:** Liegt einer dieser Ausnahmefälle vor, so ist der vereinbarte Ausschluss der Mängelrechte nicht etwa unwirksam, worauf bereits der Wortlaut hinweist („kann sich der Verkäufer nicht berufen"). Er hat lediglich keine Wirkung. Liegt ein weiterer Sachmangel vor, hinsichtlich dessen weder Arglist noch eine Garantieübernahme des Verkäufers vorliegt, wirkt der Ausschluss der Mängelrechte; eine Heranziehung des § 139 BGB kommt nicht in Betracht.

aa) Arglist des Verkäufers

Arglist

Hat der Verkäufer den **Mangel arglistig verschwiegen**, so kann ihm ein vereinbarter Ausschluss der Mängelrechte nicht zugutekommen.[518]

---

[515] Vgl. BGH, WM 1966, 1183 - 1185 = **juris**byhemmer.

[516] BGH, **Life&Law 08/2017, 517 ff.** = **juris**byhemmer.

[517] BGH, NJW 2017, 150 ff. = **juris**byhemmer; BGH, **Life&Law 03/2016, 147 ff.** = **juris**byhemmer; BGH, NJW 2013, 2107 ff. = **juris**byhemmer; BGH, NJW 2013, 1733 ff. = **juris**byhemmer; BGH, NJW 2013, 1074 ff. = **juris**byhemmer; BGH, **Life&Law 04/2007, 225 ff.** = NJW 2007, 1346 ff. = **juris**byhemmer.

[518] Zur Aufklärungspflicht des Verkäufers über Mängel lesen Sie Gröschler, Die Pflicht des Verkäufers zur Aufklärung über Mängel nach neuem Kaufrecht, NJW 2005, 1601 - 1604.

§ 1 KAUF

Arglist setzt voraus, dass der Verkäufer den Mangel kennt und zudem damit rechnet, dass der Käufer bei Kenntnis der wahren Sachlage den Vertrag nicht oder nicht so abschließen würde.

Pflicht zur Aufklärung

Ein arglistiges Verschweigen eines Mangels setzt eine **Pflicht zur Aufklärung** voraus. Eine Aufklärungspflicht besteht immer dann, wenn der Käufer gezielt nach einer Eigenschaft fragt.[519]

Ohne eine ausdrückliche Frage des Käufers muss der Verkäufer über solche Umstände aufklären, die den Vertragszweck des anderen vereiteln können und daher für den Entschluss eines verständigen Käufers von wesentlicher Bedeutung sind, sofern eine Mitteilung nach der Verkehrsauffassung erwartet werden kann.[520]

Ob ein Mangel so wesentlich ist, dass er ungefragt offenbart werden muss, kann nicht aus der Sicht des jeweiligen Käufers bestimmt werden. Klärt der Verkäufer über einen objektiv wesentlichen Sachmangel nicht auf, kann er nämlich nicht wissen, ob dieser für die Kaufentscheidung seines Vertragspartners bedeutsam ist oder nicht. **Maßgeblich ist allein, ob ein verständiger Verkäufer damit rechnen muss, dass der verschwiegene Mangel Einfluss auf die Entscheidung des Käufers hat.**

Bei dem Verkauf eines Gebäudegrundstückes besteht eine Pflicht nur zur Offenbarung verborgener Mängel oder von Umständen, die nach der Erfahrung auf die Entstehung und Entwicklung bestimmter Mängel schließen lassen, wenn es sich um Umstände handelt, welche die beabsichtigte Nutzung erheblich zu mindern geeignet sind. Bei den Mängeln, die einer Besichtigung zugänglich und damit ohne weiteres erkennbar sind, besteht dagegen keine Offenbarungspflicht. Der Käufer kann insoweit eine Aufklärung nicht erwarten, weil er diese Mängel bei der im eigenen Interesse gebotenen Sorgfalt selbst wahrnehmen kann.[521]

Neben Aufklärungspflicht muss noch Vorsatz bzgl. des Verschweigens vorliegen

Dass der Verkäufer eine Aufklärungspflicht objektiv verletzt hat, genügt für die Annahme eines arglistigen Verschweigens jedoch nicht. Die Verletzung der Aufklärungspflicht muss vielmehr auch vorsätzlich sein, der Verkäufer den konkreten Mangel kennen oder zumindest im Sinne eines bedingten Vorsatzes für möglich halten und in Kauf nehmen.[522] Darlegungs- und beweispflichtig für das Vorliegen sämtlicher Voraussetzungen der Arglist und damit auch der Kenntnis des Verkäufers von dem Mangel ist der Käufer.[523]

<u>*Problem:*</u> *vor Verkauf beseitigter Mangel*

Besonders problematisch ist der Vorsatz, wenn ein Verkäufer von einem Mangel Kenntnis hatte, diesen aber vor dem Verkauf hat beseitigen lassen.

Die Frage, ob ein Verkäufer, der in der Vergangenheit einen - später erneut aufgetretenen - Mangel hatte beseitigen lassen, das Vorliegen eines Mangels im maßgeblichen Zeitpunkt des Gefahrübergangs billigend in Kauf nimmt und damit arglistig handelt, kann nicht einheitlich beantwortet werden.

Vielmehr ist nach Ansicht des BGH wie folgt zu unterscheiden:

⇨ Hatte der Verkäufer mit der umfassenden Beseitigung eines Mangels ein Fachunternehmen beauftragt, muss er sich keine Kenntnis vom Erfolg der Sanierungsbemühungen verschaffen. Mit dem Absehen von einer Erfolgskontrolle nach Ausführung der Arbeiten nimmt er ein späteres Wiederauftreten des Mangels nicht billigend in Kauf.[524]

---

[519] BGH, NJW 2009, 2120 - 2123 = **juris**byhemmer.
[520] Vgl. BGH, **Life&Law 01/2011, 11 - 17** („Thor-Steinar") = NJW 2010, 3362 - 3363 = **juris**byhemmer.
[521] BGH, NJW-RR 2012, 1078 ff. = **juris**byhemmer.
[522] BGH, NJW-RR 2012, 1078 ff. = **juris**byhemmer.
[523] BGH, NJW 2014, 3296 ff. = **juris**byhemmer.
[524] So auch OLG Koblenz, NJW-RR 2015, 152 (153) = **juris**byhemmer.

⇨ Anders liegt es dagegen, wenn der Verkäufer konkrete Umstände kennt, die den Verdacht begründen, die Mangelbeseitigung habe keinen Erfolg gehabt. Ähnlich wie bei dem Verdacht eines schwerwiegenden Fehlers der Kaufsache oder bei Mängeln, von denen bei einer Besichtigung zwar Spuren zu erkennen sind, die nur dem Verkäufer, aber nicht dem Käufer einen tragfähigen Rückschluss auf Art und Umfang des Mangels erlauben, muss der Verkäufer über solche Umstände aufklären. Unterlässt er das, nimmt er das Vorliegen eines Mangels in Kauf und handelt arglistig.[525]

Bsp.: Hat der Verkäufer eines Hausgrundstücks in der Vergangenheit ein Fachunternehmen mit der umfassenden Beseitigung eines Mangels (Befall eines Blockhauses mit Hausbockkäfer) beauftragt, muss er sich nicht Kenntnis vom Erfolg der Sanierungsbemühungen verschaffen. Mit dem Absehen von einer Erfolgskontrolle nach Ausführung der Arbeiten nimmt er ein späteres Wiederauftreten des Mangels nicht billigend in Kauf.[526]

Arglistiges Verschweigen bei mehreren Verkäufern ⇨ keiner kann sich auf Gewährleistungsausschluss berufen

Fraglich ist, wie sich das arglistige Verschweigen nur eines von zwei Verkäufern auf den Gewährleistungsausschluss auswirkt. Unproblematisch ist der Fall, wenn der arglistig verschweigende Verkäufer als Vertreter der anderen gehandelt hat. Dann ist den anderen Verkäufern die Arglist gem. § 166 I BGB zurechenbar.

Doch wie ist der Fall zu lösen, wenn die beiden Verkäufer den Vertrag gemeinsam abschließen (also keine Vertretung stattfindet) und nur einem der beiden Verkäufer der Mangel bekannt war?

Nach Ansicht des BGH kann sich auch in diesem Fall gem. § 444 Alt. 1 BGB kein Verkäufer auf den vertraglich vereinbarten Ausschluss der Sachmängelhaftung berufen. Der Begriff „Verkäufer" i.S.d. § 444 Alt. 1 BGB ist zu lesen als „die Verkäuferseite".[527]

Arglistiges Vorspiegeln nicht vorhandener Eigenschaften

Einem arglistigen Verschweigen steht es nach allgemeiner Meinung gleich, wenn der Verkäufer das Vorhandensein einer Eigenschaft arglistig vorgespiegelt hat.

Auch wenn ein arglistig verschwiegener Sachmangel für den Willensentschluss des Käufers nicht ursächlich war, ist dem Verkäufer die Berufung auf den vereinbarten Haftungsausschluss gemäß § 444 BGB verwehrt. Anders als in § 123 I BGB („zur Abgabe einer Willenserklärung durch arglistige Täuschung ... bestimmt") findet die Kausalität im Wortlaut des § 444 BGB keine Erwähnung. § 444 BGB soll den Käufer vor einer unredlichen Freizeichnung des Verkäufers von der Sachmängelhaftung schützen. Eine solche unredliche Freizeichnung ist aber generell gegeben, wenn der Verkäufer arglistig handelt.[528]

> **hemmer-Methode:** Wie bei § 123 I BGB genügt für das Vorliegen von Arglist Eventualvorsatz. So handelt nach OLG Bremen, NJW 2003, 3713 ein Autoverkäufer arglistig, wenn er einen Mangel mindestens für möglich hält und gleichzeitig weiß oder damit rechnet oder billigend in Kauf nimmt, dass der Käufer den Mangel nicht kennt und bei Offenbarung den Vertrag nicht oder nicht mit dem vereinbarten Inhalt geschlossen hätte. Die Voraussetzung des Eventualvorsatzes wird damit auf ein „Für-möglich-Halten" und „Inkaufnehmen" reduziert.

---

[525] BGH, NJW 1993, 1703 (1704) = **juris**byhemmer; OLG Saarbrücken, NJW-RR 2013, 1523 (1524) = **juris**byhemmer.
[526] BGH, **Life&Law 06/2016, 371 ff.** = **juris**byhemmer.
[527] BGH, **Life&Law 11/2016, 761 ff.** = **juris**byhemmer.
[528] BGH, **Life&Law 12/2011, 857 - 861** = NJW 2011, 3640 - 3642 = **juris**byhemmer.

bb) Garantie des Verkäufers

Garantieübernahme

Im Falle einer Beschaffenheitsgarantie kann ein vereinbarter Ausschluss der Mängelrechte keine Wirkung haben.[529]

366

Denn der Verkäufer, der mit der einen Hand zusichert und mit der anderen Hand seine Haftung auszuschließen sucht, handelt widersprüchlich und damit treuwidrig (§ 242 BGB).[530]

3. Haftungsausschluss bei nach Vertragsschluss auftretenden Mängeln

Problematisch ist der Haftungsausschluss für Mängel, die zwischen Vertragsschluss und Gefahrübergang entstehen.

366a

> **Bsp.:** V verkaufte K mit notariellem Vertrag vom 18.05. ein Hausgrundstück für 530.000,- €. Die Gewährleistung für sichtbare und unsichtbare Mängel wurde ausgeschlossen. Die Kaufpreisfälligkeit und die Übergabe waren für den 30.11. vereinbart.
>
> Nach Vertragsschluss kam es am 26.08. zu einem Wassereinbruch in dem Hausgrundstück. Dabei wurden in der Souterrainwohnung der Laminatboden und einzelne Türblätter beschädigt.
>
> Stehen K Mängelrechte zu?

Die Mängelrechte könnten aufgrund der vertraglichen Vereinbarung eines Gewährleistungsausschlusses für Mängel ausgeschlossen sein. Grundsätzlich ist ein solcher Haftungsausschluss individualvertraglich vereinbar. Fraglich ist jedoch, ob der vereinbarte Gewährleistungsausschluss auch, wie vom Beklagten behauptet, Schäden umfasst, die nach Vertragsschluss und vor Gefahrübergang entstanden sind.

Ist der Mangel dem Käufer ohne weiteres erkennbar, so besteht kein Grund für einen besonderen Schutz des Käuferinteresses. Er kann durch Aushandeln eines geringeren Kaufpreises oder einer ausdrücklichen Vereinbarung der Mängelhaftung für diesen Fehler seine Interessen selber wahren.

Fraglich ist aber, wie die Haftung für Mängel, die nach Vertragsschluss auftreten, zu behandeln ist. Hier kann sich der Käufer, der einem Gewährleistungsausschluss zustimmt, nicht vor den Folgen eines Mangels in derselben Weise schützen.

Denn die Frage der Erkennbarkeit stellt sich gar nicht erst, sodass der Käufer auch keine Möglichkeit hat, seine Interessen durch entsprechende Vereinbarungen bei den Vertragsverhandlungen zu wahren.

Das Risiko, dass der Käufer eingeht, wenn er sich auf einen Haftungsausschluss einlässt, der dann auch solche Mängel umfasst, die erst nach Vertragsschluss entstehen, ist somit ungleich größer.

Für den Verkäufer stellt eine zufällig eintretende Verschlechterung der Kaufsache zwischen Vertragsschluss und Gefahrübergang zwar ebenfalls ein großes Risiko dar. Solange die Gefahr jedoch noch nicht auf den Käufer übergegangen ist, kann er dieses Risiko eher beherrschen. Deswegen sind dem Verkäufer bis zum Gefahrübergang diese Risiken gesetzlich zugewiesen, §§ 446, 447 BGB.

In Abkehr von seiner bisherigen Rechtsprechung stellt der BGH daher fest, dass ein Gewährleistungsausschluss bei Vertragsschluss grundsätzlich nicht solche Mängel erfasst, die nach Vertragsschluss und vor Gefahrübergang entstehen.[531]

---

[529] Vgl. hierzu auch OLG Hamm, **Life&Law 10/2005, 661 - 668** = NJW-RR 2005, 1220-1221 = **juris**byhemmer.

[530] Reinicke/Tiedtke, Kaufrecht, Rn. 332 ff.; Coester-Waltjen, Die Sachmängelgewährleistung im Kaufvertragsrecht, Jura 1997, 197 - 202; Tiedtke, Zur Rechtsprechung des Bundesgerichtshofs auf dem Gebiete des Kaufrechts - Teil 1, JZ 1997, 869 - 880 (875).

[531] BGH, **Life&Law 06/2003, 398 - 401 (400)** = NJW 2003, 1316 - 1317 = **juris**byhemmer.

Wollen die Parteien von der gesetzlich vorgesehenen Verteilung der Risiken abweichen, muss dies ausdrücklich klargestellt werden. Dies ist vorliegend nicht geschehen. Damit kann auch nicht von einem derart weit reichenden Haftungsausschluss ausgegangen werden.

hemmer-Methode: Zur Vertiefung lesen Sie Zimmermann/Bischoff, „Haftungsausschluss für zwischen Vertragsschluss und Gefahrübergang entstehende Mängel bei Gebrauchtimmobilien" in NJW 2003, 2506.

4. Mängelrechte bei einem Haftungsausschluss in der „Veräußerungskette"

Veräußerungskette

Interessante Probleme können sich ergeben, wenn bei einer Veräußerungskette die Mängelrechte ausgeschlossen wurden.

Bsp.[532]: A verkauft ein gewerblich genutztes Grundstück an B unter Ausschluss der Mängelrechte, wobei er eine durch ausgelaufenes Heizöl verursachte Bodenverunreinigung verschweigt.

B, der von der Kontaminierung keine Kenntnis hat, verkauft und übereignet das Grundstück kurze Zeit später zum gleichen Kaufpreis weiter an C, ebenfalls unter Ausschluss der Mängelrechte. C, dem aufgrund der unmöglichen Beseitigung der Bodenverunreinigungen ein großer Wertverlust entsteht, will sich trotz des Haftungsausschlusses an seinen Vertragspartner halten.

1. Mängelrechte stehen C gegenüber B aufgrund des vereinbarten Haftungsausschlusses nicht zu; es liegt auch kein Fall von Arglist oder einer durch B übernommenen Garantie i.S.d. § 444 BGB vor.

2. Allerdings könnte B dem C nach **§ 285 BGB analog bzw. § 242 BGB** nach den Regeln der sog. Drittschadensliquidation dazu verpflichtet sein, etwaige Ansprüche gegen A an ihn (C) abzutreten.

a) Dies setzt zunächst voraus, dass C einen Schaden, jedoch keinen Anspruch hat. C hat bereits in Höhe des Mangelunwertes des Grundstücks einen Schaden: Das Grundstück ist aufgrund des Mangels weniger wert, C hat jedoch den vollen Kaufpreis an B entrichtet. Aufgrund des wirksamen Ausschlusses der Mängelrechte steht ihm ein Ersatzanspruch nicht zu. Also ist diese Voraussetzung der Drittschadensliquidation erfüllt.

b) B müsste einen Anspruch, jedoch keinen Schaden haben.

Da zwischen B und A der vereinbarte Ausschluss der Mängelrechte wegen Arglist des A gem. § 444 BGB nicht greift, stehen ihm gegen A die in § 437 BGB genannten Rechte zu. Ein Anspruch auf Schadensersatz ergibt sich aus §§ 437 Nr. 3 Alt. 1, 311a II BGB, da laut Sachverhalt von der Unmöglichkeit der Nacherfüllung ausgegangen werden kann und A bei Vertragsschluss Kenntnis hiervon hatte (§ 311a II S. 2 BGB).

Auch scheint es an einem Schaden des B zu fehlen: Bei Anwendung der Differenzhypothese ergibt sich, dass B genauso steht, als hätte A ordnungsgemäß und damit mangelfrei an ihn geleistet:

Er hat von C den vollen Kaufpreis für das Grundstück erhalten und ist aufgrund des mit C wirksam vereinbarten Haftungsausschlusses diesem gegenüber keinen Mängelrechten ausgesetzt.

Vertretbar ist es allerdings, bei B einen sog. normativen Schaden zu bejahen: A soll das Verhandlungsgeschick des B gegenüber C nicht zugutekommen; A soll keinen Vorteil daraus haben, dass B im Verhältnis zu C die Vereinbarung eines Haftungsausschlusses durchsetzen konnte. Wäre dies nicht geschehen, würde ein Schaden des B unproblematisch bestehen und A hätte ihn nach §§ 437 Nr. 3 Alt. 1, 311a II BGB zu ersetzen. Dann hat B sowohl Schaden als auch Anspruch; eine Drittschadensliquidation scheidet aus.

---

[532] Nach BGH, NJW 1997, 652 = **juris**byhemmer.

Selbst wenn dieser Ansicht nicht gefolgt wird, fehlt es jedenfalls an einer für die Drittschadensliquidation erforderlichen zufälligen Schadensverlagerung. Es wäre widersinnig, würde man einerseits A den Vorteil des Haftungsausschlusses zwischen B und C zugutekommen lassen und andererseits die hierauf beruhende Schadensverlagerung auf C als zufällig ansehen.

Also liegen die Voraussetzungen der Drittschadensliquidation nicht vor, weshalb ein Abtretungsanspruch des C gegen B aus § 285 BGB analog ausscheidet.[533]

3. B könnte aber aufgrund **ergänzender Vertragsauslegung** dazu verpflichtet sein, seine Ansprüche gegen A an C abzutreten. Die Vereinbarung eines Ausschlusses der Mängelrechte steht der Annahme einer von den Parteien nicht bedachten Regelungslücke nicht entgegen.

Allerdings darf die ergänzende Vertragsauslegung nicht herangezogen werden, um einem Vertrag aus Billigkeitsgründen einen zusätzlichen Regelungsgehalt zu verschaffen, den die Parteien objektiv nicht vereinbaren wollten.[534]

Fraglich erscheint hier das Vorliegen einer Regelungslücke. Gegen eine Lücke spricht nämlich der ausdrückliche Gewährleistungsausschluss.

Haben die Parteien die Mängelrechte ausgeschlossen, so wird damit das **„allgemeine Mängelrisiko"** auf den Käufer verlagert.

Der Verkäufer soll wegen für möglich gehaltener Mängel nach Gefahrübergang nicht mehr in Anspruch genommen werden können, die Angelegenheit insoweit für ihn „erledigt" sein.

Dieses Regelungskonzept schließt zwar eine Abtretung von Gewährleistungsansprüchen des Verkäufers gegen den Erstverkäufer nicht aus, erfordert es aber auch nicht in dem Sinne, dass das Fehlen der Abtretung die Regelung lückenhaft sein ließe.

Von einer Lücke kann nämlich nur dann gesprochen werden, wenn Anhaltspunkte dafür bestehen, dass die Verlagerung des allgemeinen Mängelrisikos auf den Käufer diesem Ansprüche gegen den Erstverkäufer nicht vorenthalten und den Verkäufer nicht abschließend wegen etwaiger Mängel entlasten sollte.

Mit anderen Worten: Für eine ergänzende Vertragsauslegung müssen besondere Anhaltspunkte dafür vorliegen, dass der Gewährleistungsausschluss dem Zweitkäufer Ansprüche gegen den Erstverkäufer nicht vorenthalten sowie den Erstkäufer wegen etwaiger Mängel nicht abschließend entlasten und vor unvorhersehbaren Rückwirkungen einer Inanspruchnahme des Erstverkäufers schützen sollte.[535]

Im vorliegenden Fall sind die Parteien nur vom allgemeinen Mängelrisiko ausgegangen.

Insbesondere haben sie den Umstand, dass der Erstverkäufer dem Erstkäufer insoweit einen offenbarungspflichtigen Mangel verschwiegen haben könnte und dem Erstkäufer deshalb noch Gewährleistungsrechtsansprüche zustehen könnten, nicht bedacht.

Diese Lücke ist im Wege ergänzender Vertragsauslegung in der Weise zu schließen, wie die Parteien den Fall bei sachgerechter Abwägung ihrer beiderseitigen Interessen nach Treu und Glauben unter Berücksichtigung der Verkehrssitte geregelt hätten. Da der Ausschluss der Mängelrechte nur sicherstellen sollte, dass B der vereinbarte Kaufpreis in voller Höhe verblieb, nicht aber eine Bereicherung um die Ansprüche gegen den Erstverkäufer A bezweckte, liegt es nahe, dass die Parteien die Abtretung unerwarteter Mängelrechte vereinbart hätten.

---

[533] Vom BGH offengelassen, NJW 1997, 652 = **juris**byhemmer.
[534] Vgl. BGH, NJW 2004, 1873 - 1874 = **juris**byhemmer.
[535] Vgl. BGH, NJW 2004, 1873 - 1874 (1874) = **juris**byhemmer; in dieser Entscheidung wurde die Abtretungspflicht verneint.

B ist daher verpflichtet, seinen Anspruch aus §§ 437 Nr. 3 Alt. 1, 311a II BGB gegen A an C abzutreten.

> **Vertiefungshinweis:** Zur Haftung für Mangelschäden innerhalb der Veräußerungskette vgl. auch den Aufsatz von Cordes/Mischke in ZGS 2008, 91 ff.

5. Ausschluss durch Allgemeine Geschäftsbedingungen (AGB)

Da es sich auch bei allgemeinen Geschäftsbedingungen um vertragliche Vereinbarungen zwischen Käufer und Verkäufer handelt, kommt eine Beschränkung oder ein Ausschluss der Mängelrechte auch im Wege von AGB in Betracht.

Zum Schutz des Verbrauchers bestehen hierbei jedoch Besonderheiten in den §§ 305 ff. BGB:

> **hemmer-Methode:** Die Vorschriften über die Zulässigkeit allgemeiner Geschäftsbedingungen (AGB) gelten unabhängig vom Vorliegen eines Verbrauchsgüterkaufes i.S.d. § 474 I BGB; sofern ein solcher vorliegt, geben sie dem Verbraucher (= Käufer) einen zusätzlichen Schutz, was beim grundsätzlich zulässigen Ausschluss von Schadensersatzansprüchen (vgl. § 476 III BGB) deutlich wird.

a) § 309 Nr. 8b BGB beim Verkauf neuer Sachen

§ 309 Nr. 8b BGB bei neuen Sachen

§ 309 Nr. 8b BGB betrifft in seinen einzelnen Regelungen Haftungsausschlüsse für Mängel. Jedoch gilt die Norm nur, wenn eine neu hergestellte Sache bzw. Werkleistungen Vertragsgegenstand sind!

Neu hergestellte Sache

Neu im Sinne der Vorschrift ist eine Sache, wenn sie noch nicht ihrem bestimmungsgemäßen Gebrauch zugeführt ist. So ist ein Wagen, mit dem eine Probefahrt durchgeführt wurde, noch nicht seinem bestimmungsgemäßen Gebrauch zugeführt und damit neu.

Demgegenüber kann ein Kfz, das nach der Herstellung ein Jahr im Freien stand, nicht mehr als neu im Sinne von § 309 Nr. 8b BGB angesehen werden. Dies gilt insbesondere dann, wenn der Wagen aus einer Serie stammt, die heute nicht mehr produziert wird.

Werkleistungen

Unter Werkleistungen sind Vereinbarungen i.S.v. § 631 BGB zu verstehen. Nicht darunter fallen Gebrauchsüberlassungsverträge wie z.B. Leasing, Miete etc.

b) § 309 Nr. 7 BGB beim Ausschluss von Schadensersatzansprüchen

Für Schadensersatzansprüche ist § 309 Nr. 7 BGB zu beachten!

Für den Ausschluss von Schadensersatzansprüchen ist zusätzlich noch **§ 309 Nr. 7 BGB** zu beachten.

Nach § 309 Nr. 7 BGB sind Haftungsausschlüsse unwirksam, die sich auf Schäden aus der fahrlässigen Verletzung des Lebens, des Körpers oder der Gesundheit (lit. a) oder die Haftung für grob fahrlässige Pflichtverletzungen beziehen (lit. b).

Wenn eine Klausel, in welcher die Mängelrechte ausgeschlossen werden, vom Haftungsausschluss nicht ausdrücklich die Ansprüche auf Schadensersatz ausnimmt, dann ist die Klausel gem. § 309 Nr. 7 BGB unwirksam.

Die Klausel wäre nämlich im Zweifel (vgl. § 305c II BGB) so zu verstehen, dass die Schadensersatzansprüche auch ausgeschlossen sind. Da die Rechtsprechung eine geltungserhaltende Reduktion von AGB-Klauseln ablehnt, würde die ganze Klausel unwirksam werden.[536]

> **hemmer-Methode:** Beachten Sie, dass im Rahmen eines Verbrauchsgüterkaufs i.S.v. § 474 I BGB schon § 476 BGB die Vorschriften zu Gunsten des Verbrauchers weitgehend für zwingend erklärt.
> § 309 Nr. 8b BGB hat daher nur noch eigenständige Bedeutung bei Schadensersatzansprüchen, vgl. § 476 III BGB, und bei Verträgen zwischen zwei Verbrauchern. Daneben ist § 309 Nr. 8 BGB innerhalb eines reinen Unternehmergeschäfts teilweise als Wertungsmaßstab im Rahmen der Inhaltskontrolle nach § 307 I, II BGB heranzuziehen, vgl. § 310 I S. 2 HS 1 BGB.

c) Haftungsausschluss gegenüber Unternehmern, §§ 307, 310 I BGB

Ein Haftungsausschluss für Mängel in einem Vertrag zwischen Unternehmern ist in noch größerem Umfang als gegenüber einem Verbraucher zulässig. Erfolgt der Haftungsausschluss durch Allgemeine Geschäftsbedingungen, ist § 309 BGB gem. § 310 I S. 1 BGB nicht anwendbar.

Gem. § 310 I S. 2 BGB kann sich die Unwirksamkeit einer Klausel gem. § 307 I, II BGB aber auch in Fällen der §§ 308, 309 BGB ergeben.

Fällt eine Klausel in Allgemeinen Geschäftsbedingungen bei ihrer Verwendung gegenüber Verbrauchern unter eine Verbotsnorm des § 309 BGB, so ist dies aber ein Indiz dafür, dass sie auch im Falle der Verwendung gegenüber Unternehmern zu einer unangemessenen Benachteiligung führt. Dies gilt nur dann nicht, wenn sie wegen der besonderen Interessen und Bedürfnisse des unternehmerischen Geschäftsverkehrs ausnahmsweise als angemessen angesehen werden kann.

Dementsprechend stellt ein kompletter Haftungsausschluss eine unangemessene Benachteiligung dar, soweit dies unbegrenzt auch für Mangelfolgeschäden gilt (Wertung des § 309 Nr. 7 BGB).

> **hemmer-Methode:** Lesen Sie hierzu vertiefend BGH, Life&Law 01/2008, 11 - 14 = NJW 2007, 3774 - 3776 = jurisbyhemmer.

XII. Genehmigungsfiktion des § 377 II HGB beim beiderseitigen Handelskauf[537]

Examensrelevant: § 377 II HGB

Äußerst examensrelevant ist ein Ausschluss der Mängelrechte des Käufers nach § 377 II HGB.

Danach gilt die gelieferte Ware „als genehmigt", wenn der Käufer seiner in § 377 HGB niedergelegten Untersuchungs- und Rügeobliegenheit nicht ausreichend nachgekommen ist.

Interesse an beschleunigter Geschäftsabwicklung, Rechtssicherheit des Verkäufers

Durch diese Vorschrift soll dem Interesse des Verkäufers Rechnung getragen werden, möglichst schnell Gewissheit darüber zu erhalten, ob und welchen Mängelrechten er infolge der Lieferung ausgesetzt ist. Es geht also um die beschleunigte Geschäftsabwicklung, einem der wesentlichen Regelungsgedanken der §§ 343 ff. HGB.

---

[536] Vgl. dazu BGH, **Life&Law 05/2015, 364 f.** = jurisbyhemmer; Ackermann, Leasing leicht gemacht?, JA 2006, 426 - 431 (429).
[537] Hierzu auch **Hemmer/Wüst, Handelsrecht**, Rn. 330 ff.

> **hemmer-Methode:** Sprechen Sie von Untersuchungs- und Rügeobliegenheit, nicht etwa von einer entsprechenden -pflicht. Denn der Käufer ist nicht verpflichtet, die Ware zu untersuchen und dabei entdeckte Mängel zu rügen, dem Verkäufer steht kein Anspruch auf diese Tätigkeiten zu. So führt ein Verstoß des Käufers auch nicht zu Schadensersatzansprüchen des Verkäufers, sondern zu einem Ausschluss der Mängelrechte nach § 377 II HGB. Untersuchung und Rüge erfolgen daher ausschließlich im Eigeninteresse des Käufers, man spricht daher besser von einer Obliegenheit.

1. Voraussetzungen des Ausschlusses der Mängelrechte nach § 377 II HGB

§ 377 II HGB hat folgende Voraussetzungen:

1. Vorliegen eines **beiderseitigen Handelskaufes**
2. **Ablieferung** der Ware
3. Vorliegen eines **Sach- oder Rechtsmangels**, §§ 434, 435 BGB
4. **Verletzung** der **Untersuchungs- und Rügeobliegenheit** durch den Käufer
5. **Keine Arglist** des Verkäufers, § 377 V HGB

372

a) Vorliegen eines beiderseitigen Handelskaufes

§ 377 HGB findet nur Anwendung, wenn ein beiderseitiger Handelskauf vorliegt. Insoweit ist „ein anderes" i.S.v. § 345 HS 2 HGB geregelt.

373

Sowohl für den Verkäufer als auch den Käufer ist dies in zwei Schritten zu prüfen:

Kaufmannseigenschaft

⇨ Kaufmannseigenschaft von Verkäufer/Käufer i.S.d. §§ 1 ff. HGB; bei Gesellschaften ist § 6 HGB zu beachten.

374

Handelsgeschäft

⇨ Der Kaufvertrag muss für den Verkäufer und den Käufer ein Handelsgeschäft i.S.d. §§ 343, 344 HGB darstellen. Denn auch ein Kaufmann kann Privatgeschäfte tätigen, die dem Anwendungsbereich der §§ 343 ff. HGB (und damit des § 377 HGB) nicht unterliegen.

375

Widerlegung der Vermutung des § 344 I HGB

Zur Widerlegung der Vermutung des § 344 HGB soll nach h.M. nicht genügen, dass der Verkäufer nachweist, er habe das Geschäft zu einem privaten Zweck getätigt. Vielmehr muss dies auch für den Vertragspartner im Zeitpunkt des Vertragsschlusses erkennbar gewesen sein.[538]

> **Bsp.:** Weingroßhändler W hat beim Lieferanten X fünf Kisten eines besonderen Qualitätsweines bestellt. Dies geschieht zur Ausrichtung der Hochzeitsfeier seiner einzigen Tochter, worauf er X allerdings nicht hingewiesen hat. Der Wein ist mangelhaft; W hat es unterlassen, den Wein auf den (erkennbaren) Mangel unverzüglich zu untersuchen. Mängelrechte des W?
>
> Mängelrechte des W gegenüber X könnten nach § 377 II HGB ausgeschlossen sein.
>
> 1. Dazu müsste zwischen W und X ein beiderseitiger Handelskauf vorliegen. W und X sind unproblematisch Kaufleute i.S.d. § 1 I HGB; fraglich ist allein, ob seitens des W ein Handelsgeschäft i.S.d. §§ 343 f. HGB vorliegt.

---

[538] Baumbach/Hopt, § 344 HGB, Rn. 3.

§ 1 KAUF

> **hemmer-Methode:** Handelt es sich bei X um den Winzer und Produzenten des Weines, muss § 3 HGB beachtet werden: Die Kaufmannseigenschaft wird nur durch Handelsregistereintragung begründet!

Dazu müsste der Kauf zum Betrieb des Handelsgeschäfts des W gehört haben. Dies ist gem. § 344 I HGB im Zweifel anzunehmen; allerdings handelt es sich bei § 344 I HGB um eine Vermutung, die durch W widerlegt werden kann, vgl. § 291 ZPO.

> **hemmer-Methode:** Eine gesetzliche Vermutung ist widerlegbar, eine gesetzliche Fiktion hingegen nicht. So kann im Rahmen des § 1362 BGB bei einer Drittwiderspruchsklage (§ 771 ZPO) durch den wahren Eigentümer geltend gemacht werden, sein Ehegatte als Vollstreckungsschuldner sei nicht Eigentümer des gepfändeten Gegenstandes (§ 1362 BGB = Vermutung).
> Es kann jedoch (z.B. im Rahmen einer Vollstreckungserinnerung nach § 766 ZPO) nicht geltend gemacht werden, der Vollstreckungsschuldner sei entgegen § 739 I ZPO nicht alleiniger Gewahrsamsinhaber (§ 739 ZPO = Fiktion, die an die Vermutung des § 1362 BGB geknüpft ist!).

Hier hat W das Geschäft für private Zwecke, nämlich für die Hochzeitsfeier seiner Tochter, getätigt. Dennoch kann nach h.M. allein hierdurch die Vermutung des § 344 I HGB nicht widerlegt werden: Soll zum Nachteil des Vertragspartners von der Vermutung des § 344 I HGB abgewichen werden, muss das Vorliegen eines Privatgeschäftes für den Vertragspartner bei Vertragsschluss erkennbar gewesen sein.

Da dies hier nicht der Fall war, liegt ein Handelsgeschäft i.S.d. §§ 343 f. HGB vor.

2. Da im Übrigen die Voraussetzungen des § 377 II HGB vorliegen (dazu sogleich, Rn. 377 ff.), sind alle Mängelrechte des W gegenüber X nach § 377 II HGB ausgeschlossen.

Auch in Fällen des § 650 BGB anwendbar

§ 377 II HGB gilt ausweislich des Wortlautes nur für Kaufverträge. Sofern der Vertrag neben Übereignung und Übergabe auch die Herstellung der Sache zum Gegenstand hat, findet gem. § 650 S. 1 BGB bei beweglichen Sachen ebenfalls Kaufrecht Anwendung, sodass auch § 377 II HGB anwendbar ist. Die Regelung des § 381 II HGB hat daher kaum noch eigenständige Bedeutung. | 376

b) Ablieferung der Ware

Ablieferung wie in § 438 II BGB zu verstehen

Unter „Ablieferung" ist in § 377 HGB dasselbe zu verstehen wie in § 438 II BGB[539]: Die Ablieferung setzt voraus, dass der Verkäufer in Erfüllung des Kaufvertrages die Sache so zum Käufer gebracht hat, dass dieser sie dort, wo sie sich befindet, untersuchen kann.[540] | 377

c) Vorliegen eines Sach- oder Rechtsmangels

§ 377 HGB findet Anwendung bei Vorliegen einer mangelhaften Lieferung. Zwar sollte die Vorschrift nach altem Recht nur für Sachmängel gelten.[541]

Anwendbarkeit auch bei Rechtsmängeln

Von dieser Auffassung ist jedoch nach der Schuldrechtsreform aufgrund der (weitgehenden) Gleichstellung von Sach- und Rechtsmängeln abzuweichen, sodass § 377 II HGB auch Mängelrechte wegen eines Rechtsmangels ausschließen kann. § 377 HGB ist somit seit 01.01.2002 auch auf Rechtsmängel anwendbar.[542] | 378

---

[539] Rn. 193.
[540] Palandt, § 438, Rn. 15.
[541] Baumbach/Hopt, 30. Auflage 2000, § 377 HGB, Rn. 2.
[542] Baumbach/Hopt, ab 31. Auflage, § 377 HGB, Rn. 12.

Problematisch ist dann nur, ob dieser Mangel aufgrund einer Untersuchung durch den Käufer überhaupt erkannt werden kann. Ist dies nicht der Fall, findet § 377 III HGB Anwendung.[543]

Wg. § 434 III BGB auch bei Aliud- oder Zuweniglieferung

Zu beachten ist, dass auch die Lieferung eines Aliud sowie die (nicht offengelegte) Zuweniglieferung als Sachmangel zu behandeln sind, § 434 III BGB.

> **hemmer-Methode:** Entbehrlich wurde damit § 378 HGB. Zwar erfasste diese Vorschrift auch die Zuviel-Lieferung; hierfür hielt der Reformgesetzgeber die Anwendbarkeit des § 377 HGB jedoch nicht für erforderlich. Wird mehr als die geschuldete Menge geliefert, so kann in dem Unterbleiben der Rüge nach allgemeinen Vorschriften ein konkludentes Angebot des Käufers auf Vertragsänderung gesehen werden, das der Verkäufer ebenfalls konkludent annimmt.

§ 377 HGB gilt auch bei mangelhafter Nachlieferung

Erfolgt die Nachlieferung nach §§ 437 Nr. 1, 439 I BGB wiederum nicht mangelfrei, muss der Käufer eines Handelskaufs dies erneut nach Maßgabe des § 377 HGB rügen.[544]

> **hemmer-Methode:** Zum Zusammenspiel der Nacherfüllung mit den kaufmännischen Untersuchungs- und Rügeobliegenheiten vgl. Mankowski, NJW 2006, 865 ff.

d) Verletzung der Untersuchungs- und Rügeobliegenheit durch den Käufer

Ordnungsgemäße Untersuchung

379

Der Käufer hat die Ware unverzüglich zu untersuchen. Das Gesetz schreibt die Untersuchung vor, weil er ohne Untersuchung im Zweifel keine Mängel feststellen und somit auch nicht rügen kann. Ein Unterlassen der Untersuchung allein führt allerdings nicht zum Rechtsverlust nach § 377 II HGB. Untersucht der Käufer nicht und rügt trotzdem, kommt § 377 II HGB nicht zur Anwendung, der Käufer hat seiner Obliegenheit genügt.

Ggf. Stichproben

Der Käufer hat die Ware so zu untersuchen, dass er erkennbare Mängel entdecken kann, wobei beim Kauf größerer Mengen Stichproben zu machen sind.

> *Bsp.:* K hat bei V 1000 Konserven bestellt. Bei Lieferung fragt er sich, wie er jetzt seiner Untersuchungs- und Rügeobliegenheit nachkommen soll, ohne alle Dosen zu öffnen.

K hat Stichproben in angemessenem Umfang durchzuführen; 4 % dürften dabei ausreichend sein.[545]

Zeigt sich zufälligerweise bei diesen Stichproben ein vorhandener Mangel nicht, so ist der Mangel nicht erkennbar und es gilt § 377 III HGB.

Sukzessivlieferungsverträge

379a

Bei Sukzessivlieferungen ist grundsätzlich eine zumindest stichprobenweise Untersuchung **jeder Lieferung** nach dem ordnungsgemäßen Geschäftsgang tunlich.[546]

Nicht erkennbarer Mangel

380

§ 377 III HGB bezieht sich auf § 377 II HGB: Zeigt sich zunächst trotz ausreichender Untersuchung ein Mangel nicht und tritt er dann später auf, so muss nach Entdeckung des Mangels der Käufer unverzüglich rügen. Anderenfalls gilt § 377 II HGB.

---

[543] Dazu unten, Rn. 380.
[544] OLG Düsseldorf, **Life&Law 11/2005, 726 - 729** = ZGS 2005, 117 - 119 = **juris**byhemmer.
[545] Abhängig vom Einzelfall: Liefermenge, Wert des Einzelgegenstandes u.s.w.
[546] OLG Brandenburg, NJW-Special 2012, 174 = **juris**byhemmer.

§ 1 KAUF

Unverzüglich: § 121 BGB

"Unverzüglich" bedeutet wie in § 121 I S. 1 BGB ohne schuldhaftes Zögern, also nicht sofort. Dabei genügt eine unverzügliche Absendung, § 377 IV HGB. Geht die Rüge auf dem Postweg verloren, so ist sie als empfangsbedürftige Willenserklärung nicht wirksam geworden (§ 130 I BGB); da keine unverzügliche Rüge vorliegt, gilt § 377 II HGB.

> **hemmer-Methode:** Der Verkäufer trägt gem. § 377 IV HGB nur das Verspätungsrisiko; das Verlustrisiko hingegen verbleibt beim Käufer.

Rüge muss hinreichend konkret sein

Die Rüge bedarf keiner besonderen Form. Sie muss sich jedoch hinreichend konkret auf einen Mangel beziehen, damit der Verkäufer Klarheit über den Umfang etwaiger gegen ihn gerichteter Mängelrechte hat. Eine allgemein gehaltene Angabe (etwa: „Die Ware ist schlecht") stellt keine ausreichende Rüge dar.

381

e) Keine Arglist des Verkäufers, § 377 V HGB

§ 377 HGB bei Arglist des Verkäufers unanwendbar

Hat der Verkäufer den Mangel arglistig verschwiegen, wäre eine Anwendung des § 377 II HGB zu seinen Gunsten unbillig. Daher schließt § 377 V HGB für diesen Fall die Anwendbarkeit des § 377 HGB aus. Es handelt sich letztlich um eine spezialgesetzliche Normierung des in § 242 BGB enthaltenen Verbotes widersprüchlichen Verhaltens.

382

2. Rechtsfolgen des § 377 II HGB

Die in § 377 II HGB niedergelegte Genehmigungsfiktion bewirkt den Ausschluss aller Mängelrechte des Käufers aufgrund desjenigen Mangels, hinsichtlich dessen der Käufer seiner Untersuchungs-/Rügeobliegenheit nicht nachgekommen ist. Der Ausschluss bezieht sich auf die in § 437 BGB genannten Rechte.

383

> **hemmer-Methode:** Bei einer Erstmusterfreigabe durch den Käufer sind die Mängelrechte auch hinsichtlich aller Folgelieferungen ausgeschlossen, wenn der Mangel bereits dem Erstmuster anhaftete.[547]

Nicht anzuwenden auf deliktische Ansprüche

Nicht ausgeschlossen sind allerdings deliktische Ansprüche, insbesondere bei sog. weiterfressenden Schäden[548]. Diese beruhen nämlich nicht auf der Mangelhaftigkeit der Kaufsache, sondern auf einem davon zu unterscheidenden deliktischen Handeln des Schädigers.

384

Abschlussfall zu § 377 HGB: Streckengeschäft

> **Bsp.:** Kaufmann K kauft beim Großhändler G eine Couch. Diese verkauft K seinerseits sofort weiter an den Privatmann X. G soll die Couch vereinbarungsgemäß direkt an X liefern, was auch geschieht. X stellt einen Mangel fest, rügt diesen gegenüber K jedoch erst nach zwei Wochen. K teilt dies unverzüglich G mit. G lehnt jedoch Mängelrechte des K ihm gegenüber wegen § 377 II HGB ab. Zu Recht?

385

Es liegen zwei Kaufverträge vor (G/K und K/X). Nur beim Kaufvertrag zwischen G und K handelt es sich um einen beiderseitigen Handelskauf, sodass nur in diesem Verhältnis § 377 II HGB Anwendung finden kann.

Fraglich ist, ob K seiner Untersuchungs- und Rügeobliegenheit gegenüber G nachgekommen ist. Problematisch ist, dass K die Ware nicht untersuchen konnte, da sie sich nie bei ihm selbst, sondern sofort bei X befand. Dennoch geht die h.M.[549] davon aus, dass diese Sonderkonstellation des sog. Streckengeschäfts für die Untersuchungs- und Rügeobliegenheit des K gegenüber G nicht von Bedeutung ist.

---

[547] Vgl. Sauthoff/Kluth, Erstmusterfreigabe und Lieferantenhaftung, ZGS 2007, 374 - 379.
[548] Vgl. **Hemmer/Wüst, Deliktsrecht I**, Rn. 34 ff.
[549] Reinicke/Tiedtke, Kaufrecht, Rn. 894.

Aufgrund der erheblichen Verzögerung von zwei Wochen liegt eine unverzügliche Rüge nicht vor. Sein für die Verneinung der Unverzüglichkeit (vgl. § 121 BGB) erforderliches Verschulden der Verzögerung soll darin liegen, dass er nicht dafür gesorgt hat, von X rechtzeitig über Mängel der Couch unterrichtet zu werden.

Dieser Ansicht ist im Hinblick auf den Gesetzeszweck des § 377 II HGB zu folgen. Der in der Vorschrift angelegte Schutz des Verkäufers besteht unabhängig davon, ob direkt an den Käufer oder an einen Dritten geliefert wird.

Problematisch ist an dieser Ansicht aber, dass sich K auch nicht dadurch schützen kann, dass er durch vertragliche Vereinbarung mit X diesen dazu veranlasst, wie ein Kaufmann die Ware unverzüglich zu untersuchen und Mängel zu rügen. Denn als Sanktion kann der Ausschluss von Mängelrechten des X gegenüber K nicht wirksam vereinbart werden. Einerseits verstößt dies bei neuen Sachen gegen § 309 Nr. 8b BGB. Außerdem ist eine Beschränkung der Mängelrechte eines Verbrauchers wegen § 475 I BGB ohnehin nicht möglich.

hemmer-Methode: Wegen dieser Änderung der Rechtslage seit dem 01.01.2002 erscheint es zumindest möglich, dass der BGH seine Rechtsprechung ändert und das Streckengeschäft bei der Lieferung an einen Verbraucher vom Anwendungsbereich des § 377 II HGB ausklammert.
Bis der BGH diese Frage entscheidet, kommt es lediglich darauf an, dass Sie diesen „neuen" Aspekt des Streckengeschäfts durch die Schuldrechtsreform zumindest ansprechen.

XIII. Rechte des Käufers vor Gefahrübergang

Hinsichtlich des Vorliegens eines Sachmangels ist auf den Zeitpunkt des Gefahrübergangs abzustellen (vgl. oben, Rn. 118 f.). Daher stehen dem Käufer zuvor die in § 437 BGB genannten Rechte nicht zu. *386*

Kein Nacherfüllungsanspruch

Vor Gefahrübergang kommt ein Nacherfüllungsanspruch des Käufers nicht in Betracht. Denn dieser setzt mangelhafte Lieferung voraus. Der Käufer hat vielmehr den ursprünglichen und unmodifizierten Anspruch aus § 433 I S. 2 BGB auf mangelfreie Leistung. *387*

§§ 280 I, 281 I BGB (-)

Ebenso knüpfen die §§ 437 Nr. 3 Alt. 1, 280 I, 281 BGB an eine mangelhafte Leistung des Verkäufers an, die in diesem Zeitpunkt noch nicht vorliegt. *388*

Unbehebbarer Mangel: § 283 BGB bzw. § 311a II BGB bereits vor Gefahrübergang anwendbar

Bei einem unbehebbaren Mangel ist der Anspruch des Käufers aus § 433 I S. 2 BGB auf mangelfreie Leistung bereits vor Gefahrübergang unmöglich, sodass § 311a II BGB bzw. § 283 BGB zur Anwendung kommt. Diese sind jedoch nicht als Mängelrechte über § 437 Nr. 3 BGB, sondern direkt anzuwenden. Daher gilt für die Verjährung auch nicht § 438 BGB, sondern § 195 BGB. *389*

Kündigt der Verkäufer vor Gefahrübergang an, nicht mangelfrei leisten zu können bzw. wollen, kann hierin eine Vertragsaufsage vor Fälligkeit gesehen werden, die zur Anwendung der §§ 280 I, III, 282 BGB (nach a.A. §§ 280 I, III, 281 I BGB i.V.m. § 323 IV BGB analog) führt.

Für den Rücktritt gilt das Gleiche. *390*

Unbehebbarer Mangel: § 326 V BGB

Bei einem unbehebbaren Mangel kann der Käufer aufgrund Unmöglichkeit der mangelfreien Leistung und damit der Verkäuferpflicht aus § 433 I S. 2 BGB vom Vertrag nach § 326 V BGB zurücktreten. Da vor Gefahrübergang die regelmäßige Verjährungsfrist gilt (§ 195 BGB), kann auch erst nach deren Ablauf das Rücktrittsrecht gem. § 218 I S. 2 BGB ausgeschlossen sein.

§ 1 KAUF

Verweigerung der Nacherfüllung im Voraus: § 323 I, IV BGB

Kündigt der Verkäufer an, er werde mangelhaft leisten und zur Nacherfüllung nicht bereit sein, so ist bereits vor Gefahrübergang offensichtlich, dass die Voraussetzungen des Rücktritts nach § 323 I BGB eintreten werden. Dies eröffnet dem Käufer eine Rücktrittsmöglichkeit nach § 323 IV BGB.

Entsprechend bei Rechtsmängeln

Für Rechtsmängel gelten diese Erwägungen entsprechend. Maßgeblicher Zeitpunkt ist hierbei allerdings nicht der Gefahrübergang, sondern der Zeitpunkt der Verschaffung des Rechtes i.S.d. §§ 453 I, 433 I S. 1 BGB.

391

IX. Konkurrenzen[550]

Sehr klausurrelevant ist das Verhältnis des Mängelrechts zu anderen Vorschriften. Hier bedarf es eines erheblichen systematischen Grundverständnisses.

392

> **hemmer-Methode:** Hierauf legen Korrektoren besonderen Wert. Das Problem liegt oftmals darin, dass man zu systematischen Fragen wenig schreiben kann, sondern sich die richtigen Ergebnisse z.B. in der Prüfungsreihenfolge lediglich widerspiegeln müssen. Dies wird i.d.R. als Selbstverständlichkeit angesehen; macht man allerdings einen Fehler, sind erhebliche Punktabzüge garantiert.
> Bei schwierigen Konkurrenzfragen kann man andererseits mit sinnvoller, am Gesetz orientierter Argumentation einiges „gewinnen". Vernachlässigen Sie also diesen Bereich nicht, er gehört gerade im Rahmen des Mängelrechts zu den absoluten „Standards"!

1. Anfechtung nach § 119 I BGB oder § 123 BGB

Das Anfechtungsrecht der Kaufvertragsparteien nach § 119 I BGB (evtl. i.V.m. § 120 BGB) oder nach § 123 BGB besteht uneingeschränkt auch dann, wenn die §§ 434 ff. BGB Anwendung finden.

393

Laiengünstige Auslegung der Anfechtungserklärung

Wird allerdings die Anfechtung erklärt, ist der Kaufvertrag ex tunc unwirksam, § 142 I BGB. Damit scheiden alle etwaigen Mängelrechte des Käufers wegen Mangelhaftigkeit der Kaufsache aus und er ist auf bereicherungsrechtliche Ansprüche (§§ 812 ff. BGB) beschränkt.

Daher muss bei der Auslegung der Erklärung des Käufers genau ermittelt werden, ob er – insbesondere bei einer arglistigen Täuschung – tatsächlich anfechten will, oder ob nicht die in § 437 BGB genannten Rechte für ihn günstiger sind. Denn nach Anfechtung kommt z.B. ein Schadensersatzanspruch aus § 437 Nr. 3 BGB (i.V.m. der jeweiligen dort genannten Vorschrift) nicht mehr in Betracht.

§ 123 BGB gilt auch bei Täuschung über Sach-/Rechtsmangel

§ 123 BGB ist insbesondere auch dann anwendbar, wenn der Verkäufer über das Vorhandensein eines Mangels i.S.d. §§ 434, 435 BGB arglistig getäuscht hat. Denn der arglistig täuschende Verkäufer ist nicht schützenswert; dem Käufer sollen möglichst viele Rechte eröffnet werden.

394

---

[550] Vgl. dazu auch Tyroller, Die Konkurrenzen im Zivilrecht-Teil II, **Life&Law 06/2010, 413 - 420** sowie Tyroller, Die Konkurrenzen im Zivilrecht-Teil III, **Life&Law 10/2010, 703 - 710.**

2. Anfechtung nach § 119 II BGB[551]

Problematisch ist jedoch die Anfechtung nach § 119 II BGB. Denn gerade der Käufer einer mangelhaften Sache wird immer einwenden, er habe sich über das Vorhandensein des Mangels geirrt. In der Regel wird das Nichtvorhandensein des Mangels zugleich auch eine verkehrswesentliche Eigenschaft darstellen.

Zur Klärung dieser Konkurrenzfrage unterscheidet die h.M. zwischen der Anfechtung des Verkäufers und der Anfechtung des Käufers.

a) Anfechtungsrecht des Käufers

Da im Falle einer mangelhaften Lieferung in der Regel zugleich auch ein Irrtum des Käufers über eine verkehrswesentliche Eigenschaft i.S.d. § 119 II BGB vorliegt, könnte der Käufer an Stelle der Geltendmachung der Rechte aus § 437 BGB so gut wie immer nach § 119 II BGB anfechten.

Gefahr der Umgehung des § 438 I Nr. 3 BGB

⇨ Dabei besteht jedoch die Gefahr, dass die Verjährungsvorschrift für die Mängelrechte (§ 438 I BGB) umgangen wird: Nach deren Ablauf könnte der Käufer immer noch anfechten und nach § 812 I S. 1 Alt. 1 BGB (nach a.A. § 812 I S. 2 Alt. 1 BGB) den Kaufpreis zurückverlangen.

Denn die Anfechtung nach § 119 II BGB kann noch bis zu zehn Jahre nach Vertragsschluss erfolgen, § 121 II BGB, sofern sie gem. § 121 I BGB unverzüglich nach Kenntniserlangung erfolgt.

Gefahr der Umgehung des § 442 I S. 2 BGB

⇨ Zum anderen könnte der Käufer auch dann anfechten, wenn er grob fahrlässig den Mangel bei Vertragsschluss nicht erkannt hat. Denn das Anfechtungsrecht nach § 119 II BGB steht ihm verschuldensunabhängig zu. Hingegen wären seine Mängelrechte nach § 442 I S. 2 BGB ausgeschlossen.

Gefahr der Umgehung des Fristsetzungserfordernisses

⇨ Außerdem würde sich durch das sofortige Anfechtungsrecht der Käufer vom Vertrag lösen können, ohne dass er dem Verkäufer zuvor eine Frist zur Mängelbeseitigung gesetzt hätte. Dies würde gegen die Wertung des §§ 437 Nr. 2, 323 I BGB verstoßen, wonach grundsätzlich der Rücktritt erst möglich ist, wenn der Käufer eben eine solche Frist gesetzt hat.

Daher Anfechtungsrecht nach h.M. ausgeschlossen

Da die Gefahr der Umgehung des § 438 I BGB, des § 442 I S. 2 BGB und der §§ 437 Nr. 2, 323 I BGB besteht, versagt daher die h.M. dem Käufer die Anfechtung nach § 119 II BGB wegen Irrtums über die Mangelfreiheit der Kaufsache. Dies ist im Grundsatz unstreitig.

Uneinigkeit besteht jedoch über den Zeitpunkt, ab dem dieses Anfechtungsrecht des Käufers ausgeschlossen sein soll:

H.M. vor Schuldrechtsreform: Ausschluss erst ab Gefahrübergang

⇨ Vor der Modernisierung des Schuldrechts war es h.M., dass § 119 II BGB erst ab Gefahrübergang verdrängt sei, da erst ab diesem Zeitpunkt die Mängelrechte geltend gemacht werden können.[552] Diese Rechtsprechung des BGH zum noch nicht modernisierten Schuldrecht wird auch heute noch in der Literatur so vertreten.[553]

---

[551] Ausführlich hierzu Tyroller, Die Konkurrenzen im Zivilrecht – Teil II, **Life&Law 06/2010, 413 ff.**

[552] BGHZ 34, 32 - 42 (35 ff.) = **juris**byhemmer.

[553] Vgl. dazu Palandt, § 437, Rn. 53; Staudinger/Ewert, Täuschung durch den Verkäufer, JA 2010, 241 - 247 (245).

§ 1 KAUF

Seit Schuldrechtsreform ist der Ausschluss schon ab Vertragsschluss überzeugender

⇨ Nach überzeugender Ansicht hingegen ist § 119 II BGB bereits ab Vertragsschluss ausgeschlossen.

Hauptgrund für den Ausschluss der Mängelrechte ist der Vorrang der Nacherfüllung, der den Verkäufer gerade davor schützen soll, den Erfüllungsanspruch auf die Gegenleistung vorschnell zu verlieren. Daher soll er die Möglichkeit haben, vor einer „Vernichtung" des Vertrages den Mangel der Kaufsache zu beseitigen.

Wenn dem Verkäufer ein Nacherfüllungsrecht aber nach Übergabe der mangelhaften Sache zusteht, dann muss ihm dieses Recht erst recht vor der Übergabe zustehen.

Könnte ein Käufer vor Gefahrübergang wegen eines erkannten Irrtums über die Mangelfreiheit anfechten und damit die Vertragsdurchführung zum Scheitern bringen, so würde dadurch die gesetzgeberische Wertung vom Vorrang der Nacherfüllung völlig unterlaufen werden.[554]

b) Anfechtungsrecht des Verkäufers

Anfechtung durch Verkäufer grds. (+), ausnahmsweise nach § 242 BGB (-)

Zwischen den §§ 434 ff. BGB und einem Anfechtungsrecht des Verkäufers besteht auf den ersten Blick zunächst kein Konkurrenzproblem, denn etwaige Mängelrechte stehen ja allenfalls dem Käufer und nicht dem Verkäufer zu.

Irrt sich der Verkäufer über die Mangelfreiheit der Kaufsache, so kann er aber ausnahmsweise wegen § 242 BGB nach § 119 II BGB nicht anfechten, wenn er sich hierdurch den Mängelrechten des Käufers entziehen würde.[555]

Es gibt aber auch Fälle, in denen der Käufer einer mangelhaften Sache keine Mängelrechte geltend machen wird (z.B. beim wertvolleren aliud).

In diesem Fall liegt zwar wegen § 434 III BGB eine Gleichstellung mit der Lieferung einer mangelhaften Sache vor (sog. „wertvolleres aliud"). Allerdings wird der Käufer in solch einer Konstellation regelmäßig keine Mängelrechte geltend machen wollen.

Eine Anfechtung seitens des Verkäufers ist in diesem Fall auch nicht rechtsmissbräuchlich.

Bsp.:[556] *V verkauft K zwei angeblich neue chinesische Vasen für 390,- €. Tatsächlich handelt es sich aber um Vasen aus der Ming-Dynastie, die einen Wert von (zusammen) 200.000,- € haben. Unter Berufung auf seinen Irrtum verlangt V Herausgabe der Vasen.*

1. Ein solcher Anspruch könnte sich aus § 985 BGB ergeben.

Da sich beim Eigenschaftsirrtum nach § 119 II BGB der Irrtum sowohl auf das Verpflichtungs- als auch das Verfügungsgeschäft bezieht (Fehleridentität), könnte V beide Rechtsgeschäfte angefochten haben. Auch stellen zwar nicht der Wert, jedoch Alter und Herkunft der Vasen verkehrswesentliche Eigenschaften i.S.d. § 119 II BGB dar, über die sich V geirrt hat. Nach erfolgter Anfechtung sind ex tunc Übereignung und Kaufvertrag unwirksam, § 142 I BGB, sodass V Eigentümer und K unberechtigter Besitzer wäre.

---

[554] So Reinicke/Tiedtke, Kaufrecht, 8. Auflage 2009, Rn. 799.

[555] BGH, NJW 1988, 2597 - 2599 (sog. „Duveneck-Leibl-Fall"); Reinicke/Tiedtke, Kaufrecht, Rn. 607.

[556] Nach RGZ 124, 115.

Fraglich ist allein, ob V überhaupt nach § 119 II BGB anfechten kann. Dies ist grundsätzlich auch bei Konkurrenz zu den §§ 434 ff. BGB zu bejahen; nur ausnahmsweise kann nach § 242 BGB ein Anfechtungsrecht des Verkäufers aus § 119 II BGB ausgeschlossen sein, wenn sich der Verkäufer durch die Anfechtung Mängelrechten des Käufers entziehen würde.

Dies ist hier aber nicht der Fall. Denn eine für den Käufer nachteilige Abweichung der Ist- von der Sollbeschaffenheit als Voraussetzung eines Sachmangels i.S.d. § 434 I BGB liegt nicht vor. Für K ist die tatsächliche Sachlage günstiger als die zunächst angenommene; an der Ausübung von Mängelrechten gegenüber V ist er nicht interessiert.

Damit steht einer Anfechtung nach § 119 II BGB nicht der Einwand des § 242 BGB entgegen.

E.A.: Störung der GG, nicht § 119 II BGB beim beiderseitigen Irrtum über verkehrswesentliche Eigenschaft

Allerdings handelt es sich nach einer Ansicht um einen Irrtum beider Seiten über eine verkehrswesentliche Eigenschaft; auch der Käufer war sich der wahren Herkunft der Kaufsache nicht bewusst. In diesem Falle des beiderseitigen Motivirrtums soll § 119 II BGB nicht zur Anwendung kommen, vielmehr sei eine Lösung nach den Regeln der Störung der Geschäftsgrundlage gem. § 313 II BGB zu suchen.

H.M.: § 119 II BGB ist anzuwenden

Diese Auffassung ist abzulehnen, da § 119 II BGB als Spezialregelung der generell subsidiären Störung der Geschäftsgrundlage vorgeht. Insbesondere besteht auch kein Bedürfnis zur Wertungskorrektur: Es ist keinesfalls so, dass es – wie von Vertretern dieser Auffassung behauptet – vom Zufall abhinge, welche Vertragspartei nach § 119 II BGB anfechten und sich damit nach § 122 BGB schadensersatzpflichtig machen werde.

Dies zeigt besonders deutlich der vorliegende Fall: Es war abzusehen, dass alleine V anfechten wird, da das geschlossene Geschäft für ihn nachteilig war. Da aus wirtschaftlichen Gründen derjenige anficht, für den das Geschäft nachteilig war und er dadurch dem anderen Teil dessen Vorteil aus dem Geschäft nimmt, ist eine Haftung aus § 122 BGB durchaus nicht zufallsabhängig, sondern interessengerecht.[557]

Damit hat V die dingliche Einigung i.S.d. § 929 S. 1 BGB nach § 119 II BGB mit der Folge des § 142 I BGB wirksam angefochten.

V kann daher von K nach § 985 BGB Herausgabe der Vasen verlangen (gegen Rückzahlung des Kaufpreises nach § 812 I S. 1 Alt. 1 BGB bzw. § 812 I S. 2 Alt. 1 BGB, vgl. §§ 273, 274 BGB).

2. Daneben steht ihm ein Anspruch auf Rückübertragung des geleisteten Besitzes (= Herausgabe) auch aus § 812 I S. 1 Alt. 1 BGB bzw. nach anderer Auffassung aus § 812 I S. 2 Alt. 1 BGB zu.

hemmer-Methode: Freilich steht es V frei, auch nur das Verpflichtungsgeschäft anzufechten. Dann bleibt die Übereignung wirksam, ist aber aufgrund der ex tunc-Nichtigkeit des Kaufvertrages rechtsgrundlos. V kann von K Rückübereignung nach § 812 I S. 1 Alt. 1 BGB bzw. § 812 I S. 2 Alt. 1 BGB verlangen.

3. Verhältnis zum allgemeinen Leistungsstörungsrecht

Die nach altem Recht sehr umstrittenen Fragen der Konkurrenz der Mängelrechte zum allgemeinen Leistungsstörungsrecht existieren nach der Schuldrechtsreform kaum noch.

Keine Konkurrenzprobleme mehr, da MängelR = NichterfüllungsR!

Denn die mangelhafte Leistung ist ein Fall teilweiser Nichterfüllung; die Rechtsfolgen ergeben sich aus den allgemeinen Vorschriften, vgl. die (deklaratorische) Verweisung in § 437 BGB.

---

[557] Zum beiderseitigen Motivirrtum vgl. **Hemmer/Wüst, Schuldrecht AT**, Rn. 642 ff.

Annahmeverzug (-) bei Ablehnung einer mangelhaften Sache

Anzumerken ist an dieser Stelle, dass der Käufer bei Ablehnung der ihm angebotenen mangelhaften Ware nicht in Annahmeverzug i.S.d. §§ 293 ff. BGB kommen kann. Denn die Kaufsache ist so anzubieten, wie sie zu bewirken ist, § 294 BGB; die Sache ist aber mangelfrei „zu bewirken". Der Käufer kann also ohne für ihn nachteilige Folgen die Annahme der Kaufsache ablehnen und z.B. den Verkäufer in Schuldnerverzug mit seiner Lieferpflicht aus § 433 I S. 1 BGB setzen.

403

4. Verhältnis zum Anspruch auf Schadensersatz aus c.i.c. gemäß §§ 280 I, 311 II BGB

Verhältnis zur c.i.c. problematisch

Probleme ergeben sich allerdings weiterhin, wenn der Verkäufer vor Vertragsschluss schuldhaft einen Irrtum des Käufers über einen Mangel durch Falschangaben oder durch Nichtaufklärung bei bestehender Aufklärungspflicht erweckt oder erhalten hat.

404

Hierin ist sicher eine Pflichtverletzung i.S.v. §§ 241 II, 280 I S. 1 BGB zu sehen, der Verkäufer müsste dem Käufer den hieraus entstehenden Schaden nach §§ 311 II, 280 I BGB (c.i.c.[558]) ersetzen.

Konkurrenzproblem wg. unterschiedlicher Verjährungsfristen

Dieser Anspruch verjährt in drei Jahren, es gilt die regelmäßige Verjährungsfrist des § 195 BGB (Beginn gemäß § 199 I BGB). Demgegenüber kann der Käufer Ansprüche aufgrund der mangelhaften Lieferung im Regelfall gem. § 438 I Nr. 3, II BGB nur innerhalb von zwei Jahren geltend machen. Es besteht die Gefahr, dass bei Ablauf dieser zwei Jahre der Käufer sich darauf beruft, der Verkäufer habe ihn vor Vertragsschluss über den Mangel nicht aufgeklärt und hafte daher aus c.i.c.

405

Grds. c.i.c.-Anspruch (-)

Um diese Sonderregeln des Mängelrechts nicht auszuhebeln, scheidet ein Anspruch aus c.i.c. gemäß §§ 280 I, 311 II BGB wegen schuldhafter Falschangaben bzw. einer Nichtaufklärung des Verkäufers bzgl. eines Mangels i.S.v. §§ 434, 435 BGB nach erfolgtem Gefahrübergang generell aus.

406

Anders nur bei Arglist des Verkäufers

Beim arglistigen Verschweigen eines Mangels bzw. arglistigen Vorspiegeln einer nicht vorhandenen Eigenschaft durch den Verkäufer stellt sich obiges Konkurrenzproblem nach h.M. nicht. Grund hierfür ist zum einen, dass für die Mängelrechte die regelmäßige Verjährungsfrist nach § 195 BGB gem. § 438 III BGB gilt, zum anderen der Gedanke, dass der arglistig Handelnde nicht den Schutz der Rechtsordnung verdient.

Aus diesem Grund ist nach h.M. und Ansicht des BGH der Anspruch aus c.i.c. neben den Mängelrechten anwendbar.[559]

> **hemmer-Methode:** Neben dem Mängelrecht ist die c.i.c. bei Arglist also anwendbar. Bedeutung erlangt die Anwendbarkeit der c.i.c. aber nur für den Fall, dass das negative Interesse höher ist als das positive Interesse und es sich um einen Schadensposten handelt, der nicht nach § 284 BGB ersatzfähig ist.[560]

C.i.c.-Haftung aber anwendbar bei sonstigen Pflichtverletzungen

Uneingeschränkt anwendbar ist der Anspruch aus c.i.c. gem. §§ 280 I, 311 II BGB wegen Pflichtverletzung im vorvertraglichen Bereich bei Verletzung sonstiger Pflichten i.S.d. § 241 II BGB, die sich nicht – wie oben – auf die Mangelhaftigkeit der Kaufsache beziehen. Hier besteht kein Konkurrenzproblem, das die Anwendbarkeit dieses Anspruches ausschließen könnte.

407

---

[558] Zur culpa in contrahendo (c.i.c.) ausführlich **Hemmer/Wüst, Schuldrecht AT**, Rn. 194 ff., Rn. 233 ff.
[559] BGH, **Life&Law 07/2009, 433 ff.** = NJW 2009, 2120 ff. = juris*byhemmer*; OLG Hamm, **Life&Law 10/2005, 669 ff.** = juris*byhemmer*; Palandt, § 437, Rn. 51b; Derleder, Sachmängel- und Arglisthaftung nach neuem Schuldrecht, NJW 2004, 969 (975);.
[560] Tyroller, Die Bedeutung der Anwendbarkeit der c.i.c. neben dem Mängelrecht im Fall der arglistigen Täuschung, **Life&Law 07/2009, 493 ff.**

Bsp.: Der Verkäufer beschädigt bei der Lieferung der Ware zur Ansicht (noch kein Vertrag!) die Garageneinfahrt des Käufers.

Der Anspruch aus §§ 311 II, 280 I BGB ist unproblematisch anwendbar. Die Pflichtverletzung hat mit einer etwaigen Mangelhaftigkeit der Kaufsache nichts zu tun, ein Konkurrenzproblem bzgl. der §§ 434 ff. BGB besteht nicht.

E) Besonderheiten beim Kauf unter Eigentumsvorbehalt

I. Vereinbarung und Auswirkung des Eigentumsvorbehalts

Kaufvertrag mit Verpflichtung zur bedingten Übereignung

Beim Kauf unter Eigentumsvorbehalt handelt es sich um einen Kaufvertrag, der darauf gerichtet ist, dass der Verkäufer sein Eigentum nur unter der Bedingung der vollständigen Kaufpreiszahlung zu übertragen hat, § 449 I BGB. Der Verkäufer ist schuldrechtlich also nur zur bedingten Übereignung verpflichtet.

408

hemmer-Methode: Der Eigentumsvorbehaltskauf kann auch unter einer anderen Bedingung stehen. § 449 BGB stellt insofern nur eine Auslegungsregel („im Zweifel") auf. Die Bedingung der vollständigen Kaufpreiszahlung ist jedoch die Regel.

Erwerber wird Inhaber eines AnwR

Die Abwicklung des Vorbehaltskaufs (also die Vornahme der dinglichen Erfüllungsgeschäfte) sieht dann folgendermaßen aus:

Der Verkäufer bleibt zunächst Eigentümer und wird mittelbarer Eigenbesitzer, der Käufer erhält (unmittelbaren Fremd-)Besitz an der Kaufsache und aufgrund der bedingten Übereignung (§ 158 I BGB) ein Anwartschaftsrecht, welches ohne Mitwirkungshandlung des Verkäufers zum Vollrecht (= Eigentum) erstarkt, sobald der Kaufpreis vollständig gezahlt worden ist.

Durch den Vorbehalt des Eigentums hat der Verkäufer eine Sicherheit für den Fall, dass der Käufer den Kaufpreis nicht zahlt.

hemmer-Methode: Es handelt sich nicht um einen bedingten Kaufvertrag! Es wird lediglich aufgrund vertraglicher Absprache die dingliche Einigungserklärung im Rahmen des § 929 S. 1 BGB unter die aufschiebende Bedingung der Kaufpreiszahlung gestellt.[561] Achten Sie hier auf das Abstraktionsprinzip!

Ist der Eigentumsvorbehalt bereits im Kaufvertrag enthalten, ist der Verkäufer von vornherein nur zur bedingten Übereignung verpflichtet.

409

Problem: nachträglicher EV

Anders liegt jedoch der Fall, wenn im Kaufvertrag von einem Eigentumsvorbehalt keine Rede ist.

410

Der Käufer hat dann einen Anspruch auf Verschaffung unbedingten Eigentums. Ob der Verkäufer in dieser Konstellation dinglich einen Eigentumsvorbehalt noch einseitig durchsetzen kann, hängt davon ab, ob die Übergabe i.R.d. § 929 S. 1 BGB schon erfolgt ist oder nicht.

hemmer-Methode: Übergehen Sie keinesfalls das Abstraktionsprinzip: Dass der Verkäufer schuldrechtlich nach dem Kaufvertrag zur Verschaffung unbedingten Eigentums verpflichtet ist, heißt noch lange nicht, dass er dem Käufer nicht dennoch nur bedingtes Eigentum verschaffen kann. Tut er dies, handelt er zwar vertragswidrig; möglich ist dies jedoch.

---

[561] Eine solche bedingte Übereignung ist aber nicht möglich bei der Übertragung von Grundstückseigentum nach §§ 873, 925 BGB. Die Auflassung ist bedingungsfeindlich, § 925 II BGB. Zur Sicherung des Kaufpreises stehen hier Grundpfandrechte, i.d.R. Grundschuld oder Hypothek, zur Verfügung.

Bsp.: K und V haben einen Kaufvertrag über einen Rasenmäher ohne Eigentumsvorbehalt geschlossen. Als V den Rasenmäher liefert, erklärt er, dass er ihn nur unter Eigentumsvorbehalt übereignen wolle. K nimmt die Kaufsache schweigend entgegen.

Obwohl V nach dem Vertrag zur unbedingten Übereignung verpflichtet ist, erhält K nur das aufschiebend bedingte Eigentum, denn er kann nur die Einigungsofferte annehmen, die V tatsächlich abgegeben hat. Nur bezüglich der Übertragung bedingten Eigentums liegt damit die nach § 929 S. 1 BGB erforderliche dingliche Einigung vor.

hemmer-Methode: Wenn K die Sache entgegennimmt und standhaft erklärt, das unbedingte Eigentum erlangen zu wollen, liegen eigentlich keine zwei übereinstimmende Willenserklärungen vor.
Zugunsten des Käufers wird hier jedoch angenommen, dass er „wenigstens" das bedingte Eigentum möchte, ehe die (bedingte) Übereignung gänzlich scheitert.[562] Es geht letztlich um die Auslegung des Verhaltens des Käufers nach den §§ 133, 157 BGB: Gibt er die für die dingliche Einigung nach § 929 S. 1 BGB erforderliche Willenserklärung ab oder nicht?

Bis zur Übergabe kann EV einseitig durchgesetzt werden

Voraussetzung dafür, dass der Verkäufer sich in dinglicher Hinsicht mit seinem Eigentumsvorbehalt nachträglich durchsetzt, ist aber, dass dem Käufer (oder einer zur Vertragsgestaltung befugten Person) spätestens bei der Übergabe eine entsprechende Erklärung des Verkäufers zugeht.

411

Ansonsten muss der Käufer nämlich davon ausgehen, dass der Verkäufer vertragsgemäß unbedingt übereignen will. Der Käufer erhält dann unbedingtes Eigentum. Das Verhalten des Verkäufers ist also in dinglicher Hinsicht als eine auf eine unbedingte dingliche Einigung i.S.d. § 929 S. 1 BGB gerichtete Willenserklärung auszulegen.

Bsp.: Ein Eigentumsvorbehalt kommt daher nicht zustande, wenn dieser lediglich aus dem Lieferschein hervorgeht, der erst nach der Übereignung der Sache von einem Lagerhalter entgegengenommen wird. Der Käufer erwirbt in diesem Fall unbedingtes Eigentum.

Ggf. Modifikation des Kaufvertrages

Von der sachenrechtlichen Seite zu unterscheiden ist die Frage, ob durch die Entgegennahme der Sache seitens des Käufers der Kaufvertrag stillschweigend modifiziert wird. Dies dürfte zu bejahen sein, wenn der Käufer nach anfänglichem Zögern seinen Widerspruch aufgibt, dagegen zu verneinen sein, wenn er die Sache annimmt, sich aber gleichzeitig seine Rechte vorbehält.[563]

412

Nach Übereignung einvernehmliche Rückübereignung erforderlich

Ist die Übereignung der Sache einmal erfolgt, kann der Verkäufer einen Eigentumsvorbehalt nicht mehr einseitig durchsetzen. Der Käufer hat bereits unbedingtes Eigentum erlangt, das ihm der Verkäufer selbstverständlich nicht mehr einseitig entziehen kann.

413

Bsp.: K und V haben einen Kaufvertrag über einen Rasenmäher ohne Eigentumsvorbehalt geschlossen. Nachdem V die Sache übergeben hat, erinnert er sich, dass er sie eigentlich nur unter Eigentumsvorbehalt übereignen wollte. K lehnt dies ab.

V hat K unbedingtes Eigentum übertragen, da seine Einigungsofferte aufgrund der Verpflichtung zur unbedingten Übereignung aus dem Kaufvertrag nicht anders verstanden werden konnte. Da K somit Eigentümer ist, ist V darauf angewiesen, dass K dem nachträglichen Eigentumsvorbehalt zustimmt.

---

[562] Reinicke/Tiedtke, Kaufrecht, Rn. 1110.
[563] Reinicke/Tiedtke, Kaufrecht, Rn. 1111 f.

Rspr.: Zwei Übereignungstatbestände

Freilich ist es möglich, bei vorliegendem Einverständnis des Käufers nachträglich einen Eigentumsvorbehalt zugunsten des Verkäufers zu schaffen. Nach Ansicht der Rechtsprechung geschieht dies dadurch, dass der Käufer die Sache nach §§ 929 S. 1, 930 BGB unbedingt zurückübereignet und dann vom Verkäufer gemäß §§ 929 S. 2, 158 I BGB wieder aufschiebend bedingtes Eigentum erhält. Es finden also zwei Übereignungsvorgänge statt.

Lit.: Ein Übereignungsvorgang gem. §§ 929 S. 1, 930, 158 II BGB

Nach h.L. übereignet der Käufer das Eigentum dagegen auflösend bedingt zurück.[564] Auflösende Bedingung ist wiederum die vollständige Kaufpreiszahlung. Hier findet nur ein Übereignungsvorgang statt, §§ 929 S. 1, 930, 158 II BGB. Der Sache nach wird hierdurch ohne unnötiges Hin und Her das gleiche Ergebnis erzielt.

1. Schutz des Verkäufers

a) Sicherung des Herausgabeanspruches

EV sichert Herausgabeanspruch, nicht den Kaufpreisanspruch

Durch den Eigentumsvorbehalt sichert sich der Verkäufer in der Weise ab, dass er seine Rechte an der Sache noch nicht ganz aufgibt. Tritt er wegen Zahlungsverzögerung des Käufers vom Kaufvertrag zurück, kann er die Sache nicht nur über §§ 323, 346 BGB, sondern auch aus § 985 BGB herausverlangen (da nach wirksamem Rücktritt ein Besitzrecht i.S.d. § 986 BGB nicht mehr besteht).

414

Der Eigentumsvorbehalt sichert daher nicht die Kaufpreisforderung (denn diese erlischt mit der Ausübung des Rücktrittsrechts), sondern den Rückgewähranspruch.

hemmer-Methode: Beim finanzierten Teilzahlungsgeschäft sind als „lex-specialis-Rücktrittsrecht" unbedingt §§ 506, 508 S. 1, 498 BGB zu beachten!

Verkäufer hat § 985 BGB

Bsp.: K kauft bei V eine Waschmaschine unter Eigentumsvorbehalt. Für die Zahlung war der 25. Mai vereinbart. Die Maschine wird sofort übergeben. Da K am 2. Juni noch nicht gezahlt hat, fragt V nach seinen rechtlichen Möglichkeiten.

1. V kann den Kaufpreisanspruch gemäß § 433 II BGB einklagen, da K und V einen unbedingten Kaufvertrag geschlossen haben.

2. V kann unter den Voraussetzungen der §§ 280 II, 286 BGB auch Ersatz seines Verzugsschadens verlangen oder nach § 323 BGB vom Vertrag zurücktreten, sodass er die Sache nach § 346 I BGB zurückverlangen könnte. § 323 BGB erfordert aber eine Fristsetzung zur Leistung, an der es bislang fehlt.

3. Neben den schuldrechtlichen Rückgewähransprüchen kann der Verkäufer nach erfolgtem Rücktritt die Sache auch aus § 985 BGB herausverlangen. Ein Besitzrecht i.S.d. § 986 I S. 1 BGB steht dem Käufer nicht mehr zu, da sowohl das obligatorische aus dem Kaufvertrag als auch das dingliche aus dem Anwartschaftsrecht[565] durch den Rücktritt erloschen sind.

b) Problem: Verjährung der Kaufpreisforderung

Problem: Anspruch gemäß § 433 II BGB ist verjährt

Ein Sonderproblem ergibt sich, wenn der Anspruch auf die Kaufpreiszahlung verjährt ist.

415

---

[564] Reinicke/Tiedtke, Kaufrecht, S. 349.

[565] Im Einzelnen ist umstritten, ob das Anwartschaftsrecht ein dingliches Rechts zum Besitz gibt, vgl. **Hemmer/Wüst, Sachenrecht II**, Rn. 164 ff.

Bsp.: K hat bei V eine Dampfwalze unter Eigentumsvorbehalt gekauft. Für die Zahlung war Ende April vereinbart. K zahlte jedoch nicht. V setzte ihm deshalb eine Frist bis zum 31. Mai, die erfolglos blieb. Aufgrund zahlreicher Aufträge vergaß V jedoch im Weiteren die Forderung gegen K. Erst im Januar, viereinhalb Jahre später entdeckte V wieder die noch offene Rechnung des K und verlangt nun Herausgabe der Dampfwalze, da diese noch sein Eigentum sei. K beruft sich auf Verjährung.

I. Anspruch aus § 985 BGB

1. V hat die Dampfwalze zunächst nur bedingt übereignet, §§ 929 S. 1, 158 I BGB, und hat sein Eigentum auch nicht verloren, da es zum Eintritt der Bedingung nicht gekommen ist.

2. Daran ändert sich auch nichts dadurch, dass die Kaufpreisforderung mittlerweile verjährt ist, §§ 195, 199 I BGB.

Dieses Ergebnis bestätigt § 216 I BGB, wonach auch nach Verjährung des gesicherten Anspruches die Verwertung eines Sicherungsmittels möglich ist; diese Vorschrift kann für den Eigentumsvorbehalt analog herangezogen werden; die „Befriedigung aus dem Eigentumsvorbehalt" erfolgt durch das Herausgabeverlangen.

3. Problematisch ist dagegen, ob K auch nach Verjährung der Kaufpreisforderung ein Recht zum Besitz i.S.v. § 986 I BGB zusteht.

a) Dieses könnte sich zunächst aus dem Anwartschaftsrecht ergeben, das K bei der bedingten Übereignung der Dampfwalze erhalten hat. Dies stellt nach e.A. ein dingliches Recht zum Besitz – auch gegenüber dem Eigentümer (str.; a.A. BGH) – i.S.v. § 986 I BGB dar.[566]

Die Begründung ist, dass dem Käufer das Recht zum Besitz, welches im Eigentum enthalten ist, schon übertragen wurde, weil er demnächst das Eigentum erwerben sollte.

Diese Argumentation ist im vorliegenden Fall aber fraglich: Da das Anwartschaftsrecht nicht mehr zum Vollrecht erstarken wird, wenn K die Zahlung weiterhin nach § 214 I BGB verweigert, kann es auch kein Besitzrecht mehr entfalten.

b) Ein Besitzrecht könnte sich jedoch aus dem Kaufvertrag ergeben. Dieser besteht nämlich noch nach wie vor, zumal V noch keinen Rücktritt erklärt hat, § 349 BGB. In diesem Fall bestimmt auch § 449 II BGB, dass der Verkäufer die Sache aufgrund eines vereinbarten Eigentumsvorbehalts nur herausverlangen kann, wenn er vom Vertrag zurückgetreten ist.

c) Fraglich ist allerdings, ob V noch wirksam vom Vertrag zurücktreten könnte. Hierdurch würde er das Besitzrecht des K in Form des Kaufvertrages beseitigen und die Kaufsache nach § 985 BGB von ihm herausverlangen können.

In Betracht kommt ein Rücktritt des V nach § 323 I BGB. Es liegt eine Nichtleistung des K vor. Auch hatte V schon erfolglos eine Frist zur Erfüllung der Zahlungsverpflichtung gesetzt. Die Voraussetzungen von § 323 I BGB sind somit auf den ersten Blick erfüllt.

Problematisch könnte ein Rücktritt aber sein, da die betreffende Forderung schon verjährt ist, siehe oben. In diesem Fall ist nach § 218 I S. 1 BGB grundsätzlich der Rücktritt ausgeschlossen, zumal sich K auch auf die Verjährung berief.

Nach §§ 218 I S. 3, 216 II S. 2 BGB ist aber in Ausnahme zu § 218 I S. 1 BGB ein Rücktritt auch dann noch möglich, wenn der Verkäufer sich das Eigentum vorbehalten hat.

V kann daher noch wirksam den Rücktritt nach § 323 I BGB erklären, sodass dem K anschließend kein Recht zum Besitz mehr zusteht.

Nach Erklärung des Rücktritts steht V somit ein Anspruch aus § 985 BGB zu.

---

[566] **Hemmer/Wüst, Sachenrecht II**, Rn. 165.

II. Anspruch aus §§ 346 I, 323 BGB

Nach Erklärung des Rücktritts nach § 323 I BGB, dessen Voraussetzungen vorliegen, kann V von K auch nach § 346 I BGB Herausgabe der Dampfwalze verlangen. Zugleich besteht aus § 346 I BGB ein Anspruch auf Herausgabe der gezogenen Nutzungen bzw. auf Wertersatz gem. § 346 II BGB.

> **hemmer-Methode:** Die Vereinbarung eines Eigentumsvorbehalts bewirkt daher nicht nur, dass der Verkäufer sein Eigentum noch nach § 985 BGB zurückfordern kann. Aufgrund des Eigentumsvorbehalts ermöglichen es die §§ 218 I S. 3, 216 II S. 2 BGB, vom Kaufvertrag selbst zurückzutreten, obwohl die Kaufpreisforderung schon längst verjährt ist.

c) Herausgabeansprüche des Verkäufers

Schutz des VVK über §§ 985, 1004, 823 BGB

Da der Verkäufer bis zur vollständigen Kaufpreiszahlung Eigentümer der Sache bleibt, stehen ihm gegenüber Dritten alle Ansprüche zu, die sich aus dem Eigentum ergeben, §§ 1004, 985 ff., 823 ff. BGB.[567]

Verfügungen des Vorbehaltskäufers über das Eigentum (nicht über das Anwartschaftsrecht, insoweit ist der Käufer Berechtigter!) sind nur wirksam, wenn die Voraussetzungen eines Erwerbs vom Nichtberechtigten (§ 185 BGB bzw. §§ 932 ff. BGB) vorliegen. Verfügungen über das Anwartschaftsrecht sind hingegen ohne Weiteres möglich (§§ 929 ff. BGB analog): Der Vorbehaltskäufer ist insoweit Berechtigter!

In der ZVS: § 771 ZPO

Betreiben die Gläubiger des Vorbehaltskäufers die Zwangsvollstreckung in die Sache, kann der Vorbehaltsverkäufer sich mit der Drittwiderspruchsklage nach § 771 ZPO wehren.[568]

2. Schutz des Käufers

AnwR als Minus zum Eigentum weitgehend geschützt

Der Käufer ist dadurch, dass er ein Anwartschaftsrecht an der Sache erlangt, gegenüber dem Vorbehaltsverkäufer und gegenüber Dritten weitgehend geschützt, da das Anwartschaftsrecht in vielen Bereichen dem Vollrecht gleichgestellt wird.

⇨ Der Käufer erwirbt mit der vollständigen Zahlung Eigentum selbst dann, wenn der Verkäufer dies nicht mehr will.

⇨ Er erwirbt Eigentum selbst dann, wenn er inzwischen bösgläubig i.S.d. § 932 BGB geworden ist. Allein maßgebend ist der gute Glaube beim Erwerb des Anwartschaftsrechts.[569]

⇨ Er ist gemäß § 161 I S. 1 BGB vor sog. Zwischenverfügungen des Eigentümers geschützt, die selbst bei Gutgläubigkeit des Zweiterwerbers ihm gegenüber nicht wirksam sind, §§ 161 III, 936 III BGB.[570]

⇨ In der Zwangsvollstreckung ist er durch § 809 ZPO, der eine Vollstreckungserinnerung nach § 766 ZPO begründen kann, und durch die Drittwiderspruchsklage geschützt.[571]

---

[567] Hierzu und zu dem Konkurrenzverhältnis zu den Ansprüchen des Vorbehaltskäufers: **Hemmer/Wüst, Sachenrecht II**, Rn. 172 ff.
[568] Ausführlich **Hemmer/Wüst, Sachenrecht II**, Rn. 186 ff.
[569] BGHZ 10, 69 = **juris**byhemmer; BGHZ 30, 374, 377 = **juris**byhemmer; vgl. dazu umfassend **Hemmer/Wüst, Sachenrecht II**, Rn. 75, 151.
[570] Vgl. **Hemmer/Wüst, Sachenrecht II**, Rn. 158 ff.
[571] Vgl. **Hemmer/Wüst, Sachenrecht II**, Rn. 182 ff.

⇨ Gegenüber einem Herausgabeverlangen des Verkäufers bzw. eines Rechtsnachfolgers desselben ist er über § 986 I S. 1 BGB bzw. § 986 II BGB geschützt.[572]

⇨ Im Deliktsrecht ist das Anwartschaftsrecht als sonstiges Recht i.S.d. § 823 I BGB anerkannt.[573]

hemmer-Methode: Da es an dieser Stelle primär um die schuldrechtliche Seite des Eigentumsvorbehaltes geht, werden die examensrelevanten Probleme des Anwartschaftsrechts des Vorbehaltskäufers nur angedeutet. Systematisch handelt es sich hierbei eher um Fragen des Sachenrechts, sodass auf die Ausführungen im Skript Sachenrecht II verwiesen wird.

II. Besondere Arten des Eigentumsvorbehalts

Der einfache Eigentumsvorbehalt erstreckt sich auf die gekaufte Sache und erlischt i.d.R. durch Zahlung des vereinbarten Kaufpreises.

Einfacher EV wird Interessen der Parteien oft nicht hinreichend gerecht

Der einfache Eigentumsvorbehalt ist für den Käufer oder Verkäufer aber oft nicht ausreichend bzw. interessengerecht. Der Käufer ist z.B. oft im Rahmen seiner beruflichen Tätigkeit darauf angewiesen, die Sache gleich weiterveräußern zu können.

⇨ *Häufig erweiterte Formen des EV*

In der Praxis haben sich daher verschiedene Varianten des Eigentumsvorbehalts herausgebildet, die man unter den Begriff „erweiterter Eigentumsvorbehalt" zusammenfassen kann.[574]

1. Weitergeleiteter Eigentumsvorbehalt

Weitergeleiteter EV = Übertragung des AnwR

Ein weitergeleiteter Eigentumsvorbehalt liegt vor, wenn Verkäufer und Käufer vereinbaren, dass die Sache vom Käufer zwar weiterveräußert werden darf, dass dieser seinem Käufer jedoch nur das Anwartschaftsrecht übertragen darf und der Verkäufer Eigentümer bleibt. Der Vorbehaltskäufer verfügt also als Berechtigter über sein Anwartschaftsrecht; hierzu bedarf es keiner Zustimmung des Vorbehaltsverkäufers; er überträgt als Berechtigter sein Anwartschaftsrecht an den Dritten.

hemmer-Methode: Weitergeleiteter Eigentumsvorbehalt = Übertragung des Anwartschaftsrechts.

Der weitergeleitete Eigentumsvorbehalt ist selten, da sich der Dritte auf eine solche Vereinbarung nur schwer einlassen wird. Die Tatsache, ob er irgendwann Eigentümer wird, hängt nämlich von einem Umstand ab, den er regelmäßig nicht beeinflussen kann: die Zahlung des Kaufpreises durch den Vorbehaltskäufer an den Vorbehaltsverkäufer.

hemmer-Methode: Natürlich könnte der Dritte auch selbst den Kaufpreis zahlen, vgl. § 267 BGB. Aber dann würde er für ein und dieselbe Sache zweimal zahlen müssen, und das ist sicher nicht gewollt.

Verstoß gegen § 307 I BGB (+)

Grundsätzlich ist der weitergeleitete Eigentumsvorbehalt gültig, obwohl er die Eigentumsverhältnisse leicht undurchsichtig werden lässt.[575] Eine Zulässigkeit in AGB scheitert jedoch an §§ 305c, 307 I BGB.[576]

---

[572] Vgl. **Hemmer/Wüst, Sachenrecht II**, Rn. 161 ff.
[573] Vgl. **Hemmer/Wüst, Sachenrecht II**, Rn. 173 f.
[574] Vgl. zu allem: Palandt, § 449, Rn. 16 ff.
[575] Larenz, Schuldrecht II 1, § 43 II 2.
[576] Vgl. Palandt, § 449, Rn. 16.

> **hemmer-Methode:** Der Vorbehaltskäufer könnte mit dem Dritten natürlich auch vereinbaren, dass dieser den Kaufpreis in gewisser Höhe für Rechnung des Vorbehaltskäufers an den Vorbehaltsverkäufer zahlt. Dabei ist jedoch zu beachten, dass es dem Vorbehaltskäufer kaum zumutbar ist, dass er seinem Abnehmer offen legt, was er für die Sache bezahlt hat! Hinsichtlich der Zulässigkeit einer solchen Klausel ergeben sich also auch durch diese Möglichkeit keine Unterschiede.

2. Nachgeschalteter Eigentumsvorbehalt

Nachgeschalteter EV = Verdoppelung des AnwR

Beim nachgeschalteten Eigentumsvorbehalt verkauft der Käufer die Sache ebenfalls unter Eigentumsvorbehalt an einen Dritten. Es entsteht dadurch ein zweiter Eigentumsvorbehalt, das Anwartschaftsrecht wird verdoppelt.

In dinglicher Hinsicht handelt der Vorbehaltskäufer, da er über das Eigentum verfügt, eigentlich als Nichtberechtigter. Ist der Vorbehaltsverkäufer einverstanden, liegt jedoch eine Einwilligung i.S.d. § 185 I BGB vor. Der Vorbehaltsverkäufer wird sich darauf jedoch nur unter Vorausabtretung des Anspruchs gegen den Abnehmer einlassen, weil er sein Eigentum auch dann verliert, wenn der Abnehmer den Kaufpreis an den Käufer zahlt.[577] In dieser Konstellation handelt es sich dann aber um den klassischen Fall des sog. „verlängerten Eigentumsvorbehalts" (vgl. Rn. 422 ff.).

> **hemmer-Methode:** Nachgeschalteter Eigentumsvorbehalt = Verdoppelung des Anwartschaftsrechts.

3. Verlängerter Eigentumsvorbehalt[578]

Verlängerter EV = Verbindung von EV und Sicherungszession

Der in der Praxis häufig vorkommende verlängerte Eigentumsvorbehalt ist eine Kombination von Eigentumsvorbehalt und Sicherungszession.

Er enthält folgende Abreden:

⇨ Übereignung unter aufschiebender Bedingung an den Vorbehaltserwerber, §§ 929 S. 1, 158 I BGB.

⇨ Der Erwerber (= Käufer) wird zur Weiterveräußerung der Sache ermächtigt, § 185 I BGB.

⇨ Im Gegenzug tritt der Käufer seine Forderung aus dem Weiterverkauf zur Sicherheit an den Vorbehaltsverkäufer ab, sog. Vorauszession gem. § 398 BGB.

⇨ Der Käufer wird zur Einziehung der Kaufpreisforderung ermächtigt, §§ 362 II, 185 I BGB entsprechend.

Der Eigentumsvorbehalt erlischt also, wenn die Sache dem Abnehmer nach §§ 929 ff. BGB i.V.m. § 185 BGB übereignet wird. Der Vorbehaltsverkäufer verliert sein Eigentum.

Die abgetretene Forderung erlischt, wenn der Dritte mit befreiender Wirkung an den Vorbehaltskäufer zahlt. Ab diesem Zeitpunkt ist der Vorbehaltsverkäufer nicht mehr gesichert. Das Risiko, dass der Vorbehaltskäufer das erhaltene Geld tatsächlich zur Tilgung seiner Schuld gegenüber dem Vorbehaltsverkäufer verwendet (sog. Weiterleitungsrisiko), muss er tragen.

---

[577] Vgl. Palandt, § 449, Rn. 17.
[578] Vgl. Palandt, § 449, Rn. 18.

Ermächtigung zur Weiterveräußerung nur i.R.d. ordnungsgemäßen Geschäftsverkehrs

Die Ermächtigung des Vorbehaltskäufers ist grundsätzlich auf die Veräußerung „im Rahmen des ordnungsgemäßen und normalen Geschäftsverkehrs" beschränkt. Liegt eine solche nicht vor, ist die Veräußerung von der Ermächtigung nicht gedeckt und der Dritte erwirbt vom Nichtberechtigten, weshalb die Frage nach seiner Gutgläubigkeit erheblich wird.

423

> **Bsp.:** V hat K ein Schlauchboot unter verlängertem Eigentumsvorbehalt verkauft. K verkauft dasselbe an D weiter, wobei beide vereinbaren, dass die Forderung K gegen D nicht abtretbar sein soll.
>
> Da die Forderung des K gegen D als „unabtretbar" entstanden ist, kann sie auch nicht von der Sicherungsabtretung zugunsten des V erfasst werden (es sei denn, dass ein Fall des § 354a I S. 1 HGB vorliegt ⇨ lesen!).
>
> Da eine solche Veräußerung nicht dem üblichen Geschäftsgang entspricht und deshalb von der Einwilligung des V nicht gedeckt ist (denn V will sein Eigentum nur aufgeben, wenn er stattdessen die Forderung erhält), hat K hier als Nichtberechtigter verfügt. Der verlängerte Eigentumsvorbehalt bricht durch das abredewidrige Verhalten des Vorbehaltskäufers „in sich zusammen".

hemmer-Methode: Die Gutgläubigkeit des Dritten wird dabei zu verneinen sein, wenn es sich um Waren handelt, die typischerweise unter Eigentumsvorbehalt verkauft werden. Der Vorbehaltsverkäufer erlangt in dieser Konstellation zwar nicht die Forderung, bleibt aber Eigentümer und kann gegen den Erwerber somit aus § 985 BGB vorgehen.
Ein interessantes Klausurproblem entsteht, wenn die AGB des Verkäufers einen verlängerten Eigentumsvorbehalt vorsehen, die des Käufers aber eine Abwehrklausel enthalten.
Auf sachenrechtlicher Ebene siegt wiederum der Verkäufer, denn dem Käufer wird es lieber sein, ein Anwartschaftsrecht zu erwerben als gar nichts (Frage der Auslegung). Aufgrund der Abwehrklausel kommt aber die Vorausabtretung der Kaufpreisforderung nicht zustande, was wiederum dazu führt, dass der Verkäufer auch seine Einwilligung zur Weiterveräußerung nicht erteilt. Der Dritte kann daher das Eigentum auch hier nur kraft guten Glaubens erwerben.

4. Kontokorrentvorbehalt[579]

Kontokorrentvorbehalt: EV umfasst mehrere Forderungen aus einer Geschäftsbeziehung

Ein Kontokorrentvorbehalt bezieht sich nicht nur auf eine, sondern auf alle oder mehrere Forderungen der Geschäftsbeziehung zwischen Verkäufer und Käufer. Die Bedingung ist demnach erweitert: Das Eigentum geht erst über, wenn alle diese Forderungen erfüllt sind.

424

Wenn der Kontokorrentvorbehalt in der Weise vereinbart ist, dass er sich auf alle, auch künftige, Forderungen der Geschäftsbeziehung bezieht, ist dessen Zulässigkeit fraglich.

Verstoß gegen §§ 138, 307 BGB

In der Regel wird ein Verstoß gegen § 138 I BGB oder § 307 BGB zu bejahen sein, da der Käufer das Eigentum nicht erwirbt, obwohl er die Forderung längst beglichen hat.[580] Wenn die Geschäftsbeziehung andauert, erwirbt der Käufer das Eigentum vielleicht nie, weil immer wieder neue Forderungen entstehen.

5. Konzernvorbehalt

Konzernvorbehalt: EV erstreckt sich auf alle Forderungen gegen Konzern des Verkäufers

Ein Konzernvorbehalt liegt vor, wenn die Bedingung auf alle Forderungen gegen Dritte, insbesondere gegen den Konzern des Verkäufers, erstreckt wird. Hinsichtlich der Zulässigkeit werden wie beim Kontokorrentvorbehalt auch hier Bedenken geäußert.

425

---

[579] Vgl. Palandt, § 449, Rn. 19.
[580] Reinicke/Tiedtke, Kaufrecht, Rn. 259 ff.

§ 449 III BGB erklärt daher eine solche Vereinbarung eines Konzernvorbehalts von Verkäuferseite[581] für nichtig. Nicht davon erfasst ist allerdings der Kaufvertrag als solcher.

F) Besondere Arten des Kaufes

Besondere Arten des Kaufs sind der Kauf auf Probe (§§ 454 f. BGB), der Wiederkauf (§§ 456 ff. BGB) und der Vorkauf (§§ 463 ff. BGB).

426

Die größte Examensrelevanz besitzt eindeutig der Vorkauf.

I. Kauf auf Probe, §§ 454 f. BGB

Der Kauf auf Probe i.S.d. §§ 454, 455 BGB ist für den Käufer unverbindlich, bis er die Ware billigt.

427

H.M.: Aufschiebend bedingter Kaufvertrag

Diese insbesondere im Versandhandel gebräuchliche Form des Kaufes stellt im Zweifel einen unter der aufschiebenden Bedingung der Billigung durch den Käufer geschlossenen Kaufvertrag i.S.d. §§ 433 ff. BGB dar, vgl. § 454 I S. 2 BGB; es handelt sich um einen Fall des § 158 I BGB.

E.A.: Mit Billigung erst Annahmeerklärung des Käufers

Nach einer anderen Auffassung soll beim Kauf auf Probe zunächst nur ein Angebot des Verkäufers auf Vertragsschluss vorliegen, während in der Billigung die Annahmeerklärung des Käufers zu sehen sein soll.[582] Dem steht allerdings die Auslegungsregel des § 454 I S. 2 BGB entgegen.

> **hemmer-Methode:** Aufgrund der schuldrechtlichen Vertragsfreiheit können die Parteien den Kaufvertrag auch unter der auflösenden Bedingung der Missbilligung (§ 158 II BGB) schließen.
> Der genaue Inhalt der Vereinbarung ist durch Auslegung zu ermitteln; führt diese nicht zu einem eindeutigen Ergebnis, ist auf die Auslegungsregel des § 454 I S. 2 BGB zurückzugreifen (= unter aufschiebender Bedingung der Billigung).

Billigung = empfangsbedürftige WE

Bei der Billigung handelt es sich um eine empfangsbedürftige Willenserklärung, die auch konkludent erfolgen kann.

428

Die Billigung (bzw. bei entsprechender Vereinbarung die Missbilligung) muss innerhalb der Billigungsfrist zugehen, § 455 S. 1 BGB. Ist dies nicht der Fall, tritt die aufschiebende Bedingung nicht ein, der Kaufvertrag wird nicht wirksam. Jedoch kann die verspätete Billigung als neues Angebot des Käufers behandelt werden, § 150 I BGB.

Billigungsfiktion, § 455 S. 2 BGB

Sofern jedoch dem Käufer die Kaufsache zur Probe bzw. Besichtigung übergeben worden ist, wird sein Schweigen als Billigung fingiert. Mit Ablauf der Billigungsfrist ohne ausdrückliche oder konkludente Billigung seitens des Käufers kommt es also zur Billigungsfiktion gem. § 455 S. 2 BGB, der Kaufvertrag wird wirksam, die aufschiebende Bedingung tritt ein.

---

[581] Nicht erfasst ist der Konzernvorbehalt auf Käuferseite. Er liegt vor, wenn der Eigentumsvorbehalt nicht erlischt, solange Verbindlichkeiten von Dritten bestehen, die mit dem Käuferkonzern verbunden sind (Bülow, Der erweiterte Eigentumsvorbehalt nach der Insolvenzrechtsreform, DB 1999, 2196 - 2199).

[582] Larenz, Schuldrecht II 1, § 44 I.

§ 1 KAUF

Dauer der Billigungsfrist

Die Dauer der Billigungsfrist richtet sich nach der vertraglichen Vereinbarung, § 455 S. 1 Alt. 1 BGB. Fehlt eine solche, kann der Verkäufer dem Käufer die Billigungsfrist gem. § 455 S. 1 Alt. 2 BGB auch einseitig setzen, sofern es sich um eine angemessene Frist handelt. Diese einseitige Fristsetzung muss nicht schon bei Vertragsschluss erfolgen. Geschieht dies jedoch nicht, ist genau zu prüfen, ob die Vertragsparteien bei Auslegung ihrer Willenserklärungen nach dem jeweiligen objektiven Empfängerhorizont überhaupt einen aufschiebend bedingten Kaufvertrag geschlossen haben. Ist dies nicht der Fall, gelten die §§ 454 f. BGB von vornherein nicht. [429]

Wie bei den §§ 281 I, 323 I BGB setzt die einseitige Setzung einer unangemessenen Frist den Lauf einer angemessenen Billigungsfrist in Gang.

Gefahrübergang

Gefahrübergang tritt abweichend von den §§ 446, 447 BGB nicht vor Billigung ein, daher stellt z.B. ein zwischen Übergabe und Billigung auftretender Mangel einen Sachmangel i.S.d. § 434 I S. 1 BGB dar.[583] [430]

Kenntnis/grob fahrlässige Unkenntnis im Zeitpunkt der Billigung

Auch im Rahmen des § 442 BGB[584] erhält der Zeitpunkt der (tatsächlichen oder nach § 455 S. 2 BGB fingierten) Billigung eine gesonderte Bedeutung: Die Mängelrechte sind auch dann ausgeschlossen, wenn der Käufer bei Billigung den Mangel kennt bzw. unter den Voraussetzungen des § 442 I S. 2 BGB grob fahrlässig nicht kennt. Damit erhält § 442 I BGB zwei Bezugspunkte: den Zeitpunkt des Vertragsschlusses sowie den der Billigung. [431]

> *Bsp.: K kauft von V eine Nähmaschine auf Probe. Während er die Maschine ausprobiert, bemerkt er, dass man den Faden nicht richtig einfädeln kann. Er billigt den Kauf dennoch. Eine weitere Woche später will er mindern, weil an der Maschine auch noch ein Haken abgebrochen ist. Dies war für K nicht erkennbar; es lässt sich nicht aufklären, ob der Haken erst bei Billigung oder schon bei Übergabe abgebrochen war.* [432]

K könnte nach §§ 437 Nr. 2 Alt. 2, 441 BGB ein Minderungsrecht zustehen. Da die Minderung gem. § 441 I BGB statt eines Rücktritts durch den Käufer erfolgen kann, sind inzident die Rücktrittsvoraussetzungen zu prüfen mit Ausnahme der Erheblichkeitsschwelle des § 323 V S. 2 BGB, vgl. § 441 I S. 2 BGB.

Da die geltend gemachten Mängel wohl behebbar sind, kommt ein Rücktrittsrecht nach §§ 437 Nr. 2 Alt. 1, 440, 323 BGB in Betracht. [433]

1. Zunächst müsste zwischen K und V ein wirksamer Kaufvertrag bestehen. Mangels anderer Auslegungsmöglichkeit ist im vereinbarten Kauf auf Probe ein unter der aufschiebenden Bedingung gem. § 158 I BGB der Billigung geschlossener Kaufvertrag zu sehen, § 454 I S. 2 BGB.

Da die Billigung fristgemäß erfolgt ist, ist die aufschiebende Bedingung eingetreten und damit der Kaufvertrag wirksam geworden.

2. V müsste nicht vertragsgemäß i.S.d. § 323 I BGB geleistet haben. Dies wäre bei Vorliegen eines Sach- oder Rechtsmangels der Fall, vgl. §§ 433 I S. 2, 434, 435 BGB. [434]

Sowohl bei dem abgebrochenen Haken als auch bei der nicht möglichen Einfädelung des Fadens handelt es sich jedenfalls nach § 434 I S. 2 Nr. 2 BGB um Sachmängel. Diese müssten gem. § 434 I S. 1 BGB jedoch im Zeitpunkt des Gefahrübergangs vorgelegen haben. Unklar ist, ob der Haken bereits im Zeitpunkt der Übergabe abgebrochen war.

---

[583] Vgl. Palandt, § 454, Rn. 10 a.E.
[584] Vgl. oben, Rn. 354 ff.

Dies ist jedoch unerheblich, da Gefahrübergang beim Kauf auf Probe nicht vor erfolgter Billigung durch den Käufer eintritt.[585] Im Zeitpunkt der Billigung und damit im Zeitpunkt des Gefahrübergangs lagen beide Mängel vor. Es handelt sich daher in beiden Fällen um Sachmängel i.S.d. § 434 BGB.

3. Hinsichtlich der nicht möglichen Einfädelung des Fadens sind jedoch Mängelrechte des Käufers nach § 442 I S. 1 BGB ausgeschlossen. Zwar stellt die Vorschrift auf die Kenntnis/grob fahrlässige Unkenntnis im Zeitpunkt des Vertragsschlusses ab; beim Kauf auf Probe ist jedoch zusätzlich auf den Zeitpunkt der Billigung abzustellen. In diesem Zeitpunkt hatte K Kenntnis von diesem Mangel, nicht aber vom abgebrochenen Haken, weshalb ihm insoweit seine Mängelrechte erhalten bleiben.

4. Bevor K zurücktreten und damit auch mindern kann, muss er V allerdings eine angemessene Nachfrist zur Nachbesserung setzen, § 323 I BGB. Gründe für eine Entbehrlichkeit der Fristsetzung, insbesondere nach §§ 323 II, 440 BGB, sind nicht ersichtlich.

Ergebnis: Nach erfolgloser Fristsetzung kann K hinsichtlich des abgebrochenen Hakens den Kaufpreis mindern.

II. Ähnliche, gesetzlich nicht geregelte Formen des Kaufes

In der Praxis haben sich noch einige andere Formen des Kaufes entwickelt, die im Gesetz keine gesonderte Grundlage haben und – mit wenigen Besonderheiten – nach den §§ 433 ff. BGB zu behandeln sind.

1. Kauf zur Probe

Der Kauf zur Probe unterliegt keiner speziellen gesetzlichen Regelung, weil hier ein Kaufvertrag vorliegt, der sich in nichts von dem in den §§ 433 ff. BGB geregelten Typus unterscheidet.

Absicht, weitere gleichartige Käufe zu tätigen

Gemeint ist der Fall, dass der Käufer eine Sache mit der Überlegung kauft, später weitere Bestellungen gleicher Art zu tätigen, sofern er mit der Sache zufrieden ist. Selbst wenn er eine solche Überlegung gegenüber dem Verkäufer zum Ausdruck gebracht hat, ist dies für die Abwicklung des ersten Kaufvertrages zunächst unerheblich.

Kann beim nächsten Kauf zu Beschaffenheitsvereinbarung führen

Wenn der Käufer dann allerdings weitere, gleichartige Sachen beim selben Verkäufer kauft und dabei zum Ausdruck bringt, dass diese „wie die bereits gekaufte Sache" sein sollen, liegt hinsichtlich der neuen Sachen eine Beschaffenheitsvereinbarung i.S.d. § 434 I S. 1 BGB vor.

2. Prüfungs- und Erprobungskauf

Der Prüfungs- und Erprobungskauf unterscheidet sich vom Kauf auf Probe insofern, als das Wirksamwerden des Kaufvertrages nicht von der (willkürlichen) Billigung des Käufers, sondern von einer objektiv nachprüfbaren „Eignungsprüfung" abgängig gemacht wird.[586]

Sonderform des Kaufs auf Probe

Es erscheint sachgerecht, hierin einen Fall des Kaufs auf Probe zu sehen, wobei aufgrund vertraglicher Vereinbarung die positive „Eignungsprüfung" an die Stelle der Billigung tritt. So findet auch § 455 BGB Anwendung.[587]

---

[585] Vgl. oben, Rn. 430.
[586] Larenz, Schuldrecht II 1, § 44 I.
[587] Larenz, Schuldrecht II 1, § 44 I.

3. Kauf mit Umtauschvorbehalt

Der Kauf mit Umtauschberechtigung ist für beide Teile sofort bindend. Der Käufer bekommt lediglich die Möglichkeit, die Sache gegen eine gleichwertige Sache einzuwechseln, die der Verkäufer in seinem Geschäft führt.

Wohl: Vereinbarung eines atypischen Rücktrittsrechtes

Dies ist wohl als Vereinbarung eines vertraglichen Rücktrittsrechtes mit Abänderung der Rücktrittsfolgen der §§ 346 ff. BGB anzusehen; vor allem bleibt der Kaufvertrag, auch soweit er noch nicht erfüllt wurde, entgegen den allgemeinen Grundsätzen wirksam.

hemmer-Methode: Damit hat dieses Umtauschrecht mit dem Rücktritt nicht mehr viel gemein, sodass man auch schlicht von einem Umtauschrecht als Gestaltungsrecht sui generis sprechen könnte. Jedenfalls muss es aufgrund der Privatautonomie der Parteien möglich sein, dem Käufer ein derartiges Recht einzuräumen. Die nähere Ausgestaltung richtet sich nach der Vereinbarung im Einzelfall. In der Regel wird der Käufer nicht den Kaufpreis zurückverlangen können, sondern erhält nur einen Gutschein auf Erwerb einer wertgleichen Sache. Einzelfallwissen ist an dieser Stelle nicht erforderlich; es muss in der Klausur lediglich auf die getroffene Vereinbarung zurückgegriffen werden. Bei der Auslegung spielen freilich die wirtschaftlichen Interessen - insbesondere des Verkäufers - eine maßgebliche Rolle: Dieser will aus Gründen der Kundenbindung zwar dem Käufer den Service eines grundlosen Umtausches ermöglichen; das Risiko einer vollständigen Rückabwicklung mit Kaufpreisrückzahlung will er allerdings nicht eingehen.

III. Wiederkauf, §§ 456 ff. BGB

Verkäufer kann Rückkauf einseitig bewirken

Beim Wiederkauf erhält der Verkäufer ein (rein schuldrechtliches) Rückkaufsrecht. Hieran kann ihm gelegen sein, wenn er die Sache aufgrund einer Notlage verkauft hat, sich aber nicht endgültig von ihr trennen möchte. Das Wiederkaufsrecht gibt dem Verkäufer die Möglichkeit, den Rückkauf innerhalb einer bestimmten Frist durch einseitige Erklärung herbeizuführen.

Ausübung des Wiederkaufsrechtes

Der Wiederkauf kommt durch einseitige empfangsbedürftige Erklärung des Verkäufers zustande, § 456 I S. 1 BGB. Diese bedarf gem. § 456 I S. 2 BGB nicht der für den Kaufvertrag bestimmten Form. Geht es also z.B. um Verkauf und Wiederkauf eines Grundstückes, so muss für die Ausübung des Wiederkaufsrechtes die Form des § 311b I BGB nicht gewahrt werden.

Ausschlussfrist, § 462 BGB

Die Ausübung muss innerhalb der Ausschlussfrist des § 462 BGB erfolgen. Diese beträgt bei Grundstücken 30, bei anderen Gegenständen drei Jahre. Maßgeblich ist jedoch die Vereinbarung der Parteien, § 462 S. 2 BGB. Jedoch ist die Vereinbarung eines unbefristeten Wiederkaufsrechtes unzulässig.[588]

hemmer-Methode: „Gegenstände" sind nicht nur Sachen, sondern auch sonstige Rechtsobjekte wie z.B. Forderungen oder Gesellschaftsanteile.

Umstritten ist, wie der Wiederkauf dogmatisch einzuordnen ist:

E.A.: Gestaltungsrecht des Verkäufers

⇨ Nach e.A. kommt das Rückkaufverhältnis mit der Wiederkaufserklärung zustande; es handelt sich um ein Gestaltungsrecht des Verkäufers (= des Wiederkäufers).

---

[588] Palandt, § 462, Rn. 4.

H.M.: aufschiebend bedingter (Rück)Kaufvertrag

⇨ Nach der wohl h.M.[589] handelt es sich beim Wiederkauf dagegen um einen aufschiebend bedingten Kaufvertrag i.S.d. §§ 433 ff. BGB, wobei der frühere Verkäufer nun Käufer, der frühere Käufer nun Verkäufer ist. Das Wiederkaufsverhältnis besteht also schon mit der bei Kaufvertragsschluss getroffenen Wiederkaufsvereinbarung; der Rückkaufvertrag wird mit wirksamer Ausübung des Wiederkaufsrechts durch den Verkäufer (= Wiederkäufer) wirksam, § 158 I BGB.

Bsp.: V möchte K ein Grundstück unter Einräumung eines Wiederkaufsrechts verkaufen. K ist grundsätzlich einverstanden. Was müssen die Parteien bei Vertragsschluss beachten? Ist K zu raten, eine Kaufpreisvereinbarung hinsichtlich des Rückkaufpreises zu treffen, insbesondere, wenn eine Wiederkaufsfrist vertraglich nicht festgelegt ist?

1. Zwischen V und K werden zwei grundsätzlich voneinander getrennt zu behandelnde Kaufverträge geschlossen:

Einerseits ein (unbedingter) Kaufvertrag, bei dem V als Verkäufer, K als Käufer auftritt. Dieser bedarf der notariellen Beurkundung nach § 311b I S. 1 BGB.

Formbedürftigkeit der Wiederverkaufsvereinbarung nach § 311b I S. 1 BGB bei Grundstücken

Andererseits handelt es sich auch bei der Wiederverkaufsvereinbarung nach h.M. um einen Kaufvertrag, der unter die aufschiebende Bedingung der ordnungsgemäßen Ausübung des Wiederkaufsrechtes gestellt wird, § 158 I BGB. Wiederkäufer ist V, Wiederverkäufer ist K. Auch diese Vereinbarung bedarf der notariellen Beurkundung, § 311b I S. 1 BGB. Wird diese Form nicht gewahrt, tritt Heilung der Formnichtigkeit gem. § 311b I S. 2 BGB erst mit Auflassung und Eintragung des V als Eigentümer ins Grundbuch ein.

hemmer-Methode: Sieht man in der Wiederverkaufsvereinbarung mit der Mindermeinung keinen Kaufvertrag, sondern die Einräumung eines Gestaltungsrechts des Verkäufers, handelt es sich um eine Nebenabrede zum Kaufvertrag, die auch dem Formzwang des § 311b I S. 1 BGB unterliegt. Allerdings tritt Heilung der Formnichtigkeit bereits mit Auflassung und Eintragung des Käufers ein, § 311b I S. 2 BGB, da in diesem Fall die Wiederkaufsvereinbarung nicht eigenständig den Formzwang des § 311b I S. 1 BGB auslöst.

2. Gem. § 456 II BGB ist der Wiederkaufspreis gleich dem Verkaufspreis, sofern die Parteien nichts anderes vereinbart haben. Wenn K eine bewegliche Sache kaufen würde, die aufgrund Nutzung oder ähnlichem mit der Zeit an Wert verlieren würde, wäre ihm zu raten, keine abweichende Vereinbarung zu treffen. Bei einem Grundstück ist die Sachlage allerdings umgekehrt: Dieses ist nicht abnutzbar und gewinnt i.d.R. mit der Zeit an Wert. K würde dann beim Wiederkauf das Grundstück unter seinem aktuellen Zeitwert verkaufen. Dies kann aufgrund der langen Wiederkaufsfrist von 30 Jahren (§ 462 S. 1 BGB) für K zu erheblichen wirtschaftlichen Nachteilen führen. Für ihn wäre es daher günstig, eine Kaufpreisvereinbarung zu treffen. Z.B. könnte ein Wiederkauf zum Schätzwert i.S.v. § 460 BGB vereinbart werden. Hierauf muss sich V freilich einlassen.

Beendigung des Wiederkaufverhältnisses ⇨ Auswirkung auf den ursprünglichen Kaufvertrag strittig

Kommt der Wiederkäufer seinen Pflichten nicht nach (z.B. Zahlung des Wiederkaufspreises), so kann der Wiederverkäufer nach den allgemeinen Vorschriften vorgehen. Er kann z.B. nach Fristsetzung gem. § 323 I BGB vom Wiederkauf zurücktreten. Fraglich ist nur, welche Rechtsfolgen sich nach einem Rücktritt für den ursprünglichen Kaufvertrag ergeben.

BGH: Mit Wegfall des Wiederkaufvertrages lebt der ursprüngliche Kaufvertrag wieder auf

Nach überzeugender Ansicht des BGH ist nicht anzunehmen, dass mit Wegfall des Wiederkaufsrechts der ursprüngliche Kaufvertrag aufgehoben werden soll. Beide Verträge sind voneinander unabhängig.

---

[589] BGHZ 38, 369 - 376 (371).

Nur solange der Wiederkaufvertrag Geltung beansprucht, steht einem Rückgriff auf den ursprünglichen Vertrag der Einwand des Wiederkaufs entgegen. Wird das Wiederkaufsverhältnis dagegen beendet, steht der Abwicklung des Kaufvertrages nichts mehr im Wege.

hemmer-Methode: Merken Sie sich folgenden Leitsatz: „Wird ein Wiederkaufsverhältnis beendet, so lebt der ursprüngliche Kaufvertrag wieder auf."[590]

Haftung des Wiederkäufers

Sofern der Wiederverkäufer (= der Käufer) vor Ausübung des Wiederkaufsrechtes eine Verschlechterung oder den Untergang der Kaufsache zu vertreten hat, muss er dem Wiederkäufer (= dem Verkäufer) den hieraus entstehenden Schaden ersetzen, § 457 II BGB.

Diese Vorschrift ist eigentlich überflüssig, da es sich um Fälle vom Schuldner[591] zu vertretender Pflichtverletzung (§ 280 I BGB) bzw. nachträglicher Unmöglichkeit i.S.v. §§ 280 I, III, 283 BGB handelt.

⇨ § 457 II BGB ist aber für die Zeit **zwischen** der Wiederkaufabrede und der Ausübung des Wiederkaufsrechtes als „lex specialis" eine abschließende Sonderregel.

⇨ **Nach** Ausübung des Wiederkaufsrechtes gelten dann aber die allgemeinen Vorschriften.

Sicherung des Rückübereignungs-anspruches durch Vormerkung

Der Wiederkäufer (= der Verkäufer) ist nicht dagegen gesichert, dass der Wiederverkäufer die Sache einem Dritten übereignet. Denn der Wiederverkäufer ist als Eigentümer Berechtigter und kann wirksam über die Sache verfügen. Er macht sich lediglich nach § 457 II BGB schadensersatzpflichtig.

hemmer-Methode: Im Falle des Grundstückswiederkaufs kann sich daher der Verkäufer eine Vormerkung zur Sicherung seines bedingten Rückübereignungsanspruches aus dem Wiederkaufvertrag eintragen lassen, § 883 I S. 2 BGB. Auf diese Weise ist er gegen derartige Verfügungen des Wiederverkäufers nach § 883 II BGB geschützt.

IV. Vorkauf

Auch beim Vorkauf ist die Interessenlage des Verkäufers durch eine gewisse Unschlüssigkeit gekennzeichnet. Während er sich beim Wiederkauf zum Verkauf entschließt, sich eine Rückgängigmachung jedoch vorbehält („Ich verkaufe dir, will die Sache aber vielleicht zurückkaufen"), legt er sich beim Vorkauf nur hinsichtlich seines Kaufvertragspartners fest („Ich verkaufe zwar im Moment nicht, wenn ich es aber tue, dann dir").

Beim Vorkauf hat der Vorkäufer die Möglichkeit, bei Eintritt des sog. Vorkaufsfalles (= Verkauf an einen Dritten) einen Kaufvertrag mit dem Verkäufer zustande zu bringen, und zwar mit dem gleichen Inhalt, den der Verpflichtete mit dem Dritten vereinbart hat, vgl. § 464 II BGB.

hemmer-Methode: Die §§ 463 ff. BGB regeln das schuldrechtliche Vorkaufsrecht. Daneben ist bei Grundstücken die Einräumung eines dinglichen Vorkaufsrechts i.S.d. §§ 1094 ff. BGB möglich, wobei es sich um eine dingliche Grundstücksbelastung handelt.[592]

---

[590] Lesen Sie dazu BGH, **Life&Law 08/2000, 541 ff.** = ZIP 2000, 929 ff. = **juris**byhemmer.

[591] Der Wiederverkäufer ist Schuldner der Pflicht aus § 433 I BGB.

[592] Zum dinglichen Vorkaufsrecht vgl. **Hemmer/Wüst, Sachenrecht III**, Rn. 133 ff.

> Das schuldrechtliche Vorkaufsrecht betrifft nur die Parteien, die es vereinbart haben (Relativität schuldrechtlicher Beziehungen!), während durch das dingliche der jeweilige Eigentümer des Grundstücks verpflichtet wird, sofern das Vorkaufsrecht für mehrere Vorkaufsfälle gilt (§ 1097 BGB).
> Die Bestellung eines dinglichen Vorkaufsrechts ist eine Verfügung, die – um konditionsfest zu sein – eines Rechtsgrundes bedarf. Dies können alle möglichen Arten von Verpflichtungsgeschäften, z.B. auch eine Schenkung, sein.

E.A.: Gestaltungsrecht

Nach einer Auffassung soll es sich – wie beim Wiederkauf – um die Einräumung eines Gestaltungsrechtes handeln. **445**

H.M.: Doppelt bedingter Kauf

Demgegenüber sieht die h.M. im Vorkauf einen Kaufvertrag i.S.d. §§ 433 ff. BGB; dieser ist allerdings doppelt aufschiebend bedingt, § 158 I BGB.

> Die beiden Bedingungen sind dabei:
> ⇨ der Eintritt des Vorkaufsfalls sowie
> ⇨ die ordnungsgemäße Ausübung des Vorkaufsrechtes.

1. Entstehung des Vorkaufsrechtes

Ein Vorkaufsrecht entsteht durch eine entsprechende Vereinbarung (Vertrag) zwischen dem Vorkaufsberechtigten und dem Vorkaufsverpflichteten. Da es sich um einen (doppelt bedingten) Kaufvertrag handelt, ist bei Grundstücken § 311b I BGB zu beachten. **446**

2. Eintritt des Vorkaufsfalles

Wirksamer Abschluss eines Drittkaufvertrages = Vorkaufsfall

Unter dem Vorkaufsfall ist der wirksame Abschluss eines Kaufvertrages zwischen dem Vorkaufsverpflichteten und einem Dritten über den Vorkaufsgegenstand (Drittkaufvertrag) zu verstehen, vgl. § 463 BGB. **447**

Kein Vorkaufsfall liegt daher vor bei einer Einbringung in eine Gesellschaft, bei einer Schenkung[593] oder beim Tausch.[594] Nach der (widerlegbaren) Vermutung des § 470 BGB handelt es sich ebenfalls um keinen Vorkaufsfall beim Verkauf an gesetzliche Erben mit Rücksicht auf deren künftiges Erbrecht. Allerdings können die Vertragsparteien abweichend hiervon vereinbaren, wann ein Vorkaufsfall vorliegen soll; die §§ 463 ff. BGB sind dispositiv.

Wirksamkeit des Drittkaufvertrages

Der Drittkaufvertrag muss wirksam sein. Ein Vorkaufsfall liegt daher z.B. nicht bei einem nach § 138 BGB oder § 134 BGB nichtigen Drittkaufvertrag vor. **448**

Nachträgliche Aufhebung, Anfechtung des Drittkaufvertrages

Durch die nachträgliche Aufhebung des Drittkaufvertrages, insbesondere durch Rücktritt des Drittkäufers, wird der Vorkaufsfall nicht beseitigt.[595] Als Argument hierfür kann man die Wertung des § 465 BGB heranziehen. Strittig ist allerdings die Behandlung der Anfechtung des Drittkaufs.[596] Nach h.M. löst ein bereits angefochtener Vertrag einen Vorkaufsfall nicht mehr aus, während eine nach Ausübung des Vorkaufsrechtes erfolgte Anfechtung trotz deren ex tunc-Wirkung gem. § 142 I BGB unschädlich sein soll.[597] **449**

---

[593] BGH, NJW 1957, 1164.
[594] BGH, NJW 1964, 540 - 542 = **juris**byhemmer.
[595] BGH, NJW 1977, 762 - 763 = **juris**byhemmer.
[596] Ausführlich BGH, NJW 1987, 890 - 898 = **juris**byhemmer.
[597] Palandt, § 463, Rn. 6.

Partner des Kaufvertrages muss ein Dritter sein. Daran fehlt es, wenn an einen Mitberechtigten verkauft wird, so z.B. bei der Übertragung von Miteigentumsanteilen oder der Miterbenauseinandersetzung.

Erlöschen bei Übereignung ohne Vorkaufsfall

Wird die Kaufsache übereignet, ohne dass ein Vorkaufsfall eintritt (z.B. schenkweise Übereignung an einen Dritten), erlischt das Vorkaufsrecht. Denn in diesem Fall kann es zu einem durch den Vorkaufsverpflichteten ausgelösten Vorkaufsfall nicht mehr kommen. Die aufschiebende Bedingung kann also nicht mehr eintreten.

450

3. Ordnungsgemäße Ausübung des Vorkaufsrechtes

Form und Frist der Ausübung

Das Vorkaufsrecht wird gem. §§ 464, 469 II BGB durch eine empfangsbedürftige Willenserklärung durch den Vorkaufsberechtigten gegenüber dem Vorkaufsverpflichteten ausgeübt. Die Erklärung ist formlos möglich, § 464 I S. 2 BGB.

451

Die Ausübungsfrist beträgt gem. § 469 II S. 1 BGB eine Woche, bei Grundstücken zwei Monate. Eine abweichende Vereinbarung ist allerdings möglich, vgl. § 469 II S. 2 BGB.

Frist beginnt erst ab Mitteilung vom Vorkaufsfall

Zu beachten ist, dass die Frist erst mit der Mitteilung durch den Vorkaufsverpflichteten oder den Drittkäufer über den Eintritt des Vorkaufsfalles zu laufen beginnt, § 469 I BGB. Erfährt der Vorkaufsberechtigte auf anderem Wege vom Vorkaufsfall, wird die Ausschlussfrist nicht in Gang gesetzt. Ein Ausschluss der Ausübung des Vorkaufsrechtes kommt dann nur unter dem Gesichtspunkt der Verwirkung in Betracht.

451a

4. Rechtsfolgen

§ 464 II BGB: Inhalt des Drittkaufes maßgeblich

Mit ordnungsgemäßer Ausübung des Vorkaufsrechtes kommt zwischen Vorkaufsverpflichtetem und Vorkaufsberechtigtem ein Kaufvertrag mit dem Inhalt zustande, den der Kaufvertrag mit dem Dritten hat, § 464 II BGB.

452

Insbesondere gilt der dort vereinbarte Kaufpreis nun auch zwischen den Parteien des Vorkaufes. Allerdings können die Vorkaufsparteien einen festen Kaufpreis vereinbaren, § 464 II BGB ist dispositiv.

hemmer-Methode: Dies ist aufgrund des sachenrechtlichen Typenzwanges beim dinglichen Vorkaufsrecht nicht möglich![598]

Zwei selbständige Kaufverträge entstehen, Gefahr der SE-Pflicht des Verkäufers

Zu beachten ist, dass es sich um einen eigenen, selbständigen Kaufvertrag handelt. Der Vorkaufsberechtigte tritt nicht etwa in den Vertrag mit dem Drittkäufer ein; der Drittkaufvertrag bleibt auch nach Ausübung des Vorkaufsrechtes unverändert bestehen! Somit bestehen zwei identische Kaufverträge.

453

Der Vorkaufsverpflichtete läuft Gefahr, sich bei Erfüllung an einen der Käufer nach §§ 280 I, III, 283 BGB schadensersatzpflichtig zu machen.

hemmer-Methode: Veräußert der Verkäufer den Gegenstand, an dem der Berechtigte ein Vorkaufsrecht hat, an den Drittkäufer, so steht dem Vorkaufsberechtigten ein Anspruch auf Schadensersatz statt der Leistung auf das positive Interesse gegen dem Verkäufer auch dann zu, wenn er sein Vorkaufsrecht nicht ausübt. Die Ausübung des Vorkaufsrechts zu verlangen, wäre in dieser Situation eine sinnfreie Förmelei.[599]

---

[598] Palandt, § 1098, Rn. 2.
[599] BGH, **Life&Law 05/2015, 311 ff. = juris**byhemmer.

Verkäufer muss mit Drittem auflösende Bedingung oder RücktrittsR vereinbaren

Dem kann er nur dadurch entgehen, dass er den Kaufvertrag mit dem Dritten unter die auflösende Bedingung der Ausübung des Vorkaufsrechtes stellt oder mit dem Dritten ein Rücktrittsrecht für den Fall der Ausübung vereinbart.[600] Dies darf natürlich nicht dazu führen, dass mit Ausübung des Rücktrittsrechts bzw. mit Eintritt der Bedingung kein Vorkaufsfall mehr vorliegt.

Um dies zu vermeiden, bestimmt § 465 BGB, dass eine derartige Vereinbarung gegenüber dem Vorkaufsberechtigten (nicht gegenüber dem Dritten!) unwirksam ist.

§ 465 BGB analog bei Umgehungsgeschäften

§ 465 BGB beinhaltet insofern einen allgemeinen Rechtsgedanken. Zwar ist der Vorkaufsverpflichtete in seiner Vertragsgestaltung frei, sodass rechtsgeschäftliche Bedingungen nicht per se unzulässig sind. Diese dürfen im Ergebnis aber nicht dazu führen, dass das Vorkaufsrecht vereitelt wird. Der Schutz des Vorkaufsberechtigten verlangt es daher, den § 465 BGB auch bei Umgehungsgeschäften analog anzuwenden.

454

Außerdem: sog. Fremdkörpergedanke

Zum Schutz des Vorkaufsberechtigten hat der BGH außerdem die sog. Fremdkörperrechtsprechung entwickelt.[601] Hiernach sind solche Bestimmungen des Vertrages (entgegen § 464 II BGB) gegenüber dem Vorkaufsberechtigten unwirksam, die völlig außerhalb des Abhängigkeitsverhältnisses von Leistung und Gegenleistung des Drittkaufs stehen, also nur für den Vorkaufsfall getroffen wurden und den Parteien des Drittkaufvertrages bei dessen Durchführung keine irgendwie gearteten Vorteile bringen.

> *Bsp.[602]: Der Makler M vermittelt K einen Kaufvertrag mit V über ein Grundstück. V hat bzgl. dieses Grundstücks vertraglich D ein schuldrechtliches Vorkaufsrecht eingeräumt. In dem Kaufvertrag verpflichtet sich K dem V gegenüber zur Zahlung der Maklerprovision an M. Hierdurch sollte ein eigener Zahlungsanspruch des M begründet werden. D übt sein Vorkaufsrecht ordnungsgemäß aus, woraufhin M von D die im Vertrag zwischen V und K vereinbarte Provision verlangt. Zu Recht?*

455

Ein solcher Anspruch des M könnte sich aus dem Vertrag zwischen V und K i.V.m. § 464 II BGB ergeben.

1. V und D haben wirksam einen Vorkauf i.S.d. §§ 463 ff. BGB vereinbart. Von der Einhaltung der Form des § 311b I S. 1 BGB ist auszugehen. Durch wirksamen Kaufvertrag zwischen V und K kam es zum Eintritt des Vorkaufsfalles; D hat sein Vorkaufsrecht wirksam ausgeübt.

2. Damit kam zwischen V und D ein Kaufvertrag mit dem Inhalt des Kaufvertrages zwischen V und K zustande, § 464 II BGB. Die Verpflichtung des Käufers zur Zahlung der Maklerkosten an M ist als echter Vertrag zugunsten Dritter anzusehen, wodurch M einen eigenen Zahlungsanspruch erwirbt. Fraglich ist allein, ob auch diese Vereinbarung Gegenstand des Vertrages zwischen V und D wurde. Nur in diesem Fall bestünde der geltend gemachte Anspruch des M gegen D.

Entgegen § 464 II BGB gelten Bestandteile des Drittkaufvertrages gegenüber dem Vorkaufsberechtigten in analoger Anwendung des § 465 BGB nicht, wenn sie als „Fremdkörper" anzusehen sind. Daran könnte man denken, weil die Klausel mit den eigentlichen Rechten und Pflichten aus dem Kaufvertrag zwischen V und K nichts zu tun hat, sondern vielmehr nur für den Fall der Ausübung des Vorkaufsfalles getroffen wurde, da K ohnehin zur Zahlung des Makleranspruches aus dem Maklervertrag verpflichtet wäre.[603]

---

[600] Palandt, vor § 463, Rn. 8.

[601] BGHZ 77, 359 - 365; BGHZ 102, 237 - 246; BGHZ 131, 318 - 325; **alle Entscheidungen** = **juris**byhemmer.

[602] BGH, NJW 1996, 654 - 656 = **juris**byhemmer.

[603] In diesem Sinne Reinicke/Tiedtke, Kaufrecht, Rn. 955 ff.

Dagegen hat der BGH die Annahme eines Fremdkörpers abgelehnt, da Maklerprovisionen, sofern sie sich im üblichen Rahmen halten, zu den üblichen Erwerbskosten zählen. Die Regelung bzgl. der Vertragskosten hänge eng mit der Höhe des vereinbarten Kaufpreises zusammen, sodass eine Maklerklausel wertmäßig zum Kaufvertrag gehöre, mithin gerade keinen Fremdkörper darstelle.

V. Optionsrecht, Vorhand und Vorvertrag

Beim Vorvertrag verpflichten sich die Parteien lediglich dazu, später einen (Kauf-)Vertrag abzuschließen. Dieser Vertragstyp ist gesetzlich nicht geregelt und hat daher seine Grundlage in § 311 I BGB.

456

Die Parteien legen im Vorvertrag die wesentlichen Punkte des Kaufvertrages fest und lassen die Möglichkeit offen, Einzelheiten später im eigentlichen Vertrag zu regeln.

> **hemmer-Methode: Aufgrund des Vorvertrages wird daher die Willenserklärung zum Abschluss des endgültigen Vertrages geschuldet. Die gerichtliche Durchsetzung erfolgt im Wege der Leistungsklage; mit Rechtskraft des stattgebenden Leistungsurteils wird die Willenserklärung des Schuldners nach § 894 ZPO fingiert.[604]**

Pflichten beim Vorvertrag

Der Vorvertrag verpflichtet i.d.R. beide Vertragsparteien, ihre Willenserklärungen zum Abschluss des endgültigen Vertrages abzugeben. Möglich ist aber auch, dass sich nur eine Partei zur Abgabe eines Vertragsangebotes verpflichtet und die andere Partei frei über dessen Annahme entscheiden kann.[605]

Vorhand

Bei der sog. Vorhand verpflichtet sich eine Partei, den in Frage stehenden Gegenstand dem Vorhandberechtigten zum Kauf anzubieten, bevor er ihn anderweitig veräußert.[606]

Optionsrecht

Vereinbaren die Parteien ein Optionsrecht, bedeutet dies, dass eine Partei das Recht erhält, einen Vertrag einseitig durch Erklärung mit dem im Optionsvertrag festgesetzten Inhalt zustande zu bringen.[607]

> **hemmer-Methode: All diese Verträge sind formbedürftig, wenn der Hauptvertrag formbedürftig ist! Anderenfalls würde der Schutzzweck der jeweiligen Formvorschrift umgangen.**

G) Verbrauchsgüterkauf, §§ 474 ff. BGB

I. Allgemeines

Verbrauchsgüterkauf, § 474 BGB

Kauft ein Verbraucher i.S.v. § 13 BGB von einem Unternehmer (§ 14 BGB) eine bewegliche Sache (sog. Verbrauchsgüterkauf, § 474 I S. 1 BGB), so wird das allgemeine Kaufrecht durch die §§ 474 ff. BGB modifiziert.

457

Ein Verbrauchsgüterkauf liegt gem. § 474 I S. 2 BGB auch dann vor, wenn neben dem Verkauf eine Dienstleistung durch den Unternehmer erbracht wird, § 474 I S. 2 BGB. Dies gilt selbst dann, wenn die Dienstleistung keine untergeordnete Rolle einnimmt, wie beispielsweise beim Fernunterrichtsvertrag, bei welchem Schulungsunterlagen übereignet werden.[608]

---

[604] Lesenswert zum Vorvertrag ist der Aufsatz von Ritzinger, „Der Vorvertrag in der notariellen Praxis", in NJW 1990, 1201 ff.
[605] Palandt, vor § 145, Rn. 21.
[606] Palandt, vor § 145, Rn. 24.
[607] Palandt, vor § 145, Rn. 23.
[608] BT-Drs 17/12637, Seite 69 f.

1. Persönlicher Anwendungsbereich[609]

a) Verbraucher, § 13 BGB

Verbraucher, § 13 BGB

Verbraucher ist hierbei jede natürliche Person, die ein Rechtsgeschäft zu einem Zweck abschließt, der **überwiegend** weder ihrer gewerblichen noch ihrer selbstständigen beruflichen Tätigkeit zugerechnet werden kann (§ 13 BGB).

457a

b) Unternehmer, § 14 BGB

Unternehmer, § 14 BGB

Ein Unternehmer ist dagegen eine natürliche oder juristische Person oder eine rechtsfähige Personengesellschaft, die bei Abschluss eines Rechtsgeschäfts in Ausübung ihrer gewerblichen oder selbstständigen beruflichen Tätigkeit handelt (§ 14 BGB).

457b

hemmer-Methode: Ist ein Verkäufer bei einem Internetauktionshaus als sog. „power-seller" registriert, so wird eine Beweislastumkehr zugunsten des Verbrauchers angenommen mit der Folge, dass der Verkäufer beweisen muss, dass er kein Unternehmer i.S.d. § 14 BGB ist.[610]

Gewinnerzielungsabsicht ist nicht erforderlich

Eine gewerbliche Tätigkeit setzt ein selbstständiges und planmäßiges, auf eine gewisse Dauer angelegtes Anbieten entgeltlicher Leistungen am Markt voraus.[611] Beim Verbrauchsgüterkauf setzen das Vorliegen eines Gewerbes und damit die Unternehmerstellung des Verkäufers nicht voraus, dass dieser mit seiner Geschäftstätigkeit die Absicht verfolgt, Gewinn zu erzielen.

Die Absicht, dauernde Einnahmen zu erzielen, reicht für eine unternehmerische Tätigkeit daher aus, sodass auch ein Hobby ein Unternehmen sein kann.

Dies entspricht der Rechtsprechung des Bundesgerichtshofs zum Verbraucherkreditrecht[612] und auch der ganz h.L. zur Auslegung des für § 474 BGB maßgeblichen Unternehmerbegriffs in § 14 I BGB, wonach beim Verbrauchsgüterkauf die Unternehmerstellung des Vertragspartners des Verbrauchers nicht von der Motivation, Gewinn zu erzielen, abhängig ist.[613]

Auf ein dauerhaftes Gewinnstreben des Verkäufers kommt es im Interesse eines wirksamen Verbraucherschutzes nicht an. Eine Gewinnerzielungsabsicht des Verkäufers als rein unternehmensinterne Tatsache wird dem Verbraucher beim Vertragsschluss auch häufig verborgen bleiben. Es ist kein überzeugender Grund dafür ersichtlich, den Verbraucherschutz beim Verbrauchsgüterkauf davon abhängig zu machen, ob der Verkäufer mit einer in professioneller Weise betriebenen Geschäftstätigkeit Gewinn erzielen oder damit lediglich Verluste reduzieren will.

---

[609] Vgl. hierzu auch Schroeter, Probleme des Anwendungsbereichs des Verbrauchsgüterkaufrechts (§§ 474 ff. BGB), JuS 2006, 682 - 686; Zum Verbrauchsgüterkauf in der Rechtsprechung vgl. Tyroller, Life&Law 08/2006, 573 - 578.

[610] OLG Zweibrücken, ZGS 2007, 357 - 358 (358); OLG Frankfurt, NJW 2005, 1438 - 1439; OLG Koblenz, NJW 2006, 1438; **alle Entscheidungen** = **juris**byhemmer.

[611] Palandt, § 14, Rn. 2 m.w.N.

[612] BGHZ 155, 240 - 249 (246) = **juris**byhemmer.

[613] Palandt, § 14, Rn. 2.

> **hemmer-Methode:** Entscheidend ist, dass der Unternehmer auch im Rahmen seiner beruflichen Tätigkeit handelt; auch ein Unternehmer kann nämlich Privatgeschäfte schließen und ist dann Verbraucher i.S.d. Kaufrechts!
> Der Verbrauchsgüterkauf spielt nicht nur im wirklichen Leben, sondern auch in Klausuren eine bedeutende Rolle. Beachten Sie daher immer, ob im Sachverhalt ein Verbraucher mit einem Unternehmer ein Rechtsgeschäft eingeht. Hierfür gelten Sonderbestimmungen!

c) Sonderfall Nr. 1: Die vorgetäuschte Unternehmereigenschaft eines Verbrauchers

Strittig ist in Einzelfällen, auf wessen Sicht für die Bestimmung der Verbrauchereigenschaft abzustellen ist.

Bsp.: Autohändler V will gebrauchte Autos nur noch an Unternehmer verkaufen, weil er die Haftung für versteckte Mängel ausschließen will. Wegen des Gewährleistungsausschlusses ist V auch bereit, mit dem Kaufpreis runter zu gehen. Rentner K, der in den Genuss des günstigen Kaufpreises kommen will, täuscht gegenüber V einen gewerblichen Verwendungszweck des Autos vor. Nach der Übergabe beruft sich K auf verschiedene Mängel.
Zu Recht?[614]

Nach § 476 I S. 1 BGB können beim Verbrauchsgüterkauf die Mängelrechte des Käufers vor Mitteilung eines Mangels grds. nicht beschränkt werden.

Die Unternehmereigenschaft des V nach § 14 I BGB ist unzweifelhaft zu bejahen. Fraglich ist, ob K Verbraucher i.S.d. § 13 BGB ist. Strittig ist dabei insbesondere, auf wessen Sicht für die Bestimmung der Verbrauchereigenschaft abzustellen ist.

E.A.: objektive Betrachtung

1. Bei **objektiver** Betrachtung ist die Verbrauchereigenschaft erfüllt, da K das Auto als Privatier lediglich zu rein privaten Zwecken erwarb. Hierfür spricht der insoweit eindeutige Wortlaut des § 13 BGB („zu Zwecken").

A.A.: subjektive Betrachtung

2. Nach a.A. ist auf den erklärten Parteiwillen, also den durch Auslegung zu ermittelnden Inhalt des Vertrages, abzustellen.[615] Bei dieser **subjektiven** Betrachtung könnte ein reines Unternehmergeschäft vorliegen, weil K vorgab, das Auto für sein Geschäft anschaffen zu wollen.

Schein-Nichtverbraucher

K könnte daher als „Schein-Nichtverbraucher" am gesetzten Rechtsschein festgehalten werden mit der Folge, dass die §§ 474 ff. BGB auf ihn keine Anwendung finden.[616]

Durch diese Rechtsscheinsregeln i.S. einer subjektiven Betrachtung würden allerdings die §§ 474 ff. BGB im Widerspruch mit dem Schutzzweck dieser Verbrauchervorschriften quasi außer Kraft gesetzt.

Grundsatz der Rechtsscheinshaftung ist, dass aufgrund des Rechtsscheinstatbestandes für den Betroffenen keine weiterreichenden Folgen herbeigeführt werden können als durch eine entsprechende privatautonome Erklärung.[617] Rechtsgeschäftlich ist aber der Ausschluss der Haftung des unternehmerischen Verkäufers gegenüber einem Verbraucher noch nicht einmal einzelvertraglich möglich, § 476 I S. 1 BGB.

> **hemmer-Methode:** Der subjektive Verbraucherbegriff ist daher abzulehnen, da ansonsten die Unabdingbarkeit des Verbraucherschutzes, die sich z.B. in §§ 312k I, 476 I, 487, 512 BGB zeigt, letztlich leer laufen würde.

---

[614] BGH, **Life&Law 06/2005, 359 - 363** = NJW 2005, 1273 - 1275 = **juris**byhemmer.
[615] Vgl. dazu Palandt, § 13, Rn. 4.
[616] Zu den Rechtsfolgen des Auftretens als Scheinkaufmann vgl. **Hemmer/Wüst**, Handelsrecht, Rn. 61 ff.
[617] Vgl. Canaris, Handelsrecht, § 6, Rn. 25.

> Dies hat der BGH unlängst in einer Entscheidung bestätigt, in welcher er den Existenzgründer aufgrund der objektiv zu bestimmenden Zweckrichtung des Geschäfts zu Recht als Unternehmer qualifiziert.[618]

3. Letztlich spielt die Frage, inwieweit der Verbraucherbegriff **subjektiv** oder **objektiv** zu bestimmen ist, im vorliegenden Fall keine Rolle, da es K wegen seiner bewussten Täuschung über den Geschäftszweck gem. § 242 BGB verwehrt ist, sich auf den Verbraucherschutz der §§ 474 ff. BGB zu berufen.

Die den Verbraucher schützenden Vorschriften der §§ 474 ff. BGB kommen nach Ansicht des BGH nämlich nicht zur Anwendung, wenn der Vertragspartner des Unternehmers bei Abschluss des Vertrages wahrheitswidrig als Gewerbetreibender auftritt und dadurch einen gewerblichen Geschäftszweck vortäuscht.

Da K wusste, dass V zu einem Geschäftsabschluss mit einem Verbraucher nicht oder nicht zu den gleichen Konditionen bereit war, weil er keine Gewähr für die Kaufsache übernehmen wollte, handelte er arglistig. Daher darf sich K nicht den Schutz der ihn begünstigenden Vorschriften über den Verbrauchsgüterkauf dadurch erschleichen, dass er sich gegenüber dem Unternehmer wahrheitswidrig als Händler ausgibt, um diesen zum Vertragsschluss zu bewegen.

Die spätere Berufung darauf, er sei in Wahrheit Verbraucher, verstößt gegen Treu und Glauben (Verbot des venire contra factum proprium).[619] Diese Grundsätze des § 242 BGB gelten nach ganz h.M. auch im Verbraucherschutzrecht.[620]

Auch die Tatsache, dass V das Recht zusteht, den Vertrag nach § 123 BGB anzufechten, steht der Anwendung der Grundsätze von Treu und Glauben nicht entgegen, da ansonsten der täuschende K mit der Berufung auf die Verbraucherschutzvorschriften die - letztlich von ihm selbst gewollte - Loslösung vom Vertrag „provozieren" könnte.

> **hemmer-Methode:** Wird die Unternehmereigenschaft des Käufers dagegen in AGBen des Verkäufers vereinbart („Der Verkäufer geht davon aus, dass der Käufer den Kaufgegenstand zu gewerblichen Zwecken kauft und nutzt"), ist dies als Umgehung des Verbraucherschutzes unwirksam (§ 476 I S. 2 BGB) und im Übrigen oftmals überraschend i.S.d. § 305c I BGB.[621]

d) Sonderfall Nr. 2: Doppelter Nutzungszweck des Käufers („Dual use")

Doppelter Nutzungszweck „dual use"

Ein Alltagsproblem sind die Fälle, in denen ein Käufer eine bewegliche Sache kauft und diese teils beruflich, teils privat nutzt („dual use").

§ 344 I HGB gilt nicht zu Lasten von Freiberuflern

Wichtig ist, dass die Unternehmensbezogenheit des Rechtsgeschäftes bei Freiberuflern nicht unter dem Gesichtspunkt des § 344 I HGB vermutet wird.

Die §§ 13, 14 BGB würden den Ausgleich vermuteter wirtschaftlicher Ungleichheit bezwecken und seien damit - im Unterschied zu den handelsrechtlichen Regelungen - gerade nicht auf Publizität und Vertrauensschutz gerichtet.

457d

---

[618] Vgl. BGH, **Life&Law 01/2010, 16 ff.** = NJW 2009, 3780 ff. = **juris**byhemmer; BGH, **Life&Law 06/2005, 359 ff.** = NJW 2005, 1273 ff. = **juris**byhemmer.

[619] Müller, Die Umgehung des Rechts des Verbrauchsgüterkaufs im Gebrauchtwagenhandel, NJW 2003, 1975 - 1980 (1979).

[620] Vgl. auch BT-Drucks. 10/504, S. 79.

[621] Vgl. AG Zeven, DAR 2003, 379 - 380 (zitiert nach Kieselstein/Rückebeil, Aktuelle Rechtsprechung zu einzelnen Problemen des Verbrauchsgüterkaufs, JA 2006, 423 - 426 (424)).

Unternehmer kann als Käufer sowohl Unternehmer auch als Verbraucher sein	Ein Unternehmer kann daher als Käufer sowohl als Unternehmer auch als Verbraucher handeln. Ob bzw. wann in solchen Fällen ein Verbrauchsgüterkauf vorliegt, ist (inzwischen) in § 13 BGB geregelt.

> **Bsp.:** Arzt A möchte sich zu privaten Zwecken einen Laptop kaufen, um im heimischen Wintergarten im Internet zu surfen. Außerdem will er den Laptop zum Schreiben von Artikeln für medizinische Fachzeitschriften verwenden, von denen er in den letzten sieben Jahren erst fünf Stück veröffentlicht hat.

A ist Arzt und übt damit eine **selbstständige** berufliche Tätigkeit aus. Er will den Laptop allerdings v.a. dazu nutzen, um zu Hause in seinem Wintergarten, also in seiner Freizeit, im Internet zu surfen. Andererseits möchte A auf dem Laptop auch Artikel für medizinische Fachzeitschriften schreiben. Diese Tätigkeit ist seiner selbstständigen beruflichen Tätigkeit als Arzt zuzurechnen.

Voraussetzung für VGK

Damit liegt hier ein Fall vor, bei dem der Vertragsgegenstand sowohl privaten als auch gewerblichen bzw. selbstständig beruflichen Zwecken dienen soll, sog. „**dual use**".

Schwerpunkt der Nutzung ist maßgeblich

Nach dem Wortlaut des § 13 BGB kommt es auf den **Schwerpunkt der Nutzung** an (*„überwiegend"*). Solange der Käufer den Gegenstand überwiegend privat nutzt, liegt also ein Verbrauchsgüterkauf vor.[622]

Ergebnis: A ist daher als Verbraucher zu behandeln.

> **hemmer-Methode:** Wie unter Rn. 457c dargestellt wurde, ist die Verbrauchereigenschaft danach zu bestimmen, zu welchem Zweck eine bewegliche Sache gekauft wird. Ist nun der Käufer ein Kaufmann und kauft zu privaten Zwecken einen Gegenstand, so müsste danach eigentlich ein Verbrauchsgüterkauf vorliegen. Fraglich ist aber, ob sich aus der Vermutung des § 344 I HGB etwas anderes ergibt. Danach müsste der Privatcharakter eines Geschäfts beim Vertragsschluss deutlich gemacht werden. Würde man § 344 I HGB anwenden, so wäre ein und derselbe Fall als Verbrauchsgüterkauf zu behandeln, wenn der Käufer freiberuflicher Unternehmer (und damit kein Kaufmann) wäre, bzw. als unternehmerisches Geschäft zu behandeln, wenn der Käufer Kaufmann wäre.
> Dieser Widerspruch ist unter dem Gesichtspunkt des Verbraucherschutzes nicht sachgerecht. Vertretbar wäre es daher, den § 344 I HGB im Wege einer teleologischen Reduktion nicht anzuwenden.[623]
> Die Rechtsprechung geht diesen Weg bislang nicht, sondern wendet § 344 I HGB an.
> Wie Sie sich im Examen entscheiden, ist letztlich zweitrangig, sofern Sie diesen Widerspruch zwischen einem freiberuflichen und kaufmännischen Käufer, der eine Sache zu privaten Zwecken kauft, nur erkennen.

e) Sonderfall Nr. 3: Branchenfremder Verkauf durch Unternehmer

Branchenfremder Verkauf durch Unternehmer	Umstritten ist auch die Frage, ob auch dann ein Verbrauchsgüterkauf vorliegt, wenn der Verkauf eines Gegenstandes durch einen Unternehmer an einen Verbraucher nicht zum Geschäftsbetrieb des Unternehmers gehört (sog. „**branchenfremdes Nebengeschäft**").	*457e*
Verkauf durch freiberuflichen Unternehmer (z.B. Arzt, Rechtsanwalt)	**aa)** In den Fällen, in denen ein **freiberuflicher**, nicht kaufmännischer **Unternehmer** seinen beruflich genutzten Pkw an einen Verbraucher verkauft hat, wurde bislang das Vorliegen eines Verbrauchsgüterkaufes von der instanzgerichtlichen Rechtsprechung verneint.	

---

[622] So OLG Celle, NJW-RR 2004, 1645 - 1647 = **juris**byhemmer; OLG Bremen, ZGS 2004, 394 - 395 = **juris**byhemmer; Palandt, § 13, Rn. 4.
[623] Vgl. dazu **Life&Law 10/2011, 702 f.** (hemmer-background zu BGH, **Life&Law 10/2011, 695 - 703** (700 ff.)), sowie MüKo, § 14 BGB, Rn. 34 m.w.N.; Koller/Roth/Morck, HGB, § 344, Rn. 2a.

LG Frankfurt a.M.

In einem vom LG Frankfurt a.M. entschiedenen Fall[624] hatte eine Zahnärztin ihren aus steuerlichen Gründen über die Arztpraxis geführten Pkw an einen Verbraucher unter Ausschluss der Gewährleistung verkauft. Dieser war nach Ansicht des LG Frankfurt nicht nach § 476 I S. 1 BGB unwirksam, da die Ärztin hier nicht als Unternehmerin i.S.d. § 474 I S. 1 BGB gehandelt habe. Dass die Ärztin als Freiberuflerin dem Grunde nach dem Unternehmerbegriff des § 14 I BGB unterfällt, sei nicht ausreichend, um damit automatisch den Verkauf des Fahrzeugs ihrer unternehmerischen Sphäre zuzuordnen.

Wie der Wortlaut des § 14 I BGB zeigt, bedürfe es neben der Unternehmereigenschaft des Verkäufers auch noch einer kausalen, engeren Verknüpfung zwischen der unternehmerischen Tätigkeit als solcher und dem in Rede stehenden Geschäft. Diese fehle hier. Als Zahnärztin gehöre der Verkauf von Fahrzeugen **nicht zu** ihrem **unternehmerischen Kerngeschäft**.

KG Berlin

Ebenso hat das KG Berlin in einem Fall entschieden[625], in dem eine Fachberaterin auf dem Gebiet des Vertriebs von Ferienhäusern ihren Geschäftswagen verkauft hat.

hemmer-Methode: In beiden Fällen war nach Ansicht der Gerichte die steuerliche Zuordnung nicht entscheidend, da die Geltendmachung steuerlicher Vorteile nichts über die tatsächliche Nutzung aussagt.

*Verkauf durch **kaufmännischen** Unternehmer (z.B. GmbH)*

bb) Ohne diese beiden Urteile auch nur zu erwähnen, hat der BGH im vorliegenden Fall für den Verkauf durch eine GmbH, die kraft ihrer Rechtsform gem. § 13 III GmbHG, § 6 I, II HGB als Kaufmann anzusehen ist, das Vorliegen eines Verbrauchsgüterkaufs bejaht.

Bsp.: K kauft von der im Bereich der Drucktechnik tätigen V-GmbH (V) einen gebrauchten Pkw. Liegt ein Verbrauchsgüterkauf vor?[626]

Nach Ansicht des BGH fällt der Verkauf beweglicher Sachen durch eine GmbH an einen Verbraucher - auch soweit es sich um „branchenfremde Nebengeschäfte" handelt - im Zweifel unter die Bestimmungen der §§ 474 ff. BGB zum Verbrauchsgüterkauf

Vermutung nach § 344 I HGB

Auch der Verkauf beweglicher Sachen durch eine GmbH an einen Verbraucher gehört gem. **§ 344 I HGB** im Zweifel zum Betrieb des Handelsgewerbes der GmbH.

Zu den Handelsgeschäften eines Kaufmanns gehören nicht nur die für sein Handelsgewerbe üblichen, dafür typischen, sondern alle Geschäfte, die sich auch nur mittelbar auf sein Handelsgewerbe beziehen, mit ihm in einem auch nur entfernten, lockeren Zusammenhang stehen. Es kommt nicht darauf an, dass das jeweilige Geschäft für die Branche des Kaufmanns typisch ist.[627]

Der Verkauf fällt damit **auch bei einem branchenfremden Nebengeschäft** unter die Bestimmungen der §§ 474 ff. BGB für den Verbrauchsgüterkauf, sofern die gesetzliche Vermutung des § 344 I HGB nicht widerlegt ist.[628]

---

[624] LG Frankfurt a.M., NJW-RR 2004, 1208.
[625] KG Berlin, ZGS 2007, 78 = **juris**byhemmer.
[626] BGH, **Life&Law 10/2011, 695 - 703 (700 ff.)** = BB 2011, 1793 - 1794 = **juris**byhemmer.
[627] BGH, WM 1976, 424 - 425 = **juris**byhemmer.
[628] Die Anwendung der §§ 343, 344 HGB bei der Prüfung, ob bei Kaufleuten ein Unternehmergeschäft im Sinne der §§ 14, 474 BGB vorliegt, entspricht auch der Auffassung in der Literatur, vgl. Palandt, § 14, Rn. 2.

Eine Beschränkung des Anwendungsbereichs der §§ 474 ff. BGB auf professionelle Verkäufer, d.h. den engeren Kreis gewerblicher Kraftfahrzeughändler, ist abzulehnen.[629] Sie findet in der gesetzlichen Regelung keine Stütze und liefe auch dem weiten Schutzzweck der §§ 474 ff. BGB zuwider, bei denen es auf die Schutzbedürftigkeit des Käufers und nicht auf die des Verkäufers ankommt.

Ergebnis: Damit liegt zwischen K und V ein Verbrauchsgüterkauf vor.

> **hemmer-Methode:** Zum Widerspruch zwischen einem freiberuflichen und einem kaufmännischen Käufer (hier gilt § 344 I HGB), der eine Sache zu privaten Zwecken kauft, lesen Sie nochmals die hemmer-Methode am Ende von Rn. 475d!

f) Sonderfall Nr. 4: Vom Unternehmer als Verkäufer vorgeschobener Verbraucher

Vorgeschobener Verbraucher als Verkäufer

Schiebt beim Verkauf einer beweglichen Sache an einen Verbraucher der Verkäufer, der Unternehmer ist, einen Verbraucher als Strohmann vor, um die Sache unter Ausschluss der Haftung für Mängel zu verkaufen, so haftet nach Ansicht des BGH der vorgeschobene Verbraucher nicht nach den strengen Regeln des Verbrauchsgüterkaufrechts.[630]

Umgehungsgeschäft i.S.d. § 476 I S. 2 BGB

Bei der gewählten Vertragskonstruktion könnte es sich zwar um ein Umgehungsgeschäft i.S.d. § 476 I S. 2 BGB handeln (vgl. dazu Rn. 461). Daraus folgt aber nicht, dass der Verbraucher wie ein Unternehmer für Mängel der Sache einzustehen hat.

Vorgeschobener Verbraucher haftet aber nicht wie ein Unternehmer

Unabhängig davon, wie man die Haftung des Unternehmers selbst begründet, führt eine Umgehung jedoch nicht dazu, dass der Verbraucherverkäufer wie ein Unternehmer Gewähr zu leisten hat.

Denn der Verbraucherkäufer soll im Verhältnis zu dem Unternehmer, dem „wirtschaftlichen" Verkäufer geschützt werden. Dementsprechend richtet sich die strenge Haftung nach den §§ 474 ff. BGB gegen ihn, nicht aber gegen den Verbraucherverkäufer. Die Unternehmereigenschaft wird dem Verbraucherverkäufer daher nicht zugerechnet.

Kaufvertrag mit vorgeschobenem Verbraucher-Verkäufer ist auch nicht nichtig

Der Kaufvertrag zwischen dem vorgeschobenen Verbraucherverkäufer und dem Käufer ist auch nicht unwirksam. Die Voraussetzungen eines Scheingeschäfts (§ 117 I BGB) liegen nicht vor, solange wenigstens der Käufer den Abschluss des Kaufvertrages möchte.[631]

Es handelt sich daher allenfalls um einen einseitigen geheimen Vorbehalt, welcher aber gem. § 116 S. 1 BGB unbeachtlich ist, sodass der Vertrag hieran gerade nicht scheitert.

„Vorschiebender" Unternehmer haftet aber nach § 476 I S. 2 BGB, als ob er Verkäufer gewesen wäre

Der Verbraucher-Käufer kann in diesem Fall aber Ansprüche gegen den „vorschiebenden" Unternehmer geltend machen. Problematisch ist zwar, dass zwischen diesem und dem Käufer kein Vertrag abgeschlossen wurde, da der als Verkäufer vorgeschobene Verbraucher im eigenen Namen handelte und damit eine Vertretung an der fehlenden Offenkundigkeit scheitert.

---

[629] Ebenso MüKo, § 474 BGB, Rn. 21; Bamberger/Roth/Faust, § 474 BGB, Rn. 12.
[630] BGH, **Life&Law 05/2007, 291 ff.** = NJW 2007, 759 ff. = **juris**byhemmer.
[631] BGH, **Life&Law 03/2013, 161 ff.** = NJW-RR 2013, 687 f. = **juris**byhemmer.

Liegt aber ein Umgehungsgeschäft vor, ist es die Intention des § 476 I S. 2 BGB, dem Verbraucher gegen den Unternehmer die Mängelrechte zu gewähren.

Folge der Umgehung ist daher, dass (auch) der vorschiebende Unternehmer als Vertragspartner anzusehen ist. Die Problematik der mangelnden Offenkundigkeit steht dem nicht entgegen. Denn die Intention des Offenkundigkeitsprinzips ist es, den Vertragspartner davor zu schützen, mit jemandem zu kontrahieren, den er als Vertragspartner nicht möchte.[632]

> **hemmer-Methode:** Letztlich wird daher in diesem Fall das Vertragsverhältnis mit dem vorschiebenden Verkäufer über § 476 I S. 2 BGB fingiert.
> Auf die teilweise vertretene Ansicht, welche die Haftung des Unternehmers über §§ 311 III, 241 II, 280 I BGB begründet und dem Käufer das gewährt, was er vom Verbraucherverkäufer nicht bekommt, aber vom Unternehmer bekommen hätte, wenn eine Umgehung nicht vorgelegen hätte[633], ging der BGH mit keiner Silbe ein.

2. Sachlicher Anwendungsbereich des Verbrauchsgüterkaufes

§ 474 II S. 2 BGB ⇨ Verkauf gebrauchter Sachen in öffentlich zugänglicher Versteigerung

a) Nach § 474 II S. 2 BGB finden die Vorschriften zum Verbrauchsgüterkauf keine Anwendung bei gebrauchten Sachen, die in einer öffentlich zugänglicher Versteigerung verkauft werden, an welcher der Verbraucher persönlich teilnehmen kann.

Legaldefinition in § 312g II Nr. 10 BGB

Der Begriff der öffentlich zugänglichen Versteigerung ist in § 312g II Nr. 10 BGB legaldefiniert. Danach muss der Vertrag „*in einem von einem Versteigerer durchgeführten, auf konkurrierenden Geboten basierenden transparenten Verfahren, bei dem der Bieter, der den Zuschlag erhalten hat, zum Erwerb der Waren oder Dienstleistungen verpflichtet ist*" geschlossen werden. Weiter muss der Verbraucher zumindest die **Möglichkeit zu persönlicher Anwesenheit** gehabt haben.

Unerheblich ist, ob die Versteigerung auf gesetzlicher Grundlage (etwa bei Zwangsversteigerungen oder bei der Versteigerung von Fundsachen) oder freiwillig erfolgt. Auch Privatversteigerungen werden erfasst. Die versteigernde Person muss nicht die Qualifikation nach § 34b V GewO besitzen. Der Versteigerer muss auch nicht selbst Veranstalter der Versteigerung sein.

Das weitere Erfordernis der Möglichkeit der „persönlichen Teilnahme" des Verbrauchers setzt lediglich die Möglichkeit körperlicher Anwesenheit des Verbrauchers, nicht jedoch dessen tatsächliche Anwesenheit voraus. Hat der Verbraucher also schriftlich, telefonisch oder anders ohne körperliche Anwesenheit geboten, ist der Ausschlusstatbestand dennoch erfüllt.[634]

> **hemmer-Methode:** Bei sog. „Internetversteigerungen" (eBay) ist der Ausschlusstatbestand nach § 474 II S. 2 BGB schon deshalb nicht erfüllt, weil es sich hierbei nicht um Versteigerungen im Rechtssinne, sondern um einen Verkauf zum Höchstgebot handelt.[635]

Nur bewegliche Sachen

b) Ebenfalls nicht unter §§ 474 ff. BGB fallen Kaufverträge über unbewegliche Sachen oder Rechte.

---

[632] BGH, **Life&Law 05/2007, 291 ff.** = NJW 2007, 759 ff. = juris*byhemmer*.
[633] Vgl. zu diesem Ansatz Tiedtke, Kaufrecht, Rn. 757 ff.
[634] MüKo, § 474, Rn. 13.
[635] Zuletzt **BGH Life&Law 03/2017, 155 ff. m.w.N.** = juris*byhemmer*.

Die Modifizierungen bei einem Verbrauchsgüterkauf betreffen vor allem die vertragliche Abänderbarkeit der kaufrechtlichen Vorschriften, eine Beweislastumkehr zugunsten des Verbrauchers, eingeschränkte Gefahrtragungsregeln und Sondervorschriften für Garantien.

II. Einschränkung abweichender Vereinbarungen, § 476 BGB

Zwingende Normen

Im Rahmen eines Verbrauchsgüterkaufes sind die kaufrechtlichen Vorschriften zugunsten des Verbrauchers weitgehend zwingend, § 476 BGB, d.h. Vereinbarungen, die zum Nachteil des Verbrauchers von den genannten gesetzlichen Bestimmungen abweichen, sind insoweit nicht möglich.

Bei einem Verbrauchsgüterkauf darf daher auch keine Rügeobliegenheit des Verbrauchers bei offensichtlichen Mängeln geregelt werden.[636]

1. § 476 I, III BGB

Wesentliche Gewährleistungsvorschriften werden zwingendes Recht

§ 476 I S. 1 BGB bestimmt, dass sich der Verkäufer auf Vereinbarungen, die vor Mitteilung eines Mangels an den Unternehmer zu Lasten des Verbrauchers von den §§ 433 - 435, 437, 439 - 443 BGB abweichen, nicht berufen kann. Diese sonst abdingbaren Vorschriften erhalten also beim Verbrauchsgüterkauf den Status zwingenden Rechts.

> **hemmer-Methode:** Die Vereinbarung ist nicht etwa unwirksam, worauf bereits der Wortlaut hinweist („kann der Unternehmer sich nicht berufen"). Er hat lediglich keine Wirkung.

Maßgeblicher Zeitpunkt

Dies gilt jedoch nur, sofern die abweichende Vereinbarung vor Mitteilung des Mangels an den Unternehmer erfolgt ist. Danach getroffene Vereinbarungen können also zulässigerweise von den genannten Vorschriften zum Nachteil des Verbrauchers abweichen.

Aus § 476 I BGB ergibt sich für den Verbraucher, dass ihm auf keinen Fall das Recht auf Nacherfüllung, Minderung oder Rücktritt wegen Sach- oder Rechtsmängeln genommen werden kann.

Es ist daher nicht mehr möglich, bei einem Verbrauchsgüterkauf im Voraus die Mängelrechte des Verbrauchers individualvertraglich oder durch AGBen zum Nachteil des Verbrauchers zu modifizieren.

> **hemmer-Methode:** Beachten Sie aber bitte nochmals, dass § 476 I BGB eine Regelung der Vertragsparteien nach Mitteilung eines Mangels zulässt. Dadurch sollen insbesondere Vergleiche zwischen den Parteien ermöglicht werden.

Bsp.: Verbraucher V hat bei Unternehmer U eine Waschmaschine gekauft. Nach Übergabe stellt sich heraus, dass sich die Tür der Maschine nur schwer öffnen lässt. Als V dies dem U mitteilt, vereinbaren sie auf Betreiben des U, dass das Rücktrittsrecht des V ausgeschlossen sein soll und er stattdessen 10% des Kaufpreises zurückerhält. Kurz darauf stellt V fest, dass die Waschtrommel der Maschine stark angerostet ist, und will vom Vertrag zurücktreten. U beruft sich auf den vereinbarten Ausschluss des Rücktrittsrechtes.

Fraglich ist allein, ob V und U das Rücktrittsrecht des V wegen Mängeln der Kaufsache aus § 437 Nr. 2 Alt. 1 BGB i.V.m. § 326 V BGB bzw. § 323 I BGB wirksam ausgeschlossen haben. Aufgrund der Vertragsfreiheit der Kaufvertragsparteien ist dies grundsätzlich möglich.

---

[636] OLG Hamm, **Life&Law 10/2012**, 710 ff.

Allerdings wird die Vertragsfreiheit durch § 476 I BGB beim Verbrauchsgüterkauf eingeschränkt, um dem Käufer nachteilige Abweichungen von den gesetzlichen Regelungen weitgehend zu vermeiden. Hier liegt eine Abweichung von § 437 BGB vor. Diese ist jedoch nur dann nach § 476 I S. 1 BGB unbeachtlich, wenn sie „vor Mitteilung eines Mangels" erfolgt ist.

Das nicht richtige Funktionieren der Tür stellt einen Sachmangel i.S.d. § 434 I S. 2 Nr. 2 BGB dar; nach dessen Mitteilung an U wurde die Vereinbarung über den Ausschluss des Rücktrittsrechtes getroffen.

Nach Sinn und Zweck des § 476 I S. 1 BGB ist trotz des missverständlichen Wortlauts eine dem Käufer nachteilige abweichende Vereinbarung jedoch nur bezüglich desjenigen Mangels möglich, den der Käufer dem Verkäufer (= Unternehmer) i.S.d. § 476 I S. 1 BGB mitgeteilt hat.

Es wäre unsinnig, wenn nur irgendein Mangel mitgeteilt werden müsste, um § 476 I S. 1 BGB auszuschließen. Daher kann V wegen der mangelhaften Tür nicht mehr zurücktreten; hinsichtlich der verrosteten Waschtrommel gilt jedoch § 476 I S. 1 BGB, sodass er vom Vertrag (evtl. nach vorheriger Fristsetzung, § 323 I BGB) zurücktreten kann.

Keine Umgehung

§ 476 I S. 2 BGB stellt zudem sicher, dass die Rechte des Verbrauchers nicht durch eine Umgehung der Regelungen mittelbar außer Kraft gesetzt werden dürfen.

„Agenturgeschäfte"

Nach einer M.M. stellen „Agenturverträge", in denen ein Händler ein in Zahlung genommenes Auto als Agent/Vermittler des Kunden weiter verkauft, generell eine unzulässige Umgehung i.S.d. § 476 I S. 2 BGB dar. Zulässig sollen Agenturgeschäfte nur dann sein, wenn der Agent kein unternehmerischer Verkäufer von Gebrauchtwagen sei.

Als Beispiel werden die Gebrauchtwagenmärkte am Wochenende genannt, bei denen ein Geschäftsmann sein Gelände als Stellplatz für Verkäufer vermietet. Selbst wenn der Vermieter ein Unternehmer ist, ist dies unschädlich, da er kein unternehmerischer Verkäufer sei.[637]

Ansicht des BGH

Der BGH hat diese Frage in Übereinstimmung mit der Vorinstanz (OLG Stuttgart[638]) dahingehend entschieden, dass die Gebrauchtwagenagentur nicht generell verboten werden könne.[639]

Schutz des Verbrauchers in Missbrauchsfällen

Nur in Missbrauchsfällen läge eine unzulässige Umgehung vor. Dies sei aber erst dann der Fall, wenn der Händler dem in Zahlung gebenden Verbraucher einen Mindestpreis garantiere und so das wirtschaftliche Risiko der Inzahlungnahme übernommen habe.[640]

Praxis-Tipp

> **Praxis-Tipp:** Die Devise, die die Anwälte künftig dem Gebrauchtwagenhändler mit auf den Weg geben, wird also lauten:
>
> „Bieten Sie dem privaten Anbieter eines Autos nur einen Agenturvertrag an und handeln Sie beim Verkauf in dessen Namen. Und hüten Sie sich davor, dem Anbieter eines Gebrauchten das Unverkäuflichkeitsrisiko abzunehmen."[641]

---

[637] Hofmann, Agenturverträge im Gebrauchtwagenhandel, JuS 2005, 8 - 12 (11).

[638] OLG Stuttgart, **Life&Law 11/2004, 723 - 727** = NJW 2004, 2169 - 2171 = **juris**byhemmer.

[639] BGH, NJW 2005, 1039 - 1041 = **juris**byhemmer.

[640] Lesen Sie die Zusammenfassung der Entscheidung des BGH, die nahezu komplett übereinstimmt mit der der Vorinstanz des OLG Stuttgart (**Life&Law 11/2004, 723 - 727** = NJW 2004, 2169 - 2171 = **juris**byhemmer), nach bei Katzenmeier, Agenturgeschäfte im Gebrauchtwagenhandel, NJW 2004, 2632 - 2633.

[641] Nach Schmidt, Verbraucherbegriff und Verbrauchervertrag - Grundlagen des § 13 BGB, JuS 2006, 1 - 8 (7).

§ 1 KAUF

Nach a.A. liegt niemals ein Umgehungsgeschäft i.S.d. § 476 I S. 2 BGB vor

Nach einer weiteren Ansicht wird ein Umgehungsgeschäft in solchen Drei-Personen-Verhältnissen stets verneint. Der Verkäufer ist in den Missbrauchsfällen (Fallvariante 1) dem Dritten aber aus c.i.c. gem. §§ 280 I, 311 III S. 2 BGB zum Schadensersatz verpflichtet.[642]

Der dritte Käufer ist im Rahmen dieses Schadensersatzanspruches dann so zu stellen, als hätte er den „Gebrauchten" von einem Unternehmer im Rahmen eines Verbrauchsgüterkaufs erworben.

Der Schaden des Dritten besteht im wirksamen Ausschluss der Mängelrechte. Er ist nun über §§ 280 I, 311 II, 249 I BGB so zu stellen, als ob ein Verbrauchsgüterkauf vorliegen würde. In diesem Fall wäre der Gewährleistungsausschluss wegen § 476 I S. 1 BGB nämlich nicht wirksam gewesen, sodass der Dritte z.B. mindern oder zurücktreten könnte. Der Schaden besteht also konkret in der Höhe des Wertes der ihm genommenen Mängelrechte.

Ähnliche Problematik beim Leasing

hemmer-Methode: Der BGH hatte noch in einem anderen Drei-Personen-Verhältnis über die Frage eines Umgehungsgeschäfts zu entscheiden: Dem Leasingnehmer (LN), einem Verbraucher, wurden unter Ausschluss seiner mietvertraglichen Gewährleistungsansprüche gegen den Leasinggeber (LG) dessen kaufrechtliche Mängelrechte gegen den Verkäufer V abgetreten. Im Kaufvertrag zwischen dem Händler V und dem LG wurde die kaufrechtliche Mängelhaftung jedoch ausgeschlossen.

Nach richtiger Ansicht des BGH ist ein so abgewickeltes Finanzierungsleasinggeschäft keine zur Umgehung des Verbrauchsgüterkaufs geeignete anderweitige Gestaltung i.S.v. § 476 I S. 2 BGB, auch wenn bei einem Verbrauchsgüterkauf neuer Sachen die Mängelhaftung nicht ausgeschlossen werden kann.[643]

An dem Kaufvertrag ist nämlich gar kein Verbraucher beteiligt. Auch wenn der Verbraucher durch den Ausschluss faktisch keine kaufrechtlichen Mängelrechte bekommt, liegt kein Fall des § 476 I S. 2 BGB vor. Denn der Verbraucher selbst hat die Entscheidung getroffen, nicht einen Kauf-, sondern einen Leasingvertrag abzuschließen. Der Verkäufer ist nicht sein Vertragspartner.

Einzige Rechtsfolge ist in diesem Fall, dass der Ausschluss der mietvertraglichen Gewährleistungsrechte im Verhältnis LG ⇔ LN gem. § 307 I, II BGB unwirksam ist. Ein Ausschluss ist nämlich nach h.M. nur dann wirksam, wenn dem LN ein äquivalenter Ersatz für die Mängelrechte gegeben wird.

Dies ist nicht der Fall, wenn die kaufrechtlichen Mängelrechte gar nicht oder nur in „beschnittener Form" abgetreten werden.

Arbeiten Sie diese examensrelevante Entscheidung durch. Es genügt, wenn Sie OLG Naumburg, Life&Law 08/2005, 510 ff. lesen, da der BGH dieses Urteil im Wesentlichen übernommen hat.

„Bastlerfahrzeuge" und „rollender Schrott"

Wann eine solche Umgehung vorliegt, ist äußerst umstritten. Von besonders „einfallsreichen" Händler wurden teilweise Kaufverträge über „Bastlerfahrzeuge" oder „rollenden Schrott" abgeschlossen.

Mit diesen Verträgen wird versucht, das starke Mängelrecht beim Verbrauchsgüterkauf zu umgehen. Derartige unbestimmte Klauseln dürfen die Verbraucherrechte natürlich nicht einschränken.

Kauft jemand ein gebrauchtes Auto, um damit zu fahren, so liegt ein unzulässiger Umgehungsversuch i.S.d. § 476 I S. 2 BGB vor.[644] Denn die Bezeichnung als „Bastlerfahrzeug" oder „rollender Schrott" stellt einen „Rundumschlag" dar, der sich auf jeden erdenklichen Mangel bezieht und damit auf einen Gewährleistungsausschluss hinausläuft, der gem. § 476 I S. 1 BGB unzulässig ist. Derartige „Pseudo-Vereinbarungen" sind daher ein klassischer Fall einer Umgehung.

---

[642] So auch Katzenmeier, Agenturgeschäfte im Gebrauchtwagenhandel, NJW 2004, 2632 - 2633.

[643] Vgl. BGH, NJW 2006, 1066 - 1068 = **juris**byhemmer (= Bestätigung von OLG Naumburg, **Life&Law 08/2005, 510 - 517** = NJW 2005, 739 - 741 = **juris**byhemmer); Ackermann, Leasing leicht gemacht?, JA 2006, 426 - 431 (428).

[644] So lag der Fall des OLG Oldenburg, ZGS 2004, 75 - 76 = **juris**byhemmer; dazu Anmerkung von Stölting, ZGS 2004, 96 - 98.

Jedoch muss im Einzelfall immer geprüft werden, ob nicht tatsächlich doch „Schrott" oder ein „Bastlerfahrzeug" Kaufgegenstand waren. Dann wäre die Klausel natürlich als **negative** (von der typisierten Beschaffenheit nach § 434 I S. 2 BGB abweichende) **Beschaffenheitsvereinbarung** i.S.d. § 434 I S. 1 BGB zulässig.

Für eine wirksame negative Beschaffenheitsvereinbarung ist aber erforderlich, dass sie auf eine konkrete Eigenschaft der Kaufsache Bezug nimmt und so dem Käufer den konkreten Mangel vor Augen führt.[645]

> **Die Kontrollfragen zur Überprüfung der Wirksamkeit lauten:**
>
> **1.** Steht die Vereinbarung im Einklang mit dem übrigen Vertragsinhalt, ist sie also ernstlich als negative Beschaffenheitsvereinbarung gewollt?
>
> **2.** Bestand ein Anlass für eine solche Vereinbarung wegen konkreter Mängel?

Nur wenn Sie beide Fragen mit „Ja" beantworten können, ist die Vereinbarung als negative Beschaffenheitsvereinbarung i.S.d. § 434 I S. 1 BGB wirksam.[646]

hemmer-Methode: Zur Zulässigkeit negativer Beschaffenheitsvereinbarungen beim Verbrauchsgüterkauf vgl. Hemmer/Wüst, Der Streit- und Meinungsstand im neuen Schuldrecht, Fall 11.[647]

Abdingbar: Schadensersatzanspruch ⇨ §§ 307 ff. BGB beachten

Jederzeit möglich ist jedoch ein Ausschluss oder die Beschränkung von Schadensersatzansprüchen, § 476 III BGB. Bei Verwendung von AGBen sind allerdings die §§ 307 bis 309 BGB zu beachten. Nach h.M. ist nur eine Freizeichnung von Mangelschäden, nicht hingegen von Mangelfolgeschäden mit § 307 II Nr. 2 BGB vereinbar.[648]

hemmer-Methode: Die eingeschränkte Möglichkeit des Ausschlusses von Mängelrechten durch § 476 BGB hat sowohl in der Praxis als auch in der Klausur große Bedeutung: Die meisten Alltagsgeschäfte fallen unter § 474 I BGB und werden modifiziert!
Wichtig ist, dass die Sonderregeln der §§ 474 ff. BGB auch bei Verwendung von AGBen zu beachten sind; auch hierbei handelt es sich um vertragliche Vereinbarungen.

2. § 476 II BGB

Verkürzung der Gewährleistungsfrist nach § 438 BGB

Nicht in § 476 I BGB genannt ist § 438 BGB. Dem Verbraucher (= Käufer) nachteilige abweichende Vereinbarungen über die Fristverkürzung der Mängelrechte sind nicht generell nach § 476 I BGB unzulässig.

Grds. zulässig ⇨ § 202 BGB

Gemäß **§ 202 BGB** sind Vereinbarungen bzgl. der Verjährung grundsätzlich zulässig.

---

[645] Vgl. Palandt, § 434, Rn. 16.
[646] Zur Zulässigkeit der Vereinbarung der „Gebraucht-Eigenschaft" beim Kauf eines sechs Monate alten Pferdes vgl. OLG Schleswig, ZGS 2006, 276 - 277.
[647] Zur Vertiefung lesen Sie Stölting, Zulässigkeit negativer Beschaffenheitsvereinbarungen in Verbrauchsgüterkaufverträgen, ZGS 2004, 96 – 98, sowie vertiefend Müller, Die Umgehung des Rechts des Verbrauchsgüterkaufs im Gebrauchtwagenhandel, NJW 2003, 1975 - 1980.
[648] Wie hier Schulze/Ebers, Streitfragen im neuen Schuldrecht, JuS 2004, 462 (466); Bamberger/Roth/Becker, § 309 Nr. 8 BGB, Rn. 30, 35; a.A. Litzenburger, Das Ende des vollständigen Gewährleistungsausschlusses beim Kaufvertrag über gebrauchte Immobilien, NJW 2002, 1244 (1245).

§ 1 KAUF

Grenzen: § 476 II BGB

Sie sind jedoch nach § 476 II BGB nur eingeschränkt möglich. Hiervon ist allerdings wiederum die Verjährung von Schadensersatzansprüchen nach § 437 Nr. 3 BGB ausgenommen, vgl. § 476 III BGB. Bei Verwendung von AGBen sind jedoch die §§ 307 bis 309 BGB, insbesondere § 309 Nr. 8b ff) BGB, zu beachten.

Es ist i.R.v. § 476 II BGB zwischen **neuen** und **gebrauchten** Sachen zu unterscheiden.

464

Neue Sachen: mind. zwei Jahre

Bei einem Kauf einer neuen Sache darf bei einem Verbrauchsgüterkauf durch eine vertragliche Vereinbarung im Voraus (= Vereinbarung vor Mitteilung des Mangels, s.o.) eine Verjährungsfrist von zwei Jahren nicht unterschritten werden.

Gebrauchte Sachen: mind. ein Jahr

Beim Kauf einer gebrauchten Sache muss die Verjährungsfrist mindestens die Dauer eines Jahres ab dem gesetzlichen Verjährungsbeginn nach § 438 II BGB betragen.

464a

Problem Nr. 1: Wann ist eine Sache als „gebraucht" anzusehen?

Der Begriff der „gebrauchten Sache" wird weder durch das nationale Recht noch durch die zugrunde liegende Verbrauchsgüterkaufrichtlinie definiert.

Maßgeblich muss insoweit ein objektiver Maßstab sein, d.h. die Eigenschaft als „gebraucht" ist einer Beschaffenheitsvereinbarung der Parteien entzogen. Andernfalls hätte es der Verkäufer in der Hand, durch die Vereinbarung, dass es sich um eine gebrauchte Kaufsache handelt, die Verjährungsfrist auf ein Jahr zu begrenzen.[649]

Dementsprechend gilt, dass Sachen dann gebraucht sind, wenn sie vom Hersteller, Verkäufer oder einem Dritten bereits ihrer gewöhnlichen Verwendung zugeführt wurden und deshalb mit einem höheren Sachmängelrisiko behaftet sind.

Nicht neu bedeutet nicht automatisch „gebraucht"

Die Feststellung, dass es sich um Sachen handelt, die evtl. nicht mehr neu sind bzw. von den potenziellen Kunden nicht mehr als neu angesehen werden, reicht nicht aus. Denn es kann nicht ausgeschlossen werden, dass es neben neu und gebraucht weitere Beschaffenheitsbezeichnungen wie beispielsweise „wie neu", „neuwertig" etc. gibt. Eine nicht mehr neue Sache muss nicht zwangsläufig gebraucht, sondern kann „lediglich" alt sein.

Auch der Umstand, dass Verkaufsartikel *„nicht mehr original verpackt sind, bzw. bei denen die Originalverpackung beschädigt wurde oder fehlte"*, macht diese nicht zu gebrauchten Sachen.

Auch das einmalige Auspacken und Vorführen des Gerätes seitens des Verkäufers selbst ändert daran nichts. Hierdurch wird der Artikel nicht schon seiner gewöhnlichen Verwendung zugeführt. Dass die Ware allein hierdurch einem erhöhten, für den Verkäufer nicht abschätzbaren und sein Interesse an einer Verkürzung der Gewährleistungsfrist rechtfertigenden Mangelrisiko ausgesetzt wird, ist nicht zu bejahen.

hemmer-Methode: Nach zutreffender Ansicht des OLG Hamm fällt daher der Verkauf nicht mehr originalverpackter Ware als B-Ware nicht unter den Begriff des Verkaufs einer „gebrauchten" Sache.[650]

Problem Nr. 2: Tierkauf

Äußerst umstritten ist die Frage, ob bzw. ab wann Tiere als gebrauchte Sachen zu behandeln sind.

464b

---

[649] BGH, NJW 2007, 674 (677) = **juris**byhemmer.
[650] OLG Hamm, **Life&Law 10/2014, 772 f.** = **juris**byhemmer.

> **hemmer-Methode:** Zwar sind Tiere wegen § 90a S. 1 BGB keine Sachen, jedoch werden nach § 90a S. 3 BGB die für Sachen geltenden Vorschriften entsprechend angewendet.

Tiere, die verkauft werden, sind nicht generell als „gebraucht" anzusehen. Ein Tier, das im Zeitpunkt des Verkaufs noch jung und bis zum Verkauf nicht benutzt worden ist, ist nicht „gebraucht".

Nur nach einer M.M. in der Literatur sind Tiere stets als gebrauchte Sachen zu behandeln.[651]

> **hemmer-Methode:** Gemessen an diesen Grundsätzen hat der BGH ein sechs Monate altes Hengstfohlen, das bislang weder als Reittier noch zur Zucht verwendet worden ist, als „neue Sache" behandelt.[652]

„Gebraucht-Eigenschaft" kann nicht vereinbart werden!

Sachen oder Tiere, die nach objektiven Maßstäben noch neu sind, können durch einen Unternehmer an einen Verbraucher nicht mit der vereinbarten Beschaffenheit „gebraucht" verkauft werden, um eine Abkürzung der Verjährung von Mängelansprüchen des Verbrauchers zu ermöglichen.

Nach Mitteilung eines Mangels an den Unternehmer ist nach § 476 II BGB eine vertragliche Vereinbarung über eine kürzere Gewährleistungsfrist möglich.

> **Bsp.:** A kauft bei Händler H am 01.05. einen gebrauchten Pkw für den privaten Gebrauch. Nach sieben Monaten bemerkt A, dass der Keilriemen des Pkw verschlissen ist. Aus dem desolaten Zustand des Keilriemens ergibt sich, dass der Keilriemen schon bei Übergabe des Pkw mangelhaft war. Er verlangt daher von H, den Keilriemen auszutauschen. Dieser beruft sich jedoch auf seine AGBen, wonach Nachbesserungsansprüche nach sechs Monaten ab Übergabe des Pkw verjähren.
>
> *Kann A von H den Austausch des Keilriemens verlangen?*

A macht einen Nacherfüllungsanspruch nach §§ 437 Nr. 1, 439 I BGB geltend.

1. Der mangelhafte Keilriemen zum Zeitpunkt der Übergabe stellt einen Sachmangel i.S.v. § 434 I S. 2 Nr. 2 BGB dar. Ein Käufer eines Gebrauchtwagens kann erwarten, dass sich der Keilriemen des Fahrzeugs bei der Übergabe in einem sonst üblichen Zustand befindet. Dies war hier nicht der Fall. Der Anspruch auf Nacherfüllung ist auch nicht nach § 275 BGB wegen Unmöglichkeit ausgeschlossen.

2. Fraglich ist jedoch, ob der Anspruch auf Nacherfüllung schon verjährt ist, sodass dem V die Einrede der Verjährung gem. § 214 I BGB zustünde.

Dies setzt voraus, dass die Verkürzung der gesetzlichen Verjährungsfrist gemäß § 438 I Nr. 3 BGB durch die AGBen des H wirksam ist. Bei dem Kauf des Kfz handelt es sich um einen Verbrauchsgüterkauf gemäß §§ 474 ff. BGB. A handelte als Verbraucher, § 13 BGB, H als Unternehmer i.S.v. § 14 BGB. Nach § 476 II BGB ist daher eine Verkürzung der Verjährung nur insoweit möglich, als dies bei gebrauchten Sachen nicht zu einer kürzeren Verjährungsfrist von weniger als einem Jahr ab der Übergabe der Sache führt.

Die AGBen des H sehen jedoch eine Verjährungsfrist von nur sechs Monaten vor. Nach § 476 II BGB kann sich der Verkäufer auf diese Klausel nicht berufen.

---

[651] Eichelberger, Von neuen und gebrauchten Tieren, ZGS 2007, 98 - 101.
[652] BGH, **Life&Law 03/2007, 147 ff.** = NJW 2007, 674 - 678 = **juris**byhemmer.

Daher sind die gesetzlichen Vorschriften anzuwenden, folglich § 438 I Nr. 3 BGB.[653] Demnach beträgt die Verjährungsfrist des Nacherfüllungsanspruchs zwei Jahre.

<u>Ergebnis</u>: A kann von H somit den Austausch des Keilriemens nach §§ 437 Nr. 1, 439 I BGB verlangen.

III. Beweislastumkehr, § 477 BGB

Beweislastumkehr gem. § 477 BGB

Im Rahmen eines Verbrauchsgüterkaufs findet gemäß § 477 BGB eine Beweislastumkehr zugunsten des Verbrauchers statt.

> **hemmer-Methode:** Beweislastfragen spielen im Ersten Staatsexamen keine große Rolle. Wenn allerdings der Sachverhalt nichts darüber sagt, ob der Sachmangel bereits im Zeitpunkt des Gefahrübergangs vorlag, oder wenn im Sachverhalt hieran ausdrücklich Zweifel geäußert werden, kann und muss beim Verbrauchsgüterkauf auf § 477 BGB zurückgegriffen werden.

Entgegen den allgemeinen Beweislastgrundsätzen muss gem. § 477 BGB der Verkäufer beweisen, dass der Sachmangel bei Gefahrübergang nicht vorlag, wenn der Sachmangel innerhalb der ersten sechs Monate ab Gefahrübergang auftritt. § 477 BGB spricht insofern eine gesetzliche Vermutung für das Vorliegen des Sachmangels bereits im Zeitpunkt des Gefahrübergangs aus.

Den Käufer trifft aber weiterhin die Beweislast, dass ein Mangel überhaupt vorliegt. § 477 BGB stellt daher nur eine **Vermutung in zeitlicher Hinsicht** auf, nämlich dergestalt, dass der vom Käufer bewiesene Mangel als bei Gefahrübergang vorhanden gilt.

> **hemmer-Methode:** Das „Ob" eines Mangels muss der Käufer beweisen. Nur das „Wann" wird innerhalb der ersten 6 Monate vermutet.

Widerlegbare Vermutung

§ 477 BGB berücksichtigt die grds. schlechtere Stellung des Verbrauchers hinsichtlich der Beweismöglichkeiten im Gegensatz zum Unternehmer. Der Verkäufer muss und kann die gesetzliche Vermutung widerlegen, § 292 ZPO.

Bessere Erkenntnismöglichkeiten des Verkäufers

Die Vorschrift ist deshalb gerechtfertigt, da der Verkäufer im Zeitpunkt des Gefahrübergangs besser beurteilen kann, ob ein Mangel vorliegt oder nicht. Er hat die größere Sachkenntnis und hat daher zu prüfen, ob die Sache mangelfrei ist. Der Verbraucher hat demgegenüber erheblich schlechtere Möglichkeiten des Beweises.

Für die Beweislastumkehr nach § 477 BGB ist es unerheblich, ob der Verkäufer den Mangel, sofern dieser schon bei Gefahrübergang vorhanden war, hätte erkennen können. Sie setzt nicht voraus, dass der Verkäufer in Bezug auf den betreffenden Mangel tatsächlich bessere Erkenntnismöglichkeiten hat als der Käufer.[654]

---

[653] Nicht möglich ist es, im Rahmen des § 306 II BGB eine sog. geltungserhaltende Reduktion vorzunehmen, d.h. die Klausel insoweit aufrechtzuerhalten, dass wenigstens eine Verkürzung der Verjährungsfrist auf ein Jahr erhalten bleibt, wie nach § 476 II BGB zulässig. Eine solche geltungserhaltende Reduktion führt zu einer ungerechtfertigten Besserstellung des Verwenders von AGBen bzw. des Unternehmers: Dieser könnte immer darauf vertrauen, wenigstens die gesetzlich gerade noch zulässige oder angemessene Regelung zu erhalten, während die Rechte des Vertragspartners bzw. Verbrauchers immer beschränkt wären.

[654] Vgl. BGH, NJW 2007, 2619 - 2621 = **juris**byhemmer.

Dem Wortlaut der Vorschrift lässt sich dafür nichts entnehmen. Zwar liegt der Beweislastumkehr des § 477 BGB ausweislich der Gesetzesbegründung die Erwägung zugrunde, dass ein Verkäufer, der als Unternehmer eine bewegliche Sache an einen Verbraucher verkauft, jedenfalls in engem zeitlichen Zusammenhang mit der Übergabe typischerweise über bessere Erkenntnis- und Beweismöglichkeiten verfügt als der Verbraucher.[655]

Das Eingreifen der Vermutung hängt aber nicht davon ab, ob im Einzelfall ein Wissensvorsprung des Unternehmers hinsichtlich der Mangelfreiheit der Kaufsache besteht. Andernfalls würde die Beweislastumkehr bei verdeckten Mängeln (zum Beispiel Verkauf originalverpackter Ware) generell nicht eingreifen und der spezifisch verbraucherschützende Charakter der Vorschrift damit weitgehend leer laufen.

> **hemmer-Methode:** Die Beweislastumkehr des § 477 BGB findet bei allen Ansprüchen zwischen einem Verbraucher und einem Unternehmer Anwendung, bei denen es im Zusammenhang mit der Durchsetzung von Sachmängelgewährleistungsrechten des Verbrauchers darauf ankommt, ob die verkaufte Sache bei Gefahrübergang mangelhaft war. Das gilt auch dann, wenn das Bestehen eines Mangels bei Gefahrübergang Vorfrage für andere Ansprüche ist.[656]

1. Reichweite der Beweislastumkehr

„Opel-Vectra-Fall"

Im „Opel-Vectra-Fall"[657] hat der BGH erstmals entschieden, dass § 477 BGB lediglich eine Vermutung in zeitlicher Hinsicht aufstellt, und zwar dergestalt, dass der vom Käufer bewiesene Mangel als bei Gefahrübergang vorhanden gilt.

467a

> *Bsp.: Der vom Verbraucher K gekaufte Opel Vectra erleidet fünf Monate nach der Übergabe einen Motorschaden. Jedoch war die Vermutung des § 477 BGB widerlegt, weil der Opel Vectra nach der Übergabe tatsächlich ca. 10.000 km gefahren wurde und damit klar war, dass der Motor erst nach Gefahrübergang kaputt gegangen sein konnte.*
>
> *Der Sachverständige kommt zu dem Ergebnis, dass die Ursache des Motorschadens unzweifelhaft das Überspringen des Zahnriemens am Steuerrad der Nockenwelle gewesen ist. Für die Lockerung des Zahnriemens kommt ein Materialfehler in Betracht. Als weitere mögliche Ursache für die Lockerung des Zahnriemens kommt aber auch das Einlegen eines kleineren Gangs bei hoher Motordrehzahl in Betracht.*
>
> *Stehen dem K gegen Verkäufer V Mängelrechte zu?*

Grundregel: Volle Beweislast beim Käufer nach Gefahrübergang

Macht der Käufer nach Entgegennahme des Kaufgegenstandes Mängelrechte geltend, muss grundsätzlich er die Mangelhaftigkeit beweisen. Dies folgt aus § 363 BGB, der nach der Modernisierung des Schuldrechts wegen der in § 433 I S. 2 BGB zum Ausdruck kommenden Erfüllungstheorie unmittelbar anwendbar ist.

467b

Hiernach hat der Käufer beide Komponenten des Mangelbegriffs des § 434 BGB nachzuweisen: die Abweichung der Ist- von der Sollbeschaffenheit und deren Vorliegen im Zeitpunkt des Gefahrübergangs.

Vermutung des § 477 BGB beim Verbrauchsgüterkauf

Beim Verbrauchsgüterkauf (§ 474 I S. 1 BGB) begründet § 477 BGB die (nach § 292 S. 1 ZPO widerlegliche) Vermutung, dass ein Mangel, der sich innerhalb der ersten sechs Monate nach Gefahrübergang zeigt, bereits bei Gefahrübergang vorhanden war. Ausgenommen von dieser Beweislastumkehr sind nur die Fälle, in denen diese Vermutung mit der Art der Sache oder des Mangels unvereinbar ist.

---

[655] BT-Drucks. 14/6040, S. 245.
[656] Vgl. dazu BGH, **Life&Law 02/2009, 88 - 91** = NJW 2009, 580 - 582 = **juris**byhemmer.
[657] BGH, **Life&Law 10/2004, 645 - 649** = NJW 2004, 2299 - 2301 = **juris**byhemmer.

In der der Entscheidung zugrunde liegenden Konstellation konnte der Käufer zwar den Motorschaden beweisen. Doch war unstreitig, dass dieser erst nach Gefahrübergang entstand. Als weiterer Mangel kam nach den Angaben des Sachverständigen ferner ein Materialfehler in Betracht. Diesen konnte der Käufer aber nicht beweisen, da auch ein fehlerhafter Schaltvorgang für den Motorschaden ursächlich gewesen sein könnte.

Problem: Reichweite der Vermutung

Fraglich ist die Reichweite der Beweislastumkehr; nämlich ob sich diese nur auf das zeitliche Moment oder auf das Vorliegen eines Mangels i.S.v. § 434 BGB insgesamt bezieht.

Frühere Ansicht des BGH:

1. Nach **früherer Ansicht des BGH** erfasst die Vermutung des § 477 BGB ausschließlich den konkreten Mangel, der sich innerhalb der Sechsmonatsfrist zeigt.[658]

467c

Die Vermutung ist daher bereits widerlegt, wenn der Verkäufer darlegen und notfalls beweisen kann, dass dieser Mangel bei Gefahrübergang noch nicht vorlag.

Latenter Grundmangel betrifft Frage, „ob" ein Mangel vorliegt

Das Vorliegen eines latenten Grundmangels betrifft nach Auffassung des BGH die Frage, „ob" ein Mangel vorliegt. Und genau dies habe der Verbraucher zu beweisen. Dass der Motorschaden innerhalb der Frist auf einen schon bei Gefahrübergang vorhandenen „Grundmangel" zurückgeht, wird daher nach gefestigter Rechtsprechung des BGH nicht vermutet.[659]

Die Regelung des § 477 BGB stelle daher nur eine Vermutung in zeitlicher Hinsicht auf, nämlich dergestalt, dass der vom Käufer bewiesene Mangel als bei Gefahrübergang vorhanden gilt. Diese Vermutung ist bezüglich des unstreitig eingetretenen Motorschadens durch den Tachostand widerlegt. Zwar kann der Sachverständige auch einen Materialfehler eines Zahnriemens nicht ausschließen, doch kann K diesen nicht beweisen, da auch ein fehlerhafter Schaltvorgang für den Motorschaden ursächlich gewesen sein kann.

Nach früherer Ansicht des BGH musste der Käufer aber auch das Vorliegen eines latenten Grundmangels als Mangelursache beweisen. Da dies dem K nicht gelang, standen ihm nach Ansicht des BGH keine Mängelrechte zu.

Kritik der Literatur

2. Diese Rechtsprechung des BGH wurde von der Literatur bereits heftig kritisiert.[660] **Gegen diese Auslegung des BGH** sprechen sowohl Gesetzeswortlaut als auch der Normzweck.

467d

Die Formulierung „Zeigt sich (...) *ein* Sachmangel, so wird vermutet, dass die Sache bereits bei Gefahrübergang mangelhaft war (...)" enthält keine Einschränkung der Vermutung auf die zeitliche Komponente.

Wortlaut des § 477 BGB

Nach § 477 BGB wird **nicht nur vermutet, dass** gerade der **aufgetretene Mangel** bereits bei Gefahrübergang vorlag, **sondern** auch, **dass** die **Sache** bei Gefahrübergang **generell mangelhaft war**. Andernfalls müsste § 477 BGB so formuliert sein, dass (nur) vermutet wird, „dass *dieser* Sachmangel bereits bei Gefahrübergang vorhanden war".

Gesetzeszweck

Außerdem liegt der Sinn des § 477 BGB darin, dass der Käufer die Sache erst ab Übergabe in den Händen hält und damit auf Mängel untersuchen kann. Der Verbraucher hat in der kurzen Zeit der Übergabe die schlechteren Beweis- und Erkenntnismöglichkeiten bezüglich eines Mangels als der Unternehmer, der die Sache vor der Übergabe längere Zeit in Besitz hatte. Diese ungleich besseren Erkenntnismöglichkeiten des Unternehmers werden jedoch nur dann ausgeglichen, wenn nicht nur die zeitliche Komponente des Mangelbegriffs vermutet wird.

---

[658] BGH, **Life&Law 08/2006**, 507 - 516 = NJW 2006, 2250 - 2254; BGH, **Life&Law 01/2006**, 6 - 11 = NJW 2005, 3490 - 3493; sowie BGH, **Life&Law 03/2006**, 159 - 164 = NJW 2006, 434 - 437; BGH, **Life&Law 10/2004**, 645 - 649 = NJW 2004, 2299 - 2301; **alle Entscheidungen** = **juris**byhemmer.

[659] BGH, **Life&Law 08/2006**, 507 ff. = NJW 2006, 2250 ff. („Allergie Sommerekzem beim Pferd"); **Life&Law 10/2004**, 645 ff. = NJW 2004, 2299 ff. („Opel-Vectra-Fall").

[660] Lorenz, NJW 2004, 3020 - 3022.

Nach dieser Auslegung des § 477 BGB müsste der Käufer bei Mängeln, die eindeutig erst nach der Übergabe - aber innerhalb von sechs Monaten - zu Tage treten, beweisen, dass nicht er die Sache „kaputt gemacht hat", sondern dass hierfür ein Grundmangel verantwortlich ist. Aber wie soll der Käufer diesen Beweis führen, dass der Defekt bereits im Keim vorhanden war? Auch ein sachverständiges Gutachten wird dies oft nicht mit Gewissheit feststellen können.

Diese Rechtsprechung des BGH wurde daher schon immer kritisiert, da sie mit der Intention des § 477 BGB kaum vereinbar ist, denn gerade bezogen auf das Vorliegen dieses Grundmangels bestehen Beweisprobleme für den Verbraucher, vor denen ihn § 477 BGB gerade schützen soll. Die Rechtsprechung führt im Ergebnis dazu, dass § 477 BGB eines Großteils seines Anwendungsbereiches beraubt würde.

Daher: Nach § 477 BGB wird auch das Vorliegen eines latenten Grundmangels wird vermutet

Nach Ansicht der Literatur[661] und Teilen[662] der Rechtsprechung wird daher auch das Vorliegen eines latenten Grundmangels als Ursache für eine spätere Mangelerscheinung von der Vermutung des § 477 BGB erfasst.

Ansicht des EuGH entspricht der Ansicht der Lit.

3. Auf Vorlage des „Gerechtshof Arnhem-Leeuwarden" (Niederlande) hat der **EuGH** am 04.06.2015 die Verbraucherrechte gestärkt und diese umstrittene Frage im Sinne der Ansicht der Literatur entschieden.[663]

467e

BGH ändert daraufhin seine verfehlte Rechtsprechung

4. Dieser Ansicht des EuGH und der h.L. hat sich nun (endlich) **auch der BGH** angeschlossen.[664] Grundsätzlich obliegt es dem Verbraucher, den Beweis zu erbringen, dass eine Vertragswidrigkeit[665] vorliegt und dass diese bereits zum Zeitpunkt der Lieferung des Gutes bestand (vgl. dazu den Problemaufriss).

467f

Art. 5 III VerbrGK-RL bzw. der hierauf basierende § 477 BGB normieren eine Abweichung von diesem Grundsatz für den Fall, dass die Vertragswidrigkeit (der Mangel) binnen sechs Monaten nach der Lieferung des Gutes offenbar wird. In diesem Fall wird vermutet, dass die Vertragswidrigkeit schon zum Zeitpunkt der Lieferung bestand.

Um diese Beweiserleichterung in Anspruch nehmen zu können, muss der Verbraucher jedoch das Vorliegen bestimmter Tatsachen nachweisen.

Erstens muss der Verbraucher vortragen und den Beweis erbringen, dass das verkaufte Gut nicht vertragsgemäß – also mangelhaft – ist. Zweitens muss der Verbraucher beweisen, dass die in Rede stehende Vertragswidrigkeit binnen sechs Monaten nach der Lieferung des Gutes offenbar geworden ist, also sich ihr Vorliegen tatsächlich herausgestellt hat.

Wenn diese Tatsachen nachgewiesen sind, ist der Verbraucher vom Nachweis befreit, dass die Vertragswidrigkeit bereits zum Zeitpunkt der Lieferung des Gutes bestand.

Das Auftreten dieser Vertragswidrigkeit in dem kurzen Zeitraum von sechs Monaten erlaubt die Vermutung, dass sie zum Zeitpunkt der Lieferung „zumindest im Ansatz" bereits vorlag, auch wenn sie sich erst nach der Lieferung des Gutes herausgestellt hat.

Ergebnis: Damit wird auch das Vorliegen eines Grundmangels als Ursache für den Motorschaden vermutet. Dem K stehen daher gegen V Mängelrechte zu.

hemmer-Methode: Lesen Sie zu dieser Rechtsprechungsänderung BGH, Life&Law 01/2017, 1 ff.!

---

[661] Vgl. u.a. Lorenz, NJW 2004, 3020 (3021 f.); Roth, ZIP 2004, 2025 ff.; vgl. dazu auch **Hemmer/Wüst, Der Streit- und Meinungsstand im neuen Schuldrecht, Fall 22.**

[662] OLG Brandenburg, DAR 2009, 92 ff.

[663] **EuGH, Life&Law 08/2015, 551 ff.**; vgl. dazu auch Gsell, Beweislastumkehr zugunsten des Verbraucher-Käufers auch bei nur potenziellem Grundmangel, VuR 2015, 446 ff.

[664] **BGH, Life&Law 01/2017, 1 ff.**

[665] Nach der Diktion des deutschen Rechts ein „**Mangel**".

2. Anwendbarkeit des § 477 BGB bei Einbau der gekauften Sache durch Dritte

Problem: Einbau der gekauften Sache durch Dritte

Die Anwendung der Beweislastumkehr gemäß § 477 BGB wird daher nicht schon deshalb ausgeschlossen, weil der Verbraucher die gekaufte Sache durch einen Dritten hat einbauen lassen.

467g

> **Bsp.:**[666] K kauft im Baumarkt des V im Juli ein Teichbecken für seinen privaten Gebrauch. Nachdem das Teichbecken durch Mitarbeiter des V geliefert wurde, ließ K dieses durch einen Fachbetrieb im Garten einbauen. Da das Teichbecken undicht ist, läuft Wasser aus. Daher verlangt K von V im August Nacherfüllung. Nicht geklärt werden kann, ob das Teichbecken schon bei der Übergabe im Juli undicht war. Zu Recht?

Da das Vorliegen des Mangels zur Zeit der Übergabe an K nicht feststeht, kommt es darauf an, ob beim Einbau der gekauften Sache durch Drittunternehmer die Vorschrift des § 477 BGB zur Anwendung kommt.

Eine Ansicht will § 477 BGB nicht anwenden, wenn in unmittelbar zeitlichem Zusammenhang ein Dritter mit der Sache befasst sei. Der Verkäufer könne die Ursache der Mangelhaftigkeit in diesem Fall genauso wenig wie der Käufer beurteilen, weshalb ein Abweichen von den allgemeinen Grundsätzen der Beweislast nicht angemessen erscheine.

Der BGH bejaht dagegen zu Recht die Anwendbarkeit des § 477 BGB. Der Wortlaut setze in seinem ersten Halbsatz lediglich voraus, dass sich innerhalb von sechs Monaten ab Gefahrübergang ein Mangel zeigt, was hier unstreitig sei. Auch der Zweck der Vorschrift rechtfertigt keine Ausnahme von der Anwendbarkeit. Der Verbraucher, der den Einbau der Kaufsache einem Dritten überlässt, ist hinsichtlich des Nachweises ihrer Beschaffenheit im Zeitpunkt des Gefahrübergangs genauso schutzwürdig wie ein Verbraucher, der den Einbau selbst vornimmt. Auch aus Sicht des Verkäufers gebe es keinen Unterschied hinsichtlich der Erkenntnismöglichkeiten, ob der Käufer oder ein Dritter die Sache einbaut.

3. Vereinbarkeit der Vermutung mit Art der Sache und des Mangels

Ist die Vermutung des § 477 BGB nicht mit der **Art der Sache oder der Art des Mangels** vereinbar, bleibt es bei den allgemeinen Regeln der Beweislast, wonach der Käufer den Sachmangel als eine ihm günstige Tatsache zu beweisen hat.[667]

468

a) Vereinbarkeit der Vermutung mit Art der Sache

Vereinbarkeit mit der Art der Sache

Dies betrifft vor allem den Kauf gebrauchter Sachen, bei denen schon aufgrund der unterschiedlichen Abnutzungsgrade Differenzierungen erforderlich sind.

468a

Gebrauchte Sachen

Die Anwendung des § 477 BGB auf gebrauchte Sachen wird aber von der nahezu einhelligen Auffassung nicht generell abgelehnt, sondern vom jeweiligen Einzelfall abhängig gemacht. Nach Ansicht des BGH ist § 477 BGB nicht generell unanwendbar, wenn eine gebrauchte Sache verkauft wurde.[668]

---

[666] BGH, **Life&Law 02/2005, 88 - 91** = NJW 2005, 283 - 284 = **juris**byhemmer.
[667] Vgl. hierzu **Hemmer/Wüst, ZPO I**, Rn. 489 f.
[668] So auch schon BGH, **Life&Law 10/2004, 645 - 649** = NJW 2004, 2299 - 2301 („Opel- Vectra- Fall") = **juris**byhemmer; OLG Köln, ZGS 2004, 40 = **juris**byhemmer; OLG Celle, NJW 2004, 3566 - 3567 = **juris**byhemmer; LG Hanau, NJW-RR 2003, 1561 - 1562 = **juris**byhemmer.

Eine Einschränkung dergestalt, nur neue Sachen der Vorschrift zu unterwerfen, wäre weder mit dem Wortlaut noch mit dem Sinn und Zweck der Vorschrift vereinbar. Gefragt werden muss aber immer, ob es sich überhaupt um einen Mangel handelt oder um normalen altersbedingten Verschleiß, der gar keinen Mangel darstellt.[669]

> **hemmer-Methode:** In diesen Entscheidungen liest man immer wieder, dass insbesondere bei Verschleißmängeln wegen der Art des Mangels § 477 BGB nicht anwendbar sei. Dies ist nicht wirklich falsch, aber auch nicht hundertprozentig richtig. Denn bei Verschleißmängeln eines „Gebrauchten" liegt es eher nahe, schon das Vorliegen eines Mangels i.S.d. § 434 I S. 2 Nr. 2 BGB abzulehnen.[670]

Verderbliche Ware

Eine Ausnahme gilt auch bei sog. Frischwaren, wie z.B. Obst, Gemüse, Milch. Es liegt in der Natur, dass diese mit der Zeit verderben.

Tierkauf ⇨ § 477 BGB ist grds. anwendbar

Die Vermutung des § 477 BGB könnte beim Tierkauf mit der Art des Kaufgegenstandes unvereinbar und damit grundsätzlich schon unanwendbar sein. Dies wird teilweise in der Rechtsprechung der Instanzgerichte vertreten.[671]

Dieser Auffassung folgt der BGH zu Recht nicht. Die Vermutung des § 477 BGB ist beim Kauf eines Tieres nicht grds. von vornherein unzutreffend oder unpassend.

Schon aus der Aufhebung der bisherigen Spezialvorschriften für die Gewährleistung beim Tierkauf (vgl. dazu bereits Punkt B) folgt, dass auch die gesetzliche Vermutung des § 477 BGB unter den Voraussetzungen des § 474 BGB auf den Tierkauf entsprechend anzuwenden ist.

Hierfür spricht neben der Vorschrift des § 90a S. 3 BGB auch die amtliche Begründung zu § 477 BGB, in welcher der Tierkauf als möglicher Anwendungsfall der Vermutung besonders angesprochen wird.[672]

Auch der Umstand, dass es sich bei Tieren um Lebewesen handelt, verbietet nicht die Anwendung des § 477 BGB. Die Vermutung leitet ihren verbraucherschützenden Charakter aus den schlechteren Beweismöglichkeiten des Verbrauchers und den - jedenfalls in engem zeitlichen Zusammenhang mit der Übergabe - ungleich besseren Erkenntnismöglichkeiten des Unternehmers her.

Diese Erwägung trifft auch auf den Tierkauf zwischen einem Verbraucher und einem Unternehmer zu. Der gewerblich tätige Verkäufer vermag den Zustand des Tieres im Zeitpunkt der Übergabe im Regelfall besser zu beurteilen als ein Käufer, der mit dem Erwerb von Tieren nicht beruflich oder gewerbsmäßig befasst ist.

Deshalb ist es gerechtfertigt, die Vermutung grundsätzlich auch auf den Tierkauf anzuwenden.

b) Vereinbarkeit der Vermutung mit Art des Mangels

Vereinbarkeit mit der Art des Mangels

Die Vermutung des § 477 BGB greift auch dann nicht ein, wenn diese mit der Art des Mangels unvereinbar ist.

468b

---

[669] Vgl. dazu den „Turbolader-Fall" des BGH, **Life&Law 03/2006, 159 - 164** = NJW 2006, 434 - 437 = **juris**byhemmer.
[670] Wenig überzeugend daher KG Berlin, ZGS 2005, 76.
[671] LG Verden, RdL 2005, 176 - 177 = **juris**byhemmer; AG Worbis, RdL 2005, 146 - 147 = **juris**byhemmer; AG Helmstedt, RdL 2005, 65; tendenziell auch OLG Oldenburg, RdL 2005, 65 und LG Lüneburg, RdL 2005, 66.
[672] BT-Drucksache 14/6040, S. 245.

aa) Vereinbarkeit mit Mängeln, die jederzeit aufgetreten sein können

Die Beweislastumkehr könnte mit der Art des Mangels unvereinbar sein, wenn es sich um einen Mangel handelt, der typischerweise jederzeit eintreten kann und daher keinen hinreichend wahrscheinlichen Rückschluss auf sein Vorliegen bereits zum Zeitpunkt des Gefahrübergangs zulässt.[673]

Dem widerspricht der BGH jedoch zu Recht. Die Frage, ob die Beweislastumkehr eingreife oder nicht, kann nicht anhand einer Wahrscheinlichkeitsbetrachtung beantwortet werden. Es entspricht vielmehr der Systematik der Vorschrift, dass diese in aller Regel zugunsten des Verbrauchers eingreift und nur ganz ausnahmsweise nicht.

Diese verbietet es, das Eingreifen der Vermutung schon immer dann scheitern zu lassen, wenn es um einen Mangel geht, der jederzeit auftreten kann und daher eine Wahrscheinlichkeit dafür fehlt, dass er bereits bei Gefahrübergang vorhanden war.

Im Übrigen ist die Intention der Vorschrift in diesen Fällen nicht weniger tangiert. Die Vorschrift trägt dem Umstand Rechnung, dass es Verbrauchern oft schwer fällt zu beweisen, dass ein Mangel bereits bei Gefahrübergang vorhanden war. Da die Verbrauchsgüter aus der Sphäre des Unternehmers stammen, ist es diesem eher zuzumuten, das Gegenteil zu beweisen.

Anmerkung: Die Unvereinbarkeit der Beweislastumkehr mit der Art des Mangels kann aber gegeben sein, wenn es sich um äußerliche Beschädigungen der Kaufsache handelt, die auch dem fachlich nicht versierten Käufer auffallen müssen.
Denn in einem solchen Fall ist zu erwarten, dass der Käufer den Mangel bei der Übergabe beanstandet. Hat er die Sache ohne Beanstandung entgegengenommen, so spricht dies folglich gegen die Vermutung, der Mangel sei schon bei Gefahrübergang vorhanden gewesen.

bb) Vereinbarkeit mit Tierkrankheiten[674]

Tierkrankheiten

Die Vermutung des § 477 BGB ist bei Tierkrankheiten aber unter Umständen mit der Art des Mangels unvereinbar.

Die Frage, ob die Vermutung des § 477 BGB mit der Art des Mangels unvereinbar ist, lässt sich nicht für alle erdenklichen Erkrankungen und sonstigen Mängel von Tieren einheitlich bejahen oder verneinen.

Erforderlich ist vielmehr eine differenzierte Beurteilung je nach der Art der Erkrankung oder des sonstigen Mangels. Beim Tierkauf sind dabei die Besonderheiten zu berücksichtigen, die sich aus der Natur des Tieres als Lebewesen (§ 90a S. 1 BGB) ergeben.

Problem: Inkubationszeit

Bei bestimmten Infektionskrankheiten besteht zwischen Infektion und Ausbruch der Krankheit ein gewisser Zeitraum, sodass nicht selten ungewiss bleibt, ob eine Ansteckung bereits vor oder erst nach Lieferung des Tieres an den Käufer erfolgt ist.

hemmer-Methode: § 477 BGB ist dann nicht anwendbar, wenn die Inkubationszeit kürzer ist als die seit Gefahrübergang verstrichene Zeit.[675]

---

[673] So die Vorinstanz OLG Stuttgart, ZGS 2005, 36 - 40 = **juris**byhemmer; vgl. auch Lorenz, Sachmangel und Beweislastumkehr im Verbrauchsgüterkauf - Zur Reichweite der Vermutungsregelung in § 476 BGB (ab 01.01.2018: § 477 BGB), NJW 2004, 3020 - 3022 (3022).
[674] Vgl. dazu auch Westermann, Zu den Gewährleistungsansprüchen des Pferdekäufers, ZGS 2005, 342 - 348.
[675] Graf von Westphalen, Die Beweislastumkehr zu Gunsten des Pferdekäufers, ZGS 2004, 341 - 344.

Allerdings hat der BGH bereits entschieden, dass die Vermutung des § 477 BGB nicht schon dann mit der Art des Mangels unvereinbar ist, wenn der Mangel typischerweise jederzeit auftreten kann und deshalb keinen hinreichenden Rückschluss darauf zulässt, dass er schon bei Gefahrübergang vorlag.[676]

Andererseits lässt sich die Vermutung, dass der Mangel zu einem bestimmten Zeitpunkt vorgelegen habe, dann nicht rechtfertigen, wenn bei einer Infektionskrankheit die Frist zwischen dem Gefahrübergang und dem Ausbruch der Krankheit länger ist als die Inkubationszeit.[677]

hemmer-Methode: Bricht die Krankheit vier Monate nach der Übergabe aus und beträgt die Inkubationszeit für diese Krankheit nur drei Monate, so ist die Vermutung des § 477 BGB mit der Art des Mangels unvereinbar.
Möglich wäre es aber auch, selbst in diesem Fall § 477 BGB anzuwenden, die Vermutung aber als widerlegt anzusehen.

IV. Gefahrübergang

§ 475 II BGB

Nach § 475 II BGB gilt die Gefahrtragungsregel des § 447 I BGB[678] mit der Maßgabe, dass die Gefahr des zufälligen Untergangs und der zufälligen Verschlechterung nur dann auf den Käufer übergeht, wenn der Käufer den Spediteur, den Frachtführer oder die sonst zur Ausführung der Versendung bestimmte Person oder Anstalt mit der Ausführung beauftragt hat und der Unternehmer dem Käufer diese Person oder Anstalt nicht zuvor benannt hat.

§ 447 I BGB daher meistens nicht anwendbar

Da dieser Ausnahmefall so gut wie nie vorliegen wird, ist im Rahmen eines Verbrauchsgüterkaufs § 447 I BGB in der Regel nicht anzuwenden. Es bleibt damit bei der Gefahrtragungsregel des § 446 BGB.

Also auch beim Versendungskauf auf § 446 BGB zurückgreifen

§ 446 BGB gilt somit auch dann, wenn der Verkäufer die Sache an den Käufer versandt hat oder sie zu diesem Zweck einem Spediteur oder Frachtführer übergeben hat. In diesem Fall hat der Unternehmer als Verkäufer die Preisgefahr so lange zu tragen, bis der Verbraucher als Käufer den unmittelbaren Besitz i.S.v. § 854 BGB an der Sache erlangt hat oder in Annahmeverzug gerät (§ 446 S. 3 BGB).

Geht die Sache vorher verloren oder wird sie beschädigt, so bleiben dem Käufer seine Ansprüche erhalten, da im Zeitpunkt des Gefahrübergangs die Sache mangelhaft ist.

V. Sonderbestimmung für Garantien, § 479 BGB

Anforderungen an Garantie, § 479 BGB

Zum Schutz des Verbrauchers schreibt § 479 BGB für eine Garantieerklärung nach § 443 BGB bestimmte inhaltliche und formelle Anforderungen vor.

hemmer-Methode: § 443 BGB und damit auch § 479 BGB betreffen vorrangig Haltbarkeitsgarantien, in denen das Bestehen von Garantieansprüchen für den Fall des nachträglichen Auftretens eines Mangels festgelegt wird. Soweit dadurch die gesetzlichen Mängelrechte modifiziert werden, spricht man von einer unselbstständigen Garantie, soweit eigenständige Garantieansprüche begründet werden, von einer selbstständigen Garantie.

---

[676] Vgl. dazu den „Ford-Fiesta-Ambiente-Fall" in BGH, **Life&Law 01/2006, 6 - 11** = NJW 2005, 3490 - 3493 = jurisbyhemmer.
[677] Vgl. Graf von Westphalen, Die Beweislastumkehr zu Gunsten des Pferdekäufers, ZGS 2004, 341 - 344; LG Aurich, ZGS 2005, 40.
[678] Zu § 447 BGB vgl. Rn. 69 ff.

So muss eine Garantieerklärung des Herstellers oder Verkäufers an den Verbraucher einfach und verständlich abgefasst sein, § 479 I S. 1 BGB. Sie muss zudem auf die gesetzlichen Rechte des Verbrauchers hinweisen und darauf, dass diese durch die Garantie nicht eingeschränkt werden, § 479 I S. 2 Nr. 1 BGB. Außerdem müssen der Inhalt der Garantie und alle wesentlichen Angaben zur Geltendmachung der Garantie enthalten sein, insbesondere die Dauer und der räumliche Geltungsbereich der Garantie sowie Name und Anschrift des Garantiegebers, vgl. § 479 I S. 2 Nr. 2 BGB.

Auf Verlangen muss die Garantieerklärung in Textform mitgeteilt werden, § 479 II BGB. Dies ist erfüllt, wenn die Garantieerklärung schriftlich in einer Urkunde oder auf andere zur dauerhaften Wiedergabe in Schriftzeichen geeigneten Weise abgefasst ist, also Brief, Fax oder E-Mail[679], die Person des Erklärenden angibt und der Abschluss der Erklärung kenntlich gemacht ist, vgl. § 126b BGB. Die Homepage genügt dagegen nach h.M. nicht, da diese ständig verändert werden kann und damit das Kriterium der „Dauerhaftigkeit" nicht erfüllt ist.

471 Erfüllt die Garantieerklärung nicht die Anforderungen des § 479 I BGB, so hat dies nach § 479 III BGB keineswegs die Nichtigkeit der Garantieerklärung zur Folge. Dies wäre eine Benachteiligung des Verbrauchers allein dadurch, dass der Unternehmer seinen Verpflichtungen nicht nachkommt.

Bei Verletzung: Auslegung zugunsten des Verbrauchers

Vielmehr gehen Unklarheiten bei der Formulierung der Garantieerklärung zu Lasten des Unternehmers, vgl. § 305c II BGB analog, bzw. führen zu Beweisschwierigkeiten über den Inhalt der Garantie, denen durch § 479 I, II BGB gerade vorgebeugt werden soll.

Weitere Ansprüche bei Verletzung

472 Darüber hinaus ist bei Verletzung von Aufklärungs- und Schutzpflichten i.S.v. § 241 II BGB ein Schadensersatzanspruch des Verbrauchers nach §§ 280, 311 II BGB möglich. Dieser kann über § 249 I BGB auch einen Anspruch auf Zustimmung zur Vertragsaufhebung gewähren und daher auch zur Rückabwicklung des Vertrages führen, wenn die fehlerhafte Unterrichtung über die Garantie ursächlich für den Vertragsschluss war.

hemmer-Methode: Zudem kommt ein Verstoß gegen das Gesetz gegen den unlauteren Wettbewerb in Betracht, insbesondere im Hinblick auf § 3 UWG bei irreführender Verwendung und im Hinblick auf § 1 UWG. Daneben besteht bei einem Verstoß gegen § 479 BGB die Möglichkeit einer Unterlassungsklage nach § 2 des Unterlassungsklagengesetzes.

VI. Sonderbestimmungen für den Unternehmerregress, § 478 BGB

Rückgriff des Unternehmers

473 Die §§ 445a, 445b BGB regeln den Rückgriff des Verkäufers beim Verkauf neu hergestellter Sachen.

474 §§ 445a, 445b BGB enthalten Besonderheiten für die Rückgriffsansprüche des Verkäufers gegenüber seinem Lieferanten, wenn der Verkäufer selbst von einem Käufer wegen eines Mangels einer neu hergestellten Sache in Anspruch genommen wurde.

475 Der Letztverkäufer und die Zwischenhändler sollen die Aufwendungen, die ihnen bei der Erfüllung ihrer Nacherfüllungspflichten entstehen, über Regressvorschriften in der Lieferkette möglichst bis zum Verursacher des Mangels weiterreichen können.

---

[679] Eine Übermittlung durch Fax oder E-Mail genügt aber nur dann für einen Zugang nach § 130 BGB, wenn der Empfänger durch Mitteilung seiner Fax-Nummer oder E-Mail-Adresse oder auf sonstige Weise zu erkennen gegeben hat, dass er mit einer telekommunikativen Übermittlung von rechtserheblichen Erklärungen einverstanden ist; Palandt, § 126b, Rn. 3.

> hemmer-Methode: Lesen Sie dazu nochmals die Rn. 332 bis 332f.

§§ 445a, 445b BGB werden beim Verbrauchsgüterkauf modifiziert, § 478 BGB

Beim Verbrauchsgüterkauf werden die §§ 445a, 445b BGB durch § 478 BGB modifiziert! § 478 BGB setzt voraus, dass der letzte Vertrag in der Lieferantenkette ein Verbrauchsgüterkauf ist, vgl. dazu § 478 I S. 1 BGB.

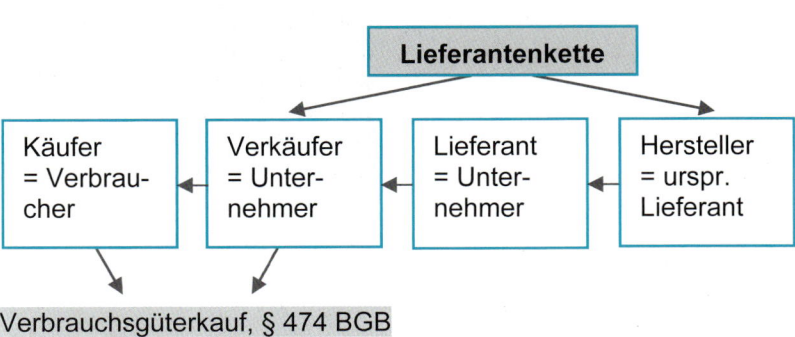

1. Beweislastumkehr gem. §§ 478 I, 477 BGB

Mangel bei Gefahrübergang

Der selbständige Regress nach § 445a I BGB setzt voraus, dass der vom Käufer geltend gemachte Mangel bereits beim Übergang der Gefahr auf den Verkäufer vorhanden war.

Auch beim unselbständigen Regress nach §§ 445a II, 437 BGB muss ein Sachmangel bereits beim Gefahrübergang auf den Verkäufer vorhanden sein, da anderenfalls dieser keine Mängelrechte gegen seinen Lieferanten hätte.

Beweislastumkehr, § 477 BGB

In beiden Fällen gilt die Vermutung des § 477 BGB, dass ein sich binnen sechs Monaten zeigender Mangel schon bei Gefahrübergang vorhanden war, gemäß § 478 I BGB auch gegenüber dem Lieferanten, wenn der letzte Vertrag in der Lieferkette ein Verbrauchsgüterkauf i.S.d. § 474 BGB war.

In der Lieferantenkette gilt aber die Besonderheit, dass hinsichtlich des Beginns der Sechs-Monats-Frist des § 477 BGB für den Gefahrübergang auf den Verbraucher (= den End-Käufer) abzustellen ist!

> hemmer-Methode: Dies kann für den ursprünglichen Lieferanten eine erhebliche Belastung bedeuten. Denn er wird nach vielen Monaten kaum in der Lage sein, die gesetzliche Vermutung, dass schon bei Gefahrübergang von ihm auf den Unternehmer der Mangel vorhanden gewesen ist, zu widerlegen. Um eine unzumutbar lange Regresshaftung des Lieferanten zu verhindern, bestimmt daher § 445b II S. 2 BGB, dass die Haftung des Lieferanten spätestens nach fünf Jahren verjährt.

2. Eingeschränkte Abdingbarkeit gem. § 478 II BGB

Nur eingeschränkte Abdingbarkeit

Die Vorschriften über den Regress des Unternehmers gegen seinen Lieferanten sind nicht in engerem Sinne zwingend.

Abweichende Vereinbarung nur zulässig bei gleichwertigem Ausgleich, § 478 II S. 1 BGB

Zwischen den Unternehmern können die kaufrechtlichen Vorschriften allerdings nur insoweit zum Nachteil einer Partei abbedungen werden, als ein „gleichwertiger Ausgleich" dafür geschaffen wird, § 478 II S. 1 BGB. Wird ein solcher Ausgleich nicht eingeräumt, so kann man sich auf die Vereinbarung nicht berufen.

Wie ein solcher Ausgleich konkret beschaffen sein soll, ist nicht gesetzlich geregelt. Entscheidend ist jedoch, dass der Verkäufer im Ergebnis wirtschaftlich so gestellt werden muss, als hätte er einen Regressanspruch gegen seinen Lieferanten. Dies kann z.B. durch eine pauschalierte Ausgleichsstellung anstelle einzelner Ansprüche oder durch einen Direktanspruch gegen den ursprünglichen Hersteller unter Überspringen der Lieferanten möglich sein.

Umgehungsverbot, § 478 II S. 3 BGB

§ 478 II S. 1 BGB findet auch dann Anwendung, wenn die dort genannten Vorschriften durch anderweitige Gestaltungen umgangen werden, § 478 II S. 3 BGB.

hemmer-Methode: § 478 II S. 1 und S. 3 BGB ähneln der Vorschrift des § 476 I BGB.

Vereinbarungen über Ansprüche auf Schadensersatz unterliegen nur der ABG-Kontrolle, § 478 II S. 2 BGB

Vereinbarungen zwischen den Unternehmern, welche den Anspruch auf Schadensersatz nach § 437 Nr. 3 BGB beschränken oder ausschließen, sind hingegen möglich, vgl. § 478 II S. 2 BGB.

hemmer-Methode: § 478 II S. 2 BGB ähnelt der Vorschrift des § 476 III BGB.

Bei vorformulierten Haftungsbeschränkungen oder -ausschlüssen sind jedoch die Vorschriften über AGBen zu beachten.

Bei der Verwendung von AGBen gegenüber Verbrauchern, also beim Verbrauchsgüterkauf, sind insbesondere die §§ 307 bis 309 BGB zu berücksichtigen; bei der Verwendung gegenüber Unternehmern ist (wegen § 310 I BGB) „nur" § 307 BGB zu beachten, vgl. die Verweisung in § 478 II S. 2 BGB, die sich nur auf diese Vorschrift bezieht.

Allerdings sind dann i.R.d. § 307 BGB die Wertungen der §§ 308, 309 BGB zu berücksichtigen, vgl. § 310 I S. 2 BGB.

3. Erstreckung auf die Lieferkette, § 478 III BGB

Erstreckung auf Lieferantenkette

Nach § 478 III BGB finden § 478 I BGB und § 478 II BGB auf die Ansprüche des Lieferanten und der übrigen Käufer in der Lieferkette gegen die jeweiligen Verkäufer entsprechende Anwendung, wenn die Schuldner Unternehmer sind.

§ 478 III BGB erstreckt damit die Sonderregelungen, die im Verhältnis zwischen dem Letztverkäufer und seinem Lieferanten gelten, auf sämtliche Kaufverträge in der Lieferantenkette, soweit es sich bei dem jeweiligen Verkäufer um einen Unternehmer handelt, was i.d.R. der Fall sein wird.

hemmer-Methode: Es geht aber immer nur um Ansprüche zwischen den jeweiligen Kaufvertragsparteien! Ein Regress gegen einen am jeweiligen Kaufvertrag nicht beteiligten Dritten wird gesetzlich nicht begründet!

4. Kombination mit Streitverkündung, §§ 72 ff. ZPO

Die Problematik des gem. § 478 BGB privilegierten Regresses nach §§ 445a, 445b BGB lässt sich in einer Klausur perfekt mit dem Problem der Streitverkündung (§§ 72 ff. ZPO) kombinieren.

Bsp.: Der Verbraucher verklagt den Unternehmer und macht seine Mängelrechte geltend. Der Verkäufer, der seinerseits die Ware vom Hersteller bezogen hat, „fühlt sich unschuldig" und will daher für den Fall einer „Niederlage" vom Lieferanten Regress.

Will sich nun der verklagte Verkäufer die Ergebnisse dieses Prozesses für einen etwaigen Folgeprozess gegen den Hersteller „fruchtbar" machen, so muss er diesem den Streit verkünden. Wegen §§ 74, 68 ZPO ist der Hersteller dann an alle tatsächlichen und rechtlichen Feststellungen, die zu seinen Lasten gehen, gebunden.

hemmer-Methode: Zur Streitverkündung lesen Sie Hemmer/Wüst, ZPO I, Rn. 485 ff.

Der modifizierte Unternehmerregress nach § 478 BGB i.V.m. §§ 445a, 445b BGB

I. Anwendungsbereich:

⇨ Unternehmer wird von Verbraucher wegen mangelhafter Lieferung einer neuen Sache in Anspruch genommen, § 478 I BGB

⇨ Prozessual bietet sich Kombination mit Streitverkündung an, §§ 72 ff. ZPO

II. Rechtsfolge:

1. Selbstständiger Regress, § 445a I BGB i.V.m. § 478 BGB

⇨ Unternehmer kann gem. § 445a I BGB (**eigene AGL**) Aufwendungen nach §§ 439 II, III, 475 IV und VI BGB vom Lieferanten (und dieser von seinem Lieferanten, § 478 III BGB) ersetzt verlangen

a) Vorliegen eines Mangels beim Übergang der Gefahr auf den Verkäufer, § 445a I a.E. BGB

⇨ Beweislastumkehr gem. §§ 478 I, 477 BGB

b) Verbot abweichender Bestimmungen und der Umgehung, § 478 II S. 1 und 3 BGB

⇨ SE kann ausgeschlossen bzw. beschränkt werden, § 478 II S. 2 BGB (in AGBen ist § 307 BGB zu beachten)

c) Evtl. Präklusion des Anspruches, §§ 445a IV BGB, 377 II HGB

d) Verjährung nach § 445b I BGB mit Ablaufhemmung gem. § 445b II BGB

2. „Unselbstständiger Regress", §§ 445a II, 437 BGB i.V.m. § 478 BGB

a) „Normaler" Aufbau des § 437 BGB

b) Für Sachmangel z.Zt. des Gefahrübergangs gilt gem. §§ 478 I, 477 BGB eine Beweislastumkehr

c) Vor Rücktritt/Minderung/Schadensersatz statt der Leistung ist wegen § 445a II BGB die Fristsetzung entbehrlich

d) Ausschluss der Mängelrechte ist nicht möglich, § 478 II BGB

⇨ Aber: SE kann ausgeschlossen bzw. beschränkt werden, § 478 II S. 2 BGB (in AGBen ist § 307 BGB zu beachten!)

e) Evtl. Präklusion der Mängelrechte, §§ 445a IV BGB, 377 II HGB

f) Bzgl. Verjährung gilt die Ablaufhemmung gem. § 445b II BGB

§ 2 WERKVERTRAG

A) Inhalt, Begriff und Zustandekommen

I. Inhalt des Werkvertrages

Der Werkvertrag ist ein schuldrechtlicher gegenseitiger Vertrag, in dem sich eine Partei (Werkunternehmer) dazu verpflichtet, ein Werk zu erstellen, während sich die andere Partei (Besteller) im Gegenzug zur Zahlung einer Vergütung verpflichtet, § 631 I BGB. Wie auch beim Kauf (§ 433 I S. 2 BGB) stellt die Pflicht zur rechts- und sachmangelfreien Leistung gem. § 633 I BGB einen Teil der Werkunternehmerpflicht dar („Erfüllungstheorie").

Abgrenzung zum Dienstvertrag

Während beim Dienstvertrag für den Lohn jedoch eine Tätigkeit, die Dienstleistung als solche, geschuldet wird, schuldet der durch den Werkvertrag zur Leistung Verpflichtete den Arbeitserfolg, also ein bestimmtes Ergebnis, ein fassbares Produkt, um seinen Lohn zu erhalten.[680]

Wesentlich für die Entscheidung, welcher Vertragstyp vorliegt, kann die Frage sein, ob der Erfolg nur von der Tätigkeit oder auch von anderen Faktoren abhängt.

hemmer-Methode: Zum Dienstvertrag lesen Sie Hemmer/Wüst, Schuldrecht III (wird demnächst umbenannt in Schuldrecht BT II), Rn. 170 ff.

Der Werkvertrag kommt – wie jeder Vertrag – durch Angebot (im Gesetz Antrag genannt) und Annahme zustande, §§ 145 ff. BGB.

Allgemeine Vorschriften z.B. §§ 134, 138 BGB

Die Wirksamkeit des Werkvertrags ist ebenfalls an den allgemeinen Vorschriften wie z.B. §§ 134, 138 BGB zu messen. Relevante Wirksamkeitshindernisse nach § 134 BGB sind unter anderem der beiderseitige Verstoß gegen das Gesetz zur Bekämpfung verbotener Schwarzarbeit oder der Verstoß gegen das Rechtsberatungsgesetz.[681]

Grds. formfrei

Der Abschluss des Werkvertrags ist grundsätzlich formfrei.

Formerfordernis nach § 311b I S. 1 BGB

Er bedarf allerdings der Form des § 311b I S. 1 BGB, der für den Verpflichtungsvertrag bei Grundstücksgeschäften notarielle Beurkundung nach § 128 BGB vorschreibt, wenn der Werkvertrag Teil eines gemischten oder mit einem Kaufvertrag über ein Grundstück zusammengesetzten Vertrages ist, sofern beide Elemente rechtlich eine Einheit bilden, wenn also die einzelnen Verträge nach dem Willen der Parteien nicht für sich allein gelten, sondern quasi miteinander „stehen und fallen" sollen.[682]

Bsp.: Einheitlicher Abschluss eines Vertrages über den Kauf und die Bebauung eines Grundstücks; u.U. der Fertighausvertrag.[683]

Werk = vom Unternehmer herzustellende Sache

Gemäß § 631 II BGB kann ein Werk in diesem Sinne eine vom Unternehmer herzustellende oder zu verändernde Sache

---

[680] Palandt, Einf vor § 631, Rn. 8.
[681] Vgl. Palandt, § 631, Rn. 2 ff.
[682] BGHZ 101, 393 - 400 (396) = **juris**byhemmer; Palandt, § 311b, Rn. 32, 33; vgl. zur Formbedürftigkeit beim Kauf, Rn. 15 ff.
[683] Vgl. zur Formbedürftigkeit des Fertighausvertrags Palandt, § 311b, Rn. 13.

> *Bsp.:* Fahrradreparatur, Bau eines Hauses

oder ein sonstiger Erfolg

oder ein sonstiger Erfolg sein, der durch andere Arbeit oder Dienstleistung herbeizuführen ist.

> *Bsp.:* Beförderung von Gütern oder Personen, Beschaffung von Informationen, Architektenvertrag.[684]

Seit 01.01.2018 gelten spezielle Regelungen für den Bauvertrag, Verbraucherbauvertrag, Architekten- und Ingenieursvertrag sowie für den Bauträgervertrag

hemmer-Methode: Mit Wirkung zum 01.01.2018 wurden in das Werkvertragsrecht spezielle Regelungen für den Bauvertrag (§§ 650a ff. BGB) und für den Verbraucherbauvertrag (§§ 650i ff. BGB) eingefügt. Hierdurch soll insbesondere der Verbraucherschutz bei Bauverträgen erhöht werden. Darüber hinaus werden Vorschriften für Regelungsbereiche eingeführt, in denen das geltende Werkvertragsrecht den komplexen, auf eine längere Erfüllungszeit angelegten Bauverträgen nicht hinreichend Rechnung trägt.

489a

Darüber hinaus wird den Besonderheiten beim **Architekten- und Ingenieursvertrag (§§ 650p ff. BGB)** und beim **Bauträgervertrag (§§ 650u ff. BGB)** durch spezielle Regelungen für diese beiden Vertragstypen Rechnung getragen.

hemmer-Methode: Lesen Sie zu diesen besonderen Formen des Werkvertrags die Rn. 606 ff. in diesem Skript.

II. Abgrenzung zum Kaufvertrag, § 650 BGB[685]

§ 650 S. 1 BGB

Wird die Lieferung einer herzustellenden beweglichen Sache geschuldet, findet Kaufrecht Anwendung, § 650 S. 1 BGB.[686]

490

Wird eine **nicht vertretbare bewegliche** Sache geliefert, finden einzelne Vorschriften des Werkvertragsrechts (§§ 642, 643, 645, 648, 649 BGB) **zusätzlich** Anwendung (§ 650 S. 3 BGB). Damit gilt für viele Verträge, die früher dem Werkvertragsrecht unterlagen, das Kaufrecht.

hemmer-Methode: § 650 BGB beruht auf der Verbrauchsgüterkaufrichtlinie, die Verträge über die Lieferung herzustellender oder zu erzeugender Verbrauchsgüter zu den Kaufverträgen zählt. Zweifel bei der Abgrenzung von Werkvertrag und Kaufvertrag müssen also im Lichte der Richtlinie geklärt werden, was in Einzelfällen äußerst schwierig sein und in Streitfällen eine Vorlage beim EuGH erforderlich machen wird.
Lesen Sie zu § 650 BGB die Rn. 593 ff. in diesem Skript sowie BGH, Life&Law 11/2009, 726 ff.!

III. Vergütung

Vergütung i.d.R. in Geld

Die Vergütung wird i.d.R. in Geld geschuldet, auch wenn dies vom Gesetz nicht zwingend vorgeschrieben ist.

491

Unschädlich ist, wenn sich die Parteien nicht über die Zahlung einer Vergütung geeinigt haben. Nach § 632 I BGB gilt eine Vergütung als stillschweigend vereinbart, wenn die Herstellung des Werkes den Umständen nach nur gegen eine Vergütung zu erwarten ist.

§ 632 I BGB dient somit der Abgrenzung vom (unentgeltlichen) Auftrag. § 632 I BGB vermeidet zudem die Folgen eines an sich vorliegenden Dissenses und schließt eine Lücke im Vertrag.

---

[684] Palandt, vor § 631, Rn. 6 ff.
[685] Ausführlich hierzu Rn. 593 ff.
[686] Dazu unten, Rn. 593 ff.

> **hemmer-Methode:** Machen Sie sich die Bedeutung des § 632 I BGB klar! Die Zahlung der Vergütung als Gegenleistung ist eine Hauptpflicht des Bestellers und zählt somit zu den sog. essentialia negotii eines Vertrages. Bei einer fehlenden Einigung über diese essentialia negotii kommt entgegen den Zweifelsregeln der §§ 154, 155 BGB kein Vertrag zustande.
> § 632 I BGB verhindert diese Dissensfolge. Denn aus den Umständen ist die Zahlung einer Vergütung „normal" und daher auch von den Parteien als gewollt anzusehen. Der Vertrag ist wirksam.
> Im Gegenzug bedeutet dies: Wollen die Parteien dennoch einen unentgeltlichen Vertrag abschließen, müssen sie dies ausdrücklich oder konkludent vereinbaren!

Abgrenzung vom Gefälligkeitsverhältnis: Rechtsbindungswille

Nicht von § 632 I BGB wird allerdings die Frage beantwortet, ob überhaupt ein Vertrag zustande kam. Dies bestimmt sich nach allgemeinen Regeln, §§ 134, 138, 145 ff. BGB; § 632 I BGB sagt über die maßgebliche Frage, ob der zum Vertragsschluss erforderliche Rechtsbindungswille vorhanden ist, nichts aus. **491a**

Höhe der Vergütung

Haben sich die Parteien bei Abschluss des Vertrages lediglich nicht über die Höhe der Vergütung geeinigt, greift die Auslegungsregel des § 632 II BGB.[687]

Die Höhe der Vergütung bestimmt sich demgemäß nach der Taxe (= behördlich festgesetzter Preis) bzw. einer üblichen, angemessenen Vergütung.

Eine Bestimmung durch den Unternehmer nach §§ 315, 316 BGB kommt erst in Betracht, wenn die Höhe der Vergütung weder vereinbart noch nach § 632 II BGB feststellbar ist.[688]

Kostenvoranschlag im Zweifel nicht zu vergüten

Ein bloßer Kostenvoranschlag ist dagegen im Zweifel nicht zu vergüten, § 632 III BGB.

> **hemmer-Methode:** Die formularmäßig bestimmte Vergütungspflicht von Kostenvoranschlägen ist mit dem wesentlichen Grundgedanken der Regelung des § 632 III BGB nicht zu vereinbaren und damit als unangemessene Benachteiligung gem. § 307 I S. 1, II Nr. 1 BGB unwirksam.[689]

B) Die Pflicht des Werkunternehmers und ihre Nichterfüllung

Pflicht zur mangelfreien Herstellung

Hauptpflicht des Unternehmers ist die Herstellung des Werkes. Gemäß §§ 631, 633 BGB muss er dieses vertragsgemäß, d.h. rechtzeitig und vor allem mangelfrei, d.h. ohne Sach- und Rechtsmängel herstellen. **492**

Mangelhafte Leistung = teilweise Nichterfüllung

Ein mangelhaftes Werk ist demnach nicht zur vollständigen Erfüllung der Werkunternehmerpflichten geeignet; wie beim Kauf ist mangelhafte Leistung teilweise Nichterfüllung.

Keine Pflicht zu persönlicher Herstellung

Der Unternehmer ist im Gegensatz zum Dienstverpflichteten nach §§ 611, 613 BGB grundsätzlich nicht persönlich zur Herstellung des Werkes verpflichtet. Er kann sich – soweit im Vertrag nichts anderes vereinbart ist und sich aus dem Vertragszweck nichts anderes ergibt – Dritter bedienen, die das Werk herstellen. Für diese haftet er dann gemäß § 278 BGB. **492a**

---

[687] Diese Auslegungsregel entspricht im Dienstvertragsrecht dem § 612 BGB.
[688] Palandt, § 632, Rn. 10: Z.B. Vergütung des Rechtsanwalts nach § 12 BRAGO.
[689] So absolut überzeugend das OLG Karlsruhe, NJW-RR 2006, 419 = **juris**byhemmer.

> **hemmer-Methode:** Die Höchstpersönlichkeit der Leistungspflicht ist z.B. bei § 275 III BGB von Bedeutung: Die Vorschrift ist nur auf höchstpersönliche Leistungspflichten des Schuldners anwendbar.[690] Z.B. ist bei der Verpflichtung einer Konzertsängerin von Höchstpersönlichkeit auszugehen.

I. Durchsetzung des Anspruches aus § 631 I BGB durch den Besteller

Nichterfüllung -> Verweigerung der Vergütung

Erfüllt der Werkunternehmer seine Pflicht aus § 633 I BGB nicht, kann der Besteller gegenüber einer Inanspruchnahme durch den Werkunternehmer zum einen die Zahlung bis zur Abnahme des vertragsgemäßen Werkes verweigern. Denn nach § 641 I BGB wird die Zahlung der Vergütung erst bei Abnahme des Werkes fällig, soweit keine andere Vereinbarung getroffen wird. Der Werkunternehmer ist damit grundsätzlich vorleistungspflichtig. [493]

Klage auf Erfüllung

Gerichtlich kann der Besteller die Herstellung des Werkes durch eine Klage auf Erfüllung der Werkvertragspflicht (§ 631 I BGB) erzwingen. Das obsiegende Urteil betrifft regelmäßig die Vornahme einer vertretbaren Handlung (Vollstreckung nach § 887 ZPO). Denn grundsätzlich ist der Werkunternehmer nicht persönlich zur Herstellung des vereinbarten Werkes verpflichtet[691] und zumeist wird die Herstellung des Werkes auch von Dritten vorgenommen werden können. [494]

Beispiele: *Reparatur eines Fahrrads, Hausbau, Gutachten*

Ausnahme: § 888 I ZPO

Hat der Werkunternehmer in Person zu leisten, z.B. bei geistigen, künstlerischen oder wissenschaftlichen Arbeiten[692], so erfolgt die Zwangsvollstreckung nach § 888 I ZPO.

II. Rechte des Bestellers bei Nichtleistung wegen (vollständiger) Unmöglichkeit

Unmöglichkeit folgt allgemeinen Regeln

Der Werkunternehmer schuldet die Herstellung des Werkes. Eine vollständige Unmöglichkeit[693] der Herstellung i.S.v. § 275 BGB ist daher nur denkbar, wenn die Herstellung des Werkes als solche unmöglich ist oder wird. [495]

> **hemmer-Methode:** Ist die Herstellung des Werkes allerdings grundsätzlich möglich, auch wenn nur mangelhaft, so gelten allein die §§ 634 ff. BGB. Anwendbar sind die §§ 634 ff. BGB allerdings auch bei der qualitativen Unmöglichkeit (also bei unbehebbaren Mängeln) nach der Abnahme.

Als Gründe für die Unmöglichkeit der Herstellung an sich kommen sowohl die tatsächliche Unmöglichkeit i.S.v. § 275 I BGB als auch die Einrede der Unmöglichkeit gemäß § 275 II, III BGB in Betracht. Mit Feststehen der Unmöglichkeit bzw. mit Erhebung der Einrede nach § 275 II, III BGB entfällt der Primäranspruch des Bestellers auf Herstellung des Werkes.

Bsp.: *Das Haus kann nicht gebaut werden, da das Grundstück des Bestellers aufgrund eines Erdrutsches dauerhaft unbebaubar geworden ist.*

---

[690] Vgl. hierzu **Hemmer/Wüst, Schuldrecht AT**, Rn. 51.
[691] Vgl. oben, Rn. 492a.
[692] Vgl. Thomas/Putzo, § 888 ZPO, Rn. 2.
[693] Zur Unmöglichkeit vgl. **Hemmer/Wüst, Schuldrecht AT**, Rn. 15 ff.

§ 2 WERKVERTRAG

Auch hinsichtlich der Rechtsfolgen der vollständigen Unmöglichkeit der Herstellungspflicht bestehen keine Besonderheiten.[694] Bei Vertretenmüssen des Werkunternehmers besteht gem. §§ 280 I, III, 283 BGB ein Anspruch auf Schadensersatz statt der Leistung.

III. Rechte des Bestellers bei (vollständiger) Nichtleistung trotz Möglichkeit

Ersatz des Verzögerungsschadens

Der Besteller kann Ersatz des Verzögerungsschadens vom Werkunternehmer nach §§ 280 I, II, 286 BGB verlangen, wenn dieser mit seiner Herstellungspflicht im Verzug ist bzw. war.

Schadensersatz statt der Leistung

Schadensersatz statt der Leistung steht dem Besteller unter den Voraussetzungen der §§ 280 I, III, 281 BGB zu; insbesondere muss er dem Werkunternehmer zunächst grundsätzlich eine angemessene Frist zur Herstellung des Werkes setzen.

Rücktrittsrecht nach § 323 I BGB

Darüber hinaus steht dem Besteller nach allgemeinem Leistungsstörungsrecht ein Rücktrittsrecht nach § 323 I BGB zu, wenn der Unternehmer das Werk trotz Fristsetzung nicht rechtzeitig herstellt.[695]

C) Pflichten des Bestellers und deren Nichterfüllung

I. Pflicht zur Vergütung

1. Inhalt

Pflicht zur Vergütung

Der Besteller ist zur Entrichtung der vereinbarten (oder gemäß § 632 I, II BGB geschuldeten)[696] Vergütung verpflichtet.

Fälligkeit nach Abnahme, § 641 I BGB

Die Vergütung wird gemäß § 641 I BGB bei Abnahme des Werkes fällig, soweit die Parteien keine anderweitige Vereinbarung getroffen haben.

> **hemmer-Methode: Schon vor der Abnahme ist der Unternehmer gem. § 632a I S. 1 BGB berechtigt, für eine vertragsgemäß erbrachte Leistung eine Abschlagszahlung in der Höhe verlangen, in der der Besteller durch die Leistung einen Wertzuwachs erlangt hat.**

Abnahme ist die körperliche Hinnahme des Werkes unter Billigung als im Wesentlichen vertragsgemäß.[697]

Fiktion der Abnahme gem. § 640 II S. 1 BGB

Allerdings ist zu beachten, dass gem. § 640 II S. 1 BGB ein Werk als abgenommen gilt, wenn der Unternehmer dem Besteller nach Fertigstellung des Werks eine angemessene Frist zur Abnahme gesetzt hat und der Besteller die Abnahme nicht innerhalb dieser Frist unter Angabe mindestens eines Mangels verweigert hat.

Die Fiktion tritt also ein, wenn der Besteller sich entweder überhaupt nicht zu dem Abnahmeverlangen äußert oder wenn er die Abnahme ohne Benennung von mindestens einem konkreten Mangel verweigert. Ein **Schweigen oder Nichtbenennen** von Mängeln führt **auch dann zur fiktiven Abnahme, wenn wesentliche Mängel vorhanden sind!**

---

[694] Zu den Folgen der Unmöglichkeit vgl. **Hemmer/Wüst, Schuldrecht AT**, Rn. 15 ff.
[695] Zu § 323 BGB, **Hemmer/Wüst, Schuldrecht AT**, Rn. 466 ff.
[696] Vgl. hierzu oben, Rn. 491.
[697] Palandt, § 640, Rn. 2 ff.; vgl. unten, Rn. 504.

Verbraucher muss belehrt werden, § 640 II S. 2 BGB

Ist der Besteller ein Verbraucher, so gilt diese Abnahmefiktion gem. § 640 II S. 2 BGB nur dann, wenn der Unternehmer den Besteller zusammen mit der Aufforderung zur Abnahme auf die Folgen einer nicht erklärten oder ohne Angabe von Mängeln verweigerten Abnahme hingewiesen hat; der Hinweis muss in Textform erfolgen.

Gemäß § 641 IV BGB hat der Besteller diese Vergütung ab dem Zeitpunkt der Abnahme bzw. der Abnahmefiktion zu verzinsen, sofern die Vergütung nicht gestundet ist.

Die Höhe der Verzinsung bestimmt sich, sofern nichts anderes vereinbart wurde, nach § 246 BGB bzw. für Kaufleute nach § 352 HGB.

> **Bsp.:** U hat das Kfz des B repariert. B holt den Wagen ohne Überprüfung der Reparatur am 06.10. ab und fährt noch am selben Tag über 250 km. Erst drei Wochen später erhält B die Rechnung für die Werkleistung.
>
> 1. Wann ist die Forderung fällig geworden?
>
> 2. Kann U seit dem 06.10. Zinsen verlangen?
>
> Zu Frage 1:
>
> Gemäß § 641 I S. 1 BGB wird die Forderung des Werkunternehmers mit der Abnahme fällig, wobei unter Fälligkeit der Zeitpunkt zu verstehen ist, ab welchem der Gläubiger die Leistung verlangen kann, vgl. § 271 I BGB. Fraglich ist aber zunächst, ob eine solche Abnahme i.S.v. § 640 BGB vorliegt.
>
> Eine ausdrückliche Abnahme ist mangels Erklärung des B nicht gegeben. Möglich ist jedoch auch eine sog. konkludente Abnahme durch schlüssiges Handeln.
>
> Die körperliche Hinnahme des Werkes erfolgte durch das Abholen des Kfz durch B, die Billigung des Werkes ergibt sich aus der Ingebrauchnahme des Wagens über eine längere Strecke ohne Mängelrügen.[698] Aus dem Verhalten des B kann U somit auf eine konkludente Abnahme am 06.10. schließen.
>
> Weiterhin stellt sich jedoch die Frage, ob die Fälligkeit der Vergütung auch in den Fällen mit der Abnahme eintritt, in denen der Besteller erst später eine Rechnung erhält, zum Zeitpunkt der Abnahme die Höhe der Forderung also noch gar nicht kennt.
>
> In der Literatur wird deshalb teilweise vertreten, dass Fälligkeit erst mit Zugang der Rechnung eintreten soll. § 641 I BGB sei insoweit abbedungen bzw. abgeändert.
>
> Nach Ansicht der h.M. wird die Vergütung dagegen auch dann schon mit dem Zeitpunkt der Abnahme fällig, wenn die Rechnungsstellung erst später erfolgt.[699]
>
> Begründet wird dies damit, dass die frühzeitige Fälligkeit für den Besteller auch Vorteile bringe: So ist der Zeitpunkt der Fälligkeit z.B. auch für den Zeitpunkt des Verjährungsbeginns maßgeblich. Diesen Zeitpunkt könnte der Werkunternehmer willkürlich hinausschieben, wenn er es in der Hand hätte, erst mit Rechnungslegung die Fälligkeit herbeizuführen.
>
> Die Forderung des U ist somit bereits am 06.10. fällig geworden.

hemmer-Methode: In Verzug kann der Besteller vor Erhalt der Rechnung aber nicht geraten, denn es fehlt jedenfalls am dazu erforderlichen Vertretenmüssen, da ihm die Höhe der Forderung nicht mitgeteilt wurde.

498a

---

[698] Vgl. Palandt, § 640, Rn. 6: Wobei nach der Rechtsprechung eine Fahrleistung von 50 km Anhaltspunkt ist.

[699] BGHZ 79, 176 - 180 (178) = **juris**byhemmer.

§ 2 WERKVERTRAG

Zu Frage 2:

Gemäß § 641 IV BGB hätte der Unternehmer grundsätzlich einen Anspruch auf Zinszahlung seit dem 06.10.

Dies ist nach ganz h.M. unbillig, wenn der Besteller noch keine Rechnung erhalten und damit gar keine Möglichkeit hat, die Rechnung zu bezahlen und damit den Zinsen zu entgehen.

Deshalb wird in diesen Fällen allgemein eine stillschweigende Abbedingung des § 641 IV BGB angenommen. Mit Rücksicht auf die Verkehrssitte i.V.m. §§ 133, 157 BGB ist der Vertrag so auszulegen, dass die Parteien eine Zahlung vor Rechnungslegung nicht erwarten und deshalb erst recht nicht von einer Zinszahlungspflicht ausgehen.

> **hemmer-Methode:** Dies stellt jedoch keine Stundungsvereinbarung i.S.v. § 641 IV BGB a.E. dar! Es wird nämlich nicht eine Stundung der Vergütung, sondern lediglich eine Stundung der Zinszahlungspflicht angenommen. Diese Unterscheidung hat, wie oben dargelegt, vor allem Bedeutung bei der Frage der Verjährung:
> Diese beginnt nach § 199 I BGB grundsätzlich mit dem Schluss des Jahres, in dem der Anspruch entstanden (= fällig, d.h. wenn er klageweise geltend gemacht werden kann) ist, vgl. § 199 I Nr. 1 BGB, und der Gläubiger Kenntnis der den Anspruch begründenden Umstände und der Person des Schuldners hat.
> Arbeiten Sie daher genau! Nur diese kleinen Feinheiten führen dazu, dass Sie sich von anderen abheben können. Auch wenn man hier bei Ungenauigkeiten nicht „abrutscht", so bemerkt der Korrektor dennoch, ob eine Klausur auch kleinere Probleme sorgfältig bearbeitet oder nicht. Dies ist für den Gesamteindruck von einer Klausur u.U. entscheidend.

Eine derartige stillschweigende Abbedingung der Verzinsung ab Abnahme des Werkes entspricht demnach im Regelfall den beiderseitigen Interessen.[700] Auch im vorliegenden Fall ist nichts anderes ersichtlich.

U kann daher erst ab Rechnungsstellung Zinsen verlangen.

2. Auswirkung der Unmöglichkeit der Werkleistung auf die Vergütungspflicht

Auswirkung der Unmöglichkeit der Werkleistung auf die Vergütungspflicht: grds. § 326 I BGB

Wird die Leistung des Werkunternehmers (vollständig) unmöglich, so entfällt nach § 326 I BGB in der Regel auch die Verpflichtung des Bestellers zur Zahlung der Vergütung.[701] Der Werkunternehmer trägt also grundsätzlich die Preisgefahr.

Ausnahmen, insbesondere §§ 644, 645 BGB

Es existieren im Werkvertragsrecht jedoch einige durchaus examensrelevante Ausnahmen:

So muss der Besteller trotz Unmöglichkeit der Werkleistung nach § 275 I- III BGB die Vergütung zahlen, wenn

⇨ er für die Unmöglichkeit der Leistung allein oder weit überwiegend verantwortlich ist, **§ 326 II S. 1 Alt. 1 BGB i.V.m. § 645 II BGB**, der als Verweisung u.a. auf § 326 II S. 1 Alt. 1 BGB zu verstehen ist,

⇨ die Unmöglichkeit zu einem Zeitpunkt eintritt, in dem sich der Besteller im Annahmeverzug nach den §§ 293 ff. BGB befindet, **§§ 644 I S. 2, 326 II S. 1 Alt. 2 BGB**,

⇨ das Werk auf Verlangen des Bestellers versendet wird, **§ 644 II BGB,**

---

[700] Vgl. Grimme, Rechnungserteilung und Fälligkeit der Werklohnforderung, NJW 1987, 468 - 473 (471 m.w.N.).
[701] Vgl. hierzu **Hemmer/Wüst, Schuldrecht AT**, Rn. 74 ff.

> **hemmer-Methode:** Dies entspricht der Gefahrtragungsregel des § 447 I BGB im Kaufrecht.[702] § 644 II BGB gilt dabei auch bei Werkverträgen mit Verbrauchern, da eine § 475 II BGB entsprechende Vorschrift nicht existiert. Ist allerdings über § 650 BGB Kaufrecht anzuwenden, so ist auch § 475 II BGB anwendbar.
> § 644 I S. 3 BGB enthält keine Gefahrtragungsregel. Er besagt lediglich, dass der Unternehmer in diesen Fällen keinen Schadensersatz zu leisten hat.[703]

Oder

⇨ die Herstellung unmöglich geworden ist, weil der Besteller einen mangelhaften Stoff geliefert oder eine für den Untergang kausale Anweisung erteilt hat, **§ 645 I BGB**.

> **hemmer-Methode:** Wie sich aus § 645 II BGB ergibt, ist hier ein Verschulden des Bestellers nicht erforderlich.

Hierzu folgender Fall:

> *Bsp.:* U soll ein Dach auf dem Haus des B errichten. Als der Dachstuhl fertig, das Dach aber noch nicht eingedeckt ist, brennt das Haus infolge einer Nachlässigkeit eines anderen am Bau beschäftigen Handwerkers H ab. Kann U von B die vereinbarte Vergütung verlangen?

U könnte einen Vergütungsanspruch gegen B gemäß § 631 I BGB haben.

> **hemmer-Methode:** Der Anspruch besteht von Anfang an. Fällig wird er dagegen erst mit Abnahme, § 641 I BGB. Der Unternehmer ist vorleistungspflichtig.

Der Vergütungsanspruch könnte jedoch gemäß § 326 I S. 1 BGB erloschen sein, da der Unternehmer bis zur Abnahme des Werkes die Preisgefahr trägt.

> **hemmer-Methode:** Vertretbar ist es auch, dass Sie § 644 I S. 1 BGB als lex specialis zu § 326 I S. 1 BGB ansehen. In der Klausur zitieren Sie im Falle der Unmöglichkeit zur Sicherheit beide Vorschriften.

1. Der Werkvertrag ist ein gegenseitiger Vertrag; mit Abbrennen des Hauses ist die Herstellung des Werkes (= synallagmatische Hauptleistungspflicht) unmöglich geworden, § 275 I BGB, es ist das Leistungssubstrat weggefallen (sog. Zweckfortfall[704]). Gemäß § 326 I S. 1 HS 1 BGB hat U damit grundsätzlich den Anspruch auf die Vergütung verloren.

2. Die Unmöglichkeit hat vorliegend H zu vertreten. Da dieser aber nicht Erfüllungsgehilfe des B ist, muss sich B dessen Verschulden nicht über § 278 BGB zurechnen lassen. Somit greift die anspruchserhaltende Vorschrift des § 326 II S. 1 Alt. 1 BGB nicht ein.

3. Fraglich ist jedoch, ob die Preisgefahr in Ausnahme zu § 326 I BGB schon auf den B übergegangen ist.

Es liegt keiner der in §§ 644 I S. 2, 645 I BGB geregelten Fälle des Übergangs der Preisgefahr vor.

Im Schrifttum wird jedoch teilweise vertreten, dass § 645 I BGB auf alle Fälle analog anzuwenden ist, in denen das Leistungshindernis vor Abnahme aus dem Gefahrenbereich („Sphäre") des Bestellers stammt, sog. Sphärentheorie.[705]

---

[702] Vgl. hierzu ausführlich oben, Rn. 69 ff.
[703] Palandt, § 645, Rn. 5.
[704] Vgl. **Hemmer/Wüst, Schuldrecht AT**, Rn. 28.
[705] Vgl Palandt, § 645, Rn. 10.

§ 2 WERKVERTRAG

Die h.L. und der BGH sind der Sphärentheorie jedoch nicht gefolgt. Die §§ 644, 645 BGB sollen nach dem Willen des Gesetzgebers gerade abschließend regeln, wer welche Gefahren zu tragen hat. Es ist auch nicht ersichtlich, dass die Fälle der Sphärentheorie vom Gesetzgeber übersehen wurden. Eine analoge Anwendung des § 645 I BGB entfällt. Eine solch weitgehende Überwälzung des Risikos auf den Besteller entspricht nicht der Systematik der gesetzlichen Gefahrtragung im Werkvertragsrecht.

Ergebnis: U verliert den Anspruch auf die Vergütung gemäß § 326 I BGB.

> **hemmer-Methode:** In Betracht kommt aber ein Anspruch des U gegen B auf Abtretung etwaiger Ansprüche gegen H nach den Grundsätzen der Drittschadensliquidation. B ist wegen § 946 BGB Eigentümer des Dachstuhls geworden und hat infolgedessen gegen H einen Anspruch aus § 823 I BGB wegen Eigentumsverletzung. Da B jedoch nicht an U zahlen muss, hat er keinen Schaden.
> Der Schaden liegt vielmehr bei U, der zwar den Dachstuhl errichtet, jedoch keinen Anspruch gegen B hat. Da hier wegen § 644 BGB ein Fall der zufälligen Schadensverlagerung vorliegt, kann U von B nach den Grundsätzen der Drittschadensliquidation Abtretung des Anspruchs gegen H verlangen.

§ 645 I BGB analog

Eine analoge Anwendung des § 645 I BGB kommt dagegen auch nach der h.M. in Betracht, wenn die Gründe für die Unmöglichkeit in der Person des Bestellers liegen oder auf eine gefahrbegründende bzw. -erhöhende Handlung zurückzuführen sind.[706]

Bsp.: Die Scheune brennt ab, weil sich vom Besteller eingebrachtes Heu entzündet hat.[707]

> **hemmer-Methode:** § 644 BGB regelt gleichzeitig auch die Leistungsgefahr[708]: Der Unternehmer trägt das Risiko, dass er die Sache neu herstellen muss, bis zum Zeitpunkt der Abnahme bzw. Vollendung, bis der Besteller in Annahmeverzug gerät oder die Sache vereinbarungsgemäß einer Transportperson übergeben wird.
> Dieser ungeschriebene Gefahrübergang ergibt sich aus der Überlegung, dass spätestens mit Übergang der Preisgefahr auch die Leistungsgefahr übergehen muss, denn wenn der Werkunternehmer sein Geld auch bei zufälligem Untergang erhält, dann muss er das Werk auch denknotwendig nicht mehr neu herstellen.

3. Fälligkeit des Werklohnes auch ohne Abnahme bzw. Abnahmefiktion

Der Werklohn kann auch ohne Abnahme fällig sein, wenn der Besteller nur noch seine Mängelrechte, nicht mehr Erfüllung des Vertrages verlangt.

Damit wird das Vertragsverhältnis nämlich in ein Abrechnungsverhältnis umgewandelt, was zur Folge hätte, dass der Werklohnanspruch auch ohne Abnahme fällig ist.[709]

Voraussetzung hierfür ist aber, dass dem Besteller überhaupt Mängelrechte zustehen (vgl. dazu Rn. 509 ff.).

---

[706] BGHZ 40, 71 - 75; BGHZ 60, 14 - 22 = **juris**byhemmer; Palandt, § 645, Rn. 9.
[707] BGHZ 40, 71 - 75.
[708] Palandt, § 645, Rn. 2 und 3.
[709] Vgl. BGH, **Life&Law 01/2003, 10 - 12** = NJW 2002, 3019-3021 = **juris**byhemmer; BGHZ 142, 278 - 283 (281) = **juris**byhemmer.

> **hemmer-Methode:** An dieser Stelle scheint man sich jetzt „im Kreis zu drehen". Mängelrechte hat der Besteller gemäß § 634 BGB nämlich grds. erst nach Abnahme des Werkes.[710]
> Vor Abnahme des Werkes hat der Besteller grds. einen auf Verschaffung bzw. Herstellung des versprochenen, mangelfreien Werkes gerichteten Erfüllungsanspruch. Seine Rechte, insb. auch hinsichtlich etwaiger Leistungsstörungen, richten sich mithin grds. nach den allgemeinen Vorschriften.
> Allerdings kann der Besteller auch auf seinen Erfüllungsanspruch und die sich daraus ergebenden, weitergehenden (!) Rechte verzichten und sich auf die Rechte aus § 634 BGB beschränken.[711]

II. Pflicht zur Abnahme

Pflicht zur Abnahme

Der Besteller ist nach § 640 I BGB ferner zur Abnahme verpflichtet. Auch diese Pflicht ist eine echte Leistungspflicht[712], sodass bei Verzug oder Nichtabnahme die allgemeinen Vorschriften gelten. Der Werkunternehmer kann somit nach §§ 280 ff., 323 I BGB vorgehen oder auch die Abnahme einklagen.

503

Definition: Abnahme

Unter Abnahme versteht man die körperliche Hinnahme des Werkes durch den Besteller, verbunden mit der Erklärung, dass er das Werk **im Wesentlichen als vertragsgemäße** Leistung anerkenne.[713]

504

Der Unternehmer trägt vor Abnahme seiner Werkleistung die Beweislast für deren Mangelfreiheit.

> **hemmer-Methode:** Mit der Abnahme des Werkes erklärt der Besteller, er nehme die angebotene Leistung als Erfüllung an, wodurch es zu einer Umkehr der Beweislast kommt, § 363 BGB. Dies gilt nicht, wenn sich der Besteller die Mängelrechte bezogen auf die gerügten Mängel bei Abnahme vorbehält.[714]

Die Abnahme kann durch den Besteller oder durch eine von ihm ermächtigte Person[715] ausdrücklich oder durch schlüssiges Verhalten abgegeben werden. Bei Letzterem liegt die erforderliche Anerkennung des Werkes in einem Verhalten des Bestellers dem Unternehmer gegenüber, aus dem der Unternehmer nach Treu und Glauben und mit Rücksicht auf die Verkehrssitte (§§ 133, 157 BGB) schließen darf, der Besteller billige die Leistung als im Wesentlichen vertragsgemäß.[716]

Ersatzweise Anerkennung

Ist die körperliche Entgegennahme nicht möglich, besteht die Abnahme in der Anerkennung der Leistung nach Erbringung aller vereinbarten Leistungen.[717]

505

> **Beispiele:** Arbeiten an einem Gebäude oder Grundstück, nichtkörperliche Arbeiten eines Architekten[718]

Ersatzweise Vollendung

Ist auch diese Anerkennung aufgrund der Beschaffenheit des Werkes nicht möglich oder sinnlos, gilt § 646 BGB, wonach die Abnahme durch Vollendung des Werkes ersetzt wird. Der Ausschluss der Abnahme nach § 640 I S. 1 BGB muss sich dabei aus der Beschaffenheit des Werkes selbst ergeben. Vollendung bedeutet dabei vollständige, nicht jedoch mangelfreie Fertigstellung.

506

---

[710] Vgl. Palandt, vor § 633, Rn. 6 f.
[711] Vgl. BGH, **Life&Law 04/2017, 235 - 240** = **juris**byhemmer.
[712] Nach h.M. sogar eine synallagmatische Hauptleistungspflicht, vgl. Palandt, § 631, Rn. 24; Larenz, Schuldrecht II/1, § 53 III.
[713] Nach heute ganz h.M., vgl. Palandt, § 640, Rn. 2; Larenz, Schuldrecht II/1, § 53 III.
[714] Vgl. auch BGH, **Life&Law 03/2009, 169 - 168** = NJW 2009, 360 - 363 = **juris**byhemmer.
[715] Palandt, § 640, Rn. 3.
[716] Palandt, § 640, Rn. 4.
[717] Palandt, § 640, Rn. 3; BGHZ 37, 341 - 346 (345) = **juris**byhemmer; BGHZ 48, 257 - 264 (263) = **juris**byhemmer.
[718] Palandt, § 640, Rn. 3.

Beispiele: Theateraufführung, Beförderung[719]

Fiktion der Abnahme gem. § 640 II S. 1 BGB	Allerdings ist zu beachten, dass gem. § 640 II S. 1 BGB ein Werk als abgenommen gilt, wenn der Unternehmer dem Besteller nach Fertigstellung des Werks eine angemessene Frist zur Abnahme gesetzt hat und der Besteller die Abnahme nicht innerhalb dieser Frist unter Angabe mindestens eines Mangels verweigert hat.	507

Die Fiktion tritt also ein, wenn der Besteller sich entweder überhaupt nicht zu dem Abnahmeverlangen äußert oder wenn er die Abnahme ohne Benennung von mindestens einem konkreten Mangel verweigert. Ein **Schweigen oder Nichtbenennen** von Mängeln führt **auch dann zur fiktiven Abnahme, wenn wesentliche Mängel vorhanden sind!**

Verbraucher muss belehrt werden, § 640 II S. 2 BGB

Ist der Besteller ein Verbraucher, so gilt diese Abnahmefiktion gem. § 640 II S. 2 BGB nur dann, wenn der Unternehmer den Besteller zusammen mit der Aufforderung zur Abnahme auf die Folgen einer nicht erklärten oder ohne Angabe von Mängeln verweigerten Abnahme hingewiesen hat; der Hinweis muss in Textform erfolgen.

Wirkungen der Abnahme

Die Vornahme und der Zeitpunkt der Abnahme sind von erheblicher Bedeutung für die Rechte der Vertragsparteien:

> **Wirkungen der Abnahme:** 508
> ⇨ Der Vergütungsanspruch wird fällig, § 641 I S. 1 BGB.
> ⇨ Der Erfüllungsanspruch des Bestellers nach § 631 I BGB wird u.U. zum Nacherfüllungsanspruch gem. §§ 634 Nr. 1, 635 BGB.
> ⇨ Bei Mängeln zur Zeit der Abnahme (ungeschriebenes Tatbestandsmerkmal des § 633 II BGB) gelten die Mängelrechte gem. § 634 BGB.
> ⇨ Die Verjährung gemäß § 634a I Nr. 1, 2 BGB beginnt zu laufen, vgl. § 634a II BGB.
> ⇨ Gemäß § 644 I S. 1 geht die Preisgefahr auf den Besteller über.

D) Rechte des Bestellers bei Sach- und Rechtsmängeln

Rechte des Bestellers bei Sach- und Rechtsmängeln

Die Rechte des Bestellers bei Sach- und Rechtsmängeln sind - wie im Kaufrecht - dem allgemeinen Leistungsstörungsrecht angepasst. Die Ausgestaltung der einzelnen Rechte entspricht größtenteils dem Kaufrecht[720], da genau wie beim Kauf die Verpflichtung zur mangelfreien Leistung besteht, vgl. § 633 I BGB. 509

I. Überblick

Ausgangspunkt: § 633 I BGB

Ausgangspunkt ist – wie beim Kauf – die Feststellung, dass wegen § 633 I BGB die Herstellung eines mangelhaften Werkes eine teilweise Nichterfüllung darstellt. 510

---

[719] Palandt, § 640, Rn. 2; Palandt, § 646, Rn. 1.
[720] Vgl. hierzu oben, Rn. 153 ff.

Einen Überblick über die Rechte des Bestellers bei Mangelhaftigkeit der Werkleistung bietet § 634 BGB. Liegt ein Sach- oder Rechtsmangel vor, ergibt sich für die Ansprüche des Bestellers folgendes System:

> 1. Anspruch auf **Nacherfüllung** nach §§ 634 Nr. 1, 635 BGB
>
> 2. Bei Nichtvornahme durch Unternehmer in bestimmter Frist (sofern Fristsetzung nicht entbehrlich):
>
>   a) **Selbstvornahme** und **Aufwendungsersatz**, §§ 634 Nr. 2, 637 BGB
>
>   oder
>
>   b) **Rücktritt**, §§ 634 Nr. 3 Alt. 1, 636, 323, 326 V BGB
>
>   oder
>
>   c) **Minderung** der Vergütung nach §§ 634 Nr. 3 Alt. 2, 638 BGB
>
>   und
>
>   d) **Schadensersatz** wegen zu vertretender Schlechtlieferung nach den allgemeinen Vorschriften, §§ 634 Nr. 4, 636, 280, 281, 283, 311a BGB
>
>   oder
>
>   e) **Ersatz vergeblicher Aufwendungen**, §§ 634 Nr. 4, 284 BGB

511

hemmer-Methode: Wenn Sie die Ausführungen zum Kaufrecht verstanden haben, erschließt sich das System der Mängelrechte beim Werkvertrag bereits aus den zitierten Vorschriften von selbst. Versuchen Sie auch hier, sich effektiv mit den Regelungen vertraut zu machen und lernen Sie nicht doppelt.

Voraussetzung für die Rechte des Bestellers ist das Vorliegen eines Sach- oder Rechtsmangels.

1. Sachmangel

Sachmangel

Wann ein Sachmangel vorliegt, bestimmt § 633 II BGB in Anlehnung an die kaufrechtlichen Regelungen.[721]

512

a) Maßgeblicher Zeitpunkt: Mangel zur Zeit der Abnahme

Zum Zeitpunkt der Abnahme ⇨ ungeschriebenes Tbm. des § 633 II BGB

Ohne dass dies dem Wortlaut des § 633 II BGB entnommen werden kann, ist nach ganz herrschender Meinung der **maßgebende Zeitpunkt für** das **Vorliegen des Mangels** wie im Kaufrecht der **Gefahrübergang**, hier also in der Regel **die Abnahme**.

512a

Mängel, die erst nach Gefahrübergang entstehen, lösen also keine Mängelrechte aus, es sei denn, sie beruhen auf einem latenten Grundmangel.

Wortlautargument „Nach"erfüllung

Bereits der Begriff „Nacherfüllung" in §§ 634 Nr. 1, 635 BGB spricht dafür, dass die Rechte aus § 634 BGB erst nach der Herstellung zum Tragen kommen sollen. Die Erfüllung des ursprünglichen Herstellungsanspruchs aus § 631 I BGB tritt bei einer Werkleistung regelmäßig mit der Abnahme ein, § 640 I BGB, sodass erst nach Abnahme von der „Nacherfüllung" gesprochen werden kann.

512b

---

[721] Vgl. eingehend dort, Rn. 87 ff.

§ 635 III BGB	Auch aus dem nur für den Nacherfüllungsanspruch geltenden § 635 III BGB folgt, dass zwischen dem auf Herstellung gerichteten Anspruch aus § 631 I BGB und dem Nacherfüllungsanspruch Unterschiede bestehen. § 635 III BGB eröffnet dem Unternehmer bei der geschuldeten Nacherfüllung nach §§ 634 Nr. 1, 635 BGB weitergehende Rechte als § 275 II, III BGB. Der ursprüngliche Herstellungsanspruch und der Nacherfüllungsanspruch können demnach **nicht nebeneinander** bestehen.	512c
Argument aus Verjährungsbeginn mit Abnahme, § 634a II BGB	Dafür, dass die Abnahme die Zäsur zwischen Erfüllungsstadium und der Phase darstellt, in der anstelle des Herstellungsanspruchs Mängelrechte nach § 634 BGB geltend gemacht werden können, spricht außerdem die Regelung in § 634a II BGB i.V.m. § 634a I Nr. 1 und 2 BGB, wonach die Verjährung von Mängelrechten in den meisten Fällen mit der Abnahme beginnt.	512d
Gefahrtragungsargument	Zum anderen stellt die Abnahme auch im Übrigen eine Zäsur dar, da mit ihr die Fälligkeit des Werklohns eintritt (§ 641 I BGB), die Leistungs- und Preisgefahr auf den Besteller übergeht (§ 644 I BGB) und die Beweislast für das Vorliegen von Mängeln sich umkehrt, soweit kein Vorbehalt nach § 640 II BGB erklärt wird. Dieses **ungeschriebene Tatbestandsmerkmal** kann man über § 644 I S. 1 BGB in § 633 II BGB „hineinlesen", da bis zu diesem Zeitpunkt der Unternehmer die Gefahr trägt.[722]	512e
Interessengerechtes Ergebnis	Die Auslegung der werkvertraglichen Vorschriften dahingehend, dass dem Besteller die Mängelrechte nach § 634 BGB grundsätzlich erst nach Abnahme zustehen, führt zudem zu einem interessengerechten Ergebnis.	512f

⇨ Vor der Abnahme steht dem Besteller der Herstellungsanspruch nach § 631 I BGB zu, der ebenso wie der Anspruch auf Nacherfüllung aus §§ 634 Nr. 1, 635 BGB die mangelfreie Herstellung des Werks zum Ziel hat. Der Besteller kann diesen Anspruch einklagen und, falls notwendig, im Regelfall nach § 887 ZPO vollstrecken. Die Gefahr des zufälligen Untergangs des Werks verbleibt beim Unternehmer, der Werklohn wird nicht fällig und die Beweislast für das Vorliegen von Mängeln geht nicht auf den Besteller über, solange er den Herstellungsanspruch nach § 631 I BGB geltend macht.

⇨ Die Interessen des Bestellers sind durch die ihm vor der Abnahme aufgrund des allgemeinen Leistungsstörungsrechts zustehenden Rechte angemessen gewahrt. So stehen dem Besteller Ansprüche auf Schadensersatz neben der Leistung nach §§ 280 I, 631 BGB und auf Schadensersatz statt der Leistung nach §§ 280 I, III, 281 BGB sowie auf Ersatz des Verzugsschadens gem. §§ 280 I, III, 286 BGB zu. Er kann nach § 323 BGB den Rücktritt vom Werkvertrag erklären oder aus wichtigem Grund nach § 314 BGB kündigen. Der Schadensersatzanspruch statt der Leistung gemäß §§ 280 I, III, 281 BGB ist zwar anders als die Mängelrechte nach § 634 Nr. 2 und 3 verschuldensabhängig (§ 280 I S. 2 BGB). Eine den Schadensersatzanspruch begründende Pflichtverletzung liegt aber auch vor, wenn der Unternehmer die Frist aus § 281 I S. 1 BGB verstreichen lässt. In diesen Fällen wird dem Werkunternehmer die Exkulpation regelmäßig nicht gelingen.[723]

---

[722] BGH, **Life&Law 04/2017**, 235 (237 f.) = **juris**byhemmer; Palandt, vor § 633, Rn. 7.
[723] BGH, NJW 2015, 2244 ff. = **juris**byhemmer.

⇨ Der Besteller hat außerdem die Wahl, ob er die Rechte aus dem Erfüllungsstadium oder aber nach erfolgter Abnahme die Mängelrechte aus § 634 BGB geltend macht. Ein faktischer Zwang des Bestellers zur Erklärung der Abnahme für ein objektiv nicht abnahmefähiges Werk besteht damit entgegen verbreiteter Meinung nicht. Es besteht vielmehr ein Wahlrecht. Im Übrigen wird der Besteller, der eine Abnahme unter Mängelvorbehalt erklärt, über §§ 640 II, 641 III BGB ausreichend geschützt.

> **hemmer-Methode:** Nach Ansicht des BGH ist der Besteller in bestimmten Fällen berechtigt, Mängelrechte nach § 634 Nr. 2 bis 4 BGB ohne Abnahme geltend zu machen. Dies ist nach Ansicht des BGH dann der Fall, wenn der Besteller nicht mehr die Erfüllung des Vertrags verlangen kann und das Vertragsverhältnis in ein Abrechnungsverhältnis übergegangen ist. Macht der Besteller gegenüber dem Unternehmer nur noch Schadensersatz statt der Leistung in Form des kleinen Schadensersatzes geltend oder erklärt er die Minderung des Werklohns, so findet nach der bisherigen Rechtsprechung des BGH zum alten Schuldrecht eine Abrechnung der beiderseitigen Ansprüche statt.[724]
> Verlangt der Besteller Schadensersatz statt der Leistung nach §§ 280 I, III, 281 I BGB, so ist der Anspruch auf die Leistung nach § 281 IV BGB ausgeschlossen. Nichts anderes gilt, wenn der Besteller im Wege der Minderung nur noch eine Herabsetzung des Werklohns erreichen will. Auch in diesem Fall geht es ihm nicht mehr um den Anspruch auf die Leistung und damit um die Erfüllung des Vertrags.
> Verlangt der Besteller dagegen lediglich einen Vorschuss für die zur Beseitigung des Mangels im Wege der Selbstvornahme erforderlichen Aufwendungen, erlischt der Erfüllungsanspruch des Bestellers nicht. Der Besteller ist daher berechtigt, auch nach einem Kostenvorschussverlangen seinen Erfüllungsanspruch geltend zu machen.[725]

b) Mangelbegriff, § 633 II S. 1 und S. 2 BGB

Beschaffenheitsvereinbarung

Nach § 633 II S. 1 BGB ist zunächst die Vereinbarung der Parteien maßgeblich für die Beurteilung, ob das Werk mangelhaft ist oder nicht. Auch im Werkvertragsrecht geht das Gesetz somit vom subjektiven Mangelbegriff aus: Vorrangig bestimmt sich die vertragsgemäße Erfüllung seitens des Werkunternehmers nach der konkreten Vereinbarung der Vertragsparteien.

> *Bsp.:* Wie ein Wohnhaus gebaut werden soll, richtet sich nach den Vorstellungen des Bauherrn. Diese werden durch Vereinbarung Gegenstand des jeweiligen Werkvertrages, es handelt sich um Beschaffenheitsvereinbarungen i.S.d. § 633 II S. 1 BGB.

> **hemmer-Methode:** Auch im Werkvertragsrecht kommt es zur Bestimmung eines Sachmangels nicht mehr auf eine zugesicherte Eigenschaft an. Eine Zusicherung eines Beschaffenheitsmerkmals ist aber ebenfalls für ein Vertretenmüssen nach § 276 I BGB von Bedeutung.

Vorausgesetzte Verwendung

Soweit eine solche Beschaffenheitsvereinbarung fehlt, ist zunächst die vorausgesetzte Verwendung des Werkes Maßstab für die Beurteilung, § 633 II S. 2 Nr. 1 BGB. Wie beim Kauf ist ein einseitiges Voraussetzen nicht ausreichend, es bedarf einer (evtl. konkludenten) Verwendungszweckvereinbarung.

Gewöhnliche Verwendung

Ist auch nach dem Vertrag keine besondere Verwendung des Werkes vorausgesetzt, so muss das Werk zumindest für die gewöhnliche Verwendung geeignet sein und die Beschaffenheit aufweisen, die bei Werken gleicher Art üblich ist und die der Besteller nach der Art des Werkes erwarten kann, § 633 II S. 2 Nr. 2 BGB.

---

[724] BGHZ 167, 345 ff. = **juris**byhemmer; BGH, NZBau 2003, 35 ff. = **juris**byhemmer.
[725] BGH, **Life&Law** 04/2017, 235 (238) = **juris**byhemmer.

§ 2 WERKVERTRAG

Mangel bei unzureichender Vorleistung

Beruht der Mangel der Funktionstauglichkeit auf einer unzureichenden Vorleistung eines anderen Unternehmers, wird der Unternehmer von der Mängelhaftung nur dann frei, wenn er seine Prüfungs- und Hinweispflicht erfüllt hat (§ 242 BGB). Der Unternehmer trägt dabei die Darlegungs- und Beweislast für die Erfüllung der Prüfungs- und Hinweispflicht.[726]

hemmer-Methode: Nicht unter den Sachmangelbegriff des § 633 II BGB fällt eine Abweichung des Werkes von Werbeaussagen. Hierin liegt ein Unterschied zum Kauf, vgl. § 434 I S. 3 BGB.[727] Dies hat im Werkvertragsrecht auch keinen Sinn. Denn zum einen ist im Werkvertragsrecht der Hersteller des Produktes gerade der Werkunternehmer. Eine Werbeaussage des Werkunternehmers fällt jedoch als eigene Äußerung im Regelfall bereits unter § 633 II S. 1 BGB.
Zum anderen zielt die kaufrechtliche Vorschrift in § 434 I S. 3 BGB auf sog. Massenprodukte ab.[728] Beim Werkvertrag geht es in aller Regel um ein individualisiertes Werk, für das allgemein gehaltene (d.h. auf mehrere Produkte bezogene) Werbeaussagen von vornherein nicht in Betracht kommen. Bei vom Unternehmer herzustellenden Produkten gilt über § 650 S. 1 BGB ohnehin Kaufrecht, sodass § 434 I S. 3 BGB direkt Anwendung findet.

2. Aliud / Zuwenigherstellung, § 633 II S. 3 BGB

Aliud/Zuwenigherstellung = Sachmangel

Nach § 633 II S. 3 BGB ist ein Sachmangel auch gegeben, wenn der Werkunternehmer ein anderes als das geschuldete Werk oder das Werk in zu geringer Menge herstellt.

514

Im Falle der Aliudlieferung oder Zuwenigherstellung liegt somit wie beim Kauf gem. § 434 III BGB eine Schlechtleistung vor.

hemmer-Methode: Da die Herstellung und Lieferung beweglicher Sachen wegen § 650 BGB dem Kaufrecht unterfällt, wird der direkte Anwendungsbereich des § 633 II S. 3 BGB sehr gering bleiben. Bei der Herstellung von Bauwerken mag theoretisch die Herstellung eines anderen Werkes in Betracht kommen, praktisch wären Abweichungen bei der Herstellung aber wohl eher als Mangel zu werten. Einzig bei der Herstellung nichtkörperlicher Werke wäre an eine Anwendung von § 633 II S. 3 BGB zu denken.

Bsp.: A bringt seinen Pkw zur Reparatur in die Werkstatt des B, weil er bei einem Unfall einen Blechschaden erlitten hat. B nimmt sich den Wagen vor, entdeckt dabei einen Schaden am Getriebe und repariert diesen, ohne indes den Blechschaden zu beheben.

515

Nachdem A den Wagen abgeholt hat, entdeckt er diesen „Irrtum". A ist erbost und erklärt sofort den Rücktritt vom Vertrag. B erwidert, Vertrag sei Vertrag. Er besteht auf die Durchführung der Reparatur und verlangt im Übrigen die Reparaturkosten für die Behebung des Getriebeschadens. Wie ist die Rechtslage?

1. Die Durchführung der Reparatur kommt nur dann in Betracht, wenn A nicht zuvor wirksam vom Vertrag zurückgetreten ist. Ein Rücktrittsrecht könnte A gem. §§ 634 Nr. 3 Alt. 1, 636, 323 BGB zustehen. Dazu müsste die Werkleistung mangelhaft sein. B hat jedoch weder eine mangelfreie noch eine mangelhafte Reparatur des Blechschadens durchgeführt, sondern überhaupt keine. Es bliebe dann bei den ursprünglichen Ansprüchen aus § 631 BGB.

Etwas anderes könnte aber wegen § 633 II BGB gelten. B hat den Getriebeschaden behoben. Darin könnte die Herstellung eines anderen Werkes i.S.d. Vorschrift zu sehen sein. Die Rechtsfolgen wären dann dieselben wie bei Vorliegen eines Mangels.

---

[726] Vgl. hierzu BGH, **Life&Law 05/2008, 294 - 299** = ZGS 2008, 68 - 73 = **juris**byhemmer.
[727] Hierzu Rn. 104 ff.
[728] BT-Drs. 14/6040, S. 261.

Allerdings setzt die Gleichstellung von Mangel- und Aliud-Herstellung (genau wie bei der Lieferung im Kaufrecht) voraus, dass die Herstellung in Erfüllung der ursprünglichen Verbindlichkeit erfolgt. Der Unternehmer muss – für den Besteller erkennbar – mit der Reparatur die Absicht verfolgen, die geschuldete Verbindlichkeit zu erfüllen. Stellt er dann etwas anderes her, wird er über § 633 II S. 3 BGB so gestellt, als habe er mangelhaft hergestellt. B hat aber nicht den Getriebeschaden in der Erwartung behoben, damit den Blechschaden zu beheben.

> **hemmer-Methode:** Letztlich ähnelt die Argumentation derjenigen beim Identitätsaliud im Kaufrecht. Auch dort ist die Abgrenzung zwischen Schlecht- und Andersleistung leicht zu treffen. Dasselbe gilt für die Reparatur im Beispiel. Ob das Blech schlecht oder überhaupt nicht repariert wurde, kann mit einem Blick festgestellt werden.
> Die Gesetzesbegründung begnügt sich mit dem Hinweis, dass der Anwendungsbereich der Vorschrift des § 633 II S. 3 BGB eher gering sein wird, geht aber nicht darauf ein, wo überhaupt ein Anwendungsbereich verbleiben soll. Ein Vergleich mit den Wertungen im Kaufrecht zeigt, dass zumindest das oben gewählte Beispiel der Regelung nicht unterfällt.

§ 633 II S. 3 BGB greift daher nicht ein, das Mängelrecht ist nicht einschlägig.

2. In Betracht kommt möglicherweise jedoch ein Rücktritt nach den allgemeinen Vorschriften, hier nach § 323 BGB Nach den obigen Feststellungen hat der Schuldner B seine Leistung nicht erbracht, sog. Nichtleistung i.S.d. § 323 I BGB. Da er jedoch keine Frist zur Erfüllung gesetzt hat, scheidet ein Rücktrittsrecht in diesem Stadium aus. Für die Entbehrlichkeit der Fristsetzung gem. § 323 II BGB bzw. § 636 BGB gibt der Sachverhalt nichts her. Insbesondere ist das Interesse des A an der Reparatur nicht weggefallen. Insofern ist ihm ein Festhalten am Vertrag zumutbar. B kann die Reparatur daher durchführen.

> **hemmer-Methode:** Hätten Sie sich für einen Mangel i.S.d. § 633 II S. 3 BGB entschieden, so wäre das Ergebnis wegen der erforderlichen Fristsetzung dasselbe gewesen.
> Natürlich kann der Besteller jederzeit gem. § 648 BGB den Vertrag kündigen. Allerdings muss er dann die (u.U. geminderte, § 648 S. 2 HS 2 BGB) vereinbarte Vergütung trotzdem zahlen, § 648 S. 1 HS 1 BGB. Dies ist ersichtlich nicht gewollt.

3. Fraglich ist ferner, ob B zudem wegen der Reparatur des Getriebeschadens Ersatz verlangen kann.

Ein diesbezüglicher Vertrag wurde nicht geschlossen. Nach h.M. kommt allerdings ein Anspruch aus §§ 677, 683 S. 1, 670 BGB bzw. §§ 684 S. 1, 812 BGB in Betracht.

> **hemmer-Methode:** Hier handelt es sich nicht um die Problematik der GoA beim nichtigen Vertrag. Fraglich ist in diesen Fällen der Fremdgeschäftsführungswille, wenn der Geschäftsführer doch eigentlich eine eigene Verpflichtung zu erfüllen glaubt. Das ist hier anders, da B hinsichtlich des Getriebeschadens weiß, dass kein Vertrag vorliegt. Daher ist der Fremdgeschäftsführungswille insofern zu bejahen. Im Übrigen hängt der Ersatz vom Willen des A ab.

3. Rechtsmangel, § 633 III BGB

Rechtsmangel

Nach § 633 I BGB ist der Werkunternehmer auch zur rechtsmangelfreien Leistung verpflichtet. Bei Vorliegen eines Rechtsmangels kann der Besteller deshalb ebenso Mängelrechte haben wie bei Vorliegen eines Sachmangels.

Ein Rechtsmangel liegt nach § 633 III BGB vor, wenn Dritte in Bezug auf das Werk Rechte gegen den Besteller geltend machen können.

Anders als bei § 633 II BGB kommt es nicht darauf an, ob das Werk deshalb von der vereinbarten Beschaffenheit abweicht oder der Besteller in der vertraglich vorausgesetzten bzw. gewöhnlichen Verwendung des Werkes beeinträchtigt ist. § 633 III BGB stellt allein auf das Bestehen des Drittrechtes ab. In der Klausur ist schon deshalb weiterhin zwischen Sach- und Rechtsmängeln zu unterscheiden.

Die Bedeutung des Rechtsmangels ist im Werkvertragsrecht zwar nicht so groß wie im Kaufrecht. Denkbar ist jedoch eine Belastung des Werkes mit Rechten Dritter vor allem im Urheber-, Patent- und Wettbewerbsrecht. Im Einzelnen gilt das zu § 435 BGB Gesagte entsprechend.[729]

II. Anspruch auf Nacherfüllung, §§ 633 I, 634 Nr. 1, 635 BGB

Anspruch auf Nacherfüllung

Der Anspruch auf Nacherfüllung gem. §§ 633 I, 634 Nr. 1, 635 BGB stellt das vorrangige Recht des Bestellers bei mangelhafter Leistung des Werkunternehmers dar.

Dies ergibt sich, wie im Kaufrecht, aus der Systematik und den Voraussetzungen der übrigen Mängelrechte des Bestellers: Sowohl bei der Selbstvornahme, dem Rücktritt, der Minderung und beim Schadensersatz statt der Leistung muss der Besteller grundsätzlich zunächst eine angemessene Frist zur Leistung oder Nacherfüllung setzen.

1. Überblick über die Anspruchsvoraussetzungen

Anspruchsvoraussetzungen

1. Vorliegen eines Werkvertrages
2. Vorliegen eines Mangels i.S.v. § 633 BGB zum Zeitpunkt des Gefahrüberganges
3. Kein Haftungsausschluss i.S.v. § 639 BGB
4. Abnahme
5. Kein Ausschluss gemäß § 635 III BGB oder § 640 II BGB
6. Keine Verjährung, § 634a BGB

2. Inhalt des Nacherfüllungsanspruches, §§ 633 I, 634 Nr. 1, 635 BGB

Inhalt des Nacherfüllungsanspruches

Nach §§ 633 I, 634 Nr. 1, 635 BGB kann der Besteller bei Mangelhaftigkeit des Werkes Nacherfüllung verlangen. Diese kann – ähnlich wie beim Kauf – in Form der Nachbesserung (§ 635 I Alt. 1 BGB) oder in Form der Neuherstellung (§ 635 I Alt. 2 BGB) erfolgen, wobei der Neuherstellung beim Kauf die Nachlieferung entspricht.

Wahlrecht des Werkunternehmers

Anders als beim Kauf steht allerdings die Wahl zwischen den beiden Nacherfüllungsarten dem Werkunternehmer, also dem Schuldner des Nacherfüllungsanspruches zu.

> **hemmer-Methode:** Beachten Sie den Unterschied zum Kaufrecht: Gemäß § 439 I BGB kann der Käufer (der Gläubiger) zwischen Mängelbeseitigung und der Nachlieferung wählen.
> Grund dieses Unterschiedes ist die Tatsache, dass beim Werkvertrag der Unternehmer das Werk selbst herstellen muss und es somit über einen bloßen Austausch vorhandener Leistungen, wie im Kaufrecht, hinausgeht.

---

[729] Rn. 140 ff.

> **Der Werkunternehmer ist zudem viel enger mit dem Produktionsprozess selbst befasst als der Verkäufer und kann daher leichter entscheiden, welche Art der Nacherfüllung kostengünstiger ist.**[730]

Für einen Nacherfüllungsanspruch aus §§ 634 Nr. 1, 635 BGB muss der Besteller das Werk bereits abgenommen haben. Dem steht die gesetzlich geregelte Abnahmefiktion nach § 640 II BGB gleich.

Vor Abnahme: Erfüllungsanspruch, § 631 I BGB

Denn vor der Abnahme hat der Besteller ohnehin noch seinen ursprünglichen Erfüllungsanspruch aus § 631 I BGB, weswegen er bei Mangelhaftigkeit des Werkes die Abnahme verweigern kann, § 640 I BGB. Dieser beläuft sich zwar ebenfalls auf Herstellung eines mangelfreien Werkes, was auch durch Mängelbeseitigung oder durch Neuherstellung des Werkes geschehen kann. Der wichtige Unterschied liegt allerdings darin, dass bzgl. des ursprünglichen Anspruchs aus § 631 I BGB die Verjährung nicht nach § 634a BGB, sondern nach allgemeinen Vorschriften erfolgt.

Nach der Abnahme steht dem Besteller nunmehr der Anspruch auf Nacherfüllung quasi als modifizierter Erfüllungsanspruch zu.

> **hemmer-Methode:** Beachten Sie nochmals, dass wie beim Kauf der Gefahrübergang (beim Werkvertrag i.d.R. die Abnahme) die entscheidende zeitliche Zäsur für die Abgrenzung des allgemeinen Leistungsstörungsrechts zu den besonderen Mängelrechten gem. § 634 BGB ist.

3. Wahlrecht des Werkunternehmers

Wahlrecht des Werkunternehmers

Die Ausübung des Wahlrechts erfolgt durch Erklärung des Werkunternehmers gegenüber dem Besteller. Diese bedarf keiner besonderen Form und ist vor allem auch durch schlüssiges Verhalten möglich.

Das Wahlrecht des Werkunternehmers endet nicht schon mit der Erklärung des Werkunternehmers. Denn ihm soll weiterhin die Möglichkeit eines Wechsels zur kostengünstigeren Art der Nacherfüllung erhalten bleiben. Er hat nach § 635 II BGB ohnehin die Mehrkosten der Nacherfüllung zu tragen.

4. Verweigerungsrecht des Werkunternehmers, § 635 III BGB

Verweigerungsrecht des Werkunternehmers: wie § 439 IV BGB

Nach § 635 III BGB kann der Unternehmer die Nacherfüllung unbeschadet des § 275 II, III BGB verweigern, wenn sie nur mit unverhältnismäßigen Kosten möglich ist. Dies entspricht § 439 IV BGB beim Kauf.

Da der Werkunternehmer die Wahl zwischen den Arten der Nacherfüllung hat, muss sich die Unverhältnismäßigkeit der Kosten von vornherein auf die gesamte Nacherfüllung beziehen. Sie muss insgesamt (d.h. jede Art der Nacherfüllung) mit unverhältnismäßigen Kosten verbunden sein.[731]

Auch die sog. wirtschaftliche Unmöglichkeit

§ 635 III BGB erfasst demnach auch die sog. wirtschaftliche Unmöglichkeit und ist somit eine Sonderregelung zu § 313 BGB, der insoweit nicht anzuwenden ist.[732]

---

[730] Vgl. BT-Drs. 14/6040, S. 265.
[731] Vgl. hierzu auch BGH, **Life&Law 07/2008**, 441 - 444 = NJW-RR 2008, 971 - 972 = juris*by*hemmer.
[732] Vgl. oben zum ähnlichen § 439 IV BGB, Rn. 172 ff.; zur grundsätzlichen Subsidiarität des § 313 BGB (SGG) **Hemmer/Wüst, Schuldrecht AT**, Rn. 609 ff.

5. Rückgewähranspruch des Unternehmers, § 635 IV BGB

Rückgewähranspruch des Unternehmers

Wenn der Werkunternehmer die Nacherfüllung in Form der Neuherstellung erbringt, hat er gemäß § 635 IV BGB gegen den Besteller einen Anspruch auf Rückgabe des zuvor gelieferten mangelhaften Werkes.[733]

Die Rückgewähr erfolgt dabei gem. § 635 IV S. 2 BGB nach den allgemeinen Rücktrittsregeln gem. §§ 346 ff. BGB.[734]

III. Selbstvornahme, §§ 634 Nr. 2, 637 BGB

hemmer-Methode: Zur Selbstvornahme im Kaufrecht wiederholen Sie bitte nochmals die Rn. 171 ff.

Selbstvornahme, §§ 634 Nr. 2, 637 BGB

Sofern der Werkunternehmer der Aufforderung des Bestellers zur Nacherfüllung nach § 635 BGB innerhalb einer vom Besteller gesetzten angemessenen Frist nicht nachkommt, kann der Besteller den Mangel selbst beseitigen und Ersatz der erforderlichen Aufwendungen verlangen, §§ 634 Nr. 2, 637 BGB.

Das Recht zur Selbstvornahme bzw. der Aufwendungsersatzanspruch des Bestellers sind aufgrund des Fristsetzungserfordernisses in § 637 I BGB grds. nachrangig zur Nacherfüllung. Erst auf „zweiter Stufe" kann also der Besteller diese Rechte geltend machen.

Verschuldensunabhängiger Anspruch

Ein Vertretenmüssen des Werkunternehmers ist nicht erforderlich. Der Anspruch ist also verschuldensunabhängig.

1. Inhalt des Anspruchs auf Aufwendungsersatz

Inhalt des Anspruchs auf Aufwendungsersatz

Der Aufwendungsersatzanspruch ist gerichtet auf Zahlung der durch die Selbstvornahme verursachten Kosten. Der Besteller muss dabei die Mängelbeseitigung natürlich nicht in eigener Person vornehmen, er kann auch einen Dritten zur Mängelbeseitigung einschalten und die Kosten hierfür vom Werkunternehmer verlangen.

Dadurch entsteht zwischen dem Besteller und dem eingeschalteten Dritten ein eigener, selbstständiger Werkvertrag i.S.d. §§ 631 ff. BGB.

hemmer-Methode: Der eingeschaltete Werkunternehmer hat mit dem ursprünglichen Werkvertrag nichts zu tun. Nur die Höhe seiner Vergütung bestimmt die Höhe des Aufwendungsersatzanspruchs nach §§ 634 Nr. 2, 637 I BGB. Unterläuft dem neuen Vertragspartner bei der Mängelbeseitigung seinerseits eine Pflichtverletzung, so hat dies auch nur Auswirkungen auf dieses Vertragsverhältnis. Der „neue" Unternehmer ist also keinesfalls Erfüllungsgehilfe oder Verrichtungsgehilfe des „alten" Werkunternehmers.

2. Erfolgloser Ablauf einer angemessenen Frist

Erfolgloser Ablauf einer angemessenen Frist

Der Besteller muss vor der Selbstvornahme nach § 637 I BGB grundsätzlich dem Werkunternehmer eine angemessene Frist zur Nacherfüllung gesetzt haben. Die Angemessenheit bestimmt sich nach objektiven Maßstäben. Zu berücksichtigen sind Art und Natur des Rechtsgeschäfts. Dabei muss die Frist aber so lang bemessen sein, dass die vorhandenen Mängel beseitigt werden können.

---

[733] Dies entspricht der Regelung des § 439 V BGB beim Kauf.
[734] Vgl. hierzu **Hemmer/Wüst, Schuldrecht AT**, Rn. 545 ff.

> **hemmer-Methode:** Nicht notwendig ist, dass der Schuldner in der fraglichen Frist die Zeit hat, überhaupt erst mit der Herstellung des Werkes zu beginnen. In diesen Fällen wird es aber ohnehin noch nicht zur Abnahme gekommen sein, sodass sich dieses Problem beim Werkvertragsrecht nicht stellen wird.

Bsp.: B lässt von Dachdecker U sein Hausdach erneuern. Nach der Abnahme bemerkt B, dass das Dach an einigen Stellen undicht ist. Er fordert daher U zur Beseitigung der Mängel innerhalb von zwei Tagen auf.

Hier kommt es für die Angemessenheit der Frist darauf an, an wie vielen Stellen das Dach undicht ist. Ist nur eine Stelle undicht, so wird eine Frist von zwei Tagen zur Mängelbeseitigung wohl angemessen sein.

Ist allerdings nahezu das gesamte Dach schlecht gedeckt, so wird eine Frist von zwei Tagen unangemessen kurz sein. Die Frist verlängert sich jedoch automatisch auf die zur Mängelbeseitigung übliche Dauer.[735]

Erst nach Fristablauf darf Selbstvornahme erfolgen

Der Besteller darf nach § 637 I BGB erst nach Ablauf dieser Frist den Mangel selbst beseitigen. Lässt der Besteller dagegen ohne oder vor Ablauf der Frist die Mängelbeseitigung anderweitig vornehmen, so hat er keinen Anspruch gegen den Werkunternehmer auf Ersatz der Aufwendungen. Ein solcher Anspruch ergibt sich auch nicht aus GoA nach §§ 677 ff. BGB, ungerechtfertigter Bereicherung nach §§ 812 ff. BGB oder den §§ 823 ff. BGB. § 637 BGB stellt insofern eine Sondervorschrift dar.[736]

3. Entbehrlichkeit der Fristsetzung

Entbehrlichkeit der Fristsetzung

Eine Frist zur Nacherfüllung ist aber nicht erforderlich in den Fällen des § 637 II BGB sowie bei entsprechender Vereinbarung der Vertragsparteien oder einseitigem Verzicht des Werkunternehmers:[737]

---

1. **Fehlschlagen** der Nacherfüllung, § 637 II S. 2 Alt. 1 BGB
2. **Unzumutbarkeit** der Nacherfüllung, § 637 II S. 2 Alt. 2 BGB
3. Fälle des **§ 323 II BGB i.V.m. § 637 II S. 1 BGB**:
   a) Ernsthafte und endgültige Leistungsverweigerung des WU
   b) Vorliegen eines relativen Fixgeschäftes
   c) Besondere Umstände
4. **Verzicht** auf Nacherfüllungsfrist

Durch die Verweisung in § 637 II S. 1 BGB auf § 323 II BGB wird ein Gleichlauf mit den Regelungen des Rücktritts geschaffen.

§ 637 II S. 2 BGB

Zusätzlich ist eine Fristsetzung entbehrlich, wenn die Nacherfüllung fehlgeschlagen oder dem Besteller unzumutbar ist, § 637 II S. 2 BGB. Fraglich ist hier, was mit Unzumutbarkeit gemeint sein kann.

Denn einziges Ziel der Selbstvornahme ist die Beseitigung des Mangels. Dieses Ziel würde aber auch durch die Nacherfüllung seitens des Unternehmers erreicht. Daher bezieht sich die Unzumutbarkeit in der Regel auf die Vornahme gerade durch diesen Unternehmer.

---

[735] Vgl. hierzu **Hemmer/Wüst, Schuldrecht AT**, Rn. 375.
[736] Palandt, § 637, Rn. 5 und Palandt, vor § 633, Rn. 27.
[737] Vgl. hierzu eingehend oben, Rn. 216 ff.

Die Unzumutbarkeit kann sich aber auch daraus ergeben, dass der Besteller bei Abwarten der Nachfrist infolge des hierdurch eintretenden Zeitablaufes am Werk kein Interesse mehr hätte, da er es sofort benötigt.[738]

4. Berechtigte Verweigerung des Unternehmers

Berechtigte Weigerung des Unternehmers

Der Besteller hat jedoch kein Recht zur Selbstvornahme, wenn der Werkunternehmer die Nacherfüllung berechtigterweise verweigert, § 637 I HS 2 BGB.

531

Damit kann nur die Verweigerung nach § 635 III BGB gemeint sein. Denn verweigert der Werkunternehmer berechtigterweise die Nacherfüllung nach § 275 II, III BGB, so erlischt die Nacherfüllungspflicht; § 637 BGB scheidet dann bereits deshalb aus.

hemmer-Methode: Der Ausschluss des Selbstvornahmerechts bei Unmöglichkeit oder bei unverhältnismäßigen Kosten ist konsequent und sinnvoll. Denn anderenfalls hätte der Werkunternehmer quasi über die Hintertür der Selbstvornahme die unverhältnismäßigen Kosten zu tragen, wenn der Besteller diese gegen ihn nach § 637 I BGB geltend machen könnte.

5. Anspruch auf Kostenvorschuss, § 637 III BGB

Anspruch auf Kostenvorschuss, § 637 III BGB

Um die Selbstvornahme ordentlich durchführen zu können, benötigt der Besteller häufig im Voraus die finanziellen Möglichkeiten.

532

Daher gibt § 637 III BGB bei Vorliegen des Rechts zur Selbstvornehme dem Besteller auch einen Anspruch auf Zahlung eines Vorschusses für die zur Mängelbeseitigung erforderlichen Aufwendungen. Bei fehlender Leistungsfähigkeit des Bestellers würde dies anderenfalls praktisch zu einem Ausschluss des Selbstvornahmerechts führen.

Verrechnung mit tatsächlichen Aufwendungen

Der Besteller hat aber nach Abschluss der Selbstvornahme den Vorschuss mit den tatsächlichen Aufwendungen zu verrechnen[739] und möglicherweise zu viel gezahlten Vorschuss nach §§ 812 ff. BGB zurückzugewähren.

IV. Rücktritt, §§ 634 Nr. 3 Alt. 1, 636, 323, 326 V BGB

Rücktritt

Ist das Werk mangelhaft, kommt zudem ein Rücktritt des Bestellers nach §§ 634 Nr. 3 Alt. 1, 636, 323, 326 V BGB in Betracht.

533

hemmer-Methode: Genau wie die Selbstvornahme und Minderung (dazu unten) ist der Rücktritt ein Bestellerrecht „auf der zweiten Stufe". Im Gegensatz zum Schadensersatz ist hierfür kein Verschulden des Werkunternehmers erforderlich.

Die Wahl zwischen Selbstvornahme, Rücktritt oder Minderung wird der Besteller danach treffen, ob er das Werk in mangelfreiem Zustand behalten will - dann Selbstvornahme - oder ob er die Werkleistung überhaupt nicht mehr möchte - dann Rücktritt. Ist der Mangel des Werkes nicht so schwerwiegend, könnte der Besteller das Werk auch in mangelhaftem Zustand behalten wollen, dafür jedoch die Vergütung mindern.

---

[738] Palandt, § 637, Rn. 4; Palandt, § 636, Rn. 16.
[739] Vgl. Palandt, § 636, Rn. 10.

Aufgrund der Verweisung auf das allgemeine Leistungsstörungsrecht ist ein Rücktritt allerdings nicht möglich, wenn nur ein unerheblicher Fehler vorliegt, § 323 V S. 2 BGB. Es gilt im Wesentlichen das zum Kauf bereits Gesagte entsprechend.[740]

1. Rücktritt nach §§ 634 Nr. 3 Alt. 1, 636, 323 BGB

Rücktritt nach §§ 634 Nr. 3 Alt. 1, 636, 323 BGB

Es sind die allgemeinen Voraussetzungen des § 323 BGB zu prüfen[741], zusätzlich ist jedoch § 636 BGB zu berücksichtigen.

Voraussetzungen

1. Vorliegen eines Werkvertrages
2. Fällige und einredefreie Leistungspflicht
3. Mangelhafte Leistung und Abnahme
4. Fristsetzung oder Ausnahme gem. §§ 323 II, 636 BGB
5. Erfolgloser Fristablauf
6. Erheblichkeit des Mangels i.S.v. § 323 V S. 2 BGB
7. Kein Ausschluss des Rücktrittsrechts nach § 323 VI BGB
8. Kein Ausschluss des Rücktrittsrechts wegen Verjährung, § 218 I S. 1 BGB
9. Kein Ausschluss nach § 640 II BGB oder § 639 BGB

Das Rücktrittsrecht nach §§ 634 Nr. 3 Alt. 1, 636, 323 I BGB folgt den allgemeinen Vorschriften des Leistungsstörungsrechts.

Erfolgloser Ablauf einer angemessenen Frist

Bei Vorliegen eines mangelhaften Werkes kann der Besteller somit grundsätzlich erst nach erfolglosem Ablauf einer angemessenen Frist zur Nacherfüllung vom Vertrag zurücktreten. Wie im Kaufrecht[742] ist auch im Werkvertragsrecht der Zeitpunkt der Leistungshandlung entscheidend.

Voraussetzung für den Rücktritt ist grundsätzlich die Abnahme des Werkes. Vor Abnahme des Werkes hat der Besteller grds. einen auf Verschaffung bzw. Herstellung des versprochenen, mangelfreien Werkes gerichteten Erfüllungsanspruch. Seine Rechte, insb. auch hinsichtlich etwaiger Leistungsstörungen, richten sich mithin grds. nach den allgemeinen Vorschriften. **Allerdings kann** der **Besteller** wohl auch **auf** seinen **Erfüllungsanspruch** und die sich daraus ergebenden Rechte **verzichten und sich auf die Rechte aus § 634 BGB beschränken.**[743]

hemmer-Methode: Lesen Sie dazu nochmals Rn. 512a bis 512f!

Entbehrlichkeit der Fristsetzung

Außer in den Fällen des § 323 II BGB[744] ist eine Fristsetzung gem. § 636 BGB auch entbehrlich, wenn der Werkunternehmer die Nacherfüllung nach § 635 III BGB verweigert oder die Nacherfüllung fehlgeschlagen oder dem Besteller unzumutbar ist.

Der Bezug auf § 635 III BGB stellt klar, dass § 636 BGB nur die berechtigte Nacherfüllungsverweigerung erfasst. Nur dann ist ein Eingehen auf § 636 BGB in der Klausur erforderlich.

---

[740] Vgl. Rn. 227.
[741] Vgl. hierzu **Hemmer/Wüst, Schuldrecht AT**, Rn. 466 ff.
[742] Vgl. oben, Rn. 224.
[743] BGH, **Life&Law 04/2017, 235 (238)** = **juris**byhemmer; vgl. Palandt, vor § 633, Rn. 7.
[744] Vgl. Rn. 218 ff.

§ 2 WERKVERTRAG

Unberechtigte Weigerung, § 323 II Nr. 1 BGB direkt

Liegt andererseits eine unberechtigte Weigerung des Unternehmers vor, so ist dem Besteller dennoch der Rücktritt ohne Fristsetzung nach § 323 II Nr. 1 BGB möglich, wenn es sich um eine ernsthafte und endgültige Nacherfüllungsverweigerung handelt. Ist der Kostenaufwand des Unternehmers zur Mängelbeseitigung also nicht unverhältnismäßig hoch, verweigert der Unternehmer aber dennoch die Nacherfüllung endgültig, so kann der Besteller ohne weiteres vom Vertrag gemäß § 323 II Nr. 1 BGB ohne Fristsetzung zurücktreten.

> **hemmer-Methode:** Der Unterschied zwischen § 323 II Nr. 1 BGB und § 636 Var. 1 BGB i.V.m. § 635 III BGB ist der, dass im ersteren Falle der Nacherfüllungsanspruch noch besteht, jedoch sofort zurückgetreten werden darf. Im letzteren Fall ist der Nacherfüllungsanspruch nicht durchsetzbar.

Fehlschlagen der Nacherfüllung

Im Gegensatz zum Kaufrecht ist ein Fehlschlagen der Nacherfüllung im Werkvertragsrecht nicht näher bestimmt. Im Ergebnis kann jedoch zumeist § 440 S. 2 BGB entsprechend herangezogen werden, wonach ein Fehlschlagen der Nacherfüllung anzunehmen ist, wenn zweimal ohne Erfolg Nacherfüllung versucht wurde.[745]

> **hemmer-Methode:** § 636 BGB geht beim Fehlschlagen der Nacherfüllung davon aus, dass diese ohne Fristsetzung erfolgt ist. Wäre nämlich eine Fristsetzung schon vorher erfolgt, so müsste der Besteller nur das Fristende abwarten, um bei Erfolglosigkeit der Nacherfüllung vom Vertrag nach §§ 634 Nr. 3 Alt. 1, 323 I BGB zurücktreten zu können. Auf die Anzahl der Nacherfüllungsversuche kommt es hier nicht an.

2. Rücktritt nach § 326 V BGB bei Unmöglichkeit der Nacherfüllung

Rücktritt nach § 326 V BGB

Ist die Nacherfüllung nach § 275 I - III BGB unmöglich, so kommt nur ein Rücktritt nach §§ 634 Nr. 3 Alt. 1, 326 V BGB in Betracht, wonach die Fristsetzung entbehrlich ist. Dies wäre bei Unmöglichkeit der Nacherfüllung ohnehin nur reine „unnütze Förmelei".

Voraussetzungen

Auch hier müssen die Voraussetzungen des § 326 V BGB vorliegen:

> 1. Gegenseitiger Vertrag (beim Werkvertrag unproblematisch)
> 2. Mangelhafte Leistung des Werkunternehmers und Abnahme
> 3. Unmöglichkeit der Nacherfüllung
> 4. Erheblichkeit des Mangels i.S.d. §§ 326 V, 323 V S. 2 BGB
> 5. Kein Ausschluss des Rücktritts nach §§ 326 V, 323 VI BGB
> 6. Kein Ausschluss des Rücktritts wg. Verjährung, § 218 I S. 2 BGB
> 7. Kein Ausschluss nach § 640 II BGB oder § 639 BGB

Bei der Prüfung eines Rücktritts nach §§ 634 Nr. 3 Alt. 1, 326 V BGB ergeben sich zum allgemeinen Leistungsstörungsrecht keine Besonderheiten.

Unmöglichkeit der Nacherfüllung

Beim Werkvertrag ist neben der Mangelhaftigkeit des Werkes zur Abgrenzung vom Rücktritt nach §§ 634 Nr. 3 Alt. 1, 323 I BGB erforderlich, dass beide Arten der Nacherfüllung, unabhängig von der Wahl des Werkunternehmers, nach § 635 I BGB unmöglich sind i.S.v. § 275 BGB.

---

[745] Vgl. Palandt, § 636, Rn. 15 und oben in diesem Skript Rn. 222.

Liegt ein Fall des § 275 II oder III BGB vor, ist § 326 V BGB nur anwendbar, wenn der Werkunternehmer die Einrede der Unmöglichkeit erhoben hat. Nur dann braucht der Schuldner nicht zu leisten (= nacherfüllen), § 326 V HS 1 BGB!

3. Rechtsfolgen des wirksamen Rücktritts

Rechtsfolgen des wirksamen Rücktritts

542 Der Rücktritt erfolgt durch eine Erklärung gegenüber dem Werkunternehmer, § 349 BGB.

Rücktrittserklärung, § 349 BGB

Mit Zugang der Rücktrittserklärung wandelt sich das ursprüngliche Vertragsverhältnis um in ein Rückabwicklungsschuldverhältnis, welches sich nach den §§ 346 ff. BGB richtet: Grundsätzlich sind die bereits ausgetauschten Leistungen (notfalls wertmäßig, § 346 II BGB) zurückzugewähren.[746]

Haftungsprivilegierung, § 346 III S. 1 Nr. 3 BGB

543 Zu beachten ist auch im Werkvertragsrecht die Haftungsprivilegierung nach § 346 III S. 1 Nr. 3 BGB.

> *Bsp.:* A ließ von B seine Waschmaschine reparieren, wofür dieser einige Ersatzteile austauschte. Nach Abnahme bemerkt A, dass die Waschmaschine immer noch nicht richtig funktionierte und forderte B zur Nacherfüllung innerhalb einer Woche auf. Dieser bleibt untätig, weshalb A nach Ablauf der Frist den Rücktritt vom Vertrag erklärt.
>
> *Bei einem Zimmerbrand wird die Waschmaschine inklusive der Ersatzteile völlig zerstört. Zum Zimmerbrand kam es, da A – wie öfter – sein heißes Bügeleisen vergessen hatte, was bisher immer gutgegangen war. Kann B von A Wertersatz für die verwendeten Ersatzteile verlangen?*
>
> 1. B könnte gegen A Wertersatz hinsichtlich der zerstörten eingebauten Ersatzteile zustehen. Ein solcher könnte sich aus § 346 II S. 1 Nr. 3 BGB ergeben.
>
> a) Dazu müsste A gegenüber B zur Rückgewähr der Ersatzteile nach § 346 I BGB verpflichtet gewesen sein. Eine solche Verpflichtung könnte nach wirksamem Rücktritt gemäß §§ 634 Nr. 3 Alt. 1, 323 I BGB bestanden haben.
>
> Die von B erbrachte Werkleistung, die Reparatur der Waschmaschine, war mangelhaft. Nach Aufforderung zur Nacherfüllung und erfolglosem Ablauf der hierfür gesetzten Frist war A nach § 323 I BGB zum Rücktritt berechtigt. Eine wirksame Rücktrittserklärung liegt zudem vor, § 349 BGB.
>
> b) Die Rückgabe der Ersatzteile ist nach dem Brand jedoch unmöglich geworden. So wäre A gemäß § 346 II S. 1 Nr. 3 BGB eigentlich zum Wertersatz verpflichtet.
>
> c) Allerdings könnte der Anspruch auf Wertersatz nach § 346 III S. 1 Nr. 3 BGB ausgeschlossen sein, da A ein gesetzliches Rücktrittsrecht zugestanden hat.
>
> Die Wertersatzpflicht des A wäre nach § 346 III S. 1 Nr. 3 BGB nur ausgeschlossen, wenn er die in eigenen Angelegenheiten anzuwendende Sorgfalt beachtet hätte. Der Brand und die Zerstörung der Waschmaschine inklusive der Ersatzteile sind durch das vergessene Bügeleisen eingetreten.
>
> A vergisst jedoch häufiger sein heißes Bügeleisen; eine Verletzung der eigenüblichen, subjektiven Sorgfalt liegt damit nicht vor. Für grobe Fahrlässigkeit (vgl. § 277 BGB) bestehen keine Anhaltspunkte (a.A. vertretbar).

---

[746] Vgl. zum Rücktritt **Hemmer/Wüst, Schuldrecht AT**, Rn. 545 ff.

Auch verbleibt A wegen der völligen Zerstörung keine Bereicherung, § 346 III S. 2 BGB.

2. Ein Anspruch aus § 823 I BGB scheidet aus, da B im Zeitpunkt der Beschädigung der Maschine inklusive der Einzelteile selbst Eigentümer derselben war. Eine Verletzung des Eigentums des A liegt demnach nicht vor.

Ergebnis: A ist damit nicht zum Wertersatz verpflichtet.

V. Minderung, §§ 634 Nr. 3 Alt. 2, 638 BGB

Minderung, §§ 634 Nr. 3, 638 BGB

Statt der Selbstvornahme oder dem Rücktritt kann der Besteller bei Vorliegen eines mangelhaften Werkes auch die Vergütung gemäß §§ 643 Nr. 3 Alt. 2, 638 BGB nach erfolglosem Ablauf einer Frist zur Nacherfüllung mindern. 544

Statt Rücktritt

Da der Besteller nur „statt" des Rücktritts die Vergütung nach § 638 I BGB mindern kann, müssen auch hier die Voraussetzungen des Rücktritts vorliegen. 545

Auch bei unerheblichen Mängeln

Einziger Unterschied zu den Voraussetzungen des Rücktritts ist, dass die Minderung auch bei unerheblichen Mängeln möglich ist. § 323 V S. 2 BGB findet im Rahmen der Minderung – wie im Kaufrecht, § 441 I S. 2 BGB[747] – keine Anwendung, § 638 I S. 2 BGB. 546

hemmer-Methode: Diese Regelung ist durchdacht, da der Besteller statt zurückzutreten nur dann mindern wird, wenn er die Sache in mangelhaftem Zustand behalten will. Dies wird er aber vor allem in den Fällen tun, in denen der Mangel nicht wesentlich ist.

Angemessene Frist zur Nacherfüllung

Erforderlich ist daher grundsätzlich auch, dass der Besteller dem Werkunternehmer zur Beseitigung des Mangels eine angemessene Frist zur Nacherfüllung gesetzt hat.

Entbehrlichkeit der Fristsetzung

Nur in den Fällen des § 323 II BGB und des § 636 BGB, der wegen der Kongruenz zum Rücktrittsrecht auch für die Minderung gilt, ist eine Fristsetzung entbehrlich.

Berechnung des Minderungsbetrages

Die Berechnung erfolgt ähnlich wie im Kaufrecht: Nach § 638 III BGB ist die vereinbarte Vergütung in dem Verhältnis herabzusetzen, in welchem zur Zeit des Vertragsschlusses der Wert des Werks in mangelfreiem Zustand zu dem wirklichen Wert gestanden haben würde: 547

$$\text{geminderter Betrag} = \text{Wert mangelh. Zustand} \times \frac{\text{vereinbarte Vergütung}}{\text{Wert mangelfr. Zustand}}$$

Bsp.: B hatte M mit dem Bau eines Hauses beauftragt. Als Vergütung waren 200.000,- € vereinbart. Das Haus hätte aufgrund der Lage jedoch einen tatsächlichen Wert von 250.000,- € gehabt, wenn es ohne Mängel hergestellt worden wäre. Bei den Bauarbeiten wurde jedoch die Grundfläche nicht eingehalten, sodass die Wohnfläche bei Fertigstellung insgesamt 15 m² weniger betrug, was einem Gegenwert von 20.000,- € gleichkommt. B will das Haus dennoch behalten, möchte jedoch die Vergütung mindern.

Wie hoch ist die geminderte Vergütung?

---

[747] Vgl. Rn. 250.

Berechnung:

230.000,- € **x** 200.000,- € : 250.000,- € = 184.000,- €

<u>Ergebnis:</u> B schuldet M daher nur 184.000,- € als Vergütung.

Hat der Besteller schon die vereinbarte Vergütung bezahlt, kann er den zu viel gezahlten Betrag (Mehrbetrag) vom Werkunternehmer nach § 638 IV S. 1 BGB zurückverlangen (zuzüglich Zinsen, vgl. §§ 638 IV S. 2, 346 I, 347 I BGB).

> **hemmer-Methode:** Das Gesetz geht davon aus, dass die Vergütung in Zahlung eines Geldbetrages besteht.
> **Daher wird auch nicht auf Wertersatz (§ 346 II BGB) bzw. auf ein Entfallen des Wertersatzes gemäß § 346 III BGB verwiesen, vgl. § 638 IV S. 2 BGB.**
> **Besteht die Vergütung allerdings nicht in einer Geldleistung, z.B. erbringt der Besteller im Gegenzug Dienste oder eigene Werkleistungen, so ist zumindest § 346 II BGB analog anzuwenden. Der Mehrwert der vom Besteller als Vergütung eingebrachten Leistung ist dem Wert nach zu erstatten.**

Bei der Minderung handelt es sich, wie beim Rücktritt, um ein Gestaltungsrecht. Die Ausübung erfolgt durch Erklärung der Minderung gegenüber dem Werkunternehmer.

VI. Schadensersatz, §§ 634 Nr. 4 Alt. 1, 636, 280, 281, 283, 311a II BGB

Schadensersatz

Hat der Werkunternehmer die Mangelhaftigkeit des Werkes zu vertreten, so kann der Besteller bei Vorliegen der Voraussetzungen auch Schadensersatz verlangen.

> **hemmer-Methode: Zur deliktischen Haftung des Werkunternehmers in Abgrenzung zur Haftung nach dem Mängelrecht lesen Sie BGH, Life&Law 06/2005, 368 ff.**

Ob ein Schadensersatzanspruch gegeben ist und welcher Art dieser ist, richtet sich nach den allgemeinen Bestimmungen der §§ 280 I, III, 281, 283 BGB und § 311a II BGB, auf die in § 634 Nr. 4 BGB verwiesen wird.

> **hemmer-Methode: Die Funktionsweise von § 634 BGB und § 437 BGB ist die gleiche: In beiden Fällen handelt es sich um Verweisungsnormen, die ins allgemeine Leistungsstörungsrecht führen. Einzige Ausnahme ist, dass § 634 BGB in Nr. 2 das Recht zur Ersatzvornahme als Mängelrecht des Bestellers nennt; dieses existiert beim Kauf nicht.**

Entscheidend für die Wahl der richtigen Anspruchsgrundlage ist wiederum, welchen Schaden der Besteller ersetzt haben will.

Schaden statt der Leistung

Will der Besteller gerade wegen des sich aus der Mangelhaftigkeit des Werkes ergebenden Minderwertes gegen den Werkunternehmer vorgehen, so macht er den sog. Schadensersatz **statt** der Leistung (= Mangelschaden) geltend. Dieser kann als Teil des positiven Interesses nur aufgrund eines Anspruches auf Schadensersatz statt der Leistung verlangt werden, vgl. die Ausführungen zum Kauf, Rn. 283.

§ 2 WERKVERTRAG

Der Besteller kann – genau wie beim Kauf – wählen, ob er die mangelhafte Sache behält und vom Werkunternehmer den mangelbedingten Wertunterschied oder die Kosten zur Beseitigung des Mangels verlangt (= kleiner Schadensersatz), oder ob er die Sache zurückgibt und als Schaden die Kosten geltend macht, die ihm dadurch entstanden sind, dass er anderweitig das Werk gegen eine höhere Vergütung herstellen lassen musste (= großer Schadensersatz statt der **ganzen** Leistung).

Beispiele für Mangelschäden: Minderwert des Werkes infolge des Mangels: Minderwert des Hauses bei Architektenfehler[748]; mangelnde Bewohnbarkeit eines Hauses. Mehrkosten für anderweitige Beschaffung des Werkes; Kosten der Anmietung eines Ersatzgerätes bei fehlerhafter Reparatur.[749]

Schaden neben der Leistung

Verlangt der Besteller dagegen Ersatz für Schäden, die zwar nicht unmittelbar dem hergestellten Werk anhaften, aber mit Mängeln am Werk zusammenhängen, so handelt es sich um sog. Begleitschäden (= Mangelfolgeschäden). Diese sind als Schadensersatz **neben** der Leistung bereits nach §§ 634 Nr. 4 Alt. 1, 280 I BGB ersatzfähig. Es gilt das Gleiche wie beim Kauf.

Beispiele: Wasserschaden wegen fehlerhafter Heizungsinstallation[750]; Kratzspuren an Pkw bei Durchfahren einer mangelhaften Waschanlage[751]; mangelhafte Alarmanlage ermöglicht Einbruchdiebstahl[752]; Pkw-Totalschaden nach Einstürzen einer mangelhaft erbauten Garage; Datenverlust durch fehlerhafte Wartungsarbeiten an einer EDV-Anlage.[753]

1. Ersatz der Mangelfolgeschäden - bzw. Schadensersatz neben der Leistung (sog. Begleitschaden), §§ 634 Nr. 4 Alt. 1, 280 I BGB

Ersatz des Begleitschadens, § 280 I BGB

Macht der Besteller bei Vorliegen eines Mangels einen Anspruch auf den Begleitschaden geltend, so bedeutet dies, dass er vom Werkunternehmer Ersatz desjenigen Schadens verlangen will, der kausal auf der mangelhaften Leistung beruht, § 280 I BGB, und auch durch Nachholung einer mangelfreien Werkleistung nicht beseitigt werden kann.

Nur die Mangelfolgeschäden (nicht die Mangelschäden) sind nach §§ 634 Nr. 4 Alt. 1, 280 I BGB ersatzfähig. Es gilt das zum Kauf Gesagte entsprechend.[754]

hemmer-Methode: Zur Abgrenzung Schadensersatz neben ⇔ statt der Leistung lesen Sie BGH, Life&Law 04/2012, 255 ff. = NJW-RR 2012, 268 ff. = jurisbyhemmer.

Die Voraussetzungen für einen Anspruch auf Ersatz des Begleitschadens nach §§ 634 Nr. 4, 280 I BGB sind somit:

Voraussetzungen

1. Vorliegen eines Werkvertrages
2. Mangelhafte Leistung und Abnahme
3. Vertretenmüssen des Werkunternehmers, §§ 276, 278 BGB
4. Keine Verjährung, § 634a BGB

---

[748] BGHZ 58, 225 - 230 = jurisbyhemmer.
[749] OLG Düsseldorf, NJW-RR 2000, 20 - 21 = jurisbyhemmer.
[750] BGH, ZfBR 2000, 180 = jurisbyhemmer.
[751] LG Dessau, NJW-RR 1997, 180.
[752] BGH, NJW 1991, 2418 - 2420 = jurisbyhemmer.
[753] OLG Köln, NJW-RR 1997, 558 = jurisbyhemmer.
[754] Rn. 283 ff.

Vertretenmüssen des Unternehmers

Der Werkunternehmer muss also schuldhaft (§§ 276, 278 BGB) eine mangelhafte Leistung erbracht haben, die zu einem Mangelfolgeschaden des Bestellers führt. Das Vertretenmüssen wird dabei gem. § 280 I S. 2 BGB vermutet. Fehlt dem hergestellten Werk eine vom Werkunternehmer garantierte Beschaffenheit, so hat er die mangelhafte Lieferung stets zu vertreten; eine Exkulpation ist dann wegen § 276 I S. 1 a.E. BGB nicht möglich.[755]

> *Bsp.: Eine fehlerhafte Heizungsreparatur führt zu einem Wasserschaden beim Besteller. Selbst wenn der Werkunternehmer nachbessert und die Heizung ordentlich repariert, bleibt es bei der Eigentumsverletzung (anderes Rechtsgut) des Bestellers durch den Wasserschaden. Den daraus resultierenden Schaden kann er nach §§ 634 Nr. 4, 280 I BGB ersetzt verlangen.*

2. Ersatz des Verzögerungsschadens, §§ 634 Nr. 4 Alt. 1, 280 I, II, 286 BGB

Verzögerungsschaden, §§ 634 Nr. 4, 280 I, II, 286 BGB

Die Verweisung auf § 280 BGB umfasst auch § 280 II BGB, der i.V.m. § 286 BGB den Ersatz des Verzögerungsschadens normiert. Sofern sich die Pflichtverletzung jedoch auf die Herstellung eines mangelhaften Werks beschränkt, ist § 280 I BGB vorrangig.[756]

> *Bsp.: Durch die Herstellung eines mangelhaften Werkes (z.B. Reparatur einer Maschine) kann dieses nicht rechtzeitig in Betrieb genommen werden. Der sog. Betriebsausfallschaden wird dann unabhängig vom Vorliegen der Verzugsvoraussetzungen von § 280 I BGB erfasst.*

Soweit sich der Schaden jedoch dadurch ergibt, dass der Werkunternehmer mit der Nacherfüllung gem. §§ 634 Nr. 1, 635 I BGB in Verzug gerät, kommt ein Ersatz nur unter den zusätzlichen Voraussetzungen der §§ 280 II, 286 BGB in Betracht.

3. Ersatz der Mangelschäden bzw. Schadensersatz statt der Leistung, §§ 634 Nr. 4 Alt. 1, 280 I, III, 281 BGB

Schadensersatz statt der Leistung, §§ 634 Nr. 4, 280 I, III, 281 BGB

Nach §§ 634 Nr. 4 Alt. 1, 280 I, III, 281 BGB kann der Besteller **bei behebbaren Mängeln** Schadensersatz statt der Leistung verlangen. Der Besteller ist so zu stellen, wie er bei ordnungsgemäßer (d.h.: mangelfreier) Leistung stünde. Dies schließt den Ersatz des Mangelschadens ein.

Die Voraussetzungen für einen Anspruch nach §§ 634 Nr. 4 Alt. 1, 280 I, III, 281 BGB lauten:

Voraussetzungen

> 1. Vorliegen eines Werkvertrages
> 2. Fällige und einredefreie Leistungspflicht
> 3. Behebbar mangelhafte Leistung und Abnahme als Pflichtverletzung gem. §§ 633 I, 280 I BGB
> 4. Fristsetzung (§§ 280 III, 281 I BGB) oder Ausnahme, v.a. § 281 II BGB
> 5. Erfolgloser Fristablauf
> 6. Vertretenmüssen des Werkunternehmers, § 280 I S. 2 BGB
> 7. Keine Verjährung, § 634a BGB

---

[755] Rn. 271 ff.

[756] Vgl. dazu Canaris, Begriff und Tatbestand des Verzögerungsschadens im neuen Leistungsstörungsrecht, ZIP 2003, 321 (326).

§ 2 WERKVERTRAG

Frist zur Nacherfüllung

Grundsätzlich kann der Besteller somit erst nach erfolglosem Ablauf einer Frist zur Nacherfüllung Ersatz des Mangelschadens nach §§ 634 Nr. 4 Alt. 1, 280 I, III, 281 I BGB verlangen.

Entbehrlichkeit der Fristsetzung

Es gelten auch hier die Ausnahmen des Fristerfordernisses nach § 281 II BGB. Die genannten Fälle entsprechen – wie im Kaufrecht – § 323 II Nr. 1 und Nr. 3 BGB, sodass auf die Ausführungen hierzu verwiesen werden kann.[757]

§ 636 BGB: Entbehrlichkeit der Fristsetzung bei § 281 I BGB

Ebenfalls ist – wie beim Rücktritt nach §§ 634 Nr. 3 Alt. 1, 323 I BGB – eine Fristsetzung im Fall des § 636 BGB entbehrlich, wenn der Unternehmer die Nacherfüllung gemäß § 635 III BGB verweigert oder wenn die Nacherfüllung fehlgeschlagen oder dem Besteller unzumutbar ist.

Großer SE nur bei § 281 I S. 3 BGB

Den sog. großen Schadensersatz statt der ganzen Leistung kann der Besteller nur unter der zusätzlichen Voraussetzung des § 281 I S. 3 BGB verlangen, d.h. die Erheblichkeitsschwelle muss überschritten sein. Gegenüber dem zum Kauf Gesagten bestehen keine Besonderheiten.[758]

4. Schadensersatz statt der Leistung bei Unmöglichkeit der Nacherfüllung, §§ 634 Nr. 4 Alt. 1, 280 I, III, 283 bzw. 311a BGB

Schadensersatz statt der Leistung bei Unmöglichkeit der Nacherfüllung

Bei Unmöglichkeit der Nacherfüllung kann der Besteller schließlich Schadensersatz statt der Leistung nach §§ 634 Nr. 4 Alt. 1, 280 I, III, 283 oder 311a II BGB verlangen.

hemmer-Methode: Will der Besteller dagegen schon wegen Unmöglichkeit der Werkleistung überhaupt Schadensersatz verlangen, so finden §§ 280 I, III, 283 BGB bzw. § 311a BGB direkt Anwendung!

Anfängliche oder nachträgliche Unmöglichkeit der Nacherfüllung

Soweit die Unmöglichkeit der Nacherfüllung schon bei Vertragsschluss bestand, gilt § 311a II BGB, bei nachträglicher Unmöglichkeit § 283 BGB.

Für die Voraussetzungen der einzelnen Ansprüche gelten die allgemeinen Regeln:[759]

Voraussetzungen

1. Vorliegen eines Werkvertrages
2. Mangelhafte Leistung und Abnahme
3. Unmöglichkeit der Nacherfüllung, § 275 BGB
    a) <u>Anfänglich:</u> § 311a II BGB
    b) <u>Nachträglich:</u> §§ 280 I, III, 283 BGB
4. Vertretenmüssen, §§ 276 ff. BGB:
    a) <u>Anfängliche Unmöglichkeit:</u> ⇨ bzgl. der Unkenntnis von der Unmöglichkeit bei Vertragsschluss, § 311a II S. 2 BGB
    b) <u>Nachträgliche Unmöglichkeit:</u> ⇨ bzgl. des Leistungshindernisses, §§ 283, 280 I S. 2 BGB
5. Keine Verjährung, § 634a BGB; kein Ausschluss nach § 639 BGB

Die Unterscheidung zwischen großem und kleinem Schadensersatz spielt auch im Rahmen von § 283 BGB eine Rolle, vgl. § 283 S. 2 BGB i.V.m. § 281 I S. 3 BGB.[760]

---

[757] Vgl. **Hemmer/Wüst, Schuldrecht AT**, Rn. 379 ff. und oben Rn. 216 ff.
[758] Rn. 305 ff.
[759] Vgl. hierzu **Hemmer/Wüst, Schuldrecht AT**, Rn. 277 ff.
[760] Vgl. hierzu oben, Rn. 305 ff.

Keine Frist erforderlich	Die Besonderheit des Schadensersatzes bei Unmöglichkeit nach §§ 283, 280 I, III BGB oder nach § 311a II BGB liegt darin, dass eine Fristsetzung entbehrlich ist. Dies würde bei Unmöglichkeit der Leistung auch keinen Sinn machen.

VII. Aufwendungsersatz, §§ 634 Nr. 4 Alt. 2, 284 BGB

Aufwendungsersatz, §§ 634 Nr. 4, 284 BGB

Anstelle von Schadensersatz statt der Leistung kann der Besteller auch Ersatz vergeblicher Aufwendungen nach §§ 634 Nr. 4 Alt. 2, 284 BGB verlangen.[761]

560 bis 569

> **hemmer-Methode:** Wer das Mängelrecht beim Kauf begriffen hat, findet sich beim Werkvertrag schnell zurecht; schon der Vergleich von § 437 BGB und § 634 BGB zeigt, dass hier nahezu alles parallel läuft.

VIII. Ausschluss der Mängelrechte

Kein Ausschluss der Bestellerrechte

Die Rechte des Bestellers wegen der Mangelhaftigkeit des Werkes dürfen nicht ausgeschlossen sein. Ein solcher Ausschluss kommt aufgrund gesetzlicher Regelung oder aufgrund vertraglicher Vereinbarung in Betracht.

570

1. Gesetzlicher Ausschluss, § 640 III BGB

Gesetzlicher Ausschluss

Nach § 640 III BGB sind die Rechte des Bestellers nach § 634 Nr. 1 bis 3 BGB ausgeschlossen, wenn dieser in Kenntnis ein mangelhaftes Werk abnimmt, ohne sich diese Rechte vorzubehalten.

571

Kennenmüssen schadet nicht

Die Kenntnis des Bestellers muss sich auf den konkreten Sach- oder Rechtsmangel beziehen und darauf erstrecken, dass durch ihn die Tauglichkeit oder der Wert des Werkes gemindert ist. Ein Kennenmüssen im Sinne einer fahrlässigen Unkenntnis des Mangels genügt nicht.[762]

Kein Ausschluss der in § 634 Nr. 4 BGB genannten Ansprüche

Dem Besteller bleiben jedoch trotz vorbehaltloser Abnahme des mangelhaften Werkes die Schadensersatzansprüche nach § 634 Nr. 4 Alt. 1 BGB sowie der Aufwendungsersatzanspruch nach §§ 634 Nr. 4 Alt. 2, 284 BGB erhalten. Diese sind nicht vom Ausschluss nach § 640 III BGB erfasst (Wortlaut!).[763]

> **hemmer-Methode:** Der Grund liegt darin, dass es sich hierbei um vom Vertretenmüssen des Werkunternehmers abhängige Rechte handelt. Dem Besteller müssen die genannten Ansprüche gegenüber dem Werkunternehmer erhalten bleiben, wenn dieser in zu vertretender Weise eine werkvertragliche Pflicht verletzt hat.

2. Vertraglicher Ausschluss, § 639 BGB

Vertraglicher Ausschluss

Die Mängelrechte des Bestellers können die Parteien auch durch eine vertragliche Vereinbarung i.S.v. § 639 BGB ausschließen.

572

---

[761] Ausführlich: **Hemmer/Wüst, Schuldrecht AT**, Rn. 431 ff.; vgl. auch oben in diesem Skript Rn. 326 ff.
[762] Vgl. Palandt, § 640, Rn. 13.
[763] Gebraucht der Besteller das mangelhafte Werk allerdings weiter, so kann dies zur Kürzung oder sogar zum Verlust des Schadensersatzanspruches führen, sofern der Weitergebrauch nicht im Interesse des Unternehmers oder im Rahmen der Schadensminderungspflicht nach § 254 II S. 1 BGB erfolgt.

Auf einen derartigen vertraglichen Haftungsausschluss kann sich der Unternehmer gem. § 639 BGB nicht berufen, wenn er den Mangel arglistig verschwiegen oder eine Garantie für die Beschaffenheit des Werkes übernommen hat. Eine solche Beschaffenheitsgarantie liegt vor, wenn der Unternehmer dem Besteller zu erkennen gibt, für das Vorhandensein der vereinbarten Beschaffenheit und all der Folgen ihres Fehlens einstehen zu wollen. Dem entspricht beim Kauf § 444 BGB.

Ausschluss in AGBen

Hinsichtlich der Zulässigkeit des Haftungsausschlusses im Rahmen allgemeiner Geschäftsbedingungen ist neben § 309 Nr. 7 BGB insbesondere der Katalog des § 309 Nr. 8b BGB zu berücksichtigen.

573

IX. Verjährung, § 634a BGB

Verjährung

Die Mängelrechte des Bestellers verjähren nach § 634a BGB.

Grds. zwei Jahre ab Abnahme

1. Die Ansprüche des § 634 Nr. 1, 2 und 4 BGB verjähren gemäß § 634a I Nr. 1 BGB in zwei Jahren, wenn die Werkleistung des Unternehmers in der Herstellung, Wartung oder Veränderung einer Sache bzw. in der Erbringung von Planungs- oder Überwachungsleistungen hierfür (d.h. für eine solche Sache) besteht.

574

Die Verjährung beginnt gemäß § 634a II BGB mit der Abnahme des Werkes i.S.d. § 640 BGB.

Bei Bauwerken fünf Jahre

2. Soweit die Arbeiten i.S.d. § 634a I Nr. 1 BGB sich auf ein Bauwerk beziehen, beträgt die Verjährungsfrist nach § 634a I Nr. 2 BGB fünf Jahre. Dies gilt auch bei Planungsarbeiten hierfür, wie z.B. dem Architektenplan.

575

Diese Frist gilt nicht nur für Neuerrichtungen, sondern auch für Erneuerungs- und Umbauarbeiten an einem bereits errichteten Bauwerk, wenn sie für Konstruktion, Bestand, Erhaltung oder Benutzbarkeit des Gebäudes von wesentlicher Bedeutung sind und wenn die eingebauten Teile mit dem Gebäude fest verbunden werden.[764]

hemmer-Methode: Der Begriff des Bauwerks ist weit auszulegen. Bei der Erneuerung eines Trainingsplatzes mit Rollrasen, Rasentragschicht, Bewässerungsanlage, Rasenheizung und Kunstfaserverstärkung handelt es sich um Arbeiten bei einem Bauwerk im Sinne des § 634a I Nr. 2 BGB. Auch bei Untersuchungen von Proben der Rasentragschicht bei einem solchen Trainingsplatz, die für den Unternehmer erkennbar dazu dienen, die Funktionalität des Trainingsplatzes in seiner Gesamtheit sicherzustellen, handelt es sich ebenfalls um Arbeiten bei einem Bauwerk.[765]

Regelmäßige Verjährung bei „geistigen" Werken

3. Nach § 634a I Nr. 3 BGB verjähren die Mängelansprüche „im Übrigen" in der regelmäßigen Verjährungsfrist der §§ 195, 199 BGB.

576

Erfasst hiervon sind (wegen Nr. 1 und Nr. 2) v.a. die Fälle, in denen sich die Werkleistung nicht in einer Sache verkörpert und es deshalb für den Besteller regelmäßig wesentlich schwieriger ist, den Mangel zu entdecken (sog. „Geisteswerke" wie z.B. Sachverständigengutachten).[766]

§ 634a S. 1 Nr. 3 BGB erfasst aber nicht generell alle Fälle der „geistigen" Werkleistung. Soweit sich diese in einer Sache niederschlägt, sind § 634a I Nr. 1 und 2 BGB maßgeblich.

---

[764] Palandt, § 634a, Rn. 10 m.w.N.
[765] BGH, **Life&Law 04/2013, 307 f.** = NJW 2013, 601 ff. = **juris**byhemmer.
[766] BT-Drs. 14/6040, S. 264.

Wesentlicher Unterschied: Fristbeginn

Ein wichtiger Unterschied zwischen der zweijährigen Frist nach § 634a I Nr. 1 BGB und der dreijährigen nach § 634a I Nr. 3 BGB ist der Fristbeginn. Während dieser bei der Frist nach Nr. 1 und Nr. 2 gem. § 634a II BGB allein an die Abnahme geknüpft ist, kommt es bei der Frist nach Nr. 3 gem. § 199 I BGB insbesondere auf den Schluss des Jahres an, in welchem der Besteller die Kenntnis bzw. grob fahrlässige Unkenntnis von der Mangelhaftigkeit der Sache hatte.

576a

> *Bsp.: Der Architekt erbringt in erster Linie eine rein geistige Arbeit. Soweit sein Werk mangelhaft ist, verjähren die Mängelrechte aber gemäß §§ 650q, 634a I Nr. 2, II BGB in fünf Jahren ab der Abnahme der Pläne, da es sich um eine Planungsleistung für ein Bauwerk handelt.*

Nach dem Wortlaut des § 634a I Nr. 1, 2 BGB kommt es dabei nicht darauf an, dass die Planungsarbeiten sich tatsächlich in einer Sache verkörpern. Maßgeblich ist allein, dass die Arbeiten dafür bestimmt sind.

> *Bsp.: Die Pläne des Architekten sind mangelhaft. Aufgrund finanzieller Schwierigkeiten kann der Besteller mit dem Bau zunächst nicht beginnen. Aus diesem Grund stellt sich die Mangelhaftigkeit erst sechs Jahre nach Erhalt der Pläne anlässlich einer Planerweiterung heraus.*

Maßgeblich ist § 634a I Nr. 2 BGB, da die Planungsleistung für ein Bauwerk bestimmt war. Die Frist beginnt nach § 634a II BGB mit der Abnahme der Pläne, es sei denn, der Architekt war nicht nur mit der Planerstellung, sondern mit der Gesamtherstellung des Bauwerks beauftragt.[767] Die Mängelrechte sind damit verjährt. Dieses Ergebnis ist auch interessengerecht, da es nicht in die Risikosphäre des Architekten fällt, wann bzw. ob sein Besteller mit dem Bau beginnt.

Regelmäßige Verjährung bei Arglist

4. Für den Fall des arglistigen Verschweigens bleibt es nach § 634a III BGB bei der regelmäßigen Verjährungsfrist des § 195 BGB. § 634a III BGB entspricht der Regelung des § 438 III BGB.[768]

577

Da der arglistig getäuschte Besteller besser stehen soll, als es nach der in § 634a I Nr. 2 BGB genannten fünfjährigen Frist der Fall wäre, bestimmt § 634a III S. 2 BGB, dass die regelmäßige Verjährung nach §§ 634a III S. 1, 195, 199 BGB nicht vor Ablauf der fünfjährigen Frist des § 634a I Nr. 2 BGB eintritt.

Unwirksamkeit des Rücktritts

5. Soweit der Nacherfüllungsanspruch nach § 634a I - III BGB verjährt ist, gilt für das Rücktritts- und das Minderungsrecht nach § 634 Nr. 3 BGB über § 634a IV, V BGB die Regelung des § 218 BGB: Der Rücktritt bzw. die Minderung ist unwirksam, wenn sich der Besteller auf die Verjährung des Nacherfüllungsanspruchs beruft.

578

Wie im Kaufrecht hat der Besteller aber trotz Verjährung des Nacherfüllungsanspruchs die Möglichkeit, die Zahlung des noch offenen Werklohns zu verweigern, § 634a IV S. 2, V BGB. Handelt es sich dabei nicht nur um den Teil des Werklohns, der ohnehin zu mindern wäre, kann der Unternehmer in einem solchen Fall vom Vertrag zurücktreten, § 634a IV S. 3 BGB.

> **hemmer-Methode:** Vor Verjährungseintritt ist es - ebenso wie beim Kauf bei § 438 IV BGB[769] - bei unbehebbaren Mängeln zweifelhaft, ob es einer Analogie zu § 634a IV S. 2 BGB bedarf. Bei behebbaren Mängel ist jedenfalls die Mängeleinrede § 320 BGB (i.V.m. § 641 III BGB) zu entnehmen.

---

[767] Palandt, § 638, Rn. 13 m.w.N.
[768] Vgl. dazu oben, Rn. 187 ff.
[769] Vgl. beim Kauf, Rn. 258 ff.

§ 2 WERKVERTRAG

Allgemeine Vorschriften hinsichtlich Hemmung und Verjährungsvereinbarungen

6. Hinsichtlich der Verjährungshemmung bzw. des Verjährungsneubeginns bestehen im Werkvertragsrecht wie auch im Kaufrecht keine Spezialregelungen mehr.[770] Vertragliche Verjährungsverkürzungen sind wegen § 202 BGB generell möglich, können jedoch nach § 639 BGB unbeachtlich sein; im Übrigen ist auf § 309 Nr. 7, 8b BGB zurückzugreifen.

Abschlussfall zu den Mängelrechten im Werkvertragsrecht

Bsp.: A beauftragt W mit der Reparatur seiner Heizungsanlage. Bei der Reparatur vergisst W jedoch verschiedene Dichtungsringe, sodass die Heizung Wasser verliert, was A erst nach wenigen Tagen bemerkt. Welche rechtlichen Möglichkeiten hat A gegenüber W?

1. A und W haben wirksam einen Werkvertrag über die Reparatur der Heizung des A geschlossen. Die Reparatur wurde von W jedoch fehlerhaft durchgeführt, was einen Sachmangel i.S.v. § 633 II BGB darstellen könnte.

A und W haben zwar nicht ausdrücklich oder konkludent vereinbart, dass die Heizung nach der Reparatur dicht sei, § 633 II S. 1 BGB. Auch haben sie im Vertrag keine Beschaffenheit gemäß § 633 II S. 2 Nr. 1 BGB vorausgesetzt. Verliert die Heizung nach der Reparatur jedoch Wasser, so weist sie nicht die übliche Beschaffenheit i.S.v. § 633 II S. 2 Nr. 2 BGB auf, die der Besteller erwarten darf.

Es liegt somit ein Sachmangel gemäß § 633 II S. 2 Nr. 2 BGB vor.

Da A die Heizung durch die Ingebrauchnahme konkludent nach § 640 I BGB abgenommen hat, stehen ihm die Rechte aus § 634 BGB zu.

Nach §§ 634 Nr. 1, 635 BGB kann A daher von W **Nacherfüllung** verlangen.

2. Fraglich ist, ob A weitere Rechte zustehen. Die weiteren Mängelrechte nach § 634 Nr. 2 bis 4 BGB setzen grundsätzlich den erfolglosen Ablauf einer angemessenen Frist zur Nacherfüllung voraus; ein Fall unmöglicher Nacherfüllung ist nicht ersichtlich. Eine solche Frist hat A dem W bisher nicht gesetzt. Auch Ausnahmen i.S.v. § 323 II BGB und § 636 BGB sind nicht ersichtlich, insbesondere ist eine Nacherfüllung durch W dem A zumutbar.

3. Möglicherweise kann A jedoch bereits nach §§ 634 Nr. 4, 280 I BGB Schadensersatz verlangen kann. Denn nach § 280 I BGB ist eine vorherige Fristsetzung nicht erforderlich. Es genügt nach § 280 I BGB, wenn W die Pflichtverletzung zu vertreten hat, was hier aufgrund des zumindest fahrlässigen Vergessens der Dichtungsringe der Fall ist, § 276 I BGB, und ohnehin vermutet wird, § 280 I S. 2 BGB. Doch der Schadensersatz über § 280 I BGB erfasst nur den sog. „Begleitschaden", nicht jedoch den Mangelschaden an sich. Die fehlerhafte Reparatur stellt aber einen Mangelschaden dar, der unmittelbar der reparierten Heizung anhaftet. Dieser ist nur nach §§ 280 I, III, 281 I zu ersetzen, wofür jedoch eine Fristsetzung zur Nacherfüllung erforderlich ist.

A ist demnach auf die Nacherfüllung nach §§ 634 Nr. 1, 635 BGB beschränkt. Darüber hinaus kann er die Zahlung der Vergütung nach § 641 III BGB bis zur Beseitigung des Mangels verweigern.

Fortsetzung des Falles: A setzt W daher eine Frist zur Nacherfüllung. Doch dieser bleibt untätig, die Frist verstreicht. Währenddessen ist der Fußboden des A durch das auslaufende Wasser schon derart beschädigt, dass auch hierfür eine Reparatur mit Kosten von 200,- € erforderlich ist. A überlegt sich daher, was er nun unternehmen solle und wie er am besten gegen W vorgehen könne.
Was ist A zu empfehlen?

1. Wegen des Sachmangels kann A nach erfolglosem Ablauf der Frist zur Nacherfüllung zwischen den Rechten aus § 634 BGB wählen. Er hat demnach die Möglichkeit der Selbstvornahme, des Rücktritts oder der Minderung. Daneben kann er Schadensersatz verlangen.

---

[770] Siehe oben, Rn. 196 f.

Darüber hinaus bleibt der Anspruch auf Erfüllung der Leistungspflicht bestehen. Der Ablauf der gesetzten Frist führt nicht zu einem Erlöschen der Primärpflichten.

Da W aber bisher trotz der Aufforderung zur Nacherfüllung untätig geblieben war, ist zweifelhaft, ob es für A vorteilhaft ist, weiterhin auf die Nacherfüllung durch W zu bestehen.

Andererseits liegt es im Interesse des A, dass seine Heizung ordnungsgemäß repariert wird. Um dies zu erreichen, hat er mehrere Möglichkeiten:

a) Zum einen könnte A nach §§ 634 Nr. 3 Alt. 1, 323 I BGB vom Vertrag zurücktreten oder gemäß §§ 634 Nr. 3 Alt. 2, 638 BGB mindern, und sodann einen anderen Werkunternehmer mit der Reparatur der Heizung beauftragen.

Ein solches Vorgehen hat aber den Nachteil, dass A auf diese Weise allein nicht Ersatz für mögliche Mehrkosten verlangen kann, wenn die Reparatur durch einen anderen Unternehmer teurer wäre.

Nach § 325 BGB kann A aber neben dem Rücktritt auch Schadensersatz verlangen. Da es sich insoweit um einen behebbaren Mangelschaden handelt, sind hierfür §§ 634 Nr. 4, 280 I, III, 281 BGB einschlägig. Als sog. kleinen Schadensersatz kann A daher zusätzlich mögliche Mehrkosten einer anderweitigen Reparatur der Heizung verlangen.

b) Es kommt aber auch sofort ein Vorgehen nach §§ 634 Nr. 4, 280 I, III, 281 I BGB in Betracht.

Der Schadensersatzanspruch nach §§ 634 Nr. 4, 280 I, III, 281 I BGB erfasst sowohl den Minderwert der Werkleistung als auch mögliche höhere anderweitige Reparaturkosten.

c) A könnte aber nach erfolglosem Ablauf der Nacherfüllungsfrist auch die Reparatur der Heizung selbst vornehmen bzw. einen anderen Unternehmer mit der Reparatur nach §§ 634 Nr. 2, 637 I BGB beauftragen und die hierfür erforderlichen Kosten (inklusive der erforderlichen Mehrkosten) von W verlangen. Eine berechtigte Verweigerung der Nacherfüllung durch W nach § 635 III BGB liegt nicht vor, vgl. § 637 I BGB a.E.

Nach §§ 634 Nr. 2, 637 III BGB könnte A von W hierfür sogar einen Kostenvorschuss verlangen.

Ein solches Vorgehen wird wohl die für A günstigste Möglichkeit sein. Denn hierdurch wird die Heizung des A baldmöglichst repariert. Die hierfür erforderlichen Kosten bzw. einen Kostenvorschuss kann er von W verlangen.

2. Die Beschädigung des Fußbodens stellt einen Mangelfolgeschaden dar. Einen solchen kann A als Begleitschaden allein nach §§ 634 Nr. 4 Alt. 1, 280 I BGB ersetzt verlangen. Der Ablauf der gesetzten Nachfrist ist hierfür nicht erforderlich.

W hat die Pflichtverletzung auch zu vertreten, § 276 I BGB. Er hat somit den Mangelfolgeschaden zu ersetzen, worunter auch die Reparatur des Fußbodens fällt.

Ergebnis: A ist somit zu raten, die **Reparatur der Heizung** durch einen anderen Werkunternehmer vornehmen zu lassen und die hierfür erforderlichen (Mehr-)Aufwendungen von W zu verlangen, was sowohl nach §§ 634 Nr. 2, 637 I BGB als auch gemäß §§ 634 Nr. 4, 280 I, III, 281 I BGB möglich ist. Gemäß §§ 634 Nr. 2, 637 III BGB kann A von W auch einen Kostenvorschuss verlangen.

Wegen der **Beschädigung des Fußbodens** kann A von W Zahlung von 200,- € gemäß §§ 634 Nr. 4, 280 I BGB verlangen.

E) Weitere Rechte des Bestellers

Neben den Ansprüchen aus Verzug und wegen mangelhafter Leistung steht dem Besteller nach §§ 648, 648a BGB ein Recht zur Kündigung zu.

I. „Freies" Kündigungsrecht nach § 648 BGB

§ 648 S. 1 BGB

Der Besteller kann jederzeit und ohne Angabe von Gründen bis zur Vollendung des Werkes kündigen.

Sinn und Zweck der Regelung ist es, die Fertigstellung eines Werkes zu verhindern, das nicht mehr erwünscht ist. Beim Werkvertrag hat nämlich i.d.R. außer dem Besteller niemand ein Interesse an dem Werk.

hemmer-Methode: Beim Bauvertrag bedarf die Kündigung gem. § 650h BGB der Schriftform.

§ 648 S. 2 BGB

Kündigt der Besteller, so wird das Vertragsverhältnis für die Zukunft aufgehoben. Der Unternehmer ist nicht zur Fertigstellung verpflichtet. Dem Werkunternehmer schadet zudem § 648 BGB nicht, da es ihm zumeist um die Bezahlung geht und er diese gemäß § 648 S. 2 BGB auch erhält, obwohl er das Werk nicht fertigstellen muss. Nach § 648 S. 3 BGB wird vermutet, dass dem Unternehmer 5 % der auf den noch nicht erbrachten Teil der Werkleistung entfallenden vereinbarten Vergütung zustehen.

hemmer-Methode: § 648 BGB enthält also kein Rücktrittsrecht, eine Rückabwicklung nach den §§ 346 ff. BGB findet nicht statt!

Anrechnung ersparter Aufwendungen des Unternehmers

Der Werkunternehmer muss sich aber auf den Vergütungsanspruch ersparte Aufwendungen anrechnen lassen, d.h. er muss alles abziehen, was er infolge der Vertragsaufhebung nicht mehr erbringen muss.

Bsp.: Ersparte Materialkosten, ersparte Arbeitskraft etc.

Der Werkunternehmer soll also den „Reingewinn" erhalten, den er bei Durchführung des Vertrages verbucht hätte.

Vergütungspauschalen

Da dieser „Reingewinn" in der Praxis sehr schwierig zu berechnen ist, wird der um ersparte Aufwendungen gekürzte Vergütungsanspruch oft schon bei Vertragsschluss pauschal festgelegt. Meist geschieht dies in den AGBen des Werkunternehmers.

Bsp.: Bei Kündigung des Bestellers muss dieser 30 % der vereinbarten Vergütung bezahlen.

Pauschalierung in AGBen

Eine derartige Pauschalierung in AGBen ist nach der Rechtsprechung zulässig, wenn sich der Werkunternehmer keine unangemessenen Vorteile versprechen lässt, § 308 Nr. 7 BGB. Außerdem muss dem Besteller die Möglichkeit erhalten bleiben, nachzuweisen, dass die ersparten Aufwendungen tatsächlich höher gewesen sind, § 309 Nr. 5b BGB, er also weniger zahlen muss.[771]

---

[771] Sowohl § 308 Nr. 7 BGB als auch § 309 Nr. 5 BGB sind wertungsmäßig grundsätzlich auch im Verkehr zwischen Unternehmern gem. §§ 307, 310 I S. 2 HS 2 BGB anzuwenden.

Bsp.: Unangemessene Vorteile lässt sich der Unternehmer dann nicht versprechen, wenn sich die Pauschale an der Berechnungsweise des § 648 BGB orientiert. Es ist im Einzelfall u.U. zugrunde zu legen, welchen „Reingewinn" ein Unternehmer derselben Branche bei einem derartigen Werk hat. Die Klausel ist dabei zulässig, wenn sie sich einigermaßen im Rahmen der Lebenserfahrung hält.[772]

Unzulässig wäre eine Klausel, gemäß welcher der Besteller „mindestens 2 %" zahlen muss. Dadurch wäre diesem der Gegenbeweis bis zu dieser Höhe nämlich abgeschnitten.[773]

II. Kündigung aus wichtigem Grund nach § 648a BGB

§ 648a BGB

Mit Wirkung zum 01.01.2018 neu eingeführt wurde mit § 648a BGB ein Recht zur fristlosen Kündigung aus wichtigem Grund.

hemmer-Methode: Ein solches wurde von der Rechtsprechung nur für den i.d.R. auf längere Erfüllungszeit angelegten Bauvertrag anerkannt, aber nicht für den „einfachen" Werkvertrag. Herangezogen wurde hierfür das Kündigungsrecht aus § 314 BGB.

§ 648a I BGB legt nun fest, dass bei **allen** Werkverträgen beiden Vertragsparteien das Recht zusteht, den Vertrag aus wichtigem Grund ohne Einhaltung einer Frist zu kündigen.

hemmer-Methode: Beim Bauvertrag bedarf die Kündigung gem. § 650h BGB der Schriftform.

Teilkündigung, § 648a II BGB

§ 648a II BGB ermöglicht eine Teilkündigung, die angesichts der oftmals gebündelten unterschiedlichen Leistungen häufig sinnvoll ist. Die Teilkündigung muss sich auf einen „abgrenzbaren Teil des geschuldeten Werks" beziehen.[774] Entscheidend ist, dass die Vertragspartner eine klare Abgrenzung der von der Teilkündigung erfassten und der danach noch von einem anderen Werkunternehmer zu erbringenden Leistungen vornehmen können und der von der Kündigung betroffene Unternehmer in der Lage ist, die von ihm noch geschuldeten Leistungen ohne Beeinträchtigung zu erbringen.

Vorrang der Abmahnung; Erklärung innerhalb angemessener Frist, §§ 648a III, 314 II, III BGB

§ 648a III BGB verweist auf § 314 II, III BGB. Daher ist gegenüber der Kündigung die Abmahnung vorrangig. Außerdem muss die Kündigung innerhalb einer angemessenen Frist nach Kenntnis des wichtigen Grundes erklärt werden; anderenfalls ist die fristlose Kündigung unwirksam.

Anders als bei § 648 BGB nur Teilvergütungspflicht, § 648a V BGB

§ 648a V BGB regelt die Folgen der Kündigung für die vereinbarte Vergütung. Danach hat der Unternehmer – anders als bei einer „freien" Kündigung nach § 648 BGB – nur einen Anspruch auf die Vergütung, die auf das bis zur Kündigung erbrachte „Teilwerk" entfällt.

hemmer-Methode: Das Verfahren zur Feststellung des bisherigen Leistungsstandes ist in § 648a IV BGB geregelt.

Daneben Schadensersatz statt der Leistung, § 648a VI BGB

Durch § 648a VI BGB wird klargestellt, dass neben der außerordentlichen Kündigung das Recht besteht, Schadensersatz zu verlangen. Ein solcher Anspruch besteht, wenn der wichtige Grund, der Anlass für die Kündigung war, von einer Partei schuldhaft herbeigeführt worden ist. Bezug genommen wird dadurch auf den Schaden, der durch das Ausbleiben der Werkleistung entsteht, also auf den Schadensersatz statt der Leistung gem. §§ 280 I, III, 281 BGB.

---

[772] Vgl. allgemein Palandt, § 308, Rn. 37 ff.

[773] Vgl. BGH, DB 1985, 1286 = **juris**byhemmer zu § 11 Nr.5 AGBG.

[774] **Hinweis für Praktiker:** Das Abgrenzungskriterium unterscheidet sich von dem Abgrenzungskriterium der Teilkündigung in § 8 Absatz 3 VOB/B. Der dort verwendete Begriff des „in sich abgeschlossenen Teils der Leistung" stellt eine unnötig hohe Hürde für die Vertragspartner dar.

F) Weitere Rechte des Werkunternehmers

Neben dem Anspruch auf Zahlung der vereinbarten oder angemessenen Vergütung steht dem Werkunternehmer zur Sicherung seiner Forderungen aus dem Vertrag auch ein Werkunternehmerpfandrecht nach § 647 BGB und zur Gewährleistung einer ordentlichen Vertragsdurchführung ein Kündigungsrecht gemäß § 643 BGB zu.

I. Werkunternehmerpfandrecht, § 647 BGB

Gesetzliches Pfandrecht des Unternehmers

Zur Sicherung aller Forderungen, die dem Unternehmer aufgrund des Werkvertrages entstehen, hat er gemäß § 647 BGB ein gesetzliches Pfandrecht an den von ihm hergestellten oder ausgebesserten beweglichen Sachen des Bestellers, wenn sie bei der Herstellung oder zum Zweck der Ausbesserung in seinen Besitz gelangt sind.

Keine Anwendbarkeit auf den Werklieferungsvertrag, § 650 BGB

§ 647 BGB gilt nicht beim „Werklieferungsvertrag" nach § 650 BGB. Auch dieser betrifft bewegliche Sachen. Der entscheidende Unterschied besteht jedoch darin, dass bei § 650 BGB der Unternehmer zudem zur Lieferung der hergestellten beweglichen Sachen verpflichtet ist, also zusätzlich zur Eigentumsverschaffung.

hemmer-Methode: Für die Falllösung ist daher eine genaue Abgrenzung und Ausarbeitung des Vertragstyps unerlässlich. Nur so wenden Sie die richtigen Vorschriften an und kommen zu einer vernünftigen Lösung.

1. Voraussetzungen

Voraussetzungen

⇨ Bestehen einer Forderung des Werkunternehmers aus dem WerkV
⇨ Besitz des Werkunternehmers an einer beweglichen Sache **des Bestellers**
⇨ Besitzerlangung bei der Herstellung oder zum Zwecke der Ausbesserung
⇨ Kein Erlöschen des Pfandrechts

Vertragliche Forderung

Vertragliche Forderungen im Sinne des § 647 BGB sind alle Forderungen aus dem Werkvertrag. Dies ist in erster Linie der Vergütungsanspruch des Werkunternehmers, weiterhin aber auch der Entschädigungsanspruch gemäß § 642 BGB, der Anspruch gemäß §§ 645 I, 326 II S. 1 Alt. 1 BGB und alle Schadensersatzansprüche gemäß §§ 280 ff. BGB.[775] § 647 BGB gilt dagegen nicht für außervertragliche Ansprüche.

Bewegliche Sache

Das Pfandrecht kann nur an einer beweglichen Sache des Bestellers entstehen.

hemmer-Methode: Für Bauwerke im Rahmen eines Bauvertrages (§§ 650a ff. BGB) gelten die §§ 650e, 650f BGB, die in der Praxis extrem, in der Klausur aber kaum relevant sind.

des Bestellers

Die Sache muss eine solche des Bestellers sein, d.h. sie muss im Eigentum des Bestellers stehen.[776]

---

[775] Palandt, § 647, Rn. 2.
[776] BGHZ 34, 153 - 158.

Gutgläubiger Erwerb möglich?	Aufgrund der Tatsache, dass der Unternehmer ein großes wirtschaftliches Interesse an dem Pfandrecht hat, wird diskutiert, ob ein gutgläubiger Erwerb des Unternehmerpfandrechts möglich ist.

Bsp.: B hat bei E ein Motorrad unter Eigentumsvorbehalt erworben, wobei die beiden vereinbart haben, dass B alle Schäden auf eigene Kosten reparieren lassen muss. Noch vor Abzahlung der Raten gibt B das Motorrad zu U in die Werkstatt, damit dieser einen Schaden repariert.

Da B kein Geld mehr hat, stellt er die Ratenzahlung an E ein und holt auch das Motorrad nicht ab, da er die Rechnung des U nicht bezahlen kann. E tritt nach Fristsetzung vom Kaufvertrag mit B zurück und verlangt von U die Herausgabe des Motorrades. U will das Motorrad jedoch nur herausgeben, wenn E die Bezahlung des Werklohnes übernimmt.

Kann E das Motorrad nach § 985 BGB herausverlangen, obwohl er die Zahlung verweigert?

E könnte gemäß § 985 BGB einen Anspruch auf Herausgabe des Motorrades haben, wenn er Eigentümer wäre und U das Motorrad ohne ein Recht zum Besitz in Besitz hätte.

1. Eigentum des E

Eigentum des E (+)	E hat B das Motorrad nur unter der aufschiebenden Bedingung übereignet, dass dieser den vollen Kaufpreis bezahlt, §§ 929 S. 1, 158 I, 449 I BGB. Da dies jedoch noch nicht geschehen ist, ist E noch Eigentümer des Motorrades.
Besitz des U (+)	2. Besitz des U ist gegeben.

3. Weiterhin darf U kein Recht zum Besitz haben.

Abgeleitetes Besitzrecht wegen Rücktritt (-)	a) Ein von B abgeleitetes Besitzrecht entfällt, da dessen Recht seit dem Rücktritt des E untergegangen ist. Ob aus dem Anwartschaftsrecht ein Recht zum Besitz folgt, kann somit dahinstehen, da dieses Anwartschaftsrecht mit dem Rücktritt des E untergegangen ist.
Eigenes Besitzrecht?	b) Fraglich ist jedoch, ob U ein eigenes Besitzrecht hat.

Dieses könnte sich aus einem Werkunternehmerpfandrecht ergeben, § 647 BGB. Allerdings war B niemals Eigentümer des Motorrades. Fraglich ist deshalb, ob man E als Besteller ansehen kann.

aa) Eine Verpflichtungsermächtigung analog § 185 I BGB scheidet aus. B - und nicht E - ist als Besteller i.S.d. § 647 BGB anzusehen.

Verpflichtungsermächtigung (-)	Die Verpflichtungsermächtigung ist die Verpflichtung eines anderen in eigenem Namen. Sie wird von der ganz h.M. als unzulässig abgelehnt[777], denn sie umgeht das Offenkundigkeitsprinzip der §§ 164 ff. BGB und ist neben dem Institut der Stellvertretung überflüssig. Im Übrigen kommt es auf die Zulässigkeit dieser Konstruktion hier gar nicht an, denn E wollte aus der Reparatur gerade nicht selbst verpflichtet werden. Als Besteller kann daher nur B angesehen werden, dem das Motorrad aber nicht gehörte.

hemmer-Methode: Unstreitig ist, dass zunächst auch das Anwartschaftsrecht des B von § 647 BGB erfasst wird, denn insofern ist B Berechtigter. Hier zeigt sich aber wieder die Schwäche des Anwartschaftsrechts, die aus seiner schuldrechtlichen Abhängigkeit resultiert. Mit dem Rücktritt des Vorbehaltsverkäufers entfällt der ursprüngliche Erfüllungsanspruch, der Bedingungseintritt ist nicht mehr möglich, das Anwartschaftsrecht und mit ihm das gesetzliche Pfandrecht erlischt.

---

[777] Medicus/Petersen, BR, Rn. 29.

bb) Daher will eine Ansicht[778] die Entstehung des Werkunternehmerpfandrechts mit einer entsprechenden Anwendung des § 185 I BGB bejahen.

Wenn E den B durch Vertrag verpflichtet, das Motorrad reparieren zu lassen, habe er damit in die Begründung eines Werkunternehmerpfandrechts eingewilligt. Der Unternehmer erwerbe hier ein Werkunternehmerpfandrecht nicht kraft guten Glaubens, sondern aufgrund der Einwilligung des Eigentümers.

§ 185 I BGB entsprechend (-), da schon keine Einwilligung

Zwar setzt § 185 BGB ein rechtsgeschäftliches Handeln voraus, woran es bei der Begründung des gesetzlichen Werkunternehmerpfandrechtes gerade fehlt. Dagegen spricht jedoch, dass gesetzliche Pfandrechte nur typisierte vertragliche Pfandrechte sind.

Trotzdem muss dieser Weg abgelehnt werden, denn die Vereinbarung im Vertrag zeigt gerade deutlich, dass E nicht derjenige sein wollte, der letztlich die Kosten zu tragen hat, sodass eine Einwilligung i.S.d. § 185 I BGB ausscheidet.

cc) Nach a.A. hat U das Werkunternehmerpfandrecht gutgläubig erworben, weil er an das Eigentum und die Rechtsmacht des B glaubte.[779] Diese Ansicht stellt das gesetzliche Pfandrecht auch hinsichtlich der Entstehungsvoraussetzungen dem vertraglichen Pfandrecht gleich.

Gutgläubiger Erwerb des Pfandrechts (-)

dd) Nach ganz h.M. ist die Möglichkeit des gutgläubigen Erwerbs eines gesetzlichen Pfandrechtes jedoch abzulehnen.[780]

Dies folgt zunächst einmal aus dem Wortlaut des § 1257 BGB. Dieser spricht nur von einer Gleichstellung bereits entstandener Pfandrechte. Hinsichtlich der Entstehung gilt diese Verweisung gerade nicht.

Weiterhin spricht die Regelung des § 366 III HGB dafür, dass der gutgläubige Erwerb eines gesetzlichen Pfandrechts gerade nur im Handelsverkehr möglich sein soll. Auch ist zu berücksichtigen, dass ein gutgläubiger Erwerb einen Rechtsscheinsträger voraussetzt.

Der gesetzliche Erwerb knüpft demgegenüber nicht an einen solchen an, sodass dieser Gesichtspunkt ebenfalls gegen die Möglichkeit eines gutgläubigen Erwerbs spricht.

Recht zum Besitz (-)

Zwischenergebnis: Ein Recht zum Besitz des U gegenüber E besteht nicht.

Aber ZBR nach § 1000 BGB

4. U könnte jedoch ein **Zurückbehaltungsrecht** gemäß §§ 1000, 994 I BGB gegenüber E haben.

Dann müsste U Verwendungen auf das Motorrad gemacht haben, während er dasselbe unberechtigt im Besitz hatte.

Nach dem sachbezogenen Verwendungsbegriff des BGH ist eine Verwendung vorliegend zu bejahen, da lediglich festgestellt werden muss, ob das Besitzobjekt verbessert wurde. Dies ist vorliegend der Fall. Da die Reparatur für den Erhalt erforderlich war, lag eine notwendige Verwendung durch einen gutgläubigen und unverklagten unrechtmäßigen Besitzer vor, § 994 I S. 1 BGB.[781]

Fraglich ist aber, ob U überhaupt als Verwender anzusehen ist. Hier wird eingewandt, dass eine Reparatur durch einen Werkunternehmer nicht als Verwendung *durch diesen* auf den Werkgegenstand angesehen werden kann, da der Werkunternehmer primär seiner Vertragspflicht gegenüber dem Besteller nachkommen will. Mithin ist der Besteller als Herr des Verwendungsvorganges auch Verwender (insoweit unstrittig).

---

[778] Medicus/Petersen, BR, Rn. 594.
[779] Vgl. Palandt, § 1257, Rn. 2 m.w.N.
[780] BGHZ 34, 122 - 134; BGHZ 87, 274 - 281 (280) = **juris**byhemmer; BGH, NJW 1992, 2570 - 2575 (2574); Palandt, § 647, Rn. 3 und Palandt, § 1257, Rn. 2 m.w.N.
[781] Problematisch ist dabei, dass U die Verwendung nicht auf eigene Rechnung, sondern auf die des B machte! Vgl. dazu Medicus/Petersen, BR, Rn. 591.

Trotzdem sieht der BGH *auch* den Werkunternehmer als Verwender an.[782] Der Werkunternehmer ist genauso schutzwürdig wie derjenige, der im eigenen Interesse Aufwendungen auf die Sache macht.

> **hemmer-Methode:** Gegen diese Rechtsprechung wird eingewendet, dass der Werkunternehmer gegen den Besteller einen Anspruch auf Bezahlung des Werklohnes hat. Dass der Besteller „pleite" ist, kann daran nichts ändern, da jeder das Insolvenzrisiko seines Vertragspartners trägt.

Sieht man nach der (bedenklichen) Ansicht des BGH den Werkunternehmer als Verwender an, so soll dem Zurückbehaltungsrecht nach § 1000 BGB nach (wiederum umstrittener) Ansicht des BGH[783] auch der Umstand nicht entgegenstehen, dass U die Verwendungen zu einem Zeitpunkt gemacht hat, als er noch berechtigter Besitzer war. Denn insoweit darf der zunächst berechtigte Besitzer nicht schlechter stehen als der von Anfang an unberechtigte Besitzer (sehr str.).

Ergebnis: U ist demnach zur Herausgabe des Motorrades an E nur Zug um Zug gegen Ersatz der gemachten Verwendungen verpflichtet.

> **hemmer-Methode:** Der eigentlichen Intention des § 647 BGB entspricht dieses Ergebnis nicht. Hier hat die Realität das BGB überholt. Wem gehört heute schon noch das Auto, das er fährt?
> Die Praxis behilft sich aus diesem Grunde häufig mit einem vertraglichen Pfandrecht des Werkunternehmers in dessen AGBen. Da dieses Pfandrecht ein rechtsgeschäftliches ist, kann es auch an Sachen Dritter erworben werden, § 1207 BGB.
> Allerdings wird nach absolut überzeugender Lit. vertreten, dass derartige AGBen gegen § 307 BGB verstoßen, da sie nur für den Fall des Nichteigentums des Bestellers eine Rolle spielen (sonst: § 647 BGB!) und den Besteller damit in eine Schadensersatzpflicht gegenüber dem Eigentümer drängen.

Erlöschen des Werkunternehmerpfandrechts

Das Unternehmerpfandrecht erlischt wie das vertragliche Pfandrecht gemäß § 1257 BGB i.V.m. §§ 1242, 1252, 1255, 1256 BGB.

Erlöschensgründe bei Pfandrechten:

⇨ durch **Pfandverkauf**, §§ 1257, 1242 BGB,

⇨ wenn die **Forderung** z.B. aus dem Werkvertrag **erlischt**, §§ 1257, 1252 BGB,

⇨ **Rückgabe** der Sache, §§ 1257, 1253 I S. 1 BGB,

⇨ wenn es **aufgehoben** wird, §§ 1257, 1255 BGB,

⇨ wenn der Werkunternehmer **Eigentümer** der Sache wird, §§ 1257, 1256 BGB.

Weiterhin ist ein Erlöschen gemäß §§ 936 I, 932 II BGB möglich, wenn ein Dritter das Eigentum an der Sache erwirbt und dabei gutgläubig hinsichtlich des Nichtbestehens eines Pfandrechts ist, § 936 I BGB, und die Sache dem Werkunternehmer nicht abhandengekommen ist, § 935 BGB analog.

2. Rechtsfolgen

Rechte des Inhabers des Unternehmerpfandrechts

Der Inhaber eines Werkunternehmerpfandrechtes hat gemäß § 1257 BGB die Rechte des Gläubigers eines vertraglichen Pfandrechtes.

---

[782] BGHZ 34, 122; BGHZ 51, 250.
[783] BGHZ 34, 122 - 134.

Er darf die Sache z.B. gemäß §§ 1228 ff. BGB verwerten. Außerdem kann er im Fall der Zwangsvollstreckung durch einen nachrangigen Pfandgläubiger gemäß § 805 ZPO vorzugsweise Befriedigung verlangen.

> **hemmer-Methode:** Als zum Besitz befugter Pfandrechtsinhaber kann der Werkunternehmer allerdings auch die Drittwiderspruchsklage gem. § 771 ZPO erheben, wenn ihm die Sache im Rahmen einer Zwangsvollstreckungsmaßnahme weggenommen wurde.
> Lesen Sie hierzu Hemmer/Wüst, ZPO II, Rn. 283 ff.

II. Kündigungsrecht des Werkunternehmers, § 643 BGB

§ 643 BGB: Kündigungsrecht des Unternehmers

Der Werkunternehmer kann den Vertrag gemäß § 643 BGB kündigen, wenn der Besteller eine erforderliche Mitwirkungshandlung unterlassen hat und diese auch bis zum Ablauf einer durch Kündigungsandrohung gesetzten Frist nicht nachholt. Der Vertrag gilt bei Verstreichen der Frist als aufgehoben, § 643 S. 2 BGB.

> **hemmer-Methode:** Bei § 643 BGB geht es nicht um Leistungsstörungsrecht, da die Möglichkeit der Kündigung nicht von einer Pflichtverletzung des Bestellers abhängig ist. Die Mitwirkung nach § 642 BGB ist keine Pflicht, sondern lediglich eine Obliegenheit des Bestellers.

Der Unternehmer hat dann gemäß § 645 I S. 2 BGB einen Anspruch auf einen der geleisteten Arbeit entsprechenden Teil der Vergütung, § 645 I S. 1 BGB entsprechend.

III. Kündigung aus wichtigem Grund nach § 648a BGB

§ 648a BGB

Mit Wirkung zum 01.01.2018 neu eingeführt wurde mit § 648a BGB ein Recht zur fristlosen Kündigung aus wichtigem Grund. § 648a I BGB legt nun fest, dass bei **allen** Werkverträgen beiden Vertragsparteien das Recht zusteht, diesen aus wichtigem Grund ohne Einhaltung einer Frist zu kündigen.

> **hemmer-Methode:** Lesen Sie dazu nochmals die Rn. 584.

G) VOB/B-Vertrag[784]

Vertrags- und Vergabeordnung

Der VOB-Vertrag ist ein Werkvertrag, dem die Vertrags- und Vergabeordnung für Bauleistungen zugrunde liegt. Diese enthält zahlreiche Sonderbestimmungen gegenüber dem Werkvertragsrecht, sodass bei Vorliegen eines VOB-Vertrages auf die abweichenden Regelungen geachtet werden muss.

> **hemmer-Methode:** Zum Bauvertrag (§§ 650a ff. BGB) vgl. die Rn. 606 am Ende dieses Skripts.

Die Vertrags- und Vergabeverordnung für Bauleistungen Teil B (VOB/B) regelt als Allgemeine Geschäftsbedingung das private Baurecht zwischen Auftraggeber und Bauunternehmer, wenn die Geltung der VOB/B wirksam in den Vertrag einbezogen wurde.

---

[784] Zur VOB/B vgl. Schönfelder-Ergänzungsband Nr. 32c.

Privilegierung bei Einbeziehung der VOB/B im Ganzen?

Wird die VOB/B in den Vertrag **insgesamt** einbezogen, so sollte nach früherer Rechtsprechung des BGH keine Inhaltskontrolle anhand der §§ 307 bis 309 BGB stattfinden. Diese auf richterliche Fortbildung gegründete sogenannte Privilegierung der VOB/B ist bei Verwendung der VOB/B gegenüber Verbrauchern nach zutreffender neuer Auffassung des BGH jedoch nicht gerechtfertigt. Denn ein maßgeblicher Gesichtspunkt für diese Privilegierung ist der Umstand, dass die VOB/B vom Beklagten unter Mitwirkung der Auftragnehmer- und der Auftraggeberseite erarbeitet wird und daher beide Seiten die Möglichkeit haben, ihre jeweiligen Interessen zu vertreten und ihnen Geltung zu verschaffen. Dies trifft für die in aller Regel geschäftlich nicht erfahrenen und damit besonders schutzbedürftigen Verbraucher nicht zu.[785]

Bei Verbraucherverträgen nicht (mehr)

Diese Rechtsprechung wurde durch das am 01.01.2009 in Kraft getretenen Forderungssicherungsgesetz nun auch im BGB aufgenommen.[786] Die in § 309 Nr. 8b ff) HS 2 BGB enthaltenen Restprivilegierung der VOB/B wurde für Verbraucherverträge gestrichen, sodass in Zukunft die einzelnen Klauseln der VOB/B einer AGB-Kontrolle unterzogen werden.

Bei Unternehmerverträgen ist § 310 I S. 3 BGB zu beachten

Damit die Privilegierung der insgesamt einbezogenen VOB/B gegenüber einem Unternehmer erhalten bleibt, wurde in § 310 I S. 3 BGB geregelt, dass auf Verträge gegenüber einem Unternehmer, in die die VOB/B insgesamt einbezogen ist, in Bezug auf eine Inhaltskontrolle einzelner Bestimmungen § 307 I, II BGB keine Anwendung findet.

H) Anwendbarkeit des Kaufrechts, § 650 BGB[787]

Werklieferungsvertrag, § 650 BGB

Wegen der Verweisung auf kaufrechtliche Vorschriften in § 650 BGB wird der Anwendungsbereich des reinen Werkvertrages stark eingeschränkt.

I. Voraussetzungen

Voraussetzungen

Ein Werklieferungsvertrag ist gegeben, wenn der Werkunternehmer zur Lieferung herzustellender oder zu erzeugender beweglicher Sachen verpflichtet ist, § 650 S. 1 BGB.

Lieferung = Übereignung, § 929 BGB

hemmer-Methode: Mit Lieferung ist nicht gemeint, dass es sich um eine Bringschuld handeln muss. § 650 BGB findet auch bei Hol- und Schickschulden Anwendung.
Unter Lieferung i.S.d. § 650 BGB ist - ebenso wie in § 309 Nr. 8b BGB - die Übereignung gem. § 929 BGB zu verstehen.

Herstellung, Erzeugung und Eigentumsverschaffung

Der Unternehmer ist hierbei verpflichtet, dem Besteller das fertiggestellte Werk zu übergeben und ihm das Eigentum zu verschaffen.

Bewegliche Sache

Bei dem hergestellten oder erzeugten Werk muss es sich um eine bewegliche Sache handeln.

Auch bei Lieferung und Herstellung von Bauteilen für ein Bauwerk

Auch Verträge, die die Lieferung von herzustellenden beweglichen Bau- oder Anlagenteilen zum Gegenstand haben, sind nach Maßgabe des § 650 BGB nach Kaufrecht zu beurteilen. Die Zweckbestimmung der Teile, in Bauwerke eingebaut zu werden, rechtfertigt keine andere Beurteilung.

---

[785] BGH, **Life&Law 10/2008, 709** = BGHZ 178, 1 - 16 = **juris**byhemmer.
[786] Vgl. dazu **Life&Law 01/2009, 68 - 70**.
[787] Vgl. bereits oben, Rn. 490.

Eine andere Beurteilung ist selbst dann nicht gerechtfertigt, wenn Gegenstand des Vertrages auch Planungsleistungen sind, die der Herstellung der Bau- und Anlagenteile vorauszugehen haben und nicht den Schwerpunkt des Vertrages bilden.[788]

Beim gewöhnlichen Werkvertrag nach § 631 BGB liefert grundsätzlich der Besteller den Stoff zur Herstellung des Werkes. I.d.R. wird er ihm (oder einem Dritten) gehören, sodass eine Übereignung von dem Werkunternehmer an ihn nicht nötig (oder nicht möglich) ist.

Beim Werklieferungsvertrag i.S.d. § 650 BGB kommt es nicht darauf an, wer den Stoff liefert, vgl. § 650 S. 2 BGB. Regelmäßig wird dies aber der Unternehmer sein.

Beispiele: B bringt seinen in Italien gekauften Stoff zum Schneider, damit dieser ihm einen Anzug anfertigt.

hemmer-Methode: Der Werklieferungsvertrag enthält somit zum einen die Verpflichtung zur Herstellung bzw. Erzeugung eines Werkes (werkvertragliches Element), zum anderen die Verpflichtung zur Eigentumsverschaffung/Lieferung (kaufrechtliches Element).

II. Rechtsfolgen

Rechtsfolge: Kaufrecht

Welche Rechte und Pflichten die Parteien eines Werklieferungsvertrages haben, ist durch eine Verweisung auf das Kaufrecht geregelt.

hemmer-Methode: Wichtig ist dabei insbesondere, dass natürlich auch die Vorschriften zum Verbrauchsgüterkauf zur Anwendung kommen.

Entscheidend ist alleine, dass es sich um eine bewegliche Sache handelt. Zunächst unerheblich ist, ob es sich um eine vertretbare oder nicht vertretbare Sache i.S.v. § 91 BGB handelt.

Bsp.: A soll B ein Brautkleid nach deren Vorstellungen fertigen. Er soll dabei den Stoff und alles, was er benötigt, selbst besorgen.[789] Aufgrund welcher Norm erhält er sein Geld?

A könnte einen Anspruch gemäß § 631 I BGB auf Entrichtung der vereinbarten Vergütung haben, wenn es sich um einen Werkvertrag i.S.v. § 631 BGB handelt.

A hat sich zur Herstellung eines Brautkleides verpflichtet. Der Vertrag enthält somit ein werkvertragliches Element.

Bei dem Brautkleid handelt es sich jedoch um eine bewegliche Sache, die A der B zudem übereignen, d.h. liefern soll (= kaufrechtliches Element).

Es liegt somit ein Werklieferungsvertrag i.S.v. § 650 BGB vor. Richtige Anspruchsgrundlage ist folglich § 433 II BGB i.V.m. § 650 S. 1 BGB.

Werkvertragsrecht nur ergänzend, § 650 S. 3 BGB

Die Unterscheidung zwischen vertretbaren und nicht vertretbaren Sachen spielt nur eine Rolle für die Frage, ob werkvertragliche Regelungen ergänzend neben kaufrechtlichen Vorschriften anzuwenden sind, vgl. § 650 S. 3 BGB.

---

[788] Vgl. dazu BGH, **Life&Law 11/2009, 726 - 731** = NJW 2009, 2877 - 2880 = **juris**byhemmer.

[789] Dies ist wegen § 650 S. 2 BGB aber keine zwingende Voraussetzung für einen Werklieferungsvertrag.

> **hemmer-Methode:** Bei nicht vertretbaren Sachen sind nach § 650 S. 3 BGB werkvertragliche Vorschriften nur ergänzend anzuwenden. D.h. das Werkvertragsrecht tritt dann neben das Kaufrecht, nicht an dessen Stelle. Zusätzlich erfahren die anwendbaren Vorschriften eine Modifikation, sodass an Stelle der Abnahme die kaufrechtlichen Gefahrübergangsregeln der §§ 446, 447 BGB gelten, § 650 S. 3 BGB.

Nicht vertretbare Sache

Nicht vertretbare Sachen sind solche, die den speziellen Bestellerwünschen angepasst sind, die ihrer Art nach individuelle Merkmale besitzen und nicht beliebig austauschbar sind, dem Unternehmer also auch nicht einfach von jemand anderem als dem Besteller abgenommen werden, bei keinem anderen absetzbar sind, nicht „weiterverkauft" werden können.

> *Beispiele:* Speziell für die Küche des Bestellers gefertigte Eckbank, Maßanzug, Bauarbeiten, Werbefilm.

Vertretbare Sache

Vertretbare Sachen im Sinne der kaum brauchbaren Legaldefinition des § 91 BGB sind demgegenüber solche, die nach Zahl, Maß und Gewicht bestimmt zu werden pflegen. Sie sind also, verständlicher gesagt, leicht anderweitig absetzbar und von speziellen Bestellerwünschen unabhängig.

> *Bsp.:* Obiger Fall, nur verweigert B die Anprobe des Brautkleids. Was kann A dagegen unternehmen?

Es liegt ein Werklieferungsvertrag i.S.v. § 650 S. 1 BGB vor, vgl. oben, worauf Kaufrecht anzuwenden ist.

Im Kaufrecht findet sich jedoch keine Regelung bei fehlender Mitwirkung des Käufers bei der Herstellung der Sache. Nach § 650 S. 3 BGB finden allerdings bei einem Werklieferungsvertrag über nicht vertretbare Sachen unter anderem auch die §§ 642, 643 BGB ergänzende Anwendung, mit der Maßgabe, dass an die Stelle der Abnahme der nach den §§ 446, 447 BGB maßgebliche Zeitpunkt des Gefahrübergangs tritt.

Ein maßgeschneidertes Brautkleid ist nicht beliebig an andere Personen absetzbar, da es den speziellen Wünschen und dem individuellen Körperbau der Bestellerin angepasst ist. Es liegt demnach eine nicht vertretbare Sache vor.

Nach **§ 642 BGB i.V.m. §§ 650 S. 3, 446 S. 3 BGB** kann A daher von B eine angemessene Entschädigung verlangen, da sich diese durch die Weigerung der Anprobe nach §§ 293 ff. BGB im Annahmeverzug befindet.

Zudem kann A der B nach **§ 643 BGB i.V.m. § 650 S. 3 BGB** zur Vornahme der Mitwirkungshandlung eine angemessene Frist setzen mit der Androhung, den Vertrag bei erfolglosem Ablauf der Nachfrist zu kündigen.

Die werkvertraglichen Regelungen treten hierbei an die Seite der kaufrechtlichen Vorschriften.

> **hemmer-Methode:** Zu beachten ist noch, dass § 381 II HGB die Vorschriften über den Handelskauf auch für Werklieferungsverträge für anwendbar erklärt, wodurch ein Gleichlauf mit den Vorschriften des BGB gewährt wird. Insbesondere trifft den Besteller also die Untersuchungs- und Rügeobliegenheit des § 377 HGB.[790] Allerdings ist es fraglich, wozu es der Regelung des § 381 II HGB überhaupt bedarf, da auf den Werklieferungsvertrag die Vorschriften über den Kauf Anwendung finden und damit ja auch § 377 HGB.

---

[790] Vgl. bereits Rn. 371 ff.

III. Sonderproblem: Software-Vertrag

Fraglich und umstritten ist die Anwendung der Vorschriften über den Werkvertrag bei der Überlassung von Software. Auf Basis der h.M. ist danach zu differenzieren, ob es sich um Standardsoftware, um Individualsoftware oder um an die speziellen Kundenbedürfnisse besonders angepasste Standardsoftware handelt.

1. Lieferung von Standardsoftware

Kaufrecht bei Lieferung von Standardsoftware

Auf die Lieferung von Standardsoftware – also solcher Software, die vorgefertigt dem Erwerber gegen einmaliges Entgelt auf Dauer zu freier Verfügung überlassen wird – sind die **kaufrechtlichen** Vorschriften anwendbar. Es handelt sich um den Kauf eines sonstigen Gegenstandes i.S.v. § 453 I Alt. 2 BGB, auf den ausnahmsweise auch § 434 BGB Anwendung findet.[791]

Ein Rechtsmangel kommt allein dann in Betracht, wenn ein nicht lizenziertes Programm ausgeliefert wird. Der Verkäufer hat in diesem Fall nicht die Nebenpflicht, den Käufer in die verkauften Programme einzuweisen, es sei denn, er hat sich im Kaufvertrag hierzu bereit erklärt.[792]

Ob eine Beratungspflicht hinsichtlich der Verwendbarkeit des gewünschten Programms besteht – bei deren Verletzung sich ein Schadensersatzanspruch aus §§ 311 II, 280 I BGB (c.i.c.) ergeben kann – hängt letztlich von der Sachkenntnis des Kunden ab.

Konnte der Verkäufer erkennen, dass der Käufer nur laienhafte Kenntnisse hat, so ist er verpflichtet, ihn bei der Auswahl eines seinen Bedürfnissen entsprechenden Programms zu unterstützen.[793]

„Ablieferung" umstritten

Wann bei Standardsoftwareprogrammen „Ablieferung" i.S.v. § 438 II BGB vorliegt, ist umstritten. Während nach einer Ansicht i.d.R. die Übergabe der Bedienungsanleitung genügt[794], fordert eine andere Ansicht einen (störungsfreien) Probelauf[795]. Hat sich der Verkäufer weiterhin zur Einweisung verpflichtet, so ist nach einhelliger Ansicht deren Vornahme zur Bejahung der Ablieferung erforderlich.[796]

2. Lieferung von Individualsoftware und die Anpassung von Standardsoftware an Kundenwünsche

Werkvertrag oder § 650 BGB?

Soll ein Softwareprogramm speziell nach den Wünschen des Kunden geschrieben werden, stellt sich die Frage, ob es sich um einen Werkvertrag (§ 631 BGB) oder um einen Werklieferungsvertrag (§ 650 BGB) handelt.

H.M.: Werkvertrag

Nach absolut h.M. liegt bei der Herstellung eines den individuellen Bedürfnissen des Anwenders entsprechenden Software-Programms ein reiner Werkvertrag vor.[797]

Wortlaut des § 650 BGB spricht von Sachen

Hierfür spricht der eindeutige Wortlaut des § 650 BGB, der nur bei der Lieferung und Herstellung von „Sachen" das Kaufrecht für anwendbar erklärt.

---

[791] Palandt, § 453, Rn. 8; auch die h.M. nach alter Rechtslage wendete die kaufrechtlichen Gewährleistungsvorschriften an, BGHZ 102, 135 - 152 = **juris**byhemmer; BGH, NJW 1990, 3011 - 3014 = **juris**byhemmer.
[792] Junker, NJW 1994, 897 (900).
[793] Junker, NJW 1994, 897 (900 f.).
[794] Schneider, "Ablieferung" bei Softwareüberlassungsverträgen, CR 1994, 385 - 390.
[795] OLG Köln, NJW-RR 1993, 1140 f.; a.A. LG Gießen, NJW-RR 1996, 44 f.; vgl. Palandt, § 438, Rn. 15.
[796] Vgl. Palandt, § 438, Rn. 15.
[797] BGHZ 102, 135 - 152 = **juris**byhemmer; BGH, NJW 1990, 3008 - 3010 = **juris**byhemmer; von Westphalen, Der Software-Entwicklungsvertrag - Vertragstyp - Risikobegrenzung, CR 2000, 73 - 80; vgl. Palandt, Einf v. § 631, Rn. 12 und Palandt, § 433, Rn. 5.

Da es sich aber bei der Herstellung oder Anpassung von Individualsoftware nicht um Sachen i.S.d. § 650 BGB handelt, findet eindeutig das Werkvertragsrecht Anwendung.

Ebenso wie beim Kaufvertrag kann sich auch hier eine Beratungspflicht als Nebenpflicht ergeben. Im Gegenzug obliegen dem Anwender ebenfalls gewichtige Pflichten, denn er muss seine Wünsche und Vorstellungen dem Anbieter deutlich machen. Deshalb ist es i.R. seiner Mitwirkungspflicht erforderlich, dass er ein sog. Pflichtenheft erstellt.[798]

I) Der Bauvertrag, §§ 650a ff. BGB

Bauvertrag = Werkvertrag

Gesetzliche Grundlage des Baurechts ist das Werkvertragsrecht (§§ 631 ff. BGB). Für die komplexen, auf eine längere Erfüllungszeit angelegten Bauverträge sind die Regelungen des Werkvertragsrechts aber häufig nicht detailliert genug. Die Komplexität des Baugeschehens und während des Baus auftretende Veränderungen erfordern spezielle Regelungen.

Seit 01.01.2018: *Bauvertrag (§§ 650a ff. BGB) und Verbraucherbauvertrag (§§ 650i ff. BGB)*

Aus diesem Grund wurden mit Wirkung zum **01.01.2018** in das Werkvertragsrecht spezielle Regelungen für den **Bauvertrag (§§ 650a ff. BGB)** und für den **Verbraucherbauvertrag (§§ 650i ff. BGB)** eingefügt.

hemmer-Methode: Hierdurch soll insbesondere der Verbraucherschutz bei Bauverträgen erhöht werden. Darüber hinaus werden Vorschriften für Regelungsbereiche eingeführt, in denen das geltende Werkvertragsrecht den komplexen, auf eine längere Erfüllungszeit angelegten Bauverträgen nicht hinreichend Rechnung trägt.

I. Vorliegen eines Bauvertrages i.S.d. § 650a BGB

Definition Bauvertrag, § 650a I BGB

§ 650a I BGB definiert den Begriff des Bauvertrags. Zur Auslegung des Bauwerksbegriffs kann an die Rechtsprechung zu § 634a I Nr. 2 BGB angeknüpft werden. Zu Bauwerken zählen nicht nur Gebäude, sondern auch der Hoch- und Tiefbau (z.B. Tunnel, Straßen und Brücken).[799] Zu den Außenanlagen gehören grundstücksbezogene Arbeiten wie Erd-, Pflanz-, Rasenarbeiten, also letztlich der Garten-, Landschafts- und Sportplatzbau.[800]

§ 650a II BGB regelt, wann ein Vertrag über die Instandhaltung eines Bauwerks als Bauvertrag anzusehen ist. Dies soll nur dann der Fall sein, wenn das Werk für die Konstruktion, den Bestand oder den bestimmungsgemäßen Gebrauch des Bauwerks **von wesentlicher Bedeutung** ist. Hierunter fallen z.B. Verträge zur Inspektion von Brücken oder zur Pflege und Wartung von tragenden oder sonst für den Bestand eines Bauwerks wichtigen Teilen.

II. Nachträgliche Anpassung des Vertrages, §§ 650b, c BGB

Anordnungsrecht, § 650b BGB

§ 650b BGB normiert Vorgaben für ein Anordnungsrecht des Bestellers bei Bauverträgen. Die Vorschrift soll dem auf längere Erfüllungszeit angelegten Bauvertrag und dem komplexen Baugeschehen gerecht werden.

---

[798] OLG Köln, NJW-RR 1993, 1528 f. = **juris**byhemmer.
[799] Palandt/Sprau, § 634a BGB, Rn. 10.
[800] Palandt/Sprau, § 648a BGB, Rn. 6.

§ 2 WERKVERTRAG

§ 650b I S. 1 Nr. 1 BGB: Änderung des Werkerfolges

Eine **Änderung des Werkerfolges** nach § 650b I S. 1 Nr. 1 BGB kann darauf zurückzuführen sein, dass sich die Vorstellungen des Bestellers geändert haben oder er bei der Planung Umstände, etwa unterzubringende Möbel oder sonstige Gegenstände, nicht berücksichtigt hat. Die Änderung muss dem Unternehmer aber zumutbar sein, § 650b I S. 2 HS 2 BGB. Dieses Zumutbarkeitskriterium kann z.B. die technischen Möglichkeiten, die Ausstattung und Qualifikation des Bauunternehmers betreffen, aber auch betriebsinterne Vorgänge; für letztere ist der Unternehmer beweispflichtig, § 650b I S. 3 BGB. Die Schwelle für die Unzumutbarkeit einer Anordnung liegt unterhalb des allgemeinen Leistungsverweigerungsrechts wegen Unzumutbarkeit (§ 275 II, III BGB).

609

§ 650b I S. 1 Nr. 2 BGB: Änderung zur Erreichung des Erfolges

Anordnungen nach § 650b I S. 1 Nr. 2 BGB dienen dazu, den vereinbarten **Werkerfolg zu erreichen**. Solche Anordnungen des Bestellers können aus verschiedenen Gründen veranlasst sein, etwa durch Änderungen der Rechtslage oder behördliche Vorgaben. Betroffen sind auch Fälle, in denen die ursprüngliche Leistungsbeschreibung des Bestellers lücken- oder fehlerhaft ist und ihre Umsetzung deshalb nicht zur Herstellung eines funktionstauglichen Bauwerks führen würde. Achtung: Die Unzumutbarkeit einer Änderung zur Erreichung des vereinbarten Werkerfolges kann sich hier nur aus § 275 II, III BGB ergeben, weil § 650b I S. 2 BGB nur auf § 650b I S. 1 Nr. 1 BGB Bezug nimmt.

610

Einigung über Mehr- oder Mindervergütung

Wesentlicher Bestandteil einer einvernehmlichen Lösung ist, dass sich die Parteien auch über die Auswirkungen auf die vom Besteller zu zahlende Vergütung einigen. Der Unternehmer ist nach § 650b I S. 2 BGB grds. verpflichtet, ein Angebot über die Mehr- oder Mindervergütung zu erstellen.

611

Trägt der Besteller die Planungsverantwortung, ist der Unternehmer nach § 650b I S. 4 BGB nur dann zur Erstellung eines Angebots über die Mehr- oder Mindervergütung verpflichtet, wenn der Besteller auch die für die Änderung erforderliche Planung vorgenommen und dem Unternehmer zur Verfügung gestellt hat. Anderenfalls wäre der Unternehmer zur Erstellung des Angebots über die Mehr- oder Mindervergütung gar nicht in der Lage.

Wichtig ist das Zusammenspiel von § 650b I S. 4 BGB mit § 650c I S. 2 BGB: Wenn der Unternehmer nicht nur zur Ausführung, sondern auch zur Erstellung der Planung verpflichtet war und der Besteller gem. § 650b I Nr. 2 BGB eine Änderung zum Zweck der Erreichung eines mangelfreien Werkerfolges begehrt, so steht damit gleichzeitig auch fest, dass der Besteller einen Mangel in der Planung des Unternehmers aufgedeckt hat.

In diesem Fall kann der Unternehmer für eine gem. § 650b I S. 1 Nr. 2 BGB vorzunehmende Änderung natürlich keine Änderung der Vergütung verlangen, § 650c I S. 2 BGB. Darauf nimmt § 650b I S. 5 BGB Bezug und bestimmt, dass sich der Einigungsversuch dann auch nur auf die Änderung an sich zu beziehen hat und nicht auch auf eine zu leistende Mehrvergütung.

Anordnungsrecht nach § 650b II BGB

Die nachträgliche Anpassung des Vertrages soll primär einvernehmlich zwischen den Parteien verlaufen.[801]

612

Erst bei einem Scheitern der vorrangigen Verständigungsbemühungen steht dem Besteller ein einseitiges Anordnungsrecht zu. Für den Fall, dass die Parteien binnen 30 Tagen keine Einigung erzielen, bestimmt § 650b II BGB, dass der Besteller unter den dort genannten Voraussetzungen die Änderung anordnen kann.

---

[801] Omlor, JuS 2016, 967 ff.

> **hemmer-Methode:** Für Streitigkeiten über das Anordnungsrecht des Bestellers gem. § 650b BGB sind ohne Rücksicht auf den Wert des Streitgegenstandes ausschließlich die Landgerichte zuständig, § 71 II Nr. 5a GVG.

Vergütungsanpassung

§ 650c I S. 1 BGB bestimmt, dass sich die Mehr- oder Mindervergütung bei Anordnungen nach § 650b II BGB nach den tatsächlich erforderlichen Kosten berechnet (§ 650c I BGB). Dadurch wird verhindert, dass der Unternehmer nach Vertragsschluss angeordnete Mehrleistungen ebenfalls nach den Preisen seiner Urkalkulation zu erbringen hat. Diese Preise sind nämlich etwa mit Blick auf den Wettbewerb knapp oder sogar nicht auskömmlich und berücksichtigen inzwischen eingetretene Preissteigerungen nicht. Um die Abrechnung praktikabel zu gestalten, hat der Unternehmer aber gem. § 650c II BGB die Möglichkeit, zur Berechnung der Vergütung für den Nachtrag auf die Kostenansätze einer vereinbarungsgemäß hinterlegten Urkalkulation zurückzugreifen.

> **hemmer-Methode:** Dem Unternehmer steht daher ein Wahlrecht zu, ob er „Nachträge" entweder auf Basis seiner ursprünglichen Kalkulation (Abs. 2) oder nach den tatsächlich erforderlichen Kosten (Abs. 1) abrechnen will. Um Spekulationen bei der Preisgestaltung zu verhindern, kann der Unternehmer das Wahlrecht für jeden Nachtrag nur insgesamt ausüben („Vergütung für den Nachtrag"). Der Unternehmer muss daher nach der Ausübung seines Wahlrechts für nachträglich angeordnete Leistungen entweder konsequent die Urkalkulation fortschreiben oder die tatsächlich erforderlichen Mehr- oder Minderkosten darlegen. Mischkalkulationen sind mit anderen Worten unzulässig!

Besteht zwischen den Parteien Streit über die nach § 650c I, II BGB geschuldete Mehrvergütung, sieht § 650c III BGB ein Recht des Unternehmers zur Pauschalierung seiner Mehrvergütung vor. Die genaue Berechnung der Mehrvergütung erfolgt dann ggf. mit einem Zinsausgleich erst in der Schlussrechnung. Der Zinssatz bestimmt sich entsprechend den Vorschriften zum Verzugszinssatz, § 650c III S. 4 BGB.

> **hemmer-Methode:** Für Streitigkeiten über die Höhe des Vergütungsanspruches infolge einer Anordnung des Bestellers sind ebenfalls ohne Rücksicht auf den Wert des Streitgegenstandes ausschließlich die Landgerichte zuständig, § 71 II Nr. 5b) GVG.
> § 650d BGB erleichtert den Erlass einer einstweiligen Verfügung für Streitigkeiten nach § 650b, c BGB. Bei Leistungsverfügungen ist ein Verfügungsgrund grds. nur gegeben, wenn dem Antragsteller aus der Nichtleistung Nachteile drohen, die schwer wiegen und außer Verhältnis zu dem Schaden stehen, der dem Antragsgegner droht. Diese Voraussetzungen sind meist nicht gegeben. § 650d BGB verzichtet in Erleichterung dieser Grundsätze auf die Glaubhaftmachung des Verfügungsgrundes.

III. Zustandsfeststellung bei Verweigerung der Abnahme, § 650g BGB

Mitwirkung bei Zustandsfeststellung bei verweigerter Abnahme, § 650g I BGB

Für Bauverträge wird die in § 640 II BGB geregelte fiktive Abnahme durch § 650g BGB ergänzt. Kommt es nicht zu einer Abnahme des Bauwerks/der Außenanlage, weil die Vertragspartner über die Abnahmereife des Werks streiten, trifft den Besteller gem. § 650g I BGB künftig die Obliegenheit, auf Verlangen des Unternehmers an einer gemeinsamen Zustandsfeststellung des Werks mitzuwirken.

Diese Zustandsfeststellung ersetzt nicht die Abnahme, sondern dient der Dokumentation des Zustands des Werks, um späterem Streit vorzubeugen, und ist die Grundlage für eine modifizierte Gefahrtragung (vgl. § 650g III BGB).

Einseitige Zustandsfeststellung nach § 650g II BGB

§ 650g II BGB regelt die Möglichkeit einer einseitigen Zustandsfeststellung durch den Unternehmer, wenn der Besteller schuldhaft einem vereinbarten oder von dem Unternehmer innerhalb einer angemessenen Frist bestimmten Termin fernbleibt. Die Voraussetzungen einer einseitigen Zustandsfeststellung liegen nicht vor, wenn sich beide Vertragsparteien zu einer gemeinsamen Zustandsfeststellung einfinden, sich in der Folge aber nicht auf den festzustellenden Zustand einigen können.

hemmer-Methode: In diesem Fall steht es den Parteien offen, in einem selbstständigen Beweisverfahren gemäß §§ 485 ff. ZPO den Zustand des Werks von einem gerichtlich bestellten Sachverständigen feststellen zu lassen.

Gefahrtragungsregelung in § 650 III BGB

Ist das Werk dem Besteller verschafft worden und hat eine Zustandsfeststellung nach § 650g I, II BGB stattgefunden, gilt die Vermutung, dass ein offenkundiger Mangel, der in der Zustandsfeststellung nicht angegeben wurde, nach der Zustandsfeststellung entstanden und vom Besteller zu vertreten ist.

Diese modifizierte Gefahrtragung gilt nach § 650g III S. 2 BGB aber nicht, wenn der Mangel nicht vom Besteller verursacht worden sein kann (z.B. Materialfehler). Auf diesem Wege können dem Besteller auch von Dritten verursachte Schäden zugerechnet werden, wenn er die Vermutung nicht erschüttern kann. Dies erscheint jedoch gerechtfertigt, weil der Besteller bereits im Besitz des Werkes ist und daher Beeinträchtigungen durch Dritte eher vermeiden kann als der Unternehmer, der dafür bisher einzustehen hat.

IV. Schlussrechnung als zusätzliche Fälligkeitsvoraussetzung neben der Abnahme, § 650g IV BGB

Erfordernis der Schlussrechnung für Fälligkeit, § 650g IV BGB

Als weitere Voraussetzung der Fälligkeit des Vergütungsanspruchs des Unternehmers sieht § 650g IV S. 1 BGB das Erfordernis einer Schlussrechnung vor.

Die Erteilung einer prüffähigen, d.h. übersichtlichen und nachvollziehbaren (§ 650g IV S. 2 BGB) Schlussrechnung tritt als weitere Fälligkeitsvoraussetzung neben die Abnahme. Um eine längere Unsicherheit darüber zu vermeiden, ob die Schlussrechnung prüffähig ist, wird die Prüffähigkeit der Schlussrechnung nach § 650g IV S. 3 BGB fingiert, wenn der Besteller nicht innerhalb von 30 Tagen nach ihrem Zugang begründete Einwendungen erhoben hat.

hemmer-Methode: Als Sicherheit für die Forderungen aus dem Bauvertrag kann der Unternehmer vom Besteller gem. § 650e BGB die Einräumung einer Sicherungshypothek an dem Baugrundstück des Bestellers bzw. eine Bauhandwerkersicherung nach § 650f BGB verlangen.

J) Der Verbraucherbauvertrag, §§ 650i ff. BGB

Verbraucherbauvertrag, § 650i BGB

Um dem besonderen Schutzbedürfnis der Verbraucher beim Abschluss größerer Bauverträge Rechnung zu tragen, wird ein eigenes Kapitel 3 „Verbraucherbauvertrag" eingefügt, welches eine Reihe von Schutzvorschriften zusammenfasst.

Nach § 650i I BGB liegt ein Verbraucherbauvertrag vor, wenn ein Unternehmer gegenüber einem Verbraucher zum Bau eines neuen Gebäudes oder zu erheblichen Umbaumaßnahmen an einem bestehenden Gebäude verpflichtet wird. Hierunter fallen solche Umbaumaßnahmen, die dem Bau eines neuen Gebäudes vergleichbar sind, z.B. Baumaßnahmen, bei denen nur die Fassade eines alten Gebäudes erhalten bleibt.

Maßgeblich sind mithin Umfang und Komplexität des Eingriffs sowie das Ausmaß des Eingriffs in die bauliche Substanz des Gebäudes.

Verträge zur Errichtung von Anbauten (z.B. Garage oder Wintergarten) werden nicht erfasst. Auch Verträge zur Instandsetzung bzw. Renovierung von Gebäuden, ohne dass es sich dabei um erhebliche Umbauarbeiten handelt, fallen **nicht** unter § 650i BGB. Auch die Außenanlage ist - anders als im Bauvertrag (vgl. § 650a I S. 1 BGB) - nicht genannt.

> **hemmer-Methode: Damit besteht kein 100%iger Gleichlauf zwischen Bauvertrag und Verbraucherbauvertrag. Nicht jeder Bauvertrag i.S.d. § 650a BGB, der zwischen einem Unternehmer und einem Verbraucher geschlossen wird, ist damit auch ein Verbraucherbauvertrag. Ob dies vom Gesetzgeber wirklich gewollt war, lässt sich der Gesetzesbegründung nicht entnehmen.**

Textform, §§ 650i II, 126b BGB

§ 650i II BGB sieht vor, dass Verbraucherbauverträge in Textform (§ 126b BGB) abzuschließen sind. Dadurch wird gewährleistet, dass der Verbraucher während der häufig länger andauernden Bauausführung und später nach Fertigstellung beweisen kann, was vertraglich geschuldet ist.

Baubeschreibung, § 650j BGB

Auch für die vorvertraglich zur Verfügung zu stellende Baubeschreibung nach § 650j BGB i.V.m. Art. 249 § 1 EGBGB ist die Textform vorgesehen. In der Vertragspraxis dürfte es sich daher anbieten, die Baubeschreibung dem Vertrag als Anlage beizufügen.

Inhalt des Vertrages, § 650k BGB

Der angestrebte Schutz des Verbrauchers ist nur erreichbar, wenn die Angaben in der Baubeschreibung bindender Vertragsinhalt werden. § 650k I BGB regelt daher, dass die Baubeschreibung (§ 650j BGB) Inhalt des Vertrages werden muss.

Daneben muss der Bauvertrag verbindliche Regelungen zum Zeitpunkt der Fertigstellung des Werks oder zur Dauer der Bauausführung enthalten (§ 650k III BGB).

> **hemmer-Methode: Wird der Fertigstellungszeitpunkt nicht eingehalten, kommt Schuldnerverzugsrecht zur Anwendung. Für den Fall, dass bereits eine Teilleistung bewirkt wurde, aber offensichtlich ist, dass das Fertigstellungsdatum nicht eingehalten wird, bietet allerdings das Rücktrittsrecht nach § 323 I, V S. 1 BGB keine für den Bauvertrag geeignete Lösung.**
> **Beide Parteien dürften nämlich in der Regel nicht an einer Rückabwicklung des Vertrags interessiert sein. Dem Besteller steht daher in diesem Fall zusätzlich ein Kündigungsrecht aus wichtigem Grund nach § 648a I BGB zu.**

<u>Wichtig</u>: Widerrufsrecht des Verbrauchers nach § 650l BGB

§ 650l BGB regelt für Verbraucherverträge ein **Widerrufsrecht**. Bauverträge dieser Größenordnung schließt ein Verbraucher häufig nur einmal im Leben. Zur Finanzierung des Bauprojekts setzt der Verbraucher oft seine gesamten Ersparnisse ein und bindet sich finanziell zusätzlich durch Immobiliendarlehen über viele Jahre. Problematisch sind insbes. zeitlich begrenzte Rabattangebote, bei denen Verbraucher zu schnellen Vertragsabschlüssen gedrängt werden.

> **hemmer-Methode:** Kein Widerrufsrecht besteht für Bauverträge, die notariell beurkundet werden, § 650l S. 1 HS 2 BGB n.F. Hier bedarf es im Hinblick auf die Belehrungspflichten des Notars und die in § 17 IIa Nr. 2 BeurkG vorgesehene Zeit für die Prüfung des Vertragsentwurfs (i.d.R. zwei Wochen) der mit der Einführung des Widerrufsrechts angestrebten Bedenkzeit nicht.

§ 356e BGB: Beginn der Widerrufsfrist

Nach § 650l S. 2 BGB ist der Unternehmer verpflichtet, den Verbraucher nach Maßgabe des Art. 249 § 3 EGBGB über sein Widerrufsrecht zu belehren. Anderenfalls beginnt die Widerrufsfrist nicht zu laufen, § 356e S. 1 BGB. Das Widerrufsrecht erlischt dann erst 12 Monate und 14 Tage nach Vertragsschluss, § 356e S. 2 BGB.

§ 357d BGB: Rechtsfolgen des Widerrufs

§ 357d BGB ergänzt für die Rechtsfolgen des Widerrufs die Rückabwicklungsvorschrift des § 355 III BGB. Da die Bauarbeiten i.d.R. auf dem Grundstück des Verbrauchers durchgeführt werden, führen diese zu einem Wertzuwachs, der im Fall eines Widerrufs oft nicht nach § 355 III BGB zurückgewährt werden kann (z.B. Aushub der Baugrube, Betonieren des Fundaments usw.).

Daher wird eine Wertersatzpflicht gegenüber dem Unternehmer für die erbrachte Leistung normiert, wobei für die Berechnung nach § 357d S. 2 BGB die vereinbarte Vergütung zugrunde zu legen ist. Wenn die vereinbarte Vergütung unverhältnismäßig hoch ist, ist der Wertersatz auf der Grundlage des Marktwertes zu berechnen, § 357d S. 3 BGB. Die Regelung orientiert sich insoweit an der Rechtsfolge in § 357 VIII S. 4 u. 5 BGB.

> **hemmer-Methode:** Weitere Besonderheiten des Verbraucherbauvertrages sind bzgl. der Verpflichtung zur Abschlagszahlung (§ 632a BGB) in § 650m BGB geregelt.
> Außerdem regelt § 650k BGB angesichts der immer komplexer und anspruchsvoller werdenden Bauvorhaben eine Pflicht des Unternehmers, rechtzeitig vor Beginn der Ausführung einer geschuldeten Leistung diejenigen Unterlagen und Dokumente zu erstellen und dem Verbraucher herauszugeben, die dieser benötigt, um gegenüber Behörden den Nachweis führen zu können, dass die Leistung unter Einhaltung der einschlägigen öffentlich-rechtlichen Vorschriften ausgeführt werden wird.

Unabdingbarkeit, § 650o BGB

Damit die verbraucherschützenden Vorschriften aus dem Kapitel 3 und in § 640 BGB nicht zu Lasten der Verbraucher abbedungen werden können, wird in § 650o BGB angeordnet, dass es sich hierbei um zwingende Vorschriften handelt. Etwas anderes gilt für die Regelungen in § 632a BGB und § 650m BGB, von denen durch Individualvereinbarungen abgewichen werden kann.

K) Architektenvertrag und Ingenieurvertrag, §§ 650p ff. BGB

Architekten- und Ingenieurvertrag

Mit Wirkung zum 01.01.2018 wurden spezielle Vorschriften zum Architektenvertrag und Ingenieurvertrag aufgenommen. Architekten- und Ingenieurverträge enthalten viele verschiedene Aufgaben. Bei einigen Aufgaben des Architekten und Ingenieurs wäre auch eine Zuordnung zum Dienstvertragsrecht vorstellbar. Eine Qualifizierung des Architektenvertrags als „gemischter Vertrag" würde zu einer nicht mehr zu beherrschenden Anwendung unterschiedlicher Regelungen der einzelnen Vertragstypen und damit in der Rechtsanwendung zu erheblichen Unsicherheiten führen.

§ 650q I BGB bestimmt daher, dass auf den Architekten- und Ingenieurvertrag grds. die §§ 631 bis 650 BGB sowie ergänzend einzelne Vorschriften des Bauvertrags entsprechend angewendet werden.

> **hemmer-Methode:** Für die Vergütungsanpassung bei Anordnungen nach § 650b BGB n.F. soll gem. § 650q II S. 1 BGB n.F. vorrangig die Honorarordnung für Architekten und Ingenieure (HOAI) Anwendung finden.

§ 650p BGB definiert die Pflichten aus Architekten- und Ingenieurverträgen

§ 650p BGB definiert die vertragstypischen Pflichten aus Architekten- und Ingenieurverträgen. Mit § 650p I BGB wird zum Ausdruck gebracht, dass Architekten- und Ingenieurverträge eine Reihe verschiedener Pflichten umfassen und zwischen dem Planungserfolg und den Planungs- und Leistungsschritten zu unterscheiden ist. Der Begriff der „Außenanlage" ist ebenso zu verstehen wie in § 650a BGB. Es muss sich um gestalterische Arbeiten handeln, die der Errichtung der Anlage oder deren Bestand dienen (z.B. Planung für die Einrichtung oder Umgestaltung eines Gartens, eines Parks, eines Teichs oder eines Dammes).[802]

§ 650p II S. 1 BGB gilt in den Fällen, in denen sich der Besteller mit nur vagen Vorstellungen vom Bauvorhaben an den Architekten/Ingenieur wendet, und daher bei Vertragsschluss noch keine Einigung über alle wesentlichen Planungs- und Überwachungsziele vorliegt. Das Wort „Planungsgrundlage" macht deutlich, dass es noch nicht um die eigentliche Planung geht. In dieser Phase ist lediglich eine erste Skizze/Beschreibung des noch zu planenden Vorhabens geschuldet, auf der dann die Planung aufbauen kann.

Die Kosteneinschätzung nach § 650p II S. 2 BGB soll dem Besteller eine grobe Einschätzung der zu erwartenden Kosten geben, damit dieser eine fundierte Entscheidung treffen kann, ob er das Bauprojekt mit diesem Planer realisieren oder von dem in § 650r BGB vorgesehenen Kündigungsrecht Gebrauch machen möchte.

> **hemmer-Methode:** Die vertragliche Pflicht des Architekten/Ingenieurs, an der Ermittlung von Planungs- und Überwachungszielen mitzuwirken, und das Sonderkündigungsrecht in § 650r BGB stellen klar, dass zum Zeitpunkt der grundlegenden Konzeption des Bauprojekts bereits grds. ein rechtsverbindlicher Vertrag geschlossen wurde.

Anspruch auf Teilabnahme gem. § 650s BGB

§ 650s BGB eröffnet dem Architekten/Ingenieur das Recht, ab der Abnahme der letzten Leistung des bauausführenden Unternehmers oder der bauausführenden Unternehmer eine Teilabnahme der bis dahin erbrachten Architekten- oder Ingenieurleistungen zu verlangen. War ein Architekt/Ingenieur nur mit der Planung des Vorhabens beauftragt, kann er nach dem Ende seiner Tätigkeiten bereits die (Gesamt-)Abnahme nach § 640 I BGB verlangen. Für diese Fälle ändert sich durch § 650s BGB n.F. nichts.

> **hemmer-Methode:** Da die Verjährung der Mängelrechte gem. § 634a II BGB mit der Abnahme des Werks beginnt, wird durch diese neue Regelung hinsichtlich des überwiegenden Teils der Leistungen ein Gleichlauf der Verjährungsfrist der Mängelhaftung mit der des bauausführenden Unternehmers erreicht.

Gesamtschuldnerische Haftung mit dem bauausführenden Unternehmer, § 650t BGB

Da Architekten/Ingenieure zum Abschluss einer Berufshaftpflichtversicherung verpflichtet sind und damit die Realisierung von Schadensersatzansprüchen gesichert ist, neigen Besteller dazu, diese vorrangig in Anspruch zu nehmen.

---

[802] BGH, NJW-RR 2005, 750 ff. = **juris**by**hemmer**.

§ 650t BGB soll daher den „Vorrang der Nacherfüllung" im Verhältnis zwischen Architekt/Ingenieur, ausführendem Bauunternehmer und Besteller gesetzlich festschreiben. Dem vom Besteller in Anspruch genommenen Architekten/Ingenieur steht ein Leistungsverweigerungsrecht zu, wenn nicht der Besteller dem bauausführenden Unternehmer bereits erfolglos eine angemessene Frist zur Nacherfüllung nach § 634 Nr. 1 BGB bestimmt hat.

hemmer-Methode: Der Architekt/Ingenieur kann das Leistungsverweigerungsrecht nur im Fall von Überwachungsfehlern, die zu Mängeln an dem Bauwerk oder der Außenanlage geführt haben, erheben. Bei Planungsmängeln gilt dies nicht, da der Architekt/Ingenieur in diesen Fällen die Hauptursache für den Mangel gesetzt hat.

L) Bauträgervertrag, §§ 650u, 650v BGB

Bauträgervertrag, § 650u I BGB

In § 650u I S. 1 BGB wird der Bauträgervertrag definiert. Ein Bauträgervertrag ist danach ein Vertrag, der die Errichtung oder den Umbau eines Hauses oder eines vergleichbaren Bauwerks zum Gegenstand hat und der zugleich die Verpflichtung des Unternehmers enthält, dem Besteller das Eigentum an dem Grundstück zu übertragen oder ein Erbbaurecht zu bestellen oder zu übertragen.

§ 650u I S. 2 BGB ordnet an, dass – vorbehaltlich einer anderweitigen Regelung in Untertitel 3 – hinsichtlich der Errichtung oder des Umbaus die Vorschriften des Werkvertragsrechts in Untertitel 1 (§§ 631 bis 650o BGB) anzuwenden sind. Gem. § 650u I S. 3 BGB finden für den Anspruch auf Eigentumsübertragung oder auf Bestellung oder Übertragung des Erbbaurechts die kaufvertraglichen Vorschriften Anwendung.

hemmer-Methode: § 650u II BGB n.F. enthält eine Auflistung derjenigen Vorschriften aus dem Werk- und Bauvertragsrecht, die entgegen § 650u I S. 2 BGB n.F. nicht auf den Bauträgervertrag angewendet werden sollen.

Anspruch auf Abschlagszahlung nur, wenn vereinbart, § 650v BGB

Abschlagszahlungen kann der Unternehmer entgegen § 632a BGB vom Besteller gem. § 650v BGB nur dann verlangen, soweit sie gemäß einer Verordnung auf Grund von Artikel 244 des Einführungsgesetzes zum Bürgerlichen Gesetzbuche vereinbart sind.

Schon gewusst? Wiederholen Sie die Fragen und Antworten mit den hemmer AudioCards oder der hemmer-app! Hören und Lesen optimieren Ihren Lernerfolg. Profitieren Sie von **unseren mp-3-fähigen Audio-Dateien**. Fragen und Antworten sind von langjährigen Repetitoren erstellt und garantieren, dass die wichtigsten Problemfelder komprimiert vermittelt werden. Die ideale Wiederholung des Skripts! **Machen Sie aus Leerlaufphasen (Auto, Bahn etc.) Lernphasen!**

Oder Sie wiederholen unsere Fragen anhand der neuen hemmer-app.

Das moderne Frage-Antwort-System für Ihr Handy oder Tablet.

Die **Lernfragen** eignen sich zur Kontrolle, ob Sie richtig gelernt haben. Automatisches, gezieltes Wiederholen schafft Sicherheit und reduziert langfristig den Lernaufwand.

Die **Quizfragen**, die auch gegeneinander gespielt werden können, lassen vergessen, dass Sie lernen und schaffen - en passant - spielerisch Wissen.

Interessiert? Näheres auf der Umschlaginnenseite und unter: www.hemmer-shop.de.

WIEDERHOLUNGSFRAGEN .... Randnr.

Der Kauf

Allgemeines

1. Wird der Käufer durch Abschluss eines Kaufvertrags Eigentümer der Kaufsache? 2
2. Wie erwirbt der Käufer das Eigentum an der Kaufsache? 2
3. Welche Leistungspflichten stehen beim Kaufvertrag im Synallagma? 8
4. Kann auch ausnahmsweise *die Abnahmepflicht des Käufers* nach § 433 II BGB neben der Kaufpreiszahlungspflicht mit der Verschaffungspflicht des Verkäufers *im Synallagma* stehen? 8
5. Wie kommt ein Kaufvertrag zustande? 9
6. Was sind die essentialia negotii, d.h. die Hauptbestandteile im Kaufvertrag? 10
7. Eine Einigung über die essentialia des Kaufvertrags ist zwingend notwendig, damit der Kaufvertrag zustande kommt. Ergibt sich etwas anderes aus den Dissensvorschriften der §§ 154, 155 BGB? 10
8. Nach § 453 BGB finden die Vorschriften über den Sachkauf auch auf den Kauf von Rechten entsprechende Anwendung. Gleiches gilt nach § 453 I BGB für den Verkauf „sonstiger Gegenstände". Was versteht man unter „sonstigen Gegenständen"? 11

WIEDERHOLUNGSFRAGEN

9. Ist ein Kaufvertrag unwirksam, wenn die Parteien nicht ausdrücklich einen Preis vereinbart haben? *14*

10. Ein Kaufvertrag ist i.d.R. formlos wirksam. Welche Ausnahmen kennen Sie? *15*

11. Erläutern Sie die Konstellation, die als "Unterverbriefung" bzw. als sog. „Schwarzkauf" bezeichnet wird! *16*

12. Wie ist der „Schwarzkauf" in der Klausur rechtlich zu würdigen? *16*

Die Pflicht des Verkäufers gemäß § 433 I S. 1 BGB und ihre Nichterfüllung

13. Ist der Begriff „Übergabe" in § 433 I S. 1 BGB ebenso zu verstehen wie in § 929 S. 1 BGB, sodass also die Verschaffung mittelbaren Besitzes genügt? *22*

14. Definieren Sie den Begriff der Unmöglichkeit! *25*

15. Welche Rechtsfolge zieht eine Unmöglichkeit der Leistungserbringung nach sich? *25*

16. Was schuldet der Schuldner bei einer Gattungsschuld? *28*

17. Kann auch bei einer Gattungsschuld Unmöglichkeit eintreten? .... *28 ff.*

18. Wann spricht man von sog. „anfänglicher Unmöglichkeit"? *32*

19. Was setzt eine Haftung nach § 311a II BGB voraus? *33*

20. Haftet der Verkäufer eines Rechts im Falle einer anfänglichen Unmöglichkeit verschuldensunabhängig für dessen Bestand? *35*

21. Welche Schadensersatzansprüche kommen bei Unmöglichkeit der Sachleistung in Betracht? *35*

Die Pflichten des Verkäufers und deren Nichterfüllung

22. Welche Möglichkeiten gibt es, die Inzahlunggabe eines Gebrauchtwagens beim Erwerb eines Neuwagens rechtlich zu konstruieren? .... *44 ff.*

23. Was ist der Unterschied zwischen einer Ersetzungsbefugnis gemäß § 364 I BGB analog und einer normalen Leistung an Erfüllungs Statt nach § 364 I BGB? *48*

24. Wie findet beim Inzahlunggabemodell die Rückabwicklung bei Mangelhaftigkeit des *Altwagens* statt? *52*

25. Es wird oft als unbillig empfunden, dass der Käufer i.R.d. Rückabwicklung bei Mangelhaftigkeit des Altwagens den Restkaufpreis in Geld entrichten muss. Was gilt nach BGH? *52*

26. Was ist unter einer Tagespreisklausel zu verstehen? *58*

27. Sind Tagespreisklauseln in AGBs ohne weiteres zulässig? *58*

28. Kommt bei Geldschulden Unmöglichkeit in Betracht? *61*

29. Was ist unter "Übergabe" i.S.v. § 446 BGB zu verstehen? *67*

30. Was ist das Wesen einer Schickschuld? *69*

31. Gilt § 447 I BGB i.R.d. Versendungskaufs für Hol-, Schick- und Bringschulden? *69*

32. Inwiefern können im Zusammenhang mit § 447 I BGB die Regeln der Drittschadensliquidation zur Anwendung kommen? *70*

33. Was ist zu beachten, wenn bei einem Versendungskauf der Transportunternehmer den Untergang der versendeten Kaufsache verschuldet hat? Kommt die Drittschadensliquidation zum Zuge? .... *71 f.*

34. Ist § 447 I BGB beim Transport durch eigene Leute anwendbar? .... 73 ff.

35. Besteht hinsichtlich der Abnahme der Kaufsache eine Pflicht oder nur eine Obliegenheit des Käufers? 77

36. Worin liegt der Unterschied zwischen einer echten Schuldnerpflicht und einer bloßen *Obliegenheit*? .... 77 ff.

37. Besteht im Fall einer mangelhaften Lieferung ein Recht des Käufers die Ware zurückzuweisen? 77

38. Wird bei einem nach § 383 BGB bzw. § 373 HGB durchgeführten Selbsthilfeverkauf die Leistungspflicht des Verkäufers i.S.d. § 275 I BGB unmöglich? 82

Die Rechte des Käufers bei Sach- und Rechtsmängeln

39. Was versteht man unter der sog. „Erfüllungstheorie" i.S.d. § 433 I S. 2 BGB? 84

40. Welche Prüfungsreihenfolge ist innerhalb des § 434 I BGB einzuhalten? .... 88 f.

41. Setzt die Bejahung eines Sachmangels i.S.d. § 434 BGB voraus, dass das fragliche Beschaffenheitsmerkmal der Kaufsache *unmittelbar* anhaftet? .... 91 ff.

42. Genügt für § 434 I S. 2 Nr. 1 BGB, dass nur *eine* Vertragspartei die Eignung für einen bestimmten Verwendungszweck "voraussetzt"? 96

43. Kann der Käufer die Rechte aus § 437 BGB auch beim bloßen Verdacht eines Mangels in Anspruch nehmen? .... 102 f.

44. Wie verhält sich § 434 I S. 3 BGB zu § 434 I S. 2 Nr. 2 BGB? 104

45. Wer ist "Gehilfe" des Herstellers i.S.d. § 434 I S. 3 BGB? 107

46. Kann der Verkäufer Äußerungen des Herstellers i.S.d. § 434 I S. 3 BGB berichtigen? 113

47. Auf welchen *Zeitpunkt* ist hinsichtlich des Vorliegens eines Sachmangels abzustellen? .... 118 f.

48. Was regelt § 434 II S. 1 BGB? .... 118 f.

49. Liegt ein Sachmangel vor, wenn die Montage der Kaufsache fehlerhaft erfolgte, die Kaufsache selbst hierdurch aber nicht mangelhaft wurde? 122

50. Setzt § 434 II S. 1 BGB ein Vertretenmüssen bei der mangelhaften Montage des Verkäufers voraus? 125

51. Muss i.R.d. § 434 II S. 2 BGB <u>der Käufer</u> die Montage vorgenommen haben? 127

52. Warum hat die Abgrenzung zwischen Aliud- und Schlechtleistung nach neuem Schuldrecht an Bedeutung verloren? .... 128 ff.

53. Ist die Zuweniglieferung in jedem Fall gemäß § 434 III BGB ein Sachmangel? .... 134 ff.

54. Was spricht dafür, dass das Eigentum eines Dritten einen Rechtsmangel i.S.d. § 435 BGB darstellt? .... 141 ff.

55. Wie ist bei öffentlich-rechtlichen Beschränkungen zwischen Sach- und Rechtsmangel abzugrenzen? .... 144 ff.

Der Anspruch auf Nacherfüllung

56. Nennen Sie die Anspruchsvoraussetzungen des Nacherfüllungsanspruchs gemäß den §§ 437 Nr. 1, 439 BGB! 160

57. Wie verhält sich der Nacherfüllungsanspruch des Käufers zum ursprünglichen Primäranspruch aus § 433 I BGB? 155

WIEDERHOLUNGSFRAGEN

58. Gibt es ein ungeschriebenes Prinzip vom Vorrang des Nacherfüllungsanspruchs? .... *156 ff.*

59. Zwischen welchen beiden Arten der Nacherfüllung ist zu unterscheiden? *161*

60. Kommt eine Nachlieferung auch bei einer Stückschuld in Betracht? .... *161 ff.*

61. In welchem Zeitpunkt erlischt das Wahlrecht, das sog. „ius variandi" des Käufers nach § 439 I BGB? *169*

62. Erlischt das Wahlrecht des Käufers nach § 439 I BGB auch dann, wenn der Verkäufer später grundlos die vom Käufer gewählte Nacherfüllungsart verweigert? *169*

63. Welche Folge hat das nachträgliche Unmöglichwerden der vom Käufer gewählten Nacherfüllungsart? *170*

64. Kann der Käufer bei mangelhafter Leistung den Mangel selbst beseitigen und die Kosten vom Verkäufer ersetzt verlangen? .... *171 f.*

65. Wie verhält sich die Einrede der Unverhältnismäßigkeit der Nacherfüllung i.S.v. § 439 IV BGB zur Störung der Geschäftsgrundlage? *173*

66. Erklären Sie die absolute und die relative Grenze der Unverhältnismäßigkeit i.R.d. Nacherfüllung! .... *176 ff.*

67. Wonach richtet sich die Verjährung des Nacherfüllungsanspruchs? .... *176 ff.*

68. Aus welchem Grund sieht § 438 I Nr. 2 b) BGB eine fünfjährige Verjährungsfrist vor? *182*

69. Ist das Problem „Bauhandwerkerfalle" durch die Schuldrechtsreform vollends beseitigt worden? *182*

70. Wie wirkt sich die Arglist des Verkäufers auf den Verjährungsbeginn gemäß § 438 III BGB aus? *187*

71. Was setzt Arglist i.S.d. § 438 III BGB voraus? .... *188 f.*

72. Die Verjährung beginnt bei Grundstücken mit der Übergabe, sonst mit der Ablieferung der Kaufsache, vgl. § 438 II BGB. Was ist für gewöhnlich unter einer Ablieferung i.S.d. § 438 II BGB zu verstehen? *193*

73. Wann liegt bei einer Holschuld eine Ablieferung i.S.d. § 438 II BGB vor? *193*

74. Wann liegt bei einer Schickschuld eine Ablieferung i.S.d. § 438 II BGB vor? *193*

75. Wann liegt bei einer Bringschuld eine Ablieferung i.S.d. § 438 II BGB vor? *193*

76. Wird der Lauf der Verjährungsfrist des § 438 I BGB durch Nachbesserungsversuche des Verkäufers gemäß § 203 BGB gehemmt? *197*

Der Rücktritt

77. Nennen Sie die Voraussetzungen des Rücktrittsrechts gemäß den §§ 437 Nr. 2 Alt. 1, 440, 323 BGB! .... *205 ff.*

78. Kann auch schon <u>vor</u> Fälligkeit der Verkäuferpflicht aus § 433 I BGB ein Rücktrittsrecht des Käufers nach den §§ 437 Nr. 2 Alt. 1, 440, 323 BGB gegeben sein? *209*

79. Warum setzt das Rücktrittsrecht nach den §§ 437 Nr. 2 Alt. 1, 440, 323 BGB die Möglichkeit der Nacherfüllung, also einen <u>behebbaren</u> Mangel, voraus? .... *210 f.*

80. Nennen Sie stichpunktartig die wichtigsten Fälle, in denen die Fristsetzung i.R.d. § 323 BGB entbehrlich ist! .... *216 ff.*

81. Die berechtigte Verweigerung wegen Unverhältnismäßigkeit der Nacherfüllung wird von § 440 S. 1 Alt. 1 BGB erfasst. Was gilt, wenn der Verkäufer die Nacherfüllung grundlos verweigert? *221*

82. Wann ist die Pflichtverletzung unerheblich i.S.v. § 323 V S. 2 BGB? 227

83. Wann scheidet ein Rücktritt nach § 323 VI BGB aus? 229

84. Ist der Rücktritt gemäß § 323 VI Alt. 2 BGB, also bei Annahmeverzug des Käufers, auch dann ausgeschlossen, wenn die Kaufsache erst während des Annahmeverzugs mangelhaft wird? 230

85. Kann das Rücktrittsrecht aus den §§ 437 Nr. 2 Alt. 1, 440, 323 BGB nach § 438 BGB verjähren? 232

86. Warum verweist § 437 Nr. 2 Alt. 1 BGB nicht auf § 324 BGB? 233

87. Ist § 326 V BGB auch dann einschlägig, wenn der Verkäufer beide Arten der Nacherfüllung berechtigterweise nach § 439 IV BGB verweigert hat? 237

88. Wo sind die Rechtsfolgen eines wirksamen Rücktritts geregelt? .... 243 ff.

Die Minderung

89. Nennen Sie die Voraussetzungen des Minderungsrechts gemäß den §§ 437 Nr. 2 Alt. 2, 441 BGB und seine Rechtsfolge! 248

90. Warum sind bei der Prüfung des Minderungsrechts des Käufers gemäß den §§ 437 Nr. 2 Alt. 2, 441 BGB die Rücktrittsvoraussetzungen inzident zu prüfen? 249

91. Gilt der Ausschlussgrund des § 323 V S. 2 BGB, also bei Unerheblichkeit, auch bei der Minderung? 250

92. Warum gilt die Erheblichkeitsschwelle des § 323 V S. 2 BGB nur für den Rücktritt, und nicht für die Minderung? 250

93. Wie erfolgt rechnerisch die Herabsetzung des Kaufpreises bei der Minderung? 252

94. Wozu führt eine wirksame Minderung, wenn der Käufer den Kaufpreis noch nicht gezahlt hat? .... 253 f.

Die Mängeleinrede

95. Trotz Verjährung der Mängelrechte kann der Käufer die Zahlung des Kaufpreises gemäß § 438 IV S. 2 BGB verweigern, wenn er dazu aufgrund des Rücktritts oder der Minderung berechtigt sein würde. Kann der Käufer auch <u>vor</u> Verjährung der Mängelrechte gegen den Kaufpreisanspruch des Verkäufers die Einrede der Mangelhaftigkeit (sog. Mängeleinrede) erheben? .... 258 ff.

Die Schadensersatzansprüche des Käufers

96. An welche Pflichtverletzung knüpft der Anspruch des Käufers aus den §§ 437 Nr. 3 Alt. 1, 280 I BGB an? 264, 268

97. § 280 I BGB setzt ein Vertretenmüssen der Pflichtverletzung i.S.d. §§ 276 ff. BGB voraus. Welche Bedeutung hat dabei eine Eigenschaftszusicherung des Verkäufers? .... 271 ff.

98. Welche inhaltlichen Anforderungen sind an eine Eigenschaftszusicherung des Verkäufers zu stellen? .... 274 ff.

99. Warum stellt die h.M. im Gebrauchtwagenhandel an das Vorliegen einer Eigenschaftszusicherung geringere Anforderungen? .... 277 f.

100. Ist eine Eigenschaftszusicherung formbedürftig? 279

101. Was ist im Kaufrecht unter dem sog. Mangelschaden zu verstehen? .... 283 ff.

102. Wie unterscheiden sich Mangel<u>folge</u>schäden im Kaufrecht von den Mangelschäden und nach welcher Anspruchsgrundlage werden sie ersetzt? .... 283 ff.

103. Was ist ein sog. „Weiterfressermangel"? 286

WIEDERHOLUNGSFRAGEN

104. Berechtigt der Weiterfresserschaden zum Schadensersatz <u>statt</u> oder <u>neben</u> der Leistung? *286*

105. Was ist unter dem sog. „mangelbedingten Betriebsausfallschaden" zu verstehen? *287a*

106. Höchst umstritten ist die Frage, ob die Ersatzfähigkeit des mangelbedingten Nutzungsausfallschadens als Verzögerungsschaden zusätzlich den Verzugsvoraussetzungen unterliegt. Was spricht für einen Ersatz des Verzögerungsschadens gemäß den §§ 437 Nr. 3, 280 I BGB ohne die zusätzlichen Voraussetzungen des § 286 BGB? ....*287b ff.*

107. Woraus ergibt sich im Falle eines bei Vertragsschluss bereits vorliegenden unbehebbaren Mangels der Anspruch des Käufers auf Schadensersatz statt der Leistung? *297*

108. Setzt der Anspruch aus den §§ 437 Nr. 3 Alt. 1, 311a II S. 1 BGB beim Verkäufer die Kenntnis bzw. das Kennenmüssen des Mangels voraus? *301*

109. Was ist unter dem "kleinen" bzw. dem "großen Schadensersatz" zu verstehen? .... *305 ff.*

110. Welche zusätzliche Voraussetzung muss beim Schadensersatz statt der ganzen Leistung i.R.d. §§ 437 Nr. 3, 311a II BGB erfüllt sein? *308*

111. Gibt es einen Unterschied zwischen Minderung und kleinem Schadensersatz? *305*

112. Was ist beim Schadensersatzanspruch aus den §§ 437 Nr. 3 Alt. 1, 280 I, III, 283 BGB der Bezugspunkt für das Vertretenmüssen des Verkäufers? *314a*

113. Nach welcher Konstruktion konnte nach altem Recht der Ersatz vergeblicher Aufwendungen i.R.e. Anspruchs auf Schadensersatz wegen Nichterfüllung (jetzt: Schadensersatz statt der Leistung) verlangt werden? ....*326 ff.*

114. Gilt die Rentabilitätsvermutung neben § 284 BGB? *330*

115. Erklären Sie die Unternehmerregressvorschriften gemäß den §§ 445a, 445b BGB! *332*

116. Was regelt § 445a I BGB? *332a*

117. Was regelt § 445a II BGB? *332b*

Die Besonderheiten beim Rechtskauf und beim Kauf sonstiger Gegenstände

118. Gegenstand eines Kaufvertrags können gemäß § 453 BGB auch Rechte und sonstige Gegenstände sein. Diese Rechte und sonstigen Gegenstände müssen übertragbar sein. Nennen Sie Beispiele! *335*

119. Kann bei einem Rechtskauf der Verkäufer zur Übergabe einer Sache verpflichtet sein? *337*

120. Ist über § 453 I BGB auch § 434 I S. 2 BGB beim Rechtskauf anzuwenden? *340*

121. Sind Beschaffenheitsvereinbarungen gemäß § 434 I S. 1 BGB beim Rechtskauf gemäß § 453 I BGB möglich? *340*

122. Wann liegt ein Unternehmenskauf i.S.d. § 453 BGB vor? *344*

123. Haftet der Verkäufer beim Rechtskauf bei anfänglicher Unmöglichkeit, z.B. wenn die verkaufte Forderung nicht besteht, auf Schadensersatz? ....*349 ff.*

124. Gibt es eine allgemeine Bonitätshaftung beim Rechtskauf? ....*349 ff.*

Der Ausschluss der Mängelrechte

125. Nach § 442 I S. 1 BGB führt die Kenntnis des Käufers vom Vorhandensein eines Mangels zum Ausschluss seiner Mängelrechte. Unter den Voraussetzungen des § 442 I S. 2 BGB gilt dies auch bei grob fahrlässiger Unkenntnis. Warum ist § 442 BGB beim Gattungskauf grundsätzlich unanwendbar? *355*

126. In welchem Fall ist § 442 BGB ausnahmsweise auf Gattungsschulden anwendbar? *355*

127. Eine Beschränkung oder ein Ausschluss der Mängelrechte kommt auch über Allgemeine Geschäftsbedingungen in Betracht. Der Ausschluss kann aber unter den Voraussetzungen des § 309 Nr. 8 b) BGB bei neu hergestellten Sachen unwirksam sein. Was versteht man unter einer neuen Sache i.S.d. § 309 Nr. 8 b) BGB? 369

Die Genehmigungsfiktion des § 377 II HGB

128. Nach § 377 II HGB gilt die gelieferte Ware als genehmigt, wenn der Käufer seiner Untersuchungs- und Rügeobliegenheit gemäß § 377 I HGB nicht ausreichend nachgekommen ist. Was bezweckt § 377 HGB? 371

129. Nennen Sie die Voraussetzungen des Ausschlusses der Mängelrechte gemäß § 377 II HGB! 372

130. Wann liegt ein beiderseitiger Handelskauf i.S.d. § 377 HGB vor? .... 373 ff.

131. Genügt der Nachweis eines privaten Zwecks für die Widerlegung der Vermutung des § 344 HGB? 375

132. Findet § 377 II HGB auch in Fällen des Werklieferungsvertrags i.S.d. § 650 BGB Anwendung, obwohl § 377 II HGB nach seinem Wortlaut nur für Kaufverträge gilt? 376

133. Auf welche Arten von Mängeln findet § 377 II HGB Anwendung? 378

134. Was ist die Rechtsfolge einer Verletzung der Untersuchungs- und Rügeobliegenheit i.S.d. § 377 HGB? 383

135. Welche Ansprüche werden auch durch § 377 II HGB nicht ausgeschlossen und warum? 384

Die Rechte des Käufers vor Gefahrübergang

136. Stehen dem Käufer auch <u>vor Gefahrübergang</u> bei Vorliegen eines Sachmangels <u>die in § 437 BGB</u> genannten Rechte zu? .... 386 ff.

Die Konkurrenzen

137. Wie ist das Konkurrenzverhältnis zwischen der Anfechtung wegen Eigenschaftsirrtums gemäß § 119 II BGB und den Mängelrechten gemäß den §§ 434 ff. BGB zu lösen? .... 395 ff.

138. Zwischen den Mängelrechten gemäß den §§ 434 ff. BGB und dem Anspruch aus c.i.c. gemäß den §§ 280 I, 311 II BGB besteht ein Spannungsverhältnis. Dies vor allem dann, wenn der Verkäufer vor Vertragsschluss schuldhaft einen Irrtum des Käufers über einen Mangel durch Falschangaben oder durch Nichtaufklärung bei bestehender Aufklärungspflicht erweckt hat. Wie ist dieses Spannungsverhältnis zu lösen? .... 404 ff.

Die Besonderheiten beim Kauf unter Eigentumsvorbehalt

139. Was ist ein Kauf unter Eigentumsvorbehalt? 408

140. Kann der Vorbehaltsverkäufer die Kaufsache zurückverlangen, wenn der Vorbehaltskäufer den Kaufpreis noch nicht bzw. noch nicht vollständig gezahlt hat, die Kaufpreisforderung aber unterdessen verjährt ist? 415

Weitere Sonderformen des Kaufs

141. Was ist ein Kauf auf Probe i.S.d. §§ 454, 455 BGB? 427

142. Wie ist der Kauf auf Probe rechtlich einzuordnen? 427

143. Was ist ein Wiederkauf gemäß den §§ 456 ff. BGB? 439

144. Wie ist der Wiederkauf rechtlich einzuordnen? 441

WIEDERHOLUNGSFRAGEN

145. Wie kann beim Grundstücks-Wiederkauf sich der Wiederkäufer gegen eine Übereignung des Grundstücks durch den Wiederverkäufer an einen Dritten absichern? 443

146. Was ist ein Vorkauf gemäß den §§ 463 ff. BGB? 444

147. Wie ist der Vorkauf gemäß den §§ 463 ff. BGB rechtlich einzuordnen? 445

148. Bedarf die Vereinbarung des Vorkaufs über ein Grundstück der Form des § 311b I BGB? 446

149. Was ist unter dem Eintritt des Vorkaufsfalls zu verstehen? ..... 447 ff.

150. Wann beginnt die Frist für die ordnungsgemäße Ausübung des Vorkaufsrechts zu laufen? 451a

151. Erlischt bei ordnungsgemäßer Ausübung des Vorkaufsrechts der Drittkaufvertrag? 453

152. Wie kann sich der Verkäufer in einem solchen Fall vor Schadensersatzansprüchen des Drittbzw. des Vorkäufers schützen? 453

Der Verbrauchsgüterkauf

153. Was ist unter einem Verbrauchsgüterkauf nach § 474 I BGB zu verstehen? 457

154. Kann beim Verbrauchsgüterkauf der Käufer im Voraus auf Schadensersatzansprüche i.S.d. § 437 Nr. 3 Alt. 1 BGB durch vertragliche Vereinbarung mit dem Verkäufer verzichten? 462

155. Kann beim Verbrauchsgüterkauf durch Vereinbarung im Voraus die Gewährleistungsfrist zu Lasten des Käufers verkürzt werden? ..... 463 ff.

156. Warum muss beim Verbrauchsgüterkauf auch im Falle einer Versendung hinsichtlich des Gefahrübergangs auf § 446 BGB zurückgegriffen werden? 469

157. Im Rahmen eines Verbrauchsgüterkaufs findet gemäß § 477 BGB eine Beweislastumkehr zugunsten des Verbrauchers statt. Warum ist diese Vorschrift gerechtfertigt? 466

158. Erläutern Sie die Beweislastumkehr des § 477 BGB! ..... 467a ff.

159. Erklären Sie die Reichweite des § 477 BGB in den Fällen, in denen ein vom Käufer bewiesener Mangel bei Gefahrübergang nicht vorlag, aber auf einem potenziellen Grundmangel beruht! ..... 467a ff.

160. Ist § 477 BGB anwendbar, wenn der Verbraucher die gekaufte Sache <u>durch einen Dritten</u> einbauen lässt? 467e

161. Gemäß § 477 BGB ist die Beweislastumkehr ausgeschlossen, wenn die Vermutung mit der Art der Sache, z.B. verderbliches Obst, unvereinbar ist. Das gleiche gilt, wenn die Art des Mangels mit der Vermutung unvereinbar ist. Liegt ein solcher Fall vor, wenn es sich um einen Mangel handelt, der typischerweise jederzeit auftreten kann, z.B. ein Karosserieschaden am gebrauchten Kfz? ..... 468b ff.

162. Inwiefern stellt § 478 I BGB eine Modifikation von § 477 BGB dar? ..... 477 f.

Der Werkvertrag

163. Was sind die wesentlichen Leistungspflichten im Werkvertrag? 486

164. Nach § 632 I BGB gilt eine Vergütung als stillschweigend vereinbart, wenn dies den Umständen nach zu erwarten ist. Kann zur Beantwortung der Frage, ob ein Werkvertrag oder nur ein reines Gefälligkeitsverhältnis vorliegt, auf § 632 I BGB zurückgegriffen werden? 491a

165. Wann wird der Anspruch auf die Vergütung fällig? 498

166. Definieren Sie den Begriff der Abnahme! 498, 504

167. Erläutern Sie den Sinn und Zweck von § 640 II BGB! Diese Norm lautet: „Als abgenommen gilt ein Werk auch, wenn der Unternehmer dem Besteller nach Fertigstellung des Werks eine angemessene Frist zur Abnahme gesetzt hat und der Besteller die Abnahme nicht innerhalb dieser Frist unter Angabe mindestens eines Mangels verweigert hat."... **498, 507**

168. Hat der Besteller nach § 641 IV BGB Fälligkeitszinsen zu leisten, wenn er das Werk zwar abgenommen, jedoch noch keine Rechnung des Werkunternehmers erhalten hat?........................ **498a**

169. Wann bleibt der Vergütungsanspruch entgegen § 326 I BGB bestehen, obwohl die Leistung des Werkunternehmers unmöglich wird?... **501**

170. Was gilt hinsichtlich der Abnahme, wenn nicht nur die körperliche Entgegennahme nicht möglich, sondern auch die Anerkennung wegen der Beschaffenheit des Werkes nach der Verkehrssitte unüblich, weil sinnlos ist?.. **505 f.**

171. Bestehen hinsichtlich des Mangelbegriffs bei § 633 II BGB Abweichungen zu § 434 I S. 1 BGB?... **512 ff.**

172. Sowohl § 439 I BGB als auch § 635 I BGB räumen ein Wahlrecht hinsichtlich der Art der Nacherfüllung ein. Worin besteht der wesentliche Unterschied?... **519 f.; 522**

173. Nennen Sie die Fälle, in denen der Besteller ohne vorherige Fristsetzung die Kosten einer Selbstvornahme vom Werkunternehmer ersetzt verlangen kann!.. **529 f.**

174. Nennen Sie die Voraussetzungen eines Rücktritts nach den §§ 634 Nr. 3 Alt. 1, 636, 323 I BGB!.. **534**

175. Kann der Besteller auch bei unerheblichen, geringfügigen Mängeln des Werkes die Vergütung mindern?.. **546**

176. Gehen dem Besteller etwaige Gewährleistungsrechte verloren, wenn er das mangelhafte Werk in Kenntnis des Mangels vorbehaltlos abnimmt?.. **570 f.**

177. Wann beginnt die Frist des § 634a I Nr. 1 bzw. Nr. 2 BGB, wann die des § 634a I Nr. 3 BGB zu laufen?.. **576a**

178. Nennen Sie die Voraussetzungen für die Entstehung eines Werkunternehmerpfandrechts nach § 647 BGB!.. **587**

179. Kann das Pfandrecht nach § 647 BGB bei fehlendem Eigentum des Bestellers vom Werkunternehmer gutgläubig erworben werden?.. **588**

180. Liegt ein sog. Werklieferungsvertrag vor, z.B. die Lieferung eines Brautkleides, so finden darauf gemäß § 650 S. 1 BGB grundsätzlich die Vorschriften des Kaufrechts Anwendung. Inwieweit muss beim Werklieferungsvertrag zwischen vertretbaren und nicht vertretbaren Sachen differenziert werden?... **596 ff.**

181. Was versteht man unter <u>nicht</u> vertretbaren Sachen?.. **598**

182. Umstritten ist die Anwendung des Werkvertragsrechts auf die Überlassung von Software. Welche Arten von Software sind dabei zu unterscheiden?... **601**

183. Wann liegt bei Standardsoftwareprogrammen die für den Verjährungsbeginn erforderliche Ablieferung i.S.v. § 438 II BGB vor?... **602**

184. Nach § 650a I S. 1 BGB ist ein Bauvertrag ein Vertrag über die Herstellung, die Wiederherstellung, die Beseitigung oder den Umbau eines Bauwerks, einer Außenanlage oder eines Teils davon. Was versteht man unter Bauwerk und Außenanlage?.. **607**

185. Um dem besonderen Schutzbedürfnis der Verbraucher beim Abschluss größerer Bauverträge Rechnung zu tragen, wird ein eigenes Kapitel 3 „Verbraucherbauvertrag" eingefügt, welches eine Reihe von Schutzvorschriften zusammenfasst. Steht dem Verbraucher in diesen Fällen ein Widerrufsrecht zu? **623**

186. Wie lange kann der Verbraucher nach Abschluss eines Bauvertrags widerrufen?................ **624**

187. Was sind die Rechtsfolgen des Widerrufs? *625*

188. § 650q I BGB bestimmt, dass auf den Architekten- und Ingenieurvertrag grds. die §§ 631 bis 650 BGB sowie ergänzend einzelne Vorschriften des Bauvertrags entsprechend angewendet werden. Was sind die vertragstypischen Pflichten des Architekten- und Ingenieurvertrags? *628*

189. Was ist unter einem Bauträgervertrag zu verstehen? *631*

STICHWORTVERZEICHNIS

Die Zahlen verweisen auf die Randnummern des Skripts

A

Abnahme, Werkvertrag	503
Abnahmepflicht, Kaufvertrag	77 ff.
Abstraktionsprinzip	3
Agenturvertrag	54 ff.
Aliud, Werkvertrag	514
Aliudlieferung	128 ff.
Anspruch auf Nacherfüllung	153 ff.
Architekten- und Ingenieurvertrag	627 ff.
Ausschluss der Gewährleistung	352 ff.

B

Bauträgervertrag	631
Bauvertrag	606 ff.
Anpassung des Vertrages	608
Schlussrechnung	618
Verbraucherbauvertrag	619
Widerrufsrecht	623 ff.
Zustandsfeststellung	615
Beiderseitiger Handelskauf	373
Beschaffenheitsvereinbarung	88 ff.
Besonderheiten	
beim Kauf unter Eigentumsvorbehalt	408
beim Rechtskauf	333
mit Umtauschvorbehalt	438
Bestellerpflichten	497 ff.
Beweislastumkehr beim Verbrauchsgüterkauf	466
Einbau durch Dritte	476e
Reichweite	467a
Vereinbarkeit mit Art der Sache	468a
Vereinbarkeit mit Art des Mangels	468b

E

Eigentumsvorbehalt	408
Arten	418
Erfüllungsverweigerung	218 ff.
Erprobungskauf	437

F

Fehlerhafte Montage einer Sache	120 ff.
Fehlschlagen der Nacherfüllung	222
Fixgeschäft, relatives	219
Form des Kaufvertrags	15 ff.
Fristsetzung zur Nacherfüllung beim Rücktritt	212 ff.
Entbehrlichkeit	216

G

Garantie	271 ff.
Gebrauchtwagen, Inzahlunggabe	44 ff.
Gefahrübergang beim Verbrauchsgüterkauf	469
Gewährleistungsrechte des Käufers vor Gefahrübergang	386 ff.
Gewährleistungsausschluss, Kaufvertrag	352
beim beiderseitigen Handelskauf	371
individualvertraglich	363
Gewährleistungsausschluss, Werkvertrag	561
Großer Schadensersatz	307

H

Handelskauf, beiderseitiger	373
Herstellerbegriff	107 ff.

I

IKEA-Klausel	126 ff.
Inhalt Kaufvertrag	1 ff.
Inzahlunggabe eines Gebrauchtwagens	44 ff.

K

Kauf	
auf Probe	427
zur Probe	436
Kauf unter Eigentumsvorbehalt, Besonderheiten	408 ff.
Kaufvertrag	1
Form	15
(Kaufvertrag)	
Inhalt	1
Unmöglichkeit	24
Zustandekommen	1
Käuferpflichten	42 ff.
Kleiner Schadensersatz	305
Kontokorrentvorbehalt	424
Konzernvorbehalt	425
Kündigungsrecht des Werkunternehmers	591

L

Lieferung eines Aliud	128 ff.

M

Mängeleinrede des Käufers	256 ff.
Mangelfolgeschaden	264 ff.
mangelbedingter Betriebsausfallschaden	287
Mangelschaden	
Abgrenzung	283 ff.
Anspruchsgrundlagen	290 ff.
Minderung, Kaufvertrag	244 ff.
Rechtsfolgen	252
Voraussetzungen	247
Minderung, Werkvertrag	544
Montage einer Sache, fehlerhafte	120 ff.

N

Nachbesserung	165
Nacherfüllung, Kaufvertrag	153 ff.
Anspruchsinhalt	150
Verjährung	178
Verweigerungsrecht des Verkäufers	172
Wahlrecht des Käufers	167
Nacherfüllung, Werkvertrag	517
Nachgeschalteter Eigentumsvorbehalt	421
Nachlieferung	166

O

Optionsrecht	456

P

Pflichten des Käufers	42 ff.
Pflichten des Verkäufers	21 ff.
Prüfungskauf	437

R

Rechte des Käufers bei Sach- und Rechtsmängeln	83 ff.
Rechtsfolgen des Rücktritts des Käufers	243 ff.
Rechtskauf, Besonderheiten	333
Rechtsmangel	138 ff.
Relatives Fixgeschäft	219
Rücktritt, Kaufvertrag	199 ff.
alte Rechtslage	204
Ausschluss nach § 323 VI	228
Ausschluss wegen Verjährung	232
bei Unmöglichkeit der Nacherfüllung, § 326 V	234 ff.
Eigene Vertragstreue	226
Erfolgloser Fristablauf	223
Fristsetzung	212 ff.
Rechtsfolgen	243 ff.
Rücktritt, Werkvertrag	533 ff.
Rügeobliegenheit, Handelskauf	379

S

Sachmangel	87 ff.
maßgeblicher Zeitpunkt	118 ff.
Sach- und Rechtsmängel, Kaufvertrag	83 ff.
Sach- und Rechtsmängel, Werkvertrag	509
Schadensersatz statt der Leistung	304
Schadensersatzansprüche des Käufers	263 ff.
aus §§ 437 Nr.3 1.Alt., 280 I	268
bei Unmöglichkeit der Nacherfüllung	290
Ersatz vergeblicher Aufwendungen, §§ 437 Nr.3 2.Alt., 284	326
statt der Leistung, §§ 437 Nr.3 1.Alt., 281, 280	316
wegen Verzögerung der Nacherfüllung	288
Mangelfolgeschaden	264 ff.
Mangelschaden	290 ff.
Schadensersatzansprüche des Bestellers	548 ff.
Schlechter Ruf als Sachmangel	102 ff.
Selbsthilfeverkauf	81 ff.
Selbstvornahme	
durch Käufer	171 ff.
Werkvertrag	525
Software-Vertrag	600
Sonderformen des Kaufs	426 ff.
Kauf auf Probe	427

T

Tierkauf	468a, 468d

U

Unmöglichkeit der Nacherfüllung	234 ff., 290
Unternehmenskauf	343
Unternehmerregress	332 bis 332f.
Besonderheiten beim Verbrauchsgüterkauf	473 ff.
Untersuchungsobliegenheit, Handelskauf	379

V

Verbraucherbauvertrag	619 ff.
Baubeschreibung	621
Inhalt des Vertrages	622
Textform	620
Unabdingbarkeit	626
Widerrufsrecht	623 ff.
Verbrauchsgüterkauf	457 ff.
Beweislastumkehr	466
Gefahrübergang	469
Sonderbestimmung für Garantien	470
Unternehmerregress	473
Verbrauchsgüterkaufrichtlinie, Art 3	161c
Verdacht eines Mangels	102 ff.
Vergebliche Aufwendungen	326 ff.
Vergütungspflicht	497
Verjährung des Nacherfüllungsanspruchs	178 ff.
Verjährung von Mangelfolgeschäden	281
Verkäuferpflichten	21 ff.
Verlängerter Eigentumsvorbehalt	422
Verweigerungsrecht des Verkäufers ggü. Wahlrecht des Käufers	172 ff.
Verweigerungsrecht des Werkunternehmers	523
Verwendungszweck, vertraglich vorausgesetzter	96 ff.
VOB-Vertrag	592
Vorhand	456
Vorkauf	444
Vorrang der Nacherfüllung	156 ff.
Vorvertrag	456

W

Wahlrecht des Werkunternehmers	522
Wahlrecht des Käufers zwischen Nachbesserung/ Nacherfüllung	167 ff.

Weitergeleiteter Eigentumsvorbehalt	419
Werbeaussagen	**104 ff.**
Werklieferungsvertrag	593
Rechtsfolgen	596
Voraussetzungen	594
Werkunternehmerpfandrecht	586
Werkunternehmerpflichten	**492 ff.**
Werkvertrag	**486 ff.**
Inhalt, Begriff, Zustandekommen	486
Fälligkeit der Vergütung	**497 ff.**
Fälligkeit ohne Abnahme	502a
Mängelrechte des Bestellers	509
Wiederkauf	439

Z

Zustandekommen Kaufvertrag	**1 ff.**
Zuwenigherstellung	514
Zuweniglieferung	**134 ff.**